BEITRÄGE ZUR WESTFÄLISCHEN FAMILIENFORSCHUNG

Band 53

BEITRÄGE ZUR WESTFÄLISCHEN FAMILIENFORSCHUNG

HERAUSGEGEBEN
IM AUFTRAG DER
WESTFÄLISCHEN GESELLSCHAFT FÜR GENEALOGIE
UND FAMILIENFORSCHUNG
VON
WOLFGANG BOCKHORST

BAND 53
1995

ASCHENDORFF MÜNSTER

Verlag: Aschendorffsche Verlagsbuchhandlung GmbH & Co., Münster

Satz: Schreibbüro Markus Schmitz, Münster

Druck und Bindung: Regensberg, Münster

ISSN 0067-5261 – ISBN 3-402-05112-5

Inhalt

Mitarbeiter dieses Bandes

Börnemann, Helmut, Lütke Esch 35, 46325 Borken; Franz, Dr. Helmut, Arndtstr. 49, 48147 Münster; Hanschmidt, Prof. Dr. Alwin, Händelstr. 14, 49377 Vechta; Henkelmann, Norbert, Lazarettstr. 25, 48149 Münster; Kirschnick, Herbert, In den Wallhecken 7, 49536 Lienen; Krüggeler, Wilhelm, Am Rothoborn 4, 33098 Paderborn; Linnemeier, Bernd Wilhelm, A.-Menze-Weg 4, 32469 Petershagen-Schlüsselburg; Litzinger, Martin, Auf der Lette 16, 59192 Bergkamen-Oberaden; Rade, Hans Jürgen, Hauptstr. 47, 59439 Holzwickede; Schulte, Dr. Leopold, Wibbeltstr. 21, 48147 Münster; Steinbicker, Clemens, Prinz-Eugen-Str. 16a, 48151 Münster; Veldtrup, Dr. Dieter, Geiststr. 112, 48151 Münster; Walberg, Prof. Dr. Hartwig, Qualenbrink 16, 59555 Lippstadt; Warnecke, Hans Jürgen, Fleigenweg 28, 48568 Steinfurt-Borghorst; Wilbertz, Dr. Gisela, Ernststr. 8, 32657 Lemgo; Wunschhofer, Jörg, Nordstr. 3, 59269 Beckum.

75 Jahre Westfälische Gesellschaft für Genealogie und Familienforschung

von Leopold Schütte

Die Geburtsstunde unserer Gesellschaft war zeitweilig strittig. In Band 14 (1955/1956) dieser Zeitschrift spricht sich Friedrich v. Klocke, damals stellvertretender Vorsitzender des „Westfälischen Bundes für Familienforschung", in vehementer und sehr persönlicher Weise gegen die Ansicht aus, die „Westfälische Gesellschaft für Familienkunde", Vorläuferin der „Bundes", sei im Jahre 1919 als Abteilung der in Köln angesiedelten „Westdeutschen Gesellschaft für Familienkunde" gegründet worden. Wer die Träger der von Klocke abgelehnten Ideen waren, wird sich aus dem Schriftwechsel in dem seit Kurzem frei zugänglichen Nachlaß Klockes im Staatsarchiv Münster ergeben. Hier muß es genügen, daß Klocke aus eigenem Erleben und Mitwirken das Datum auf den 21. Februar 1920 festlegt. Dieser Termin wird auch durch August Schröder in seinem Rückblick auf „75 Jahre westfälische genealogische Zeitschrift - 40 Jahre ›Beiträge zur westfälischen Familienforschung‹" in Bd. 33-35 (1975-1977) aufgegriffen. Obwohl der erste Vorsitzende der „Gesellschaft", Ludwig Schmitz-Kallenberg, in seiner „Einführung" zu dem ersten Heft der Zeitschrift der „Westfälischen Gesellschaft" („Westfälisches Familienarchiv" vom 7. November 1920) davon spricht, daß die Herausgabe der Zeitschrift „gleich bei der Gründung der Gesellschaft in Aussicht genommen wurde", und damit den Eindruck erweckt, als sei seit der Gründung ein unangemessen langer Zeitraum verstrichen, muß hier am Jahre 1920 festgehalten werden, in dem auch - unter einem anderen Namen - das erste Heft dieser Zeitschrift erschienen ist. Ein genauer Bericht mit Würdigung der beteiligten Personen findet sich in dem Aufsatz von August Schröder über „Die Westfälische Gesellschaft für Genealogie und das genealogische Fachzeitschriftenwesen Westfalens" in Band 20 (1971) der Zeitschrift „Genealogie" (S. 617-620).

An einer Kontinuität seit 1920 kann nicht gezweifelt werden. Der Name der heutigen Gesellschaft ist abgesehen von der Erweiterung um den Begriff „Genealogie" identisch mit dem von 1920. Der Name der Zeitschrift schloß sich damals noch an das „Sauerländische Familienarchiv - Mitteilungen zur Geschichte westfälischer Geschlechter" von Franz Honselmann an und hat - nach einer Erscheinenspause - erst 1938 den heutigen Namen erhalten.

Die „Westfälische Gesellschaft" hat sich von Anfang an als Schwester der schon 1913 in Köln gegründeten „Westdeutschen Gesellschaft" betrachtet, und so muß es nicht - mit Klocke (1956) - als ehrenrührig angesehen werden, daß sich die „Westfälische" vorübergehend nach zeit- und personenbedingten Schwierigkeiten als „Landesgruppe Westfalen" mit einer besonderen „Ortsgruppe Münster" der „Westdeutschen" angeschlossen hat. Der entprechende, gut vorbereitete Beschluß wurde auf der Jahresversammlung am 24. Oktober 1927 gefaßt. Eine fruchtbare Arbeit in und für Westfalen hat sich aus dem Beitritt allerdings nicht entwickelt. So kam es schon am 2. September 1935 unter dem Vorsitz des Landeshauptmanns Karl Friedrich Kolbow zu einer Besprechung, in der die Wiederherstellung der Selbständigkeit vorbereitet wurde.

Am 15. Mai 1936 entstand so in einer Zeit, in der die Genealogie als Dienerin einer inhumanen Ideologie ins Zwielicht geriet, der „Westfälische Bund für Familienforschung", dessen Vorsitzender 1937 der im Jahre 1944 im Zusammenhang mit dem Attentat auf Hitler gewaltsam ums Leben gekommene Oberpräsident der Provinz Westfalen, Ferdinand v. Lüninck, wurde. 1938 erschien das erste Heft unserer Zeitschrift unter ihrem neuen, dem heutigen Namen.
Der demokratische Neubeginn der Arbeit nach kurzer Unterbrechung in den Kriegsjahren war geprägt durch Karl Fix, Friedrich v. Klocke und Herta Hesse-Frielinghaus in den Ämtern des Vorsitzenden, Schriftleiters oder Geschäftsführers. Unter ihren inzwischen verstorbenen Nachfolgern sind die Vorsitzenden Günther Aders (1958-1973) und August Schröder (1974-1979) zu nennen. Wie schon Klocke 1955/1956 an die stete Unterstützung durch den Provinzialverband erinnert, soll auch hier dem Landschaftsverband und speziell dem Archivamt für Förderungen verschiedener Art, insbesondere für die Ermöglichung eines Geschäftsbetriebes unserer heute fast 650 Mitglieder umfassenden Gesellschaft gedankt werden.

Clemens Steinbicker 75 Jahre

Als Nachfolger des Archivars August Schröder wurde der Städtische Direktor im Rechtsamt der Stadt Münster, Steinbicker, im Jahre 1980 zum Vorsitzenden unserer Gesellschaft gewählt. Er blickte damals auf etwa 50 Veröffentlichungen von hoher Qualität zurück, die – durchweg genealogisch-sozialgeschichtlicher Art – ihn einer weiteren Fachwelt bekannt gemacht hatten und wegen ihres wissenschaftlichen Charakters und ihrer meist westfälischen Thematik 1983 zu seiner Wahl in die Historische Kommission Westfalens führten. Sein hoher Rang als Genealoge wird unterstrichen durch die Ehrung mit der selten verliehenen Ernst-v.-Oidtmann-Medaille seitens der Westdeutschen Gesellschaft für Familienkunde. Inzwischen zählt die Liste seiner Veröffentlichungen 90

Arbeiten, von denen der Autor 22 bescheiden als „Bearbeitungen mit eigenen Beiträgen" bezeichnet. Sie müssen ihm gleichwohl zugerechnet werden, da die eigenen Beiträge meist im engsten Sinne w e s e n t l i c h für diese Publikationen sind. In ähnlicher Weise ist ihm für die Bearbeitung von 9 Familienartikeln im Deutschen Geschlechterbuch zu danken, die sämtlich Spuren der Hand Steinbickers tragen.

Der Ausgangspunkt der Arbeiten Clemens Steinbickers ist seine eigene Familie, die seit mehreren Generationen zur gehobenen Beamtenschaft zählt und – zumal über die einheiratenden Ehefrauen – auch im münsterländischen Bauerntum und auch in der stadtmünsterschen Handwerker- und der zum Teil honoratiorischen Kaufmannschaft mit weiten Fernbeziehungen wurzelt. Dadurch hat sich sein Arbeitsgebiet sich auf ganz Nordwestdeutschland erweitert. Eine Liste seiner Veröffentlichungen soll im nächsten Band dieser Zeitschrift erscheinen.

Steinbicker ist Vertreter der „freien Marktwirtschaft" auf dem Gebiet der genealogischen Forschung, und sieht eine seiner wesentlichen Aufgaben, aber auch Chancen, darin, stets auf bereitwilligste Weise Auskünfte zu geben und entsprechend Informationen zu erhalten. Diese System, das er während seiner Zeit als Vorsitzender der „Gesellschaft" beibehalten und ausgebaut hat, hat vielen Interessenten, Mitglieder oder nicht, bedeutende Vorteile gebracht.

Dafür soll ihm hier Dank gesagt und zugleich der Wunsch ausgesprochen werden, daß ihm noch eine lange, fruchtbare Schaffensperiode beschieden sein möge.

Veröffentlichungen von Wilhelm Honselmann 1950-1994

von Leopold Schütte

Das Dorf, später Stadt Letmathe, die Grafschaft Limburg, der Kreis Iserlohn, die Grafschaft Mark und schließlich ganz Westfalen sind die Wirkungskreise und zugleich die Entwicklungsstationen des Lebenswerks eines Historikers, dem die genannten Orte und Bezirke eine Fülle von minutiösen, archivalisch fundierten Einzeldarstellungen zur Orts-, Familien- Bevölkerungs- und Konfessionsgeschichte verdanken.
Wilhelm Honselmann, geboren am 19. Februar 1918, entstammt einer seit Jahrhunderten auf dem Honsel, einem Kalkplateau im südlichen Teil des Kirchspiels Letmathe, angesessenen Bauernfamilie, von der ein Mitglied um 1771 den benachbarten Hof Schulte zu Genna erheiratete (zu Nr. 37 der Veröffentlichungenliste). Entgegen altem westfälischen Brauch setzte sich der Name des Hofes nicht für die Familie durch. Die Nachkommen wurden Honselmann genannt Schulte, heute einfach Honselmann genannt. Letmathe ist eine der wenigen Gemeinden in den Grafschaften Mark und Limburg, die unter dem dominierenden und sich gegen den gräflichen Landesherren in Hohenlimburg durchsetzenden Einfluß der örtlichen Adelsfamilie v. Brabeck (Nr. 11, 36) katholisch blieben. In der Diaspora entwickelte sich ein bewußter Katholizismus, der auch den Lebensweg und das Denken Honselmanns geprägt hat. So kam für ihn nur der Besuch des etwa 20 Bahnkilometer von Letmathe und damit nächstgelegenen katholischen Gymnasiums in Menden in Frage, das er - ausgerüstet mit den für den Historiker unabdingbaren guten Lateinkenntnissen - vorzeitig verließ. Er wurde frühzeitig durch die Arbeiten seines ihm nur entfernt verwandten Großonkels Franz Honselmann in Paderborn beeindruckt, der von 1904 bis 1920 elf Hefte seines „Sauerländischen Familienarchivs" (Nr. 206) selbst bearbeitete und herausgab, zu dem Wilhelm später mehrfach Ergänzungen beigesteuert hat (Nr. 30, 60, 124, 206).
Franz Honselmann war Vater des Paderborner Theologen und Kirchenhistorikers Klemens Honselmann, in dessen Umkreis Wilhelm Honselmann nach dem Krieg seine Lebensaufgabe fand. Nach Anfängen als „Mädchen für alles" (Honselmann) in der Paderborner Theodorianischen Bibliothek wurde er dort nach und nach verantwortlicher Bibliothekar und außerdem Archivar des Vereins für Geschichte und Altertumskunde Westfalens, Abteilung Paderborn, mit seiner großen Archivaliensammlung.
In diesen Funktionen entwickelte er eine reiche Publikationstätigkeit, von der die unten folgende Veröffentlichungsliste mit 220 Nummern Zeugnis ablegt. Alle Schriften Honselmanns sind geprägt von größter Quellennähe und Zuverlässigkeit und zugleich von einer umfassenden Kenntnis der sozial-, wirtschafts- und rechtshistorischen Kontexte, in die die in den Quellen sich niederschlagenden Ereignisse und Zustände eingebettet sind. In mehreren Beiträgen scheut er sich nicht, gegen überkommene Vorurteile und starre Sehweisen anzugehen. So stellt er mehrfach das unter anderem an Eheschließungen und Patenschaften erkennbare arglose Miteinander der beiden reformatorischen Glaubensrichtungen und der katholischen Konfession dar und weist immer wieder mit Recht darauf hin, daß es feste Zeitpunkte für „die" Reformation der Orte in den Grafschaften Mark und Limburg kaum gibt, vielmehr mit einer zum Teil recht zäh fließenden Entwicklung

zu rechnen ist. Auf anderem Gebiet liegen die gleichfalls zur Aufweichung fester Anschauungen geeigneten Aufsätze über Familiennamen als Vornamen, Männernamen bei Frauen (Nr. 152), Bauernfamilien als legitime Adelsabkömmlinge (Nr. 121) und über die zum Teil dem Bauerntum nicht sehr ferne Lebens- und Denkweise des örtlichen Adels, die sich nicht zuletzt an vielen nichtadligen Heiraten – nicht nur der Töchter – zeigt (Söhne in Nr. 65, 74, Töchter z.B. in 149, 191, 195).

Nach Anfängen in den „Letmather Nachrichten“ finden sich Beiträge Honselmanns schließlich auch in der regionalen „Westfälischen Zeitschrift“ und in regionsübergreifenden genealogischen Blättern. Zuletzt hat er an dem Grundlagenwerk „Westfälisches Klosterbuch“ mitgearbeitet. Seiner märkisch-limburgischen Heimat ist er lange treu geblieben. Erst 1983 überwiegen Themen aus seiner Wahlheimat Paderborn. Insgesamt ergibt sich ein Lebenswerk von seltener, wenn nicht einmaliger sachlicher und regionaler Geschlossenheit und Dichte. Die folgende Liste ist weitgehend nach Unterlagen Honselmanns von einem Landsmann aus dem Nachbardorf Oestrich (bei Letmathe) zusammengestellt worden, der damit dem Autor als besonders geschätztem, stets hilfs- und auskunftsbereitem Mitglied der „Westfälischen Gesellschaft für Genealogie und Familienforschung“ im Namen der gemeinsamen Heimat und der westfälischen genealogischen und allgemein landeshistorischen Forschung Dank sagt.

Leopold Schütte

Bibliographie Wilhelm Honselmann 1950-1994

HH = Heimatblätter für Hohenlimburg und Umgebung.
LN = Letmather Nachrichten.
WZ = Westfälische Zeitschrift.

1) Zeugenaussagen über die Gerechtsame der Letmather Jagd vor 300 Jahren. In: LN vom 2.6.1950
2) Aus alten Strafregistern. In: LN vom 9.6.1950
3) Der Streit um die Drahtrollen an der Flehme [in Oestrich] im Jahre 1652. In: LN vom 10.11.1950
4) Der Schulten Hof zu Letmathe. In: LN vom 8.6. u. 30.6.1951
5) Der Brenken-Hof. In: LN vom 31.10.1952
6) Die Familie v. Eickel zu Berghofen. In: HH 13 (1952), S. 26-28.
7) Der Küchenschreiber auf Haus Hohenlimburg. In: HH 14 (1953), Nr. 6.
8) Die Familie Kreft zu Letmathe. In: LN vom 12.6.1953
9) Der Humperts Hof in Letmathe. In: LN vom 23.10.1953
10) Der Schulten Hof zu Genna. In: LN vom 18.12.1953
11) Wolter von Brabeck, Dompropst zu Paderborn 1553-1626. In: HH 17 (1956), N. 3
12) Limburgische Wechselbriefe. In: HH 17 (1956), Nr. 6
13) Die Abgaben des Sunderhofes bei Hohenlimburg im 15.-17. Jahrhundert. In: HH 17 (1956), Nr. 7

14) Drei Urkunden zur Geschichte des Schultenhofes zu Elsey In: HH 17 (1956), S. 185-186
15) Eine alte Geschichte von Kalk und Zoll [Grafschaft Limburg]. In: LN vom 21.1.1956
16) Der Hof im Siepen - heute Vente In: LN vom 27.1.1956
17) Die Letmather Vorfahren des Grafen Stauffenberg. In: LN vom 20.7.1956
18) Die Grundbesitzer der Grafschaft Limburg im Jahre 1602. In: HH 17 (1956), Nr. 10.
19) Der Überfall auf den Sunderhof im Jahre 1508. In: HH 17 (1956), S. 164-166.
20) Aus dem Annotations-Buch der Gräfin Johannetta Elisabeth (von Bentheim) vom Jahre 1641. In: HH 18 (1957), S. 53-58
21) Grenzumzüge in der Grafschaft Limburg. In: HH 18 (1957), S. 84-89.
22) Hochzeitsgäste nach polizeilicher Vorschrift 1724. In: HH 18 (1957), S. 124-127.
23) Der Schultenhof auf dem Schälk. In: LN vom 15.2.1957 und 22.2.1957
24) Der Bohen Hof auf dem Ahm. In: LN vom 5.4.1958
25) Der Menkenhof zu Letmathe. In: LN vom 24.12.1958
26) Die Primiz des Johannes Fudenkar zu Wülfrath am 23. Juni 1521. In: HH 20 (1959), S. 17-19.
27) Das Iserlohner Sendgericht. In: HH 21 (1960), S. 69-71
28) Drei Urkunden zur Frage der Leibeigenschaft in der Grafschaft Limburg. In: HH 21 (1960), S. 148-149.
29) Das Mühlenprivileg des Herzogs Johann II. von Kleve-Mark für die Letmather Mühle (1503). In: HH 21 (1960), S. 39-44
30) Die Ahnenliste von Prälat Prof. Dr. Wilhelm Liese. In: Heimatstimmen aus dem Kreise Olpe F. 38 (1960), S. 40-50
31) Das Erbe der Margareta von Hemmerde, Frau des Drosten zu Bilstein, Johann von Bruch. In: Heimatstimmen aus dem Kreise Olpe F. 39 (1960), S. 96-98
32) Auch Kommunion wurde unter beiden Gestalten ausgeteilt. - Brot und Wein - ein sicheres Zeichen der Reformation? In: LN vom 10.2.1960
33) Zur Geschichte der Grüne: Mühlenstreit über viele Jahrzehnte. In: LN vom 10.2.1960
34) Das Mühlenprivileg des Herzogs Johann von Kleve-Mark für die Letmather Mühle. In: LN vom 6.4.1960
35) Beiträge zur Geschichte der adligen Rechtsnachfolger der Herren von Letmathe auf Haus Letmathe. - Die Familie von Westhofen. In: Letmathe, eine aufstrebende westfälische Stadt im Sauerlande. Letmathe 1961, S. 169-201.
36) Beiträge zur Geschichte der adligen Rechtsnachfolger der Herren von Letmathe auf Haus Letmathe. - Die Familie von Brabeck, Zweig Letmathe. In: Letmathe, eine aufstrebende westfälische Stadt im Sauerlande. Letmathe 1961, S. 202-220.
37) Beiträge zur Geschichte der Bauerngüter in Letmathe [Schulte auf dem Ahm, Bohe auf dem Ahm, Steinhaus, Westhoff in der Schere, Liesenhoff, Köster(-Dierk), Schulte auf dem Hofe, Brenken, Humpert, Schulte zu Letmathe, Vieler, Menken, Bickhan, Loose (später Sattler Pieper), Rüter, im Siepen, Jürgens, Grote, Schlüter, Westhoff in den Bocken, Schulte auf dem Schälk, Recke auf dem Schälk], Genna [Röttgers, Jasper, Vieler, Schulte, Potthoff, Fischer, Niederhof, Honsel], Steng-

lingsen [Schulte zu Stenglingsen, Schulte an der Ovelgünne oder Schiffahrt, Huster, Niederhof; ferner: Besitz der v. Schöller und v. Schaesberg; Gennaer und Stenglingser Mark], Lasbeck. In: Letmathe, eine aufstrebende westfälische Stadt im Sauerlande. Letmathe 1961, S. 257-220.

Zu 37) Ahnentafeln zum Letmather Heimatbuch. [Titel irreführend; wirklich: 35 genealogisch bearbeitete Besitzerfolgen zu jeder der genannten Bauernstätten, auch Teilgenealogie der v. Schöller und v. Schaesberg, vorgesehen für das Heimatbuch, nachträglich gedruckt von Jos. Schäfers, Hauptschriftleiter der Letmather Nachrichten].

38) Einwohnerlisten des 17. und 18. Jahrhunderts. In: Letmathe, eine aufstrebende westfälische Stadt im Sauerlande. Letmathe 1961, S. 540-553.

39) 3 gedruckte Streitschriften der Familie v. Westhoven aus den Jahren 1550-1554 im Staatsarchiv Marburg. In: LN vom 1.4.1961

40) Lehrer Storck aus Letmathe schreibt an seinen Sohn [Wilhelm Storck, Professor für Sprach- und Literaturwissenschaft in Münster]. In: LN vom 12.8.1961

41) Letmathe in Nachschlagewerken des 18. Jahrhunderts. In: LN vom 16.12.1961

42) Kirchen- und familiengeschichtliche Notizen aus einem Missale der Pfarrei Bevern. In: Westfälische Zeitschrift 111 (1961), S. 287-300.

43) Zur Geschichte der untergegangenen Siedlung Nordlohn. In: HH 22 (1961), S. 27-28.

44) Verbesserungen zur Stammfolge Bentzeler im Märker H. 10, Jg. 10, S. 295. In: Der Märker 10 (1961), S. 329-330

45) Die Güter und Höfe der Familie von Westhofen zu Hennen 1553. In: HH 22 (1961), S. 121-124.

46) Stephan v. Clodh aus Hennen, der erste Weihbischof von Fulda. In: HH 22 (1961), S. 159-160.

47) Theodor Matthisius aus Menden, bischöflicher Offizial in Paderborn. In: Westfälische Zeitschrift 111 (1961), S. 343-344

48) Westfälische Weihnacht 1622. In: Der Kump 9 (1962), Nr. 12, S. 9-12.

49) Quittungen zur Kirchenrenovierung (1690). In: LN vom 17.1. und 21.1.1962.

50) Die letze Brabeckerin. In: LN vom 10.8.1962

51) Die Verpachtung der Lennebrücke zwischen Letmathe und Genna im Jahre 1748. In: LN vom 15.9.1962

52) Der Aussätzige von Oestrich [Jürgen von der Becke, 1535-1567, gest. vor 1571. – Astammung der Familie Beckmann in Warburg]. In: LN vom 29.9.1962

53) Kloster Kentrup und [die Familie von dem Westhove zu] Letmathe. [Verbesserungen zur Geschichte der v. Westhofen im Heimatbuch Letmathe von 1961]. In: LN vom 1.12.1962

54) Heinrich Bewerunge (1862-1923), Professor [für Kirchenmusik] in Dublin. In: LN vom ?.12.1962

55) Zur Geschichte von Landhausen bei Hemer. In: HH 23 (1962), S. 9-13.

56) Unfreiwillige Gäste auf Hohenlimburg. In: HH 23 (1962), S. 17-19.

57) Der Schultenhof zu Garenfeld. In: HH 23 (1962), S. 161-165.

58) Der Aussätzige von Oestrich (Jürgen von der Becke). In: Heimatblatt des Vereins für Orts- und Heimatkunde Oestrich 44 (1962), Nr. 6.

59) Märker als Rentmeister zu Mellen und Eisborn. In: Der Märker 11 (1962), S. 83-85.
60) Zur Geschichte der Familie Biggeleben aus Westick bei Fröndenberg. In: Der Märker 11 (1962), S. 149-152.
61) Die Familie Pütter zu Westhofen. In: Der Märker 11 (1962), S. 239-241
62) Johann Varnhagen, Pastor zu Iserlohn (1505-1582). In: Der Märker 11 (1962), S. 295-301
63) Zur Geschichte der Familie Blanckenagel in Soest. In: Soester Zeitschrift 76 (1962), S. 46-47.
64) Theodor v. Havkenscheid S.J. (1530-1599). In: Westfälische Zeitschrift 112 (1962), S. 343-346.
65) Die Familie v. Romberg zu Berchum. In: HH 23 (1962), S. 49-60, 65-66
66) Die Familie von Wrede zu Frönsberg und Berchum. In: HH 23 (1962), S. 97-104, 127-128.
67) Henricus Beginiker, ein westfälischer Musiker des 17. Jahrhunderts. In: Westfälische Zeitschrift 113 (1963), S. 421-426.
68) Johann Georg Rudolphi als Student in Paderborn. In: Westfälische Zeitschrift 113 (1963), S. 465-466.
69) Der Verkauf des Hauses Bentfeld und des Amtes Anreppen 1574. Urkunde aus dem Fürstenberg-Archiv Herdringen. In: Heimatborn Nr. 97 u. 98 (1963), S. 80 u. 82
70) Der mißglückte Überfall auf Haus Letmathe in der Fastenzeit 1550 [Streit innerhalb der Familie v. Westhoven]. In: LN vom 2.3.1963
71) Das Zeugenverhör im Jahre 1567 [Totschlag in der Familie v. Westhoven]. In: LN vom 22.6., 6.7. und 10.7.1963
72) Letmather Urkunden [des 14. und 15. Jahrhunderts] in einem schlesischen Archiv [v. Hatzfeld zu Trachenberg]. In: LN vom 27.9.1963
73) Lenninghausen bei Hennen. In: HH 24 (1963), S. 24-28, 44-48.
74) Die Familie v. Kettler zu Gerkendahl und Berchum. In: HH 24 (1963), S. 49-59, 71-77, 81-90, 99-108.
75) Eine wichtige Urkunde zur Geschichte der Elseyer Schule. In: HH 24 (1963), S. 123-124
76) Die Juden der Grafschaft Limburg 1775/1776. In: HH 24 (1963), S. 127-128.
77) Ein Zeugnis zu den Konfessionsverhältnissen in Hennen aus dem Jahre 1667. In: HH 24 (1963), S. 157-158.
78) Johanna Maria Bernhardina Gräfin zur Lippe (1677-1747), das schwarze Schaf ihrer Familie? In: HH 24 (1963), S. 161-168.
79) Wilhelm Weischedt gen. Rorich, 1550 Wollweber in Schwerte, später Diener des Landgrafen Philipp von Hessen. In: HH 24 (1963), S. 177-182.
80) „Lantensele ader Lanthusen“ [Landhausen bei Hemer; Fam. Wrede, Schade, v. Plettenberg, Krane, Kröger, v. Romberg, v. Zdanowitz, v. Falcke, Schulte, v. Brabeck]. In: Der Schlüssel (1963), H. 2, S. 1-7, H. 3, S. 1-8
81) Der Streit um den Zehnten zu Niedermassen. In: Der Märker 12 (1963), S. 141-143.
82) Die Familie von Plettenberg im Kirchspiel Boke. In: Heimatborn Nr. 94-96 (1963), S. 68, 70, 76
83) Jürgen Velthaus, der Chronist des Reichshofes Westhofen, und seine Familie. In: Westfälische Zeitschrift 113 (1963), S. 460-465.

84) Von westfälischen Scharfrichtern. In: Westfälischen Zeitschrift 114 (1964), S. 269-286.
85) Der Reformationsversuch von 1543 in Herzebrock. In: Westfälischen Zeitschrift 114 (1964), S. 353-355.
86) Neues zur Verehrung des hl. Meinolf. In: Die Warte 25 (1964), S. 5-7.
87) Die Kunstdenkmäler der Familie von Letmathe im Dom zu Münster. In: LN vom 25.1.1964
88) Letmather von heute als Nachkommen der Familie von Letmathe. In: LN vom 7.3.1964
89) Im Jahre 1740 in Letmathe: Geistlicher weigerte sich, [obrigkeitlich verordnete Zwangs-]Trauung vorzunehmen. In: LN vom 17.10.1964
90) Musikgeschichtliches aus Alt-Letmathe [Orgel, Landmusicus]. In: LN vom 28.11. u. 2.12.1964
91) Die evangelische Familie Althoff auf Haus Niedernhof bei Hengstey in den Kirchenbüchern der kath. Pfarrei Hagen-Boele. In: HH 25 (1964), S. 45-46.
92) Ein Schwerter Gassengespräch vom 12. Juli 1550 (zwischen Wilhelm Weischedt und Kordt von Boenen). In: HH 25 (1964), S. 63-64
93) Ein Lageplan der Freiheit Limburg von 1725 [mit Abbildung]. In: HH 25 (1964), S. 112
94) Zur Geschichte des Hauses Nieder-Herbeck [Fam. v. der Goy, Torck, Stael v. Holstein, Westrem, Wortmann] In: HH 25 (1964), S. 113-122, 145-156, 161-173.
95) Gastwirte und Wirtshäuser im Hochstift Paderborn. Nach dem Paderbornischen Schreib-Calender von 1753-1759. In: Heimatborn Nr. 100-101 (1964), S. 91-95.
96) Heinrich Wilhelm Alhausen zu Schwelm und seine Familie. In: Der Märker 13 (1964), S. 126-129.
97) Zur Geschichte von Scharmede. In: Festschrift zur 300jährigen Jubiläum der St.-Petrus-und-Paulus-Schützenbruderschaft 1664 e.V. Scharmede. Paderborn 1964, S. 18-26.
98) Zwei Letmather wurden Zisterziensermönche in der Abtei Marienfeld. In: LN vom 11.9. u. 15.9.1965 (18.9.1965?)
99) Zur älteren Geschichte der Familie Gröninger in Paderborn und Münster. In: Westfälische Zeitschrift 115 (1965), S. 437-457.
100) Eine bisher ungedruckte Urkunde des Kölner Erzbischofs Siegfried für Hagen von 1276. In: Westfälische Zeitschrift 115 (1965), S. 508-513.
101) Ludolf Lappes Ende. In: HH 26 (1965), S. 29-30.
102) Das Viehschatzregister der Grafschaft Limburg, hier des Kirchspiels Elsey, aus dem Jahre 1668. In: HH 26 (1965), S. 31-32.
103) Die Kopfschatzung der Freiheit Limburg, Nahmer und Öge im Jahre 1765. In: HH 26 (1965), S. 40-46.
104) Das Viehschatzregister der Grafschaft Limburg, hier des Kirchspiels Berchum, aus dem Jahre 1668. In: HH 26 (1965), S. 47.
105) Vom Landmusikus der Grafschaft Limburg umd vom Collegium Musicum in Hohenlimburg. In: HH 26 (1965), S. 65-72.
106) Die Kirchenvisitation in der Grafschaft Limburg im Jahre 1620. In: HH 26 (1965), S. 83-86.

107) Das Viehschatzregister der Grafschaft Limburg, hier des Kirchspiels Ergste, aus dem Jahre 1668. In: HH 26 (1965), S. 93.
108) Eine Liebesgeschichte im Mai des Jahres 1749 in Hohenlimburg [mit einer Geschichte der schwedischen Grafen Wasaburg]. In: HH 26 (1965), S. 97-104.
109) Das Viehschatzregister der Grafschaft Limburg, hier des Kirchspiels Hennen, aus dem Jahre 1668. In: HH 26 (1965), S. 107-110.
110) Johannes Hülsberg, der erste evangelische Pfarrer in Elsey, und seine Familie. In: HH 26 (1965)129-135.
111) Der Streit im Hause Boke nach dem Aussterben der Familie von Hörde. In: Heimatborn 1965, S. 126, 131-132, 135.
112) Der Besitz des Klosters Abdinghof in Scharmede. In: Die Warte 26 (1965), S. 149-151.
113) Margarete Spyker aus Westhofen - Äbtissin zu Herzebrock 1615-1633. In: Der Märker 14 (1965), S. 5-11.
114) Wie dem Reiterfähnrich Konrad von Boenen am 9. Juli 1553 bei Sievershausen die Fahne abhanden kam. In: Der Märker 14 (1965), S. 149-152.
115) Heinrich Kerssenbrock (gest. 1580), Rektor der Lateinschule in Warendorf. In: Westfalen 43 (1965), S. 283-285.
116) Zur Geschichte des Hofes Köster-Dierk. In: LN vom 23.3.1966
117) Die Orgelbauerfamilie Ahmer in Letmathe. In: LN vom 26.3.1966
118) Die Bewohner des Schultenhofes auf dem Ahm. In: LN vom ?.4.1966
119) Ein Elseyer [Johannes Küper] wurde Bürger und Handelsmann in Amsterdam. In: HH 27 (1966), S. 25-26.
120) Die Verlegung der Orgel in der Elseyer Kirche im Jahre 1742. In: HH 27 (1966), S. 52-55.
121) Die Westhoff zu Osthennen, ein legitimer Zweig der Familie von Westhofen. In: HH 27 (1966), S. 87-93.
122) Die Marmorschneidemühle in Hohenlimburg-Elsey. In: HH 27 (1966), S. 125-129.
123) Zur Geschichte der Siedlung Finkhausen in der Gemeinde Hennen. In: HH 27 (1966), S. 196-198.
124) Ergänzungen zur Ahnentafel Fleitmann. In: Der Märker 15 (1966), S. 53-55.
125) Märkerinnen unter den Kapuzinessen des Paderborner Klosters 1631-1733. In: Der Märker 15 (1966), S. 150-152.
126) Johann Heinrich von Enning aus Altena, Kanonikus in Salzburg. In: Der Märker 15 (1966), S. 205-206.
127) Die Limburger Drostenfamilie von Fürstenwärther. In: HH 28 (1967), S. 14-17.
128) Die Familie von Plettenberg gen. Herting. In: Westfälische Zeitschrift 117 (1967), S. 247-295
129) Der Dienstvertrag des Organisten [Johann Glasemecker] zu Fröndenberg von 1546. In: Westfälische Zeitschrift 117 (1967), S. 359-361.
130) Zur Geschichte der Grüne: Im Mittelalter nur ein Gehöft. In: LN vom 3.2.1968
131) Zur Geschichte der Grüne: Mühlenstreit über viele Jahrzehnte. In: LN vom 10.2.1968
132) Zur Geschichte der Grüne: Zeugenverhöre geben Aufschluß über Einwohner. In: LN vom 14.2.1968

133) Zur Geschichte der Grüne: Wechselvolle Geschichte eines Hofes. In: LN vom 17.2.1968
134) Zur Geschichte der Grüne: Am Schemm – die zweite frühe Ansiedlung. In: LN vom 21.2.1968
135) Zur Geschichte der Grüne: Nachrichten über die Hausbesitzer in der Grüne. In: LN vom 24.2.1968
136) Die Familie Brauckhage in Letmathe. In: LN vom 27.2.1968
137) Die Religionszugehörigkeit der letzten Herzöge von Kleve-Mark und die der Beamten in Iserlohn. In: LN vom 8.3.1968
138) Die Bewohner des Hauses am Springhagen In: LN vom 12.4.1968
139) Der Brinkhof in Oestrich. In: LN vom 21.4.1968
140) Die Familie Bongard in Letmathe. In: LN vom 14.9. u. 18.9.1968
141) Letmathe und Oestrich in den Akten der Synoden der reformierten Gemeinden der Grafschaft Limburg. In: LN vom 9.11.1968
142) Die jüdischen Einwohner in Letmathe und Oestrich. In: LN vom 19.11.1968
143) Die Familie Metzler in Letmathe. In: LN von Ende 11.1968
144) Henricus Wydemann – ein bisher unbekannter Letmather Pfarrer und seine Nachfolger. In: LN vom 8.12.1968
145) Zur Herkunft der Familie Pütter in Westhofen und Hennen. In: HH 29 (1968), S. 74-76.
146) Die Familie von Hennen zu Hennen. In: HH 29 (1968), S. 121-124.
147) Die Schützenliste des Kirchspiels Hennen 1617. In: HH 29 (1968), S. 130-131.
148) Die jüdischen Einwohner der Grafschaft Limburg in den Jahren 1807, 1808 und 1809. In: HH 29 (1968), S. 179-180.
149) Der Adelssitz Hedthof zu Oberhemer [Fam. Wrede]. In: Der Märker 17 (1968), S. 66-67.
150) Elisabeth von Syberg (gest. 1601) zu Westhofen und ihre Familie In: Der Märker 17 (1968), S. 172-178.
151) Die spätmittelalterliche Ritterfamilie Vollenspit und ihre Erben, die von Galen und von Westhofen. In: Westfälische Zeitschrift 118 (1968), S. 189-228.
152) Familiennamen als Vor- oder Rufnamen oder Frauen mit Männernamen in Westfalen im 16. und 17. Jahrhundert. In: Westfälische Zeitschrift 118 (1968), S. 375-381.
153) Die Familie von Köppen im lutherischen Kirchenbuch der Pfarrei Hennen/Kr. Iserlohn. In: Genealogie 9, Jgg. 17 (1968), S. 215-216.
154) Das Viehschatzregister von 1589 für Stadt und Amt Menden. In: Beiträge zur westfälischen Familienforschung 25/26 (1967/68)[1969], S. 158-178.
155) Cecilia von Böckenförde gen. Schüngel. In: Archiv für Sippenforschung 35 (1969), S. 119-126.
156) Die Familie Krane zu Unna, Altendorf, Ober-Rödinghausen und Landhausen. In: Westfälische Zeitschrift 119 (1969), S. 377-410.
157) Die Familie von Reinen in Unna und Schwerte. In: Der Märker 18 (1969), S. 118-122, 131-133.
158) Im Brüsseler Atlas des Christian 's Groten: 1573 Letmathe erstmals auf Landkarten verzeichnet. In: LN vom 22.2.1969

159) Bürgerliche Träger des Namens Letmathe. In: LN vom 1.3.1969
160) Bürgerliche Träger des Namens Letmathe: Hermann Lethmaet aus Gouda, Generalvikar des Bistums Utrecht [gest. 1555]. In: LN vom 1.3.1969, Ergänzung am 5.3.1969
161) Die Mitglieder der Familie Letmathe im Fürstbistum Münster im 16. Jahrhundert. - Die Geistliche. - Die Juristen. - Die Bürger in Münster. In: LN vom 5.3.1969
162) Bürgerliche Träger des Namens Letmathe: Der Barbier Kaspar Letmathe in Münster. In: LN vom 20.4.1969
163) Zur Geschichte der Besitzung Feldhagen. In: LN vom 19.7. u. 23.7.1969
164) Feste Familiennamen für die Juden. In: LN vom 23.8.1969
165) Eine Reise nach Letmathe im Jahre 1810. In: LN vom 31.8.u. 5.9.1969
166) Wie alt ist die Pfarrei St. Kilian. In: LN vom 29.11.1969
167) Letmather Flurnamen von 1618. In: LN vom 19.9.1970
168) Die Kapelle zu Nordlohn. Neues zur Geschichte der untergegangenen Siedlung Nordlohn. In: HH 31 (1970), S. 74-75.
169) Ein Grafschafter Bericht von 1566 über den Besitz des Klosters im Kreis Iserlohn. In: HH 31 (1970), S. 117-119.
170) Gerlingsen bei Iserlohn. In: HH 31 (1970), S. 185-189, 261-262.
171) Haus Ohle in der Gemarkung Hennen [Fam. v. Wandhofen, v. Gellinghausen gen. Krummer, v. Neuenhof, v. Selbach gen. Lohe, Löbbecke]. In: HH 31 (1970), S. 229-238.
172) Veröffentlichungen von [Prof. Dr. theol.] Klemens Honselmann [Paderborn]. In: Westfalen 48 (1970), S. 258-264.
173) Pastor Laurenz Kettler zu Werdohl (1568-1624), seine Herkunft und seine Familie. In: Der Märker 19 (1970), S. 88-90.
174) Peter Buschmann, Kanzler in Paderborn und Köln (1604 bis 1673). In: WZ 120 (1970), S. 385-398.
175) Zwei alte Drucke berichten: Heirat und Tod der Maria Sophia von Brabeck. In: LN vom 19.4.1971
176) Die Burg Klusenstein. In: HH 32 (1971), S. 154-169
177) Beiträge zur Geschichte des Hauses Hemer. In: HH 32 (1971), S. 253-264.
178) Die Herkunft der sächsischen Freiherren von Finck [aus Delbrück]. In: Archiv für Sippenforschung 37 (1971), S. 131-134.
179) Die Umwandlung eines Letmather Familiennamens [vom Ahm] In: LN vom 12.5.1972
180) Eine Häuser- und Höfe-Liste des Gerichts Hemer aus dem Jahre 1732. In: HH 33 (1972), S. 200-204.
181) Zur älteren Geschichte von Deilinghofen. In: HH 33 (1972), S. 209-219.
182) Calle bei Iserlohn, ein Oberhof des Stiftes St. Patrokli in Soest. 1. Die Geschichte des Oberhofes bis 1490. 2. Geschichte der Familie v. Calle bis zu ihrem Erlöschen im Jahre 1671. In: HH 33 (1972), S. 269-285.
183) Zur Frühgeschichte der „Insel" (in Deilinghofen). In: Der Schlüssel 17 (1972), H. 4, S. 1-8.
184) Paderborner Nekrologien und Personalverzeichnisse. In: Paderbornensis Ecclesia. Beiträge zur Geschichte des Erzbistums Paderborn. Paderborn 1972, S. 135-149.

185) Nachträge und Verbesserungen zur Geschichte der Familie von Fürstenberg zu Hörde und Höllinghofen. In: Der Märker 21 (1972), S. 77-79.

186) Zur älteren Geschichte der westfälischen Familie Bönninghausen. In: WZ 122 (1972), S. 103-132.

187) Frönsberg bei Hemer. In: HH 34 (1973), S. 167-188.

188) Haus Frönsberg [Fam. Wrede]. In: Der Schlüssel 18 (1973), H. 3, S. 6-18; H. 4, S. 27-37.

189) Westfälischen Familiennachrichten in den Kölner Generalvikariats-Protokollen. In: WZ 123 (1973), S. 275-277.

190) Die Vorfahren des kurkölnischen Obristleutnants Kaspar von Heigen zu Amecke, Kr. Arnsberg (gest. vor 1617). In: Genealogie 22 (1973), S. 772-776.

191) Die Edelburg [Becke, Kr. Iserlohn] und ihre Bewohner [v. Romberg]. In: Der Schlüssel 19 (1974), H.. 1, S. 2-28; H. 2, S. 13-22.

192) Neues zur Geschichte der Familie von Holtey. In: Der Märker 23 (1974), S. 133-139.

193) Haus Hemer. Beiträge zu seiner Geschichte [Fam. v. Bredenol, v. Höcklingsen, v. Böckenförde gen. Schüngel, Ovelacker, v. Wachtendonck, v. Brabeck]. In: Der Schlüssel 20 (1975), H. 2, S. 14-26; H. 3, S. 21-33.

194) Calle bei Iserlohn, ein Oberhof des Stiftes St. Patrokli in Soest. In: HH 36 (1975), S. 21-39.

195) Haus Steinhausen bei Schwerte-Holzen [Fam. Nagel, Stippe, v. Aldenbrück, v. der Berswordt, v. Mengede, v. Pöppinghausen, v. Blanckenagel]. In: HH 36 (1975), S. 209-228.

196) Zur Geschichte von Haus Busch [Hagen-Helfe, Teil 1; Fam. v. Syberg]. In: HH 37 (1976), S. 224-234.

197) Iserlohn und die Familien von Loen und Iserlohn. In: HH 38 (1977), S. 59-61.

198) Streit um den Besitz des Hauses Dahl [zu Hagen]. Zeugenverhöre fürs Reichskammergericht über die Legitimität des Johann von Calle, Sohn der ehemaligen Elseyer Nonne Belia von Dahl. In: HH 38 (1977), S. 181-191.

199) Zur Geschichte von Haus Busch [Hagen-Helfe, Teil 2]. In: HH 39 (1978), S. 229-238.

200) Zur Geschichte von Haus Busch [Hagen-Helfe, Teil 3 u. 4]. In: HH 40 (1979), S. 5-14, 21-29.

201) Der Stammvater der Fürsten Wrede und seine Schwester [aus dem Stamm Wrede zu Mielinghausen?]. In: Archiv für Sippenforschung 45 (1979), S. 226-228.

202) Berchum. Bauernhöfe: Dar Boven oder Bovensmann. - Borgmann. - Hof Brenne. - Hof Dieckmann. - Hof Einhaus. - Hof Schulte-Rasche. - Ostheide, heute Silbersiepe. In: Wilhelm Bleicher, Alfons Rehkopp (Red.), Die Lennegemeinden. („Hagen einst und jetzt" VII). Hagen 1980, S. 251-261.

203) Garenfeld. Bauernhöfe: Borgmanns Hof. - Bovensmann. - Hof Dickhut. - Lennhof. - Hof Trinthamer. - Hof Vogt-Hauenschild. - Hof zur Nieden. In: Wilhelm Bleicher, Alfons Rehkopp (Red.), Die Lennegemeinden. („Hagen einst und jetzt" VII). Hagen 1980, S. 292-300.

204) Die Volmarsteiner Lehen. In: Hohenlimburger Heimatblätter für den Raum Hagen 44 (1983), S. 71-74.

205) Adlige Chorherren. Verzeichnis der Mitglieder des Clarholzer Konventes. In: Clarholtensis Ecclesia. Forschungen zur Geschichte der Prämonstratenser in Clarholz und Lette (1133-1803). Paderborn 1983, S. 75-126.
206) Ergänzungen [zu dem von Prof. Dr. theol. Klemens Honselmann, Paderborn, veranlaßten Nachdruck von: Franz Honselmann, Sauerländisches Familien-Archiv. Mitteilungen zur Geschichte westfälischer Geschlechter, Heft 1-11. Paderborn 1904-1931)]. Paderborn 1983, Anhang.
207) Hövelhof, Meier zu Hövel, Hövelmeier und Hövelmann. In: Genealogie 18, Jgg. 35 (1986), S. 257-269.
208) Johann Graf von Sporck (1600-1679) und seine Verwandten im Delbrücker Land. In: WZ 136 (1986), S. 319-334.
209) Bela Wolff von Gudenberg, die Gemahlin des Edelherren Johann von Büren († 1484) und des Edelherren Johann von Grafschaft († 1513). In: Archiv für Sippenforschung 55 (1989), H. 115, S. 181-187
210) Zur Geschichte der Höfe der Gemeinde Ostenland vor 1800. In: 700 Jahre Ostenland. Delbrück-Ostenland 1989, S. 124-212.
211) Der Speicher auf dem Schultenhof zu Scharmede. (Festschrift 400 Jahre Scharmeder Speicher). Salzkotten 1989 [29 Seiten]. [Darin: Stammfolge der Schulten (Schulte zu Scharmede, Böger, Alpmann)].
212) Die Adelsfamilie von Spiegel zu Bühne. In: Piun - Bühne. Kulturgeschichte eines Dorfes in Ostwestfalen. Paderborn 1990, S. 191-212.
213) Die Hand- und Spanndienste in der Herrschaft Desenberg. In: Piun - Bühne. Kulturgeschichte eines Dorfes in Ostwestfalen. Paderborn 1990, S. 213-216.
214) Veröffentlichungen von [Prof. Dr. theol.] Klemens Honselmann. In: Theologie und Glaube 80 (1990), S. 403-418.
215) Schulte zu Rheinen. - Spaemann/Spemann. - Cordes (Cordts) Hof. - Der Hof Lührmann. - Der Westhof bei Rheinen. - Rombergs Gut. - Der Hof Kepp. - Beckers Hof. - Der Hof Wever (Wewer). - Sträters Hof. - Der Hof Habig. - Rodenkötter. - Der Hof „to Pelsinck". - An der Eggen, Eggemann, Stricker. - Vieler in der Viele. - Der Hasenhöller. In: Wilhelm Bleicher (Red.), Rheinen. Ein Dorf im Iserlohner Norden. Hagen 1990.
216) Der Kotten auf der Telksheide [Hennen]. In: Hohenlimburger Heimatblätter für den Raum Hagen 52 (1991), S. 220-221.
217) Marsberg - Benediktiner. In: Karl Hengst (Hrsg.), Westfälisches Klosterbuch, Teil 1 (Veröffentlichungen der Historischen Kommission für Westfalen XLIV 2). Münster 1992, S. 574-577.
218) Marsberg - Schwesternhaus. In: Karl Hengst (Hrsg.), Westfälisches Klosterbuch, Teil 1 (Veröffentlichungen der Historischen Kommission für Westfalen XLIV 2). Münster 1992, S. 578-579.
219) Marsberg - Beginen In: Karl Hengst (Hrsg.), Westfälisches Klosterbuch, Teil 1 (Veröffentlichungen der Historischen Kommission für Westfalen XLIV 2). Münster 1992, S. 581-582.
220) tom Roden - Benediktiner. In: Karl Hengst (Hrsg.), Westfälisches Klosterbuch, Teil 2 (Veröffentlichungen der Historischen Kommission für Westfalen XLIV 2). Münster 1994, S. 303-306

Namen- und Sachalphabet

adl. = adliges, Dr. = Doktor, Fam. = Familie, Gft. = Grafschaft, Kl. = Kloster, nördl. = nördlich von, Prof. = Professor, s. = siehe, v. = von

Zur Genealogie der Schulten zu Mimberg vom 16. bis zum 18. Jahrhundert

von Hans Jürgen Warnecke

In enger Zusammenarbeit mit Wilhelm Honselmann konnte die Genealogie der Schultenfamilie auf dem Hof Mimberg[1] in der Oelinghauser Heide beim Dorf Holthausen oder Holzen vorm Luer im heutigen Hochsauerlandkreis näher erforscht, berichtigt und wesentlich ergänzt werden. Dazu beigetragen hat auch die Neubearbeitung des Urkundenbestandes des Klosters Oelinghausen im Staatsarchiv Münster[2] und die Publikation in Band 10 der landeskundlichen Schriftenreihe für das kurkölnische Sauerland[3].

Die Schulten zu Mimberg auf dem Hof des Klosters Oelinghausen und dann auch als Pächter des Gutes Oevinghausen (Ovingsen) der Adelsfamilie v. Schüngel[4] in der Nähe des Dorfes Waltringen im Kirchspiel Bremen sind über mehrere Linien Vorfahren unseres Ehrenmitglieds Wilhelm Honselmann[5].

Anmerkungen

1 Die Hofesakte Schulte Mimberg im Staatsarchiv Münster (STAM), Bestand: Regierung Arnsberg III A, Domänenregistratur Fach 272, Nr. 11, umfaßt den Zeitraum von 1578 bis 1846.

2 Über „Die Bestände des Nordrhein-Westfälischen Staatsarchivs Münster" informiert die 3. Auflage der ›Kurzübersicht‹, hg. im Selbstverlag des Staatsarchivs, 1990.

3 Manfred *Wolf*, Die Urkunden des Klosters Oelinghausen. - Regesten -. Herausgegeben vom Sauerländer Heimatbund unter Beteiligung der Historischen Kommission für Westfalen, des Landschaftsverbandes Westfalen-Lippe, des Hochsauerlandkreises, des Kreises Olpe und der Stadt Arnsberg; Fredeburg 1992.

4 Hilde und Rolf *Wasser*, Beiträge zur Geschichte der Familie v. Böckenförde genannt Schüngel aus Westfalen (1185-1985) und ihrer Töchternachkommen (Kurztitel: Familienbuch Schüngel), Privatdruck Bomlitz, Band 1b, 1980, Band 2a, 1981, Band 3a, 1982, Band 4c, 1986, Band 4d, 1986. – Viele Ausführungen im Familienbuch Schüngel beruhen auf den zahlreichen falschen Anschlüssen in der Ahnentafel JUNGMANN (Deutsches Familienarchiv, Band 12, 1959), die auch hinsichtlich der kernmünsterländischen Vorfahrenfamilien dringend einer kritischen Überprüfung und konsequenten Berichtigung bedarf.

5 Die Auszüge aus den katholischen Kirchenbüchern von Bremen, Büderich, Hüsten, Körbecke, Menden, Neheim, Werl und Westönnen sind von Wilhelm Honselmann angefertigt worden.

Genealogie Schulte Mimberg

I. Anton (Thonies) Schulte zu MIMBERG
Durch Heirat mit der Witwe ab 15.8.1540 Schulte zu KIRCHLINDE zu Enkhausen; urk. als solcher 1544 März 25 (Kl. Oelinghausen, Urk. Nr. 912)
* …, † …
⚭ I. … N.N. * …, † … (vor 19.8.1540)
⚭ II. (Vertrag vom 19.8.1540 [Kl. Oelinghausen, Urk. Nr. 907]) Gertrud …, * …, † …, Witwe des Schulten zu KIRCHLINDE (STAM, Regierung Arnsberg III A Fach 272, Nr. 4: Hofesakte Schulte zu Kirchlinde)

Kinder, * Schultenhof Mimberg, ~ zu Hüsten:
1) Johann, * um 1515, † …
⚭ (Vertrag v. 19.8.1540) Anna Schulte zu KIRCHLINDE, Tochter des N. Schulte zu K. u. d. Gertrud …
Siehe **II.**
2) Gertrud, * um 1515-1520, † …
⚭ (Vertrag v. 19.8.1540) Johann Schulte zu KIRCHLINDE, Sohn des N. Schulte zu K. u. d. Gertrud …; urk. 1575 Sept. 29 (Kl. Oelinghausen, Urk. Nr. 967)
3ff.) weitere unbenannte Kinder (Vertrag v. 19.8.1540)

II. Johann Schulte zu MIMBERG
Tritt am 19.8.1540 (Kl. Oelinghausen, Urk. Nr. 907) den väterlichen Hof an.
* Mimberg …, ~ Hüsten um 1515, † ebd. … (lebt noch am 4.2.1578)
⚭ Hüsten (um 19.8.1540) Anna Schulte zu KIRCHLINDE, * Enkhausen um 1515-1520, † …, Tochter von N. Schulte zu K. und der Gertrud …

Kinder, geb. auf dem Hof Mimberg, get. zu Hüsten:
1) Anton (Thonies), * um 1545-1550, † …, Hoferbe
⚭ um 1578 Gertrud Schulte zu ESTINGHAUSEN
Siehe **III.**
2) Margarethe (Grete), * um 1550-1555, † …
⚭ um 1578 (Vertrag v. 4.2.1578 [STAM, Reg. Arnsberg III A, Fach 269, Nr. 17]: Hofesakte Schulte Estinghausen) Cord Schulte zu ESTINGHAUSEN, Sohn des Jorgen Schulte zu E.
3ff.) weitere unbenannte Kinder, denen der Vater am 4.2.1578 verspricht, einen Brautschatz zu geben.

III. Anton (Thonies) Schulte zu MIMBERG
Seine Eltern treten ihm am 6. Juli 1578 den Hof ab (STAM, Reg. Arnsberg III A, Fach 272, Nr. 11).
* Mimberg um 1545-1550, † Hüsten …,
⚭ Hüsten (um 4.2.1578) Gertrud Schulte zu ESTINGHAUSEN, * …, † …, Tochter des Jorgen Schulte zu E.

⚭ II. um 1587 Caspar Schulte zu BAEINCKHAUSEN genannt Schulte zu MIMBERG, * Deilinghofen bei Iserlohn ..., † Hüsten ..., Sohn des N. Schulte zu B.; gewechselt 23.1.1587 (Kl. Oelinghausen, Akten 45) durch das Kloster Oelinghausen mit Jasper Lappe zu Ruhr, Drosten zu Altena u. Iserlohn. Hofantritt am 1.1.1587 (STAM, Reg. Arnsberg III A, Fach 272, Nr. 11).
⚭ II. um 1591 (vor 5.8.) Elsa LANGSCHED, * Wimbern ..., † ..., Tochter des Johann L. zu Wimbern im Amt Menden. Freibrief des Hofes Menden v. 6.2.1591, den sie am 5.8.1591 dem Kloster Oelinghausen wieder einliefert.

Kinder, geb. auf dem Hof Mimberg, get. zu Hüsten:

I. Ehe:
1) Anna, * um 1580, † ..., Wechsel am 27.10.1604 (Kl. Oelinghausen, Akten Nr. 13)
⚭ vor 22.10.1604 ... Schulte zu STIPEL,
Siehe **IVa.**

III. Ehe:
2) Else, * um 1595-1600, † ...
⚭ Hüsten 29.7.1621, Wessel STOLLE genannt Schulte zu MIMBERG
Siehe **IVb.**

IVa. (Andreas ?) Schulte zu STIPEL
(1589-1597 Mitglied der Marianischen Sodalität des Gymnasiums in Paderborn), * ..., † ...
⚭ um 1600-1604 Anna Schulte zu MIMBERG, * Mimberg um 1580, † ..., Tochter des Thonies Schulte zu M. und der Gertrud Schulte zu ESTINGHAUSEN

Kinder, * u. ~ (Reihenfolge unbekannt):
1) Dietrich, * Stipel um 1600, † ..., 1658 58 Jahre alt, Freibrief des Kl. Oelinghausen 1630
⚭ Hüsten 24.11.1630 Elsa Schulte zu HABBEL, Anerbin des Schultenhofes H.
2) Hunold, * Stipel ..., † ebd. 7.3.1674, Hoferbe;
⚭ um 1640 Odilia von WERMINGHAUSEN (WERNINGHAUSEN, WENNINGHAUSEN)
3) Anna, * Stipel ..., † Horst 29.4.1679
⚭ ... um 1640 Bernhard PIPER, Schulte in der Hintersten HORST, † 18.1.1694.

IVb. Wessel STOLLE genannt Schulte zu MIMBERG
Er gibt sich am 19.6.1620 dem Kloster Oelinghausen eigen, um den Hof Mimberg antreten zu können.
* Aplerbeck ... (um 1595), † Mimberg ..., Sohn des Johann ST., Schulte oder Verwalter des Hauses (oder Wirtschaftshofes des Klosters) Oelinghausen; in 2. Ehe

heiratete er vermutlich Catharina, die Witwe des Pächters auf Haus Övinghausen, und wurde dadurch der Schwiegervater seines Sohnes.
⚭ Hüsten 29.7.1621 Else Schulte zu M I M B E R G, * Mimberg um 1595-1600, † ..., einzige Tochter des Caspar Schulte zu M. Sie läßt am 8.4.1619 in Hüsten eine uneheliche Tochter Ottilia taufen, deren nicht genannter Vater die Kindsmutter angeblich im Wald überfallen hat.

Kinder, * auf dem Schultenhof in der Oelinghauser Heide, ~ in Hüsten:
1) Henricus, ~ 12.5.1622, Paten: Johan Wineken, Elizabeth von Eickel, Jungfer zu Oelinghausen;
⚭ Bremen 1663/64 Margarethe OHLMS
Siehe **Va.**
2) Elisabeth, ~ 21.7.1623, Paten: Schulte zu Bilme, Elske Wullenhuser; † ...
3) Elisabeth, ~ 5.4.1626, Paten: Hans Bilstein, Koch zu Oelinghausen, Elizabeth Lohölters von Holthausen (= Holzen); Anerbin
⚭ (1650/51) Adrian WINKHAUS genannt Schulte zu MIMBERG
Siehe **Vb.**
4) Caspar, ~ 28.5.1628, Paten: Caspar senior auf dem Wullenhause, die Me(ie)rsche zu Stipel (* Anna Mimberg);
⚭ (um 1647) Anna Maria Schulte zu OEVINGHAUSEN
Siehe **Vc.**
5) Johannes, ~ 16.3.1630, Paten: Johannes Cubach, Elseke ...,
6) Jacobus, ~ 14.12.1631, Paten: Jacob Blome, Catharina, Amptmann'sche,
7) Frederich, ~ 9.1.1633, Paten: Fredrich Suir, Enneke Sorpers; † ..., gewechselt 16.10.1654.

Va. Henrich M I M B E R G genannt O H L M S (OLMES, OLMUS) zu Waltringhausen (Waltringen)
~ Hüsten 12.5.1622, † ...
⚭ Bremen (zwischen 23.4.1663 u. 19.2.1665) Margarethe O H L M S (OLMUS, OLMES), * Waltringhausen ..., † ... (⚭ I. Bremen 5.11.1656 Christopher MEYERHOFF, † 23.4.1663)

Kinder, geb. zu Waltringhausen, get. zu Bremen:
1) Caspar, * um 1663/64, † 19.2.1665,
2) Petrus, ~ 22.2.1665, Paten: Peter Keggenhoff zu Waltringhausen, Anna, filia Caspari Mimberg, Schulte zu Oevinghausen,
Siehe **VIa.**
3) Hermannus, ~ 27.1.1667, Paten: Hermann Spiekermann, Margarethe, filia Johann Luissen ibidem,
4) Johannes, ~ 27.9.1669, Paten: Johannes Weltermann, Verwalter auf der Füchten (= Haus F.), Elske, die Meier'sche zur Borgh, pro qua levavit die junge Holmansche zu Waltringhausen,
5) Anna, ~ 26.7.1671, Paten: Anna, uxor Caspar Pape zu Werl, u. Bertram Pape, Bürger zu Werl; † 4.5.1672

VIa. Petrus MIMBERG
* Waltringhausen, ~ Bremen 22.2.1665
? ▭ Werl 27.10.1696 als „ludimagister Werlensis"(Schulmeister zu Werl),
⚭ ..., Anna ..., * ..., † ..., Tochter des ...

Kinder, geb. u. get. zu Werl (2-5):

1) Ferdinand, ~ Büderich 4.11.1687, Paten: Ferdinand Luerwald, Catharina Havickenbrock;
   ⚭ ... um 1712 Anna Maria SAUERLAND
   Siehe **VIIa.**
2) Theodorus Christianus, ~ 14.11.1690, Paten: Dominus Theodorus Christianus Brandis, Domina Catharina Reinhartz,
3) Caspar Adolphus, ~ 19.11.1695, Paten: Dominus Consul Caspar Kleinsorg, Anna Lucia Kleinsorg;
   ⚭ um 1725 Anna Catharina LOCKE
   Siehe **VIIb.**
   (Kinder eines anderen Peter M.? Oder ist das obige Sterbedatum nicht zutreffend?):
4) Christianus, ~ 9.9.1706, Paten: Christian Mimberg, Anna Schulte,
5) Johannes Ferdinandus, ~ 30.5.1709, Paten: Ferdinand Fischer, Anna Niggemann.

VIIa. Ferdinand MIMBERG
~ Büderich 4.11.1687, † ...
⚭ ... um 1712 Anna Maria SAUERLAND, * ..., † ..., Tochter des ...

Kinder, geb. u. get. zu Werl:

1) Anna Catharina Maria, ~ 19.9.1713, Paten: Catharina Havickenbrock, Anna Catharina Cordes, Wilhelm Meyer,
2) Joseph Clemens Maria, ~ 26.8.1716, Paten: Rev. et Seren. princeps Archiepiscopus et Elector Coloniensis, Dominus noster clementissimus, Domina vidua Catharina v. Papen aufm Haus,
3) Ferdinandus, ~ 22.12.1718 ...
4) Johannes Casparus Ferdinandus, ~ 16.12.1719, Paten: Dominus Johannes Voß, Caspar Mimberg u. Anna Margarethe Wrede,
5) Clemens Augustus Franciscus, ~ 26.9.1724, Paten: Dominus Clemens Augustus Archiepiscopus Coloniensis et perillustra et gratiosa Domina Libera Baronessa de Droste dicta de Plettenberg,
6) Johanna Maria, ~ 6.2.1727, Paten: Domina Johanna Maria Füchten condicta Schultes, Adamus Biegeleben, Richtmannus.

VIIb. Caspar MIMBERG
~ Werl 19.11.1695 als Caspar Adolphus (**VIa.**), † ...
⚭ ... Anna Catharina LOCKE, * ..., † ..., Tochter des ...

Kinder, geb. u. get. zu Werl:

1) Johannes Fridericus, ~ 25.6.1726, Paten: Johannes Fridericus Heimann, Johannes Hermannus Monninghoff, studiosus, Odilia Potthoff,
2) Anna Catharina, ~ 10.1.1728, Paten: Anna Catharina Zahn, Elisabeth Fuest, Christian Mönninghoff.

Vb. Adrian WINKHAUS genannt Schulte zu MIMBERG
* … (seine Herkunft konnte bisher nicht ermittelt werden, sein Bruder dürfte Reinhard Winkhaus in Rüthen gewesen sein), † Hüsten St. Petri 7.10.1695
⚭ I. … (um 1650/51) Elisabeth Schulte zu MIMBERG, ~ Hüsten 5.4.1626, † Mimberg (vor 10.6.1653)
⚭ II. Hüsten St. Petri 10.6.1653 (Z.: Tonies Lohölter, Dirich Kneppers), Anna OVERMANN (AUVERMANN), * Mellen …, † Blomenthal 20.1.1699 (lt. Kb. Hüsten als Anna MINBERG, villica ibidem), vom Kloster Oelinghausen angewechselt, Tochter von …

Kinder, geb. auf dem Schultenhof Mimberg, get. zu Hüsten St. Petri:

1) Anna Maria, ~ 29.8.1652, Paten: Anna Maria Meersche von Ovinckhausen, Dirich Kneppers von Olinghausen,
2) Ottilia, ~ 18.4.1655, Paten: Ottilia Meyersche zu Stipel, Rotger aufm Ohrt von Balve,
3) Hermann, * … um 1657 (fehlt im Kirchenbuch), Pate am 2.12.1685 von Kind seiner Schwester Catharina. Er läßt am 13.1.1677 in Werl einen Sohn Johannes taufen. Paten: Johannes Fischer, Elisabeth Bering. (**VIb.**)
4) Caspar, ~ 6.4.1659, Paten: Caspar Holin von Kerklinne, Helena Deimels v. Holthausen; Anerbe,
⚭ … Maria Elisabeth …
Siehe **VIc.**
5) Johann Matthias, ~ 9.10.1661, Paten: Joan Schulte in der Bremke, Liseke Lohölter aus Holzen,
⚭ (dim. Hüsten St. Petri 11.10.1695) Odilia HORST
Siehe **VId.**
6) Catharina Maria, ~ 6.4.1664, Paten: Catharina Maria uxor Huels, Ludwig Witte,
7) Ferdinand, ~ 30.7.1666, Paten: Ferdinand Fischer v. Neihem, Margarethe Reinhartz v. Rüthen;
⚭ Hüsten 16.8.1695 Elisabeth ASHEWER, Witwe Anton GRAESS
Siehe **VIe.**
8) Johann, ~ 19.2.1669, Paten: Evert Braß von Hüsten, Anna, famula in Mimberg,
9) Catharina, ~ 26.1.1670, Paten: Catharina Lohölters von Holthausen, Ernst Pottschulte von Herdringen,
⚭ Hüsten (lt. Kb. Westönnen) 4.10.1684 Hermann BLOME
Siehe **VIf.**
10) Margarethe, ~ 26.6.1672, Paten: Margarethe villica in Wenninghausen, Jorgen villicus von Holthausen; ▭ 5.5.1721,

⚭ ... Johann ASSHOFF in Oberense, Gewinn des Hofes 1.10.1699, Siehe **VIg.**

11) Johannes, ~ 1.10.1673, Paten: Joan Moller von Olinghausen, Margarethe Deimel aus Holthausen; ? † Allagen 28.5.1758, etwa 80 J. alt, 40 Jahre Schulmeister ebd.
12) Jacobus, ~ 16.12.1674, Paten: Jacob Schulten von Holtzhausen, Elisabeth Braß von Hüsten;
    ⚭ Hüsten 20.9.1705 Anna Sibylla DANNHÜSER aus Arnsberg.
    Siehe **VIh.**
13) Anna, ~ 28.2.1677, Paten: Anna Lange von Garbeck, Peter von Wickede.

VIc. Caspar WINKHAUS genannt Schulte zu MIMBERG
~ Hüsten 6.4.1659, † ...
⚭ ... Maria Elisabeth ..., ~ ..., † ..., Tochter des ...

Kinder, geb. auf dem Schultenhof Mimberg, get. zu Hüsten St. Petri:

1) Anna Gertrud Elisabeth, ~ 5.11.1687,
2) Caspar, ~ 31.8.1692, Paten: Caspar Schulte zu Holthausen vor dem Lewer, Margarethe Mimberg.
   Anerbe. Am 25.9.1720 Zeuge als Caspar MIMBERG, der alte Schulte auf Mimbergs Hof, angeblich 84 (!) Jahre alt (Kloster Oelinghausen, Akten 40).
   Siehe **VIIc.**
3) Henricus, ~ 6.6.1694, Paten: Henrich Benkamp, Baumeister am Kloster Oelinghausen, Helena Bosse zu Holthausen,
4) Elisabeth ~ 8.1.1696, Paten: Elisabeth Graeß Hüstensis, Winold Haerhoff, molitor Olinghusanus,
5) Ferdinand, ~ 9.11.1697, Paten: Ferdinand Graes Hüstensis, Margarethe Deimels Holthusensis,
6) Odilia, ~ 4.8.1699, Paten: Odilia Winkhaus zum Blumenthal, Hermann Blome von Sieberinghausen, (Vater: C. Winkhaus villicus in Minberg)
7) Johannes, ~ 25.1.1701, Paten: Joan Bose ex Holthusen, Judith Brune ex Hüsten, (Vater: dito)
8) Ignatius Caspar, ~ 9.7.1702, Paten: Caspar Harhoff, Angela Lohölter in Holthausen, (Vater: dito)
9) Norbertus Hermannus ~ 30.3.1704, Paten: F. Norbertus Graes, Sacellanus in Hüsten, Gertrud villica zu Holthausen
10) Anna Elisabeth, ~ 20.10.1705, Paten: Anna Elisabeth Werne ex Retringen, Matthias Winkhaus, villicus in Blomentahl, (Vater: dito)

VIIc. Caspar WINKHAUS genannt Schulte zu MIMBERG
Am 26.4.1765 trat er seinen Hof an seine jüngste Tochter aus 2. Ehe ab.
* Mimberg, ~ Hüsten 31.8.1692, † Mimberg (lt. Kb. Hüsten) 16.1.1775
⚭ I. Hüsten 24.7.1718 Catharina BAUERDI(E)CK, * Hövel ..., † Mimberg 11.5.1739, Tochter des ...

⚭ II. (Eheberedung v. 24.4.1744 in: STAM, Regierung Arnsberg III A, Fach 272, Nr. 11) Hüsten 30.4.1744 Anna Maria SCHMÖLE, * (? Böingsen, Pfarrei Menden) ..., † ..., Tochter des ...

Kinder, geb. auf dem Schultenhof Mimberg, get. zu Hüsten:

I. Ehe:
1) Anna Maria Elisabeth, ~ 26.7.1719
2) Anna Elisabeth, ~ 11.2.1721
3) Anna Gertrud, ~ 14.2.1723
4) Maria Odilia Elisabeth, ~ 6.2.1725
5) Maria Franciska, ~ 6.3.1728, † 26.3.1743
6) Dietrich Wilhelm, ~ 26.11.1729, † ...
7) Anna Maria, ~ 1.2.1733

II. Ehe:
8) Elisabeth, ~ 24.2.1745, † ...,
⚭ Hüsten 7.5.1765 Johann Wilhelm Schulte zu VOSSWINKEL,
Siehe **VIIIa.**
9) Johann Caspar, ~ 19.6.1747, † 4.12.1747
10) Anna Helena, ~ 24.12.1749, † ...
11) Ferdinand Carl, ~ 10.6.1753, † 2.7.1819 als Beisasse u. Tagelöhner auf dem Hof Mimberg. Seit 10.7.1783 Knecht bei seinem Schwager auf dem väterlichen Hof.
⚭ ... Elisabeth HOFMANN aus Neheim, † Mimberg 28.1.1820, 64 Jahre alt.

VIIIa. Johann Wilhelm Schulte zu VOSSWINKEL genannt Schulte zu MIMBERG
Vor dem 14.1.1791 abgemeiert wegen hoher Schulden und Mißwirtschaft. Nach dem vom Gericht in Balve betriebenen Konkurs des Hofes M. erhielt am 30.6.1791 Johann Peter Schulte zu WERRINGSEN, ~ Menden 22.1.1754 als Sohn des Winold Schulte zu W., einen neuen Gewinnbrief vom Kloster Oelinghausen. Mit ihm kam eine neue Besitzerfamilie auf den Hof.
~ ..., † ..., Sohn des Johann Schulte zu V. u. d. Anna Maria HOLIN (aus Herdringen)
⚭ I. Hüsten 7.5.1765 (Z.: Caspar Schulte, J. Deimel, Böse von Holtzen) Elisabeth MIMBERG, * Mimberg, ~ Hüsten 24.2.1745, † Mimberg (lt. Kb. Hüsten) 1.1.1783 als ›villica in Mimberg‹.
(⚭ II. Hüsten 29.7.1783 Elisabeth SPIETHOFF, † 18.7.1825, ▭ 21.7., angeblich 80 Jahre alt, aus Leveringhausen, Pfarrei Affeln) Sie wohnte bis zu ihrem Tode in einem Nebengebäude des Schultenhofes Mimberg.

Kinder I. Ehe, geb. auf dem Schultenhof Mimberg, get. zu Hüsten:
1) Anna Maria Elisabeth Odilia, ~ 17.4.1766, Paten: Anna Maria Elisabeth Odilia Schulte ex Voßwinkel, Johann Peter Schulte ex Stipel,

2) Johann Wilhelm, ~ 16.10.1768, Paten: Johann Schmöle aus Beinckhausen, Maria Franciska Steinschulte aus Asbeck.
Er versuchte später, in den Besitz des väterlichen Hofes zu gelangen.
3) Clara Angela, ~ 5.4.1772, Paten: Clara Angela Schulte ex Voßwinkel, Johann Bernd Schulte in Retringhausen,
4) Anna Maria Lucia, ~ 18.12.1774, Paten: Anna Maria Lucia Rehlsiepen, Johannes Casparus Paul aus Hiese, Pfarrei Menden,
5) Maria Franciska, ~ 23.4.1777, Paten: Anna Maria Brinkschulte, Bernhard Lohölter aus Holtzen.

VId. Johann Matthias WINKHAUS genannt Schulte zu BLUMENTHAL
* Mimberg, ~ Hüsten 9.10.1661, † Blumenthal (lt. Kb. Werl) 3.8.1737
⚭ (dimittiert Hüsten St. Petri 11.10.1695 (Z.: Ferdinand Minberg sive Graeß Hüstensis u. Conradus Cordes ex Blumenthal aliisque cum pluribus) Odilia HORST, ~ Balve 3.1.1666, † ... (lebt noch 1717), Tochter des Wilhelm PIPER genannt HÖRSTER Schulte in der Hintersten HORST (Enkelin von Bernhard P. Schulte i.d. Hintersten H. u. d. Anna Schulte zu STIPEL, vgl. **IVa.**).

Kinder, geb. zu Blumenthal, get. zu Werl:
1) Ferdinandus Josephus, ~ 2.12.1698, Paten: D. Ferdinand Joseph Olvers (recte: Olfers), Margarethe Elisabeth Wi...; lebt 1717
2) Hermann Florentius, ~ 11.8.1699, Paten: Praenob. Dominus Hermann Florentius Lilie, Catharina Elisabeth Kleinsorge dicta Arnsberg;
3) Anton, ~ 21.8.1701, Paten: Antonius Knippers, Ursula Wiggers,
4) Georg, ~ 16.10.1703, Paten: Georgius Töllner, Anna Mense,
5) Caspar Theodor, ~ 27.6.1704, Paten: Johann Schulte, Anna Cordes,
6) Anna Maria, ~ 29.12.1706, Paten: Anna Maria Maaß, Hermannus Holthoff,
7) Christian Johannes, ~ 19.5.1707, Paten: Christianus Dröge, Anna Catharina Luleffs,
lebt 1717

VIe. Ferdinand WINKHAUS genannt GRAES(S)
in Hüsten, * Mimberg, ~ Hüsten 30.7.1666, ▭ Hüsten 19.4.1700
⚭ Hüsten 16.8.1695 Elisabeth ASHEWER, * ..., † ..., Tochter des .... Sie hatte aus 1. Ehe mit Anton GRAESS 9 Kinder. Am 8.5.1701 heiratete sie in 3. Ehe Johann Hermann HAUS aus Menden, mit dem sie 15 Jahre verheiratet war (Kloster Oelinghausen, Akten Nr. 24). Aus der Ehe mit Ferdinand MIMBERG gingen 3 Kinder hervor, von denen am 9.3.1720 noch ein Mädchen lebte, welches aber an Händen und Füßen kontrakt war.

VIf. Hermann BLOME (BLAUME)
zu Sieveringen, Bauer, Gewinn des Hofes 15.12.1684 auf 12 Jahre, am 9.10.1709 auf weitere 12 Jahre. Grundherr war das Hohe Hospital in Soest.
* ... um 1660, ▭ Sieveringen 29.11.1722

⚭ Hüsten (lt. Kb. Westönnen) 4.10.1684 Catharina Schulte zu MIMBERG, * Mimberg, ~ Hüsten St. Petri 26.1.1670

Kinder, geb. zu Sieveringen, get. zu Westönnen:
1) Hermann, ~ 2.12.1685, Paten: Hermann Mimberg tenuit pro fratre suo Matthiam, Anna Willen'sche zu Sieveringen;
   ⚭ Westönnen 1.8.1713 Witwe Elisabeth KERKHOFF,
2) Catharina, ~ 27.4.1687, Paten: Catharina Schneider'sche zu Niederbergstraße, Diedrich Blaume senior,
3) Ursula Helene, ~ 10.10.1688, Paten: ...,
   ⚭ Westönnen 10.10.1713 Heinrich GRAAS, Witwer aus Garbeck, dim. aus Balve,
4) Caspar, ~ 8.11.1693, Paten: Caspar Schulte zu Mimberg, Clara Schäferhoffs;
   ⚭ Körbecke 7.6.1718 Elisabeth OBERSTADT genannt SCHEPERS aus Wippringsen,
5) Maria Elisabeth, ~ 24.8.1695, Paten: Gertrud, die alte Blome'sche, Antonius Lohölter, Schmied in Sieveringen; † 15.11.1731
   ⚭ Westönnen 20.11.1723 Johannes Ferdinandus Bartholdus BRÜNIES aus der Pfarrei Körbecke.
6) Johannes, ~ 8.2.1699, Paten: Johannes Frieling, Elisabeth Meyer'sche von Mimberg; † 28.11.1760,
   ⚭ Westönnen 28.6.1732 Barbara Aloysia BERCKE,
7) Caecilia, ~ 20.11.1700
   ⚭ Westönnen 27.3.1727 Johann LINNEMANN genannt Schulte zu WESTÖNNEN, Witwer, aus Affeln.

VIg. Johann ASSHOFF
Bauer in Oberense, Gewinn des Hofes am 1.10.1699, * Oberense, † Oberense, ▭ Bremen 28.3.1744
⚭ Bremen ... (um 1.10.1699) Margarethe WINKHAUS genannt Schulte zu MIMBERG, ~ Bremen 26.6.1672, † Oberense, ▭ Bremen 5.5.1721

Kinder ASSHOFF, geb. Oberense, get. zu Bremen:
1) Maria Elisabetha, ~ 20.10.1700, Paten: Maria Elisabeth Schultessa ex Mimberg, Georg Brunberg,
2) Eva Catharina, ~ 6.4.1702, Paten: Eva Catharina Busemann, Ferdinand Münstermann,
3) Johannes, ~ 19.12.1703, Paten: Johannes Busemann aus Oberense, Elisabeth Graen,
   ⚭ ... (vor 1736) Elisabeth EBEL.
4) Gertrudis, ~ 15.6.1706, Paten: Gertrud Montze, Johannes Dorinkhoff,
5) Catharina, ~ 9.4.1708, Paten: Catharina Brunberg, Hermannus Blome,
6) Elisabetha, ~ 17.1.1711, Paten: Elisabeth Schultessa in Ense, Matthias Schulte in Blumenthal,

7) Johannes Jodocus, ~ 19.5.1717, Paten: Dominus Johannes Jodocus Toppius, Vicarius, Catharina Blomen.

VIh. Jacobus M I M B E R G
~ Hüsten 16.12.1674, † …
⚭ I. Hüsten 20.9.1705 Anna Sibylla D A N N H Ü S E R (genannt BECKER), * Arnsberg …, † … (vor 11.3.1727), Tochter des …
⚭ II. … Anna S T E V E N S , * …, † …, Tochter des …

Kinder, geb. u. get. zu Werl:

I. Ehe:
1) Hermannus, ~ 21.8.1709, Paten: Hermann Blome ex Siebringsen, Anna Catharina Rinhoff,
2) Christianus, ~ 26.10.1717, Paten: Christian Daelhoff, Elisabeth Grae,

II. Ehe:
3) Johannes Casparus, ~ 11.3.1727, Paten: Johannes Casparus Stallhans, Anna Stevens (möglicherweise setzte der eintragende Pfarrer den Namen der Patin auch als Namen der Kindsmutter ein. In diesem Fall entfiele eine 2. Ehe des Jacob M.)

Vc. Caspar M I M B E R G (MINBERG) genannt Schulte zu OEVINGHAUSEN
* Mimberg, ~ Hüsten 28.5.1628, † Oevinghausen, ▭ Bremen 22.9.1706, gefirmt Bremen 22.5.1647;
⚭ Bremen um 1647 Anna Maria Schulte zu O E V I N G H A U S E N , * Oevinghausen um 1628, † Oevinghausen, ▭ Bremen 15.4.1710 (sepulta Anna Meyersche zu Ovingsen), Tochter des N. Schulte zu OEVINGHAUSEN u. d. Catharina (⚭ II. Johann STOLLE (Vater des Wessel), † Bremen 14.10.1653, Pate am 1.1.1645 bei Kind Lüße gen. Olmus zu Waltringhausen), Patin 28.9.1642 als Megersche zu Oevinghausen in Bremen. Anna Marias Schwester Catharina ⚭ Bremen 5.11.1645 (Z.: Johann Schulte Oevinghausen u. Wilhelm Holmann) Johann LUISSE.

Kinder, geb. zu Oevinghausen, get. zu Bremen:
1) Theodor, * um 1648, † Bremen 4.12.1651
2) Anna Maria, * um 1650, gefirmt 27.8.1662, † …
⚭ Bremen 10.10.1669 Kaspar P A P E ,
Siehe **VIi.**
3) Hermann, * um 1652/54, gefirmt 27.8.1662, † Bilme, ▭ Bremen 23.11.1729
⚭ Bremen 16.2.1678 Catharina SCHÜNGEL,
Siehe **VIk.**
4) Angela, ~ 12.3.1656, Paten: Engel uxor Keggenhoff, Tonies Schwickmann aus Echthausen,
⚭ Bremen 15.11.1672 Henrich OBERSTADT,
Siehe **VIl.**

5) Elisabeth, ~ 9.12.1657, Paten: Elsche uxor Kamphoffs, Wilhelm Brunberg; ▭ 14.1.1660

6) Johann, ~ 21.4.1659, Paten: Johannes Wiemann aus Halingen, Catharina, uxor des Schulten tho Hunninghusen; † vor 27.8.1662, da nicht in der Firmliste

7) Elisabeth, ~ 19.4.1661, Paten: Elschina uxor Ostermann, der Meierschen Schwester, Johann Luisse zu Waltringen;
⚭ Bremen 14.6.1682 Theodor VISCHER in Neheim,
Siehe **VIm.**

8) Maria Catharina, ~ 1.4.1663, Paten: Catharina filia Diedrich Wiemann in Halingen, Johann Weltermann;
⚭ Bremen 2.6.1685 Rudolph Schulte zu GÜNNE,
Siehe **VIn.**

9) Johannes, ~ 18.1.1665, Paten: Johann Becker ex Wickede, Elisabeth uxor Johann Pieffers, Krämers in Bremen;
⚭ Bremen 19.10.1686 Anna Maria SÖBBELER in Niederense, Hoferbin,
Siehe **VIo.**

10) Margareta, ~ 7.8.1667, Paten: Margareta uxor Johann Schulte, Cemmers (so!) zu Werl, Michael Gosmann, Camerarius ibidem; ▭ Bremen 1.7.1668,

11) Caspar, ~ 7.4.1669, Paten: Caspar Karthaus von Werl, Anna, filia Dietrich Wiemanns zu Halingen;
⚭ Bremen 13.8.1697 Elisabeth SCHULTE,
Siehe **VIp.**

12) Ferdinand, ~ 15.2.1671, Paten: Ferdinand Fischer, Bürgermeister zu Neheim, Clara, uxor Caspar Groteboel, Verwalters zu Fuchten;
⚭ Bremen 4.8.1697 Elisabeth BERGHOFF,
Siehe **VIq.**

13) Christian, * um 1673/74 (Lücke im Kb. wegen Pfarrerwechsel vom 26.12.1672-16.9.1674)
⚭ I. um 1701 Catharina WIEMANN, ⚭ II. Bremen 26.1.1704 Clara MENTZE, ⚭ III. (um 11.1.1714) Anna Maria KÖBBINGHOFF.
Siehe **VIr.**

VIi. Kaspar PAPE
Sohn des Jacob P., Bürger zu Werl, * Werl ..., † Werl ...
⚭ Bremen 10.10.1669 (Z.: Johann Luisse zu Waltringen, Othmar Pape zu Werl) Anna Maria MIMBERG, * Oevinghausen, um 1650, ~ Bremen ..., † (Werl) ..., gefirmt Bremen 27.8.1662.

Kinder PAPE, geb. u. get. zu Werl:

1) Othmarus, ~ 18.2.1673, Paten: Othmarus Biggeleben, Elisabeth Cappe,
2) Casparus, ~ ...12.1674, Paten: Angela Mimberg, Caspar Carthaus,
3) Anna Elisabeth, ~ 13.4.1677, Paten: Anna Wulffs, Johannes Christian Papen,
4) Odilia Elisabeth, ~ 15.5.1679, Paten: Elisabeth Storms, Christian Westerholdt,
5) Henricus, ~ 16.10.1680, Paten: Henricus Duwenhewer, Elisabeth Bigge(leben?),

6) Theodorus, ~ 16.8.1682, Paten: Theodorus Visger, Catharina Mimberg,
7) Catharina, ~ 23.1.1684, Paten: Catharina Pape, Hermannus Berinck,
8) Clara Gertrudis, ~ 27.1.1689, Paten: Anna Brüninghausen, Johann Dölle.

VIk. Hermann MIMBERG (ab 1685 genannt KEGGENHOFF)
Zunächst Verwalter (villanus) des Pastors zu Bremen, gewinnt 16.4.1685 auf 12 Jahre den Keggenhof in Bilme, Wiedergewinn 16.4.1697 und 16.4.1709 auf jeweils weitere 12 Jahre (Kloster Paradies, Akten 23: Gewinnbuch).
* Oevinghausen um 1652/54, ~ Bremen ..., gefirmt Bremen 27.8.1662 mit seinen Schwestern Anna Maria und Angela, † Bilme ..., ▭ ebd. 23.11.1729 als Hermannus senior Keggenhoff in Bilme,
⚭ Bremen 16.2.1678 (Z.: Adm. Rev. Dnus. Franciscus Avenhövel u. Henricus Menge, ludimagister), Katharina SCHÜNGEL, * Echthausen ... 1655, † Bilme ..., ▭ ebd. 30.9.1726 als Catharina Keggenhoff ex Bilme; Tochter des Laurenz Jobst SCH. zu Echthausen-Westerhaus u. d. Elisabeth STYLKING.

Kinder, 1-3 geb. u. get. zu Bremen, 4-6 geb. Bilme, get. zu Bremen:
1) Rudolphus Casparus, ~ 30.11.1678, Paten: Rudolphus Kampmann, pastor Bremensis, Caspar Schüngel zu Echthausen, Anna Mimberg, uxor villani in Ovinghausen; † Bilme 18.7.1728.
⚭ ... 1702 Elisabeth RADBERG,
Siehe **VIId.**
2) Jodocus, ~ 16.2.1681, Paten: Jodocus Happen, Rentmeister der Familie (v.) Fürstenberg, Anna Overstadt, (Vater: Villanus D. Pastoris),
⚭ I. ... Margarethe ...,
⚭ II. Bremen 7.8.1729 Catharina STAMEN.
Siehe **VIIe.**
3) Johannes, ~ 20.7.1684, Paten: Vicarius Johannes Camen, Christina Niggeloh vulgo Casbom in Bremen,
(Nicht Johann Theodor!!; vgl. Ausführungen bei **VIIf.**)
4) Anna Catharina, ~ 2.1.1687, Paten: Anna Catharina von Schüngel zu Echthausen, Stephan Giese zu Bilme,
5) Henricus, ~ 27.3.1689, Paten: Henrich Vos in Bilme, Agatha Münstermann,
6) Rudolphus, ~ 18.3.1691, Paten: Rudolph Schultetus in Günne, Anna Sobbelers.

VIId. Rudolph Caspar MIMBERG genannt KEGGENHOFF
* Bremen, ~ Bremen 30.11.1678, † Bilme 18.7.1728
⚭ ... 1702 (Eheberedung 26.4.1702) (H. u. R. WASSER: Schüngel Bd. 4d, S. 2765), Elisabeth RAD(T)BERG, * ... 1681, † ... 1755, Tochter des ... (Hofesakte Keggenhof im Staatsarchiv Münster (STAM), Kloster Paradies, Akten 56; Gewinnbrief vom 26.4.1702 auf dem Hof Radtberg), (⚭ II. 2.3.1729 Heinrich Schulte zu BILME)

Kinder I. Ehe, geb. zu Bilme, get. zu Bremen:
1) Antonius, ~ 6.4.1703, Paten: Antonius Schüngel, Clara Meyersche zu Hoingen,

2) Catharina Elisabeth, ~ 8.10.1705, Paten: Catharina Elisabeth Keggenhoff, Joan Schulte in Bilme,
3) Maria Salome, ~ 6.3.1707, Paten: Maria Salome uxor Giesen, Theodor Serries.

VIIe. Jodocus (Jobst) M I M B E R G genannt H E I M A N N
~ Bremen 16.2.1681, † Parsit, ▭ Bremen 30.4.1742
⚭ I. ... Margarethe ..., * ..., † Parsit, ▭ Bremen 20.4.1729, Tochter des ..., Witwe Theodor H E I (Y) M A N N , ▭ Bremen 27.1.1710
⚭ II. Bremen 7.8.1729 (Z.: Lambertus Stamen, Johannes Becker), Catharina S T A M E N , * Hüningen ..., † ..., Tochter des ...

Kinder, geb. zu Parsit, get. zu Bremen:
1) Henricus, ~ 15.2.1711, Paten: Henrich Mentze, Elisabetha Schulteta in Günne,
2) Franciscus Wilhelmus, ~ 7.10.1714, Paten: Johannes Becker, Catharina Keggenhoff,
3) Everhardus Petrus, ~ 25.8.1717, Paten: Everhard Melmann, Anna Sobbeler, ⚭ Bremen 7.6.1740 (Z.: Albertus Kremer, Stephan Vielberg) Angela V I E L - B E R G ,
4) Johannes Georgius, ~ 7.2.1723, Paten: Johannes Georg Drihus, Magdalena Mimberg, (Mutter: Elisabeth),
5) Johannes, ~ 3.1.1727, Paten: Johannes Kayser aus Bachum, Angela Stamen, (Mutter: Margarethe),
6) Margaretha, * u. ▭ 21.4.1729,
7) Johannes, * 6.10.1730, ~ 18.10.1730, Paten: Johannes Keggenhoff aus Bilme, Elisabeth Keggenhoff,
8) Ferdinandus, * 15.2.1732, ~ 24.2.1732, Paten: Ferdinand Schulte Pröbsting, Margarethe Klot.

VII. Henrich O B E R S T A D T
Bauer in der Bauerschaft Schwitten, vgl. DGB Bd. 152: Stammfolge Oberstadt, S. 126: Sohn des Henrich NECKING gen. O. u. d. Anna ..., * Oberstade, Pfarrei Menden, 1645, † ebd. 12.11.1714
⚭ Bremen 15.11.1672 (Z.: Johann Luiße, Peter Kegenhoff) Angela M I M B E R G , * Oevinghausen, ~ Bremen 12.3.1656, † Menden ... (nach 1697)

Kinder OBERSTADE, geb. u. get. zu Menden:
1) Maria, ~ 4.2.1674, Paten: Gerhard Oberstadt, Jfr. de Landsberg, ⚭ Bremen 23.5.1697 Johann M E N T Z E ,
2) Catharina, ~ 1.9.1675, Paten: Catharina Neckmanns, Theodor Niederstadt,
3) Anna, ~ 19.8.1677, Paten: Casparus aus Eyvinghusen (= Oevinghausen), Anna Bertinghoffs,
4) Clara Angela, ~ ... 1680 (oder später), Paten: ...
⚭ I. Menden 13.12.1707 Henrich NIEDERSTADT, ~ ebd. 3.9.1679, † 23.9.1724, Schulte zu NIEDERSTADT i.d. Bauerschaft Schwitten,

⚭ II. Menden 1.4.1725 Ferdinand CORDES, ~ Blumenthal bei Werl 22.6.1700, † Menden ..., Schulte zu NIEDERSTADT.
(Lücke im Kirchenbuch ?)

5) Johann Adam Caspar, ~ 17.11.1694, Paten: Johann Caspar von Eufingsen (= Oevinghausen), Catharina Oberstadt von Fröndenberg; † (nach 1757)
⚭ Menden 7.12.1717 Isabella HUECK, * Niedermassen um 1690, † Oberstade ... (nach 1757), Tochter des Henrich H. u. d. Klara VELLEUER, luth., 7 Kinder OBERSTADT * 1718-1737.
6) Anna Maria, ~ 8.9.1697, Paten: Dominus Schmidmann, Anna Maria Biggeleben.

VIm. Theodor VISCHER (FISCHER)
in Neheim, * ..., † Neheim 23.12.1695; Bürgermeister 1690, 1695.
⚭ Bremen 14.6.1682 (Z.: Arnold Kramer, Christoph Kaune in Bremen) Elisabeth MIMBERG, * Oevinghausen, ~ Bremen 19.4.1661, † Neheim 1.6.1718. Ihre Patin Elschina Frau OSTERMANN war die Schwester ihrer Mutter.
⚭ II. Neheim 18.5.1697 Ferdinand BRUNABEND, * ..., † ...

Kinder VISCHER, geb. u. get. zu Neheim:
1) Ferdinandus, ~ 7.3.1683, Paten: Baron von Fürstenberg zu Herdringen und die Mutter der Kindbetterin in Oevinghausen, Pfarrei Bremen,
2) Franciscus Wilhelmus, ~ 21.12.1684, Paten: ...,
3) Ferdinandus Antonius Ignatius, ~ 10.2.1686, Paten: Sohn des Freiherrn von Fürstenberg zu Herdringen, Witwe von Eickel in Brockhusen.
† 24.9.1686.
4) Adamus, ~ 21.9.1687, Paten: Dnus. Adamus de Wrede aus Reigern, Margarethe Brunabend, Bürgermeistersfrau,
5) Anna Maria Magdalena, ~ 4.4.1690, Paten: Anna u. Maria Overstadt, Schwestern, Magdalena Otterstett, Caspar Mimberg,
6) Anna Elisabeth, ~ 9.10.1692, Paten: Anna Graes, Theodor Coster, Kämmerer,
7) Johannes Ferdinandus, ~ 10.8.1695, † 22.3.1696, Paten: Praenobil. Rev. D. Wilhelmus Ferdinandus Liber Baro de Fürstenberg, praenob. Domicella ... de Winkelhausen.

VIn. Rudolf Schulte zu GÜNNE
Über das Hofarchiv vgl. Archivpflege in Westfalen und Lippe, Heft 39, April 1994, S. 51-52. (Sohn des Stephan Schulte zu G. u. d. Margarethe LÖBBECKE),
* Günne ..., ~ Körbecke (Möhne) ..., † ...
⚭ II. ... um 1700 Elisabeth Odilia PRÖBSTING, * Hilbeck ..., † ..., Tochter des Ludolf Schulte zu P. (aus dieser Ehe 6 Kinder, * 1701-1710),
⚭ I. Bremen 2.(3.?)6.1685 (Z.: Tünniß Giese u. Voß), Catharina MIMBERG, ~ Bremen 1.4.1663 als Maria Catharina, † Günne 21.4.1699 als Anna Catharina Meyersche in Günne.

Kinder Schulte zu GÜNNE, geb. in Günne, get. zu Körbecke:
1) Anna Maria, ~ 20.2.1686, Paten: Anna Maria Oberstadt, Anton Hennecke aus Körbecke,

⚭ (Aufgebot Hilbeck 9.10.1701) Ferdinand Schulte zu PRÖBSTING in Hilbeck,

2) Rudolf, ⁓ 8.5.1689, Paten: Rudolf Tappenhölter, Anna Sobbelers; † Günne 2.6.1768,

   ⚭ I. Körbecke 10.10.1719 Anna Margarethe BEUMER (BÖHMER) genannt Schulte zu DRÜGGELTE, * Drüggelte, ⁓ Körbecke 1696/97, † 16.8.1738 im Kindbett,

   ⚭ II. Körbecke 11.6.1740 Angela Maria FROMME, * Verne, Diözese Paderborn, † Günne 19.4.1759,

3) Caspar, ⁓ 30.7.1691, Paten: Caspar Schulte Oevinghausen, Magdalene Stüttis; proklamiert Körbecke 5.1.1717 mit Anna Theresia Schulte von den SEN(DE)NHÖFFEN.

4) Margarethe, ⁓ 9.6.1693, Paten: Margarethe Dreversche, Frau des Jägers zu Körbecke, Adolf Hernischer zu Günne,

5) Adam, ⁓ 24.7.1695, Paten: Rever. Dominus Adam v. Hanxleden,

6) Franciscus Bernhardus, ⁓ 13.11.1696, Paten: Franciscus Bernhardus Mappius, Pastor, Eva Dorothea, v. Spiegel; † 3.3.1741.

VIo. Johannes MIMBERG genannt SOBBELER
Bauer zu Niederense, * Oevinghausen, ⁓ Bremen 18.1.1665, † Niederense, ▭ Bremen 7.5.1710

⚭ Bremen 19.10.1686 (Z.: Johann Schulte zu Bilme, Wilm Busemann) Anna Maria SOBBELER (SÖBBELER), * Niederense, ⁓ Bremen 9.5.1661, † ebd., ▭ Bremen 20.4.1738, Erbtochter des Johann Schulte († 10.1.1687) u. d. Anna SOBBELER († 23.4.1685)

Kinder SOBBELER, geb. Niederense, get. zu Bremen:

1) Theodorus, ⁓ 15.6.1687, Paten: Theodor Vischer, Bürger zu Neheim, Anna Catharina Brünings,

2) Rudolphus, ⁓ 21.10.1688, Paten: Rudolph Schulte in Günne, Elisabeth Hagedorn in Niederense,

3) Anna, ⁓ 14.1.1691, Paten: Anna, villana in Ovinghausen, Schultetus in Bilme. Anerbin des Hofes,

   ⚭ Bremen 2.2.1712 Johannes Theodorus HONHOLTER,

4) Casparus, ⁓ 12.2.1696, Paten: Caspar Mimberg Schulte in Ovinghausen, Frau Brunberg,

5) Clara Elisabeth, ⁓ 29.8.1697, Paten: Clara Elisabeth filia Mentzen in Gerlinghausen, Caspar Dunker in Ruhne,

6) Johannes Ferdinandus, ⁓ 28.12.1700, Paten: Johannes Ferdinand Brunabend in Neheim, Anna Maria Mentze,

7) Anna Catharina Elisabeth, ⁓ 5.9.1702, Paten: Anna Catharina Elisabeth, die Meyersche zu Günne, Caspar Drepper, Küster,

8) Johannes Adamus, ⁓ 7.1.1704, Paten: Johannes Adam Fischer, Gertrudis, Frau des alten Schulten in Mussfelde,

   ⚭ Bremen 2.3.1734 (Z.: Petrus Lösse, Petrus Stute) Anna Catharina WIES,

9) Anna Maria Elisabeth, ⁓ 22.12.1706, Paten: Elisabeth, Frau Johann Ferdinand Brunabent, Johannes Bernardus Splithoven,

10) Clara Angela, ⁓ 7.11.1709, Paten: Clara Angela Mentzen, Johannes Schulte zu Ense.

VIp. Caspar MIMBERG genannt DUNCKER
Bauer in Ruhne, * Oevinghausen, ⁓ Bremen 7.4.1669, † Ruhne ..., ▭ Bremen 4.7.1727
⚭ Bremen 13.8.1697 (Z.: Johann Sobeler, Christian Minberg u. d. Küster zu Bremen) Elisabeth SCHULTE (zu ...), * ..., † Ruhne ..., ▭ Bremen 18.10.1743, Tochter des ...

Kinder DUNCKER, geb. Ruhne, get. zu Bremen:
1) Christian, ⁓ 10.8.1700, Paten: Christianus filius Schulteti in Ovingsen, Catharina Schulten aus Besterath (Bergstraße?),
⚭ Bremen 28.8.1731 (Z.: Johannes Schulte u. Theodorus Stoltefot) Elisabetha Schulte RUHNE,
2) Anna, ⁓ 15.3.1703, Paten: Anna Meyersche zu Ovingsen, Henricus Schulte in Ruhne; sie hat eine illegitime Tochter Clara,
3) Elisabetha, ⁓ 26.4.1705, Paten: Elisabeth Wellie in Sünnern, Elisabeth Mentze u. Wilhelm Evers,
4) Casparus, ⁓ 29.6.1707, Paten: Casparus Drepper, Küster, Elisabeth Boeckelmann;
⚭ (vis. Dim. Bremen 8.6.1737) (Z.: Theodor Stoltefot u. Christian Duncker) Anna Maria CORDTS,
5) Clara Elisabetha, ⁓ 10.10.1709, Paten: Clara Meyersche zu Ovinghausen, Petrus Hünningen,
⚭ Bremen 11.9.1740 (Z.: Friedrich Kampschulte u. Theodor Stoltefot) Christian, Sohn des Schulten zu RUHNE,
6) Johann Theodor, ⁓ 13.7.1713, Paten: Johann Theodor Schulte gen. Thulfoet, Anna Maria Mentze,
7) Johannes, ⁓ 5.2.1716, Paten: Johannes Schulte, Anna Maria Minberg.

VIq. Ferdinand MIMBERG genannt MÜNSTERMANN
Bauer in Oberense, * Oevinghausen, ⁓ Bremen 15.2.1671, † Oberense ..., ▭ Bremen 12.9.1739 als F. senior Münstermann,
⚭ Bremen 4.8.1697 (Z.: Johann Sobeler u. d. Küster in Bremen) Elisabeth RISSE, * Oberense, ⁓ Bremen 26.3.1663, † Oberense ..., ▭ Bremen 28.9.1726 als E. MÜNSTERMANN, Tochter des Pancratius (Cresis) BERGHOFF genannt RISSE u. d. Anna (ASSHOFF ?), Witwe Johann RISSE, (⚭ I. Bremen 13.7.1687 Michael MÜNSTERMANN, Sohn des Anton KNOP genannt M. u. d. Else MÜNSTERMANN) (Z.: Johann Schulte zu Bilme u. Aßhoff zu Oberense), † Bremen 24.5.1697.

Kinder MÜNSTERMANN, geb. Oberense, get. zu Bremen:
1) Christina Elisabeth, ⁓ 4.3.1703, Paten: Elisabeth Grahe, Johannes Aßhoff,

2) Eva Catharina, ~ 9.10.1704, Paten: Eva Catharina Overhoff, Johannes Riße; ⚭ Bremen 12.1.1727 (Z.: Johann Risse u. Fridericus Schulte in Hoingen) Johann EBEL, ~ Bremen 20.11.1695 als Sohn des Johann E. in Niederhoingen u. d. Elske LANGSBERG.
3) Johannes, ~ 7.6.1708, Paten: Johannes Stute aus Bremen, Catharina Dahlhoff.

VIr. Christian MIMBERG Schulte zu OEVINGHAUSEN
* Oevinghausen, ~ Bremen ... um 1673/74 (Lücke im Kirchenbuch wegen Pfarrerwechsel v. 26.12.1672 bis zum 16.9.1674), † Oevinghausen, ▭ Bremen 30.7.1725 als Ch. Schultetus in Ovinghausen,
⚭ I. ... (23.8.1701 Dispens wegen Blutsverwandtschaft im 3. Grad (H. DEITMER, Kölner Generalvikariatsprotokolle, Bd. 2, S. 627) Katharina WIEMANN, * Halingen, Pfarrei Menden, ..., † Oevinghausen, ▭ Bremen 12.12.1702,
⚭ II. Bremen 26.1.1704 Clara MENTZE, * Gerlingsen, ~ Bremen 11.9.1713 als Clara Elisabeth, † Oevinghausen, ▭ Bremen 11.9.1713 als Clara Meyersche zu Oevingsen, Tochter des Johann SCHEFERHOFF genannt PRÖBSTING u. MENTZE, ⚭ II. Bremen 30.1.1677 Margarethe Schulte zu OBERBERGSTRASSE, Witwe Johann MENTZE.
⚭ III. ... (11.1.1714 Dispens vom Aufgebot (der Bräutigam wird als Witwer, die Braut als Magd bezeichnet (H. DEITMER, a.a.O., Bd. 2, S. 627) Anna Maria KÖBBINGHOFF, * Völlinghausen, ~ Körbecke (Möhne) 2.8.1682 als Anna Maria Margarethe, † Westönnen 10.6.1728, Tochter des Johann K. u. d. Anna ... (⚭ II. Bremen 30.7.1726 Johannes WELLIE aus Bergstraße).

Kinder MIMBERG Schulte zu OEVINGHAUSEN, geb. Oevinghausen, get. zu Bremen:

II. Ehe:
1) Johannes Theodorus, ~ 25.3.1705, Paten: Johannes Mentze, Anna Meyersche in Oevinghausen, Hoferbe,
⚭ Bremen 16.2.1727 Anna Maria Schulte zu MOSFELD
Siehe **VIIf.**
2) Casparus, ~ 29.5.1707, Paten: Caspar Dunker, Catharina Maria Arens; ⚭ Scheidingen 13.1.1730 Anna Sibylla OSTERMANN, * Illingen um 1689, † ..., ⚭ I. Scheidingen 9.5.1711 Christian FLERCKE genannt OSTERMANN, † Scheidingen 13.2.1729.
3) Ferdinandus Antonius, ~ 23.7.1709, Paten: Ferdinand Anton, Sohn des Schulten in Stipel, Elisabeth Brunberges. Gewinnt den Mittelsten EBEL-Hof am 1.4.1738 u. 10.7.1749 auf jeweils 12 Jahre;
⚭ Bremen 20.9.1732 (Eheberedung am 28.8.1732) (Z.: Johann Theodor Mimberg u. Hermann Frohne) Anna FROHNE, * ..., † ..., (⚭ I. Bremen 7.2.1727 Wilhelm Ebel, † Hoingen 7.7.1732).

III. Ehe:
4) Christianus, ~ 2.6.1715, Paten: Johannes Cöbbinghoff, Anna Maria Mentze; † Westönnen 23.12.1734.

VIIf. Johann Theodor (Dirk) MIMBERG
Schulte oder Pächter zu OEVINGHAUSEN, 1736 mit Frau und Kindern auf dem adligen Haus Oe. genannt im Kirchenbuch von Bremen, * Oevinghausen, ~ Bremen 25.3.1705, † Oevinghausen, ▭ Bremen 5.9.1756 als conductor in Owingsen, ⚭ Bremen 16.2.1727 (Z.: Casparus u. Ferdinand MIMBERG, [Brüder des Bräutigams] u. Johann Theodor Sobbeler) Anna Maria Schulte zu MOSFELD, * Mosfeld ..., † Oevinghausen, ▭ Bremen 4.9.1764 als A.M. vidua Mimberg, quondam conductoris in Ovinghausen; 1759 im Kopfschatzregister des Amtes Werl mit ihren Kindern genannt.
(Alle Angaben zu Johann Theodor MIMBERG Schulte zu OEVINGHAUSEN und seinen Lebensdaten, die in der Literatur [Schüngel-Bücher, AT JUNGMANN etc.] zu finden sind, sind falsch, folglich auch die Abstammung seiner Nachfahren von der Adelsfamilie v. SCHÜNGEL. Dies zu berichtigen war ein Hauptanliegen von Wilhelm HONSELMANN und der eigentliche Anlaß für die Zusammenstellung der Genealogie der Schulten zu MIMBERG).

Kinder, geb. Oevinghausen, get. zu Bremen:
1) Anna Maria Elisabeth, ~ 9.12.1728, Paten: Anna Maria Elisabeth Stenecke, Johannes Schulte ex Mosfelde,
1736 genannt, † Werl ... 1805,
⚭ Werl 20.2.1755 Dr. jur. utr. Caspar Johann Anton TYRELL
Siehe **VIIIb.**
2) Johannes Wilhelmus Ferdinandus, ~ 17.10.1730, Paten: Ferdinand Mimberg für J.W. de Voß ex Aplerbeck u. Anna Maria Mersche ex Mosfelde,
1736 genannt,
3) Hermannus Josephus, ~ 8.2.1733, Paten: Hermannus Henricus Nortberg, Pastor, Angela Binholt,
4) Anna Aloysia (durchgestrichen: Aloysia Ludovica) (aber 1736: Ludovica !), * 11.1.1734, ~ 14.1.1734, Paten: Anna Sobbeler, Georg Schulte ex Mosfelde,
5) Anna Maria Elisabeth, * 20.8.1735, ~ 21.8.1735, Paten: Anna Elisabeth Scheper aus Wippringsen, Dom. Adolphus de Schüngel aus Echthausen,
1736 genannt,
6) Casparus Antonius, * 24.4.1737, ~ 28.4.1737, Paten: Praenobilis Dominus Caspar Antonius Tyrell, Consul Werlensis, Catharina Witwe Nortberg,
1759 genannt als C.A. MIMBERG conductor in Oevingsen, ▭ Bremen 7.7.1768,
7) Anna Catharina, * 18....1738, ~ 19....1738, Paten: Anna Westhoff, Wilm Gerwin,
8) Maria Catharina, * 29.5.1740, ~ 30.5.1740, Paten: Catharina Mentze, Adam Schulte,
1759 genannt
9) Johannes Hermannus, * 18.1.1742, Paten: Fridericus Cosack Susatensis, Anna Ebell,
1759 genannt
10) Catharina Josephina, * 26.8.1743, Paten: Catharina Spliethoff, geistliche Jungfer, Caspar Ostermann,

1759 genannt, ⚭ Bremen 7.11.1773 Franciscus Arnoldus HAKE aus Erwitte. Ihr Sohn Moritz wird am 24.11.1818 als Pächter des Gutes Oevinghausen genannt.

11) Friedrich Wilhelm, * 1.1.1745, ~ 4.1.1745, Paten: Illustr. Dominus, Dominus Fridericus Wilhelmus de Droste in Füchten, Anna Elisabeth Schulteta in Mosfeld,
1759 genannt, ▭ Bremen 11.11.1761
12) Albertina, * 27.6.1747, ~ 28.6.1747, Paten: Geistl. Jungfer Splithoff, Johannes Georgius ..., civis Arnsbergensis (so!).

VIIIb. Caspar Johann Anton T Y R E L L
Dr. jur. utr., kurköln. Hofrat, Prokurator am Offizialatsgericht in Werl, Bürgermeister ebd. Vgl. Deutsches Geschlechterbuch Bd. 152 S. 274f.
~ Werl 10.2.1705, † Werl 1763
⚭ II. Werl 20.2.1755 Johanna Maria Anna Elisabeth M I M B E R G , * Oevinghausen, ~ Bremen 9.12.1728, † Werl 2.4.1805

Kinder, geb. u. get. zu Werl:
1) Marianne, ~ 5.6.1755, † Werl ...1762
2) Franz Anton Joseph, * 3.8.1756, ~ 4.8., † 18.5.1823 in Oevinghausen, ▭ in Bremen, Vikar St. Nicolai zu Werl.
3) Johanna Clara Maria, * 5.12.1758, ~ 23.12., † 19.5.1817 in Buldern,
⚭ 11.8.1782 in Werl Johann Gerhard Ignatz ENNIGMANN, * Dortmund ...1748, † Osnabrück ...1826, romberg. Rentmeister zu Buldern.
4) Ferdinand Franz Anton, * 5.12.1760, ~ 7.12., Pate: Franz Ferdinand Schultes, Siegler am Offizialatsgericht in Werl u. Kanonikus in Meschede;
† 14.8.1830 in Münster, St. Aegidii.
Er war seit 1779 Benediktinerpater im Kloster Liesborn und wurde bekannt als Historiker und Genealoge. Verfasser des ›Chronicon Liesbornense‹ (im Staatsarchiv Münster) und des ›Chronicon Familiae Tyrell‹. Eine ausführliche Würdigung seines Lebens und Wirkens wurde von Frau Marianne S c h r ü n d e r - P o v e l , dem 1983 verstorbenen Ehrenmitglied unserer Gesellschaft, für Band 27-29 (1969-1971) der ›Beiträge zur westfälischen Familienforschung‹ (S. 7-50) verfaßt. Der Nachlaß T y r e l l befindet sich im Staatsarchiv Münster.

Die nachstehende Catharina M I M B E R G konnte bisher nicht in die Schultenfamilie dieses Namens genealogisch eingeordnet werden, obwohl ihre Zugehörigkeit deutlich erkennbar ist:
Johann W I L L E N genannt M Ü L L E R
Müller in der Herbs(t)mühle in Büderich bei Werl (Vgl. Staatsarchiv Münster, Romberg'sches Gesamtarchiv, Akten Nr. 5452)
Der Name der Herbs(t)mühle rührt nicht – wie im Buch von Rudolf PREISING über Büderich auf Seite 52 ausgeführt – davon her, daß der die Mühle treibende Bach nur zur Herbstzeit Wasser führte, sondern von dem 1560-1563 auf der Mühle sitzenden Herbert Moelner. Im Volksmund dürfte die Mühle „Herberts Mühle" genannt worden sein,

woraus sich durch Abschleifung „Herbsmühle“ entwickelt hat. Zeitweise hieß die Mühle auch Tigges-Mühle nach dem um 1685 auf der Mühle sitzenden Matthias (= Tigges) Müller.

* ..., † Büderich 19.3.1685

⚭ Büderich 8.4.1682 Catharina M I M B E R G , * ..., † Büderich 15.11.1708 als Catharina HERBSMÜLLER, Tochter des ... (vielleicht Tochter eines Bruders von Caspar MIMBERG (Johannes oder Jacobus; vgl. **IVb.**),

⚭ II. Büderich ... Nov. 1685 Anton L I P S genannt H E R B S (T) M Ü L L E R , * ..., † ..., Sohn des ...,

⚭ III. Büderich 19.7.1702 Johann P R Ö B S T I N G genannt H E R B S (T) M Ü L L E R , * Hilbeck um 1680, † ..., Sohn des Ludolf Schulte P. u. d. Anna Maria ...,

⚭ II. Büderich 6.2.1709 (Kb. Rhynern 5.2.1709, Z.: Johann Mittrop u. Hermann Ostermann), Anna Maria M I T T R O P , * Rhynern, † ..., Tochter des ... .

Kinder, geb. Ostbüderich, get. zu Büderich:

I. Ehe:

1) Anna Maria, ~ 26.1.1683, Paten: Maria Mersche zu Bering, Caspar Mimberg Schulte zu Eufingsen (= Oevinghausen),
2) Johann, ~ 22.10.1684, Paten: Johann Havickenbrock, Catharina Fischer in Werl,

II. Ehe:

3) Anna, ~ 22.1.1687, Paten: Anna Boneko, Petrus Heyman,
4) Anton Ferdinand, ~ 30.5.1688, Paten: Ferdinand Luerwald, Anna, Bußmersche aus Holtum; † ...7.1698,
5) Caspar Dietrich, ~ 12.4.1694, Paten: Caspar Dietrich Schulte Bering, Catharina Havickenbrock,
6) Wilhelm, ~ 8.2.1696, Paten: Wilhelm Nacke, Elisabeth Hackenhover,
7) Maria Lucia, ~ ...1698, Paten: Maria Lucia Frau Mersche zu Bering, Matthias Boneko,
8) Anna Maria, ~ 6.7.1701, Paten: Bousmannsche, Everhard Haan,

III. Ehe:

9) Ludolphus, ~ 28.10.1705, Paten: Ludolph Schulte zu Pröbsting, Margarethe Feldmanns,
10) Johann Theodor, ~ 24.5.1708, Paten: Johann Theodor Schulte zu Pentling, Elsge Holmanns.

Der Kanoniker am Kapitel des Alten Doms zu Münster Gerdt Provestinck († 1542) und sein Familienkreis

von Jörg Wunschhofer

Am 27. Februar 1542 verstarb zu Münster der Kanoniker am Kapitel des Alten Doms zu Münster Gerdt Provestinck. Er stammte vom Hof Schulte Pröbsting (Provestinck) in Nordwalde, rund 15 km nordwestlich von Münster, der ein Amtshof der Domkellnerei zu Münster war. Einen Großteil der Informationen über ihn liefert sein Testament vom 23. September 1541 und gibt Auskunft über seine familiären und finanziellen Verhältnisse[1]. Testamente aus dieser Zeit sind eher selten, noch seltener betreffen sie Personen aus bäuerlichen Familien, so daß hier ein wertvolles Dokument vorliegt, welches den Einblick in die bäuerlichen Verhältnisse in der ersten Hälfte des 16. Jahrhunderts gestattet. Schon 1980 regte Klaus Scholz in seinem Beitrag über die Testamente münsterischer Kanoniker die nähere Beschäftigung mit dieser Quelle an und wies auf die großen Möglichkeiten hin, einen unmittelbaren und unverstellten Einblick in vergangene Lebenswelten zu erhalten[2].

Das Kollegiatstift Alter Dom in Münster (vetus ecclesia sancti Pauli) wurde durch Bischof Burchard von Münster (1098-1118) am ersten, ludgerianischen, sogenannten „Alten" Dom begründet, nachdem das Domkapitel bereits zur Zeit Bischof Dodos († 993) in den unmittelbar südlich des Ludgerus-Doms errichteten Neubau umgezogen war. Das durch Burchard mit 12 Kanonikaten ausgestattete Stift trat in den Bereichen seiner personellen Organisation und des Kults in enge Verbindung zum Domkapitel, welches z.B. den Propst des Alten Doms stellte. Nach 1377 mußte der Ludgerus-Dom dem Kreuzgang des Neuen Doms weichen; die „Alten Dömer" übersiedelten zunächst in die ehemalige bischöfliche Kapelle, bald danach in einen gotischen Neubau nordwestlich des Neuen Doms, der das Kapitel bis zu dessen Aufhebung durch das kaiserliche Dekret vom 14. November 1811 beherbergte[3, 4].

Der Hof Schulte Pröbsting in Nordwalde

Bei der frühestens 889 begonnenen und Ende des 10. Jahrhunderts weitgehend vollendeten Güterteilung des Bistums Münster zwischen dem Bischof und dem Domkapitel entstanden in Nordwalde der bischöfliche Amtshof „Schulte Bisping" und der große domkapitularische Amtshof „Schulte Pröbsting". Auf dessen Gelände entwickelte sich später das 1151 erstmals erwähnte Dorf Nordwalde mit der Pfarrkirche und dem Pfarrhof. Der Dompropst war daher Kollator der Pfarrstelle, und die Dorfbewohner entrichteten das Wortgeld an den Pröbstinghof[5, 6]. Der Hof verblieb dann bis zur Ablösung aus der Grundherrschaft im 19. Jahrhundert in der Eigenbehörigkeit der Domkellnerei.

Schon am 3. Juli 1265 wird der Hof als domkapitularischer Amtshof erwähnt[7]. Am Himmelfahrtstage des Herrn im Jahre 1299 bezeugt in einer Urkunde der Graf Otto von Tekeneborg (Tecklenburg), daß sein Burgmann Diderich von Horne dem Domkapitel zu Münster den Amtshof zu Nordwalde, welchen er von dem Propst dieses Kapitels zu

Lehen trug, für 160 Mark mit Vorbehalt der Wiederlöse versetzt habe. Dieses geschah „am Meineidigenbaum“[8].
1498 und 1499 ist der *„schulte to Prouestinck“* mit jeweils der großen Zahl von 9 kommunionfähigen Bewohnern genannt[9].

Folgende Stätten unterstanden 1804 diesem Amtsbezirk[10]:

Ksp. Altenberge: Hesker, Spikerman, Wortman, Werning.
Ksp. Borghorst: Heerder.
Ksp. Burgsteinfurt: Heckman.
Ksp. Greven: Fleerkötter, Hermeler, Lau.
Ksp. Nordwalde, Dorf: Benning (Bilk), Beyer, Bultjohan, Dömer, Druenkötter, Erken, Funkenschmidt, Heitlammers, Hunekötter, Kuhlman, Lentfording, Mersman, Puttman (Dütsch), Sandbernd, Tormollen, Tunskötter, Walterskötter, Wietkamp, Lütke Witting.
Ksp. Nordwalde, Feldbauerschaft: Feldkamp, Germeling, Goldschmidt, Heggeman, Hellman, Heßman, Heßmanskotten, Sch. Konerding, Ossendorf, Ruischenkötter, Sch. Nordhoff, Große Sissingdorf, Lütke Sissingdorf, Sch. Wedemhove, Welkman, Wennerskotten.
Ksp. Nordwalde, Kirchbauerschaft: Eilart, Halstendrup, Henrichman, Kleyman, Münsterweg, Wortkotten.
Ksp. Nordwalde, Bs. Scheddebrock: Blick, Sch. Deiphoff, Dichteler, Diekskötter, Egbert, Elsar, Fraling, Haertman, Haertmans Kotten, Hillenkötter, Hülsman, Lepper, Marquart, Kotten Marquart senior, Kotten Marquart junior, Marquartskotten, Niehus, Olrick, Plesker, Robert, Schmedding, Teltenkötter, Volbert, Voß, Waterkamp.
Ksp. Nordwalde, Bs. Suttrop: Blick Wessel, Bömer, Große Brüggeman, Lütke Brüggeman, Denker, Denkers Kötter, Kotten Elsar, Elshove, Focke, Heckkötter, Hulskötter, Jerwelt, Richters, Sch. Roling, Schlatkamp, Stemping, Voß, Welp, Wiening.
Ksp. Nordwalde, Bs. Westerode: Essing, Luer, Sahlike, Vollhage.

Folgende Stätten waren laut Protokoll vom 7. Mai 1727 dem Schultenhof Pröbsting unmittelbar zu Abgaben verpflichtet[11]:
Zum Hoff Probsting gehöret ein Kotte, der Kleykotte gnandt, gibt jahrlichß [keine Angabe].
Item der Bulzen Kotte, so äigen, gibt von Haußß, Garten und ein klein Kämpken – 4 Rt.
Item 25 Kotten oder Haußstetten im Dorff, welche ad cellerariam aigen, undt ahn Hoff Probsting einig Grundgeld, Dienst undt Hüner praestiren mußen.
Item hatt jahrlichß von Gerding, Borgarding, Haßwiede undt Elberting zu Mesumb, wie dan von Varwick, Wigger und Weßeling zu Rheinen jahrlichß von jeden einzufordern 4 Schep. Roggen Spicker Maeße,
von Tebbe zu Rheinen 4 Schep. Gersten Spicker Maeße,
von Varwick zu [Ems]*Detten 3 Schep. Roggen münster. Maeß,*
von Hermeler undt Law zu Greven jeder 2 Schep. münster. Maeß,
von Fleerkotte zu Greven 1 ß, Heckman zu Steinfurth 1 ß, Heerder zu Borchorst 10 d, Dencker undt Floetman müßen jahrlichß geben jeder eine Ganß.

Item hat der Hoff Probsting von nachfolgenden zwey Anspane Bawens, 2 Tage Meyens, 2 d, 1 Huen undt 5 Eger:
Vollhage, Eßing, Kleyman, Munsterweg, Wortman, Spiekerman, Halstendrup, Sahlicke, Henrichman, Heßman, Dencker, Focke, Grote undt Lutke Brüggeman, Jervert, Olrick, Lepper, Hartman, Schmedding, Volbert undt Hülßman.

Im Jahre 1864 kam der Hof durch Heirat an die Familie Schulze Darup. Franz Schulze Darup gen. Schulze Pröbsting war seit 1900 verheiratet mit der Gastwirtstochter Franziska Bisping aus Nordwalde. Er war der letzte Eigentümer auf dem Pröbstinghof. Er stellte von seinem Grundbesitz Flächen für Industriezwecke und die Errichtung von Werkswohnungen zur Verfügung und parzellierte fast den ganzen Besitz. Eine Restfläche von 50 Morgen mit den Gebäuden verkaufte er an die Genossenschaft der Barmherzigen Schwestern nach der Regel des Hl. Franziskus in Münster. Diese haben 1916 auf dem Hofe nach Abbruch der alten Wirtschaftsgebäude und nach völliger Neu- und Umgestaltung ein Erholungsheim für alte und kranke Schwestern eingerichtet[12]. Von den alten Gebäuden ist heute nur der bedeutende alte Steinspeicher erhalten, der etwa um 1500 entstanden ist[13, 14, 15].

Speicher des Hofes Schulte Pröbsting
(Foto: Landesbildstelle Westfalen)

Lebenslauf des Gerdt Provestinck

Gerdt Provestinck ist etwa um 1485 auf dem Hof Schulte Pröbsting in Nordwalde geboren. Über seine Eltern und deren Herkunft konnte bislang nichts in Erfahrung gebracht werden. Er ist im Umkreis von mindestens drei weiteren Geschwistern aufgewachsen, von denen sein Bruder Everdt Schulte Provestinck den elterlichen Hof bewirtschaftete.

Über seinen Bildungsweg ist bisher nichts bekannt, ein Besuch der Domschule zu Münster darf aber als wahrscheinlich gelten. Er ist wohl ungefähr 1512/13 in den geistlichen Stand eingetreten, in diesem Zeitraum wird laut den Rechnungen der Domkellnerei ein Gerhard Provestinck gewechselt[16]. Daß es sich hier um seine Person und das ungefähre Jahr des Eintritts handeln dürfte, ist mit der Tatsache zu begründen, daß bei seinem Neffen Henrich Provestinck ebenfalls im Zusammenhang mit seinem Eintritt in das Kapitel St. Ludgeri zu Münster ein Wechsel im Jahre 1540 stattfindet[17]. Im Unterschied zu den anderen Pröbstinghöfen in Darfeld, Ostbevern und Rinkerode, die in den Rechnungen der Domkellnerei mit Ortsangabe genannt werden, fehlt diese häufig beim Pröbstinghof zu Nordwalde – so auch hier im Rechnungszeitraum 1512/13. Seine geistliche Tätigkeit beginnt in der Liebfrauen-Kirche zu Überwasser, Gerhard Provestinck wird als Zeuge in einer Urkunde des Fraterhauses Münster erstmals am 26. Juni 1517 als Offiziant des Conventes des Liebfrauenstifts zu Überwasser genannt[18]. Er ist Inhaber der Vikarie Venerabilis Sacramenti zu Überwasser[19], die am 10. Februar 1513 von Reiner Jodeveldt und seiner Frau Ursula gestiftet wurde[20]. Leider konnte bislang kein Eintrittsdatum ermittelt werden. Es fällt aber auf, daß das Datum der Stiftung und der Wechsel Gerdt Provestincks in den Rechnungen der Domkellnerei zeitlich zusammenfallen. Am 8. Oktober 1524 ist er als Vikar und Rektor des Altars des Hl. Sakramentes in Unser lieben Frauenkirche zu Überwasser erwähnt[21]. Am 20. September 1525[22], am 14. August 1526[23] und im Februar 1527[24] wird Vikar Gerd Provestinck erneut genannt, am 18. Februar 1530 als Zeuge in einer Urkunde des Klosters Überwasser[25].

Am 6. Juni 1532 erfolgte die Zahlung der Emanzipationsabgaben, danach war er Kanoniker am Alten Dom bis zu seinem Tode[26, 27]. Im Dezember 1532 gehörte er zu den Repräsentanten des Clerus secundarius, der sich einer Steuerforderung der Stadt gegenübersah[28, 29]. Bemerkenswert ist sein persönlicher Einsatz für das Stift in der Täuferzeit. Er rettete rechtzeitig alles offensichtlich Wichtige und Wertvolle (*„omnia iura"*) vor den marodierenden Horden an sichere Orte (so sein Epitaph)[30]. Weitere Einzelnennungen sind zu folgenden Daten zu finden: 1533[31], am 6. Februar 1534[32], am 5. April 1537[33], am 11. Oktober 1537[34], als Zeuge am 18. Dezember 1537: *inn bywesent vorgnannten herrn mester Johan [thor Mollen] unnd hernn Gert Provestinck canonicus*[35], am 23. August 1538 und am 26. Oktober 1538[36]. 1538/39 tritt er als Vikar an St. Ludgeri in Erscheinung[37]. Gerhard Provestinck gehört 1539 zu den 16 alten Brüdern, die in diesem Jahre die Liebfrauenbruderschaft zu Überwasser zu neuem Leben erweckten[38].

Am 15. März 1539 werden unter anderem Gerhard Provestinck, Kanoniker am Alten Dom, Reynert Jodevelt, Kanoniker an St. Ludgeri und dessen Bruder Everhard Jodeveldt vom Dechanten am Alten Dom Johann Knipperdollinck zu Testamentsvollstreckern ernannt[39]. Zu seinen Testamentsvollstreckern bestellte Gerdt Provestinck am

4. März 1540 den Magister Johannes tor Mollen, Kanoniker am Alten Dom, Reiner Jodevelt, Kanoniker zu St. Ludgeri, Herbord Meynershagen, Vikar am Alten Dom, Jaspar Jodevelt, sowie seinen Bruder Everdt Schulte Provestinck und seinen Schwiegersohn, den Bäcker Bernhard Remmen[40]. Am 5. Oktober 1540[41, 42, 43] wird unter anderem Gerhard Provestynck als Handgetreuer des inzwischen verstorbenen Herbord Meynershagen genannt. Am 16. April 1541 erfolgte ein Verkauf einer Rente von 5 rheinischen Gulden durch Domdekan und Kapitel aus dem Hof ton Kumpe (Kumpmann) im Kirchspiel Überwasser an Herrn Gerd Provestynck, Kanoniker des Alten Doms[44].
Hervorzuheben ist seine Tätigkeit und sein Erscheinen im Vorfeld für das 1542 gestiftete Armenhaus im Breul am Buddenturm (auch Jüdefelder Armenhaus genannt). Die Initiative ging von dem münsterischen Bürger Reynert Jodeveldt (Amtmann zu Überwasser 1482-1521) aus. Am 20. September 1525 erfolgt der Ankauf von vier neuen und zwei alten Wohnungen mit Baumgarten, gegenüber dem Buddenturm und Hof von St. Johann durch Dr. Johann thor Mollen, Dechant in Überwasser, Johann Knipperdollinck, Kanonikus im Alten Dom, und Gerd Provestinck, Vikar an Überwasser[45], im Februar 1527 der Ankauf von vier Renten aus dem Nachlaß des Diderick Follen, Kanonikus im Alten Dom, durch den Dechant Dr. Johann tor Mollen und dem Vikar Gerdt Provestinck an Überwasser für ein zu gründendes Armenhaus[46], 1539 verfügt der münsterische Bürger Gerdt Bernynck in seinem Testament, daß ein Brief von 100 Gulden zur Hälfte gehen soll an die *armen in dath nye armerludehuys by sunthe Johannes bynnen Münster, des de werdigen heren mester Johann Knipperdollinck unnd Gerdt Provestinck verwarer synnen*[47], am 29. Januar 1540: Gerd Provestinck als Verwahrer des Armenhauses am Buddenturm[48], am 16. April 1541: Verkauf einer Rente von 5 rheinischen Gulden für 100 Gulden durch Domdekan und Kapitel aus dem Hof ton Kumpe (Kumpmann) im Kirchspiel Überwasser an Herrn Gerd Provestynck, Kanoniker des Alten Doms, und Jasper Jodevelt, Bürger in Münster, Verwahrer des neuen Armenhauses am Breul (Broygell) beim Buddenturm, zugunsten des genannten Armenhauses[49], am 12. Mai 1541 erfolgt der Ankauf eines Hauses neben den Armen-Gademen durch die Provisoren des neuen Armenhauses am Buddenturm, Gerd Provestinck, Kanonikus im Alten Dom, und Jaspar Jodevelt[50].
In seinem Testament ist immer seine Sorge und sein Bemühen zu erkennen, daß die Errichtung dieses Armenhauses seinen Fortgang nehmen möchte. Offensichtlich waren die Verfügungen Gerdt Provestincks und die damit bereitgestellten Geldmittel der letzte Anstoß dazu, die schon länger geplante Stiftung zu vollziehen, die dann laut Urkunde am 17. Juni 1542 erfolgte[51].
Gestorben ist er am Montag den 27. Februar 1542 zu Münster[52, 53]. Nach seinem Tode wurde er im Nordarm des Domkreuzganges bestattet, dort war früher ein Epitaph vorhanden[54]:

> *„Venerabilis vir dominus Gerhardus Provestinck à Nortwolde, huius veteris ecclesiae sancti Pauli canonicus, non vulgari praeditus prudentia, qua calamitatem huius urbis aliquando praevidens, omnia iura ecclesiae, ne a phanaticis anabaptistis diriperentur, solus salvavit & in tuta loca transtulit, quae etiam post captam urbem, quasi post omnia renovata securae custodiae mancipata conservantur."*

Im Nekrolog des Alten Doms findet sich zum 28. Februar: *pro memoria et anniversario domini Gerhardi Provestinges de Noirtwolde, huius ecclesiae canonici et parentii suo-*

rum[55], ferner zu Corpus Christi[56], zum 9. Oktober *(festum)*[57] und zum 24. November, hier auch die Memorie *parentum, amicorum suorum de progenie Provestinck in Northwolde ortorum*[58]; zum 27. Februar im Memorienbuch der Vikare *memoria* und *anniversarius*[59] und ebenso im Memorienbuch des Klosters Überwasser: *Dominus Gerhardus Pröuestinck, canonicus veteris ecclesiae, qui dedit nobis viginti florenos aureos*[60]. Dem Alten Dom unterstand das Archidiakoniat der Kirchspiele Schöppingen, Laer, Eggerode und Asbeck. Der Dechant Rotger Smysinck überträgt am 8. März 1542 nach dem Tode Gerdt Provestincks dieses Archidiakonat dem Kanoniker am Alten Dom Henrich von Raesfeldt[61].

Das Testament vom 23. September 1541

An diesem Tage ließ Gerdt Provestinck angesichts seines schlechten Gesundheitszustandes sein Testament aufsetzen. Dokumente dieser Art sind in jener Zeit meist gleichartig gegliedert, die Reihenfolge ist aber nicht verbindlich vorgegeben. Sie beginnen in der Regel mit der Feststellung, daß der Erblasser bei klaren Verstandeskräften, weder bedroht, noch überredet sein Testament niederlegt. 2. Betrachtung der Sterblichkeit, der Ungewißheit des Todes und Wunsch, dem jähen Tod durch ein Testament vorbereitet zu begegnen. 3. Äußerung des Wunsches, Hader und Zank unter den Hinterlassenen zu vermeiden. 4. Empfehlung der scheidenden Seele in den Schutz Gottes und der Heiligen; allgemeine Bestimmung über die Beisetzung des Körpers nach christlichem Brauch. 5. Fromme Schenkungen *(pia legata)* vorab. 6. Besondere Bestimmungen über die Beisetzung, über Seelenmessen und fromme Legate im Zusammenhang mit der Beisetzung und künftigen Memorien. 7. Legate an Kinder, sonstige Verwandte, Freunde und Gesinde. 8. Ausschluß der mit ihren Legaten unzufriedenen und undankbaren Personen. 9. Vorbehalt etwaiger Testamentsänderung. 10. Klausel zur Sicherung des Testaments bei etwaigen Rechtsmängeln und dessen Empfehlung in den Schutz der Obrigkeit. 11. Ernennung der Handgetreuen oder Testamentsexekutoren. 12. Benennung der Zeugen. 13. Beglaubigung der letztwilligen Verfügung[62].

Liste der Legate:
1) Stiftung einer Memorie im Alten Dom, zum Gedächtnis an ihn und seine Eltern, an seinem Todestag zu halten.
2) Den *gemeynen hueßarmen* zwanzig Goldgulden.
3) Ebenfalls erfolgt eine Memorienstiftung an die Äbtissin und die Jungfern zu Überwasser, sowie an das Schwesternhaus zum Rosenthal ohne Angabe eines konkreten Datums.
4) Bereitstellung von Geldmitteln zur Aufbesserung seiner früheren Vikarie Venerabilis Sacramenti in Überwasser.
5) Geld zur Errichtung der zwei neuen Armenhäuser im Breul.
6) Zehn Goldgulden an den Dechant und die Vikarien zu Überwasser für eine jährliche Memorie für ihn und seine Eltern.
7) Zehn Goldgulden an die Vikarien im Alten Dom, davon fünf Goldgulden für die Memorie seines verstorbenen Freundes Henrich Rupen, Pastor zu Lüdinghausen, Vikar im Alten Dom und Siegeler des Hofes zu Münster.

8) Zwei Rosenobel an den Domdechant und Propst im Alten Dom Rotger Smysinck, Handgetreuer des verstorben Dechanten Johann thor Mollen, damit die Stiftung der beiden Armenhäuser im Breul vorankommt.
9) Desgleichen an Johann Knipperdollinck.
10) Für seinen Bruder Everdt Schulte Provestinck dreißig Goldgulden und fünf silberne Löffel mit langen Stielen.
11) An dessen drei Töchter jeweils zwanzig Goldgulden, dessen vier Söhnen jeweils zehn Goldgulden.
12) An seine Vettern die Brüder *mester* Reynert, Jaspar und Everdt Joddevelt einen Rentenbrief auf 150 Goldgulden mit 7½ Gulden jährlicher Rente.
13) An seine Tochter Styne, ihren Mann Berndt Rhemmen und deren Kinder zusammen 150 Goldgulden.
14) An seine Tochter Else einen Rentenbrief von 50 Goldgulden mit 2½ Gulden jährliche Rente, ferner einen Brief von 100 Goldgulden und eine silberne Schale mit Jasper Westerhoves Marke.
15) An seinen Sohn Bernd, dessen Mutter Styne Gresbecke ist, drei Briefe von je 50 Goldgulden. Er soll unter anderem mit diesen Mitteln aus der Eigenbehörigkeit der Domkellnerei freigekauft werden. Sollte Bernd versterben, so sollen die 150 Goldgulden aufgeteilt werden: 50 Goldgulden an Jasper, Reynert und Everdt Jodeveldt, 50 Goldgulden an die Kinder seines Bruder Everdt Schulte Provestinck, die restlichen 50 Goldgulden sollen je zur Hälfte an das zu errichtende Armenhaus im Breul gehen, sowie an die Armen in Münster.
16) An den Sohn seines Bruders Henrich Provestinck zwanzig Goldgulden, einen silbernen *stopen* und eine silberne Schale.
17) Seinem Vetter und Mitkanoniker Mester Johann thor Mollen einen silbernen *stopen*, hergestellt in Lübeck, mit Jaspar Westerhoves Marke.
18) An die drei Kinder des verstorbenen Henrich Rupen, Siegler des Hofes zu Münster, 20 Goldgulden, dessen Tochter Catharina und Gerdt Provestincks Patenkind, Ehefrau des Rembert Preckynck, drei Goldgulden.
19) Weitere Legate gehen an:
Conrad Rupe, Amtmann zu Überwasser, einen Rosenobel,
seinem Gevatter Rembert Preckinck einen Rosenobel,
dem Pastor der Kirche zu Überwasser zwei Goldgulden,
an Greteke Jodevelt, Schwester zu Überwasser, drei Goldgulden.

An seine Schwester Elze, Schwester im Beginenhaus Hoffringe, drei Goldgulden,
er erläßt Johann Joddevelde vor Münster (dem Bewirtschafter des Hofes Große Jodeveldt) die Schulden von 15 Goldgulden,
den vier Kindern der verstorbenen Volberteschen zu Nordwalde je einen Goldgulden,
an die vier Kinder der Anne Kremer zu Nordwalde, die von seinem Bruder stammen, jedem einen Goldgulden.

An die Tochter der verstorbenen Gebbeke Joddeveldt (⚭ auf den Hof Schulte Havickhorst) im Falle ihrer Verheiratung fünf Goldgulden,
an Greteken Berndynges, Schwester zu Rosenthal, zwei Goldgulden,

JNden eersten die Figuren vanden nieuwe Goude eñ Siluere Penningen/die voorts aen op allen den Munten deser vereenichde Prouintien eenparichlijck gesleegen sullen werdẽ.

Die nieuwe Nederlantsche Rosenobel van alloy als die Enghelsche/ en ghewicht als die voorgaende/weecht vijf Jngelschen/ doet vij. gulden x. stuyvers.
Die haluen ende vierendelen van ghelijcken Figuren naer aduenant.

Die nieuwe Nederlantsche Ducaet van gewicht alloye eñ prijse der Vngersche eñ Rijcx Ducaten weecht ij. Engel. ix. Aeskens stijf / doet iij. gul. viij. stup.

Die Angelot van Enghelant weecht ij. ingels x. asen stijf / hy doet v. gul. iz. stup.

De halue ende vierendelen naer aduenant.

Nota / die vierendeelen van Angelotten hebben te remedie een aesken.

Niederländische und englische Münzen des 16. Jhdts.

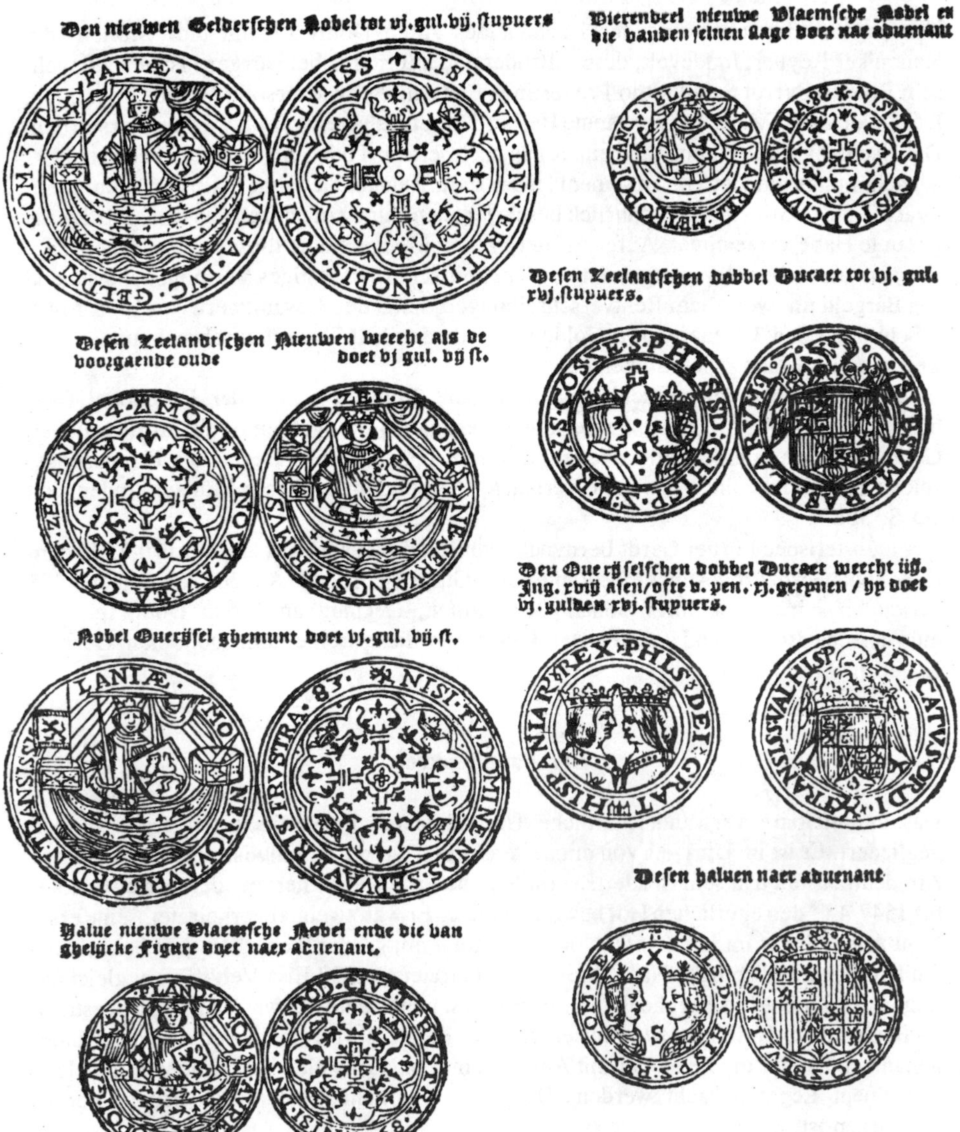

Niederländische und englische Münzen des 16. Jhdts.

seinem Patenkind, Jasper Jodeveldts Sohn, einen Engelotten,
dem Sohn des Everdt Jodeveldt ebenfalls einen Engelotten.

Testamentsvollstrecker sind der Dechant des Alten Doms Johann thor Mollen, der Kanoniker Reynert Joddevelt, dessen Bruder und münsterischer Bürger Jaspar Joddevelt, sein Bruder Everdt Schulte tho Provestinck und sein Schwiegersohn Berndt Rhemmen. Der zuvor am 4. März 1540 ernannte Herbord Meynershagen war inzwischen verstorben. Die Nachlaßaufschreibung fand einen Tag nach seinem Tode – also am 28. Februar 1542 – nachmittags um vier Uhr in seinem Hause statt, welches sich innerhalb der Domimmunität befand[63]. Mit einem ausführlich beschriebenen Rundgang durch das Haus wird seine gesamte Habe verzeichnet. Aufgrund der großen Menge mußte dieser am nächsten Tag, morgens um sieben Uhr, fortgesetzt werden. Sein sehr reichhaltiges Vermögen, bestehend aus Bargeld und vor allem Rentverschreibungen, hatte den Gesamtwert von 1595 Mark 9 Schillinge und 3 Denare (100 Goldgulden wurden laut Testamentsabrechnung zu der Zeit mit 191 Mark 8 Schillingen bewertet).
In dieser Zeit wurden verschiedene besondere Münzen – wie der Rosenobel (war besonders beliebt), Angeloth, Schreckenberger, ganze Goldgulden –, die im alltäglichen Geldumlauf kaum eine Rolle spielten, durch testamentarische Legate als Erinnerungsstücke an Freunde und Verwandte vermacht[64]. Abbildungen dieser Münzen finden sich auf S. 58f.[65].
Der münsterische Bürger Gerdt Bernynck sive Berndinck verkauft am 9. April 1538 dem Kanonikus Gerdt Provestinck eine Rente von 5 Gulden jährlich[66]. Am 26. November 1555 verkaufen seine Exekutoren Johann tor Mollen, Dechant am Alten Dom, und der münstersche Bürger und Bäcker Bernt Remmen diese Rente dem Domvikar Gerwyn Love[li]nckloe[67].

Der Familienkreis

Das unmittelbare verwandtschaftliche Umfeld Gerdt Provestincks ist recht einfach gegliedert. Er ist im Umkreis von mindestens drei weiteren Geschwistern aufgewachsen. Am deutlichsten tritt sein Bruder Everdt Schulte Provestinck hervor, der von etwa 1500 bis 1547/48[68] den elterlichen Hof bewirtschaftete. Er war zweimal verheiratet, seine erste Frau Anna, die er im Jahre 1500 heiratet, stammt mit großer Sicherheit vom benachbarten Hof Schulte Bisping[69]. Nach ihrem Tode heiratet er 1527 Elsa Vehoff vom gleichnamigen Schultenhof in Borghorst[70, 71]. Ferner erscheint seine Schwester Else Provestinck im Beginenhaus Hoffringe zu Münster, eher am Rande ist von einem weiteren nicht näher genannten Bruder die Rede, der mit Anne Kremer in Nordwalde vier Kinder hat, welche mit einem Legat bedacht werden. Der Text legt nahe, daß dieser Bruder bereits verstorben ist.
Laut Testament hat Everdt Schulte Provestinck vier Söhne und drei Töchter. Die vier Söhne sind alle namentlich bekannt: Melchior Provestinck heiratet sich 1536 auf den Hof Schulte Vehoff in Borghorst ein, den Herkunftshof seiner Stiefmutter[72]. Henrich Provestinck wird 1540 gewechselt und Kanoniker an St. Ludgeri[73], er wird von Gerdt Provestinck in besonderem Maße mit Legaten bedacht. Johann Schulte Provestinck erbt

Stammtafel Sch. Pröbsting (Nordwalde)

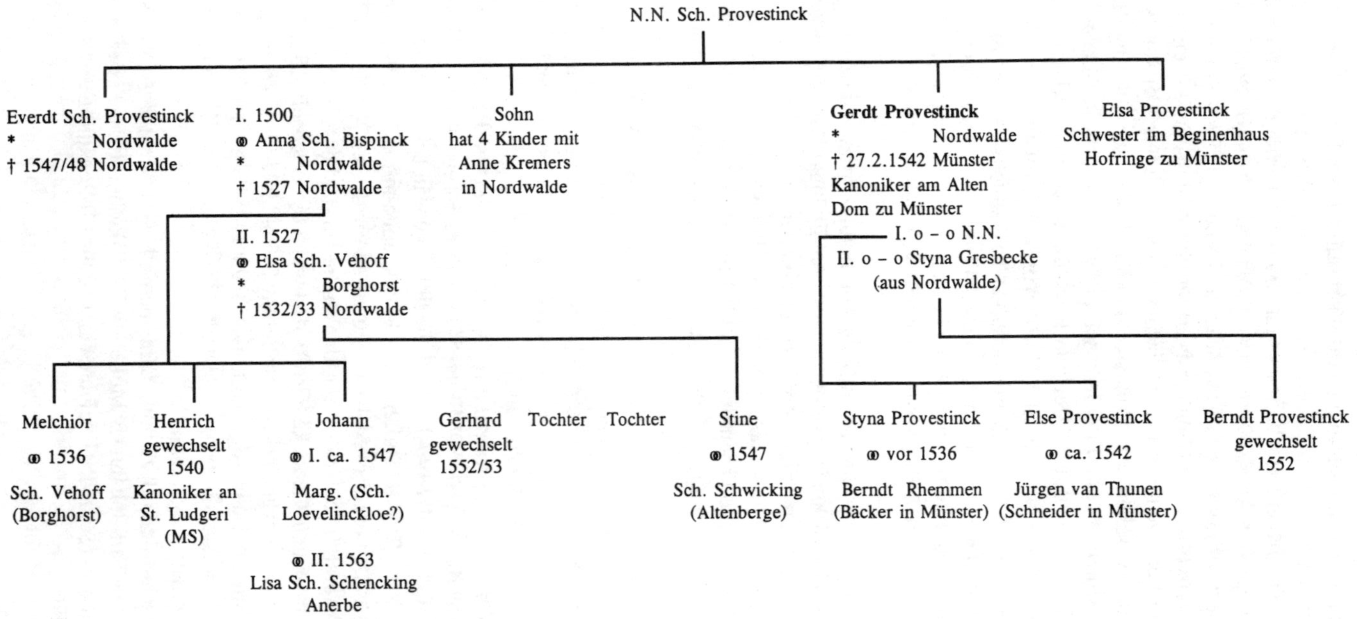

den Hof etwa im Jahre 1547. Die Herkunft seiner Frau Margaretha ist schwierig zu ermitteln. Im fraglichen Zeitraum ist im Wechselbuch der Domkellnerei keine Aufzeichnung über einen Wechsel zu finden, so daß es als wahrscheinlich gelten kann, daß sie aus der gleichen Grundherrschaft stammt. Es spricht einiges dafür, daß sie vom Hof Schulte Lövelingloh in Amelsbüren stammt, der deutlichste Hinweis ist im Testament des Domvikars Gerwyn Loevelinckloe vom 25. November 1557 zu finden[74, 75], hier wird die Meiersche to Provestinck mit Legaten bedacht. Sie steht in der Reihenfolge der bedachten Personen ziemlich weit vorne und inmitten der anderen Verwandten, so daß eine Verwandtschaft zwischen dem Erblasser und ihr als wahrscheinlich gelten kann. Johann Schulte Provestincks zweite Frau Lisa stammt vom Hof Schulte Schencking in Laer, die Einheirat findet 1563 statt[76]. Der vierte Sohn Gerhard wird laut Rechnungen der Domkellnerei 1552/53 gewechselt[77]. Von den in Gerdt Provestincks Testament genannten drei Töchtern ist nur die aus Everdt Schulte Provestincks zweiter Ehe mit Elsa Vehoff stammende Tochter Stine bekannt, die 1547 auf den Hof Schulte Schwicking in Altenberge einheiratet[78]. Die Identität der beiden anderen Töchter ist unbekannt, es liegen weder Vornamen, Verbleib oder der Hinweis vor, aus welcher der beiden Ehen diese stammen.

Unklar ist die genaue verwandtschaftliche Anbindung unseres Geistlichen zu den Brüdern Jaspar, Evert und Reynert Jodeveldt, die von dem Ehepaar Reynert Joddevelt und Ursula Butepage Witwe Johann Knipperdollinck abstammen, dessen Ehe etwa 1500 geschlossen worden ist[79]. Er bezeichnet diese drei als seine Vettern, aber leider ist diese Verwandtschaftsbezeichnung außerordentlich dehnbar und macht eine Zuordnung sehr schwierig. Umgekehrt bezeichnet Reynert Jodeveldt († 23. Februar 1552)[80] – gleichfalls Kanoniker am Alten Dom – in seinem Testament vom 14. August 1550 den verstorbenen Gerdt Provestinck ebenfalls als seinen Vetter[81]. Letztlich ist die Abstammung dieser städtischen Sippschaft vom Hof Große Jodeveldt im Kirchspiel Münster-Überwasser zu erwarten. Am 4. Februar 1586 wird Christoph Hofflinger (⚭ 1554 mit Ursula Jodeveldt, Tochter von Jaspar Jodeveldt und Clara Holtappel) als Testamentsvollstrecker des verstorbenen Henrich Provestinck, Kanoniker an St. Ludgeri und am Alten Dom, erwähnt[82]. Der Besitz der Vikarie Venerabilis Sacramenti zu Überwasser, die von Reiner Jodeveldt und seiner Frau Ursula am 10. Februar 1513 gestiftet wurde, ist ein weiterer Hinweis.

Auch zum Hof Große Jodeveldt gab es Beziehungen; in seinem Testament erläßt Gerdt Provestinck dem Bewirtschafter des Hofes Johann Jodeveldt die Schulden von 15 Goldgulden. Bemerkenswert ist die Fürsorge für dessen Nichte: Im Jahre 1545 wird Maria Havickhorst, Tochter des Berndt Schulte Havickhorst (war Täufer in Münster)[83] und der verstorbenen Gebbeke Große Jodeveldt (gewechselt 1517/18)[84], an Berndt Deyterynck zu Nienberge verheiratet und ihr 5 Goldgulden mitgegeben; ferner werden zum Hofgewinn 28 Taler zugezahlt. Die wahrscheinlich gleichfalls vom Hof Große Jodeveldt stammende Greteke Jodeveldt, Schwester im Kloster Überwasser, wird ebenfalls mit einem Legat bedacht.

Die verwandtschaftliche Beziehung zum ebenfalls von Gerdt Provestinck als sein Vetter bezeichneten Dechant Johann tor Mollen († 22. Oktober 1556)[85], der vom Mühlenhof in Warendorf stammt (Sohn der Eheleute Godeke tor Mollen und Else Sterneberg), ist noch völlig ungeklärt.

Gerdt Provestinck und seine Nachkommen

Gerdt Provestinck lebte wie viele Inhaber geistlicher Ämter in jener Zeit im Konkubinat, so ist es nicht ungewöhnlich, daß er Nachkommen hatte. Insgesamt sind drei Kinder nachzuweisen, die recht umfangreich mit Legaten in seinem Testament bedacht werden. Mit seiner Haushälterin Styna Gresbecke hat er den Sohn Bernd, der zum Zeitpunkt der Errichtung des Testamentes außer Landes war. Die Töchter Styna und Elsa dürften wohl aus einer anderen früheren Verbindung stammen. Styna war bereits an den münsterischen Bäcker Bernd Rhemmen verheiratet, Elsa stand unmittelbar vor der Heirat mit dem münsterischen Schneider Jürgen van Thunen.
Der Sohn Bernd war der Domkellnerei eigenhörig; er sollte sich mit dem Legat freikaufen. Sein Wechsel findet am 21. Januar 1552 statt: Reynert Joddevelt, Kanoniker im Alten Dom zu Münster, Jaspar Joddevelt und Berndt Rhemmen, Bürger der Stadt Münster, Handgetreue des verstorbenen Herrn Gerdt Proevestynck, Kanonikers im Alten Dom, übergeben dem Domherrn und Kellner Bernd van Raesfeld, Propst etc. zu behuf der Domkellnerei den Eigenhörigen Albert Kock, Sohn des Berndt Kock und seiner Ehefrau Catharinen Kockes gen. Wymans von Kockes Erbe im Ksp. Senden, den sie von den Handgetreuen des verstorbenen Domdechanten Rotger Smysinck erhalten hatten, und erhalten dafür aus der Domkellnerei Berndt Provestinck, natürlichen Sohn des verstorbenen Herrn Gerdt Proevestinges und der Stynen Gresbecken, geboren in der Stadt Münster. Jaspar Joddevelt siegelt[86]. Danach findet sich bislang keine weitere Nachricht über ihn.
Styna Gresbecke, die zum Zeitpunkt der Testamentserrichtung schon verstorben war, dürfte wohl mit großer Sicherheit vom gleichnamigen Hof Gresbeck im Kirchspiel Nordwalde stammen, der ebenfalls zur Domkellnerei eigenhörig war. Die Tatsache, daß ihr Sohn Bernd der Domkellnerei eigenhörig war, spricht noch stärker dafür. Auch ist eine Verbindung zu Henrich Gresbeck – der an Verrat und Eroberung der Stadt während der Wiedertäuferzeit beteiligt war und dessen Bericht über die damaligen Vorgänge erhalten ist – wohl aufgrund der Seltenheit des Namens als sehr wahrscheinlich anzusehen[87, 88].
Ob letztendlich Gerdt Provestinck als Ahnherr heute lebender Personen festgemacht werden kann, sollte die zukünftige Forschung zeigen. Aussichtsreich erscheint das bei der in Münster ansässigen Familie Rhemmen. Das Ehepaar Bernd Rhemmen und Styna Provestinck war 1536 schon verheiratet gewesen und hatte mindestens vier Kinder; er war Bäcker, beide wohnten Frauenstr. 9[89]. Am 5. Juni 1559 leben in Münster noch Berndt Rhemmen sowie seine Kinder Bernd, David, Elßke und Merieke, seine Frau Styna war zu dem Zeitpunkt bereits verstorben. Es wird von der Stadt Münster die Vormundschaft dieser vier Kinder geregelt. Von Seiten des Rates der Stadt wird Johann Herdinck zum Vormund bestellt, aus der Verwandtschaft der Kinder werden zwei Personen ernannt: Berndt Smeddinck von Vaters Seite, und Johann Juddevelt (Sohn von Jaspar Jodevelt und Clara Holtappel, ⚭ Kunneke Kock) von Seiten der Mutter[90]. Das abermalige Auftreten eines Mitglieds der Familie Jodeveldt unterstreicht wiederum die verwandtschaftlichen Bindungen zwischen Provestinck und Jodeveldt, die aber noch einer genauen Klärung bedürfen. In die Nachfahrenschaft dürften die Domvikare Johannes Remmen d. Ä., Johannes Remmen d. J. und Heinrich Remmen gehören[91].

Anhang: Wörtliche Abschrift des Testamentes

Das vorliegende Dokument ist eine Abschrift aus der Mitte des 16. Jahrhunderts (vermutlich kurz nach 1554 entstanden), das Original hat sich leider nicht erhalten. Es befindet sich im Staatsarchiv Münster zur Zeit unter der Signatur Alter Dom Münster, V Nr. 14½ (fol. 175-202') mit zahlreichen weiteren Testamenten. Es ist wie folgt gegliedert:

(fol. 176-181): Volltext des Testaments vom 23. September 1541, sowie eine Ergänzung der Legate vom 30. Januar 1542,
(fol. 182-186'): beschreibendes Inventar vom 28. Februar 1542,
(fol. 187-189'): Einnahmen (nochmalige Auflistung des Inventars mit Wertangabe),
(fol. 190-190'): Einnahmen (Recepta de certis reditibus et pensionibus),
(fol. 191-192): Einnahmen der drei (!) Nachjahre,
(fol. 193-196'): Ausgaben (Exposita iuxta tenore testamenti),
(fol. 197-198): Ausgaben (Exposita tempore obitus et exequiarum),
(fol. 198'-199): Ausgaben (Exposita pro certis pauperibus),
(fol. 199'-202'): Ausgaben (Exposita pro diversis).

Vorbemerkung zur Abschrift.

Die Schrift der Vorlage ist sauber und gut leserlich. Verwechslungsmöglichkeiten gibt es manchmal bei *e* und *r*, die gelegentlich, und bei *u* und *n*, die fast immer völlig identisch sind. Der Laut *v* (graphisch *u*) wird nur selten durch *ü* eindeutig gemacht.
Die Abschrift ist buchstabengetreu. Zwischensummen werden in der Regel weggelassen. Auflösungen von Kürzungszeichen sind nur ausnahmsweise (in Zweifelsfällen) kenntlich gemacht. Ein unsystematisch auftretendes Kürzungszeichen am Wortende nach *-n'* ist nicht berücksichtigt, obwohl sich z.B. bei *hern'* und *einn'* gelegentlich die Wiedergabe mit *heren* und *einen* empfahl. Dagegen steht aber z.B. *jungferenn'*, wo keine Auflösung möglich ist.
Die Graphien *v* und *u* sind je nach Lautwert als Lautzeichen für *v* und *u* behandelt worden, also z.B. in ›und‹ *vndt* als *undt*, in ›Befehl‹ *bouell* als *bovell*.
ij und *y* sind stets als *y* wiedergegeben.

1541 September 23 (Freitag nach Lamberti)

Testament des Gerdt Provestinck, Kanoniker am Alten Dom zu Münster:

„In den Namen der hilligen Drevoldicheit Amen.
Kundich unnd apenbair sy allen luden unnd idermannichlyken, de ditt testament unnd lesten willen und desse versatunge und scryfft sehen, lesen offt horenn lesen, dath ick Gerhardus Provestynck, prester unnd canonyck (wattan unwerdich) des Oldenn Dhomes

bynnen Munster, gesundt unnd starck uth Goddes gnaden van lyve, oick wittych, vernunfftich unnd verstendich myner synne, hebbe angemerckett unnd hertlyken betrachtett, dat nycht gewyssers unnd seckers en sy dan de natuerlyke doeth, de nummande spaerth unnd nycht ungewissers, dan de ure unnd stunde des dodes.

Up dat ick dan nycht unversaethlichen van dessen vergencklichen erdryke verscheide, so hebbe ick tho love der hilligen dreyvoldicheidt, ock tho eeren Maryen der moder Goddes, allen Gotz hilligen und tho troyste myner zeilen walbetrachtlichen vorgenommen, dith testamente unnd dessen mynen lesten willen tho setten, ordinerenn unnd tho maken, sette, ordin[er]e unnd make dat myt aller gewaersamheidt, wo ick thom krefftigestenn unnd bestendtlykesten aller unnd ider geistlyker unnd wertlyker rechten unnd gewonheiden doen kann edder mach, unnd offt dithselvyge nycht myth allenn solemniteten unnd geschicklicheiden geschege edder gescheyn were unnd derhalven des eynich mangell unnd irdum in thokomenden tyden enstonde edder hebbenn mochte, so wyll ick doch dath deselve irdum unnd mangell dussen mynen testamente edder lesten willen ginen affbrocke make, sunder dat eth allett nha slechter meynunge unnd ordnunge der gesetten unnd rechten codicilli eder codicillorum krafft unnd bostandt hebbe unnd alzo fullentogen werde unnd unverhindert blyve in aller mathen unnd gestaldt als hir nha wertt folgenn, dair van ick opentlyken protesteer unnd bedynge unnd boger hertlyken van mynen exequutoren und hantgetruwen dath se nha mynen doethligen affgange und verstervent dussen mynen lesten willen unnd dith nhaboschrevene getruwlich uthrichtenn unnd fullenstrecken willen, gelyck ick enne deß genßlichen tho betruwe.

Item erstlykenn als myne zeyle van dem lychame nha dem willen Goddes verscheidett, bovelle ick se Godt almechtich, Maryen syner leven moder unnd allen Goddes hilligen vor my tho bydden, dath Godt almechtich myner zeilen gnedich und bar[m]hertich erschyne.

Oick boger ick, dath myn lycham nha mynen dode thor erden bostadett unnd bograven werde, unnd dat dair na myne bogencknysse na gelegenheitt der tydt unnd gewonheitt unser kerckenn geholdenn werde, unnd geve in tydt myner bogencknysse itlichen unsen herenn deß Oldenn Domes dan iegenwordich to presentien eynen golt guldenn unnd itlichen unsen vicarien twe Schrickenberger offte de gewerde, ock unsen coster unnd veer choralen ithlichen eynen Schryckenberger, offt de gewerde, dat se Godt vor my byddenn.

Item ick geve unsenn hernn thon Oldendome tho eyner memorien, vor my unnd myne olderen tho holdenn up mynen sterffdach offt umb trenth eynen gulden geldes, bolacht myth twintich goldenn Rynssche gulden. Noch geve ick den vorgemelten canonyken unnd hernn theyn golt gulden, tho eynen halven gulden geldes, tho verbetteringe des festes, dath men holt upp den achten dach deß werdigen hilligen sacramentz dach. Noch geve ick den vorbenompten canoniken unnd hern secundum annum gratie myner provende, dair men oyck van maken sall eynen gulden geldes jairlicher renthe, bolacht myth twintich golt guldenn, tho eyner memorien jarlichs up eyne ander beqweme tydt vor my unnd myne olderen tho holden. Dar to noch eynen halven gulden geldes bolacht myth thein golt gulden tho verbetteringe des festes Dionysii martyris unnd offt dat nhajair der dertich golt gulden nicht maken kan, so zall men van mynen restantien so volle dar to nemmen, dat de XXX gulden betalt werden.

Item ick geve tho gemeynen hueßarmen, den deß nodigest unnd aller best behoven bynnen Munster, eyns twintich golt gulden.

Item ick geve tho twenn gemeynen spendenn edder almyssen de men tho beqwemen tyden hemelyken zall geven lathen, eyns twintich golt gulden.

Item ick geve myner werdiger vrouwenn unnd junfferenn tho Overwater tho eyner memoryen, jairlichs vor my und myne frunden tho holdenn, twyntich golt gulden eyns, unnd dair sall men eynen guldenn geldes medde boleggen, unnd den sollen se alle jair in wyne verdryncken, als se de vorscreven memorien geholden hebben.

Ick geve der moder unnd den junfferen thon Rosendaell eyns theyn golt gulden tho eynen halven gulden geldz tho eyner memorien, jairlychs vor my und myne frunde tho holden so by em gewontlich.

Item do ick myne provende im Oldendome krech, hebbe ick gelovett myne vicarie Venerabilis Sacramenti, de ick do hadde tho Overwater, tho verbetterenn myth thein gulden geldes, bolacht myth twen hundert golt gulden. So geve unnd wyse ick dair tho vyff gulden geldes, bolacht myth hundert golt gulden, de ick hebbe myt der weddefrouwen zellygen Jurgen Westkercken tho Warendorppe. Noch drey gulden geldes bolacht myth sestich golt gulden myth den erffgenamen zelligen Coirdt Travelmans, de Johann Stevenynck uthgifft. Unnd noch eynen gulden geldes, den ick hebbe myth Merien Lystigen uth der vorscreven vicarie huse uppen Honekampe, dair se de lyfftucht anne hefft, bolacht myt twintich golt gulden. Unnd noch twintich golt gulden reydes geldz, de men noch boleggen sall, dath deß tsamen werden twe hundert golt gulden. Deß zall de vorscreven thein gulden jairlichs tor lyfftucht borenn de werdige unnd erbar mester Johann Knypperdollinck, deckenn im Oldendome, und na synen doithligen affgange zall de bositter der vorbenompten vicarie de theyn gulden geldes heven unnd boren unnd Godt den hernn getruwlich vor my bydden, als he Godt dair voir bekanth syn wyll.

Item ick geve tho den twe nyen armeludehusen in dem Broyell, de men noch funderen zall, tho betterynge der renthe, so vern als se eynen voirtganck myth der fundatien gewynnen, achtehalven gulden geldes jairlicher renthe, bolacht myth anderhalff hundert golt gulden, uth eynen breve von drey hundert golt gulden, den ick hebbe myth den erbernn und erentfesten Gerdt Kerkerynck, Bernndes zonne, in stedde myner versumenysse der schuldt halven, de Bernndt Buthepage unnd Berndt Knypperdollynck noch schuldich syn den vorscreven armen, kan men dair noch wes van erlangen, mach men tho der armen besten versoken unnd dath de armen Godt den herenn vor my bydden, unnd boger van mynen handtgetruwen umb Godtz willen, dath de fundatie der armeludehuse moge gemakett werden na vermoge ethlicher schryfft, als den zelligenn deckenn van Overwater oick mester Johann Knypperdollinck, my, unnd ethligen andernn bevollen, dath beß an dusse tydt verhindert unnd verbleven is, dair van ick de segell unnd breve noch by my hebbe, na vermoge eynes sunderlynx register unnd reckenscopp dair up gemakett, dan des is eyn deyll bynnen Munster verbleven, durch de versturynge der stadt Munster, datt by my nicht en stondt.

Item ick geve den deckenn unnd vicarien tho Overwater theyn golt gulden, eyns tho eynen halven gulden geldes tho boleggen, tho eyner memorien jairlix vor my unnd myne oldernn tho holden.

Item ick geve denn vicarien im Oldendome theyn golt gulden eins, dair van solt vyff golt gulden vor zelligen hernn Hinrick Rupen, pastors tho Ludinchusen, vicarii im Oldendome unnd segelers deß hoves tho Munster, myns guden frundes, vor syne memorien.

Item ick geve unnd bosette dem erwerdigen unnd erntfestenn hernn Rotger Smysinck, domdecken und provest im Oldendome, twe Rosennobilen eyns, up dath syne erw: in stadt deß zelligen deckens mester Johann thor Mollenn, dar syne erw: eyn handtgetruwe medde van is, will uthrichten helppen de twe nye armeludehuse im Broyll by den Buddentorn tho Overwater begunnen syn, eynen vortganck mogen hebben so siner erw: dar van allenthalven wittich unnd kundich is.

Item ick geve mynen werdigen hernn mester Johan Knypperdollynck, deckenn im Oldendome, twe Rosennobilen unnd theyn golt gulden eyns, dath syne w. will behulplich wesen, dath de fundatie der armeludehueß inn dem Broyell moge eynen voirtganck hebbenn, unnd myner by gedencke.

Item ick geve mynen broder Everde schulten Provestinck dertich golt guldenn eyns unnd vyff sulveren leppel myth langen stellenn. Noch geve ick synen dren echten dochteren ithliger twintich golt gulden eyns. Noch geve ick synen veer echtenn sons itligen theyn golt gulden eyns, makett tsamen hundert unnd dertich golt gulden, deß sall men mynen broder edder synen kynderenn handtrekenn eynen breff van vyff gulden geldes myth Joist Mechelenn, bolacht myth hundert golt gulden unnd dar tho dertich golt gulden, mitt sodanen underscheyde, offt de vader edder der kynder welck verstorven, er se to bestande gekommen, edder sulven tho eren besten gebrukett hebbenn, sall sodaens verstorven andeyll syner giffte erven unnd kommen an de levendigen und nicht up dath herscopp.

Item ick geve mynen veddern mester Reynert, Jaspar unnd Everdt Joddevelt gebroderenn tosamen VII½ gulden geldz, bolacht myth anderhalff hundert golt gulden in eynen breve, den ick hebbe myth den erbernn und ernfesten Gerdt Kerckerynck van drey hunderth golt gulden, dair de helffte alreyde van verwyset is, ann dath nyge armeludehueß in dem Broyell, mach over eynn den andernn affleggen offte in samgude holden, wo em sulches bolevet. Dar tho geve ick em noch IIII selveren beckers, de my ohr zellige leve vader gegeven hadde unnd eyne sulveren schalenn tho Collen gemakett, unnd is slecht gemakett, umb sunderlynges waldaeth und frundtschopp, de my ohr zellige leve vader bowyset hadde, dar se myner by gedenckenn und mynen kindern dat beste doen.

Item ick geve Bernnde Rhemmen und myner dochter Stynen syner ehelichen huesfrouwen tsamen hundert golt gulden und orer twyer echten kynderen vyfftich golt gulden, makett tsamen anderthalff hundert golt gulden, den zall men handtreyken und overleveren eynen breff van twen hundert golt gulden, den ick hebbe myth den erbernn unnd erentfesten Dideryck Morryen drosten etc. So blyven dair over vifftich golt gulden unverwisett, zall hebben myn sonne Bernndt buten landes wesende, so vern he wedderkompt und fryg werden kan, dan kumpt he nycht wedder, so mogen Berndt Remmen und syn huesfrouwe de vyfftich gulden oyck beholden, myt sodanen vorwarden, offt Styne vorstorve, datt Godt verhode, sunder levendige nhablyvende lyveserven, so zall Bernndt wedderumb geven von den hundert gulden bovengemelt tho der armelude hueß in dem Broyll, de men noch funderen sall, vyfftich gulden Rynssche gulden, dair to geve ick eme tsamen eyne myne sulveren schalen myth Gerdt Oedynckberges mercke, unnd wes se my schuldich synndt, geve ick eme qwydt, dar se myner by gedenckenn.

Item men zall myner dochter Elzenn geven allenth, wes ick or in der hilligforwerde gelovett habe. Dar to zall men ohr geven II½ gulden geldes, de ick hebbe myt den domkoster bolacht myt vyfftich golt gulden, den ick to uthrichtunge deß testaments gewyset hadde, des zall men wedder hebben to behoiff des testamentes uthtorichten. Den breyff van hundert golt gulden, den ick hebe myth der weddefrouwen van Munster thor Loborch, dar to geve ick ehr myne selveren schalen myth Jasper Westerhoves mercke, dar se myner by gedencke.

Item ick geve mynen sonne Berndeken, van Stynen Gresbecken geborenn, so vernn he wedder by de handt kumpt, achte halven gulden, bolacht in dreen breven, itlichen breyff vann vyfftich golt gulden, de ick hebbe myth den werdigenn unnd erentfesten hernn Dyderyck Ketteler, domkoster, myth sodanen underscheide, offte de junge verstorve ehr he twentich jair olt worde, wanthe he noch egen is in de kelnerye der domhern, so sollen de anderhalff hundert golt gulden erven unnd khomen in dren deele, nemptlich vyfftich golt gulden an mester Reynerde, Jasper unnd Everdt Jodeveltt gebrodere, de andern vyfftich goltgulden an myns broder Everdes kynder gelyck tho delende unnd de derden vyfftich golt gulden, de helffte in dat nyge armeludehueß vorgemelt unnd de ander helffte in hande der armen, dar dath best bestadet mach werden. Unnd offt he in thokomenden tyden wedder by de handt qweme, wante syn moder hefft enn medde buten landes, konde men onne dan behulplich syn myth mynen gude dath he fryg worde, wanner he dan over twentich jair olt were, unnd syck wall anstelde, so mach men ome de VII½ gulden geldz vorgemelt lathen volgen, syn beste medde tho done. Myth dem vyfftich gulden de eme Bernndt Remme geven zall wo vorscreven unnd mydler tydt mach de junge der jairlix pensien gebreken, beß he tho synen jaren kumpt, so vernn he wedder kumpt.

Item ick geve Hinrico Provestynck, mynes broders zonne, tho dem ick eme in dessen testamente myt synen anderen broderen gegeven hebbe, twintich golt gulden eyns unnd myne sulveren stopen myth mynen mercke, noch eyne sulveren schalen myt eynen Veronyken hovede verguldett, dar he myner by gedenke und myner kynder beste do, als ick em gedaen hebbe.

179

Item Ick geve mynen Sonne Hendricken van Steynen Kerssbecken ge-
borenn /. so verne he wedder by de handt kumpt Achtehalven gulden
geldz myth anderhalff hundert gulden belacht In eynem breven
Marthen breff vnnd vyfftich golt gulden / De Ick hebbe myth den
Werdigenn vnnd Erentfesten Herrn Dyderick Ketteler Domkoster
myth sodanen vnderschede Offte de Junge verstorve ehr he twintich
Jair olt worde, wanthe he noch eyn is In de Kelnerye der domheren
So solen de Anderhalff hundert golt gulden keren vnnd komen In
dren deele Nemptlich vyfftich golt gulden an Mester Reynolde Jasper
vnnd Evert Jodevelt gebrodere, De anderen vyfftich golt gulden
an myns broder Everdes kynder geheel tho delende vnnd de
derden vyfftich golt gulden, De helffte In dat myne Armelude huss
vorgemelt vnnd de ander helffte In hande der Armen dar datt
best bestadet mach werden vnnd offt he In thokomenden tyden wedder
by de handt queme, wante syn Moder hefft em wedde buten landes
konde men omme dan behulplich syn, myth myne gude dath he fryg
worde, Wanner he dan over twintich Jair olt were, vnnd syck
woll anstelde, So mach men omme de vij gulden geldz vorgemelt
lathen volgen syn beste medde tho done, myth den vyfftich gulden
de eme vorundt kemmer geven zall wo vorss vnnd myddeler tydt
mach de Junge der Jarlyke pensien gebruken bess he tho synen
Jaren kumpt So verne he wedder kumpt ;

Item Ick geve Hinrick Provestynck myns broder Sone tho dem
Ick eme In dessen Testamente myt synen anderen broderen gegeven
hebbe Twintich golt gulden ryns vnnd myne sulveren Stopen
myth mynen Merke Noch eyne sulveren Schalen myt eynen
Veronyken houde verguldett, dar he myner by gedenke vnd
myner kynder beste do, als Ick em gedaen hebbe ;

Item Ick geve mynen Vedderen M. Jo: thor Molen confratri meo vnb sin
derlicx frundtschopp vnd dat he myne lesten willen tenbehysken vth
richten helpe myne sulvere Stopen tho Lubeck gemakett myt Jasper
Westerhoves merke / myner dar by to gedenk.

Item ick geve mynen veddern m[ester] Jo[han] thor Mollen, confratri meo, umb sunderlix frundscopp und dat he mynen lesten willen truwelyken uthrichten helpe, myne sulvere stopen tho Lubeck gemakett myt Jasper Westerhoves mercke, myner dar by to gedenken.

Item ick geve zelligen m[ester] Hinrick Rupen, wandages segeler deß hoves tho Munster, synen dren zonnen tsamen tho bate der scholenn, edder war se des boderven, twintich golt gulden eyns unnd der moder Annen van Alten drey golt gulden eyns unnd myner padenn Catherinen ock syner dochter, de Rembertus Preckynck tho eyner hueßfrouwen hefft, drey golt gulden eyns umb eres zelligen leven herenn willenn summa sess unnd twintich golt gulden.

Item ick geve Conrado Rupen, amptman tho Overwater, mynen guden frunde, eyne Rosennobile eyns, dar he myner by gedencke.
Item ick geve Remberto Preckynck, mynen gefadderen, eyne Rosenn Nobile eyns, dar he myner by gedencke.
Item ick geve dem pater tho Overwater twe golt gulden eyns.
Item ick geve suster Greteken Jodeveldz to Overwater drey golt gulden.

Item ick geve myner suster Elzenn, degens tho Hoffrugginck, drey golt gulden eyns, dar se myner by gedencke.
Item ick geve Johann Joddevelde vor Munster qwith vyffteyn golt gulden, de he my schuldich is gelendes geldes.
Item ick geve der zelligen Volbertesschen kyndern to Northwolde itlychen eynen golt gulden, der veer is, summa IIII golt gulden.
Item ick geve Kremer Anneken kyndern tho Northwolde, de se van mynen broder hefft, itlichen eynen golt gulden.

Item ick geve zelligen Gebbeken Joddeveldes dochter, van Havyckhorst geborenn, so vern se na raide erer frunde bestadet werth, vyff golt gulden eyns. Dan verstervet se, ehr se bestadet werth, so zall men de vyff gulden armen luden geven.
Item ick geve suster Gretekenn Berndynges tho dem Rosendaell twe golt gulden eyns, datt se Godt vor my bydde.
Item noch geve ick mynen paden Jasper Joddeveldes sonne eyne Engelotten eyns, dar he myner by gedencke.
Item ick [geve] Evert Joddeveltz zonne eyne Engelotten eyns.

Item noch geve ick ythligenn mynen testamentoren und handtgetruwen, up dat se de vlytiger myn testament und lesten willen helpen uthrichten unnd fullenbrengen malck eynen gulden Lewen unnd twe golt gulden van older swarer munthe, dat se myner by gedenckenn.

Item ick geve alle myne restantien, de my uth den Oldendome noch thokommen, dath men dair twe jair horas canonicas und alle dage eynn vigilie wyll vor lesen lathenn, unnd wes dair over is, zall men armen luden geven und gebreckt dair wes an zall men van den mynen dair by leggen, up datt solchs gescheyn moge.

Item dessen vorscreven mynen lesten willen unnd myn testament uthtorichten, zall men vynden eyn deyll reydes geldz mitt ithligen schulden, de men my schuldich is, unnd dair to vyfftein gulden geldz bolacht myth dren hundert golt gulden, nemptlich vyff gulden geldz myth zelligenn Johann Weicheler bolacht myt hundert gulden. Noch vyff gulden myth zelligen Magnus Kohuses huesfrouwen under dem Bogen unnd vyff gulden geldz, bolacht mit hundert goldt gulden, mydt der weddefrouwen van Munster thor Loborch, de men verkopenn mach und noch unverwysett synt in dessen mynen testamente, dair tho zall men noch hebben van mynen huse XLI golt gulden. So beger ick van mynen handtgetruwen dussen mynen lesten willen uthtorichten und to fullenbrengen und wanner ditt vorgemelte uthgerichtett und betailt is und ock myne kendtlige schult, de ick schuldich sy, vernogett und myne begencknysse na gelegenheit der tydt geholden is, wes dair dan overblyvett in gelde, sall men deylen in twe deyle, denn ersten deyll tho behoeff der armelude hueß in dem Broyll tobehoiff ores tymmers den men noch doyn moeth, so vern dat eynen vortganck gewynth, anders mach men datt armen luden geven, den anderen deyll van dem gelde zall men mynen dren kynderen gelyck deylen, dair to alle myn overblevende guedt in huesgerade, clennode, cledern unnd anders wo dat den namen hefft zall men delen in dren dele nemplich mynen twen dochtere twe deele und den derden Hinrico Provestynck mynes broder zonne.

Ock wyll ick genßlich vorbeholdenn hebben, dath ick dith testamenth stetz nha mynen willen heyll offt thom deyll mach revoceren, casseren, veranderen, vernyen, vermynneren unnd vermeren, wo my dath dan aller boqwemest gelegen. Unnd offt ick ock dithsulve testament in jennygen puncten veranderde unnd jennyge artickell casserde, revocerde, uth deyde unnd doerstrecke, dair myne handtscrifft oder eynes notarii by offt entegen geschreven stonde und gefunden worde, so sollen dannoch de anderen puncte unnd artyckell desses testamentes unverhindert geholden unnd fullenstreckett werden, unnd will my oick glyckmetich vorbeholden, offt sake wer ick nha data desses testamentz unnd lesten willen eynige versathe offte gyffte dede, wo dath gescheyn mochte, myth ingelachter ceddelenn, myth myner handt gescreven offt undergetekent edder eyns notarii, dathselvyge wyll ick als dith testament gelyke bundich hebben unnd dath deselvygen versatinge unnd giffte glyckmetich fullenkomlichen uthgerichtet werden, offt se medde in dessen testamenthe geschreven stonden, deß ick mynen handtgetruwen und executoren ock alzo tho betruwe. In orkunde der warheitt, hebbe ick dit iegenwordige myn testament unnd lesten willen myth myner egen handt geschreven. Datum anno domini XV^{C} eyn unnd vertich deß Ffrydages nha Lamberti."

1542 Januar 30

Ergänzung der Legate:

„Anno domini millesimo quingentesimo quadragesimo secundo die quidem lune tricesima mensis Januarii venerabilis dominus Gerhardus Provestinck canonicus veteris ecclesie divi Pauli Monasteriensis, licet debilis corpore, mentis et rationis tamen suarum compos, suo testamento seu extreme sue voluntati alias conditis infrascripta legata addidit ut sequitur:

Item noch hefft he gegeven unnd gifft den semptlichen junfferen thom Rosendayll vyff golt gulden, boven deß gennen, denselven reitz vorhen gegeven is, tho behoiff ores tymmers.

Item noch bosetth he unnd gyfft denn semptlichen conventhe tho Hoffrugginck eyns drey golt gulden.

Item noch bosett he unnd gifft junffer Elzenn Vornheidenn tho Hoffrugginck eyns eynen golt gulden.

Goldgulden der Reichsmünzstätte Frankfurt von 1505
(Bild: Westf. Landesmuseum)

Item noch gifft he Hinrico Provestinck, sines broder szonne, boven deß gennen em all vorhenn gegeven is, syn beste bedde myt der stedde unnd syner thobehorynge in dem sommerhuse.

Noch hir enboven gifft he denselven Hinrico synen swarten tabbert myth denn ulken gefodert unnd sess sulveren leppell mit korten stellen.

Item noch gifft he syner dochter Stynen der Remmesschen boven deß gennen, er alreydes gegeven is, synen brouw kettell myth dem dryvothe, oick dar noch to synen golden rynnck.

Item noch gifft he synen groten pott boven den handtfathe in der armelude hueß in dem Broyell.

Item noch gyfft he hernn Heynen Visschers, vicario Veterisecclesie, twe golt gulden eyns, dat he Godt vor em bydde.

Item noch gifft he hernn Jo[han] Norderman, des domdeckens capellaen, eyns eynen golt gulden vor eyne gedechtnysse.

Item he gifft Jurgen van Thunen snyder eyne Rosenn nobile, eyne Engelotthen unnd twe Kronen.
Item he gifft syner magett Greten twe golt gulden.
Item he gifft syner warschen Gesen boven er loen twe golt gulden.
Item noch gifft he synen jungen Alberte tho bathe thor scholen umb Gotz willen eyns twe golt gulden.

Premissa addita legata sunt scripta et exarata per me Rembertum Preckynck notarius de mandato et ex commissione prelibati domini testatoris, quod attestor manu propria. Actum et datum anno et die suprascriptis."

1542 Februar 28 (Dienstag)

Nachlaßaufschreibung des verstorbenen Kanonikers am Alten Dom, Gerdt Provestinck:

„**In Namen des Heren Amen.** Kundich und apenbaer sy idermennichliken, de dith iegenwordige apenthlike instrument sehen, lesen offt horen lesen, dat im jaer nha der geborth deßelfften unses hernn Jesu Christi, do men schreiff dusent vyffhundert twe unnd vertich in der vyffteinden indiction oder romertall up Dinstag, welch dair was de leste dach des maentz Ffebruarii, umb trent tho verr urhen namyddage, pauwesdom des allerhilligsten in Godde vaders unnd hernn, hernn Pauli van godtlicher voirsichticheidt pauwest tho Rome, de derde deß nhamen in synen achten jair der kronynge, vor my apenbaren notario unnd den loffwerdigen getugen neddenboscreven dair sunderlinx tho geeysschett unnd gebedden syndt, persoinlichen erschennen und gestanden de werdigen unnd erbernn hern mester Johann thor Mollen, mester Reynert Joddevelt canonycke deß Oldendomes bynnen Munster unnd der erberenn und vorsichtigen Jasper Joddevelt, Evert schulthe tho Provestinck unnd Berndt Rhemme, exequutoren und handgetruwen zelligen hernn Gerdes Provestinck, in tydt synes levens deß vorscreven Oldendomes canonyck, nu kortz in Godt den hern verstorven, in andechtiger meynunge und bogerte oick ut sunderlinger commission oder bovell der werdiger hern deckens und capittels des gerorten Oldendomes eyn inventarium oder erfyndonge unnd beschrivonge over de semptlicke gudere, dorch doithligen avegange und verstervent gedachtes zelligen hern Gerdes nhagelaten und eyn tydt syns levens thobehorich gewest, ufftorichten und thomaken lathen, up dat den gerorten hern handgetruwen, derselvygen nagelaten guder halven gyne unbilliche nhasage, tadelynge, bysprake noch eynige verdechtlicheit in ienygen thokomenden tyden van iummande angelacht unnd thogemetten werde. So hebben dannoch de uffgemelten hern exequutoren und handtgetruwen sampt unnd eyn ider bysunders erstligen vor my notario unnd den tugen neddenboscreven opentlicken protestert und sich genßlichenn bodingett und erhalden, dath se sich der semptligen nagelaten gudere deß vors[creven] zelligenn hernn Gerdes geyns falles willen krodigen noch undernemmen, idt en geschey dan in benefitio inventarii und willen ock nycht verplichtett noch verbunden syn, eynige legata eder giffte noch schulde des uffgemelten hern Gerdes testators zelliger uthtorichtenn to vernogen noch thobetalen, vorder dan sich syne semptlige nagelaten guder strecken oder reichen, und dair genoichsam tho gefunden werden. Welche protestation ader bodyngunge alzo vorhen gedaen unnd den gerorten hern handtgetuwen stedes erhevelich, baetlich und vorbeheltlich.

Dairnha synt de vorbenompten hern exequutoren gegaen in de kameren, dairinne de gerorthe zellige her Gerdt plach tho slapenn. Unnd hebben dair thom ersten gefunden eyne beddestedde myth eyner kuetzen ader treckbedde, eyn bedde mit eynen polle, twe pels deckenn, eyne roide decken, noch eyn kuetzenbedde myt eynen polle, eyne blauwe deckenn. Item noch hebben se gefunden eyn beslotten trysoir offte spynde myth eyner dweylen dair over liggen, welck upgeslatten, hebben de vors[creven] hernn handtgetruwen dairinne gefunden int erste deß vorgemelten hern testatoris tasschen myt eynen gordell und dair nha gefunden eyn schreyneken welch geoppenth, und dairinne gefunden in eynen roden kammelotthen budell hundert enckede golden gulden. Item noch gefunden in eynen lynen budell twe Rosen nobilen, drey kronen, vyff Andreeß gulden, eynen ungerschen gulden, vyff Philypps gulden, noch eynen golt gulden, drey hornssche gulden unnd eyne tasschen tornsschen. Item noch hebben de vorg. exequutoren gefunden in eynen zemeschenn budell achteyn Joachimdalers myt eyner bygelachten ceddelen, dath de testator geleneth hebbe Bernhardo Westkerckenn vyff Joachimdalers. Item gefunden acht unnd negentich geldersche ryders, item noch twe golt gulden, item twe Embder gulden, item eynen Deventer gulden, item eynen Nymweger gulden. Item noch gefunden in eyner tynnen moesschottelen in munsterschen sulvergelde tosamen achte goltgulden und veerdehalven schillinck, item noch twe Slepers, item twe Schryckenbergers, item vyff snaphanen unnd seven dubbelde lubessche schillynge. Item noch hebben de vors[creven] handtgetruwen gefunden in eyner schottelen ditt nabescreven gelt, welch thokumpt unser leven vrouwen broderscopp tho Overwater, nemptligen twe Joachimdalers, seven Schrickenberger, noch IIII ß in sulvergelde. Item in eyner anderen schottelen gefunden seven Geldersche ryders, item vertheyn ß unnd VIII d in sulvergelde. Item noch gefunden eyne cedulen by dussen gelde, welck der vors[creven] broderscopp thokumpt, dair de testator inne bekent, dath he van den gelde gelenet hebbe mester Hinrick van Dusseldorppe upr Rodenburg wonhafftich seß golt gulden.

Item noch hebben de vors[creven] hernn handgetruwen gefunden inn vorg. trysoer oder spinden eynen golden rynck, item noch eyne handtscryfft myt dem pastoir tho Darvelde spreckende up vyff unnd twintich golden gulden, welch de vors[creven] pastoir zelligen hernn Gerde noch schuldich. Item noch gefunden in papir gewunden eynen golden rynck welck pantscup steyth vor vyff pensie gulden, dair up betailt synth twe Joachimdalers, item noch gefunden in der spinden oder trysoir in eynen nassche eynen renthebreiff meldende up vyff gulden jairlicher renthe welch de vorg. zellige testator hefft myt dem erntfesten und erberen Joist Korff. Item noch gefunden in der vors[creven] spinden ader trysoir eyne handtscryfft upp Berndt Buthepagen van sestich golden guldenn mitt etzlichen byverwarten missyven unnd breven, item noch eyne handtscrifft up zelligen Berndt Knypperdollinck van hundert und twintich golden gulden.

Item noch gefunden zelligen hern Gerdz Provestinges semptliche reckensboicke, item noch hebben de vors[creven] hernn handtgetruwen gefunden under in dem trysoir oder spinden in eynen tynnen neppeken twe marck unnd negen schillynge in sulvergelde, item vorder hebben de vorgemelten hern exequutoren gefunden eyn swart beslagen schreynn, welck geoppent unnd dair inne gefunden int erste vyff sulveren schalen, item seß sulveren leppels myth korten stellen, item noch vyff sulveren leppels myth langen stellenn, item twe sulveren stoepen, item veer sulveren beckers, item eyne sulveren fforcke, item noch inn den schreyne gefunden in eynen lynen budelken seß Rosen nobilen, item drey Engelotten, item vyff golden lewen, item noch negenthein olde golden gulden.

Item wyders hebben de hernn handtgetruwen in dem schreyne gefundenn nhaboscrevene renthebreve, welcker de vorgenompte zellige her Gert testator in tydt synes levens thom deyle bolacht, und eyn deyll tot sich gekofft hefft. Item int erste gefunden eynen breiff myth dem erntfestenn Gerdt Kerkerynge tho Amelynckburen meldende up vyffthein gulden renthe upp Gereonis et Victoris jairlix thobetalen.

Item eynen breiff myth dem erntfesten und erbern Dyrick Morryen, drosten thom Ottenstein, spreckende up theyn gulden jairlicher pension tho betalenn up Barbare virginis, item eynen breiff mit der erbaren unnd dogentsamen nagelathen weddefrouwen zelligen Hinricks vann Munster thor Loborch meldende up vyff gulden jairlix thobetalen up den Sundach Reminiscere, item eynen renthebreiff mit zelligen Coirdt Travelman, itzons myth dem erntfestenn Hinryck Stevenynck van vyff gulden pensye jairlix tho betalen up Palmarum, item noch myth dem sulven Hinrich Stevenynck drey gulden renthe jairlix tbetalen up Nativitatis Christi. Item gefunden eynen breiff van vyff gulden renthe jairlix tho betalen up den Sundach Letare Jherusalem uth selligen Johann Ramerdes, dair na zelligen Johan Wechelers huse verschreven unnd versegelt. Item eynen breiff mit Jurgen Westkercken tho Warendorppe, meldende up vyff gulden renthe jairlix tbetalen up dem Sundach Invocavit. Item eynen rentebreiff, meldende up vyff gulden pensie jairlix tho betalen up den Sundach Cantate uth zelligen Magnus Kohuses huse under dem Bogen gelegen verscreven unnd versegelt. Item eynen breiff myth den werdigen unnd erentfesten hernn Diderich Ketteler, domkoster der kerken tho Munster, meldende up derdehalven gulden rente jairlix thobetalen up Omnium Sanctorum. Noch eynen renthebreiff van derdehalven gulden pensye myth dem vorgescreven domkoster jairlix tbetalen up Omnium Sanctorum. Noch eynen breiff myt dem vorbenompten hernn domkoster spreckende up derdehalven gulden geldz jairlicher pension tbetalen up Omnium Sanctorum. Item gefunden einen breiff myth dem erntfestenn unnd erberenn Joist Mechelen, spreckende up vyff gulden jairlicher renthe up Nativitatis Johannis Baptiste thobetalen. Item noch eynen renthebreiff gefunden spreckende up eynen gulden geldes jairlicher pension up de hillige hochtidt Paesschenn thobetalenn uth eynen huse belegen uppn Honekampe by der armelude huse thobehorich, an de vicarien deß hoichwerdigen hilligen sacramentz in unser leven vrouwen kerken tho Overwater verscreven unnd versegelt.

Item dair nha hebben de handtgetruwen vorg. gefunden eyne kleyne leddige spinden, item eyne schyven, einen wesscher und eyn leddich sitten, dwile nu dusse vorgescr[even] gudere alzo gefunden unnd van my notario undergescreven angetekent synn, und de tydt an den avendt verlopenn, hebben de semptlichen vorg. heren handtgetruwen wider Inventeriseronge beß up den andern naistfolgenden dach upgeschoven.

Dair na den naistfolgenden dagh deß morgens umbtrent tho seven urhen, syndt de vorgenompten hern handtgetruwen wedder erschennen in des vors[creven] testatoris huse, unnd hebben noch in jegenwordigheit myns notarii und der getugen nhabonent, dusse nhafolgende gudere gefunden und durch my notario nedenboscr[even] upscryven lathen, und synt vor erst gegaen in den sadell, und alldair gefunden twe schyven. Item eyn leddich cuntoir, eyne taffell, item eyn tynnen handtfatt, ein haell, twe brandtroden, eyn appell roster, item eyn sittenn unnd dair inne gefunden vyff par beddelakenn kleyn unnd groet. Item twe lange gebeldede tafellaken, item eyn lanck gebeldet voirlakenn, item eyn gebeldett schivenlaken, item noch eyn schyvenlaken, item ein olt schivenlaken, item eyn gestripeth vorlaken, item ein myddelmatich lanck gebeldeth taffellaken, item eyn cleyn gebeldet schivenlaken, item twe nygge tafellaken, item eyn cleyn gebeldet schyvenlaken, item twe nygge tafellaken geblekett, item noch anderhalff tafellaken geblekett, item eyn cleyn endeken lakens geblekett, item drey nygge beddelakenn, item eyn tafellaken ungeblekett, item noch eyn kort tafellakenn, noch veer tafellaken unnd twe handtlakenn.

Item ein klederscap unnd dairinne gefunden eynen ewalden grawen rosetten rock, item eynen ewalden swarten rock, item eynen ewalden olden rosetten rock, item eyn rasetten wamboyß, item eyn halff worstein wamboyß, item eyn par hosenn, item eynn halff worstein garnedeken, item veer rotthelen, item theyn hemmeder nygge unnd olt, item twe bonette, item eyne choirkappe, item in eynen lynen budell, eyn olt swart foider.

Item noch hebben de handtgetruwen gefunden seß schulderkussen myth overburen, item ein schreynn myth etzligen olden breven unnd registeren, item noch gefunden eynen nyggen morteer myth eynen stoter, item eynen eeren zeikepott, item eyne wage myth etzligen punderen, item twe meßynges lochtere, item twe partes breviarii, item eyne bibell, item drütthein stoelkussenn nygge unnd olt tsamen, item etzliche stucke gaerns noch ungesodden.

Dair nha synt de uffgemelten herenn exequutorenn gegaen in de kockenn unnd hebben dair naboscrevene gudere unnd hueßgeraidt gefunden, thom ersten twelff tynnen schaffschottelenn groith unnd kleyne, item eyne grote tynnen schinkenschottell, item eyne tynnen botterschottell, item achtein runde tynnen tellers, item veer mostertschottelenn, item vyff dagelicks schaffschottelenn, noch eyne cleyne tynnen schottell, item vyff moeßschottelen, item drey tynnen nepkens, eyn soltfatth, item noch gefunden twelff eerne potte groeth unnd kleyn, item eynen degell, item twe halff verdels wynpullenn, item veer quarthe pullenn, item vyff mengelenn pullen, item drey quarte kannenn, item ein quarthe kroeß, item drey pegell kroeße, item drey messinges tafell krentze, item eynen messinges vuyrhert, item eyn messinges degell, item twe messinges kettell, item eyn messinges beckenn, eyn messinges handtfatt, item eyn messinges doerslach, item eyn messinges waterduppe, item veer kopperen stoelpenn, eynen colschen pott, item seß kettell groet unnd cleyn, item eynen brouwkettell myth eynen dryg voeth, item twe spinden.

Item upp dem herde twe haele, twe brandtroden ein braethspitt, twe braitpannen, eyne roster, item noch etzlige pannen, sleyve, krouwels tangen unnd vuyrforken, item eyne taffell unnd etzlige stoele, item an dem balcken gefunden seß syden speckes, vyff schincken unnd ander ryndt vleisch.

Item dair na gefunden in dem keller etzliche beerfethe unnd ander brouw reiscop, item eyn peckellfat myth peckell vleissche, item noch gefunden boven up dem bonne veer bedde, drey polle unnd twe decken, item eyne zeddele oder sitten, och up dem bonne gefunden in korne umbtrenth veer molt gersten, noch umb trent sesß sceppel roggen, item noch seß sceppel haveren.

Thom lesten syndt de vorg. hern handtgetruwen myth my notario und getugen neddenboscr[even] gegaen in dath sommerhueß unnd hebben aldair gefunden desse naboscr[even] gudere int erste eyne lange tafell, de men tho beyden enden kan upgeslaen, item eyne beddestedde mit eynen bedde und polle. Item eyne franckfordessche decken, item einen lochter, item eyne beslagenn kyste, welcher thobehorich is dem boscheiden Conrado Rupen, amptman tho Overwater. Item desulven kysten upgeslotten unnd dairinne gefunden eynen swarten engelsschen rock myth ulckenn gefodert, noch eynen dannetten rock gefodert myt rumenysken, item elven stucke gesoddens gaerns, item noch in der vors[creven] kysten gefunden eyn lanck schreyneken myth etzligen registerenn, segelenn und breven, horende semptlichen in de nygen armelude huse by dem Buddentorn in dem Broyell, unnd synt de segele unnd breve dair van als volgett:

Item int erste de semptliche verkopes unnd kopesbreve der vors[creven] armen husere, dar na gefunden eynen breiff van vyff gulden renthe, myth dem erntfesten und erberen Hinrich Smisinck jairlix thobetalen up Trium Regum, item eynen breiff spreckende up vyff gulden renthe, myth dem erntfesten und erbaren Coirdt Ketteler, drosten tho Stromberge, jairlix tbetalen up dach Pauli primi heremite. Item eynen breff van dren gulden renthe myth den erffgenamen zelligenn Schotten van Vysbecke jairlix togeven unnd tho betalenn up Purificationis Marie Virginis, item eynen breiff van vyff gulden renthe myth dem ernfesten Hinriche vann Asscheberge, jairlix tbetalen up dem Sundach Invocavit, item eynen breff vann vyff gulden renthe myth dem werdigen hernn deß capittels tho sunthe Ludger bynnen Munster jairlix tbetalen up denn Sundach Oculi, item eynen bosegelden breiff van derdehalven gulden renthe myth dem erentfesten Wessell van Ermen thon Aelrodde jairlix thobetalen up den Sundach Letare, item eynen breiff van vyff gulden renthe, myt dem erbernn Jasper Joddeveldt jairlix tbetalen up Letare, item einen breiff spreckende upp vyff gulden renthe myth Rotger Nortarpp jairlix tbetalenn up dem Sundach Judica, item eynen breiff van vyff guldenn renthe myth dem erffgenamen zelligen Sweder Bispinck jairlix tobetalenn up den Sundach tho Palmen, item noch eynen breiff spreckende up vyff gulden renthe myth den werdigen hernn vam doemcapittell der kerken tho Munster jairlix tbetalen up de hilligen hochtidt tho Passchen, item eynen breiff van enen gulden renthe uth mester Kyliaen Melers hueße an den Fyschmarckede gelegenn versegelt unnd jairlix tbetalen up Philippi unnd Jacobi, item eynen breiff meldende van achtehalven gulden renthe myth den erntfesten unnd erbernn Goeßen van Raesfelt tho Empten jairlix tobetalen up Bonifacii episcopi, item eynen breiff van vyff gulden renthe myth der weddefrouwen zelligen Lubbert Pagnlyff to Warendorppe jairlix thobetalen up Viti martyris. Noch eynen breiff mydt dersulven weddefrouwen van vyff gulden renthe tho betalenn up Nativitatis Johannis Baptiste, item enen breiff spreckende up vyff gulden renthe myth dem erntfesten und erbernn Johann Torck tho Alen jairlix tobetalen up Visitationis Marie Virginis. Noch desulve Johann Torck veer gulden renthe oick jairlix thobetalen up Visitationis Marie, noch Johann Torck vyff gulden renthe jairlix tobetalen up de hilgen hochtidt Assumptionis Marie Virginis, item einen breiff van derdehalven gulden renthe mit dem erntfesten unnd erbernn Dyrick Torck tho Voirhelm jairlix tho betalen up Jacobi apostoli, noch desulvige Dyrick Torck drey gulden renthe jairlix thobetalen up de hilligen hochtidt Nativitatis Christi, item eynen breiff van vyff guldenn renthe myth dem erntfestenn unnd erbernn Johann van Bueren drosten tho Werne jairlix tho betalen up Nativitatis Johannis Baptiste, item eynen breiff van vyff gulden renthe mit dem erntfestenn und erbernn Bernndt van Bervorde jairlix tobetalen upp Michaelis, noch desulve Bernndt van Bervorde vyff guldenn renthe jairlix tobetalen up Remigii.

Item thom lesten noch gefunden eynen breiff meldende up derdehalven gulden renthe myt dem erntfestenn unnd erbern Jacob van Munster. Thom allerlesten gefunden boven up dem sommerhuse eynen schiltstoill und twe schiven schragen.

Dwyle nu dusse semptlige vorg. gudere alzo gefunden und upgescr[even] hebben folgentz de vilgedachten herenn exequutoren unnd handtgetruwen van my notario neddenboscr[even] bogert enne dair over tomaken und thogeven eyn offt mher instrument. Gescheyn syndt dusse semptliche vorgescrevene puncte in deß vors[creven] zelligen hernn Gerdes Provestincks hußes wonnunge bynnen der emuniteten der kercken tho Munster gelegen im jair, indiction, dagen, maendt und plaetzen bovengescr[even] dair medde by ann und over weren de erbernn und boscheiden her Heyne Visscher vicaries im Oldendom und Jurgen van Thunen borger tho Munster tuchlude dar sunderlinx tho geeysschett unnd gebedden.

Und dewyle ick Rembertus Preckynck clerck stifftz Munster van keyserlyker auctoritett unnd macht apenbair notarius by allen unnd iderenn puncten vorgescreven myth sampt denn vorgenompten getugenn jegenwordich gewest unnd desolvygen alzo gehoirt, gesehenn unnd thom deyle gedaenn. Heb dairumb datsolvyge allenth in dusse forme gebracht unnd gestaldt. Umb dith jegenwordige openthlike instrument durch eyns anderenn handt (dwyle ick myth anderen geschefften verhindert) vlytich gescreven, dair over gemakett, eygener handt underscreven unnd myth mynen gewonthlyken teyken unnd nhamen signert unnd undertekent, thom geloven unnd waren getuchnysse aller und ider puncte vors[creven] gebedden, dair over erfordert und ersocht."

Sequuntur recepta iuxta tenorem inventarii [187]
defuncti domini testatoris in pecuniis:

Item erstlick gefunnden in eynen roden kamlotthen budell hundert enckede golden gulden, den gulden tho drey unnd twintich schillyngen boreckent, facit	CXCI mr VIII ß
Item noch gefunden in eynen lynen budell twe Rosen nobilen, idernn ad III gulden I ort, facit	XII mr V ß VI d
Item drey kronen, idern ad V ort dalers, facit	VI mr VIII ß VII½ d
Item vyff Andreeß gulden, idern I golt gulden 9 d, facit	IX mr X ß IX d
Item eynen ungerschen gulden ad I½ daler myn XVI d	II mr VI ß IX d
Item vyff Phileppus gulden, idern ad XIX ß, facit	VII mr XI ß
Item eynen golt gulden, facit	XXIII ß
Item drey hornssche gulden, idern ad IX ß, facit	II mr III ß
Item eyne tasschen tornsche, valuit	XX d
Item noch gefunden in eynen semesschen budell achteyn Joachimdaler, idern to XXI ß VI d, facit	XXII mr III ß
Item by dessen dalernn gefunden eyne ceddell, dat he gelenth hebbe Bernhardo Westkercken vyff daler unnd hir entegen de zellige her ethlich molt entfangen in behoiff der armen, myth sampt dem melthen dath den zelligen hernn noch in alles thokumpt drey ort dalers, facit	XVI ß I½ d
Item noch gefunden acht unnd negentich gellersche ryder gulden, idernn tho XVI ß VI d, facit	CXXXIIII mr IX ß
Item noch twe enckede golden gulden, facit	III mr X ß
Item twe Embder gulden, idern to XVI ß, facit	II mr VIII ß
Item eynen Deventer gulden, valuit	XV ß VI d
Item eynen Nymweger gulden, valuit	XV ß
Item noch gefunden in eyner tynnen moeßchottelen in munsterschen sylvergelde tsamen	XV mr VII ß VI d
Item twe dycke pennynge gnant slepers, facit	XIII ß
Item twe Schryckenberger, valuerunt	VI ß
Item vyff snaphanen und seven dubbelde lubessche, valuit	II mr V ß IIII d

Item noch hebbenn de executorenn gefunden in eyner schottelen dith nabescreven gelt, welch thokumpt unser leven vrouwen broderschopp tho Overwater, als nemptlich twe daler, twe Schryckenberger unnd IIII ß in allerleye paymenthe unnd sylvergelde. [187']
Und dat solvyge is der broderscopp do vort overgelevert.
Item noch in eyner anderenn schottelen gefunden seven Gellerssche ryder, XIIII ß unnd VIII d in allerley sylvergelde, kumpt ock der broderschopp tho.
Item noch gefunden eyne ceddele by dessen gelde, welck der vors[creven] broderscopp ock thokumpt, dair inne de testator bekenth, dath he van dem gelde gelenth hebbe mester Hinryck van Dusseldorppe seß golt gulden.
Und dit is ock do vort myt dem gelde overgeleverth.

Item noch gefunden in dem trygsoir oder spynden eynen golden rynck, und desse rynck is syner dochter der Remmesschen overgeleverth nha uthwysinge deß testamentes.
Item noch eyne handtscryfft myth dem pastoir tho Darvelde, spreckende up vyff unnd twintich golt gulden, welcher de pastor dem testatori noch schuldich und desse handtscryfft is noch by den executorenn und kumpt den zelligen hern testatori noch tho.
Item noch gefunden in eynen papireken eynen golden rynck, welck stondt pandtscop vor vyff pensie gulden und dair up betalt twe daler, dath ander zall hir nha boreckenth werden in receptis pensionibus.
Item noch gefunden in der spinden eder trygsoir in eynen nassche eynen renthebreff van vyff gulden geldes jairlicher renthe myth dem erntfesten Joist Korff, bolacht myth hundert golt gulden.
Desse breiff is bohandet mester Jurgen van Thunen na uthwisinge des verdrages syner hillixforwerde.
Item noch in der vors[creven] spinden oder trygsoir eyne handtscryfft up Berndt Buthepagen van sestich [188]
golt guldenn, welch noch unbetaildt und Butepage vors[creven] noch schuldich. Is noch denn executoren und kumpt den armen tho.
Item noch eyne handtscryfft up zelligen Berndt Knypperdollynck van hundert und twintich golt gulden, noch unbetaildt is ock noch by den executorenn unnd kumpt den armen tho.

Item noch in eynen tynnen nepken gefunden	II mr IX ß
Item noch gefunden in eyn swarth beslagen schreyneken vyff sulveren schalen, seß sulveren leppell myth korten stellen, vyff sulveren leppell myth langen stellen, twe sulveren stopen, veer sulveren becker und eyne sulveren forcken, syndt under de frunde nha lude deß testamentes verdeylett.	
Item noch gefunden im solven schreyn in eynen swarten budell hundert golt gulden, facit	CXCI mr VIII ß
Item noch gefunden in eynen lynen budelken seß Rosen nobilen, idernn ad III gulden I ort, facit	XXXVII mr 4 ß VI d
Item noch drey Engelotten, eyn ider twe golt gulden unnd eynen Schreckenberger, facit	XII mr III ß
Item vyff golden lewen, ider II gulden, facit	XIIII mr 4 ß VI d
Item noch gefunden negenteyn olde gulden, facit	XXXVI mr V ß

Item noch in den sulven schreyne gefundenn naboscrevene renthebreve, welcker de vors[creven] testator in tydt synes levens eyn deyll sulvest bolacht unnd oyck eyn deyll tho sich gekofft wo hir na folgett:

Int erste eynen breyff myth dem erntfestenn und erberenn Gerdt Kerckerynck tho Amelynckburen meldende jairlix uff vyffteyn gulden geldes up Gereonis et Victoris martyrum thobetalen.
Vann dessen breve is de helffte nemlich VII½ gulden geldes na uthwisunge des testaments verwiset unnd gegeven in dat nye armelude hueß tho Overwater in dem Broyell unnd de ander helffte mester Reynert, Jasper unnd Evert Joddevelt gebroderen.

Item noch eynen breyff myth dem erntfesten und [188']
erberenn Diderich Morryen, drosten ton Ottensteyn, spreckende up theyn gulden jairlicher pensioen up Barbare virginis thobetalen.
Van dessen breve is Bernndt Rhemmen unnd syner huesfrouwen sampt oren kynderen nha lude deß testamentes overgewysett unnd gegeven anderthalff hundert gulden. Unnd de anderen vifftich Bernde Provestinck, des zelligen hernn testatoris szonn.

Item eynen breiff myt der erbernn und dogentsamen nhagelathen weddefrouwen zelligen Hinrycks van Munster thor Loborch, meldende uff vyff gulden jairlichs tho betalenn up dem Sundach Reminiscere, bolacht myth hundert golt gulden, facit CXCI mr VIII ß

Item eynen breiff mit zelligenn Coirdt Travelman itzunder Hinryck Stevenynck van vyff gulden jairlicher pension up Palmarum tbetalen, bolacht myth hundert golt gulden.
Dusse breyff is int iar seven unnd twintich gelost nha vermoge unnd uthwysunge des zelligen hern registers unnd is umb geferlicheit der itzlopigen tydt nycht wedderumb bolacht.
Item noch myth densolven Hinryck Stevenynck eynen breiff van dren gulden geldes jairlicher renthe up Nativitatis Christi verschinende bolacht myth sestich golt gulden.
Dusse breiff is overgewysett und gegeven to verbetteringe der vicaryen Venerabilis Sacramenti to Overwater na uthwisunge deß testamentes.
Item noch eynen breiff van vyff gulden jarlix tho betalen up den Sundach Letare Jherusalem uth zelligen Johann Ramerdes, dair na zelligen Johan Wechelers huese verscreven und versegelt, bolacht myt C golt gulden CXCI mr VIII ß
Item eynen breiff myth Jurgen Westkercken tho Warendorppe meldende uff vyff gulden renthe jairlychs tbetalenn up dem Sundach Invocavit, [189]
bolacht myth hundert golt gulden.

Dusse breyff is oyck overgewyset und gegeven
tho verbetterynge der vicaryen Venerabilis Sacramenti
tho Overwater nha uthwisunge des testamentz.
Item noch eynen renthebreiff meldende up vyff gulden
pensie jairlichs tbetalen up dem Sundach Cantate
uth zelligen Magnus Kohuses huse versegelt und
verschreven, bolacht myt hundert golt gulden CXCI mr VIII ß
Item eynen breiff myth dem werdigen unnd ernt-
festenn hernn Dyderich Ketteler, doemkoster der
kercken tho Munster, meldende up derdehalven gulden
renthe jairlichs tbetalen up Omnium Sanctorum, bolacht
myth vyfftich golt gulden.
Item noch eynen renthebreiff myt demsulven hern
doemkoster van derdehalven gulden jairlix, ock tho
betalen up Omnium Sanctorum, bolacht myt vifftich golt gulden
Item noch eynen breiff myth dem ergenanten hern dom-
koster van derdehalven gulden geldz up Omnium Sanctorum tbetalen,
bolacht myth vifftich golt gulden.
Dusse drey vors[creven] renthebreve myth dem werdigen
hernn domkoster synt gegeven und overgewiset Berndt
Provestynck, Stynen Gresbeckenn sonne.
Item noch is dair gefunden eyn breiff myt demselvy-
gen hernn domkoster, dwelche in dem inventario nicht
angetekenth, van derdehalven gulden geldes, bolacht
myth vifftich golt gulden.
Desse breiff is mester Jurgen van Thunen over-
gegeven nha lude deß testamentes.
Item noch gefunden eynen breiff myt dem erent-
festenn unnd erberenn Joist Mechelen, spreckende up
vyff gulden jairlicher renthe up Nativitatis Johannis
tbetalenn, bolacht myth hundert golt gulden.
Dusse breyff is gegeven und overgewyseth na lude
des testamentes Everde schulten to Provestinck und
synen kynderen.

Item noch eynen renthebreiff, spreckende up eynen [189']
gulden geldes jairlicher renthe up de hilligen hochtidt
Paisschenn, tho betalen uth eynen hueß bolegen up
dem Honekampe by der armelude hueß, thobehorich
an de vicaryen deß hoichwerdigen hilligen sacramentz
in unser leven vrouwen kerckenn tho Overwater,
bolacht myth twintich golt gulden.
Dusse breiff is oyck to verbetterynge der vicaryen
Venerabilis Sacramenti gegeven unnd overgewisett allet
nha vermoge des testamentz.

Item alle ingedompte des huses an kannen, potthen,
schottelenn, kettelenn, lynwenth unnd klederenn,
ock allett wes des gewest unnd den namen eygett

edder hebben mach, is nha inholt deß testamentz unnd inventarii, dair over gemakett, under denn ffrunden verdeylt unnd overgeleverth, inholt der quytantien dair over gegeven unnd eynen ideren nha vermoge des testamentes bohandett.

Item noch gefunden an segelenn unnd breven, dewelche den armen tho Overwater by dem Buddentorn in dem Broyll thokommen inholt dessolvygen inventarii, welche synck jairlynx an staender renthe erstrecken over de hundert gulden. Desolvygen ock do vort der armen provisorenn unnd hueßhernn als nemptlich Jasper Joddeveldt gehandtreykett unnd overgelevert synth allet nha inholde des inventarii und eynes sunderlyngen registers dair over gemakett.

Noble von London 1363-1639
(Bild: Westf. Landesmuseum)

Sequuntur recepta de certis reditibus et pensionibus. [190]
post obitum testatoris pie memorie; ess'

Item int erste van mester Gerdt Schroderckenn durch synen deyner Johem Rump Saterdages nha Jacobi anno XV^c^XLII entfangen nha lude der handtscryfft dair over gegeven XXXVII mr VII ß III d
Item entfangen van hernn Diderick Ketteler doemkoster durch hern Johann Hylmerynck X gulden pensie anno XLI up Martini verschennen, den gulden to XVIII ß, facit XV mr
Item entfangen van dem erntfesten Johann Steveninck durch Johem Royen drey gulden pensyen anno XL° up Nativitatis Christi verschennen, facit IIII mr VI ß
Item noch entfangen van Johann Stevenynck durch densolvygen Johem Royen, de anno XLI° verschennen wo bovenges[creven], den gulden to XVIII ß, facit IIII mr VI ß
Item noch entfangen van mester Gerdt Schroderkenn, durch synen deyner Johem Saterdages nha Kerstzmyssen anno XLII°, alleth nha lude der handtscryfft dair over gegeven VII ß III d
Item van den huse thobehorich an de vicaryen deß hoichwerdigen Hilligen Sacramentes durch Meryen Lystigen up dem Honekampe de annis XL und XLI° upp passche verschennen, ider jairs eynen gulden, den gulden tho XVIII ß, facit III mr
Item entfangenn van der nhagelathen wedwen zelligenn Jurgen Westkerckenn tho Warendorpe durch Bernhardum Westkercken vyff gulden pension anno XV^C^XLI up Invocavit verschennen, betalt myth veer enckeden dalern, facit VII mr II ß
Item de Kannengeterssche, dwelche in Beckermeckers huse plach tho wonnen, hadde zelligen hernn Gerde Provestynck tho pande gesatt eynen rynck vor vyff pensie gulden, darher Gerdt zelliger upp entfangen twe daler.
So hebbe ick er den rynck weddergedaen Gudenstages vor Lechtmyssen anno XLIII und van ohr noch van hinderstande entfangen III mr VIII ß [190']
Item noch gefunden eynen breyff vor nycht boreckkent, myth der erbernn und dogentsamen nhagelathen huesfrouwen zelligen Hinricks van Munster thor Loborch van vyff gulden jarlix up Reminiscere verschennen. Unnd desse breiff is do vort nha des selligenn hernn testatoris affsterventh den armen bohandett in affslach der schulden und upboryngen, dwelche der zelliger her testator van wegen der armen in synen levende upgebort unnd nycht boreckenth hadde.
Item entfangen van hernn Berndt van Raesfelde,

des huses halven syn broder her Hinrick kreich,	
eyn und vertich golt gulden, den gulden to XXIII ß, facit	LXXVIII mr VII ß VI d
Item entfangen van hern Peter Bulderman van der	
vicarien Ludgeri, dwelche he van Jurgen Nagell ent-	
fangen int jair XLI verschennen 4 daler, facit	VII mr II ß
Item noch entfangen durch densulven hern Peter,	
do he vann Dideryck Torcke entfangen hadde	
int jair XLI° verschennen 4 daler, facit	VII mr II ß
Item noch entfangen van der nhagelaten wedwen	
zelligen Magnus Kohuses durch oren son vyff	
gulden pension verschennen up Cantate anno XLII°,	
den gulden tho XVIII ß boreckenth, facit	VII mr VI ß
Item van dem jair [15]43 V gulden, ad XVIII ß, facit	VII mr VI ß
Item van dem jair [15]44 V gulden, ad XVIII ß, facit	VII mr VI ß
Item van dem jair [15]45 V gulden, ad 19 ß, facit	VII mr XI ß
Item van dem jair [15]46 V gulden, ad 19 ß, facit	VII mr XI ß
Item van dem jair [15]47 V gulden, ad 19 ß, facit	VII mr XI ß
Item van dem jair [15]48 V gulden, ad 20 ß, facit	VII mr IIII ß
Item van dem jair [15]49 V gulden, ad 20 ß, facit	VII mr IIII ß
Item van dem jair [15]50 V gulden, ad 20 ß, facit	VII mr IIII ß
Item van dem jair [15]51 V gulden, ad 20 ß, facit	VII mr IIII ß
Item van dem jair [15]52 V gulden, ad 20 ß, facit	VII mr IIII ß
Item van dem jair [15]53 V gulden, ad 20 ß, facit	VII mr IIII ß
Item van dem jair [15]54 V gulden, ad 21 ß, facit	VII mr IX ß

Sequuntur recepta de primo anno gratie. [191]
ex celleraria dominorum veteris ecclesie divi Pauli
Monasteriensis ut sequitur, et primo in pecuniis:

Item in primis de pecuniis super fluis Praxedis	
Virginis secundum tenorem registri cellerarie de anno	
millesimo quingentesimo quadragesimo primo	IIII mr IIII d

In frumentis de anno [15]42.

Tritici	XIII scheppel, val.	VI mr VI ß
Ordei	III molt II scheppel, val.	XII mr VI ß
Avene	II molt VI scheppel, val.	V mr
Pisarum	I scheppel, valuit	VI ß
Clementis		V ß XI d
Ascensionis		IIII ß III d

Summa omnium perceptorum de primo anno gratie XXIX mr IIII ß VI d

Summa summarum omnium perceptorum totius huius
computationis tam in pecuniis in inventario
inventis et receptum quam etiam aliis reditibus obventionibus
et pensionibus quibuscumque facit simul $XV^{C}XCV$ mr IX ß III d

Sequuntur recepta de secundo anno gratie. [191']

Secundum annum gratie dominus testator legavit ecclesie nostre iuxta clausulam testamenti pro memoria sua, parentum et consanguineorum necnon pro meliorationem festi sancti Dionysii martyris ut latius patet in testamento suo propria manu scripto

Item in primis de pecuniis superfluis Praxedis Virginis secundum tenorem registri cellerarie de anno domini millesimo quingentesimo quadragesimo secundo — IIII mr V ß III d

In frumentis de anno [15]43.

Triciti	XIII scheppel, val.	VI mr VI ß
Ordei	II molt II scheppel, val.	XII mr VI ß
Avene	II molt VI scheppel, val.	V mr
Pisarum	I scheppel, valuit	VI ß
Clementis		V ß XI d
Ascensionis domini		III ß II d

Secundum iste annus gratie iuxta clausulam testamenti in libro memoriarum inscriptus habetur, quare hic nihil inde computatur qui quidem annus gratie secundus, constituit in pecuniis XVI flor et XI den. Quibus additi sunt de pecuniis d[omi]ni testatoris XIIII flor X ß VII d, ut patebit in expositis.

Sequuntur recepta de tertio anno gratie. [192]

Item in primis de pecuniis superfluis Praxedis Virginis secundum tenorem registri cellerarie de anno domini millesimo quingentesimo quadragesimo tertio — IIII mr VIII ß VII d

In frumentis de anno [15]44.

Triciti	XIII scheppel	
Ordei	II molt II scheppel	
Avene	II molt VI scheppel	
Pisarum	I scheppel	
Clementis		V ß XI d
Ascensionis domini		IIII ß III d

Frumenta et pecuniam suprascriptam tradidimus honerabili domino Magno Schultmann, vicario et structuario ecclesie nostre, quia tertius annus gratie ex statuto et consuetudine semper debetur eidem fabrice ecclesie nostre, quare hic etiam nihil inde computatur.

[192' leer]

Sequuntur exposita iuxta tenore testamenti. [193]

Item int erste mester Johann thor Mollen gedaen
nha uthwisunge des testamentes in tydt der bogenck-
nysse ithligen unsen herenn der vyve gewest 1 golt
gulden to presentien und achte vicariis ideren twe Schryck-
kenberger, dem koster unnd veer choralien idern
eynen Schryckenberger, facit tsamen XIIII mr X ß
Item gegeven dem capittell im Oldendome nha
inholt des testamentz dertich golt gulden, facit LVII mr VI ß
Item noch demsulven capittell gegeven secundum
annum gratie vor eyne memorien iarlix up eyne be-
qweme tydt vor den selligen hern und syne oldern
tho holden unnd tho verbetterynge deß festes
Dionysii dertich golt gulden, deß dan secundus
annus gratie in alles uthgebracht XV½ gulden XI d.
So hefft men dair by mothen leggen XIIII gulden
X ß VII d, facit tsamen XXVII mr VIII ß 7 d
Item gemeynen hueßarmen nha inholt des testamentz
eyn tho geven twintich golt gulden.
Desse vors[creven] twintich golt gulden sollen hir nha in
diversis expositis boreckentt werden.
Item tho twen gemeynen spenden vermoge des testa-
mentes gelyker gestalt thogeven twintich gulden eyns.
Desse twintich golt gulden sollen oyck wo vors[creven] int
slueth desser reckenscopp boreckenth werden.
Item myner werdigen vrouwen, junffern und leyg-
susterenn tho Overwater vor eyne memoryen vor
dem zelligenn hern unnd syne frunde tho holden
twintich golt gulden, facit XXXVIII mr IIII ß
Item der moder unnd semptligen junffern thon
Rosendayll vor eyne memoryen, jairlichs vor den
zelligenn hernn und syne frunde tho holden X
golt gulden, facit XIX mr II ß
Item gegeven by de vicaryen Venerabilis Sacramenti tho
Overwater nha lofften des zelligen hernn testatoris
twe hundert golt gulden, deß dan wy executoren
in siegelenn unnd breven overandtworth unnd [193']
overgeleverth, vermoge des testamentes hundert

unnd achtentich golden gulden und in gereyden gelde
dair by gelacht twintich golt gulden, facit XXXVIII mr IIII ß
Item gegeven in dath nye armelude hueß by dem
Buddentornn nha uthwysinge deß testamentes
achtehalven gulden geldes uth eynen breve, den
der zelliger here testator gehadt, myth dem ernt-
festenn unnd erbernn Gerdt Kerkerynck etc. ut latius
in receptis inventarii etc.
Item dem werdigen herenn deckenn unnd semptlichen
vicarien tho Overwater jairlychs vor eyne memo-
ryen vor den zelligen hern unnd syne olderenn
thoholden theyn golt gulden, facit XIX mr II ß
Item den semptligen vicaryen im Oldendoem
gegeven vor twe memoryen, de eyne vor dem
zelligen hernn und de ander vor zelligen mester
Hinrick Rupen, pastoirs tho Ludynchusen, vicarii
im Oldendoem unnd segelers des hoves tho Munster
jairlichs tho beqwemer tydt tho holden X gulden, facit XIX mr II ß
Item dem erwerdigen hernn Rotger Smysinck,
domdecken und provest im Oldendoem, twe Rosen
nobilen pro legata, facit XII mr V ß VI d
Item dem werdigen hernn mester Johan Knypper-
dollynck, deckenn im Oldendoem, twe Rosenn
nobilen unnd theyn golt gulden, facit XXXI mr 7 ß VI d
Item Everde schulten tho Provestinck, des zelligen
heren testatoris broder, nha uthwysinge des testa-
mentes gegeven dertich golt gulden, facit LVII mr VI ß
Item noch demsolvygen gegeven und gehandtrekett
vyff sulveren leppell myth langen stellenn, und dair noch
tho synen dren echten dochterenn und veer synen
echten sonnen eynen breyff myth dem erntfesten
unnd erbernn Joist Mechelen to Sandtfort up Nativi-
tatis Johannis tbetalen, bolacht myth C golt gulden
ut latius in receptis inventarii.
Item mester Reynert, Jaspar unnd Everdt Joddevelt [194]
gebroderenn achtehalven gulden geldes uth eynen breve
vann drey hundert golt gulden, myth dem erntfestenn
Gerdt Kerckerynck, dair de ander helffte reyde van
verwysett in dath armelude hueß by dem Budden-
tornn, uti latius in receptis inventarii.
Item noch dem solvygen gegeven veer sulvere becker
unnd eyne schalenn tho Collen gemakett.
Item Bernndt Rhemmen und Stynen syner eligen
hueßfrouwen sampt erhen kynderen unnd Bernde,
deß zelligenn herenn testatoris sonne, geleverth
eynen breyff van twen hundert golt gulden, den de
zellige her testator gehadt myth dem erntfesten
Diderich Morryen drosten etc. unnd dair tho syne
sulveren schalen myth Gerdt Oedynckberges mercke.

Item mester Jurgen van Thunen und Elsen syner beloveden huesfrouwen gegeven, wes eme in der hillixforwerde gelovett, als nemlich eynen breyff van vyff gulden geldz jairliche renthe myth dem erntfestenn Joist Korff, bolacht myth C golt gulden uti latius in receptis inventarii. Und dar tho noch eynen breyff myth dem werdigen unnd erberenn hernn Dyderich Ketteler, domkoster, van derdehalven gulden geldz unnd dair noch tho eyne sulveren schalen myth Jasper Westerhoves mercke.

Item Bernde, des zelligen hernn testatoris sonne, van Stynen Greßbecken geboren, achtehalven gulden geldes in dren breven, de dar zellige testator gehat myth dem werdigen unnd erberenn herenn Dyderich Ketteler domkoster.

Item gegeven Hinrico Provestynck, canonico divi Ludgeri, boven des gennen em alreydes vorhen myth synen susterenn unnd gebroderen in dem testamenthe gegeven twintich golt gulden, facit XXXVIII mr IIII ß

Item noch densolvygen hernn Hinrich canonico etc. [194'] gegeven eyne sulveren stopen myth des testatoris mercke unnd eyne sulveren schalen myt dem Veronyken hovede verguldett.

Item mester Johann thor Mollen, synen vedderenn, umb sunderlynges frundtscop und umb denselbigen synen lesten willen getruwelich tho verhelpen uth thorichtenn, gehandtreykett unnd gegeven eyne sulveren stopen tho Lubeck gemakett, myth Jasper Westerhoves mercke, he syner dar by gedencke etc.

Item gegeven zelligen mester Hinrick Rupen, etwan segeler des hoves tho Munster, synen dren sonnen tho bathe der scholenn twintich golt gulden in gellerschen ryderen unnd der moder Annen van Alten drey golt gulden, ock syner paden Catherynen, Rembertus Preckinges hueßfrouwen, drey golt gulden is tsamen XXVI golt gulden, facit XLIX mr X ß

Item Conrado Rupen, amptmanne tho Overwater, synenn gunstygen guden frunde, tor gedechtnysse gegeven eyne Rosen nobile, facit VI mr II ß IX d

Item deßgelyken Remberto Preckynnck, synen vadderen, umb sunderlynges frundtscopp to gedechtnysse gegeven eyne Rosen nobile, facit VI mr II ß IX d

Item dem pater tho Overwater, synen guden frunde, gegeven twe golt gulden, facit III mr X ß

Item suster Greyteken Jodeveldz tho Overwater, dar se Godt almechtich vor bydde unnd syner dar by gedencke, gegeven drey golt gulden, facit V mr IX ß

Item des zelligen hernn testatoris suster Elsken,

degens tho Hoffrugginck, gegeven drey golt gulden,
dath se syner by gedencke.
Item Johann Joddevelde vor Munster qwithgeschulden
vyfftheyn golt gulden, he dem zelligen hern gelendz geldz
schuldich was nha vermoge des testamentes.
Item der zelligen Volbertesschen kyndern to North- [195]
wolde durch den schulten Provestinck gegeven
idernn eynen golt gulden, welcker IIII gewest is,
thosamen veer golt gulden, facit VII mr VIII ß
Item dessulven gelyken durch itzgenanthen schulten
Provestinck Kremer Anneken kynderenn desulvyge
se vann synen broder gehatt, welker oyck veer
gewesth, idern gegeven 1 golt gulden, is IIII gulden, facit VII mr VIII ß
Item zelligen Gebbekenn Joddeveldz dochter, van
Havyckhorst geboren, gegeven nha lude und inholt
des testamentes vyff golt gulden, facit IX mr VII ß
Item suster Greteken Berndinges thom Rosendayll
gegeven twe golt gulden, facit III mr X ß
Item Jasper Joddeveldes sonne, des zelligen hern
testatoris paden, gegeven eyne Engelotten, he siner
dar by gedencke, facit IIII mr I ß
Item dessulven gelyken Evert Joddeveldz sonne, des
zelligen hernn paden, eyne Engelotten, facit IIII mr I ß
Item den vyff testamentoren unnd handtgetruwen
des zelligen hernn, als nemptlich mester Reynert
Joddevelt, mester Johann thor Mollen, Jasper Joddevelt,
Evert schulten tho Provestinck und Bernt Rhemmen,
umb des tho flytiger syn testament uth thorichten
idern gegeven eynen golden lewen unnd twe olde gulden, facit XXXIII mr VI ß VI d
Item uth bogerten des zelligen hernn testatoris und
nha uthwisunge des testamentes hern Johan Hoente
gegeven vor eyn jair, horas canonicas tho lesen,
veer daler, facit VII mr II ß
Dessulven gelyken eynen armen klerike, myt Jasper
Joddevelt wonafftich, van Mentz geboren, vor eyn
jairlanck vigilie tho lesenn, alleth nha vermoge
unnd inholt des testamentes III mr
Item deß gelyken vor dath ander jair, horas canoni-
cas tho lesenn, uth bogerten des zelligen hernn testatoris
meldunge des testamentz IIII daler, facit VII mr II ß

Item dessulven gelyken vor dath ander jair, [195']
iders dages eyne vigilie tho lesenn, ut supra III mr
Item alles wes dair overich, zall nha vermoge der
lesten clausulen des testamentes in twe deyle und
eynen ideren nha vermoge desselbigen verdeylett,
ock int slueth des testamentes boreckenth werdenn,
unnd wes oyck in hueßgerade, klennode, klederen
und anders overensich verbleven is in drey deyle

verdeylett und eynen ideren gehandtrekett und tho
gestalt alleth nha lude der quitantien dar over gegeven.

Item hir enboven noch vergeven inth slueth synes
testamentes unnd lesten wyllens duch mester
Remberth Preckinges handt geschreven als hir
nach folgett:

Item gegeven den semptlichen junfferen thom
Rosendayll, boven des gennen, onne alreydes
vorhen gegeven is, vyff golt gulden, facit — IX mr VII ß
Item dem conventhe unnd semptlichen junfferen
tho Hoffrugginck gegeven drey golt gulden, facit — V mr IX ß
Item junffer Elzenn Vornheidenn tho Hoffrugginck
gegeven eynen golt gulden eyns, facit — XXIII ß
Item noch gegeven Hinrico Provestinck, syns broder
sonn und canonyck tho sunth Ludgeri bynnen Munster,
boven des gennen, em alreydes vorhen gegeven is,
syn beste bedde myth der stedde unnd siner thobeho-
rynge in dem sommerhuse und dar tho synen
swarten tabberth myth denn ulcken gefoderth
unnd seß sulveren leppell myth korthen stellen.
Item noch gegeven syner dochter Stynen der Rem-
messchen boven deß gennen er vorhen gegeven is
synen brouwkettell myth dem drygvote unnd synen
golden rynck.
Item denn grothenn pott boven dem handtfathe [196]
gegeven inth armelude hueß in dem Broyell,
unnd der maget Geysen gedaen, overthobrengen.
Item hernn Heynen Visschers, vicario im Oldendoem,
Godt almechtich dair vor thobidden, gegeven twe
golt gulden eyns, facit — III mr X ß
Item hernn Johann Norderman, des zelligen hernn
Rotger Smysinges domdeckens capellaen, gegeven
vor eyne gedechtnysse eynen golt gulden eyns, facit — XXIII ß
Item noch gegeven mester Jurgen van Thunen
des zelligen hernn testatoris dochter man eyne Rosen
nobylen, eyne Engelotthen unnd twe kronen, facit — XIIII mr IX ß VI d
Item gegeven syner magett Greythen, domayls erst
by eme gewonnet, twe golt gulden eyns, facit — III mr X ß
Item Geysen syner warschen boven er verdeynde
loen gegeven twe golt gulden eyns, facit — III mr X ß
Item synen jungen Alberthe gegeven tho bathe der
scholen umb Gotz willen twe golt gulden eyns, facit — III mr X ß

Item noch hebbenn de executorenn und handtge-
truwen des zelligenn heren testatoris myt consent
unnd meddewettent der frunde uth sunderlynges
frundtscopp vergeven, als hir nha folgett:

Item inth erste schulten Provestinge gedaen vor den pastoir tho Northwolde eynen olden gulden, is	XXIII ß	
Item noch hebben deselvygen gegeven dem prior up dem Byspinckhove eynen golt gulden unnd eynen Joachimerdaler, facit	III mr VIII ß VI d	
Item noch gegeven dem werdigen hernn Johannes Bysschopinck, wygbisschopp etc., eynen Andreeß gulden, facit	XXIII ß IX d	
Item deß zelligen hernn testatoris bichtfader unnd confessori gegeven eynen daler, facit	XXI ß VI d	
Item noch deß zelligenn hernn testatoris broder, dem schulten tho Provestynck, gegeven eyne Rosen nobile, dewelche dair noch over was, facit	VI mr II ß IX d	[196']

Item alle ander ingedompte des huses, wo und watterleye gestaldt de in dem inventario befunden unnd upgeschreven, synth den legatariis nha uthwysynge des testamentes unnd nha inhalt dar over gegevener quitantien under den frunden verdeilt unnd overgeleverth.

Exposita tempore obitus et exequiarum. [197]

Item die obitus bursario vicariorum im dome gedaen tusschen den vicarien to ministreren und to verdeylen	II mr VI ß
Item den vicarien des Olden Domes	VI ß
Item den vicariis tho Overwater	VI ß IX d
Item Dynstedages dair nha, dwyle dath licham boven erden gestanden, gelyker gestaldt bursario vicariorum im dome gedaen tho ministreren	XX ß
Item vicariis des Olden Domes	VI ß
Item up dach Matthie unnd Sundach Invocavit den vicariis beyder dome, wilker domayls misse gelesen, durch m[ester] Johann tor Mollen geoffert	VII ß VI d
Item Jasper Joddevelt vor salm betaildt	XXI ß
Item Bernndt Rhemmen vor broeth, welck den armen vor der dorenn gegeven worth, do dath licham boven erden stonth betailt	XXI ß
Item dem luder im dome die obitus vor kosth unnd beer thosamen gegeven	XIII ß
Item hernn Heynen Visschers in tydt der bogencknysse gedaen, vicariis beyder dome (dewelche do mysse gelesen) geoffert und ministrert	XXIII ß
Item in tydt der bogencknysse in de waßlechte thom alter gedregenn und geoffert III stuver, facit	II ß III d
Item vor des zelligenn hernn testatoris sarck	XI ß
Item dem doethgrever vor syn loen	V ß III d
Item twen herenn unnd monnyken van den bro-	

deren, dwelche by dem licham den psalter gelesen	I mr
Item den cameralenn im dome tho Munster vor dem psalter in exequiis tholesen	I mr
Item den ordinatoribus camere	II ß
Item dren lechtmoderen tsamen gegeven	X ß III d
Item dem koster im Oldendoem vor dath licham tho kleden gegeven	VI ß
Item den staffdregerenn im dome	III ß
Item vicariis chori in maiori ecclesia	I mr [197']
Item dem werckmester vor de doden baerden	III ß
Item dem succentor vor syne gerechticheidt	III ß IIII d
Item dem luder im dome vor synen arbeidt unnd gerechticheit up des zelligen hernn sterffdach und bogencknysse tho verluden 1 gulden, facit	XXIII ß
Item vor was rothscher unnd herynck tsamen uthgegeven X daler II ß VIII d, facit	VIII mr III ß V d
Item der olden ludersschen vor de kersen tmaken	III ß VI d
Item mester Albert Glasemecker vor vyff punt waß	XIII ß IIII d
Item Peter Korlers huesfrouwen vor schottelen, kannen, kroese unnd teller tho verhuren	V ß VIII d
Item Peter Korlers deyner Hensken Vornheiden vor wyn up de bogencknysse gehalt und gedruncken unnd oyck noch van older schuldt tsamen	XXV mr XVI d
Item Peter Wernynck, kremer vor sunth Michell, vor eynn bonett und krueth tor bogencknysse	XIX ß IX d
Item Berndt Rhemmen vor broeth tor bogencknysse	III mr VI ß
Item Herman Wedemhoven vor wandt betayldt XV Joachimdaler II ß III d, facit tsamen	XXVII mr IX d
Item dem tepper up der kameren vor eyne tunne koytes gegeven unnd betaildt	XXVI ß
Item tho Northwolde in tydt der bogencknysse an beer unnd brode den armen luden gegeven	XXI ß VI d
Item Johann Roleman, koster im doeme, vor mannygerleye denst den handtgetruwen gedain	V ß V d
Item der Rokelosesschen vor 1 tunne koytes	II mr
Item dem decken, capellaen, vicarien, koster unnd chorayll tho Overwater tydt der bogencknysse ministrert und gegeven	IX ß
Item Johanni Seveker vor etzlige clausulen uth dem testamenthe tho scryven und by de legaten overgelevert unnd gehandtreykett	VI ß
Item mester Berndt stadtz kock in exequiis vor syn kocken unnd arbeith gegeven	VIII ß
Item noch den vyff executoren und handtgetruwen, ithligenn in exequiis privatis gegeven eynen goltgulden, facit [198]	IX mr VII ß
Item hern Heynen Vysschers, vicario im Olden Doem gedaen, in alle armelude huse bynnen Munster ider personen tho geven IX d, facit simul	XI mr IIII ß

Item den observanthen van dem Hamme, dwelche
domayls im dome predigte, up der bogencknysse
tho gaste geladen unnd durch hernn Dirich Kamen
gegeven drey ryder gulden, facit IIII mr XVIII d
Item dem succentor im dome, als dem decken in der
heren Kalandt up dem olden choir gedaen ad
exequias domini defuncti eynen goltgulden, facit XXII½ ß
Item vor de wynglaser tho huren in exequiis I ß
Item Hinrico, dem koster tho Overwater, vor ver-
ludenn und anders, prout in schedula, betaildt XVIII ß III d
Item vor twelff pundt suckers tho Wenemar
Semmels hueß gehaltt unnd betaildt IIII mr III ß
Item der Smythusesschen vor knapkoken betaildt VII ß I d

Exposita pro certis pauperibus. [198']

Item inth erste etzligen hueßarmen, dwyll dath licham
boven erden gestanden, verdeylt unnd gegeven VI ß
Item am Ffrygdage nha Invocavit eynen armen
manne van Hervorde durch bede Engelkynges,
deckens dairsulvest, umb etzlige clennodyen,
unser kercken geschenckett gegeven XVII ß III d
Item gekofft unnd verdeyltt etzligen lynen dòyck vor
de armen und dair vor gegeven V daler, facit VIII mr XI ß VI d
Item Dyck Bernnardo umb Gotz willen 1 daler, facit XXI ß VI d
Item eynen armen jungen geheiten Johann Schroder,
by dem schulten Provestynck wonhafftich,
umb Gotz willen gegeven twe ryder gulden, facit II mr IX ß
Item Stynen Reydegeldes umb Gotz willen gegeven
eynen Philippus gulden, facit XIX ß
Item Ursulen Schermbecken tho behoiff orer armen
kynder umb Gotz willen gegeven 1 bergesschen gulden, facit VIII ß VI d
Item Catherynen Domers umb Gotz willen gegeven XII d
Item den Observanten thom Hamme to bathe eyner
tunnen herynges gegeven 1 daler, facit XXI ß VI d
Item eynen armen menschen gegeven XVII d
Item noch Cathrynen Domers umb Gotz willen XIII d
Item eyner armen vrouwen, de sick tho Collen
umb Leprosye boseyn leith, gegeven 1 daler, facit XXI ß VI d
Item noch eynen manne gelyker gestaldt IIII ß
Item mester Reynerde gedaen tho behoiff eynes armen
menschen, dem he dat handtreken zolde XVI ß VI d
Item eynen leprosen tho Werne, mester Gerdt
Teygeler, ertydtz scholemester tho Munster im dome
gewest, umb Gotz willen gegeven 1 Ryder gulden, facit XVI ß VI d
Item anno 1545 up dach Lucie Virginis gekofft
eyn halters grauw laken, helth XXXVII½ ellen, de
ellen vor VII ß IIII d, facit X½ daler 1 ort 1 ß,

dan van dessen vors[creven] lakenn hefft Jasper Joddevelt sulvest wes verbruket, weith overst nycht eygentlick wo volle, dair myth he overst syne conscientyen nycht graver edde belade, wyll he nycht mher reckenen dan achte daler, wylcker armen luden gegeven, facit	[199] XIIII mr IIII ß
Item eynen schemmelen manne myth volen kyndern, nemptlich Michell Nordynnck, durch Reynert Stellen lathen kopen eyn foyder holtz und eme tho hueß gesandt, dair vor betaildt unnd gegeven	XIII ß
Item gekofft eynen stapell lakens, holt 36 ellen, de ellen vor XXI d betaildt, facit	V mr III ß
Item noch gekofft eynen stapell lakens, holt 43 ellen, unnd de ellen gekofft und betayldt vor II ß, facit	VII mr II ß
Item dusse twe stapell lakens tho Rengerynck lathen blekenn unnd dair vor betayltt	X ß
Item Berndt Rhemmen vor broeth up stocke gehalt ock vor spenden unnd giffte so gebacken und anders nha vermoge bygelachter reckenscopp betaildt	XXXVII mr VIII ß II d

Exposita pro diversis. [199']

Item Elskenn thor kocken gedaenn	I mr II d
Item noch pro diversis uthgelacht	II mr II ß
Item gegeven Remberto Preckinck notario inventarii, als he dath inventarium boschreiff, 1 golt gulden, facit	XXIII ß
Item Jurgen van Thunen als eynen getuge 1 gulden, facit	XXIII ß
Item hernn Heynen Visschers als 1 tuge 1 ryder, facit	XVI ß VI d
Item der dochter Elskenn Gudenstages nha Invocavit thor kockenn gedaenn	II mr
Item mester Reynerde wedder umb gedaen unnd betalt, welck he verlacht hadde	VI ß VI d
Item heren Heynen Vysschers im Olden Doem vor de poste tho dem herde betaildt	IIII ß VI d
Item densulven nha Telgett gesandt	II ß II d
Item mester Reynerde gedaen vor lemen beer tho dregen unnd den tymmerluden tho samen	V ß III d
Item der magett Geysen vor er lohn gegeven	IIII mr I ß
Item tho dem lycksteyne genommen III daler, III rider unnd eynen Deventer gulden, facit	III mr VII ß
Item der dochter Elskenn Maendages na Judica thor kocken gedaen twe daler, facit	III mr VII ß
Item am Dynstage nha Judica Jasper Joddevelde gedaen 1 ducaten, veer Philippus gulden unnd eynen hornsschen gulden vor wandt, lynendoyck unnd thon lyckstene, facit tsamen	IX mr VII ß IX d
Item vor lycksteyn tho houwen betalt	II mr VIII ß VI d

Item des steynhouwers knecht to dranckgelde — II ß
Item vor de segele der wyllebreve gegeven — I mr
Item noch nha vermoge und inholt eyner
bygelachten ceddelen pro diversis uthgegeven — XI mr III ß X d
Item Herman Osenbruggen up dach decem millium
martyrum betalt 1 golt gulden unnd 1 Schrickenberger — II mr II ß
Item mester Jurgen van Thunen bohandet XX golt gulden
unnd noch twentich golt gulden an anderenn [200]
gelde unnd goldes gewerde, unnd so synth emme
de vertich golt gulden, so em van dem zelligen hern
geloveth, glath unnd all betaildt, facit — LXXVI mr VIII ß
Item den vicarien divi Ludgeri bynnen Munster
van wegen der vicarien anno $XV^{C}XLI$ ver-
schennen betayldt — X ß
Item heren Peter Buldermann pro labore suo
gegeven, dath he de veer guldenn van Jurgen
Nagell unnd veer van Dyrick Torck ingemaent — III ß
Item vor restitutien unnd weddergiffte den schul-
deneren in der betalynge weddergegeven — V ß
Item Diderich Kordynck vor eynen gordell
den Elske Provestynges krech betayldt twe
daler unnd eynen ort, facit — IIII mr X d
Item dem schomecker tusschen den bruggen
vermoge eyner ceddelen betayldt — IIII mr VIII d
Item Bernndt Rhemmen by Bernharde des zelligen
zonn tho behoiff syner moder gesandt — VI ß III d
Item vor eyn verdell herynges, dath der zellige
her myth mester Reynerde gedeyltt hadde anno etc.
XLII° van Johann Havekesbecken gekofft, betalt
eynen daler unnd eynen ort, facit — II mr II ß X½ d
Item Remberto Preckynge notario van dem
inventario tho ingrosseren und subscriberen
gegeven twe daler, facit — III mr VII ß
Item mester Reynerde gedaen 1 golt gulden und
eynen sleper, dath doctor Wesselynck krech — II mr V ß VI d
Item hernn Johan Drosten Ludgeri bynnen Munster
van der vicaryen wegen betayldt — II mr
Item Bernt Rhemmen vor 1 par schoe, de zelligen
hernn Gerdes sonne gekregen hadde, betailt — IIII ß VI d
Item m[ester] Johann Goltsmyth tusschen den bruggen vor
eyne schrunen, de Elske krech, lude siner handtscryfft
betalt III daler I ort, facit — V mr IX ß X½ d

Item Elskenn, zelligenn hernn Gerdes dochter, [200']
up reckenscopp des beddes, zo men ohr medde geven
zolde gedaen VIII daler, facit — XIIII mr IIII ß
Item mester Merten, apoteker, vor medycynn
aldair gehalett, nha lude syner handtschryfft
betaildt twe daler II½ ß, facit — III mr IX ß VI d

Item Johann Seveker vor deß zelligenn herenn
testatoris testamenth vyff mayll uthtoscryven
unnd ideren handtgetruwen eyn gegeven XXIII ß
Item mester Johann thor Mollen wedderumb
gegeven, welcker he van dem ersten nhajair
mer hadde uthgelacht dan entfangen, nha lude
syner gedaner reckenscop in alles VII mr IIII ß

Item anno 1545 worth Merye, des zelligenn
schultenn tho Havyckhorst unnd Gebbeken syner
huesfrouwen echte dochter, nha rayde der frunde an
Bernndt Deyterynck thon Nyenberge belovett. Soe
hadde men tho bathe durch bowernynge des erwer-
digenn hernn Rotger Smysinges, domdeckens, uth
der domkelnerye vertich daler, und Bernndt Deythe-
rynck moste synen herschoppe geven hundert daler.
Als men do de dedynge myth em helt, wolden se nycht
anders, dan men solde de heren dath herscop affleggen,
wort derhalven der gestaldt durch de bloitzverwanten
unnd frunde nhaboscreven alzo bededingett, dat men de hern
wolde tho fredden stellen myth dem boscheide, men wolde
de geltgave de tor tafelen gegeven worde, tho den XL
dalern vorscreven tho bathe hebben, und dan solden se theyn
daler erer personen by leggen, wes dar dair anne feylde,
wolden de dedinges frunde dar by bestellen, do boleyp de
bruedgave XXII daler, alzo dat men dar by moste leggen
acht und twintich daler, dith wort alzo durch mester
Reynert, Jasper unnd Evert Joddevelt gebrodere,
Johann schulten tho Byspinck, Evert schulten tho [201]
Provestinck tho Northwo[l]de bededynget der vertroistinge
eth worden de anderenn handtgetruwen medde boleven
sodayns uth dem testamente tho verrichten, und dar
up hebben Jaspar und Evert Joddevelt gebrodere uth bede
der anderen myth verwanten den herscoppen togesacht
sodanen summe tho fullenstreckenn, wy ock gescheyn
na lude heren Herman Lyndouwes handtscryfft,
summa XXVIII daler fac. L mr II ß
Item noch vorgerorter Meryen Havyckhorstz to bathe
eynes nyen rockes gegeven III daler, facit V mr IIII ß VI d
Item her Hinrick Provestinck hefft in synen huse
eyn glasefenster lathen maken, steith des zelligenn
hernn testatoris nhame inne, unnd dath gekostet XXI ß VI d
Item de zellige her sall myner werdigen vrouwen
und in dath cloister to Overwater noch schuldich syn
meldunge desses ingestecken ceddelkens drey molt
gersten, dath scheppel III ß IX d, facit XI mr III ß
Item myth Bernt Provestinck hefft men van den
handtgetruwen des zelligen domdeckens herenn
Rotger Smysinges eyne wessell entegen gekofft

unnd dar vor gegeven VI daler, facit X mr IX ß
Item myth dem domkelner gedachten Bernt Provestinck
verwesselt und em to wesselgelde und wyngelde mothen
geven VIII golt gulden, und dem kelner to wincope 1 golt gulden,
dem capellaen ½ golt gulden und dem karenschryver
VI ß 1 d, makett tsamen XVIII mr VIII ß VI d
Item hernn Johanni Kock tho dem tymmer sunthe Anthonius
capellen, uth bevell der handtgetruwen II mr VI ß
Item eyner schamelen maget, wonnende myt her Johan
van Werne, tho bathe ores frygbreves gegeven XVI ß
Item Bernde, deß zelligen hernn testatoris zonn,
vor boyke unnd inganck thor scholen gegeven II ß VI d
Item hernn Johann Hilmerynge vor achte wyl-
breve inth reyne thoscryven gegeven I mr
Item vicariis chori des Oldendomes eyn jair [201']
pro denario diurno betayldt II mr VI ß
Item up de jairtydt des zelligen hernn testatoris
acht vicarien des Oldendomes itligen VI d, facit IIII ß
Item uth bovell der semptligen executoren, hernn
Magno Schulthman vicario unnd werckmester des
Oldendomes tho nyen ornamenten gegeven X gulden, facit XIX mr II ß
Item dem pastoir tho sunth Jacob vor den zelligen hern
eyn jairlanck over den predigstoyll tbidden VI ß
Item noch bofynde wy in des zelligen hern testatoris
registeren, dath he van wegen der armen in dem
Broyell, nha den besluthe syner gedanen reckenscop
hebbe upgeboirt unnd durch synes sulves handt
angetekenth van dessen nhaboscreven jaren als nem-
lich van dem jaire [15]39 beß in dath [15]40 jair XXVI mr
Item noch van dem jare vertich, hefft he upgeboirt
LV½ pensie gulden, den gulden tho XVIII ß, facit LXXXIII mr III ß
Item noch van jaire eyn unnd vertich, hefft
he van wegen der armen upgeboirt XXVII½
pensye gulden, den gulden to XVIII ß, facit XLI mr III ß
Item noch hefft he upgeboirt van dem jaire XLII°
van wegen der armen vorgerort vyff pensye
gulden, den gulden tho XVIII ß, facit VII mr VI ß
Dessen vors[creven] hinderstant hebbe wy do voirt
Jasper Joddevelde als dem provisori und verwarer
der armen bohandet unnd overgeleverth.
Item noch bofynde wy dath he na uthwysinge
syner egener handt hebbe upgeboirth tho twen
tyden in behoyff der armen als nemptlygen
van mester Albert Lyndeman glasemecker theyn golt
gulden und uth zelligen hern Aleffs van Bolswinge
testamente, theyn golt gulden, is summa twintich gulden, facit XXXVIII mr IIII ß
Desse vors[creven] twintich golt gulden synth oyck do
vort Jasper Joddevelde in behoiff der armen
overgelevert.

Item des zelligenn hernn testatoris epitaphium an de wanth lathen scryven unnd malen, und dat in alles gekostet anderthalven daler, facit	II mr VIII ß III d	[202]
Item den werdigen hernn deß Oldendomes dwelche in tydt der reckenscopp dar by jegenwordich gewest, na older gewonheit ideren gegeven eyn halff verdell wyns, der achte gewest is XVI quart wyns ad XXVIII d, facit	III mr XVI d	
Item do dusse reckenscoppe vorgelesen und overlacht oyck entlich geslotten unnd thogescreven, hebbe de werdige mester Johann thor Mollen, Jasper Jodevelt unnd Johannes Seveker tho twen tyden verdruncken seß quart wyns, facit	XIIII ß	
Item Johanni Seveker vor dath verloren register erstlich tho entwerpen und folgens desser reckenscoppe twe int reyne tho scryven, oyck sunst vor synen mannychfoldigen arbeydt, moyg unnd unlust derwegen gehatt unnd vorgewandt, gegeven VI daler, facit	X mr IX ß	
Item betaldt Bernndt Rhemmen vor mellyck up dem melckstock vor unnd na gehaldt	IIII mr II ß	
Item Jurgen van Thunen anders genandt van Dyssen was gelovett vor eyn bedde, so men syner huesfrouwen medde geven zolde, theyn daler, dar up syne zellige huesfrouwe tho twen tyden entfangen, meldunge desser reckenschop achte daler, so restert em noch twe daler, facit	III mr VII ß	
Summa summarum omnium expositorum totius huius computationis facit simul	XIII^{C}LIX mr X ß I d	

Et sic summa receptorum totius huius computationis recedit summam expositorum huiusmodi in [202']

II^{C}XXVII mr II ß II d
XXXV mr XI ß II d

Medietas huius prescripte summe cedet pauperibus ad structuram domus eorundem iuxta contenta testamenti et facit pro parte eorundem I^{C}XIII mr VII ß I d
XVII mr IX ß VII d

Reliqua vero medietas cedet tribus prolibus dicti domini testatoris equaliter dividenda et facit pro quolibet	XXXVII mr X ß III d
Superest 1 den. indivisibilis;	XXXXV mr I ß X d

Anmerkungen

Abkürzungen:
StA MS = Staatsarchiv Münster
BA MS = Bistumsarchiv Münster
StadtA MS = Stadtarchiv Münster

Verfasser dankt Herrn Helmut Börnemann (Borken) für seine Zusammenstellung zum Hof Schulte Pröbsting in Nordwalde, Herrn Dr. Peter Ilisch (Münster) für die Münzphotographien, Herrn Dr. Karl-Heinz Kirchhoff (MS-Wolbeck), Herrn Dr. Ralf Klötzer (Münster), Frau Dr. Edeltraud Klueting (MS-Hiltrup), Herrn Dr. Klaus Scholz (Detmold) für seine Ausarbeitung zu Gerdt Provestinck für den Band über den Alten Dom zu Münster der Reihe Germania Sacra, Herrn Clemens Steinbicker (Münster) und Herrn Hans Jürgen Warnecke (Borghorst). Herrn Dr. Leopold Schütte (Münster) sei für die kritische Durchsicht der Testamentsabschrift und für das Korrekturlesen besonders gedankt.

1 StA MS, Alter Dom Münster, V Nr. 14½, fol. 175-202'.
2 Klaus Scholz: Einige Bemerkungen zu den Testamenten münsterischer Kanoniker, *Westfalen* **1980**, *58*, 117-120.
3 Die Urkunden des Kollegiatstifts Alter Dom in Münster 1129-1534, bearbeitet von Klaus Scholz, Aschendorffsche Verlagsbuchhandlung, Münster **1978**.
4 Westfälisches Klosterbuch, Teil 2, S. 45-49.
5 Bau- und Kunstdenkmäler Kreis Steinfurt, S. 85.
6 Nordwalde, Beiträge zur Heimatgeschichte, Band 1, Herausgeber: Gemeinde Nordwalde, August **1984**.
7 WUB III Nr. 744.
8 WUB III Nr. 1641.
9 StA MS, FMLA 487 I Bd. 1 und 2.
10 Wilhelm Kohl: Das Domstift St. Paulus zu Münster, Germania Sacra NF 17,1, S. 538.
11 Domkapitel Münster, Domkellnerei 2327.
12 Manuskript F. X. Westhoff.
13 Josef Schepers: Haus und Hof westfälischer Bauern, 7. Auflage, Aschendorff Verlag, Münster **1994**, S. 213.
14 Alfons Eggert, Josef Schepers: Spieker, „Bauernburgen“, Kemenaden, Aschendorff Verlag, Münster **1985**, S. 22-23 und 74.
15 Andreas Eiynck: Steinspeicher und Gräftenhöfe, in: *Beiträge zum städtischen Bauen und Wohnen in Nordwestdeutschland*, Coppenrath Verlag, Münster **1988**.
16 StA MS, Domkapitel Münster, Domkellnerei 1914 (1512/13): *„Item de permutatione Gerhardi Provestinck xxvii Marck“*.
17 StA MS, Domkapitel Münster, Domkellnerei 1794, fol. 12.
18 BA MS, GV U 1651 (Fraterhaus Münster).

19 StA MS, Studienfonds Münster (Überwasser) 195, darin Inhaltsverzeichnis auf ein nicht mehr in der Akte vorhandenes Aktenstück (III O 1 c), wonach Diderich Schnieder eine Rente 1521 dem Gerhard Provestinck cediert.
20 StA MS, Kloster Überwasser U 276.
21 StA MS, Kerckerinck zur Borg (Dep.) U 459.
22 StadtA MS, Armenhaus Jüdefeld IV G 2 a.
23 Archiv Darfeld, Asbeck I-5-E 11.
24 StadtA MS, Armenhaus Jüdefeld U IV H 6 a (1527 .... post Appolonia virginis).
25 StA MS, Kloster Überwasser U 296.
26 StA MS, Alter Dom Münster, Akten PuR 121, fol. 148'.
27 StA MS, Alter Dom Münster, Akten PuR 122, fol. 8'.
28 Hermann von Kerssenbrock's Wiedertäufergeschichte, in: *Die Geschichtsquellen des Bistums Münster* Band 6, Münster **1900**, S. 328.
29 Rudolf Schulze: „Klosterchronik Überwasser während der Wirren 1531-33", in: *Quellen und Forschungen zur Geschichte der Stadt Münster* Band 2, S. 157.
30 StA MS, Studienfonds Münster (Jesuitenkolleg) 5466, fol. 3.
31 StadtA MS, Acta judicialia 142.
32 StA MS, Msc VII 1028, fol. 114, Regest in: siehe Anmerkung 3, Nr. 686.
33 StA MS, Alter Dom Münster U 250.
34 StadtA MS, Acta judicialia 382.
35 StadtA MS, Acta judicialia 648, fol. 57'.
36 StadtA MS, Armenhaus Jüdefeld U IV H 13 c; StA MS, Studienfonds Münster (Überwasser) 2316, fol. 244'.
37 CTW 5, S. 82.
38 Rudolf Schulze: Das adelige Frauen- (Kanonissen-) Stift der Hl. Maria 1040-1773 und die Pfarre Liebfrauen Überwasser zu Münster Westfalen (gegründet 1040). Ihre Verhältnisse und Schicksale, 2. Auflage, Münster **1952**, S. 181.
39 StA MS, Msc I 67, fol. 1.
40 StA MS, Msc I 67, fol. 2'.
41 Archiv Darfeld, Asbeck I-8-.
42 StA MS, Msc I 63, S. 165.
43 StA MS, Msc I 64, fol. 72'.
44 StA MS, Alter Dom Münster U 260.
45 siehe Anmerkung 22.
46 siehe Anmerkung 24.
47 StadtA MS, Testamente I 632.
48 StadtA MS, Armenhaus Jüdefeld U IV H 5 b.
49 StA MS, Domkapitel Münster, Urkunden IV F Nr. 5, vom Inhalt nicht identisch mit der Urkunde in Anmerkung 44.
50 StadtA MS, Armenhaus Jüdefeld IV G 2 b.
51 StA MS, Kloster Überwasser U 348.
52 StA MS, Studienfonds Münster (Überwasser) 2306 (alt: Msc I 80), fol. 11.
53 StA MS, Msc I 66, fol. 5'.
54 siehe Anmerkung 30.
55 StA MS, Msc I 65, fol. 22'.
56 ebd., fol. 49.
57 ebd., fol. 83.
58 ebd., fol. 94'.
59 StA MS, Msc I 66, fol. 5', 18.

60 siehe Anmerkung 52.
61 StA MS, Alter Dom Münster U 261.
62 Vergleiche dazu Werner Frese: Die freiherrliche Familie Droste zu Senden im Spiegel ihrer Testamente, Der Aufbau eines Testaments, in: *Senden, Die Geschichte der Gemeinde Senden mit Bösensell, Ottmarsbocholt, Venne*, Gemeinde Senden **1992**, S. 219-220.
63 StA MS, Alter Dom Münster, V Nr. 14½, fol. 186.
64 Lutz Ilisch: Legate von Münzen in Testamenten münsterländischer Adliger der späten Renaissancezeit, *Münstersche Numismatische Zeitung* im Lagerkatalog 63, April **1975**.
65 Placcart ende Ordonantie generale, soo op den cours van den Gelde als op de Policie ende Discipline betreffende d'exercitie vanden Munte ende Muntslach, Druck Amsterdam **1586**.
66 BA MS, Domarchiv U 201 (INA Beiband 3, S. 477, XV: Pfarreien in Münster).
67 BA MS, Domarchiv U 257 (INA Beiband 3, S. 464, VIII: Domvikarien).
68 StA MS, Domkapitel Münster, Domkellnerei 1915 (1547/48): *„Item de hereditate Everhardi Provestinck cum locatione 250 fl".*
69 StA MS, Fürstbistum Münster, Amt Wolbeck 74 (1499/1500): *„Item gebort van den schulten Bispinck to Nortwolden, de syne dochter brachte up der hern van den Capittels hoff, und gaff mynen gnedigen leven hern to wyngelde to eyner geliken wedder wessell XVIII gulden, facit XXVII M".*
70 Archiv des Fürsten Salm-Horstmar in Coesfeld, Stift Borghorst K 355.
71 StA MS, Domkapitel Münster, Domkellnerei 1794, fol. 69.
72 StA MS, Domkapitel Münster, Domkellnerei 1794, fol. 4'.
73 Siehe Anmerkung 17.
74 StA MS, Domkapitel Münster, Akten 544, fol. 11'-16'.
75 Jörg Wunschhofer: Der Vikar am Dom zu Münster und Kanoniker an St. Martini Gerwyn Loevelinckloe († 1558) und sein Familienkreis, *Beiträge zur westfälischen Familienforschung* (in Vorbereitung).
76 StA MS, Domkapitel Münster, Domkellnerei 1794, fol. 119.
77 StA MS, Domkapitel Münster, Domkellnerei 1916, fol. 88'.
78 StA MS, Domkapitel Münster, Domkellnerei 1794, fol. 36'.
79 Joseph Prinz: Bernd Knipperdollinck und seine Sippe, *Westfalen* **1962**, *40*, 96-116.
80 StA MS, Msc I 65, fol. 21'.
81 StA MS, Alter Dom Münster, V Nr. 15, fol. 1-4'.
82 StA MS, Kerckerinck zur Borg (Dep.) U 798.
83 StA MS, Domkapitel Münster, Domdechanei U 37.
84 StA MS, Domkapitel Münster, Domkellnerei 1914 (1517/18): *„Item recepi de locatione mansi maioris Jodevelt et permutatione Gebben sororis Johannis Jodevelt fil. C et XXV fl., facit CLXXXVII mr VI ß".*
85 StA MS, Alter Dom Münster, V Nr. 15, fol. 387-395.
86 StA MS, Domkapitel Münster, Domkellnerei U 172.
87 Henrich Gresbecks Bericht über die Wiedertäufer, in: *Die Geschichtsquellen des Bisthums Münster* Band 2, Münster **1853**.
88 Ernst Laubach: Habent sua fata libelli. Zu zwei Werken über die Täuferherrschaft in Münster, *Westfälische Zeitschrift* **1993**, *143*, 31-51.
89 Karl-Heinz Kirchhoff: Die Täufer in Münster 1534/35, Münster **1973**, Nr. 558.
90 Das Vormundschaftsbuch der Stadt Münster bis zur Auflösung des Hochstifts, *Quellen und Forschungen zur Geschichte der Stadt Münster* Band 2, Münster **1924**.
91 Wilhelm Kohl: Das Domstift St. Paulus zu Münster, Germania Sacra NF 17,3, S. 228, 236 und 302.

Aufzeichnungen des münsterischen Weinhändlers *Dionysius Detten* über sich und seine Angehörigen[1]

von Clemens Steinbicker

Anno totae propriae manu Dijonisi Detten

A(nn)o 1546 den 28t(en) 7bris (septembris) bin ich iung geworden, up einen sontag to 5 Uhren und bin gedopet up Dionisij Dag,[2] dahvon ich minem nahmen bekommen hebbe, undt ein Vadder Doctor Johan Weßeling Richter der Stadt Monster[3] und her Philippus Kerckering[4] senior to St. Merten und waß ein Edelman undt de moder Schurmansche[5] unse Nabersche. Anna Schwolle uxor Dyonysij Detten.[6]

Sequuntur proles.

1 A(nn)o D(omi)ni 1580 up Monsterschen Sacramentendragt[7] ist min Dochter Anneke gebahren up enen mandag to 4 Uhr(en) un ist weder van dußen Jamerdahl gescheden to 1 Uhr den 20(ten) Maij 1612 up broder aflat.[8] To diese En(n)eke Vaddern de moder Schenkingsche[9], min suster de Stalesche.[10]

2 A(nn)o D(omi)ni 1582 iß unse sählige Johan gebohren den 21(ten) febr(uar)ij up den anderen fridag vor grote fastavent[11] to zween Uhren un iß weder van dußen iahmerdahl gescheden up mandag to grote fastelabent[12] to 6 Uhren den 2(ten) martij Anno 1583. Di(e) Vaddern Juncker Johan Schencking[13], min vedder Johan van Detten[14] un de Modersohnsche.[15]

3 A(nn)o 1583 up Mendeldag[16] den 30 ap(ri)lis ist Unse Neyseke gebohren halff 11 undt 12 Uhren, is weder van dußen Jahmerdahl gescheiden to einer Uhr den saterdag na Viti A(nn)o 1585[17], Vaddern Willebrand Stael[18] unde Elseke Rode[19], Clare Ummegrove.[20]

4 A(nn)o 1584 den 20 Maij to 4 Uhren iß Unse Elseke gebohren. Vaddern Balster Modersohn[21], min suster Elseke van Detten[22] und borgers Detten frawe[23] (späterer Zusatz: Borchard Detten genant).

5 A(nn)o 1585 up ein sundag Michaelisdag[24] iß min sohn bernt gebahren den morgen to 6 Uhren. Min sohne bernteke iß weder van dußen jahmerdahl geschieden den 14 8bris (octobris) 1586 to 11 Uhren. Vadder Bernardt Schencking Dicken[25], burger humperdinck[26] (späterer Zusatz: Borchardt Humperdinck genant Detten) und gordelke Travelmanßsche.[27]

6 A(nn)o 1587 up sundag nah Monstersendt den 18 8bris (octobris)[28] iß min sohne Dionijsius gebohren to 6 Uhren den margen. De Vadere Engelbert travelman[29] und de pastor to Bevergerne[30], Metteke Ißfordingeß Willebrandes frawe.[31]

7 A(nn)o 1590 up Mandag vor grote Vastelavent die avent to vieff Uhren welcker waß di(e) 5 Martij[32] iß min dochter Mette gebohren. De fader(en) de moder Travelmansche,[33] Kort Stael[34] und stadeß schmid siene frawe.[35]

8 1593 up sundag invocavit den 7 martij[36] iß min sohn Hinrich gebohren to 4 Uhren den margen. Faderen licentiate Hindrich Ot(t)ersted(d)e[37] undt Casparus Cateman[38] undt Edel Junffer de Kasensche[39] (späterer Zusatz: .... ?).

9 1595 den 19 8bris (octobris)[40] iß min sohn bernt gebohren to 6 (Uhren) up ein sondag und iß weder gestarven to 3 Uhren in den viften Dag welcke waß de 2 November 1595. De Fader Bernt Schollebrock[41] undt wulff selfer (?)[42] undt Ennike Bostemer.[43]

10 1597 den 10 januarij iß min sohn Herman gebohren den mandag[44] to 12 Uhren up middag. Fahden Jacobus Vos[45] undt Albert van Guhlich[46] undt Willebrandt Staelß frowe (freren) van holstein.[47]
ist gestorben A(nn)o 1641 24 ap(ri)lis ipso s. Ludgers vixit Annos 44 iuxtae sepultus.

11 A(nn)o 1598 den mandag nah Michaelis den 4 8bris (octobris)[48] iß min Dochter Gerdrut gebahren to 12 Uhren den middag. Di(e) fadern Gerdrut van Detten[49] und stineke Modersohnsche[50] und Rotgerus Poick[51] undt iß gestorfen donnerstag tuschen 11 und 12 Uhren die Middag 1607 26 Julij.[52]

N 1 Anna fuit 32 annorum[53].
N 4 Elseke fuit uxor Ketellerß quaestoris in Middelborg[54].
N 6 Dionysius fuit pastor in Hospeter[55].
N 8 Henricus fuit parens D(omi)nae Viduae Vogelij[56].
N 10 Hermannus fuit parens Judicis Detten[57].

Nachwort

Bei der Zusammenstellung einer Stammfolge der münsterischen Familie Detten-Humperdinck-von Detten fiel mir auf, daß Max von Spießen bei seiner sonst wenig zuverlässigen Aufstellung der Genealogie dieser Familie für den Weinhändler Dionysius Detten (1546-1616) offenbar genaue zeitgenössische Aufzeichnungen hatte benutzen können, die er jedoch nur verkürzt wiedergab. Er hatte auch früh verstorbene Kleinkinder mit Vornamen und Jahresdaten mitgeteilt, die im Normalfall unbekannt geblieben wären. Meine Suche nach diesem ihm offenbar seinerzeit vorgelegten, sonst nirgendwo im Wortlaut wiedergegebenen Original blieb lange ohne Erfolg. Es war nach Mitteilung von Frau Edith v. Detten (†) anzunehmen, daß es mit dem ganzen Familienarchiv ihres Ehemannes Hermann v. Detten auf dessen Gut Möllenhagen in Mecklenburg zu Ende des Krieges 1945 vernichtet worden war. Sehr viel später habe ich im Januar 1992 durch Bemühungen von Frau Ursula von Selle geb. von Detten in Bad Pyrmont, der ich für ihre Hilfe sehr zu danken habe, eine Kopie dieser alten Aufzeichnung erhalten und möchte sie als seltenes Beispiel einer frühen bürgerlichen Familienaufzeichnung in Münster vor unbemerktem Verlust bewahren.

Sie besteht nur aus einem doppelseitig beschriebenen Blatt, das offenbar von einer Hand und in einem Zuge geschrieben worden ist, d.h. nicht über einen langen Zeitraum jeweils nach allen aufgezeichneten Ereignissen von verschiedenen Händen, sondern wohl nach einer älteren Vorlage. Die nachträglichen Angaben über den Verbleib einiger überlebender Kinder sind unbestimmter und auch teilweise unrichtig, so daß anzunehmen ist, daß der Schreiber der Zusätze hierüber nur noch unvollkommene und lückenhafte Kenntnisse besaß, die Aufzeichnung also erst nach dem jüngsten Datum dem 24. April 1641 geschrieben worden sein kann.
Eine Reihe von Paten aus den Erbmännerfamilien Schenking, Kerckering und Travelman konnte nicht identifiziert werden. Es ist anzunehmen, daß sie Verwandte der Schwiegermutter des Schreibers Dionysius Detten, Johanna Schenking, Frau des münsterischen Stadtschmiedes Hermann van Swolle waren. In ihr ist daher der illegitime Sproß eines echtbürtigen Erbmanns Schenking zu vermuten.

Anmerkungen

a. St. = alter (Datierungs-)Stil
n. St. = neuer (Datierungs-)Stil

1 Aus dem Archiv der Familie von Detten, erhalten durch Frau Ursula von Selle geb. von Detten in Bad Pyrmont im Januar 1992.

2 28. Sept. 1546 war *kein* Sonntag, sondern ein Dienstag, Dionysiustag war Samstag 9. Oktober 1546.

3 Richter Johann Wesseling (1546) war * Münster um 1500, † ebd. 1553. Lic. jur., seit 1536 fürstl. münster. Stadtrichter ∞ I. um 1536 Catharina von Grolle, † vor 1548, ∞ II. um 1548/50 Else Bispinck, 1571 (∞ I. um 1530 Wilbrand Plonies).

4 Philipp Kerckering, Senior (1546) war seit 1543 Kanoniker am Stiftskapitel St. Martini, † 1590 I 23, Senior 1576. Nach v. Klocke (Nachlaß) Sohn des Bernhard K. zu Stapel, † 1538.

5 Moder Schurmansche (1546): Vielleicht Hille Volbert aus Wolbeck, ∞ um 1490 Johann Schürmann, Kaufmann zu Münster, † um 1512, belehnt 1501 mit Gut Buschhaus in Riepensell, Ksp. Drensteinfurt. Das Nachbarhaus an der Hörsterstraße war nach 1550 im Besitz ihrer Enkelin Hilleke Körler, Ehefrau des Protonotars und fürstl. Sekretärs Vitus Ercklentz.

6 Anna van S(ch)wolle, * Münster um 1555, † 26.3.1624, Tochter des Hermann van Swolle, Stadtschmied, wohnhaft an Aegidiistraße u. d. Johanna Schenking, † nach 1573.

7 1580 „Sacramentendragt" = ein Montag.

8 „broder aflat" = Ablaß der Minderbrüder (Minoriten) in Dortmund auf Sonntag Cantate = 1612 = 2o Mai! (Grotefend)

9 die moder Schenkingsche (1580): bisher nicht ermittelt.

10 „min suster de Stalesche" = Anna (von) Detten, * um 1540, † 13.9.1611, Frau von Cort Stael.

11 „fridag vor grote fastavent 1582" = Freitag vor Sonntag Esto mihi (a. St.) = 23. Februar, nach n. St. 26. Februar!

12 „mandag to grote fastelabent 2. März 1583" (müßte nach a. St. 11. Februar 1583 gewesen sein?), 2. März 1583 = Samstag vor Oculi!

13 Juncker Johann Schencking (1583): noch nicht identifiziert.

14 Vetter Johann van Detten (1583): wohl Johann von Detten, Kanoniker am Alten Dom † 13.12.1617, seit 1599 Thesaurar und Senior, Mitstifter der Studienstiftung von Detten, Sohn von Bernd von Detten, Lohgerber und der Metta Hassing.

15 „de Modersohnsche“ wohl Elisabeth Schencking Wwe von Anton Modersohn † vor März 1562, illegitime Tochter von Everhard Schencking?
16 Mendeldag = Gründonnerstag 1583 nach a. St. 28. März!
17 Saterdag na Viti 1585 = 5. Februar = Saterdag nach a. St. 9. Febr., nach n. St. 6. Febr.
18 Willebrand Stael (1583) = * Münster um 1561, † ebd. 2.12.1631, seit 1588 Krameramtsverwandter und Weinhändler am Spiekerhof.
19 Elseke Rode (1583) = wohl unverehel. Tochter von Johann Rodde u. d. Elsabe Niehues gt. Gercke aus Werne.
20 Clara Ummegrove (1583) = ∞ I. Henrich Grüter, II. Rotger Torck (Stadtarchiv Münster, Testamente 1, 346).
21 Balthasar Modersohn (1584) = Sohn von Anton Modersohn und Elisabeth Schencking, vgl. Anm. 14.
22 Elseke von Detten, † 1584/85, Frau von Henrich Veltwisch, Krameramtsverwandter auf der Hörsterstraße, Schwester des Dionysius Detten!
23 „Frau des Borchardt Detten“ = Anna Kock aus Senden.
24 „Michaelistag“ 1585 = ein Sonntag nach n. St.!
25 Bernardt Schencking (1585) 'Dicken' = Dechant (Dekan), seit 1566 an St. Mauritz bis 1597 IV 18.
26 Borchardt Humperdinck, * um 1550, † vor 1591, Tuchscherer, Hörsterstr. 51, ∞ Anna Kock, vgl. Anm. 22, Bruder des Dionysius Detten.
27 Gordelke Travelman = 1585 Wwe Warendorff.
28 1587 sundag den 18. oct. (nach n. St.).
29 Engelbert Travelman (1587) = wohl Stiefsohn der Wwe Lubbert Travelman zu Ebbelinck, Ksp. Amelsbüren bis 1610.
30 Pastor zu Bevergern (bei Rheine) = Nicolaus Hensendorff seit 1559 bis 1610, S. d. Vogtes Heinrich H.
31 Metteke Isfording Frau Wilbrand = nicht identifiziert.
32 „Mandag vor Grote Vastelavent 1590“ nach n. St. 5. März!
33 moder Travelman (1590) = nicht identifiziert!
34 Kort Stael * um 1525, † Mart. verl. 20.2.1604, Höcker, Krameramtsverwandter seit 1571 Hörsterstr. 49/50, ∞ Münster um 1560 Anna Detten, * um 1540, † Mart. verl. 13.9.1611, Schwager des Dionysius Detten.
35 „die Frau des stades schmiedes“ = Johann van Swolle 1588-1610, Agnes Rodde, T. v. Hermann R, Wandschneider zu Münster, u. Anna Stael.
36 1593 III 7 = Sonntag Invocavit nach n. St.!
37 Lic. Henrich Otterstedde (1593) = * um 1552, † Münster 1617, Lic. jur., Advokat, Syndikus der Gesamtgilde, ∞ vor 1580 Elisabeth Leisting (um 1555-1621), T. d. Dr. jur. und Stadtrichters Goddert L. u. d. Clara Coesfeld. Er war ein Sohn des Wandschneiders Erasmus O. u. d. 2. Frau Anna Glandorf.
38 Caspar Cateman (1593), gt. 1607/18 als Fleischhauer.
39 Edeljunffer Cassem (1593): nicht identifiziert!
40 1595 X 19 ist nach n. St. ein Donnerstag, kein Sonntag, der nachf. Sonntag 22. post Trinitatis = 22. Okt.
41 Berndt Scholbrock (1595), Krameramtsverwandter zu Münster, besitzt Haus am Markt unterm Bogen und das Gut Deckeling, Ksp. Sendenhorst, S. v. Henrich Sch., † 1595, Kramer ebd. u. d. Anna Averhagen, † 1589, ∞ Catharina Körler T. v. Henrich Körler u. d. Catharina Wesseling.
42 vielleicht als Wulffert zu lesen?
43 Bostemer, Anna (?), nicht zu identifizieren, (Bestemor?).

44 1597 I 10 nach n. St. ein Freitag!

45 Jacob Voss (1597) bischöfl. Offizial bis 1567, Siegler bis 1581?

46 Albert von Gülich, Prokurator, wohnt Hörsterstr. ⚭ Elsa Stael, S. v. Alderman Arndt von Gülich.

47 Frere van Holstein, Frau des Weinhändlers Wilbrand Stael, † 1615, ⚭ Werne vor 6.11.1582, er * um 1561, † ebd. 2.12.1631 (⚭ I. N.N., ⚭ III. um 1616 Catharina Lennep), war ein Sohn von Cordt St. u. Anna Detten!

48 1598 X 4 war n. n. St. ein Sonntag, nicht Montag.

49 Gertrud von Detten (1598): wohl Gesa von Detten, Jungfer im Schwesternhaus Hofringe, † 1608, Mitstifterin der Studienstiftung von Detten, Schwester von Johann von Detten, vgl. Anm. 10.

50 Stineke Modersohn (1598): nicht identifiziert.

51 Rotger Poick (1598): Aus der Familie der Großmutter Anna Detten geb. Poeck, noch nicht näher identifiziert.

52 1607 VII 26 n. n. St. ein Donnerstag zutreffend.

53 Anna Detten. Es fehlt jeder Hinweis auf ihre beiden Ehen mit
a) dem Kaufhändler Martin Blome aus Greven, der 1605 wegen Mordes gerädert wurde und
b) Johann Pagenstecher aus Warendorf, der 1613/14 in Discussion geriet.

54 Elseke Detten, † nach 1631, war Ehefrau des Schreibers Gerhard Ketteler der Herren von Ketteler zu Middelburg, Ksp. Herzfeld.

55 Dionysius Detten der Jüngere (1587-1624) war Weinhändler an der Neubrückenstraße und in erster Ehe mit Metta Wrede aus Wolbeck, † um 1612, und in zweiter Ehe mit Benedicta Gertrud Brüning aus Vechta verehelicht. Die letztere heiratete nach seinem Tode in zweiter Ehe den Lakenverkäufer Dirich Höne (Hove) aus Unna und verzog mit ihm und den Dettenschen Kindern aus beiden Ehen nach Nieheim, Kr. Höxter.
Der älteste Sohn Hermann Detten (1617-1684) war Pastor zu Ovenhausen und Bosseborn bei Höxter.
Die Frau des Geheimen Rates und Hofrichters zu Paderborn Peter Ferdinand Vogelius (um 1640-1701) Anna Benedicta Detten (1651-1712) war eine Tochter des Wandschneiders und Bürgermeisters in Nieheim Bernhard Detten (um 1620-1683) und der Anna Dudenhausen (um 1625-1684) und Enkelin von Dionysius D. jun. (Identifizierung dank Herrn Wilhelm Honselmann, Paderborn).

56 Heinrich Detten war laut Geburtsbrief von 1620 XI 5 „gewesener Feldscher und unlängst in Ostindien auf einem Schiff gestorben.“ Erbin wurde die Mutter Anna van Swolle.

57 Hermann Detten (1597-1641), fürstlich münsterischer Notar und Schreiber, ⚭ Anna Catharina Dircking (um 1600-1679) ist der Stammvater der Beckumer Richterlinie.
Sein Sohn: Gerhard D. (1627-1688), ⚭ 1653 Gertrud Sevenstern aus einer Groninger Apothekerfamilie.

T(h)ier und *Tegeder* im Münsterland

*von Leopold Schütte**

Die Glocke im Wappen der Stadt *Lüding*hausen, das Herz in dem Ortsnamen *Herz*feld, der Hofesname *Fernhof*, der Familienname *Löwenklau* und der Begriff *Schulze* mahnen zur Vorsicht, wenn es um die Deutung von Sprachzeichen, von Wörtern geht. Sie alle nämlich gehen auf Mißverständnisse oder fehlerhafte Übertragungen zurück: In dem Namen *Lüding*hausen finden wir nicht die Glocke, die *lüdet* (›läutet‹), sondern den altsächsischen Kurznamen *Liudo*. *Herz*feld hat nichts mit einem Herzen zu tun, sondern hieß früher (altsächs.) *Hirut-*, später *Hert*feld, d.h. ›*Hirsch*feld‹[1]. Der Name des unmittelbar bei Freckenhorst gelegenen *Fernhofs* des Damenstiftes Freckenhorst, im 14. Jahrhundert als *remota curia* ›entfernter Hof‹ latinisiert, hieß im 11. Jahrhundert *vrano vehus* ›herrschaftliches Viehhaus‹ (eigentlich ›Viehhaus der Herren‹)[2]. Der Wiener Jurist mit dem anschaulichen Namen *Löwenklau* stammt von dem Hof Lövelingloh bei Albachten. Bei *Schulze* schließlich ist das Schluß-*e* unorganisch, da die Vorformen *Schultheiß, Schultes, Schultz* kein Schluß-*e* kennen. Dies *-e* stammt von der niederdeutschen Form *Schulte*, die ordnungsgemäß auf *Schultete*, früher *Schuld-hete* zurückzuführen ist. Richtig ist also *Schulz*, nicht *Schulze*.

Bei der Deutung des Namen *Tegeder* oder (zusammengezogen) *Tier* – die *Thier*-Schreibung ist nur eine ehemalige Mode –, bei dem man wegen seines häufigen Vorkommens im Münsterland davon ausgehen muß, daß er früher verstanden und gezielt zur präzisen Bezeichnung von Leuten mit einer besonderen, nicht ohne Weiteres bekannten Aufgabe verwendet wurde, muß man also alle erdenkliche Vorsicht walten lassen.

Wenn man den Wortkörper *tegeder* betrachtet und ihn „mechanisch" und ohne Rücksicht auf eine Begründung von der bezeichneten Sache her ins Hochdeutsche übernimmt, entsteht das Wortbild *zehnter*[3]. Ein *Zehnter* ist entweder ein ›10. Mann‹ oder aber – wenn wir an das mittelalterliche Zehntwesen denken – ›ein Mann, der *zehntet*‹, also den Zehnten gibt. Nun war aber das Zehntwesen so allgemein verbreitet, daß es sinnlos ist, einige wenige bäuerliche *tegeder* als *Zehnter* im Sinne von ›Zehntpflichtiger‹ zu bezeichnen, da doch fast alle anderen Bauern für den Ertrag ihrer Ländereien ebenfalls den Zehnten gaben. Ganz eindeutig meint *tegeder* eine besondere, seltene Funktion. Im Rahmen des Zehntwesens kann es nur die Funktion des Zehnteinnehmers/-einsammlers sein, nicht die des Pflichtigen.

Allerdings ist die Beziehung der *tegeder* zum Zehntwesen, wenn man die Quellen befragt, nicht die einzige Möglichkeit. Es findet sich noch ein ganz anderer Bereich für mit der Zahl *zehn* verknüpfte Einrichtungen. Dieser erschließt sich bei einer Überprüfung der Einbindung der Tegederhöfe in ihre rechtliche und wirtschaftliche Umwelt.

Im westlichen Münsterland gibt es mindestens fünf bischöfliche Hofesverbände oder „Ämter" (Villikationen unter einem Schulten/*villicus* mit zentralem (Amts-)Hof/*curtis* und

* Der Autor dankt H.-J. *Warnecke* für intensive Diskussionen und für zahlreiche Quellennachweise in Hofesakten u.a.

etwa 30-50 abhängigen Hufen/*mansi*[4]), denen jeweils vier Tegederhöfe zugeordnet sind, deren Inhaber zusammen mit dem Schulten des Zentralhofes Funktionen im Rahmen der Verwaltung eines solchen Verbandes wahrnehmen. Es sind dies die Villikationen Emsbüren, Nordwalde, Billerbeck, Stadtlohn und Haltern[5]. Die Vierzahl der Tegeder ist Norm gewesen. Sie wird in einem (lateinischen) Bericht (17. Jahrhundert) über die Gründung der 12 bischöflich-münsterschen Villikationsämter bestätigt: Jeder der *schulteti principales* soll vier *decimatores* unter sich haben[6]. Bei anderen „Ämtern" ist die Zuordnung der bekannten Tegeder nicht eindeutig. Es ist auch fraglich, ob nicht einige von ihnen nicht zur bischöflichen, sondern – etwa – zur Werdener Grundherrschaft (dazu unten) gehört haben. Für die bischöflichen Villikationen im ö s t l i c h e n Münsterland geben sich die Tegeder nicht am Namen zu erkennen. Schon im „Amt" des Bispinghofes in Nordwalde im mittleren Münsterland kann man den Höing nur deshalb als Tegeder identifizieren, weil er ausdrücklich als solcher bezeichnet wird. Gleiches gilt für die Schulten zu Beelen und zu Ödingberge, deren Höfe als Tegethöfe zum „Amt" Warendorf gehörten, sowie für die Schulten Steinhorst und Dernebockholt (zu Ascheberg bzw. Albersloh), deren Tegederamt keiner Villikation, es sei denn vielleicht der des Bispinghofes in Münster, zugewiesen werden kann. Es hat also Änderungen, Verschiebungen und Unterschiede in der Intensität der Durchführung des Tegedersystems gegeben, die zu Störungen des regelmäßigen Bildes geführt haben. Für die östlichste der 12 Villikationen, Isselhorst, scheint überhaupt kein Tegeder belegt zu sein. Auch für Ennigerloh ist bislang erst einer, Pellengahr, als *Tegetschult* nachgewiesen[7].

Im Jahre 1825 stellt Ludwig Troß in seiner Zeitschrift „Westphalia" in einem kleinen Artikel „Urkundliche Beweise für die Bedeutung des Wortes Thegeder" zusammen[8]. Er wendet sich gegen Nikolaus Kindlinger, der im Jahre 1790 versucht hatte, es von *teken* ›Zeichen‹ abzuleiten[9]. Troß weist diese Deutung mit Recht zurück, diskutiert aber leider seine „Beweise" nicht, die für eine Zehntsammeltätigkeit der Tegeder nichts hergeben, und kommt deshalb allein vom Wort *tegeder* her und von seiner häufigen lateinischen Entsprechung *decimator* zu dem Ergebnis ›Zehnteinsammler‹. Er wird nur zum Teil von Karl Lohmeyer bestätigt, der 1906 in seiner immer noch wichtigen Arbeit über das Hofesrecht der Villikation Stadtlohn zwar die Bedeutungsidentität der Wörter *decimator* und *tegeder* anerkennt, gleichzeitig aber den Sachbezug auf das Zehntwesen für falsch hält, weil bei der Aufgabenbeschreibung der Tegeder im Hofesrecht „nie von Zehnten die Rede ist"[10].

Wir finden die Tegeder fast ausschließlich mit Villikationsgeschäften befaßt, insbesondere mit hofesrechtlichen Angelegenheiten. Nach dem mit dem Stadtlohner identischen Recht des Hofes Billerbeck gehören die vier Tegeder mit dem Schulten/*villicus* (zugleich Hofesrichter) und zwei „Wechselmännern" zu dem siebenköpfigen Verwaltungsausschuß der Villikation. Sie alle zusammen befinden über den Austausch („Wechselung") von Hörigen des bischöflichen „Amtes" Billerbeck. Diese genießen den Schutz des Hofes, das den Hofeshörigen im Gegensatz zu den „vollschuldig eigenen" Leuten außerhalb der Villikation bestimmte Rechte garantiert. Außerdem haben sie Sonderaufgaben wie Pfändungen, Einziehung von Strafgeldern und von Abgaben beim Tod der Hörigen, die mit bestimmten Einnahmen verbunden sind, ein besonderes Besitz- und Erbrecht und einen eigenen Gerichtsstand, der sie vom Landgericht (Gogericht) befreit[11]. Damit unterscheiden sie sich deutlich von den gewöhnlichen Hufenbauern, die dem Gogericht unterstehen und zu Hörigkeitsabgaben bei der Übergabe des Erbes und beim Tode u.a. verpflichtet sind. Die Privilegien der Tegeder sind sicherlich nicht überall gleich ausgestaltet und in gleicher Qualität erhalten. Es hat (später?) auch hörige Tegeder gegeben. Doch ist eine Tendenz zu erkennen, die Tegederhöfe wie Schultenhöfe zu behandeln und – was bei Erbhufen praktisch nicht vorkommt – besondere Besitzrechte außerhalb der strengen Eigenhörigkeit zuzulassen[12]. Die Tegederhöfe gelten in der Regel wie der Schultenhof als wirkliche Höfe (niederdeutsch *höve*, latein. *curtes*), nicht als Hufen (nddt. *hoven*, latein. *mansi*). Damit gehören sie zu den vom Herrn (Bischof u.a.) direkt besessenen Teilen der Villikation, die ursprünglich von absetzbaren Funktionären verwaltet wurden und erst später (seit dem 13. Jahrhundert) meist in den Erbbesitz von Bauernfamilien übergingen. Ein Überrest dieser älteren Zustände ist das besondere Besitzrecht mancher Tegederhöfe und z.B. die Angabe in den Hofesrechten von Nordwalde und Billerbeck, daß die Tegeder in bestimmten Rechtsbereichen als Dienstmannen angesehen werden sollen[13]. Unter „Dienstmannen“ sind die Ministerialen zu verstehen, aus denen zum Teil im 12./13. Jahrhundert der niedere Adel wurde.

Aus all diesem ergibt sich nichts, was mit der ›Zehntsammler‹-Bedeutung des Wortes *tegeder* in Einklang steht: Das Zehntwesen wird nicht erwähnt. Sollte also eins der eingangs beschriebenen Mißverständnisse zu dem beschriebenen Gebrauch eines (nicht zutreffenden?) Wortes für Verwaltungsfunktionäre der Villikation geführt haben?

Wirklich gibt es – neben *decimator* ›Zehnteinsammler‹ – noch ein zweites lateinisches Wort, das im Niederdeutschen mit *tegeder* wiedergegeben werden könnte: Der *decanus* ist in der römischen Militärhierarchie Führer einer Gruppen von 10 Mann. Im Karolingerreich ist *decanus* einerseits ein kirchlicher Würdenträger, andererseits aber auch verantwortlicher Vorsteher einer Villikationsabteilung, ein „Unter-Schulte“ oder *subvillicus,* der im Idealfall wohl gerade die seiner Bezeichnung entsprechenden 10 Hufenbauern unter sich gehabt haben kann. Das Wort findet sich vor allem im romanischen Westen, dringt aber auch in das von den Franken eroberte Sachsen ein. Mitten im Gebiet der Tegederhöfe ist um 1150 die Werdener Villikation Nordkirchen in zwei *decaniae*, also Unter-Villikationen unter je einem *decanus* aufgeteilt, die 22 bzw. 32 Hufen umfassen[14]. Da das Bistum Münster und die Abtei Werden beide von dem Missionar Liudger gegründet und unter ihm erstmals ausgestattet worden sind, kann man mit gleichen Strukturen in den Grundherrschaftskomplexen und -formen der beiden geistlichen Einrichtungen rechnen. Es ist leicht denkbar, daß zwei der gerade in der Umgebung Nordkirchens besonders dicht gelagerten Tegederhöfe alte Werdener *decanus*-Höfe sind. In den rheinischen Teilen der Werdener Besitzungen (Friemersheim, Asterlagen) bleibt der *decanus* als *deken* mit den Funktionen eines Fronen (latein. *preco*), also als Exekutivorgan der Villikation bis ins 18. Jahrhundert erhalten[15]. Im Münsterland verschwindet die Bezeichnung und wird durch *decimator/tegeder* überdeckt. Da wir die Tegeder bisher nur in Verwaltungs- und Exekutivfunktionen in der Villikation angetroffen haben, liegt der Verdacht nahe, daß *decimator* den Platz von *decanus* eingenommen hat, weil es von latein. *decem* ›zehn‹ und *decima* ›Zehnt‹ jederzeit mit Leichtigkeit neu gebildet werden konnte, während der Schritt von *decem* zu *decanus* schwieriger ist. *Decimator* wäre demnach einfach ein bequemeres Wort gewesen, das an die Stelle von *decanus* getreten ist.

Obwohl die Hofesrechte über eine Beziehung der Tegeder zum Zehntwesen schweigen, ist die Bezeichnung dennoch wohl vom Zehntwesen motiviert.
Die Zehnten standen in Westfalen den Bischöfen zu[16] und betrafen grundsätzlich den Ertrag von allen bewirtschafteten Landflächen, gleich, welcher Herren. Zwar gab es viele Ausnahmen von der Zehntpflicht, so z.B. der Direktbesitz anderer geistlicher Einrichtungen und wohl auch weithin des Adels, und viele Ortszehnte waren auch schon früh verschenkt oder zu Lehen ausgegeben worden, doch kann nicht davon die Rede sein, daß jemals für die bewirtschafteten Ländereien bischöflicher Villikationsbauern andere Regeln gegolten haben als für die mit ihnen örtlich im Gemenge liegenden Äcker der Nachbarn. Wenn die Bezeichnung *tegeder* primär ›Zehnteinsammler‹ bedeutet, muß diese Funktion sich über die villikationsinternen *decanus*-Aufgaben hinaus auf Tätigkeiten außerhalb der Villikation erstreckt haben.
Tatsächlich ist in mehreren Fällen das Zehntensammeln ausdrücklich belegt: Im Jahre 1316 überlassen die Edelherren von Ahaus den ihnen zugefallenen Anteil an der Herrschaft (Stadt-)Lohn dem Bischof im Tausch gegen den *Teghederinchof, de ghelegen is binnen den kerspele to Lon in der burscap to Wentfelde, mit den hoven, de darin horen, ande den tenden, de darin hort*[17]. Ganz klar erscheint hier der Tegederhof mit Hufen, die im Hofesverband von ihm abhängig sind (*decanus*-Funktion), und mit Zehnten, die offenbar nicht oder nicht nur von diesen Hufen einkommen, da sie im Text syntaktisch von ihnen getrennt gehalten werden (*decimator*-Funktion außerhalb des Hofesverbandes). – Auch für das bischöfliche „Amt“ Haltern ist für 1574 der Nachweis zu erbringen, daß die Tegeder wirklich Zehntabgaben eingezogen haben[18]. Die drei damals noch existierenden Tegeder sammeln bei etwa 20 Stätten Zehnte, aber auch andere Abgaben ein. Nur drei von den 20 erscheinen in der gleichzeitigen Liste der etwa 35 Villikationshufen. Die nicht an den Hofesverband Haltern gebundenen Aufgaben der Tegeder stehen hier im Vordergrund. – Noch eindeutiger schlägt sich im Jahre 1617 die Trennung der Funktionen in einer Auseinandersetzung zwischen dem Billerbecker Tegeders zu Westhellen und der dem Kloster Varlar eigenhörigen Hufe Veltmann nieder: Der Bauer Veltmann verweigert dem Tegeder die Einziehung des ihm zustehenden Garben- und Blutzehnten. Diese Zehnten waren der Witwe des alten Tegeders als Leibzucht überlassen worden, gehörten also zu den direkten Einkünften des Tegederhofes, die von diesem nicht an den „Amts“-Hof in Billerbeck und damit an den Bischof weitergegeben werden mußten[19].
Der zuletzt beschriebene Zustand von 1617 geht sicherlich auf eine – vielleicht nicht vereinzelte – Sonderentwicklung zurück. Auf jeden Fall ist an den Beispielen klar zu erkennen, daß unter dem Übergewicht des eingängigen und den Zeitgenossen wichtigeren villikationsexternen Funktion *decimator* die wahrscheinlich ältere, auf villikationsinterne Aufgaben zielende Bezeichnung *decanus* zurückgetreten sein muß.
Bei dieser Lage der Dinge möchte ich zum Schluß wegen der Gefahr des zu bequemen Anschlusses an den der S a c h e (›Zehntsammler‹) nur teilweise entsprechenden W o r t l a u t (*tegeder*) in der Nachfolge K. Lohmeyers das Tor zu einem älteren *decanus* offen halten, das den in den Hofesrechten dokumentierten Verhältnissen besser entspricht: Der Schwerpunkt der Tätigkeit der Tegeder liegt – trotz ihres Namens – wie bei den *decani* auf dem Gebiet der Villikationsverwaltung. Wie beliebig die Zehnteinnehmerfunktion demgegenüber ist, zeigt die Karte, auf der weite Strecken des Münsterlandes

Tegederhöfe und Vorwerke im Oberstift Münster

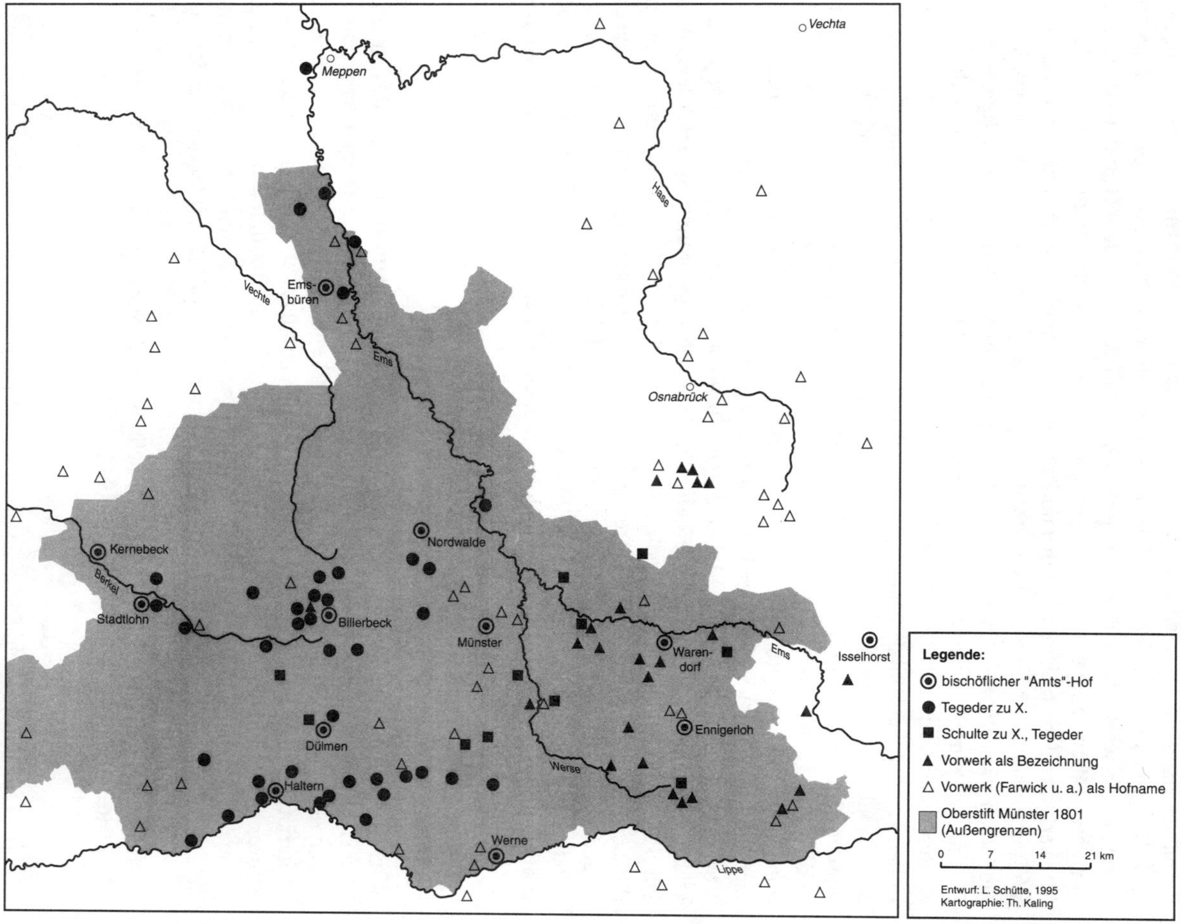

von Tegederhöfen völlig frei bleiben. Mit einem lückenlosen Netz von Zehntsammelstellen kann nicht gerechnet werden.

Die Villikationen mit Tegederhöfen scheinen im Westmünsterland ein älteres, im Ostmünsterland und Ostwestfalen gut belegtes Villikationssystem mit Vorwerken abgelöst zu haben[20], das sich im *tegeder*-Gebiet noch in zahlreichen Hofesnamen wie *Farwick, Vorwick, Varwerk, Fork* usw. spiegelt, ohne daß man bei den Höfen irgendwelche Sonderaufgaben erkennen kann. Abgesehen von einem einzigen Beleg für ein Vorwerk aus dem frühen 13. Jahrhundert für das „Amt" Billerbeck[21] ist *vorwerk* im Westen immer nur Name, niemals verstehbare Bezeichnung mit Ordnungsfunktion, ist hier auch niemals vor 1200 überliefert, während in Ostwestfalen die Belege im 9. Jahrhundert einsetzen und z.B. 71 von ihnen im 11. Jahrhundert systematisch das ganze Bistum Paderborn überziehen[22]. Im Oberstift Münster finden wir etwa 35 *Farwick*-Höfe in den Händen verschiedenster Besitzer. Falls sie früher beschöflich waren, hatten sie als Direktbesitz ohne Erbbesitzer (anders als die hofeshörigen Hufen) leicht verschenkt werden können. Manche bleiben bischöflich, z.B. der Tegeder zum Vorwerk in Lavesum (Villikation Haltern), der Hof Varwick in Salzbergen (Villikation Emsbüren) und die *domus ton Vorwerke* im Kirchspiel Osterwick (später Schulte Farwerk)[23]. Einige von ihnen mögen unter Verlust ihrer *Vorwerk-B*ezeichnung Tegederhöfe geworden sein. Für Vorwerke wird fast niemals ein Inhaber genannt. Sie waren nicht in die Villikationshierarchie eingebunden, sondern ihr lediglich zu- bzw. nebengeordnet. Sie sind deshalb als Direktbesitz (Domäne) des Grundherrn anzusehen, der von Verwaltern mit Hilfe von dienstpflichtigen Leuten aus der Hofesgenossenschaft bewirtschaftet wurde, während die Tegederhöfe wegen ihrer oft bedeutenden Größe und ihrer an einen festen Inhaber gebundenen Rolle innerhalb der Villikation wohl von jeher im – wenn auch nicht erblichen(?) – Sonderbesitz eines im Hofesverband vollberechtigten bzw. privilegierten Wirtschafters waren.

Wichtige Fragen zur Entstehung der Tegederhöfe und zur Bedeutung des Wortes bleiben offen. Eine systematische Sammlung aller Belege und eine genaue Untersuchung der grundherrschaftlichen Verhältnisse der Tegederhöfe wird vielleicht zu einer weiteren Klärung beitragen. Gesichert ist bisher nur das, was sich aus den teilweise schwer verständlichen Hofesrechten und gelegentlichen Urkunden ergibt, die es für jeden Tegederhof einzeln zu sammeln gilt. Eine herausgehobene Rolle der Tegeder läßt sich fast immer feststellen. Sie gehören zusammen mit der *Schulten*-Bezeichnung für bäuerliche Hofes-/*curtis*-Besitzer und mit den frühen Vorwerken zu den Besonderheiten, in denen die ländliche Wirtschafts- und Sozialgeschichte Westfalens im Mittelalter ohne Parallelen bleibt.

Anmerkungen

1 Westfälisches Urkundenbuch (Indices) und Rudolf *Kötzschke* (Bearb.): Die Urbare der Abtei Werden an der Ruhr. A. Die Urbare vom 9.-13. Jahrhundert. (Publikationen der Gesellschaft für rheinische Geschichtskunde 20. Rheinische Urbare, Bd. 2). Bonn 1906. - B. Lagerbücher, Hebe- und Zinsregister vom 14.-17. Jahrhundert. (Publikationen ..., Bd. 3). Bonn 1917. - Hier Bd. A, S. 81.

2 Ernst *Friedlaender* (Bearb.): Die Heberegister des Klosters Freckenhorst. (Codex Traditionum Westfalicarum 1. (Veröffentlichungen der Historischen Kommission des Provinzialinstituts für westfälische Landes- und Volkskunde). Münster 1872, S. 72.

3 Das Niederdeutsche kennt zwei Formen für die von der Grundzahl *zehn* abgeleiteten Ordnungszahl (der) *zehnte*: *te(e)nde* und *tegede*. Diese Erscheinung finden wir schon im Altsächsischen und Altenglischen bei den Zahlen *sivun/siofun* ›7‹, *nigun* ›9‹ und *tehan/teon* ›10‹ mit den Ordnungszahl-Formen *sivotho/seofoda, nigoda* und *tegodo/teogoda* (Schreibweise hier vereinfacht). Vgl. Friedrich *Holthausen*: Altsächsisches Elementarbuch. (Germanische Bibliothek I.I.5.). 2. Auflage, Heidelberg 1921, S. 138. Daneben kommen stets auch die Vorformen der heute gewohnten Ableitungen vor (altsächs. *sivondo, nigundo, tehando*) vor.

4 Mehrzahl zu *mansus*.

5 Leopold *Schütte*: Villikation, Hof und Freiheit Emsbüren. In: Saxlinga - Kirchspiel - Gemeinde. 1175 Jahre Emsbüren. Emsbüren 1994, S. 67-96, hier S. 78f. - Ludwig *Tross*: Urkundliche Beweise für die Bedeutung des Wortes Thegeder. In: Westphalia 22 u. 23 (1825), S. 80-82, 88f., hier S. 88. - Peter *Ilisch*: Zur Siedlungsgenese von Billerbeck. In: Westfälische Zeitschrift 129 (1979), S. 11-56, hier S. 27f. - Karl *Lohmeyer*: Das Hofrecht und Hofgericht des Hofes zu Loen. (Münstersche Beiträge zur Geschichteforschung, NF 11). Münster 1906, S. 29-33. - Peter *Ilisch*: Die bischöflichen Tafelgüter des Amtes Haltern und der Richthof. In: Haltern. Beiträge zur Stadtgeschichte. Haltern 1989, S. 110

6 Hier nach *Lohmeyer*, S. 31.

7 StA Münster, Fstbm. Müster, Landesarchiv 359.32 Bl. 105 zu 1652.

8 *Tross*, wie in Anm. 4.

9 Nikolaus *Kindlinger*: Münstersche Beiträge zur Geschichte Deutschlandes hauptsächlich Westfalens, Bd. 2 (1790), S. 284.

10 *Lohmeyer*, wie in Anm. 5, S. 32.

11 *Tross*, wie in Anm. 4, S. 81f.

12 *Tross*, wie in Anm. 4, S. 80f. - Geldpacht der vier Billerbecker Amtstegeder nach Peter *Ilisch*: Das bischöfliche Amt Billerbeck. In: Geschichtsblätter des Kreises Coesfeld 18 (1993), S. 7-23, hier S. 7f. Nach Ilisch (S. 8, vgl. Bedeliste S. 12f.) gehörten zum Hofe Billerbeck noch vier weitere Tegeder ohne Amtsfunktion (Darup, Osthellen, Darfeld, Höpingen). - Siehe auch: Staatsarchiv Münster, Reichskammergerichtsprozeß M 1678 (betr. Tegeder zu Eickrodt bei Billerbeck), insbes. Bd. 2 mit Urkunden ab 1444).

13 *Tross*, wie in Anm. 4, S. 89.

14 Jan Frederik *Niermeyer*: Mediae Latinitatis Lexicon Minus [kleines Lexikon des mittelalterlichen Latein]. Leiden 1976, S. 305. - *Kötzschke* (wie in Anm. 1), Bd. A, S. 256, 258.

15 *Kötzschke* (wie in Anm. 1), Bd. A, S. 449. - Bd. B, S. 653 Anm., S. 693 und mehrfach. - Auch Zünfte, Gilden und Kalande kennen die Einrichtung des *deken* oder (hochdt.) *dechen*.

16 Quellen bei Leopold *Schütte*: Vorwerk. Eine Sonderform grundherrlichen Besitzes in Westfalen. In: Westfalen 58 (1980), S. 24-44 u. Karte, hier S. 24f.

17 Westfälisches Urkundenbuch VIII Nr. 1030 zu 1316 Apr. 3

18 *Ilisch*, Haltern, wie in Anm. 6, S. 110f.

19 StA Münster, Fstbm. Münster, Lehen Nr. 646

20 *Schütte*, wie Anm. 16.

21 *Ilisch*, wie in Anm. 12, S. 8f.

22 Auf 19 bischöfliche Villikationen entfallen dort 71 Vorwerke, d.h. im Durchschnitt - wie bei den Tegedern - etwa 4. Siehe *Schütte*, wie in Anm. 16.

23 *Schütte*, Emsbüren, wie in Anm. 5, S. 77f. - Hugo *Kemkes*, Gerhard *Theuerkauf*, Manfred *Wolf*: Die Lehnregister der Bischöfe von Münster bis 1379. (Veröffentlichungen der historischen Kommission für Westfalen XXVIII. 2). Münster 1995, Nr. E 128 und E 428.

Zur Geschichte des Hofes Thier in Altenberge und seiner Besitzerfamilien

von Helmut Börnemann

I

Seit einigen Jahren bearbeitet der Verfasser u.a. die Geschichte sämtlicher Bauernhöfe in Altenberge und der benachbarten Orte unter vorrangig genealogischen Gesichtspunkten[1]. Im Zuge der Forschungen wurde anläßlich eines Besuches ein „Hofbuch" des Hofes Thier in der Altenberger Bauerschaft Hohenhorst „entdeckt", welches der damalige junge Hofbesitzer im Zusammenhang mit seiner Hofübernahme und Heirat im Jahre 1650 anlegte und etwa dreißig Jahre lang führte.
Zu Beginn stehen Angaben zu seiner Familie, zu der neun Kinder gehörten. Da lediglich die beiden jüngsten Kinder in den erhaltenen Altenberger Taufbüchern zu finden sind, liefern die Angaben über die Kinder und die später hinzugefügten Namen der Taufpaten wertvolle Ergänzungen über die Familie.
Weiterhin berichtet das Hofbuch über zahlreiche Besuche in der Verwandtschaft und der Nachbarschaft, vor allem im Zusammenhang mit Hochzeiten oder Kindtaufen. Im Verlauf der drei Jahrzehnte nehmen diese familiären Einträge ab, der Schreiber notiert zunehmend Abrechnungen mit seinen vier Köttern, Lohnzahlungen, Verpachtungen, Verkäufe, Steuerzahlungen und andere Angelegenheiten.
Wegen der nicht geringen genealogischen und volkskundlichen Bedeutung des Hofbuches stellte sich bald die Frage nach einer Veröffentlichung, die im Anschluß an diesen Beitrag erfolgt. Im Zusammenhang damit soll an dieser Stelle eine Geschichte des Hofes und seiner Bewohner, vornehmlich unter genealogischen Gesichtspunkten, dargestellt werden. Dabei werden sämtliche Personen erfaßt, soweit sie bisher bekannt sind. Darüber hinaus soll das gesamte verwandtschaftliche Gefüge, oft ein Geflecht von Beziehungen, erläutert werden.

II

Der Name Thier leitet sich vom Wort Tegeder her. Ursprünglich gehörten zu einer Villikation der fürstbischöflichen Hofkammer jeweils vier Tegeder-Höfe. Der Altenberger Hof unterstand dem Schulten Bisping in Nordwalde. Zwei weitere waren die Höfe Tegeder in Greven und in Roxel (Große und Lütke Thier), der vierte war der Tegeder zu Höing (heute Hüntrup) in der Altenberger Bauerschaft Entrup[2]. Über die Aufgaben der Tegeder-Höfe besteht Unsicherheit. Ob ihre Tätigkeit darin bestand, den Zehnten einzutreiben, wie allgemein angenommen wird, dürfte zweifelhaft sein.
Ihre Besitzer gehörten auf jeden Fall zu der oberen Schicht des Bauerntums im Münsterland. Man erkennt es leicht einerseits an der Größe der Höfe, andererseits an den Heiraten ihrer Abkömmlinge, die sie häufig mit Schultenhöfen verbanden. Schließlich mußten sie des Lesens und Schreibens kundig sein und auch Kenntnisse in der lateini-

schen Sprache aufweisen, um Protokolle für die Grundherrschaft aufnehmen zu können. Wann und wie der Altenberger Hof in das Eigentum des Münsterschen Domdechanten gelangte, ist bislang nicht bekannt. Die Akten der Domdechanei sind leider bezüglich genealogischer Informationen eher dürftig, so daß umfangreiche Angaben zur Familie erst seit Ende des 16. Jahrhunderts gemacht werden können[3].

III

Der erste namentlich bekannte Besitzer ist Bernt Tegeder, der in den Jahren 1498 und 1499 mit jeweils sieben Personen schatzungspflichtig war[4].
Erst neunzig Jahre später - also wohl aus der übernächsten Generation - sind weitere Namen zu ermitteln. Am 17. Juni 1589 wird Elisabeth Tirinck an den Domkellner gewechselt, als sie auf den Hof Reckfort (Ricqwers) in Nienberge heiratet; ihre Eltern Johan und Margareta Tirinck waren zu dieser Zeit beide verstorben.

IV

Die Vornamen der Besitzer der folgenden Generation sind noch unbekannt. Drei Kinder konnten bisher ermittelt werden.

1. Ein Sohn Johann (* um 1585) wurde im Jahre 1611 an den Domkellner gewechselt und heiratete auf den Hof Gerding in der Altenberger Bauerschaft Waltrup ein.
2. Den Hof übernahm der Sohn Hermann.
3. Beider Schwester - Name unbekannt - heiratete Rottger Engelberdinck, wie das Hofbuch berichtet. Möglicherweise handelt es sich bei dem Bräutigam um den Besitzer des Hofes Engberding in Nienberge. Von diesem Hof stammte Johann Engberding, welcher im Jahre 1702 zweiter Mann der Catharina Elverich, Witwe auf dem erwähnten Hof Gerding, wurde. Der Ehevertrag ist im Original auf dem Hof Gerding (heute Frandrup) erhalten. Falls die Vermutung zutrifft, wäre damit ein Heiratskreis geschlossen. Das einzige Kind dieser Ehe, Hermann Gerding, heiratete sich 1728 auf dem Hof Kumpmann in der Bauerschaft Kümper ein, indem er die dortige Anerbin Anna ehelichte, und wurde Stammvater aller heutigen Kumpmanns und ihrer Abkömmlinge. Dazu gehört auch die Urgroßmutter des heutigen Besitzers des Hofes Thier, Elisabeth Kumpmann (* 1841), die im Jahre 1870 Anton Rölver heiratete.

V

Hermann Thier war um 1590 geboren und starb nach 1664. Die Herkunft seiner Frau Grete ist unbekannt; sie war ebenfalls im Jahre 1664 noch nicht verstorben. Eine erhaltene Hofakte berichtet davon, daß der Hof Thier abgebrannt war. Am 12. April 1644 wurde deshalb den Eheleuten Tyer gestattet, von den Eheleuten Herman Bertelinck und Catharina Achtermanß, Bürgern zu Münster, 50 Reichstaler aufzunehmen.
Fünf Kinder dieses Ehepaares sind bekannt.

1. Henrich, wohl der älteste Sohn, wurde Anerbe. Er war um 1620 geboren.
2. Sein Bruder Johann gewann durch Einheirat – möglicherweise mit der Anerbin – vor 1650 den erwähnten Hof Kumpmann. 1657 wurde Elisabeth S. Frencking von der Beerlage Johanns zweite Frau. Etwa zehn Jahre später wurde Elisabeth Hellmann aus der Bauerschaft Waltrup seine dritte Frau. Keines seiner mindestens 13 Kinder erhielt aber den Hof Kumpmann. Nach seinem Tode im Jahre 1686 heiratete die Witwe Hermann Ahlers aus Billerbeck, mit dem sie einen weiteren Sohn hatte. Als sie 18 Jahre später im Jahre 1704 verstarb, holte der verwitwete Colon seine zweite Frau aus seiner eigenen Heimat: Gertrud Auling (* 1683, † 1749). Aus dieser Ehe gingen neun Kinder hervor, darunter die 1708 geborene Anerbin Anna Kumpmann, die, wie oben erwähnt, 1728 Hermann Gerding heiratete. Somit sind zwei Billerbecker die Stammeltern der heutigen Familie Kumpmann auf dem gleichnamigen Hof.
3. Das dritte bekannte Kind war die Tochter Maria, die – wohl vor 1650 – Heidenrich Schulte Ostenfelde in Greven heiratete. Dieser war von Altenberge gebürtig und stammte vom Hof Isfort (Isfordinck) in der Bauerschaft Waltrup.
4. Am 21. November 1655, am Sonntag vor Catharina, heiratete die Tochter Anna den Bauern Johann Essinck in Nordwalde.
5. Als fünftes Kind ist schließlich der Sohn Hermann ermittelt, der sich 1662 nach Auskunft des Hofbuches auf den Hof Farwick in Hiltrup einheiratete. Seine Braut war wohl die dortige Anerbin.

VI

Die ersten vollständigen Aussagen zur Familie können dank der Aufzeichnungen im Hofbuch gemacht werden.

Henrich Thier heiratete im Jahre 1650 am 13. November, dem Sonntag nach Martini, Maria Northoff (Northove), gebürtig vom Schultenhof Nordhoff in Nordwalde. Die Eheleute hatten neun Kinder:

1. 1651 wurde „auff Munster sent denn dagh“ der Anerbe Hermann geboren („iunck geuorden“). Taufpaten waren sein Großvater väterlicherseits und seine Großmutter mütterlicherseits.
2. Am Freitag nach Ostern des Jahres 1652 (nicht eher 1653?) wurde als zweiter Sohn Johann geboren. Dieser heiratete am 17. September 1680 die Anerbin des Hofes Menning, die bereits verwitwet war, in der Bauerschaft Entrup (heute Brinkmann). Der aus dieser Ehe stammende Anerbe Johann Menning (* 1683) heiratete 1717 Anna Maria Hilsing (* 1691) aus Nordwalde, deren Schwester Elisabeth sich 1725 auf den Hof Thier verheiratete (siehe Abschnitt VIII).
3. Der am 26. April 1655 geborene Sohn Henrich gewann den Schultenhof Lefert in der Bauerschaft Waltrup und heiratete am 12. Februar 1689 die dortige Witwe, eine geborene Ida Höynck aus der Bauerschaft Entrup, die mit ihrem verstorbenen Mann sieben Kinder gezeugt hatte. Die einzige aus der Ehe mit Henrich Thier stammende Tochter Gertrud S. Lefert heiratete 1715 auf den Schultenhof Dahlhoff in Borghorst.
4. Als nächstes Kind wurde am 23. April 1657 die Tochter Maria (Merck) geboren. Sie heiratete zweimal. Am 11. Februar 1691 wurde Everhard Bertelinck vom Hof

Bertelmann in der Bauerschaft Hansell ihr erster Ehemann. Nach der Geburt von zwei Kindern gewannen die Eheleute am 15 März 1697 von der Domkellnerei gegen Zahlung eines Gewinngeldes von 9 Goldgulden das wüste Erbe Pleynck (heute Schollbrock) in der Bauerschaft Hohenhorst. Nach dem Tode ihres Ehemannes nahm sie sich am 4. April 1701 den aus Nordwalde stammenden Henrich Kannenbrock (* 1674) zum zweiten Mann, mit dem sie keine Kinder mehr hatte. Als sie im April 1728 starb, bekam nicht der inzwischen 30jährige Sohn Everhard den Hof Pleynck. Vielmehr heiratete der 54jährige Witwer noch einmal. Die Hochzeit mit Catharina Böckmann (* 1704) aus Roxel fand am 15. Juli 1728 statt. Während die erste Frau 17 Jahre älter gewesen war, war die zweite genau 30 Jahre jünger. Auch die zwei Kinder aus dieser Ehe traten nicht die Erbfolge auf dem Hof Pleynck an. Erst der vierten Ehe in Folge, die am 21. Juli 1732 zwischen der verwitweten Catharina Böckmann und Henrich Wohnemann geschlossen wurde, der von einem in der Bauerschaft Kümper gelegenen und in der ersten Hälfte des 19. Jahrhunderts untergegangenen Hof stammte, entsprang der zukünftige Erbe, so daß auf dem Hof Pleynck wieder ein neues Geschlecht den Besitz antrat. Zurück zu Everhard Pleynck, dem jüngsten Kind aus der ersten Ehe (* 1697). Ein Jahr nach der Wiederheirat seines Stiefvaters gewann er den Hof Wilmer in der Bauerschaft Waltrup; am 28. Februar 1729 heiratete er die dortige Anerbin Anna. Nach ihrem frühen Tod nahm er sich am 27. November 1731 Christina Böckmann (* 1710) aus Roxel zur zweiten Frau. Diese war eine Halbschwester seiner Stiefmutter! Zusammen mit ihr begründete er auf dem Hof Wilmer ein neues Geschlecht, das bis heute unter dem gleichen Namen besteht (siehe Schema A und Schema B).

5. Die am 24. März 1659 geborene Tochter Margaretha wurde am 17. Oktober 1694 die vierte Frau des Bauern Johann Brüning in der Bauerschaft Entrup. Fünf Jahre später, am 26. Juli 1699, heiratete sie als Witwe Bernard Thies, einen Kötterssohn aus der Bauerschaft Waltrup. Die einzige Tochter aus dieser Ehe, Maria (* 1700), wurde Anerbin des Hofes Brüning, hatte aber keine Nachkommen. Die im Jahre 1891 auf diesen Hof heiratende Rosalia Kamphues vom Hof Thier (siehe Abschnitt XII) war mit ihrem Ehemann Wilhelm Brüning also nicht blutsverwandt, da er einem neuen Geschlecht auf diesem Hof entstammte.
6. Der Sohn Heidenrich wurde am 1. September 1661 geboren. Er gewann den Schultenhof Uphoff in der Bauerschaft Entrup und heiratete am 11. August 1692 Margaretha Funcke, die mit ihrem ersten Mann Johann Schulte Uphoff bereits drei Kinder gehabt hatte. Von den sieben Kindern ihrer zweiten Ehe wurde der Sohn Henrich Anerbe, so daß Heidenrich Thier der Begründer eines neuen Geschlechtes auf dem Hof Schulte Uphoff wurde, das sich aber nicht lange halten konnte, da die Blutslinie durch erneutes „Umsterben“ bereits zwei Generationen später wieder abbrach.
7. Der am 24. April 1664 geborene Sohn Bernard wird in einer Bevölkerungsliste von 1700 als Knecht auf dem Hof Schulte Uphoff bei seinem Bruder verzeichnet. Am 29. Juni desselben Jahres gewann er den erwähnten Kotten Thies (von dem sein Schwager stammte, siehe oben), indem er die Witwe Thies, geborene Anna Markfort, ehelichte. Hier kamen seine Nachkommen nicht zur Erbfolge, auch nicht die aus der am 12. Mai 1709 mit Margaretha Brüning geschlossenen Ehe, da sein Stiefsohn Hermann Thies (* 1695) der folgende Besitzer wurde.

8. Wilhelm wurde am 17. August 1666 geboren und laut Kirchenbuch am 5. September getauft. Falls die Daten zutreffen, liegen zwischen Geburt und Taufe drei Wochen[5]! Von Wilhelm gibt es keine weiteren Nachrichten.
9. Als letztes Kind wurde am 25. November 1669 die Tochter Elisabeth geboren. Auch bei ihr vergingen bis zur Taufe am 14. Dezember drei Wochen. Elisabeths Schicksal ist unbekannt. Sie erscheint letztmalig in einer Bevölkerungsliste aus dem Jahre 1716, ledig auf dem elterlichen Hofe lebend.

VII

In der folgenden Generation kam es zu einem Abbruch der Blutslinie auf dem Hof Thier. Wohl im Jahre 1687 – der Eintrag fehlt im Kirchenbuch – heiratete der älteste Sohn Hermann Thier (* 1651) die um 1655 geborene Anna Höynck aus der Bauerschaft Entrup. Wie erinnerlich, heiratete sein jüngerer Bruder Henrich (* 1655) zwei Jahre später deren Schwester Ida Höynck, die auf dem Schultenhof Lefert verwitwet war (siehe Abschnitt VI.3.).

Aus dieser Ehe stammen zwei Kinder.

1. Der älteste Sohn Henrich (~ 14.11.1688) gewann am 17. April 1711 den Hof Bertelmann in der Bauerschaft Hansell und heiratete am 6. Juli des Jahres die dortige Anerbin Catharina. Aus dieser Ehe gingen drei Kinder hervor. 1719 scheint Henrich Thier verstorben zu sein. Seine Witwe heiratete nicht wieder, sondern bekam in ihrem jüngeren Bruder Bernard Bertelmann einen Nachfolger.
2. Johann (~ 7.5.1690), der zweite Sohn, scheint bald nach der Geburt verstorben zu sein.

Im Alter von 39 Jahren segnete Hermann Thier im Jahre 1690 das Zeitliche. Am 21. Oktober desselben Jahres nahm seine Witwe Anna Höynck sich Johann Hellmann (* 1668) aus der Bauerschaft Waltrup zum zweiten Mann, der über zehn Jahre jünger war als sie.

In dieser Ehe wurden ebenfalls zwei Kinder geboren.

3. Am 9. Dezember 1691 wurde ein Sohn auf die Namen *Johann* Henrich getauft. Am 30. Juli 1715 heiratete er die Anerbin des Hofes Lütke Dahlmann, Margaretha. Diese Ehe bildete das erste Glied einer sechsfachen Kettenehe, aus der insgesamt 23 Kinder stammten. Aus seiner ersten Ehe hatte Johann Thier vier Kinder, aus der am 18. Novermber 1724 geschlossenen Ehe mit Angela Farwick (* 1704) aus der Nienberger Bauerschaft Häger stammten weitere zwei Kinder. Zehn Wochen vor der Geburt seines sechsten Kindes starb Johann Thier, der Colon Lütke Dahlmann, und wurde am 10. Mai 1729 beerdigt. Über Heiraten und Nachkommen seiner Kinder ist nichts bekannt.
4. Ein weiteres Kind wurde am 28. Februar 1694 auf den Namen Margaretha getauft und starb jung vor 1700.

Am 4. Dezember 1690 wird in einer Hofakte vermerkt, daß „Johan Helman und Enneke Hoynck, jetzige Zeller Thier“ Pacht und Schatzung nicht zahlen können; deshalb wird ihnen der Hof auf zwölf Jahre von Martini 1690 an verpachtet.

Nach dem Tod der Anna Höynck im Jahre 1694 heiratete der verwitwete Johann Helmann am 2. August desselben Jahres Margaretha S. Pröbsting aus Borghorst (~ 5.8.1668).

5. Das erste Kind aus dieser Ehe, der am 29. Mai 1695 getaufte Johann *Bernard*, wurde Anerbe und begründete somit ein neues Geschlecht auf dem Hof Thier.
6. Die am 14. Oktober 1697 getaufte Tochter Maria ist vor 1700 gestorben.
7. Die Tochter Agnes (~ 23.3.1699) heiratete am 21. Juli 1722 in Metelen Georg Dankelmann, Sohn des Gastwirts und Bürgermeisters Johann Henrich Dankelmann und seiner Frau Christina Wiggenhorn. Agnes Thier und Georg Dankelmann ließen zwei Kinder in Metelen und eines in Leer taufen, wo auch der Mann am 27. April 1730 begraben ist. Zwei Söhne sind später als Kötter in Altenberge zu finden.
8. Von Anna Catharina (~ 9.9.1702) liegen keine weiteren Angaben vor; sie muß vor 1716 verstorben sein.
9. Maria Elisabeth Thier (~ 28.7.1704) gewann im Jahre 1727 den Hof Beckmann in der Bauerschaft Hohenhorst zusammen mit ihrem Mann Bernard Beuing aus der Bauerschaft Entrup, den sie am 25. Juni 1727 heiratete. Ihre Tochter Anna Beckmann (* 1740) wurde Anerbin und holte sich im Jahre 1770 Johann Hermann Wilmer (* 1737) als Ehemann auf den Hof Beckmann. Man erinnert ich: Seine Großmutter war Maria Thier (* 1657), die auf dem Hof Pleynck verheiratet war. Ihr Sohn Everhard Pleynck gewann den Hof Wilmer. Wegen der unterbrochenen Blutslinie auf dem Hof Thier bestand dennoch keine Blutsverwandtschaft (siehe Schema A).
10. Das letzte Kind, Margaretha Elisabeth, wurde am 7. Dezember 1706 getauft und am 1. Juni 1738 zu Grabe getragen.

VIII

In der folgenden Generation gab es wiederum eine Unterbrechung der Blutslinie, verursacht durch eine fünffache Kettenehe.

Die erste Ehe wurde am 27. Juni 1725 zwischen dem Anerben Bernard Thier (* 1695) und der aus Nordwalde stammenden Elisabeth Hilsing (* um 1695) geschlossen. Zwar wurde ihnen ein Sohn geboren,

1. Johann *Bernard* (~ 14.11.1728, † 2.8.1807), doch kam dieser durch die Umstände nicht zur Erbfolge. Im Alter von 21 Jahren gewann er den Schultenhof Dahl in der Nachbarschaft. Er ehelichte am 25. Januar 1750 die dortige Witwe, Elisabeth Leusmann aus Greven (* 1712, † 1795), die 16 Jahre älter war als er. Von den gemeinsamen drei Kindern starb das älteste nach wenigen Wochen. Die beiden anderen gelangten durch Heirat in den Besitz von zwei Höfen in Nienberge.

Schon ein halbes Jahr nach der Geburt des einzigen Sohnes starb Bernard Thier im Alter von nur 33 Jahren. Am 4. Mai 1729 wurde er beerdigt. Nach weniger als drei Monaten, am 31. Juli, holte sich die Witwe ihren zweiten Mann aus ihrer Heimat Nordwalde. Johann *Theodor* Fraling (~ 19.5.1701) ist der Stammvater der heutigen Besitzerfamilie Kamphues auf dem Hof Thier. Seine Eltern sind gemeinsame Vorfahren sowohl des vorletzten Hofbesitzers Ewald Kamphues (* 1896) als auch seiner Frau Cäcilia Rölver (* 1901) (siehe Schema B). Deshalb wird dem Hof Fraling eigens der folgende Abschnitt IX gewidmet.

In der Ehe des Theodor Fraling und der Elisabeth Hilsing wurden ein Sohn und eine Tochter geboren, welche jeweils im Jahre ihrer Geburt verstarben.

2. Johann Theodor Hermann (~ 19.6.1732, ▭ 21.11.1732),
3. Catharina Elisabeth (~ 15.11.1733, ▭ 27.12.1733).

Elisabeth Hilsing starb wohl an Kindbettfieber. Sie wurde drei Wochen vor ihrer Tochter am 5. Dezember 1733 zu Grabe getragen. Und wiederum verging nur ein Vierteljahr, bis Theodor Fraling, Witwer Thier, am 2. März des Jahres 1734 zu seiner zweiten Ehe schritt. Seine Frau, Anna Elisabeth Münsterweg (~ 6.1.1713) stammte ebenfalls aus Nordwalde. Sie gebar drei Kinder.

4. Anna Catharina (~ 11.6.1735) heiratete am 12. Mai 1753 Johann Henrich Brüning. Von ihnen ist Weiteres nicht bekannt.
5. Vom Sohn Johann Henrich (~ 22.7.1737) gibt es keine weiteren Nachrichten.
6. Henrich *Melchior* Thier (~ 15.6.1739) gewann den Hof Heggelmann in der Bauerschaft Hansell. Am 26. Juli 1766 heiratete er die Anerbin Anna Gertrud Heggelmann, die mit ihrem ersten Mann, Melchior Leusing aus der Bauerschaft Hansell (* 1717), schon fünf Kinder hatte, die sämtlich unverheiratet verstarben. Der Sohn Johann Henrich Heggelmann (* 1768) aus der Ehe Melchior Thiers und Anna Gertrud Heggelmanns wurde Anerbe und ist direkter Vorfahre der heutigen Besitzer.

Nach dem Tode seiner Frau Anna Elisabeth Münsterweg (▭ 13.1.1742) holte sich Theodor Fraling seine dritte Frau aus Roxel. Er heiratete dort 1742 Maria Schedding (* 1717), Tochter des Bernard Schedding und seiner zweiten Frau Maria Große Westarp. Theodor Fraling und Maria Schedding sind die Stammeltern der heutigen Besitzerfamilie auf dem Hof Thier (siehe Schemata B und C). Aus dieser Verbindung gingen fünf Kinder hervor.

7. Maria Catharina *Elisabeth* (~ 11.10.1743) heiratete am 18. Juni 1768 den verwitweten Wilhelm Henrich Oelck. Ihr 1780 geborener Sohn Hermann Oelck erbte später von seinem Onkel den Hof Thier (siehe Abschnitt XI).
8. Anna Maria Gertrud (~ 29.4.1745) wurde nur zwei Wochen alt und am 11. Mai beerdigt.
9. Johann Bernard *Theodor* (~ 1.5.1746) erreichte nur ein Alter von vier Jahren (▭ 30.9.1750)
10. Johann *Hermann* Theodor (~ 10.9.1748) wurde der Anerbe (siehe Abschnitt X).
11. Anna *Catharina* Elisabeth (~ 19.1.1751) heiratete im Rahmen einer Tauschheirat am 26. Oktober 1779 Wilhelm Meinert in der Bauerschaft Waltrup, einen Tag vor ihrem Bruder Hermann, der dessen Schwester Catharina Meinert heiratete. Wie aus den folgenden Ausführungen ersichtlich, war die Braut die Stieftochter eines Halbbruders des Bräutigams (siehe Schema D). In der zweiten Hälfte des 19. Jahrhunderts brach durch Umsterben die Blutslinie auf dem Hof Meinert ab. Heutiger Besitzer ist die Familie Brockmann.

Theodor Fraling starb im Alter von 53 Jahren und wurde am 22. Februar 1755 beerdigt. Vier Monate später, am 21. Juni, nahm sich seine dritte Frau, Maria Schedding, einen zweiten Mann, Caspar Meinert vom besagten Hof in Waltrup. Aus dieser Ehe stammte noch ein Sohn.

12. Johann *Caspar Henrich* (~ 20.6.1756, ▭ 27.9.1800) lebte als Kaufmann im Dorf Altenberge. Er war seit dem 6. Februar 1787 mit Maria Anna Leusing (* 1763) verheiratet und hatte vier Kinder. Weitere Nachkommen sind nicht bekannt.

Da die Eltern Theodor Fralings, des Stammvaters der heutigen Familie, gemeinsame Vorfahren des 1935 heiratenden Ehepaares Ewald Kamphues gt. Thier und Cäcilia Rölver waren (siehe Abschnitt XIV und Schema B), erscheint es angebracht, die familiäre Situation der Höfe Fraling und Markfort in Nordwalde etwas ausführlicher zu betrachten. Schema C veranschaulicht einige Zusammenhänge.

Eltern Theodor Fralings waren Henrich Fraling (Fralt[6]) und seine zweite Frau Anna Markfort, beide aus Nordwalde. Aus ihrer am 22. November 1688 geschlossenen Ehe stammten acht Kinder, von denen zwei früh verstarben. Mit seiner ersten Frau Catharina, Tochter des Brauers Kreymer in Nordwalde, hatte Henrich Fraling schon fünf Kinder gehabt, von denen eines jung starb. Aus zwei Ehen hatte er also 13 Kinder. Zwei Söhne und zwei Töchter erster Ehe, eine Tochter und fünf Söhne aus zweiter Ehe konnte der Vater standesgemäß bestatten.

Anerbe wurde ein Sohn zweiter Ehe, Melchior (* 1696), der 1725 Maria Benningmann aus Nordwalde heiratete, die Stieftochter eines Halbbruders.

Die jüngste Tochter erster Ehe, Catharina Fraling (* 1687), heiratete 1709 auf den Hof Markfort, von dem ihre Stiefmutter stammte. Die Witwe ihres Sohnes Henrich Markfort (* 1712) heiratete in zweiter Ehe dessen Vetter Theodor Fraling (* 1730), so daß in kürzester Zeit dreimal verwandtschaftliche Bande zwischen diesen beiden Höfen geknüpft wurden.

Der älteste Sohn Johann Markfort (* 1710) wurde Stammvater der Schultenfamilie Dephoff, als er 1734 die dort verwitwete Anna Catharina Wältermann heiratete. Der einzige Sohn, den sie mit ihrem verstorbenen ersten Mann Johann Schulte Dephoff hatte, starb im Alter von 17 Jahren, so daß ein Sohn zweiter Ehe die Nachfolge antrat. Seine Nachkommen sind noch heute Besitzer des Schulzenhofes in Nordwalde.

Eine seiner Tanten, Margaretha Markfort, Schwester der Frau Fraling, war 1695 zweite Frau des damaligen Schulten Dephoff geworden. Erbe wurde zwar ein Sohn erster Ehe, der erwähnte Johann, doch Hermann Dephoff, ein Sohn der zweiten Ehe, heiratete 1722 Catharina, die Anerbin des Hofes Fißmann. Zwei der drei Söhne aus dieser Ehe gewannen Höfe in Borghorst (Schulze Spenneberg) bzw. in Nordwalde (Kannenbrock). Die Eheleute Fißmann starben innerhalb weniger Monate, beide nur 30 Jahre alt. Die Frau war noch eine kurze Zeit in zweiter Ehe verheiratet gewesen, und ihr hinterlassener Mann, Henrich Kleimann (* 1703), hatte den Hof auch noch neu gewonnen, es kam aber nicht mehr zu der geplanten Heirat mit der bereits auserwählten Braut.

Den Hof Fißmann trat nunmehr die Schwester der vorgenannten, Anna Fißmann, an. Sie bekam im Jahre 1730 den Vetter vom Hermann Dephoff, Balthasar Fralt (s.u.) zum Ehemann, der nach ihrem Tode im Jahre 1745 in Margaretha Elsar eine zweite Frau fand. Eine Tochter erster Ehe wurde im Jahre 1769 Anerbin des Hofes Fißmann.

Bemerkenswert ist, daß die nicht zur Erbfolge gelangenden sechs Söhne erster und zweiter Ehe sich ausnahmslos auf ebenmäßigen Höfen mit Witwen verheirateten, von denen zwei ursprüngliche Anerbinnen gewesen waren: Hermann Fralt (* 1678) gewann den Hof Benningmann. Seine Stieftochter Maria wurde die Frau seines Halbbruders, des Anerben Melchior (siehe oben). Henrich Fralt (* 1680) gewann den Hof Untiedt, Everhard (* 1698) den Hof Wiening. Unserem mehrfach genannten Theodor (* 1701),

dem Stammvater Thier, folgte Balthasar (* 1704), der den Hof Fißmann bekam (siehe oben). Michael (* 1709) wurde Besitzer des Hofes Buchtmann.
Mit Ausnahme des letztgenannten, dessen Ehe wegen des fortgeschrittenen Alters seiner Frau kinderlos blieb, entsprang aus allen Ehen der Fraling-Brüder der zukünftige Hoferbe bzw. die Hoferbin, so daß fast auf allen Höfen das Geschlecht Fraling Einzug hielt.
Der Hof Fraling, auf dem die Blutslinie bis zuletzt erhalten blieb, brannte am Ende des 19. Jahrhunderts ab. Er wurde nicht wieder aufgebaut[7].
Besitzer des Hofes Markfort ist heute die Familie Nonhoff.

X

Am 17. September 1779 wurde der Abstand des alten Johann Caspar Thier, geborenen Meinert, und seiner Frau auf den ältesten lebenden Stiefsohn Johann Hermann Thier und seiner Braut Catharina Elisabeth Meinert für 300 Reichstaler verdungen. Der Anerbe Hermann Thier (* 1748) heiratete somit einen Tag nach seiner Schwester im Rahmen einer Tauschheirat die Halbnichte seines Stiefvaters, Catharina Meinert (~ 28.2.1756). Die von der Braut auf den Hof mitgebrachte Truhe mit der Inschrift I C E M 1 7 7 9 steht noch heute dort.
Unglücklicherweise blieb die Ehe kinderlos. Noch am Tage seines Todes, am 29. November 1809, bestimmte Hermann Thier seine Frau zur Alleinerbin. Diese übertrug am 1. März 1816 Hermann Oelck aus Roxel (~ 28.1.1780), dem Neffen ihres Mannes, den Hof Thier.
Catharina Elisabeth Meinert Witwe Thier erlag am 2. Dezember 1829 im Alter von 73 Jahren der Schwindsucht.
Hermann Oelcks Frau wurde am 11. Februar 1817 eine Nichte der Witwe.
Die verzwickten Erb- und Verwandtschaftsverhältnisse lassen sich am besten durch eine graphische Übersicht verdeutlichen (siehe Schema D).

XI

Hermann Oelck setzte also das Fralingsche Geschlecht auf dem Hof Thier mit seiner Frau Josephina S. Hülshorst (~ 8.4.1789) aus der Bauerschaft Hansell fort, deren Vater Melchior vom erwähnten Hof Meinert stammte und sich 1787 mit der Anerbin Anna Maria S. Hülshorst verheiratet hatte.
Vor der Hofübernahme lebte Hermann Oelck wohl schon längere Zeit als zukünftiger Erbe auf dem Hof Thier. Drei Jahre vor seiner Hochzeit wurde er Vater eines unehelichen Kindes. Am 11. Juli 1814 gebar Christina Elisabeth Floetkötter ihm („ex propria confessione pater“) die Tochter Anna Ludowica, deren Schicksal bisher unbekannt ist.
Die Eheleute Hermann Oelck und Josephina S. Hülshorst auf dem Hof Thier hatten fünf Kinder.

1. Catharina *Elisabeth* (* 2.8.1818) wurde die Hoferbin.
2. Johann *Melchior* (* 8.1.1820) starb am 27. November 1822 an Brustfieber.

3. Maria *Anna* (* 21.1.1823) heiratete am 19. Oktober 1850 den Witwer Anton Henrichmann (* 1787 in Münster, Kirchspiel Überwasser) auf dem Hof Heymann in St. Mauritz.
4. *Josepha* Elisabeth (* 28.2.1825) starb am 27. Januar 1836 an der Schwindsucht.
5. Anna *Carolina* (* 7.1.1827) wird letztmalig 1854 als Taufpatin erwähnt. Ihr weiteres Schicksal ist bisher nicht bekannt.

Zwei Möbelstücke aus dieser Zeit stehen noch heute auf dem Hof Thier:
Eine Truhe mit der Inschrift I A I S H H A N N O 1 8 0 9 gehörte der Jungfer Aloysia Josephina Schulte Hülshorst.
Eine Truhe mit der Inschrift I H H Ö A N N O 1 7 9 9 brachte Joan Herman Henrich Ölck mit.
Hermann Oelck starb am 16. Februar 1852, seine Frau am 7. Juni 1857.
Am 27. Dezember 1831 hatten sie die Fläche des Hofes aus der Teilung des Schlieck und Schwickingberges um über 33 Morgen und am 13. August 1836 aus der Teilung des Großenberges und der Lehmkerheide um über 56 Morgen vergrößert.
Am 21. August 1849 übertrugen sie den Hof auf ihre älteste Tochter Elisabeth.

XII

Die Hoferbin Elisabeth Thier (* 1818) heiratete am 9. November 1849 den aus der Bauerschaft Westenfeld stammenden Bernard Kamphues (* 25.8.1816). Dieser brachte dem neuen preußischen Namensrecht zufolge seinen Familiennamen mit auf den Hof Thier, wo er heute noch geführt wird[8].
Aus der Ehe gingen drei Kinder hervor.

1. Die am 17. Oktober 1850 geborene *Elisabeth* Josephina heiratete 1875 den Landwirt Theodor Mittelfarwick in Albersloh. Als Aussteuer erhielt sie 1500 Taler, eine Kistenfüllung zu 12 Teilen, 2 Kühe, 2 Rinder, 1 Pferd, 1 Kommode und einen Schrank.
2. Der Sohn Bernard (* 25.7.1852) wurde Hoferbe.
3. Anton Heinrich (* 29.7.1854), das jüngste Kind, starb am 29. November desselben Jahres an Krämpfen.

Durch den Ablöse-Rezeß vom 2. Dezember 1851 wurden die Eheleute Kamphues gegen Entrichtung von 1070 Talern Eigentümer des Hofes Thier.
Am 22. Juli 1855 starb Elisabeth Thier im Alter von 36 Jahren an Schwindsucht. Am Tage zuvor wurde ein Testament angefertigt, in welchem dem Ehemann der Nießbrauch bis zum 35. Lebensjahr des Sohnes Bernard zugesichert wurde.
Fast drei Jahre dauerte es[9], bis der Witwer am 18. Mai 1858 mit Francisca Clementina *Bertha* Schulze Dahl (* 21.2.1831) seine zweite Frau ehelichte, mit der er noch fünf weitere Kinder erzeugte.

4. Maria *Anna* Berta (* 15.6.1859) blieb unverheiratet und starb am 9. Mai 1892 an der Schwindsucht.
5. *Rosalia* Johanna Bernardina (* 8.8.1861) heiratete am 20. Juli 1891 Wilhelm Brüning in der Bauerschaft Entrup. Der Brautschatz betrug 1000 Taler und 200 Taler für Aussteuer.

6. *Cornelia* Ottilia Elisabeth (* 20.4.1864) kam 1894 durch Heirat auf den Hof Heitmann in Hiddingsel. Zum Brautschatz erhielt sie 3600 Mark.
7. Friedrich *Wilhelm* (* 7.8.1866) blieb unverheiratet und starb am 10. Juli 1941 in Karthaus auf dem Hofe seines Bruders Theodor.
8. *Theodor* August Bernard (* 21.3.1869) heiratete sich auf einen Hof in Karthaus bei Dülmen ein. Am 10. August 1903 quittierte er seinen Brautschatz von 3600 Mark.

Am 17. August 1887 erfolgte gemäß dem Testament der Übertrag auf den 35jährigen Sohn Bernard. Eine Woche später erlag sein Vater Bernard Kamphues am 25. August einem Nierenleiden. Am 1. Juli 1899 starb seine zweite Frau Bertha Schulze Dahl. Bemerkenswert ist, daß etwa die letzten 25 Jahre seines Lebens auf dem Hofe Thier ihr Bruder August Schulze Dahl lebte (* 16.2.1827, † 11.1.1897). Er war unverheiratet geblieben und hatte als letzter Eigentümer seines Geschlechtes um 1871 das ererbte Colonat verkauft. Nach mehrfachem Besitzerwechsel gehört der bedeutende Schulzenhof seit 1925 der Familie Post.

XIII

Bernard Kamphues gt. Thier schloß am 8. Mai 1889 mit seiner Braut Anna *Bernardina* Clara Everhard (* 7.8.1863) vom Nachbarhof einen Ehevertrag. Die standesamtliche Trauung fand am 28. Mai 1889 statt, die kirchliche einen Tag später.

Die Eheleute waren im 6./7. Grad blutsverwandt (siehe Schema E).

Ihre neun Kinder waren folgende:

1. Bernard Wilhelm Hubert (* 12.2.1891) starb als Soldat an den Folgen eines Knieschusses im Lazarett zu Laon in Frankreich.
2. Maria (* 28.1.1893) heiratete den verwitweten Bernard Thiemann in Buldern.
3. Hubert (* 8.3.1895) starb am 11. Januar 1917 als Soldat an einem Darmleiden im Reservelazarett zu Borghorst.
4. Ewald (* 5.12.1896) übernahm den Hof.
5. Anton (* 8.2.1899, † 1983) heiratete sich auf einem Hof in Bösensell ein. Seine Frau war Maria Steenkamp Witwe Eckrodt aus Senden.
6. Wilhelm (* 6.1.1901) starb unverheiratet am 2. Oktober 1969.
7. Hugo (* 7.12.1902) starb schon am 19. Dezember desselben Jahres.
8. Adolf (* 17.1.1904, † 26.7.1984) heiratete Ida Wilmer Witwe Merschkötter in Holthausen.
9. Auguste (* 19.4.1907, † 25.4.1985) heiratete 1945 den Nachbarn Anton Rölver.

Bernard Kamphues gt. Thier starb am 24. November 1929 im Alter von 77 Jahren. Seine Frau Bernardina Everhard war 78 Jahre alt, als sie am 10. April 1942 ihr Leben beendete.

XIV

Der Hoferbe Ewald Kamphues gt. Thier (* 1896) heiratete am 3. Juli 1935 Cäcilia Rölver (* 24.11.1901) von einem Nachbarhof, auf den sich zehn Jahre später seine Schwester Auguste verheiratete (siehe oben).
Die Eheleute waren – wenn auch entfernt – mehrfach blutsverwandt: im 4./5. Grad über den Hof Everhard, im 5./5. Grad über den Hof Bettendorf und schließlich im 6./7. Grad über den Hof Fraling (siehe Abschnitt IX). Noch bedeutsamer ist vielleicht die Tatsache, daß die Braut zudem eine direkte Nachfahrin von Henrich Thier, dem Verfasser des Hofbuches, und seiner Frau Maria S. Nordhoff war (siehe Abschnitt VI). Damit kam nach etwa 250 Jahren das Blut des alten Thierschen Geschlechtes wieder auf den Hof zurück! Schema B verdeutlicht die komplexen Zusammenhänge.
Das Ehepaar Ewald Kamphues und Cäcilia Rölver hatte zwei Kinder.

1. Die am 2. Oktober 1936 geborene Bernhardine blieb unverheiratet und ist als Hauswirtschafterin tätig.
2. Der am 13. April 1938 geborene Sohn *Ewald* Aloysius übernahm den Hof.

Ewald Kamphues senior starb am 9. Juli 1967, seine Frau am 12. Mai 1994 im Alter von 92 Jahren.

XV

Der Hoferbe Ewald Kamphues (* 1936) heiratete am 6. Mai bzw. 3. Juni 1976 die Lehrerin *Gertrud* Elisabeth Mormann (* 30.4.1944), Tochter von Heinrich Mormann und seiner Frau Maria Greshake. Auch diese jungen Eheleute sind blutsverwandt, und zwar im 5./5. Grad. In einer Übersicht (Schema F) sind die Verwandtschaftsbeziehungen und ein Teil ihrer gemeinsamen Vorfahren dargestellt.
Durch die Geburt von drei Kindern scheint die Zukunft des Hofes und der Familie gesichert. Dem zukünftigen Hoferben *Christoph* Ewald (* 15.5.1977) folgten *Andreas* Ewald (* 11.9.1978) und *Burkhard* Ewald (* 5.3.1980).
An dieser Stelle sei der Familie ein herzlicher Dank ausgesprochen für die Einwilligung zur Veröffentlichung des Hofbuches und zur Einsichtnahme in die Hofakten, darüber hinaus für die Zeit und Mühe, die für zahlreiche Gespräche und bei der Zusammenstellung von Materialien und Informationen aufgewandt wurden.
Abschließend bleibt der Wunsch nach weiterem Wohlergehen und einer gesegneten Zukunft

der Familie Kamphues und dem Hof Thier!

Quellen

Kirchenbücher von Altenberge und der anderen erwähnten Pfarreien
Pfarrarchiv Altenberge
Hofarchiv der Familie Kamphues
Mitteilungen der Familie Kamphues

Akten der Domdechanei Münster
Akten der Domkellnerei Münster
Gemeindearchiv Altenberge

Bemerkung zu den Schemata

Es wurden jeweils nur die für das Verständnis der Zusammenhänge wesentlichen Angaben aufgenommen.
Falls kein Herkunftsort angegeben, handelt es sich in jedem Fall um Altenberge, bei Schema C um Nordwalde.
Aus Platzgründen mußten vielfach Vornamen und Ortsnamen abgekürzt werden.

Abkürzungen

Orte:

Abg.	Altenberge
Bi.	Billerbeck
Emsd.	Emsdetten
Hav.	Havixbeck
Nbg.	Nienberge
Nw.	Nordwalde

Altenberger Bauerschaften:

Ho	Hohenhorst
Wa	Waltrup

Familiennamen:

Gr.	Große
gt.	genannt
Kl.	Kleine
L.	Lütke
S.	Schulze

Vornamen:

A.	Anna
Bd.	Bernard
El.	Elisabeth
Ev.	Everhard
Cath.	Catharina
Hm.	Hermann
Hr.	Henrich
M.	Maria
Sib.	Sibylla
Th.	Theodor
Wilh.	Wilhelm

Schema A

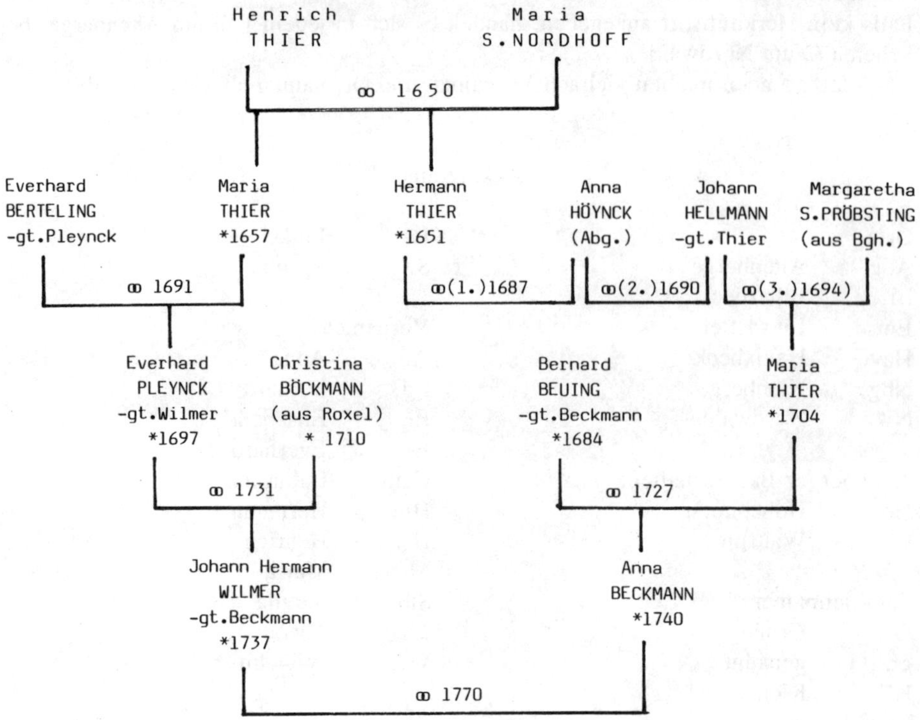
Henrich THIER
Maria S.NORDHOFF
∞ 1650
Everhard BERTELING -gt.Pleynck
Maria THIER *1657
Hermann THIER *1651
Anna HÖYNCK (Abg.)
Johann HELLMANN -gt.Thier
Margaretha S.PRÜBSTING (aus Bgh.)
∞ 1691
∞(1.)1687
∞(2.)1690
∞(3.)1694)
Everhard PLEYNCK -gt.Wilmer *1697
Christina BÖCKMANN (aus Roxel) * 1710
Bernard BEUING -gt.Beckmann *1684
Maria THIER *1704
∞ 1731
∞ 1727
Johann Hermann WILMER -gt.Beckmann *1737
Anna BECKMANN *1740
∞ 1770

Schema B

Blutsverwandtschaften: 4./5.Grad: EVERHARD - 5./5.Grad: BETTENDORF - 6./7.Grad: FRALING

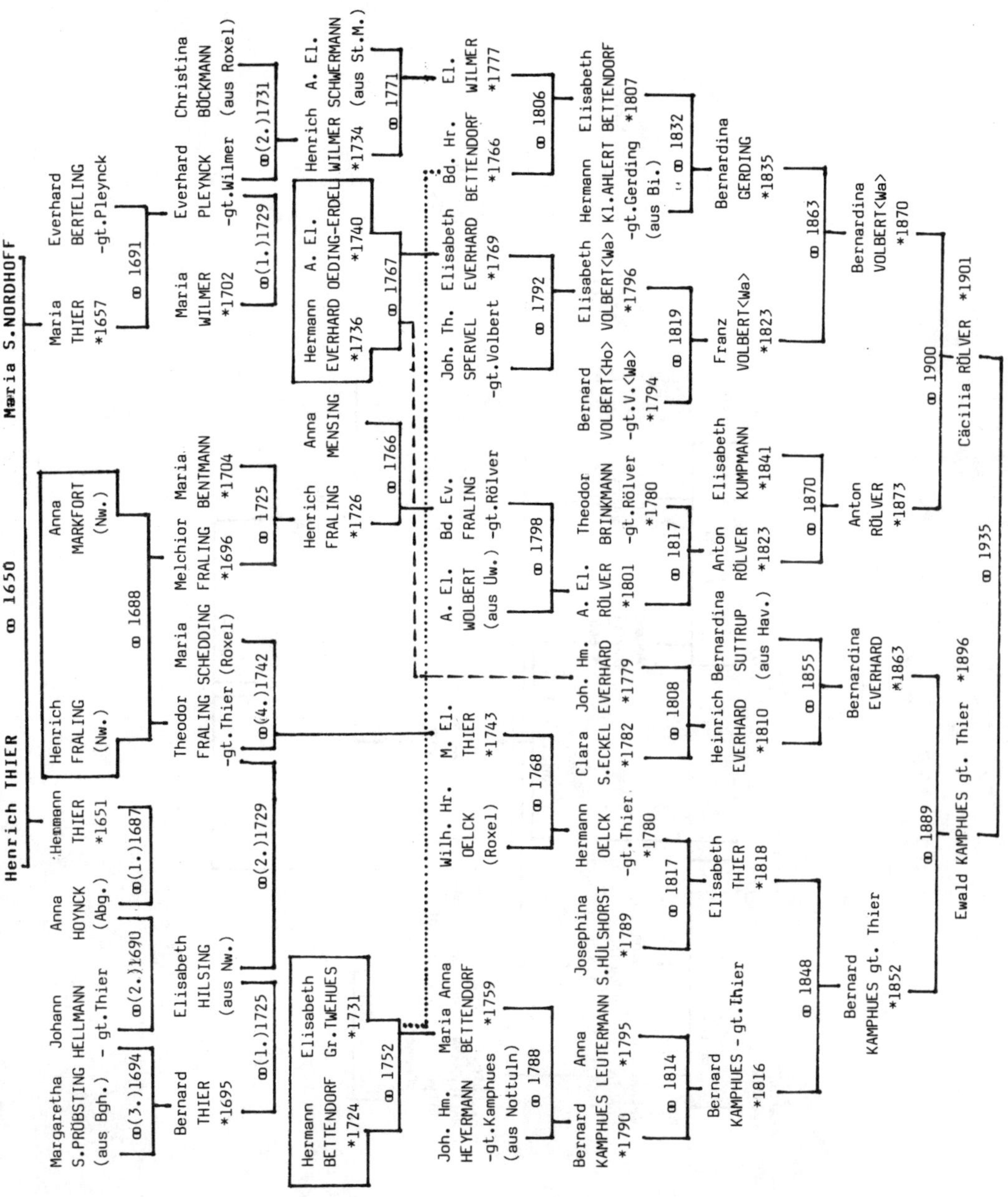

Schema C

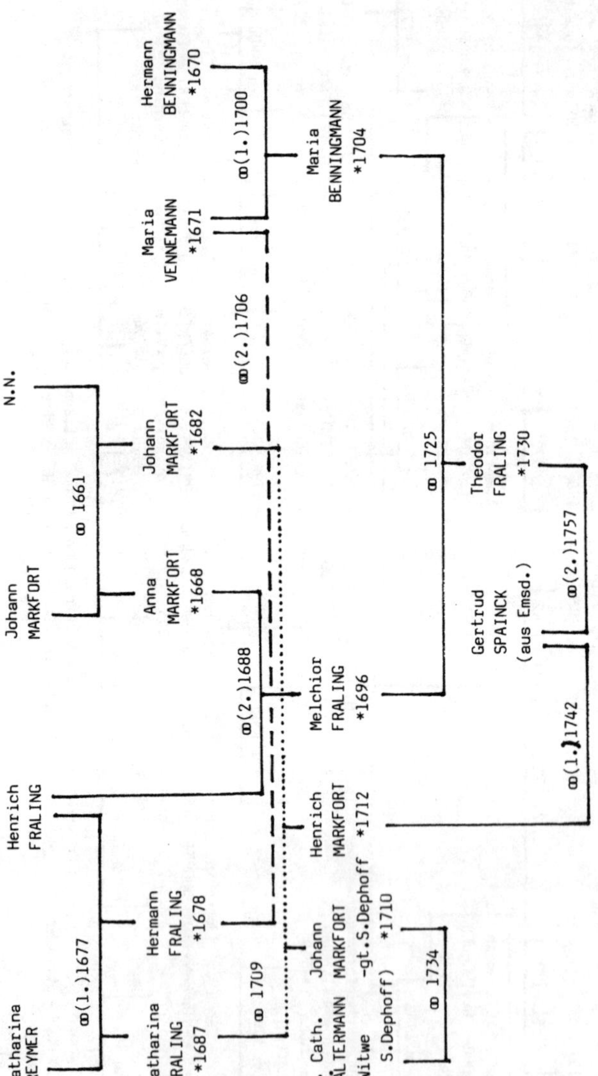
Catharina KREYMER
Henrich FRALING
∞(1.)1677
Johann MARKFORT
N.N.
∞ 1661
Maria VENNEMANN *1671
Hermann BENNINGMANN *1670
∞(1.)1700
Catharina FRALING *1687
Hermann FRALING *1678
Anna MARKFORT *1668
Johann MARKFORT *1682
∞(2.)1706
Maria BENNINGMANN *1704
∞ 1709
∞(2.)1688
A. Cath. WÄLTERMANN (Witwe S.Dephoff)
Johann MARKFORT -gt.S.Dephoff *1710
Henrich MARKFORT *1712
Melchior FRALING *1696
∞ 1734
∞ 1725
Theodor FRALING *1730
Gertrud SPAINCK (aus Emsd.)
∞(1.)1742
∞(2.)1757

Schema D

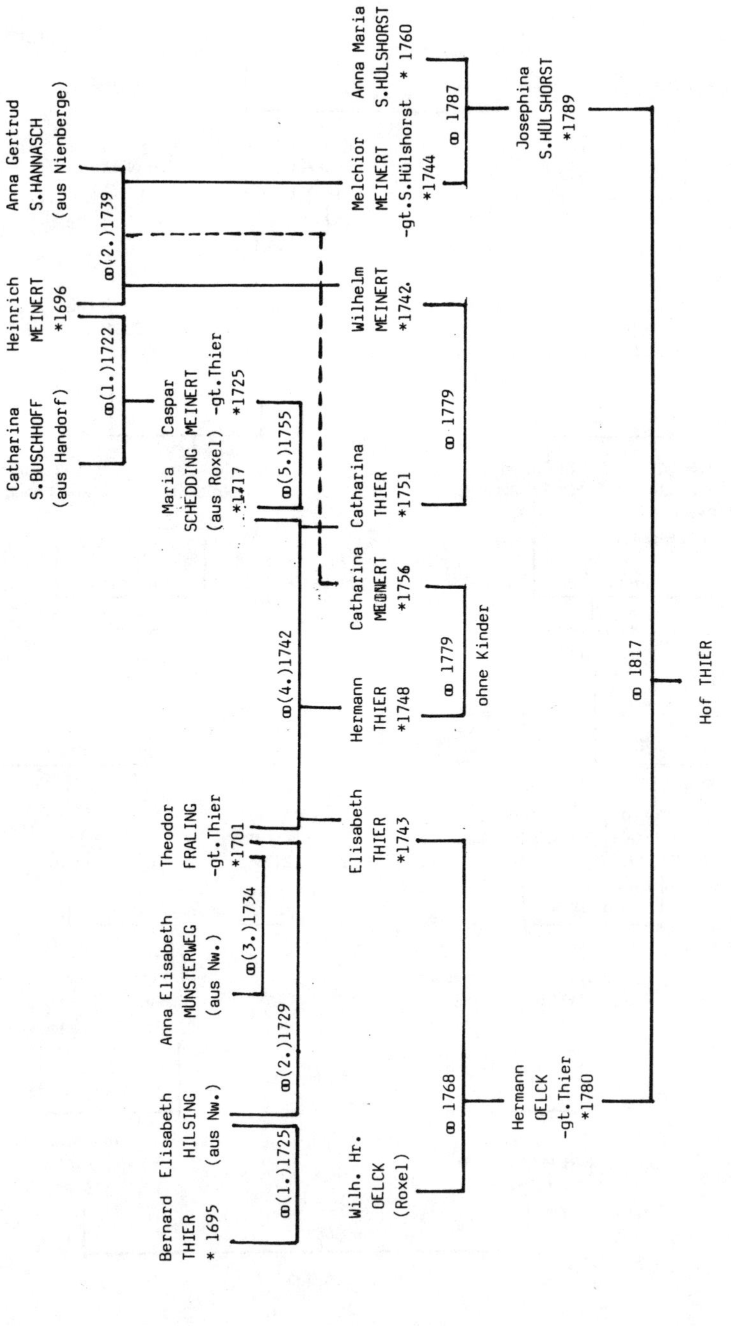
Bernard THIER * 1695
Elisabeth HILSING (aus Nw.)
∞(1.)1725
Anna Elisabeth MÜNSTERWEG (aus Nw.)
∞(2.)1729
∞(3.)1734
Theodor FRALING -gt.Thier *1701
∞(4.)1742
Maria SCHEDDING (aus Roxel) *1717
∞(5.)1755
Caspar MEINERT -gt.Thier *1725
Catharina S.BUSCHHOFF (aus Handorf)
∞(1.)1722
Heinrich MEINERT *1696
∞(2.)1739
Anna Gertrud S.HANNASCH (aus Nienberge)
Wilh. Hr. OELCK (Roxel)
∞ 1768
Elisabeth THIER *1743
Hermann THIER *1748
∞ 1779
ohne Kinder
Catharina MEINERT *1756
Catharina THIER *1751
∞ 1779
Wilhelm MEINERT *1742
Melchior MEINERT -gt.S.Hülshorst *1744
∞ 1787
Anna Maria S.HÜLSHORST * 1760
Hermann OELCK -gt.Thier *1780
Josephina S.HÜLSHORST *1789
∞ 1817
Hof THIER

Schema E

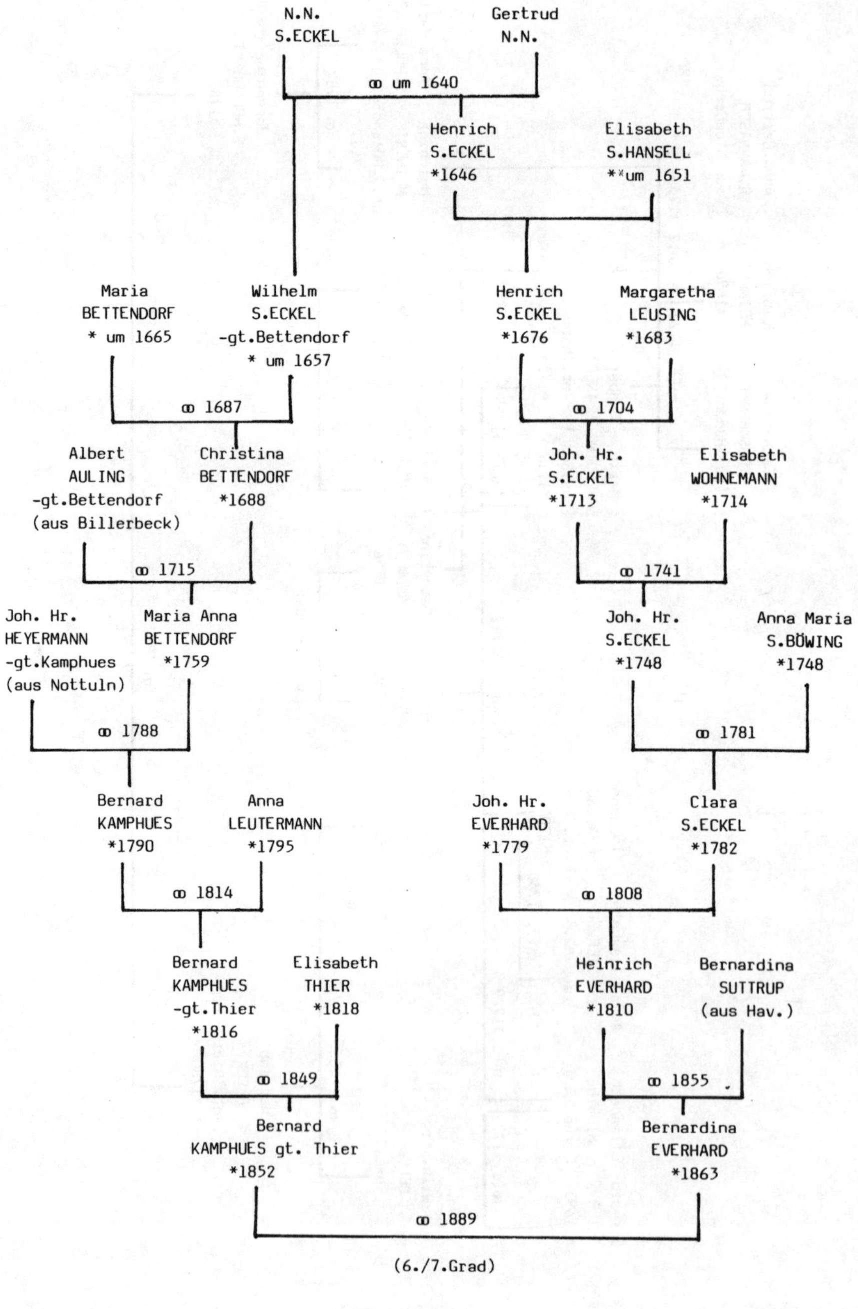

(6./7.Grad)

Schema F

Die gemeinsamen Vorfahren von Ewald KAMPHUES und Gertrud MORMANN

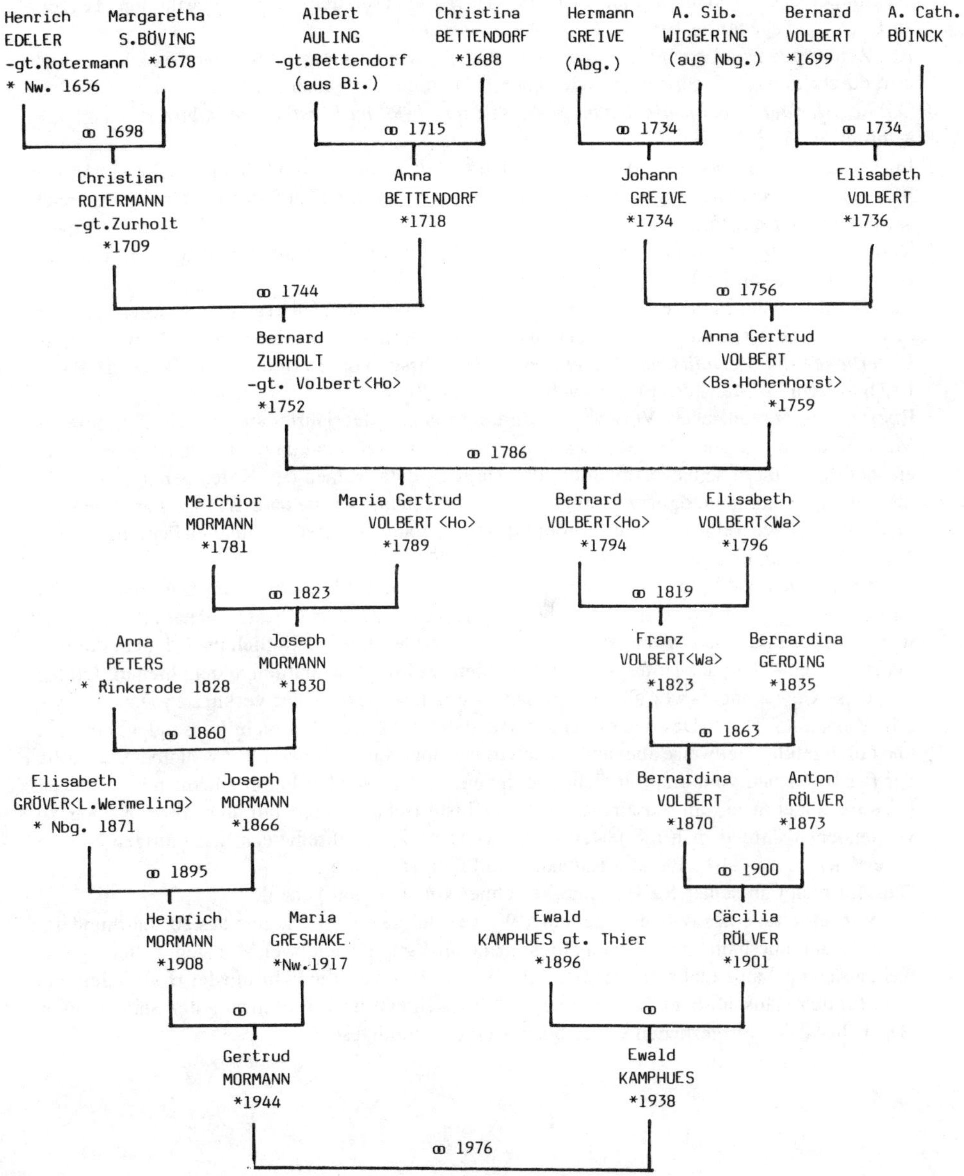

(5./5.Grad)

Anmerkungen

1 Der Autor beabsichtigt, in nicht allzu ferner Zukunft die genealogischen Sammlungen zu den Höfen von Altenberge, Nordwalde, Laer, Leer usw. zu publizieren.

2 In Billerbeck lagen z.B. alle vier Tegeder-Höfe im selben Kirchspiel und unterstanden dem im Wigbold gelegenen Richthof (heute Elpers): Thier zu Westhellen, Thier zu Osthellen, Tegeder zu Eckrodt, Tegeder zu Eswick.

3 Aus Zeitgründen sind noch nicht alle relevanten Quellen ausgewertet worden. Es könnten sich also durchaus noch Ergänzungen oder neue Erkenntnisse ergeben.

4 *Die Register der Willkommschatzung von 1498 und 1499 im Fürstbistum Münster*. – Teil 1. – Münster 1976.

5 Im 17. Jahrhundert war es in vielen Gemeinden üblich, die während einer Woche geborenen Kinder am nächsten Sonntag zu taufen. Gewöhnlich erfolgte eine Taufe je nach Geburtszeit noch am selben oder am folgenden Tag.

6 Der Hof Fraling wurde meistens Fralt (Fraelt, Frahlt u.ä.) genannt, wohl um ihn von dem Brinksitzer Fraling im Dorf zu unterscheiden.

7 Zur Geschichte der Familie Fraling im 19. Jahrhundert und den Untergang des Hofes lese man den Aufsatz „Ein revolutionärer Bauer aus dem Münsterland" von Hans-Jürgen Warnecke, in: *Bilderbogen der westfälischen Bauerngeschichte* / hrsg. von Hermine von Hagen u. Hans-Joachim Behr. – Münster-Hiltrup 1988.

8 Erst von der preußischen Verwaltung wurde entgegen der jahrhundertealten Tradition im Münsterland der Name des Mannes zum Familiennamen bestimmt. Bis dahin war es für eigenhörige Bauern selbstverständlich, daß sie nach dem Namen des Hofes genannt wurden, unabhängig von allen möglichen Erbgängen. Der Hofname wurde natürlich als Familienname den Nachkommen weitergegeben. Von aufheiratenden oder anders aufziehenden Personen wurde der Hofname sogleich als neuer Familienname geführt.
Nach dem „neumodischen" Gesetz blieb bei aufziehenden Männern deren Geburtsname der Familienname der Besitzerfamilie, wobei der Hofname mit dem Zusatz „genannt" beigefügt wurde. In der Praxis sah es aber so aus, daß die Bauern weiterhin lediglich nach dem herkömmlichen Namen – dem des Hofes – genannt wurden, während sie amtlich anders hießen. Oft hat sich diese Gewohnheit – vor allem „up Platt" – erhalten, auch in der verkürzten Doppelform, z.B. Kamphues-Thier. Das neue Recht wurde allerdings lange Zeit nicht konsequent beachtet und durchgeführt, teilweise aber auch rückwirkend angewandt. Heute führt weit über die Hälfte der Besitzer einen vom ursprünglichen Hofnamen abweichenden Familiennamen.
Es wäre angebracht, im Zusammenhang mit historischen Höfen nur den alten Namen zu verwenden, während man die jeweilige Besitzerfamilie mit ihrem rechtlich gültigen Namen bezeichnen muß – also: Familie Kamphues auf dem Hof Thier.
Der Hof bleibt an seiner Stelle, seine Bewohner kommen und gehen!

9 Die Wiederheirat eines Witwers oder einer Witwe erfolgte bis zum Beginn des 20. Jahrhunderts in der Regel innerhalb eines Vierteljahres, manchmal schon nach zwei Monaten, seltener nach mehr als einem halben Jahr. Es mußte schließlich ein Mann für die Führung des Hofes oder eine Frau für den Haushalt her. Das „Trauerjahr" hat sich erst nach Einführung der Standesämter (1874) bzw. des Bürgerlichen Gesetzbuches (1900) durchgesetzt.

Das Hofbuch des Henrich Thier aus Altenberge

Bearbeitet von Norbert Henkelmann

[*Innenseite des vorderen Deckels*][1]

Ynn goteß namen amen

Hennerick Thier horet daß schreibebock thoe, ytziger besitzer Tierß erbe, unnd Maria zun Northove zu Nortualde, eileute, unnd einne hochteit gehaet, ann geld bekomen hundert und drutein rickß taler.

Anno 1650 mein froue zur eih genomen denn – 13 November, denn sondag nach sante Mertin, alß der furste[2] eruelt ist.

Anno 1651 auff Munster sent denn dagh [*26. März*] ist unnse Herman iunck geuorden [a]und vader[3] unnd miner frouen moder[4] pade[a].

Anno 1652 iß unse Johanman iunck geuorden denn fritag nach Osteren [*5. April*], [b]s. Nathoff[5] unnd de sallyge Kumpsche[6], meiner broder[7] erste froue, pade[b].

Anno 1655 iß unse Hennerick yunck geuorden denn 26 Aprill, [c]meiner frouen fader s. Nathoeff[8] und unse moder Thir[9c].

Anno 1657 iß unse Merck yunck geworden – 23 Aprill, denn dach vor Lutgeruß, mein suster Ostenfeldesche[10] und s. Rolinck[11].

Anno 1659 denn – 24 Marzius denn morgen iß unse Margrete yunck geworden, mein broder Kumpman[12] und mersche Nathoff zu Nardualde paden Greit Pressinck[13].

[*1r*] Anno 1661

denn 1 September yß unse Heidenrick iunck geuorden, sein parden sint schult Astenfelt[14] und mersche Rolinck[15] zu Narduall.

Anno 1664 denn 24 Aprill [d]sunt Marckuß[d] iß unse Bernt iunck geworden, seine parden sint Bernt Weßlinck und mersche Astenhoeff[16].

Anno – 1666 denn 17 Augusti iß unse Willm iunck geuorden, de paden Willm zum Eßhauß[17] unnd Warckuische[18] zu Hiltrup.

Anno 1669 denn dach an sunte Catrin [*25. November*] iß unse Elysabet iunck geuorden, Meinert[19] und mersche Presinck parden[20].

[*1v*] Ynn gotteß namen amen

Ein anfang gemacket vann denn yaren anno 1653 vann allen zu falligen dingen an zu schreiben, wis mier gangen yst zu gelucken unnd ungelucken.

Ytem Bernt Weselinck verkaufft tuei stucke landeß, auff dem Natvelde gelegen miten bei de anneweide, fer iaren fur dertig dall. unnd die gerßte zur saet zu betalen unnd der frouen einen winckauff.

Denn – 23 October habe ick unnd Hennerick Welpß zu samen gereckent vann alle unsen sacken, unnd ick bleibe im schuldig fertig riß taler ann hovet sum unnd ann pension funff und tuintig te halben schillinck.

Denn – 12 November haet ick und Bernt Rolinck zu samen gereckent van allen arbeide, daß er mir getaen haet, und ick bleib ime schuldig funff tall. und druttein schill. Dar auff getaen ein suein, ann botalinge kostet tuei riß taler und tuei tage arbeidenß,

welgeß er mir tun muß. Item Bernt Rolinck geforet inn dorpff am hocker ein malt gersten – 3 ß.
[*2r*] Unsen knechte Hennerick Hengesterholt getaen einen taler zu lone.
Dusenn herbeß fur kauff ann feten sueinen der coster ein suein, kostet einen tall. unnd 3 ort.
Hennerick Pelck getaen ein suein, kostet einen tall(er) – 3 ort.
Yohan Benninck getaen einn suein, kostet einen tall(er) – 3 ort.
Der schole meister getaen ein suein, kostet ferde halben tall. met ein schepell weite.
Herman Bertelinck zu Munster getaen zuei suein fur ever, hatt sein maß met getreben, velgeß er mir mager muß bozalen.
Item Iohan Roß gekregen ein suein, kostet andert halben tall. unnd – 2 tag arbedenß.
Und vann denn hocker – 2 suein an genomen, daer vann geben – 2 d. 4 ßi.
Hoinck gekaufft tuei sueine, kostet – 4 riß taler
Der Bucker gekaufet ein suein, kostet – 2 riß taler.
Der Bucker gekaufet ein suein, kostet – 2 riß tall.
Yohan Pilck gekaufft ein suein, kostet ein tall. – 3 ort.
Yohan Kremer verkauff ein suein, kostet einen tall(er) – 3 ort.

[*2v*] 1653
Vann s. Westerhoff gekaufft eine suge met seß fercken zu faseln, kostet funffte halben tall(er).
Hennerick Pelck ein suein, kostet – 1 dall(er) und – 3 ort.
Ytem ann gaß gelde dusen herbß unnd dusen iaer der pastor die kermise geben – 1 dall(er) unnd keise unnd botter.
S. Nuhoff, alß er Grote Horßman seine kisten fulinge gaeb[21], geben zu einen die grote ketell – 1½ dall(er), daer zu im geben 1 dall(er) zu gaß gelt unnd keise unnd boter.
Item alß Nihoveß dochter[22] Melgior Yudefelt zur eh, van im geben zu gaß gelt – 1 dall(er) unnd fur ein glaß einen dall(er).
Item der koster kesem lasen seinen sonn Yohanneß unnd im geben einenn – 1 dall(er) unnd keise unnd botter. Denn – 2 Iunius.
Pleinck seine brut wessup gehat unnd sein froue gehalt vann Ebelinck[23]. Im geben – 1 dall(er) einen schincken unnd – 2 honer.
Item Hinnerick Eßhauß genant Wigert[24] sein hauß boren unnd im geben – 1½ dall(er) unnd keise unnd botter, denn halben dall(er) fur ein glaß.
Tieß Koep gebracht denn herbß ann wull van schaper – 37 punt wull.
[*3r*] Item Bertelinck[25] inn Honseler burschaff sein kinner kesen gehaet. Im geben – 1 dall(er) unnd keise unnd botter.
Hoinck[26] ein kinner kesen gehat. Im geben – 1 dall(er) unnd keise und botter.
Wigert gehaet ein kinner kesen unnd im geben – 1 dall(er) und keise unnd botter.
S. Levert[27] bestaet seine tachter[28] die Schedinge unnd seinen sonn Herman[29] unnd im geben zun grotten potte – 1 dall(er), denn sontag fur der andewente unnd im geben – 1 dall(er) zu gaß gelt und einen schincken unnd metworß – 2 honer.
Item Iohan Kramerß kesen lasen seinen kinnt. Im geben – 1 dall(er) zu gaß gelt.
Unsenn iungen Honhorß sonne Iohanman Pelck Hennerick gemacket ein paer schoe vann seinenn leder.

Dar met besluet ick diet iaer unnd wunsche ein got salligeß neue iaer.

Anno 1654

Item meinen suager Rolinck zu Nortwalde geuesen zum kocken unnd inn geben - 1½ dall(er) und - 1 schinck.

[*3v*] Lut. Dallman seine werschopff gehaet unnd seine froue vann Wenck Edell gehaelt[30]. Im geben zu gaß gelt - 1 dall(er), mein bruder - 1 dall(er).

Item dem foget zu Greven seine pension bezalet van anno 1653 met gersen vonn hundert - 20 schep., die sum vann andert halb hundert dall(er). Im getaen suei malt unnd - 11 ßep. unnd mir gelent - 6 dall(er).

Dem fennrick auff Frithoveß stede im geben einen balcken zu seinenn hause.

Unnd dem Freck Fiteß auff Groteß Hauß Kampe im geben zu seinen timeren eine plate.

Item dem Willhelmer zu Sprackell geben zu seinenn timern eine plate vann seßtig foten, spicker unnd backhauß.

Honhorß gehaet ein kinner kessen unnd zu gaß gebetten unnd im geben - ½ dall. und 1 schinck.

Item Kumpman gehaet ein kinner kessen unnd im geben - 1 dall(er) unnd ein keise unnd botter im fasten.

[*4r*] Item Yohan Benninck ann pension - 3 dall.

Item Berndt Freckinck geben einenn balcken auß dem Dickfeldt.

Item koster geben eine plate auß dem buß.

Item foget zu Greben getaen ein lam iegen die grote proseßsion, auff reckunge zu Munster.

Item s. Suikinck[31] ein kinner kessen unnd im geben - 1 dall(er).

Item Ißfurt getaen - 3 dall(er), inn kosterß stoven auff die maent Aprill auß getaen annen Herman vann Stenen inn Hambrock.

Item Bernt Freckinck ab gekaufft zuei ocsen fur zuei unnd tuintig dall(er) unnd Roterß veder fur kauff fur daß solbi gelt unnd denn winter aver zu foderen unnd zu brucken.

Item meinen bruder Herman getaen drei dall(er) ann Ißfurt auff die mant Maiuß, getelt ann schollmeister huß, alß Berndt Freckinck borde sein hauß.

Dem koster getaen ann bieschatzunge drei dall(er) inn stoven inn biewesen Brinck unnd Rolver.

Item met Tieß unnd Leuerman gereckent vann denn schapen ann Leuermanß hause auff der kameren, daß wir schieten wollen, daß im nicht mer to kumpt dan allen funftzig tall. zun war zeigen, daß Tieß der moder deid - 1 dall. und der moder daß gelt brachte moder sonn want.

[*4v*] Item Iißfurt gehaet ein kinner keßen[32] unnd im geben einen riß tall. unnd keise und botter.

Item der pastor gehaet eine kermise unnd im geben einen riß tall(er) unnd kese unnd botter.

Item Yohan Hechlinck[33] bestadet sein dachter Stinike zu Muster ann Schupken auff Spickerhove unnd im geben keise unnd botter unnd eine tin schottell vann - 16 ß.

Item Tieß Koep unnd ick geschictet met denn schapen, daß ein itweder foll seven und tuintig, aber Tieß ein lenken to kreg unnd Tieß Koep denn meinen pat veder gesaet unnd – 3 schape daer bie alß zu samen – 30 kope fur dertig dall(er). Blebet noch tuintig dall(er) inn alleß, daß wir haben zu tuen met Tieß. Gescheen inn Augusti denn – 21 tag.
Item Beninck, schmit, ein kinner kesen unnd im geben einen dall. zu gaß gelt.
Item der koster gehat ein hauß boren unnd im geben einen dall(er) unnd keise unnd botter und – 3 daufen[e]. Einen dall. wader geben.
[*5r*] Item met Berndt Wesselinck unnd sein froue gereckent vann allen sachen met der pension unnd allen schuldigkeit, daß ick enn schuldig bleibe vegen pension unnd koit gehalt – 14 dall(er)[f] – 14 schill., unnd sum vann fiefftig dall(er) steit auff pension. Die reckunge geschein inn stoben denn – 20 Septem.
Item Ißfurt gedaen ann heren schatzunge ann Polldeiterß hause – 3 dall(er), alß ick em weder deide denn – ½ dal.
Item met Hennerick Welpß gereckent unnd enn fur kaufft daß drude stuck landeß, gelegen vann abschlage, drei iaer folgen daß drude stuck unnd die suma vann fiefftig dall(er) denn – 20 Septem.
Item Hinrick Weßelinck gesaet drei schape denn – 27 Septem. geschoren unnd enn die wulle geschiket fur drei dall. auff die lose. Ann wull gekregen zun erßten maell – III½ pundt, daß pudt – 4 ß.
Item dieß iaer ann ungeluck der wulff gebesen zuei beiste unnd ab gestorben ein tuie iarige stercke unnd – 5 kalber.
Wolbert[34] gehaet ein werßschoep unnd die sparen veder auff gerichtet unnd inn geben einen schincken unnd einen riß tall(er) unnde vader dall(er).
Item zun ersten maell Tieß Kaupff inn herbß gebracht ann wulle – 27 pundt, nacht der schiechten schoep die wull golten – daß pudt – 4 ß.
[*5v*] Item Losinck zu Lembeck[35] bestaet seinenn son[36] Elverick, im geben – 1 dall. unnd der braueit und brauedigaem Elverick gebettenn unnd im geben – 1 dall. und keise unnd boetter unnd unse Herman – 1 d. unnd unse Enke – ½ d.
Item zu Borchorß geuesen[37] unnd der proebtinnen gebracht – 10 da. auff dertig vegen deß vordinck unnd mier geben eien vorschreibunge auf tuintig tall(er) auff zu nemen unnd der proebtinnen zu bezalen unnd met ir abgeredet vegen meiner frouen freibreff, ve der salliger iuncker geloeet hette. Wann der freibreff gelebert wurtte, so solte wir ein kindt frei haben. Der froue geandtwort, daß solte bleiben biem boscheide, we der iuncker gelobet hette, aber ein medike unnd niet ein fent. Wan einn fent, solte ick waß zu geben. Gescheien zu Borhoß inn der proebtinen hause denn – 5 (Novem)benriß.
Item Brinckman inn Kumper burschaff seinen sonne Sautman[38] geben de kisten fullunge und zu gaßte gebetten und inne geben – ½ dall(er) und unse moder ½ dall(er).
Item denn koster getaen – 1 dall., furstede schatzunge etuaß abgereck.
[*6r*] S. Westerhoff[39] seiner suster[40] die Hunikesche die kistenfullunge geben unnd im geben – 1 dall(er) unnd ein tinschuttell unnd die wader – 1 dall(er).
Item meiner frouen getaen 4 dall. ann schatzunge auff Maria entfengniß [*8. Dezember*] ann Ißfurt.
Item Ißfurt getaen ann heren schatzunge inn kosterß stoven – 8 dall(er) auff vie iaerß tag.
Item Iohan Menninck oder Iohan Hechlinck de funff dall. betallt auff die funff unnd tuintig dall(er) daß leßte, daer met daß gelt alß betalt iß ann Berndt Uphoveß hause.

Item dieß iaer die iseren egede getuget fur ein maelt [g]gerßten[g].
Item ein paer rade gekaufft vann denn Benninck, schmit, met iseren beschlagen achter inn wag, kostet - 10 dall(er), und eine meßfor.

[*6v*] Anno 1655 angaent met dem gluck salligen nuven iaer
Item Ißfurt getaen 3 dall(er), geschick sie denn hocker sein dachter ann Weßlinck.
Item Dirckman zu Waltrupff gehat ein kinnerkeßen. Geben ein dall(er).
Item der Rolver sein suster bestaedet ann Luth Leverinck unnd er geben einen riß dall(er) unnd keise unnd botter.
Item Ißfurt getaen ann schatzunge - 4 dall. inn kosterß hause, dubele dockate, alß wier zu Greven gongen, unnd noch - 3 schep. haberen.
Item auff faßtelabent der bißschoep aver stiefft Munster, genandt Galen, Munster ein anschlacht gehaet unnd daß met fur rasschen ein zu krigen und nicht gelungen. De Frouen Porte do haet he dat blockert, dat se nicht ein krigen konden, drei weck met soldaten unnd bauren, unnd do se sick fur drogen, iß der foste inn de staet ein getogen met ein haufen soldaten. Eine kumpenie getogen auff Oltenberge, genant Iosep. Und wier spanne auß macken musen unnd foren moten bieß Emßburen.
[*7r*] Item Ißfurt getaen - 3 dall(er) ann schatzunge inn kosterß hause inn biewesen Suikinck enck gelt dockate.
Item Ißfurt getaen fer dall(er) ann heren schatzunge inn hockerß hause inn biewesen Meinert Hulßsorß.
Item zu gaßte gangen zum Alstenvellt[41] kinnerkeßten unnd glaß ber im geben - 1 dall(er) und einenn schincken unnd tuei honner.
Item zu gaß gangen zum Naethoff unnd im geben zu gaßgelt - tuei dall(er), alß Iohan kreg Presinck dachte[42].
Item der prevestinnen zu Borghoß betalt denn leßten termin vegen deß geuin vegen unser stede alß fienfftein dall(er). Die suma von tuei hundert dall(er) iß nu alß botalt.
Item Hennerick Wiell unnd ick geuesen inn Klopellkampe und ick imme furkaufet ein stuck landeß vann denn kotten stucken, daß Brede, unnd der fur geben - 12 dall(er) unnd mir getalt - 8½ dall(er) unnd denn balcken 1½ dall(er), miner frouen - 1 dall(er) unnd mir gelent - 9 scheppell rogen gelendt.
[*7v*] Tieß Koep gebracht dieß Mei ann wull - 18 pundt vann vorsat schapen, daß pundt goelt - 4 schil.
Item Hinrick Weßlinck gekregen - 2 pundt unnd ein ferdell alß - 9 schill.
Item Wordt Iohan gereckent met arbeiden, daß im toe kump - 2 d. - 4 ß., alß borekkent die erst reckunge.
Item Kumpman[43] getaen, alß er sein geuin teite - 12 dall(er), ick sage tuelff dall(er), aber en dall(er) die moter Nathovische gekregen ann Kreimerß hauß ann bruet schat.
Item Kumpman getaen ann beißten ein koß rindt unnd - 2 kuie unnd - 1 kalb - 1 pert.
Noch getaen - 10 dall(er), alß mein suster de braut waer Essesche zu Narduallde[44].
Ytem de moder Nathovesche meiner frouen zu brutschat geben 100 dall., ick sage hundert dall(er), welgeß Kumpman weder an Nathoff hest bezalt[45], und mich al sint ab gereck.
Ann ungeluck die beste koe abstorben.

[*8r*] Item ann Ißfurt - 3 dall(er) Iudefelt auß getaen.
Item ann koster betalt - 3 dall., auß getaen Freck Fiteß inn bie schatzunge.
Item Ißfurt getaen - 1 dall(er) unnd - 1 ort ann schattzunge inn better, alß die proseßion waer.
Item daß hecke macken lasen zuisschen denn Groten Berge und Suikinck gemacket. Wortioha gearbeidet - 2½ tage unnd zu hangen - ½ tag. Unnd ick daß holß auß getaen. Unnd ein hengßsell koßtet einen halben dall(er), inn der klincken einen nagell zu recken kostet - 2 ßill., welges der burschaff August zu bozalen.
Ittem denn koster betalt - 1 dall(er) ann furstede schattunge auff sant Iohan.
Item Ißfurt getaen 4 dall(er) enck gelt inn kosterß hauß, alß der kell woll daß pert auß spannen woll.
Item Wißman[46] gehat ein kiner keßen unnd ick pade geuorden. Im geben - 1½ dall(er). Anna Katrina.
Item Beckman gehat seine brut wesschoep unnd seine froue zur ehe genomen, Mercken zur Luthorß[47]. Im geben 2 dall(er) zu glaß em unnd ein schap unnd zuei honer.
Hartma zu Nienberge gehat ein werschop. Im geben 3 ort.
[*8v*] Anno 1655. iaerß habe ick schniden lasen ein poß holß unnd ein stuck soltz unnd noch ein poß stuck unnd habe vonn Wigert geholt einn balcken, dar nach ein rien stuck zu schniden, unnd geholt.
Eine halbe tun halb berß kostet - 17 schill., noch - 2 dall(er) schove zu deck.
Item Berndt Lanverß auß getaen ann lonn ann arbeidt ann timer - seß daler, noch seß dall.
Item gebrouen ann koite - II½ tun koiteß. Daß maelt vonn Bertelinck zu Muster seven schep.
Item vonn Westerhoeff gehaelt nach ein haelb tun haelbber, kostet - 17 schill.
Item gekaub ann suep negell und delen negell fur - 1 dall. achte schill.
Item ann arbeideß loen unnd tagelt Bult Merten - 1 d., nach Gert Lochtefelt - 1 dall. unnd Woert Iohan - 1 d. unnd Woert Gert - 16 ß.
Item geschneden - 1 stuck inn breden.
Item vann Iudefelt gehalt - 2 tune ber. Kostet - 4 dall. Betalt ein dall(er). Gedruncken, alß de kote geboret iß, zu boren - 36 man.
Gelent ann schoven Rolver - 1 hundert, s. Eckell - 1 hundert, s. Erdell - 2 hundert. 3 stige.
[*9r*] Item Iohan zur Sevenborg oder der meier auff dem Astenhove gehaet ein schutten ber unnd im geben 1 dall(er), gebracht die moder.
Item Losinck[48] zun Honsell geben zun timeren holß ein stuck, gesschneden tuei platen, Rolver - 2 sporen, Everhart - 2 sporen, Volbert - 2 sporen. Daß ander habe ick solver gehouen van meiner wer, daer die kotte fur denn heck vann getimert iß.
Item Berndt Klute gehalt sein frouve vann Nardualde unnd im geben 1 dall(er) unnd keise unnd botter. Albert Icker dachter.
Der hocker gehaet hauß boren. Im gesant - ½ dall(er). Der fader getaen - ½ dall(er). Unnd zu gaß gaen der fader unnd moder unnd ock denn gemeinen vogell schuten ber.
Item der pastor gehaet die kermise. Im geben - 1 dall(er).
Thieß Koep vann de schaep 4 abgedrefen. Kostet daet stuck - 1 und - 1 ort.
Ißfurt ann schatzunge getaen - ½ dall(er) ann Brockmanß hause.

Item gekaufft vann Stull Iohan unnd denn schmit gekaufft fur – 2½ dall(er) unnde – 1 ort, schove ann kotten zu decken.
Item im dusem iaer daß leste termin botalet vann die hundert riß dall(er), welgen Rottger Engellbordinck[49] to kemen vegen brutschaet vonn meinenn vader suster[50] halben ann Kort Forlagen, velgeß im Engelbordinck aver geuiset hefft. Daer met iß diß gelt alß botalt.
[*9v*] Dusenn herbß Tieß Koeib gebracht ann wull – 24 punt wull.
Item zu gaßte gangen ann Dirckman[51] zu Waltrup, alß er die dachter bostaet. Geben ein stollkusen unnd 2 honer.
Item ann Presinck zu Narduall auß geben sein suster Narthovische[52] unnd broder Iohans[53] kisten fullunge geben. Im geben – 2 dall(er) unnd ein hovet kusen und keise unnd botter.
Item Deglar[54] dachter bestaet. Im geben ein keise unnd botter und ein for holtz.
Item schult Entrup bestaet sein dachter Enke[55] unnd zu gaß gangen. Im geben einen dall(er) unnd mein broder – 1 dall(er) unnd gebeten zun groten pott am auß getaen – 1 d. 9 schill.
Item Woßman gehalt sein froue von Welinck zu Laer[56]. Im geben – 1 dall(er) unnd keise unnd botter.
Item s. Frenckinck[57] auff der Berlage sein froue gehalt von Gassel[58]. Im geben – 1 dall(er).
Item zu goßte gebetten Hoveman inn Waltruper burschaff. Geben – 1 dall(er).
Item Wigert sein dachter zu Holthausen bostaedt. Im geben ½ d., broder – ½ d. geuesen.
Item Vanheiden zu Nardualde zu gaßte gangen. Im geben – 1 d.
Item s. Levert bostaedet sinen son Iurgen[59] zu Notelen. Gebetten zum groten kettell. Kostet – 5 d. –1 d., zu gaßte – 1 d.
[*10r*] Anno 1655 den sundag fur sute Catrin [*21. November*] mein suster gebracht zu Nortwalde[60] unnd die weßschop gehaet. Ann gelde bekomen drei stige dall. unnd – 10 dall. die moder. Unnd denn pastor fur denn schein zur eh geben – 2 d. – 1 ort, ane preve dem kock – 1 d., denn spelleuten – 2½ dall(er), ann kraut – 1 dall(er) – 18 schill. – 6 p.
Item denn koster getaen – 4 dall(er) ann bischatzunge enck gelt.
Item Ißfurt getaen ann schatzunge inn kercken – 10 dall(er).
Item denn pastor getaen – 4 dall(er) auff de tuelff dall(er), vegen de sallgen Iohan Meninck nach – 8 dall.
Item vann Iudefelt gehaelt – 3½ tunn koit. Im geben – 3 dall. Van hocker – ½ tunn kotteß.
Item met Berndt Lammerß gereck, daß he inn alß auß getaen haet ann timeren ann kotten ann gelde – 14 dall. unnd – 14 schill. Auff mideuinterß abendt gereck.

Anno 1656

Item Ißfurt getaen ann schatzunge – 4½ dall(er) inn kosterß hause auff Pauli bokeringe tag [*25. Januar*].
Item Ißfurt getaen – 2½ dall(er) inn der kercken gestanden inn unser banck unnde dem burmeister getaen inn sein hant.
[*10v*] Anno 1655
Zum ersten met meinen suager Essinck geuesen undt fur dinck gedaen.
S. Lembeck geben eine docate ann tue winkape – 7 dall. 6 schill. und im gedaen ein pert met fell und toem unnd einen wagen met raden und rensten, werdert auff tuelff

dall. An saetkorn gedaen zun ersten seß schep. weiten. Die vader 3 schep., nach getaen – 13 schep. rogen zur auff fort der moder – 10 dall. gedaen unnd se de kisten fulin gehalt, dar zu geben ein kostrint. Item meinen suager Essinck getaen – 20 dall(er). Vann Roterß entfangen nach zu Munster[h] und zun Altenberge. Vegen der schlegeri auß getaen tuei dall(er) ann unkosten.
Item getaen – 1 schep. erfften unnd bonen fur 5 schill. Item getaen ein fullen unnd sine beiste alle, alß nembtlick – 3 kue met kallber unnd drei smalrinder. Ann geuin her Ioß betalt – 10 d.
Item getaen eine brun bleßte mer, gekrege von Elbert, unnd ick se angenomen fur – 13 dall(er). Item getaen ein schep. gersten zur saet. Anno 1658 getan ein malt haberen fur – 3 dall(er) 1 ort. Item Eßinck getan ein kor fur – 2 dall(er) 1 ort.
1659 item getan 2 malt gersten unnd – 3 scepell, dar fur zu recken daß malt fur – 3 dall. – 3 ort.
[*11r*] Anno 1656 im Yanuar met Eßinck gereckent vann allen sacken, daß ick im geben hebe hundert unnd – 18 – dall(er), de auffart nicht gereckent. Ann geuin betalt funffzig funff riß dall(er). Her Yeß – 10 ß. lut der quitunge. Ytem Hoinck getan ein malt haberen wegen Essinck.
Anno 1660 Essinck getan 16 ß. gerßten, daß malt fur 4 dall.
Ytem Essinck ein fullen vonn drein iaren getan fur – 9 dall(er) 14 schillinge. Anno 1662 im Mei Hoinck getan – 6 schep. haber. Inn selbigen Mei getan – 4 sog fercken. – Anno 1661 im herbß getaen ein molt gersten zu Schonefleite.
Anno 1662 met Essinck gereckent auff deß dingstageß zu Paschen [*11. April*]. Alß klar gereck, daß dar auff betalt iß ander halb hundert dall. unnd – 7½ dall – 2 ß., der moder – 10 nicht gereck unnd de roge ock nicht gereck.
Anno 1662 getan – 2 schep. weite sat korn, gereckent daß schepell – 3 ort dall(er).
Ytem dem Winbrock getan[i] alß fiftig dall, ick sage – 50 dall. Item mein vader zu genneten – 6 ß. weite zur sat, daß schep. ½ d.
Item Hoinck 1 malt haber – 3. Ytem Eßinck getan – 1 follen fur funff tall(er). Noch – 2 dall. hoin.

[*11v*] Anno 1656

Item Vort Yohan kesten losen sein kindt unnd zu foderen betten geben – 1 dall. unnd keise unnd botter. Sonn Hennerick genomet.
Item met Rotterß gereckent van altenn sachen vegen deß salgen junckeren Pletenberg seine kledungen unnd mir sofill geldes dar zu getaen unnd schuldigkeit abge zu hundert dall(er) denn – 21 Febuwar, de ick enn schuldig sei unnd ick enn gelabet habe, denn schapstaell zu setten be zu seiner bezalunge.
Item met Pelckhennerick gereckent wegen seineß arbeideß loen ann schoe macken, daß em toe kumpt 5 dal(er) unnd – ein halben vegen meiner frouen schoe.
Item Ißfurt getaen – 1 dall(er), alß ick enn denn dall. dede weder, denn ick geben.
Item met Berndt Rolinck gereck, dat em to kumpt – 22 ß. 6 p. im Merten.
Item Ißfurt getaen – 1 d. fur der kerckdor[j].
Item betalen motten vor leden herbß im Augusti – 6 dall. unnd im Merzen ock – 6 dall, alß – 12 dall inn sum, ann herbßen abkauff oder saßfackione gelder.
Item Ißfurt getaen – 1½ dall(er) ann hockerß hauß im stoven.

Noch betalt - 3 dall(er) sein kausch.

[*12r*] Anno 1656
Denn mandach nach Paschen [*17. April*] met dem smit Berndt Weninck gereckent vann seinen arbeit vonn alteß unnd nuweß, daet ick em schuldig sei, und bleibe die sum vann drei und fertig dal(er) unnd - 20 ßill.
Item dem schmit im Dickfellt getaen ein stuck landeß zu seien, met lien geset fer schep.
Item dem schmit gedaen ein stuck landeß im Dickfelt met lin geseit. Item dem schmit Berndt Weninck getan ein stuck landeß auff dem Natfeld zu seien met lien, dar nach met weite.
Item met Hennerick Welpß gereckent inn anno - 1656 denn - Mey, daß ick em ein stuck landeß fur kaufft habe, im Strebiken gelegen, daß ander vann Lut Eß unnd ick enn schuld bleib de sum van fifftig dall(er) unnd 2 molt rogen unnd - 2 schep.
Ytem Welp Hennerick getan ein stuck landeß im Dickvelde fur fieftein dall. anno 1658 Tieß Koep gekregen die wull vonn mir.
Nach abgenomen - 5 schape fur fieff dall.
Item met Hennerick Welp gereckent, daß im to kump bosede siestig dall. seß unnd tuentig de halben dall(er) unnd - 11 ß., anno 1659 gereck.

[*12v*] Anno 1656 unnd 1657
Item dem koster getaen - 2 dall(er) wegen Meinert auff dem Aperill maent.
Item meiner frouen getaen - 2 d.
Ann Meinert getaen Aprill.
Item Meinert getaen -1½ d.
Item met Meinert gereckent unnd he mie abgereckent unnd gehalten - 10 dall. unnd den Augußt mant met betalt vann sog zu Greven. Item meinen broder Kumpman getan - 4 dall. inn kercken ann Meinert.
Item Meinert getan - 1 dall. [k]zu Munster, Pader[k] unnd - 3 ort ann schatzunge inn kerck unnd 5 schill. - 1½ hell., noch ein dall. stuver gelt bror koster hauß, der Westlesche - 1 dall. fur stede schatzuge.
Item Meinert getaen dreimant schatzunge alß - 6 dall(er) unnd -
Ytem Meinert getaen - 1 d. im kost za.
Ytem Meinert getaen - 2 d. im kost za.
Ytem Meinert knecht getaen - 2 dal(er), welgeß er meinen broder getaen hefft ann schatzunge.
Item meinen broder getaen - 2 da. in deß fogedeß hauß ann schatzung.
Item getan meinem broder getaen ann schatzunge - 1 dall.
Item meiner frouen getaen - 1 d. auff kerckhove, welgeß sie Meinert brachte in de kerck.
Ytem Meinert geschick - 3 dall. Elß Hengesterholt. Item Meinert selbige getaen - 1 dall(er) enck gelt auff dem kerckhove. Item Meinert getaen - 1 enckeden dall. inn der kercken.

[13r] Anno 1656

Item gedunget den kamp bie Elberinck dusen Mei unnd dar in gefurt - 27 for meß unnd dusen Mei fur kaufft dus kamp dem fogt zu Grefen fur funf unnd fertig dall(er) unnd meiner frouen - 1 ort unnd met der nasaet fer saet unnd ein for solver zu halen. Item 10 ß. warborg gehalten - 10 dal(er) vann wegen der gelenden gelde, daß denn finff manß alß fifftig dall(er) meinen pat ab zu gaen alß duse[1] sum auff Grever marck.

Anno 1656

Item Berndt Weßlinck getan und verkoef 2 stück landes met der saet auf den Naetfell-de bie daet kere stuek ver - 30 - dall. auf rechnun sein kaeptall voen - 100 - dall.
Item Bern. Weßl. noech getan ein bavenn in den Dieckfell ver - 7 dall.
Noech gedan - 2 suein ver - 5 - dall.
Item Hinrickman zu Nienberg fur eret ein balcken zu timeren to seinen hauß.

[13v] Anno 1656

Denn 1. October met Johan Kramerß gereckent vonn seinenn verdeintenn loen met meien, daß im mach to 6 ß., wan de drei schep. rogen vann vader werdet abgereckent nach ein anspan boven inn der Knipschen getan unnd nich gereck.
Item gereckent met meister Iohan Rider, glasemaker, gereckent, daß im to kumpt - 6 dall. - 10 schill. Dar auff gekregen ein suin und - 1 schep. weit.
Item met Elß tom Hengesterholte gereckent auff sante Andreß dag [*30. November*], daß er noch to kumpt van de tein dall. fieff dall. War auff se iß bogeren, daß ick solde se zur erden bostaden met dem sarck unnd ein iar zu biden, waß dar aver iß, de armen zu legen.
Item van dem salgen Tefaß zun Saude der fader gelent tein dall(er). War auff ick enn weder getan hebe - 1 dall(er) unnd er dem pastor getan - 1 dall(er) unnd - 1 ort fur daß bitten ein iar unnd daß ander de armenn,. so lange daß stet zu geben dar foen.

[14r] Inn gotteß namen amen

Bokenne ich enßbonenter Hennerick Thir, daß mir Berndt Lanverß denn kotten zuis-gen dem Berge abgehurt haet anno 1656, welgeß verlaufen iß, anno 1657 angeit auff Paschen unnd fer iar nach ein ander, alß nembtlick deß iarß de gesatte hur fur funff dall(er) unnd seß dage meien unnd auff mide winter einen wege fur fieff schillinge unnd tuei dage fleßen unnd einen winck geven meiner frauuen einen dall(er) auß schlißlick. Anno 1661 auff Paschen iß de hur nottell weder krafftloß, vorbehalten so er daß zu brecknet handt unnd mundt duse hur nottell zu halten. Urkidt meiner eigen handt.
Bekenne ick, daß Berndt Lanverß haet auß getaen zu timeren unnd mi ab fur denet seventein de halben dall(er), welgeß er fur huren will unnd mie nach to kump achte dall(er) unnd fertein schill.
Item macken lasen de doren für denn kotten neden für dem huße. Kostet am negelen unnd ernen hacken und ein heesel 16 sch. und kotte Hensterholt tho timmeren.

[*14v*] Anno 1657

Item met Berndt Rolinck gereck vonn seinen arbeit, daß im to kumpt 2 dall(er) 8 ß. 6 p. Met seinem sonn lon dar auff getaen en boem im buß.
Item Berninck zu Nienberge vor eret einen balcken zu sein hause zu timeren.
Item Yßfurt voreret ein stuck holtz zu timeren am porthuß. Dar fon geschneten post lenge unnd ein sporen lenge.
Ytem Helman inn der Waltruper burschap fur eret ein postlenge vom bom.

Anno 1657

heben Hienrich Thier und Hoennen Gert verkauf Tuenß Weßells yn Greiff - - 1000 foet dielen fer - 30 dall. und uns kompt - 10 dalkl. tho und emb kompt nocht - 20 foet diellen to.

[*15r*] Anno 1658

Ann schatzungen betalt meinen broder Kumpman zum ersten mall - 1 dall(er), zum anderen mall - 10 dall. Kosterien unnd Woßman getan - 1½ dall. inn bieschatzunge. Item Woßman inn bieschat betalt - 2½ dall 5 ß. 4 p. Ytem meinen broder Kumpman getan - 4 dall. ann Kotmanß hauß zu Munster. Item getan - 1 dall(er) an unsen hauß, alß de papen kock. Ytem - 1 dall(er) getan Grot Eßhauß im kerck, alß de echchulanten de perde halden und ru handt to tasten. Item getan ann schatzunge - 5 rogen unnd - 2½ dall. ann gelde.

[*15v*] Anno 1659

Ym Mey met Lar Holtsten gereckent, dat enn to kumpt - 24 dall. unnd ein ort.
Item Berndt Weßlinck getan ein breide landeß im Groten Berge, genent de Stottebreide, fur tein schep. haberen insat daß sei iar.
Schulte Asterhoff zu Nienberg bestadet sein son unnd im geben zun groten potte - 1 dall.
Anno 1660 auff meitag gereckent, daß im to kumpt 1 dal(er) - 8 ß. Bernt Rolinck.
Item met Bernt Rolinck gereckent auff sant Andreaß dag [*30. November*], daß im to kumpt - 22 ß. am meien furdeint. Anno 1661 met Bernt Rolinck gereck, daß im to kumpt - 16 schill.
Ytem geseit - 1 schep. lin ab zu recken unnd gefurt am kort.

[*16r*] Anno 1660. yarß

Ann belet sagen ann furteringe ann Yudefelt seinen hauß betalt moten - 2 dall(er) - 9 ß., ann schade gelt - de sum - 5 dall.
Anno 1662 auff sunte Mertin [*11. November*] gereckent met Bernt Rolinck, daß im to kumpt - 2 dall. - 12 schill. Alß klar gereck.
Rest Bernt Rolinck vonn mir - 12 schill. Getan - 1 schep. gerß.
Anno 1662 met Yoan Eckerß oder Yohan Wigerß gereck, daß im to kumpt - 5 dall(er) - 12 schill. auff Paullbekeringe [*25. Januar*], welgeß er werhuren will ann Hengeßholt kotten unnd garden.
Denn sarck [m][...] abzu[...][m]

[*16v*] Anno 1661

Met Wort Yohan gereckent auff der hylgen drei konninge dag [*6. Januar*], dat enn to kumpt - 9 ß. 6 p., ⁿvelgeß er fur huren willⁿ. Alß klar abgereck. Ytem met Wort Yohan gereck, dat enn to kumpt - 2 dall(er) 4 schill. auff Paull beker [*25. Januar*]. Dar auff betalt 4 for hollt unnd 4 anspan bowen und 2 for korn vonn Pleinck zu fur.

Met Munster zu gangen unnd bolegert unnd blockert. Auff Maria Magedelena an gangen [*22. Juli 1660*] unnd gedurt bet Munster sent inn der fasten [*26. März 1661*]. Anno 1661 met haberen unnd stroe auß tun moten, alß man gebet nach alter schatzunge so mannigen dall., so mannigen - 10 scho fe stro unnd so mannigen 2 schep. haber alle mannt unnd alle achte dage einen grefer im leger unnd alle dage - 5 span zu furen holß im leger auß dem keßpell unnd - ander halb schatzu geben moten alle mant, nach boneben schatzunge vann 2 ploge - 5 dall(er) - 3 mall unnd - 2 person schatzunge - 1 dall. - 25 schill. und 5 schill. vader unnd moder lebzuch.

[*17r*] Anno °1661°

Vonn zu felligen dingen. Evepert[61] ab gestorben auff denn dach fur der heiligen dreifoldigheit [*11. Juni*].

Item Hinrick Weßlinck gesat ver schap dusen herbß auff de lose fur - drei dall(er) min. ein ort unnd geschoren ann wull gekregen - 13 schill. unnd mig getan - 1 dall(er). De soll ann schapen vort abgan dusenn Mei - 1662 ann wull 8 ß., dusenn herbst ann wull - 1 dall(er), dusenn Mei anno 1663 ann wull 5½ pundt, dusen herbß ann wull - 6½ p. Unnd - 1 schap vor ab genomen.

Anno 1661

Ytem Wennemer Bucker getan ann sat korn 3 schep. rog - ½ dall(er), ann Groten Einckman geseit.

Item - 1 schep. erfften - 16 ß.

Item getan - 1½ schep. mankorn.

Kostet - 17 schill. dat schep.

Denn sundag fur s. Mertin

Ytem met Bernt Lauerß gereck vonn allen arbeit unnd hur, daß mich to kumpt ansteen Paschen de hur vom huse unnd vom garden anno 1652. Dar auff betalt - 1 d. - 13 ß.

[*17v*] Anno 1661

Ynn gotteß namen amen

Kundt unnd zuuissen sei hirmet yeder menigligen, daß der itzeger Tir denn korten ynn denn busch auff gesat vann zuei woninge. Hinrick Elberß de mester geuesen. Ann tagelt fur deint de meister - 3 schill., de anderen derde halben schillinge ann taggelt. Hinrick Elberß met seinen knecht - 4 dall. - 10 schill. 6 penn. furdent

Wort Yohan - 2 dall. - 17 schill.

Hongert - 2 dall. 7 schill.

Fasit - 9 dall. - 4 schill. 6 pennin. ann tagelt, waß der kost an bolanget nicht gerechnet.

Auff Maria entfencknusse [*8. Dezember*] gerichte.

Denn - 7. Desember vann meinen holte getimert Everhat - 1 balcke, Rolver - 1 spor, Volbert - 2 sporn. Ann drincken gebrouen - 1 molt gerßten. Wolbert fur deint - 13 schill. ann suepen negen - ½ dall.

Anno 1662 ann steinen funff foder gekaufft fur 1 dall(er) vonn Welp Hinrick auß dem Hanbrock und - ½ dall(er) ein foder stein vonn Falckenhofell zu muren ann decken. Vonn minen schofen - 5 hundert unnd vonn minen bror gekregen - 2 hundert und tuintig.

[*18r*] Anno 1662

Vonn 6 dall. - 1 foder latten vonn schult Uphoeff - 3 fode holt für fer daller 14 scheinnig.

[*18v*] Anno 1662

Ytem Kumpman gehat ein kinner kessen[62]. Im gescheck de gabe, aber kein gelt heben wult. Denn - 29 Yanuari.

Ytem Preffsink zu Norduall ein kinder kessen gehat und zu fadere gebeten. Im geben - 1 d. 3 ort und de gabe. Denn 5 Februwari. Stinck.

Anno 1662 met Bernt Lanverß gereckent vonn allen arbeide, so er migab fur deint heff auff Sundag der adevent, daß er ann seiner hur betalt hefft - II½ dall(er), ick sage drude halben dall., auff anno 1662.

Nach betalt - 2 dall.

[*19r*] Anno 1662

Mein broder Herman sich bestadet zu Hyltrup ann Farck erbe[63] unnd im getan ein pert met sell und toenn und ein koe met kalb unnd koßrint unnd - 17 dall(er) zu geuin und - 1 molt gersten unnd - 6 schill., [p]vozu - 1 molt gerß kump[p], zun sollen ann fogt betalt unnd noch 8 dall. getan vann Glor unnd tuei schepell bonen zu potten, ann kistenfullinge geben ein kiste unnd bedestede und bede met seiner zu bohoringe, noch ein par lacken oberich.

Noch getan - 3 schep. winter gersten.

Nocht betalt - 12 dall., ick sage tuelff dall., denn Dor weder an geuin betalt. Item getan ein schepell pott bonen, getan denn 12 Marzi 1664.

Zu wissen sei hir met, daß ych met meinen broder und meine sueigerinne Warck unnd Farckesche rereckent, alß se dat hoei halten, alß bei ander gereckent de sum vonn fertig achte, ick s[a]ge 48 dall(er) - anno 1665. Dar na gesant - ½ dall. ann Schriber zu Munster. Nach getan ann gelde - 3 dall(er) und - 1 ferck fur - 4 dall. unnd - 1 for nach Schonfleite getan anno 1667. Anno 1668 - 2 for reise. Anno 1669, alß wie kint keß, - 5 dall getan.

[*19v*] Anno 1663

Der Glor Herman Volbert denn kotten getan, ann geuin geben - 15 dall. und meiner frouen - 2 dall. zu winkup, ein menschen lebent. Wan aber ein fur sterb, so soll de den korten weder an nimpt van de alten leite, so sollen se geben drei dockaten.

Diß yar zu gaß gangen, ve hyr nach folget. Ann Lembeck sein brut weßschop[64] haet geben 1 dall., keise und better.

Woßman Dirck s. Schenckinck kisten fullunge geben. Im geben - 1 d., keise, botter und tinschottell.

Hinrick Weßlinck sein froue geholt fon Nortuall. Im geben - 1 dall(er) unnd keise unnd botter glaß - ½ dall(er).

S. Eckell bestaet sin dachter[65] hentz Notelen ann Odinckhoff[66]. Im geben zum groten potte – 1 dall. und – 1 dall. und keise und botter, 1 honn.

[*20r*] Anno 1663

Ytem Grote Horßman bestat sein dachter[67] zu Bertelinck inn Westenfell burschaff. Im geben zun groten potte – 1 dall(er) und 4 schill.

Ytem met Wort Yohan gereckent auff aller heiligen tag [*1. November*]. De hur ab gereckent von anno – 1663 unnd im nach to kumpt – 3½ dall(er) und – 4 schill. Item betalt 4 foder holt unnd 4 anspan bouen und von Pleinck 2 for.

Ytem met Greiten zur Hart gereckent auff sunte Catrinen tag [*25. November*], daß er noch tokumpt – II½ dall. – 1½ p. Alß klar gereck.

[*20v*] Anno 1664

Met Bernt Rolinck gereck auff lechtmese, dat em to kumpt vonn meien und ander arbeit – 27 schill.

De hur gesat auff – 3 d. 1½ d. gar.

Item met Wort Yohan gereckent denn Sundag vor Migele [*28. September*] vonn allen arbeide, daß em to kump – 3 dall(er), zuei anspan bouen zu tun met boreck.

Item met Greiten zur Hart gereckent auff aller heiligen dag [*1. November*], daß mig na to kumpt – 9 schill., auff Paschen anno 1665 weder angaent.

Ytem met Bernt Rolinck gereckent denn druden sundag [*14. Dezember*] ym adefent, daß im to kumpt 1 dall(er) – 21 schill.

Ytem met Greiten zur Hart gereckent auff sunt Yachobi [*25. Juli*], daß er to kumpt – 1 dall(er). Alleß klar gereck.

Item met Greiten zur Hart gereckent auff Narduall marck, daß er to kumpt – 18 schill.

[*21r*] Anno 1665 annzulan

Ytem met Wort Iohan gereckent vonn allen arbeide, daß im to kumpt – 1½ dall(er)[q].
Anno 1665 weder fellig denn dag fur der groten proseß von alleß klar boreckent.

Item met Wort Iohan abgereck de hur anno 1665.

Item met Iohan Roß gereck auff Narduall kermß, daß em to kumpt[r] 05½ d.

Ytem met Yohan Roß gereckent de sommer hur unnd winter hur auff Paschen fellig anno 666, daß im nach to kumpt – 4 schill.

Ytem met Elßken Roß gereck vegen allen sacken vegen dem vent unnd hur auff Mertin, daß er nach to kumpt [s]3[s] dall. vegen deß fentteß ab zu reck. Gereck vor midewinter de hur und arbeit – allß klar anno 1666.

[*21v*] Anno 1666 denn – 1 Maye met Gretien zur Hart gereck vonn allen arbeide unnd vann rock, de hur, welgeß mir to kumpt, abgereck, daß er nach to kumpt vann rock – [t]2½[t] dall.[u] 6 penninck auff Osteren.

Ytem met Greiten zur Hart gereckent, daß er to kumpt X schill. gereck inn andefent alß klar gereck.

Ytem met Iurgen Timeerkotter gereckent vonn allen arbeide und Greiten ir lon, daß im to kumpt – 1 dall. – [v]7[v] schill. auff denn donnerdagh fur mideuinter [*23. Dezember*] anno 1666, auck hir up – 2 anspan bouen, noch en anspan bouen.

[*22r*] Anno 1667

Met Wort Yohan gereck vonn allen arbeit unnd de hur met abgereck unnd Greiten ir arbeit met boreck – 23 Yanuari de hur met 4 dall. – 14 ß. boreck, daß im to kumpt – 15 ß. auff Paschen angaent.

Ytem met Bernt Rolinck gereckent auff sunt Iachobi tag [*25. Juli*], daß ym to kumpt – 1 dall(er) – 6 schillgeß, met boreck an decken außgetan – 9 schill.

Ytem met Bernt Rolinck grouen enß geworden de hur met – 2 dall(er) unnd – 2 dage arbeit auff Paschen anno 1669 – 1 dall. versehen denn dall(er) hir baven abgereck.

Met Elß Rolinck gereck auff aller heiligen tag [*1. November*] anno 1669 de somer hur ab gereck.

Zu gaß gangen ann Nathofe zu Gibenbeck allß mersche Sentrup[68]. Geben zum pott – 16 schill.

Ann Timmer koten zu gaß – ½ dall(er). Son Iohan.

Ann Nyhoff zu gaß geben – 1 dall. unnd gabe, alß s. Lefert dochter dar quam[69].

[*22v*] Anno 1667

Met Iohan Roß gereck denn sundag fur sunt Katrin [*20. November*], daß im to kumpt – 1½ dall(er).

Anno 1668

Met Elßken Roß gereck denn dag na sunten Tonß [*18. Januar*], daß er to kumpt – 15 ß. – 6 p. Alß klar gereck. Denn sarck met boreck.

Met Greiten zur Hart gereck vonn allen arbeit unnd hur met auff hilligen sacrament tag [*31. Mai*] anno 1668. Rest 1 dall. wefer an reck.

Item met Wortiohan unnd Greiten ir arbeit daß stuck landeß auff denn Dillen brinck boreck, daß im to kumpt – 6 dall. – 14 ß., auff sante Mertin [*11. November*] anno 1668.

[*23r*] Ytem met Iohan Roß gereck vonn allen arbeit unnd hur met boreck de ander weck inn der adefent. Gereck anno 1669 weder wellig auff Migeli [*29. September*], daß im to kumpt – 3 schill.

Ytem met Bernt Lauer gereckent vann allen sack met allen arbeit unnd der dachter lon met bie gereck unnd de hur ab gereck vann anno – 1667 unnd 1668 auff Migeli weder wellig und ick em schuldig sie – 6 dall(er), ick sage seß dall.

Ytem met Greiten zur Hat gereckent vann allen arbeit unnd spinnen, daß ir to kumpt – 1 ß., auff Paschen montag [*22. April*] anno 1669.

Item met Greiten zur Hat gereck auff aller heiligen tag [*1. November*] de hur met – 1 d. – 7 schill. ab gereck vonn Migeli anno 1669.

[*23v*] Item met Wort Iohan gereck auff Peter unnd Pouell [*29. Juni*] vonn allen arbeit unnd Greiten ir arbeit unnd hur, welgeß mich to kumpt, auff Paschen [*21. April*] abgereck, daß im to kumpt – 6 dall(er) 18 p., ick sage seß dall. achtein pen., anno 1669.

Ytem met Wort Iohan gereck von allen arbeit, daß im to kumpt – 3 da. – 5 ß. 6 pen. auff Simiuds und – 1½ d. met boreckent van stuck lant.

Item met Wort Iohan gereck vonn allen saken ann arbeit unnd spinnen und garn met boreck, dat em to kumpt – 8 dall(er) 16 ß., ick sage achte dall. unnd seßtein schil.

Dit gereck denn anderden sundag na Paschen [*5. Mai*] anno 1607 auff Pasch weder fellig de hur.
Und item met Wort Iohan gereck van allen sack dat em – 9 dall.
[*24r*] Anno 1668 denn 18 September met Bernt Dreierß gereckent, daß er ann gelde unnd ann korn auß getan auff denn kortenn im Klopell kamp de sum vonn – 47 dall., ick sage seven unnd fertig dall., urkunt dußeß. Item met Bernt Dreierß gereckent vonn allen arbeit unnd schouen, so auff daß huß gedeck seit, daß ick em schuldig sei – 5 dall(er), ick sage fieff dall.
Ytem met Hinrick zum Brinck gereckent vonn allen arbeit unnd spinnen denn sundag na Iachobi [*29. Juli*], daß ick em schuldig sie – 3 dall. – 2½ ß.
Anno 1669 met Iohan Roß gereckent de hur, auff Migeli angeit, abgereck unnd alle arbeit.
Ytem met Honrinrick zum Brinck gereckent von allen sacken und hur auff Migeli anno 1669 abgereck auß ni jar gereck arbeit.
[*24v*] Anno 1607 denn sundag na Paschen [*13. April*] met Bernt Lanverß gereckent vonn allen arbeit unnd de hur ock boreck auff Migeli weder fellig, daß im to kumpt – 2 dal. unnd – 24 schill., ick sage tue dall(er) und fer und tuintig schill. Item met Bern Lanver gereck, daß em to kumpt – 1 dall.
Item met Trinen Glorß gereck, daß ir to kumpt 24 schill.
Anno 1607 met Gertrut zum Brinck gereck van allen sacken unnd hur, met boreck spinnen, auff apostell telunge [*15. Juli*], daß mich toe kumpt tuintig schill.
Anno – 1607 met Iohan Roß gereckent, daß im to kumpt – 14 ß. 6 pe.
Item met Hinrick zum Brinck gereck vonn alle sacken, daß im to kumpt 12 ß. 6 p. Holt fur getan.
[*25r*] Anno 1607 denn sondag fur sunte Merten [*9. November*] abreckunge gehalten van allen sacken, daß mi to kumpt – 6 ß. 9 p.
Met Greiten zur Hart gereck vann allen sacken, daß ir to kumpt – 20 ß. 3 p. denn sundag Mei.
Anno 1607 met Bern Dreierß gereck, daß im to kumpt tue unnd fiftig tall(er) urkundt duses anno 1607 auff sund. sunte Mertin [*9. November*].
Item met Bernt Dreie gereck vann allen arbeit diß iar anno 1607, daß im to kumpt – 3 dall(er) auff sant Mertin.
Anno 1671 met Bernt Lanverß gereck vann allen sacken auff Paschen [*29. März*], de hur abgereck, daß im to kumpt – 1 dall(er) – 3 schill. – 9 ß. – ½ ß.
Item met Trinen Glor gereck, daß ir to kumpt – 5 dall. mint 4 schill. Allß klar rereck denn sundag na dem sent im herbß anno – 1671.

[*25v*] Anno 1671

Denn – 12 Aprill met Wort Iohan gereck, daß im to kumpt – 14 dall – 12 schill., ick sage fertein dall(er) tuelff schill., de hur abgereck van Paß.
Ann haberen negen schep. – 1 dall(er) unnd 26 schill.
Item met Wort Yohan gereck wann allen sack und Greiten ir arbeit, met Loreck auff Pallm [*22. März*] gereck de sum gereck auff – 16 dall. unnd – 21 ß., peide hur abgereck.
Item Herman sein arbeit gereck – 2 dall(er) und – 15 ß. 6 p. anno – 1672.

Anno 1671 denn - 12 Aprill met Bernt Honhorst gereck vann allen sacken, daß im to kumpt - 7 dall. und - 14 schill., de hur abgereck, vann Paschen.

Anno 1671 met Iohan Roß gereck vonn allen sacken unnd hur met boreckent, velgeß auff Migeleß werschennen iß, abreck, daß im tokumpt - 7 schill.

[*26r*] Anno 1671 auff sante Andreß dag [*30. November*] gereck met Greiten zur Hart, daß ir to kumpt - 2 dall(er) - 13 schill. Anno 1671 iß de hur betalt auff Migele met - 2½ dall.

Item met Bernt Dreierß gereck vann allen sacken unnd hur met bet Paschen anno 1672 denn Kamp myt. Item vegen koe - 4 d. - 14 ß. Item wann geß - 6 dall(er). Gekregen ein suin. Abzureck ann arbeit - 11 ß. 6 p. - 1 d. - 1 ß.

Anno - 1672 met Bernt Honhorst gereck vonn allen sacken, de hur abreck, daß im to kumpt - [w]7[w] dall(er)[x] deß mandageß to Paschen [*18. April*], nach - 2 dall auß getan ann Asterhoff ann schatzungen unnd - 1 schill.

Anno 1672 met Greiten zur Hart gereck auff Petri unnd Pauell dag [*29. Juni*], daß ir arbeit und spinnen iß - 1 dall(er) unnd 4 schill. Noch gereck, dat er to kumpt - 1 dall(er) - 15 schill. - 6 pen.

[*26v*] Anno 1672 met Bernt Lanver frouen gereck auff Petri und Profel, daß ir tokumpt - 1 dall(er) - 15 schill. auff Migeli daß halbe iar fellig.

Anno 1672 auff der aller heiligen gereck, dat im to kumpt - 1 dall und 22 schill. und 6 p., wort Johan unnd Greiten ir arbeit met unnd garn nach - 2 dall. auff de hur und - 1 dall. ann lant.

Anno 1672 denn mandag vor sunte Mertin [*7. November*] gereck vann alle sacke met Iohan Roß gereck, de hur ab gereck.

Anno 1672 heb ich getaen und gellent Waellter Yüedefelt - 6 - dall. auf Müenster send in bie Wieß Bern. Ehr hoet an klein hoß in Münster.

[*27r*] Anno 1672 met Trinen Glorß gereck denn anderden sundag inn der adefent [*4. Dezember*]. Allß klar gereck, daß im to kumpt - 3 dall(er) - 21 schill.

Ytem met Trinen Glorß gereck, dat Trinen wegen furdeint lon to kumpt - 6 dall(er) unnd fertig ellen lacken anno 1672 alleß bie ande gereck. Item met Trinen Glorß gereck 1676 daß er to kumpt - 1 dall(er) - 5 schill.

Anno 1673 met Bernt Dreierß gereck de hur van huse unnd garten und denn kamp bi Elberinck. Alß abgereck biß anno 1674 auff Paschen.

Anno 1673 met Bernt Honhorst gereck auff denn Maria entfangeniß dag [*8. Dezember*], de hur abgereck, welgeß mig to kumpt auff Paschen, unnd alle sack met abgereck, daß im to kumpt - 7 dall(er) und - 15 penninck. Noch - 1 iar hur im kotten.

[*27v*] Item met Wortiohan gereck, daß im to kumpt 3 dall. unnd - 10 schill. anno 1673 inn de bedell weck, de hur abgereck, auff Paschen weder fellig.

Ann arbeit nach - 12 schill. bie gereck.

Ytem Wort Herman gekaufft ein stuck lant, daß drude stuck vann Schmirß kamp, fur 7 dal.

Ytem Herman abgereck - 2 - dall(er) vonn vader seine sum vonn stuck im Dickfell.

Ytem met Timer kotter gereckent von allen sin arbeit, daß im to kumpt 1 dall(er) - 14 schill., inn der weck alß apostell delunge [*15. Juli*] anno 1673.

Auff Munster sent gereck, daß im to kumpt - 8 ß. - 6 p.

[y]Anno 1673[y]. Ytem met Richtmot Lanverß gereck, daß ir to kumpt – 2 schill., auff Migele gereck vann allen sacken, daß lacken met gereck, anno 1673.
Met Henrich Weselinch fan allen saken gereck, daß ien to kumpt – 20 dal. Wier ehm gedaen ein stuech laenß uf den Nartfell de fer – 8 daller doer uf. Anno 1673.
[*28r*] Anno 1673 met Bernt Hanhorß gereckent van allen sacken, daß im to kumpt 2½ dall. und 15 penninge. De wecke fur der adefent gereck.
Anno 1674 met Bernt Honhorst gereck vann arbeit, daß im to kumpt ½ dall(er).
1 tag arbeit kumpt mich to.
Item met Iohan Roß gereckent vann allen sacken met gaen unnd arbeit den anderen sundag im adefent [*10. Dezember*] gereck, daß mig to kumpt – 1 dall. min 6 penn. anno – 1673.
Anno 1673 auff der kinder dach gereck, daß ir to kumpt – 8 schill. Glorß alleß klor gereck.
Anno 1674 met Greiten zur Hart gereck den dach na nie iar de hur ar gereck vann anno 1673 auff Migeli mich to kupt. Alß klar gereck, daß mich to kumpt – ½ dall.
[*28v*] Anno 1674 met Bernt Dreierß gereck, alß er auß denn kotte getogen iß, vann allen sacken und vann den sum noch blivet – fertig dall. unnd 5 dall(er) – 14 schill., daß stuck im Kloppell kamp, daß ander stuck vann der hege fur – 4 da. – 14 schill. unnd he zu dungen verkaufft iß.
Ann scuine betalt.
Noch betalt – 8 dall(er).
Ann suin abg(erecke)nt.
Ann[o] 1674
Macht gedaen Hinrich Weßelinch ein swien fer – 2 daell. aefrechnge.
Anno 1674 met Wort Iohan gereck fan allen sacken, daß im to kumpt vann allen sacken, de hur ab gereck, welgeß auff Paschen im to kumpt, unnd ein stuck lant ann betalinge getan im Dickfelde, daß im to kumpt – 2 dall. – 4 ß. 6 p. Gereck de weck vor de bedell weck reide zu macken unnd denn meß dar auff zu furen alle iar.
[*29r*] Anno 1674 denn gunsedag na sunte Catrine [*28. November*] heben wir met Greiten zur Hart gereckent vann allen sackenn ann arbeit auff de hur betalt – 1 dall(er) – 22 schill. auff Migeli to kumpt.
Anno 1675 denn sundag na Laueranß [*11. August*] met Greiten zur Hart gereck van allen sacken ann hur unnd arbeite, daß se hefft betalt – 1 d. 14 ß. Betalt 14 ß. 6 p. gereck auff Migell betalt – 6 ß. 3 ort.
Anno 1675 met Wort Iohan gereck, daß im to kumpt – 2 dall(er) – 9 ß. 6 p., auff Migell gereck, welgeß er betalt hefft ann winck – 5 blamuser, welgeß auff Paschen verschen iß.
Anno 1674
[*29v*] Anno 1677 denn sundag auff Pallm gereckent met Greiten zur Hart, dat er to kumpt ½ dall(er). Gereck auff Paschen dag [*18. April*].
Anno 1677 met Timer kotter gereck, daß im to kumpt 2 dall(er) 6 pening. Alleß arbeit binn ander gereck den druden dag inn der fasten.
Anno 1677 met Hinrick Eßhauß gereck, daß er mir geben hefft, alß er im kotten kam, – 10 dall. Iß de pension bereck auff meidag alle iar. Rest. mich ein iar hur.
Item met Reirbernt gereckent vann allen sacken, dat em to kumpt – ½ dall. und 10 schill. anno 1677 im September. Item met Rer Bernt gereck, daß im to kump – 1 dall.

[*30r*] Anno 1677 met Greite zur Hart gereckent, daß mich to kumpt - 8 ß. 6 p. Gereck auff ste. Janiß tag [*24. Juni*]. De hur met abgereck.
Anno 1678 met Greiten zur Hart gereck auff Bertelemehuß dag [*24. Oktober*], daß er to kumpt - 2 dall(er) - 1½ pen.
Anno 1678 met Bernt Honhorst gereck vann alle sack, daß im to kumpt - II½ dall.- 9 October.
Mich - 1 tag arbeit.
Anno 1678 met Wort Iohan gereck wan allen arbeit unnd 2 iar hur abgereck, daß im to kumpt 2 d. Denn ander sundag in der fasten [*6. März*] gereck.
Anno 1679 hefft Iohan den kotten dem Bovinck. 4 iar noch hat Iohan betalt - 4 dall. auff de hur. Anstehen Paschen geit de hur weder an anno - 1670.
Ytem met Rebernt Bernt gereck vann allen sacken anno 1681, daß im to kumpt - 23 schill.

[*30v*] Anno 1679
Item met Greiten zur Hart gereck van allen sacken anno 1679, daß er to kumpt - 2½ dal. Auff aller heiligen gereck. De hur met ab gereck.
Ytem met dem Timmer kotter gereckent, daß im to kumpt - 27 schill. Gereck, allß er daß suin auß der maß abhalede. Allß bin ander gereck.
Anno 1677 met Greiten zur Hart gereckent, daß er to kumpt - 3 dall(er). Auff Maria Magerlena [*22. Juli*] gereck.
Anno 1680 met Wort Iohan gereck vann allen arbeit, daß im to kumpt - 3 dall. und - 6 schill. - 6 p. Denn - 28 Iuliuß.
Anno 1682 met Wort Iohan gereck, daß im to kumpt - 2½ dall. - 3 schill. Alß daß holt geschneden 6 ß.

[*64v*] Ann[o] 1651 a[ngae]nt
Anno 1659 ann burschaff schult betallt - 9 dall(er) 14 ß.
Anno 1659 betalt zuei huiß[sc]hatzung[e]
Anno 1651 angaent vegen mant schat
Anno 1651 45
Anno 1652 47
Anno 1653 54
An bieschatzunge, welgeß ick gebort habe, 6 dall.
Velgeß der koster gebort hefft, - 16 dall. drei yar.
Anno 1654 vann Aprill bet denn Aprill ann[o] 1654 heft Ißfurt gebort de schatzung. Mack sick - 90 unnd 7 dall(er) - [...][z] ort.
Ann bieschatzunge, welgeß der koster gebort hefft, - 12 da.
Nach zuei hele schatzunge saßfacksion gelt - 12 dall(er).
Anno 1656 unnd 1657 zuei iar hefft Meinert de schatz gebort, ann auß geben - 60 dall(er).
4 dall. 7 ß. 5 p. zun orgell geben - 5 dall(er).
Anno 1658 meinen broder Kump getan ann schatzunge - 18 d. 14 ß.
Noch - 9 dall(er).
Ann bieschatzunge Woßman 2 dall(er) 19 ß. - 4 p.

Schlickman gelebert inn bieschat - 2 dall(er) 5 ß. 4 p.
Anno 1659 hefft dat keßpell patert der koster meister Deitert zur Heiden gebort ein vertell iar im 1660 iarß ick lebern muß von unser burschafft mack mich Maiuß, Iuniuß, Yuliuß - 9 d. - 13 ß. Kumpman angeit
Anno 1660
solde Woßman boren und sick nergen auß roten komen. Also hefft daß keßpell denn koster daß under dan zu boren unnd se daß gelt aber zu brengen unnd quitunge in zu leberen.
Daß yar ann sum fasit 71 dall(er) 5 ß. 3 pen.
Anno 1661
Lolff bort. Mack sick - 44 dall. und - 23 schill. ann byschatzunge
- ann person schatzunge 9 dall(er).
Ioß [...]
Anno 1789 d(en) 22 Junyius
habe ich den schlechter Schmeding in Münster verkauft 23 schap füer 27 reicht(a)ler 18 schiling 8 penning.

Anmerkungen zum Text:

a-a *Später hinzugefügt.*
b-b *Später hinzugefügt.*
c-c *Später hinzugefügt.*
d-d *Am linken Rand hinzugefügt.*
e *Folgt gestrichen* und einen riß dall.
f *Darüber:* De pension betalt.
g-g *Verbessert aus* haberen.
h *Über der Zeile:* Anno 1656.
i *Folgt gestrichen* 7½ dall. wegen Eßinck.
j *Folgt gestrichen* unnd vann Berndt Weßlinck soll er holen - 2 dall.
k-k *Über der Zeile hinzugefügt.*
l *Folgt gestrichen* tein dall.
m-m *Schrift verblaßt.*
n-n *Über der Zeile hinzugefügt.*
o-o *Verbessert aus* 1662.
p-p *Über der Zeile hinzugefügt.*
q *Folgt gestrichen* und seß pen.
r *Folgt gestrichen* 1 dall. - ½ ort dall., noch item met Elßke Rost bleibet stein auff.
s-s *Verbessert aus* 1.
t-t *Verbessert aus* 1½.
u *Folgt gestrichen* 6 ß.
v-v *Verbessert aus* 25.
w-w *Verbessert aus* 6.
x *Folgt gestrichen* 9 schi.
y-y *Am Rand hinzugefügt.*
z *Loch im Papier.*

Anmerkungen

1 Das Buch besteht aus 64 Blättern in Schmalfolio und ist eingebunden in ein Pergamentblatt aus einer älteren Handschrift. Beschrieben sind die Innenseite des vorderen Deckels und die ersten 30 Blätter sowie von hinten das Blatt 64.
2 Christoph Bernhard von Galen.
3 Herman Thier.
4 Anna S. Konert. Heiratete in erster Ehe 1605 Johan Schulte Northoff, in zweiter Ehe 1622 Gerdt Niehues.
5 Johan Schulte Northoff, Nordwalde, Feldbauerschaft. Gewann den Hof 1655.
6 Name nicht bekannt, gestorben 1657.
7 Johan Thier, heiratete sich bei Kumpmann in Altenberge ein.
8 Gerdt Niehues.
9 Grete N.N.
10 Maria Thier, verheiratet mit Schulte Ostenfelde in Greven.
11 Schulte Rolinck, Nordwalde.
12 Johan Thier.
13 Pröbsting.
14 Schulte Ostenfelde, Greven.
15 Anna S. Northoff.
16 Margaretha S. Northoff, Frau Schulte Osterhoff, Nordwalde, Feldbauerschaft.
17 Große Eschhues in Altenberge, Bsch. Entrup.
18 Herman Thier heiratete sich 1662 bei Farwick ein. Der Vorname seiner Frau ist nicht bekannt.
19 Johan Meinert, Altenberge, Bsch. Waltrup.
20 Elisabeth S. Northoff, Frau Schulte Pröbsting, Nordwalde, Dorf.
21 Heirat der ältesten Tochter von Schulte Niehoff. Ihr Vorname ist nicht bekannt.
22 Elske, heiratete Melchior Jüdefeld, Bäcker im Dorf Altenberge.
23 Bernard Pleinck aus Altenberge, Bsch. Hohenhorst, heiratete Gertrud Ebeler aus Altenberge, Bsch. Waltrup.
24 In Altenberge, Bsch. Hohenhorst.
25 Bertelmann, Altenberge, Bsch. Hansell.
26 In Altenberge, Bsch. Entrup.
27 Johan S. Wichman aus Havixbeck, verheiratet mit Anna S. Levert, Altenberge, Bsch. Waltrup.
28 Richtmod, heiratete Johan Schedding aus Roxel.
29 Über ihn ist nichts bekannt.
30 Johan Lütke Dahlmann aus Altenberge, Bsch. Hohenhorst, heiratete Agnes Wenderdel aus Altenberge, Bsch. Kümper.
31 Schulte Schwicking, Altenberge, Bsch. Waltrup. Name des Kindes nicht bekannt.
32 Taufe der Tochter Maria?
33 Heggeling, Altenberge.
34 Volbert, Altenberge, Bsch. Hohenhorst.
35 Leusing, Altenberge, Bsch. Westenfeld, in der Nähe des Schultenhofes Lembeck.
36 Wilhelm, heiratete die Anerbin Anna Elverick, Altenberge, Bsch. Entrup.
37 Die Beziehungen zum Stift Borghorst konnten noch nicht aufgeklärt werden.
38 Johan Brinckman heiratete sich bei Sautmann, ebenfalls Altenberge, Bsch. Kümper, ein. Vorname der Frau nicht bekannt.
39 Altenberge, Bsch. Westenfeld.
40 Catharina, heiratete Johan Hüncker, Altenberge, Bsch. Westenfeld.
41 Schulte Ostenfelde, Greven.

42 Johan Schulte Northoff heiratete Margaretha S. Pröbsting.
43 Ungeklärt.
44 Anna Thier heiratete Johan Essinck aus Nordwalde, Bsch. Westerode.
45 Ungeklärt.
46 In Frage kommen Wissmann in Altenberge, Bsch. Westenfeld, Vissmann in Borghorst oder Vissmann in Nordwalde.
47 Bernard Beckman heiratete Maria Lütke Horstman.
48 Leusing, Altenberge, Bsch. Hansell (heute Bölling).
49 Wohl aus Nienberge.
50 Der Vorname von Herman Thiers Schwester ist unbekannt.
51 Unbekannt.
52 Margaretha Pröbsting heiratete Johan Schulte Northoff.
53 Freigelassen am 1. Juli 1650. Weiteres nicht bekannt.
54 Dichteler in Nordwalde, Bsch. Scheddebrock.
55 Sie heiratete am 22. Oktober 1655 in Borghorst Henrich Ekelt.
56 Melchior Wöstman, Altenberge, Bsch. Westenfeld, heiratete Agnes S. Wellinck.
57 Johan Schulte Frenckinck in Billerbeck.
58 Anna S. Gassel.
59 Er gewann am 17. Juni 1655 mit der Anerbin Elßken Tillinck den Hof Schulte Tilling in Nottuln.
60 Anna Thier heiratete Johan Essinck, Bsch. Westerode.
61 Aupert, Billerbeck.
62 Agnes?
63 Farwick in Hiltrup. Der Vorname der Frau ist nicht bekannt.
64 Johan Schulte Lembeck geb. Eddelinck heiratete am 24. Juni 1663 Gertrud S. Bispinck aus Nordwalde.
65 Elisabeth.
66 Herman Schulte Ölinghoff in Billerbeck, dem Stift Nottuln eigenhörig.
67 Anna, heiratete Dietherich Berteler, Altenberge, Bsch. Westenfeld. Hofgewinn am 10. März 1663.
68 Gertrud S. Northoff heiratete Johan Schulte Sentrup, beide Münster, Gievenbeck.
69 Bernard Schulte Niehoff, Altenberge, heiratete am 7. November 1667 Maria S. Lefert.

Ein Hofsprachebuch des Stiftes Freckenhorst

von Herbert Kirschnick

Das Staatsarchiv in Münster besitzt umfangreiche Archivalien des Stiftes Freckenhorst, die für die Familien- und Heimatgeschichtsforschung von großem Interesse sind. Es sind nicht nur ältere Urkunden und Akten vorhanden, wie die häufig zitierte und ausgewertete „Freckenhorster Heberolle" aus dem 11. Jahrhundert, sondern auch viele aus dem 16. und 17. Jahrhundert, die uns in der Familiengeschichtsschreibung weiterhelfen. Leider sind diese Quellen teilweise schlecht erhalten und dadurch und durch schwer lesbare Schrift im normalen Rahmen kaum auszuwerten. Diese Veröffentlichung soll helfen, sie einem breiteren Publikum zugänglich zu machen. Vor allen Dingen ist hierbei an unsere auswärtigen Mitglieder gedacht, die nicht die Möglichkeit eines Quellenstudiums vor Ort haben. Eine wesentlich umfangreichere Arbeit dieser Art ist dem Verein 1994 mit der Edition des „Wechselbuches des Klosters Vinnenberg, 1465-1610" gelungen. Dort wird auch in der Einleitung ausführlich über die Eigenhörigkeit der Bauern und den damit verbundenen Rechten und Pflichten zu ihren Grundherren berichtet. Die aus diesen gegenseitigen Verpflichtungen entstandenen Aufzeichnungen sind die Quellen, aus denen wir schöpfen können.

Die Archivalien des Stiftes sind in zwei Gruppen formiert, da die Güter unter der Äbtissin und dem Kapitel aufgeteilt waren. Beide dieser Gruppen besaßen eine eigene Güterverwaltung. Beispielsweise wurden für ihre eigenhörigen Erben getrennte Hofsprachebücher geführt. Ein Wechsel eigenhöriger Bauern von der Abtei zum Kapitel, oder umgekehrt, wurde ebenso behandelt, wie es mit anderen Grundherren (bw. Kloster Vinnenberg) praktiziert wurde.

Aus den vorhandenen Quellen wurde ein *„Wechselbuch der Jungfern und Herren"* zur Wiedergabe ausgewählt. Es vermittelt einen Einblick in den Alltag und die Lebensumstände der Zeit. Die Aussagekraft beschränkt sich nicht nur auf familienkundliche Daten, sondern gibt uns einen kleinen Einblick in den Besitz der Eigenhörigen und das bäuerliche Gut. Es ist unter der Signatur Stift Freckenhorst, Kapitel Nr. 9, zu finden. Die Akte besteht aus drei Teilen, die sich in einem Kartonumschlag befinden. Jedes dieser Teile ist für sich gebunden, sodaß man sie auch als einzelne Akten betrachten kann. Aus dem Inhalt geht hervor, daß es sich tatsächlich um drei getrennte Akten handelt. Die drei Teile sind später fortlaufend von 1 bis 77' paginiert worden.

Der erste Teil, wohl der älteste, ist paginiert von 1 bis 21'. Er besteht aus drei Lagen, wobei die zweite Lage (Seiten 5 bis 11') unvollständig ist. Auf den Seiten 1 bis 4' sind Einkünfte und Renten des Stiftes verzeichnet, welche hier nicht wiedergegeben werden. Ab der Seite 5 beginnt die Aufzeichnung der eigenhörigen Höfe und den darauf befindlichen Eigenhörigen. Da diese Lage nicht vollständig ist, sind nur ein Teil der Höfe von der anlegenden Hand erhalten. Eselgrim (5), Lickhues (6), Hunekemoller (7), Dorsloe (8), eine Magd Hunekemollner in Amelsbüren und Bomhoder (9). Diese Eintragungen, von der anlegenden Hand, sind ohne jede Datumangabe. Vermutlich sind sie vor 1500 erfolgt. Alle weiteren Eintragungen sind fortlaufend und von verschiedenen Schreibern

getätigt. Als erstes Datum ist bei einem Nachtrag beim Erbe Baumhoder das Jahr 1530 verzeichnet.
Der zweite Teil ist paginiert von 22 bis 31'. Er enthält eine Aufstellung vom 14. September 1606 über Verpachtungen von Ländereien und Schulden des Erbes Rheder zu Telgte. Eine Vorgang, der nicht hier zu den Wechselungen eingeordnet werden kann. Er gehört sicher zu den Einzelakten des Hofes Rheder. Aus diesem Grunde ist der zweite Teil auch nicht in dieser Veröffentlichung aufgenommen worden.
Der dritte Teil, ein in sich geheftetes Buch bestehend aus 6 Lagen, ist paginiert von 32 bis 77' und beginnt mit einem Titelblatt *„Wessel Boeck Junffern und Heren des Capittels tho Vreckenhorst."* Am Anfang sind hier zum Teil die gleichen Eintragungen wie im ersten Teil wiedergegeben. Es sind nur ganz geringe Abweichungen zu verzeichnen. Die Handschrift ist bei den späteren Eintragungen in beiden Teilen die gleiche.
Die Texte, die in beiden Teilen gleichlautend vorgefunden wurden, wurden nur einmal und zwar mit der Pagina des dritten Teiles wiedergegeben. Abweichungen wurden in Fußnoten erklärt.
Die zeitliche Abgrenzung dieser Quellen liegt von 1530 (der erste Teil früher, siehe oben) bis 1620. Einige Eintragungen sind auch noch 1621 bis 1639 erfolgt. Hierbei handelt es sich um Nachträge zu vorstehenden Eintragungen. Darüber hinaus sind noch einige von 1660 (Blatt 63') und die letzten Eintragungen sind von 1662 (Blatt 48), 1664 (Blatt 45) und 1681 (Blatt 75). Diese gehören sicher in das spätere Hofsprachebuch.
Die Wiedergabe der Quelle erfolgte in heutiger Schreibweise. Es wurde jedoch versucht, die Satzstellung soweit als möglich beizubehalten. Zum einen um den Charakter der ursprünglichen Eintragung zu erhalten, zum anderen um Fehlübertragungen zu vermeiden. Die Namen sind größtenteils so wiedergegeben, wie sie in der Vorlage geschrieben wurden. Im Namenregister sind alle Schreibformen unter den in heutiger Schreibweise zu finden. Ortsnamen und die Namen der Grundherren sind in der heutigen Schreibweise wiedergegeben.
Unleserliche Stellen und Wörter, die nicht gedeutet werden konnten, sind mit ...... für jedes Wort gekennzeichnet.
Die am rechten Rand wiedergegebenen Ziffern beziehen sich auf die Paginierung des Originals. Teilweise gehen diese Zahlen durcheinander, zum Teil fehlen auch einige ganz. Hierbei handelt es sich um die doppelten Texte, die wie oben besprochen, nicht aufgenommen wurden. Die Reihenfolge wurde von dem dritten Teil bestimmt, dort sind die Eintragungen nach den Erben sortiert, nicht nach dem zeitlichen Ablauf.
Ergänzungen oder Umstellungen, die den Text hätten verständlicher machen können, wurden nach Möglichkeit vermieden. Nur in wenigen Fällen mußten einzelne Wörter hinzugefügt werden um die Wiedergabe verständlich zu machen. Diese wurden in *kursiver Schrift* in eckige Klammern gesetzt. Ebenso wurden auch alle Angaben, die nicht im Original standen, in dieser Weise gekennzeichnet.
Weitere Quellen sind zur Veröffentlichung vorgesehen. So ein Erbbuch (Sterbfälle) des Kapitels von 1535 bis 1620 und das bereits oben angesprochene Hofsprachebuch von 1615 bis 1713, welches zeitlich an die Kirchenbücher anschließt und diese ergänzt. Es enthält Wechselungen, Freilassungen und Sterbfälle und ist mit ca. 400 Seiten wesentlich umfangreicher als die vorliegende Arbeit.

Ebenso gibt es eine ganze Reihe Akten der Freckenhorster Abtei für die Zeit von der Mitte des 16. Jahrhunderts bis zur Auflösung des Klosters. Einige konnten schon vorbereitet werden und stehen für weitere Veröffentlichungen bereit. Hierbei handelt es sich um Kinderbücher (Leutebücher) von 1594 und 1603. Weiter ist dabei ein Freikaufbuch von 1607 bis 1691 und Wechselprotokolle von 1607 bis 1612. Die Besitzungen der Abtei waren umfangreicher, so daß auch eine größere Anzahl von Höfen erfaßt wird. Es ist für die Familien- und Heimatgeschichte von großem Interesse, wenn es gelingt noch weitere Quellen zu publizieren.
Danken möchte ich Herrn Dr. Leopold Schütte vom Staatsarchiv in Münster für die außerordentliche Unterstützung mit Rat und Tat bei dieser Arbeit.

32 *[Titelblatt]* **Wechselbuch der Jungfern und Herren des Kapitels zu Freckenhorst**

33 Diese nachbeschriebenen sind des Kapitels Jungfern und Herren zu Freckenhorst eigenhörige Leute, Erben und Güter, Fortwechselungen und Wiederwechselungen davon getan und dafür empfangen. Durch mich, Werner Pagenstecker, Pastor daselbst und Notarium, aufgeschrieben.

Der Hof WALGERDEN im Kirchspiel Freckenhorst

33 Anno XV^{C} XXX *[1530]* haben die Jungfern und Herren des Kapitels und Kirche zu Frecken*[horst]* von der ehrwürdigen, edelen und wohlgeborenen Agnes, geborenen Gräfin von Limburg und Styrum, Äbtissin des weltlichen Stiftes Freckenhorst, unserer gnädigen Frau gewechselt Buschmans Tochter Catharina, welche Meiersche zu Walgerden wird. Dafür haben wir ihrer Gnaden zum Wiederwechsel gegeben Anneken, des Hunekemolners

33' Tochter im Neuen Kirchspiel Warendorf. [1]Diese wurde Große Deckenbrockesche zu Everswinkel.[1]

[1-1] *Textergänzung, übernommen von Seite 9'.*

Item die Kinder auf dem Hof Walgerden, von Johan dem Schulten und seiner Hausfrau geboren, heißen Elseke, Brigida, Trineke, Greteke und Bertoldt.
Zu wissen, daß vorgenannte Else gewechselt an die Witwe seligen Roleff von Caessem zu Westkirchen für Anne Westarp, welche auf unser Erbe Lickhues im Kirchspiel Freckenhorst kam.
Anno XV^{C} LV *[1555]* auf Michaelis archangelis *[29. September]* ist ausgewechselt vorgenannte Brigitta an Diderich Cloedt, Rentmeister zu Wolbeck, für Else Hovemans zu Sendenhorst, welche Hausfrau auf unserem Erbe Schockinckhof zu Sendenhorst wurde.
Zu wissen, daß vorgenannte Greteke ausgewechselt ist an den Abt und Kloster zu

35 Marienfeld für Dickmans Schwester zu Ennigerloh, welche auf unser Erbe Boemhoeder zu Alten Hoetmar kam.

Der vorgenannte Hof zu Walgerden gibt jährlich dem Kapitel zur Pacht die dritte Garbe von dieser Seite der Becke nach Warendorf, auf der anderen Seite nach dem Swichtenhovel die vierte Garbe, dazu jährlich sechs Schweine, sechs paar Hühner, sechs Gänse (*goeße*). Geben Joest von Oer zu Nottbeck jährlich an Vogtgeld sechs Schilling, zu Hoetmar den Maelleuten drei Schilling und einen Schilling an die Kirche zu Hoetmar. Drei Scheffel Hafer in die Präbende zu Freckenhorst, die nun zur Zeit hat Herr ....[1].

[1] *kein Name angegeben.*

Anno 1568 auf Saterdach nach Jacobi apostolus *[Sonnabend 31. Juli]* haben Jungfern und Herren des Kapitels zu Freckenhorst gewechselt mit dem Domkellner der Kirchen zu Münster Stina Schemmans zu Alverskirchen, welche auf unseren Hof Walgerden kam. Dafür zum Wechsel gegeven Catharina des seligen Schulten Walgerden und seiner Hausfrau echte Tochter.

35' [leer]

34 [loser Zettel]
Kurzettel der jungen Merschen zu Walgerden.
Das Kapitel der Kirche und des Stiftes Freckenhorst begehren zum Wechsel von der Domkellnerei der Kirchen zu Münster Styna Schemans zu Alverskirchen, welche Meyersche zu Walgerden im Kirchspiel Freckenhorst werden soll. Dafür zur Kur gestellt:
[1]Zuerst aus demselben Hof Walgerden Catharina, echte Tochter des seligen Schulten Walgerden und Tryna, Eheleute im vorgenannten Kichspiel;
Item Anneke zur Hunekemollen, echt und recht geboren auf demselben Erbe im Neuen Kirchspiel Warendorf;
Item Catharina Lickhueß, echt und recht geboren auf dem selben Erbe im Kirchspiel Freckenhorst, Bauerschaft Gronhorst.

[1] *Randvermerk:* Diese ist gekoren.

37' Anno 1627 am 6. Juli hat das ehrwürdige Kapitel für Schulten Walgerden Tochter Gerdrut, welche auf den Hof zum Syle gekommen, zum Wechsel angenommen Großen Schüirmans Tochter zu Westkirchen, genannt Margaretha Schüirmans. Actum ut supra.

38 Demnach Elsa Walgerden, von Bertold und Annen ehelich geboren, welche sich bestattet auf Bratz Erbe zu Westkirchen, dem fürstlichen Amtshause zu Sassenberg gehörig, für Anna Holtgreve, von Thonies und Geßelen im Kirchspiel Westkirchen ehelich geboren, zum Wechsel erstlich gesetzt.
Danach *(nachgehends)* aber Anna Beckmans im Kirchspiel Nordwalde, von Beckmans Stätte ehelich geboren, gesetzt und wiederum Anna Henninghauses Tochter zu Clarholz, welche dem Amtshause zu Sassenberg vom Kloster Marienfeld zugewechselt, nominiert ist. So ist gedachte Anna Henninghauß für erstgedachte Elsa Walgerden zum Wechsel angenommen und zum Wechsel bekommen 4 ½ Taler und 2 Taler Amtsgeld.
Anno domini 1636 den 22. Oktober.

RAMENKÖTTER

37 Anno 1570 auf Sonntag nach Vincula Petri *[1. August]* haben die Gebrüder von Langen zu Köbbing von den Jungfern und Herren des Kapitels zu Freckenhorst gewechselt Elsen Ramenkotters, welche zu Thomas Dethmar im Kirchspiel Hoetmar kommt. Dafür wir zum Wiederwechsel empfangen haben Gretiken, von Thonies Dethmars. Dieser ist gelobt XV Taler, alles Gut einfach *(Gudes tho eyn)* und ein Bette mit Zubehör.

Zu wissen, daß der Ramenkötter und seine Hausfrau auf des Schulten Walgerden Erbgrunde sitzen, behörig dem Kapitel Freckenhorst. Sind mit ihren Kindern demselben eigenhörig.

Anno 1619 im Dezember hat Berthold zum Ramenkotter sich an Withkamps Tochter Trineke[1] ehelich bestattet, welche dem Kloster zu Vinnenberg eigenhörig gewesen. Sie ist für unsere eigenhörige Elseke Buirbanks ausgewechselt. Dabei ist zu wissen, daß wir an Buirbanks Erbe noch ein Kind haben, so uns mit Eigentum verhaftet ist.

[1] *über gestrichen:* Elske.

36 *[loser Zettel]*

Der ehrwürdigen, würdig-andächtigen, edlen, viel ehren- und tugendreichen Frau Äbtissin, Pater, weiter sämtlichen Jungfern des Klosters Vinnenberg setzen den ehrwürdigen, wohledlen, viel ehr- und tugendreichen auch würdigen und wohlgelehrten Kapitel-Jungfern und -Herren des adligen und freiweltlichen Stiftes Freckenhorst ihre Catharina Withkamp, Berndt Withkamps und Greten seiner Hausfrau Tochter, welche auf Ramenkotters Stette bestattet werden kann, drei nachfolgende Personen zu Kur. Daraus eine zum Wiederwechsel zu erwählen und die erkorene zu verzeichnen. Signatum Freckenhorst am 26. November 1619.

[1]N. Buirbancks und Elsen seiner Hausfrau älteste Tochter im Kirchspiel Milte;
Neyseke Boenings, Johan Boenings und Engelen Boenings Tochter;
Elske Brökelmans ihr Kind, Cläreke.

[2]Das Herman Buirbanks und Else seiner Hausfrau älteste Tochter für genannte Catharina Wytkamps gekoren durch Frater Hermannus zur Geist, Attestor, mit Begehren, daß es den Wechsel ...... also möge einverleibt und eingeschrieben werden.[2]

[1] *Randbemerkung:* Diese ist gekoren. – [2-2] *später, am Fuß der Urkunde.*

(LYK) LICKHUS

6 Johan Lickhus und Aleke seine echte Hausfrau, gewechselt von den Herren zu Marienfelde für Elsen Lickhus, Schwester von Johan Lickhus, [1]Elsa Lickhus facta leprosa.[1]

Item Bernt Lickhus, Johanes Bruder.

Item Katharina auch eine Tochter Lickhus, ist nach Glane gegangen (*gelopen*) und verwechselt.

[1]Diese vorgenannten Jo*[han]* und Alyke, Eheleute, sind verarmt von dem Lickhus gezogen nach (*binnen*) Warendorf. Ihr Sohn Jo*[han]* ist Brugge zu Vohren *[Bauer-*

schaft im Kirchspiel Warendorf] worden, dafür haben wir bekommen Jo*[han]* Tappe, welcher wohnt zu Warendorf.[1]

[1-1] *später eingefügt.*

Item Alike Lickhus, seligen Johans echte Hausfrau, ist von dem Lickhus nach Warendorf gezogen, und hat vier echte Kinder vom seligen Johan, zwei Töchter und zwei Söhne.
Item Johan Lickhus seliger Bruder Bernd, ist gewechselt an die Schenckingesche zu Münster, der wir einen schuldig waren, und ist verstorben zu Beckum. Dafür wir im Wiederwechsel bekommen den Streneborch zu Warendorf.
Item Herman Lickhus, geboren von Dodersloe, welcher verwechselt war an Warendorp zu Münster für Hinrike, jetzt Hunikemolner, geboren aus dem Hofe Walgerden. Dieser vorgenannte Herman hatte sich freigekauft von dem vorgenannten Warendorf zu Münster und gab sich dem Kapitel wieder eigen um des Erbes willen zu Lickhus
Item dieser selbe Herman Lickhus hat zur echten Hausfrau Geysen Lomans genommen, sie ist gewechselt von meinem Herrn für Greten des Schulten Dorsloe Tochter. [1]Welche ist verstorben und geerbteilt vom seligen Roleff von Caeßem, Droste zu Sassenberg.[1]

[1-1] *später.*

12 Noch hat das Kapitel im Kirchspiel zu Freckenhorst ein Erbe genannt Lickhues, gelegen in der Bauerschaft Gronhorst. Besetzt mit Herman und Alike Lickhues, Eheleuten. [1]Diese Alike ist geboren von Lomans Haus zu Gronhorst. Dafür zum Wechsel gegeben ist des Schulten Tochter zu Dorsloe, welche ist verstorben und geerbteilt von Caessem, Droste.[1] Von diesem Erbe ist gewechselt Drude Lickhues an Rolef von Caessem, Rentmeister zu Wolbeck, und ging für die Hunekemolnersche, des Schulten Westendorps Tochter.

[1-1] *Randbemerkung neben Alike.*

Noch hat meine gnädige Frau von dem Kapitel gewechselt einen Knecht von dem Lickhuese, welcher wurde Brugge zu Vohren im Kirchspiel (parrochia) Warendorf. Dafür hat ihre Gnaden dem Kapitel zum Wiederwechsel gegeben Johann, Recqwin Swichtenhovels und Greten seiner Hausfrau echter Sohn im Dorf Freckenhorst, dieser wohnt zu Warendorf.
Noch hat der Abt von Iburg dem Capitel abgewechselt Tryne Lickhues, welche auf ein Gut mit Namen Hassinck in Lienen kam. Dafür hat seine Würden uns zum Wiederwechsel gegeben Alike Sommers, von des Sommers Erbe in der Bauerschaft Ostenfelde, Kirchspiel Glane. Sie hat zwei Söhne, [1]mit Namen Mattheus und Johann[1], die uns zukommen.

[1-1] *Textergänzung von Seite 8.*

39 Anno 1552 hat das Kapitel zu Freckenhorst gewechselt von Joest von Caessem Anna Westarp, welche auf Lickhues ehelich bestattet. Dafür zum Wiederwechsel gegeben Elseken, des Schulten Walgerden Tochter
Item Lickhueses und seiner Hausfrau Kinder heißen Greteke, Johan, Herman und Tryneke. [1]Diese Catharina ist gewechselt für die Stratmansche zu Velsen, anno 1572 auf Nativitas Marie Virg. *[8. September]*ut infra.[1]

[1-1] *später.*

6' Anno LVI *[1556]* sitzen auf unserem Erbe Lickhues Herman Lickhues und seine Frau Anna Westarp, die wir wechselten von Caessem zu Westkirchen, dafür gegeben Elseken des Schulten Walgerden Tochter.
Seine Schwestern: Engele wohnt zu Warendorf, Grethe und Else sind außer (*buten*) Landes gezogen und haben einen Brautschatz empfangen. Er gab Greten zum Brautschatz, damit ihr Mann Evert Reyneker gelöst werde von Sassenberg, XXIIII Taler. Elsen gab er XVIII Taler und vier Fässer frei ...... zum Lickhues, gestorben zu Borrentryke*[?]*
Seine Kinder und seiner Hausfrau Kinder heißen Greteke, Johan, Annen, Trynike.

weiter 39 Lickhuess gibt jährlich zur Pacht dem Kapitel an Gerste XXVII Scheffel, Hafer XXVII Scheffel. An Sassenberg gibt Lickhues und Eselgrim zusammen für Dienstgeld einen Goldgulden, Lickhues gibt davon zwei Taler und Eselgrim den dritten Teil eines Goldgulden.
Item dem Gograven von Harkotten an Gravengeld X Schilling und den Sassenberger II paar Hühner.
Item Engele, Lickhueses Schwester, wohnt in Warendorf. Ihre Kinder heißen [1]Clara, ist frei gelassen, und Ursula, diese ist auch freigelassen anno 1574 am Sonntag Oculi *[3. Fastensonntag]*. Item Bernt ihr Sohn ist hier noch eigenhörig[1].

[1-1] *später.*

39' Zu wissen, daß Grethe Lickhues wohnt zu Borrentryke*[?]* und hat einen Mann mit Namen Evert Reyneker, geboren von dem Reyneker Erbe zu Frecken*[horst]*. Lickhues gab ihr zum Brautschatz XXIIII Taler, damit Evert Reyneker aus dem Sassenberger Gefängnis gelöst wird.
Anno 1562 die Lune vicesima mensis Julii *[Montag, 20. Juli]* haben Jungfern und Herren des Kapitels zu Freckenhorst auf fleißiges Bitten Elseken Lickhues, wohnhaft zu Emden im Grafen Edtzartz Lande, freigelassen sechs ihrer Kinder. Mit Namen Lyzabeth, Wyneke, Margareta, Hanseken, Kunneke und Christopfer. Zusammen für zwölf Taler, bei Gelegenheit, wenn sie dann kommt, aufzubringen. Gehandelt im Kapitel in Gegenwart der verehrungswürdigen Jungfern des Kapitels und der ehrbaren Dietrich von Limburg, Dechant Joann Lockman und Otto von Gutersloe, Kanoniker des Kapitels und der Kirche St. Bonifatius in Freckenhorst.
Werner Pagenstecker, Notarius, manu propria subscripsit.

40 und 40' [nur Lickhues *als Überschrift, sonst leer]*

Eselgrim

5 Item Wilken Eselgrim van Drenckepol geboren.
Item Alike seine echte Hausfrau, ist geboren von dem Vernick Kotten, gewechselt von dem Rentmeister, dafür wir gegeben Schemmens Tochter zu Bevern, die wir von den Domherrn auch für einen Wechsel empfangen hatten.
Item Johan Eselgrim anders Drenkepol, Wilkens echter Sohn.

Item Johan Eselgrim und Gese seine echte Hausfrau.
Item diese vorgenannte Gese hat zwei Töchter, die eine heißt Gese und die andere Mette.
Item auch hat diese selbe Gese einen Sohn, geheißen Johan, der gegeben ist dem heiligen Anthonius von dem Kapitel.
Item Hille Brokelmans, geboren von dem Eselgrim.
Item Bernt ihr Bruder.
Item Hinke Eselgrim, anders Langekamp, gewechselt an meine Frau für Gert Ebeler.

5' Und gibt jährlich zu Pacht XVII Scheffel Gerste, acht Scheffel Hafer und IIII Mark abzüglich II½ ß, dem Drosten zur Pacht 1 Huhn und dem Gografen zu Harkotten ein Huhn. An den Maelleuten zu Hoetmar von einem Marckenstück, daß in ihre Wiese hineinragt, III ß jährlich, unserer gnädigen Frau an Opfergeld VIII d.

13 Noch hat das Kapitel ein kleines Gut mit Namen Eselgrim gelegen vor dem Dorf Freckenhorst. Darauf sitzen und bebauen (tellen) nun Johan und Else, Eheleute. Diese Else ist gewechselt von den Gebrüdern Voss zu Enniger. Zum Wiederwechsel ist gegeben Anna Eselgrim.
Item von dem Eselgrim ist hiervor gewechselt ein Knecht, genannt Johan, und ist nun Totengräber zu Münster, an den Ryke Sasse zur Kopelle. Dafür zum Wiederwechsel empfangen seligen Strateman zu Velsen, Herman genannt.

41 Zu wissen, daß Else, die alte Eselgrimische, geboren von Lyndemans Haus zu Walgerden, ist gewechselt von den Brüdern Johann und Rotger Voß. Dafür zum Wechsel gegeben Anna Eselgrym.
Zu wissen, daß Herr Melchior van Büren, Domkellner zu Münster, von dem Kapitel zu Freckenhorst gewechselt Hinrick Eselgrim, welcher wurde Moyman im Neuen Kirchspiel Warendorf. Dafür wir empfangen haben Johan Moymans ältesten Sohn.[1]
Dieser Johan ist gewechselt an Hinrick Smisinck zu Tatenhausen, und wurde Stocker im Neuen Kirchspiel Warendorf. Dafür zum Wiederwechsel empfangen Johan Stocker, echt und recht geboren auf dem Stocker Erbe. Actum anno 1559 octava Agnetis virginis.

[1] *Text auf Blatt 13:* Anno domini XL hat der Schulte zu Mußen dafür gewechselt seligen Moymans ältesten Sohn.

Die Kinder des alten Eselgrim und seiner Hausfrau heißen Kristen, Berndt, Jürgen, Valentyn, Thonis[1] und Anna. Anna ist nun die junge Frau auf Eselgrim und hat zum ehelichen Manne Johann, geboren von Thiemanshuß zu

41' Westkirchen. Welchen die Jungfern und Herren gewechselt haben von unserer gnädigen Frau Äbtissin und dafür wieder gegeben haben Valentyn Eselgrim.

[1] *Randbemerkung:* Dieser Thonis ist ausgewechselt ut sequitur.

Die Kinder der jungen Leute auf Eselgrim heißen Trinike, Hermeken, Anneke, Ursula, Greiteke, Johanneken, noch eine Trineke, da die erste (Trineke) ist gestorben, Elsen, Berndeken.
Anno 1566 Vigilia Assumptionis beate Marie virginis hat das Kapitel zu Freckenhorst gewechselt von dem ehrenfesten Johann Korff Greten des Lesten Tochter zu

Ennigerloh, sie kam in das Badehaus zu Freckenhorst. Dafür hat er gekoren und empfangen zum Wiederwechsel Ursula, Eselgrims echte Tochter.
Anno domini *[15]*73 den 28. April hat das Kapitel zu Freckenhorst gewechselt von der hochwürdigen unserer gnädigen Frau Äbtissin, Margaretha von der Lippe, Johann Boginck, geboren aus dem Kirchspiel zu Telgte, Bauerschaft Berdel. Welcher ist geworden Eselgrim und an die Witwe bestattet. Dafür hat ihre Gnaden gekoren und empfangen zum Wiederwechsel Herman Eselgrim, echt und recht geboren von Johan Eselgrim selig und der jetzigen Frau auf Eselgrim.

42 Zu wissen, daß vorgenannter Thonis Eselgrim ausgewechselt an Joist von Caessem, und bestattet worden auf Knyppings Haus zu Sassenberg, welches auch tom Dyke genannt wird. Dafür wir von Caessem zum Wiederwechsel empfangen haben Johann tom lüttiken Düttinkhuß im Alten Kirchspiel Warendorf, Bauerschaft Vohren. Dieses haben bekundet und gesagt Bonynck der Vogt und Else, die alte Mutter Eselgrim. Dieser Johan tom lüttiken Düttinghuß ist wieder ausgewechselt an den Probst zu Clarholz für Kampman im Dorfe ut infra.
Johan Eselgrim ist verwechselt an das Amtshaus Sassenberg für Johan Buschman, jetziger Schulte Nünning. Geschehen im Jahre 1615.

Kock eigenhörig in Freckenhorst

11 Zur Pacht von dem Haus VII ß und vom Land VI Scheffel Gerste. Unserer gnädigen Frau vom Land III Scheffel Gerste. Gografen VIII d zum Grafengeld und 1 Huhn.

45 Johan Kock und Grete Straete*[man]*, geboren von unserem Erbe Straetmann, Eheleute. Ihre Kinder heißen Agnes, Herman und Greteke.
Dieser Herman Kock hat sich ins Haus bestattet und sich verlobt an Catrinen Peters, die wir von meiner gnädigen Frau gewechselt haben. Dafür ihrer Gnaden gegeben anno 1574 am 6. Juli Agnes, seligen Johan Thonnis Tochter.
Anno 1664 den 4. März haben Enneke Kocks und Berndt Dalhoff den Kocks Kotten nach Eigentumsrecht angenommen. Haben vor dem Eigentum zwei Kinder gezeugt, mit Namen Gerdrut und Heinrich, welche frei bleiben.

44 *[loser Zettel]*
Das Kapitel zu Freckenhorst begehrt zum Wechsel von dem ehrwürdigen und ehrenfesten Herrn Rotger Haver, Propst zu Clarholz, Catharinen Tegelmester zu Clarholz.
Dafür zur Kur gesetzt:
Margarethen Kocks, echt und recht geboren von Johan Kock und Greten, Eheleute im Kirchspiel und Dorf Freckenhorst;
Anna Schoppen, echt und recht geboren von Merten Schoppen und Anna, Eheleute im Kirchspiel und Dorf wie vorgenannt;
Anneke Brokelmans[1], echt und recht geboren von Johann Brokelman und Trynen, Eheleute im Kirchspiel und Dorf wie vorgenannt.

[1] *Randbemerkung:* Diese ist gekoren und angenommen.

43 BOENING eigenhörig im Dorf Freckenhorst

Johan Boening, seine Hausfrau genannt Else Fryntorp, ist gewechselt von unserer gnädigen Frau Äbtissin für die Beckmansche, selige zu Westkirchen. Ihre Kinder heißen Johann, Annike, Berndt, Tryna, Heyleke und Engele.
Anno 1570 auf dem Tag Antonii confessoris haben die Jungfern und Kanoniker des Kapitels zu Freckenhorst gewechselt von unserer gnädigen Frau Äbtissin Agnes thom Mersche, welche auf Boenings Haus im Dorf Freckenhorst kommen soll. Dafür ihre Gnaden zum Wiederwechsel gegeben Anna, des Baumhoder Tochter zu Hoetmar, echt und recht geboren vom seligen Berndt Bomhoder und seiner Hausfrau.

11 Zur Pacht X Scheffel Gerste und ein Scheffel für Geistman und VI ß von dem Kamp hinter *(achter)* dem Haus. An Sassenberg 1 Huhn, dem Gografen VIII d und 1 Huhn. Unserer gnädigen Frau an Wortgelde XI d und an Sassenberg X ß an Dienstgeld.

14 Item die Bonyngesche in *(binnen)* Freckenhorst ist dem Kapitel durch einen Wiederwechsel geworden für des Hunekemolners Tochter, die nun Mersche zu Oesthove ist. Dafür wir eyrsten *(kürzlich?)* für empfangen hatten die Beckmansche zu Büttrup *(Bottincktorp)* in Westkirchen.

74 Zu wissen, nachdem Johan Withkamp, von Withkamps Erbe im Kirchspiel Freckenhorst, auf unser Erbe Boenings in Freckenhorst bestattet, sich uns eigen gegeben hat, durch Einlieferung seines Freibriefes, welchen er von der Domkellnerei zu Münster erlangt hat, ist verabschiedet, daß ihm in Zukunft auf sein Begehren ein Kind, welches er ernennen wird, wiederum frei gegeben werden soll.

75 Anno 1681 den 28. März vor Kapitel Versammlung ist wegen der Kinder Enneke zur Wiesche, Hausfrau Bernard Bönings, nachfolgendes verglichen. Daß drei ihrer Kinder aus dem Eigentum entlassen werden: eines für ihren Aufzug auf Bönings Kotten, frei geboren mit Namen Bernard; das andere an Stelle *(in Platz)* der Mutter, mit Namen Maria; das dritte mit Namen Johannes aus besonderem Grunde (sonderlichen Bewegung) auch frei gegeben.
Die anderen gleich der Mutter, genannter Enneken zur Wiesch, entsprechend der damals beim Aufzug auf Bönings Kotten getroffenen Vereinbarung (im Jahr nämlich vierundvierzig den siebenten Januar, wie weiter bei dem Protokoll zu ersehen) dem Eigentum unterworfen sein und zukünftig specificiert werden sollen. Nach vorgenannten Kindern ist geboren ein Kind mit Namen Gertrud, ist eigen.
Was aber wegen Aussteuer oder Brautschatz genannter drei Kinder anlangt, sollte nichts gelobt oder versprochen oder der Kotten beschwert werden

75' ohne des Kapitels Vorwissen und Willen. Im widrigen Fall muß nach Eigentums Recht verfahren werden.
In fidem Andreas Timmerscheidt, hiesiger Bursarius, extraxit et subscripsit.

46 **LECHTENNEUWERS eigenhörig in Freckenhorst**

Item seligen Recqwin Lechtenneuwers Tochter Anna hat geheiratet (gehilliket) in das Haus und hat zum Ehemann Martin Schopman. Ihre Kinder heißen: Gertrudt, Rotger, Joest.
Item Berndt Lechtenouwers wohnt in einem Kloster, genannt auf den Breden, bei der Stadt Brakel im Stift Paderborn.
Item Johann Lechtenouwers, [1]Bruder von Recqwin[1], wohnt in einem Kruge zu Telgte bei dem Hof Raestrup, genannt Lechtenouwer.
Item Elske Lechtenouwers hat zwei Kinder, genannt Greteke und Hermeken. [1]Gehören dem Kapitel zu.[1]

[1-1] *Texterweiterungen, übernommen von Seite 10*

Item Gerdrut, Martin Lechtenouwers Tochter, ist freigegeben vom Kapitel für XII Taler, anno 78 Freitag nach den Heiligen drei Königen *[11. Januar 1578]*, Rotger ihr Bruder ist vorher auch freigegeben für VI Taler und wohnt zu Hamburg.

10' Zur Pacht dem Capitel I Mark.und von einem Stück auf der Geist VI ß und von Piper XI ß. Dem Gografen an Grafengeld VIII d, 1 Huhn.

weiter 46 Anno 1601 am 31. August ist vom Kapitel frei gelassen Clara, von den Eheleuten Jobst Lechtenneuwer und Agneißen geboren. Sie hat gegeben 6 Reichstaler und 2 Taler Amtsgeld. Weil vorbenannte Agnes frei gewesen und sich auf Lechtenneuwers Stätte eigen gegeben, so hat das Kapitel wiederum eingewilligt und gelobt, eines ihrer Kinder auf anfordern frei zu geben, conclusum capitulariter et tractatum die quo supra.

46' Diese ihre Kinder sind Jost Lechtenneuwer, so auf Hinrichen Jaspers Stätte gekommen ist, war von ihrer Gnaden dem Kapitel zum Wiederwechsel gesetzt[1], ist ..... und gekoren Johan zum Hagen, ehelicher Sohn von Wilhelm zum Hagen und Elsen im Kirchspiel Freckenhorst.
Johann Lechtenneuwer, so noch eigenhörig.
Die Töchter sind alle freigelassen.

[1] *am Rande:* freigelassen.

45' **Relicta quondam JO(HAN) THONIES**

Anno XV^{C} LXXI *[1571]* auf Tag Gregorii pape haben Jungfern und Herren des Kapitels zu Freckenhorst von der hochwürdigen, wohl- und edelgeborenen Margaretha Äbtissin des freien adligen und weltlichen Stiftes Herford und Freckenhorst, edlen Frau zur Lippe, unserer gnädigen Frau, gewechselt Peter Hageman, welcher ehelich bestattet wurde an des seligen Johann Thonies nachgelassenen Hausfrau. Dafür wir ihrer Gnaden zum Wiederwechsel gegeben Greten, des Thonieschen echte Tochter und ist die Angelegenheit des Wechsels unserer gnädigen Frau vergolten mit zwanzig Taler.

Agnes, der Thonnischen Tochter haben wir ausgewechselt an unsere gnädige Frau Äbtissin. Dafür wir wieder empfangen Catharinen Peters, Herman Kocks Hausfrau, anno 1574 am 6. Juli.

47 HERMAN RECKMAN

Zu wissen, daß Herman Reckman, von Boedelmans Erbe geboren, sich an Elsken Jaspers auf Reckmans Kotten oder Haus bestattet hat.
Item als dessen Hausfrau verstorben, hat er sich wieder an Greten Boimhouwers ehelich bestattet.
Item als genannter Herman Reckman anno 1619 verstorben ist, hat sich die Witwe Reckmans wieder an Henrich Berndts oder zum Brocke ehelich bestattet. Weil derselbe seinen Freibrief dem erwürdigen Kapitel eingeliefert hat, ist demselben zugelassen, daß ein Kind, so er aus stehender Ehe gewinnen und bei Zeiten benennen wird, wieder freigelassen werden soll.
Item zu gedenken, daß seliger Herman Reckman mit Greten Boimhouwers einen Sohn gezeugt, mit Namen Jost

48 Anno 1662 den 29. November ist des seligen Henrich Reckmans Tochter Elske, laut gegebener Versicherung, freigelassen und ihr der Freibrief ausgeliefert worden. Die beiden anderen Kinder aber, mit Namen Johan und Stincke Reckmans, sind uns bis dato noch mit Eigentum verhaftet.

BROEKELMAN eigenhörig in Freckenhorst

10 Brokelman gibt zur Pacht VI Scheffel Gerste und II Scheffel Hafer und X ß dem Drosten von Sassenberg an Dienstgeld X ß schweren Geldes, II Tage Hopfen pflanzen, unserer lieben Frauen Bruder IIII ß, unserer gnädigen Frau XXIX d, den Sassenbergern 1 Huhn und dem Gografen ein Huhn und VIII ß an Grafengeld.

14' Item die Brokelmansche, geboren von Eselgrim, mit ihren Kindern gehören dem Kapitel eigen, der Mann ist frei.
Alyke Brokelmans wohnt im Kirchspiel Stromberg auf einem Erbe, hörig dem Herrn von Oer zu Nottbeck. Sie ist noch unverwechselt. Dafür empfangen eine Frauensperson zu Stromberg wohnet bei *(mit)* Herrn Meinolff*(?)* Bischopinck. Ihr Kind mit Namen Anna ist freigelassen.

49 Anno 1543 hat das Kapitel zu Freckenhorst gewechselt von unserer gnädigen Frau Anneke Hosel, welche ist ehelich bestattet an Johann Brokelman im Dorf Freckenhorst. Dafür zum Wechsel gegeben Elseken Straetmans Tochter zu Velsen.
[1]Johann Brokelman seine Schwestern: genannt Anneke hat Johan Halbuer; Elseken ist Bademagd.
Brokelmans Kinder, mit Namen Greteke und Johan.[1]

Item Anneke Brokelman, nun Johann Halbuers Hausfrau zu Freckenhorst. Ihre Kinder sind benannt: Greteke, Berendt, Kerstin und Wessel. Dieser Wessel ist vom Kapitel freigelassen anno 1574.
[1]Greteke wohnt zu Braunschweig *(Brunswick)* bei Peter Halbuer, ein Hoetvilter[1]

[1-1] *Textergänzungen von Seite 10.*

Anno 1573 in der Fasten haben Jungfern und Herren des Kapitels zu Freckenhorst von dem Probst zu Clarholz zum Wechsel begehrt und empfangen Elseken, echte Tochter aus dem Hove zu Lette. Sie soll werden Brokelmansche. Dafür zum Wiederwechsel gegeben Gerdrut Kampmans, echte Tochter Johan Kampmans und Greten, Eheleute zu Frecken*[horst]*.
Brokelmans Kinder sind genannt:
Johann Brokelmans
Elseke Brokelmans.

50 KAMPMAN eigenhörig in Freckenhorst

Item Kampman in der Freiheit zu Freckenhorst. Seine Tochter hat auf den Hof geheiratet (gehilliket) und Johan Grysen, geboren von Grysen Haus zu Warendorf, genommen. Diesen haben wir gewechselt von dem Propst zu Clarholz. Dafür seine Erwürden zum Wiederwechsel gekoren und angenommen Johan lüttiken Duttinghaus im Jahr 74 Dienstag nach Trinitatis *[8. Juni 1574]*.

51 SOMMER eigenhörig in Freckenhorst

Anno 1572 am 12. September haben Jungfern und Herren des Kapitels zu Freckenhorst gewechselt von dem Drosten und Rentmeister zu Sassenberg Gertrud Sommer, echte Tochter des seligen Johan Loekmans genannt Sommer und Gertrut, Eheleute. Sie wurde bestattet in des Sommers Haus an Berndt Meyer. Dafür wir an das Amtshaus zu Sassenberg zum Wiederwechsel gegeben haben Agnes, echte Tochter Johan Kampmans und Greten, Eheleute im Dorf Freckenhorst.

BOEMHOEDER zu Hoetmar

9 Item der Bomhoder, seine Hausfrau und seine Kinder hören Jungfern und Herren des Kapitels zu Freckenhorst zu.
Anno XV^C XXX *[1530]* hat meine gnädige Frau von uns gewechselt des Boemhoeders Sohn, welcher Witte zu Everswinckel wurde. Dafür wir zum Wiederwechsel empfangen Bernd Vryntorp im Kirchspiel Frecken*[horst]*. Dieser vorgenannte Berndt ist gegeben Johann Torck als Wiederwechsel für Smitkamps Sohn, der nun auf des Kapitels Erbe Schuckinkhoff zu Sendenhorst sitzt.
Zu gedenken, daß wir gewechselt haben von dem Kellner zu Marienfelde Dickmans Schwester zu Ennigerloh, welche nun Boemhoeders Hausfrau ist zu Alten Hoetmar.

Dafür zum Wiederwechsel gegeben Greteken, des Schulten Walgerden und seiner Merschen echte Tochter im Kirchspiel Freckenhorst.

[1]8' Item Anna nachgelassene Witwe seligen Dirck von dem Berge hat für einen Wiederwechsel gewechselt den gemeinen Jungfern und Herren zu Freckenhorst Catharine, Jacobs echte Tochter von Bottyncktorpe im Kirchspiel Ahlen. Für Gesen, Bomhowers Tochter to Hoetmar. Dieser vorbeschriebenen Magd soll man geben alles Gut zweifach zur Aussteuer *(allen Gudes to twen to berade).*
Anno XXX *[1530]* hat Dirck von dem Berge von uns gewechselt vorgenannte Katharinen Bottincktorpe, dafür haben wir noch keinen (nyne) Wechsel empfangen.[1]

[1-1] *es ist fraglich, ob diese beiden Eintragungen zum Erbe Bomhoeder gehören, eine andere Zuordnung konnte aber nicht gefunden werden.*

18 Item des Boemhoders Erbe zu Hoetmar, der Zeller desselben heißt Berndt, seine Hausfrau heißt Styna, geboren von Volqwinink im Kirchspiel Sendenhorst, in der Bauerschaft Elmenhorst. Dafür wir zum Wiederwechsel gegeben Katharinen Boemhouwer, welche auf Evert Bucks Erbe im Kirchspiel Telgte kam.

52 Boemhoeder zu Hoetmar und Anna seine Hausfrau. Ihre Kinder sind diese:
Greittike, so nun Reichmannsche ist.
Annike, so frei gelassen.
Catharinen, so Laekmansche ist. War für das Kapitel zu Freckenhorst von der Domkellnerei zum Wiederwechsel gesetzt für Else Westerodt, eheliche Tochter der Eheleute Meineken Westerode und Greiten, geboren von Westerodes Erbe im Kirchspiel Hoetmar, Bauerschaft Lemford. Diese Catharina Boemhoeder hat ein Kind gezeugt, welches dem erwürdigen Kapitel zu Freckenhorst eigenhörig ist, mit Namen Engelke Laickmans.
Maria, diese Person ist anno 1621 den 10. Juli den Vinnenbergischen Jungfern angewechselt für Kunen Grachtrupfs im Neuen Kirchspiel Warendorf, von Johan Grachtrupf ehelich geboren, vide fol.19. *[siehe Seite 53]*

52' Diese Anna Grachtropes ist verwechselt den Herren zu Sanct Mauritius für Anna Bovinckloe, so auf Bomhoeders Erbe bestattet.

53 Anno 1621 den 10 Juli ist Maria Boemhoeders an Vinnenberg ausgewechselt. Dafür eingelassen Anna Grachtrupf im Alten Kirchspiel Warendorf, von Johan Grachtrupf ehelich geboren.

7 **DER HUNEKEMOLNER[1] im Neuen Kirchspiel Warendorf**

[1] *Der Name wird im ersten Teil zweifelsfrei mit G = Gunikemolner geschrieben, die spätere Schreibweise ist jedoch immer H = Hunikemolner. Heute heißt der Hof Hunkemöller.*

Item Hinrich Gunikemolner, geboren von dem Hofe zu Walgerden, gewechselt von Warendorp zu Münster für Herman echten Sohn Dorsloe. Dieser vorbeschriebene Hinrich hat eine Tochter Gunikemolner genommen, mit Namen Gese. Als diese Gese

nach dem Willen Gottes gestorben ist, hat sie sechs Kinder nachgelassen, vier Töchter und zwei Söhne. Drude, Anna, Margareta und Maria, Bernt und Herman. Item Drude ist ausgewechselt an den Herrn zu Sunte Jürgen für die Mersche zu Dorsloe von dem Grotthus zu Everswinkel.
Item vorbeschriebene selige Gese hat auch eine Schwester, mit Namen Greyte, nachgelassen.
Item dieser selbe Hinrich Gunikemolner hat nach dem Tode der Gese eine andere Hausfrau genommen auf den Gunikemollen. Mit Namen Gese Erten aus dem Kirchspiel Everswinckel, eigenhörig Kort Travelman zu Münster, welche war gewechselt an Herrn Diderich Schaden, Bursener des Domes zu Münster, von Kort Travelman, dafür wir Herrn Diederich Schaden gegeben haben Gese eine Tochter des Hunekenmolners
Die Kinder genannt Johann, Berndt, Thrine, Goeke, Jürgen, Greteke, Anneke.
Zu Gedenken, daß Peter Hunekemolner, [1]des Hunekemolners Halbbruder[1], ist begehrt vom Drosten zu Wolbeck zum Wechsel, er kam auf einen Kotten mit Namen Lanckamp in dem Berle, [1]Kirchspiel Wolbeck[1]. Dafür noch keinen Wiederwechsel empfangen.

[1-1] *Textergänzung von Seite 7'*

Zur Pacht jährlich XXVII Scheffel Roggen, IIII Schweine, sechs Scheffel Weizen, XVIII Scheffel Gerste, III Molt Hafer. Zu Sassenberg II Goldgulden zu Paschen(*?*) für Dienstgeld und Koeschatte, sechs ß dem hilligen cruce, X d Grafengeld, dem Templerer zu Freckenhorst III ß. Item von den Stichorstkampen III Mark abzüglich III ß, item I ß dem Archidiakon(?).

7' Item zu wissen, daß meine gnädige Frau uns gegeben hat zum Wechsel Greten, Beckmans Tochter zu Büttrup (Bedincktorpe) in dem Kirchspiel Westkirchen, für Annen, des Hunikenmolners Tochter, die nun Mersche zum Osthoven ist.
Zu wissen, daß vorgenannte Beckmans Tochter wieder an unsere gnädige Frau gewechselt ist, dafür empfangen Fryntorps Tochter, die nun Boningsche zu Freckenhorst ist.

54 Anno 1541 haben Jungfern und Herren des Kapitels und der Kirche zu Freckenhorst gewechselt vom Herrn Melchior von Büren, Domkellner der Domkirche zu Münster, Catharina Werloves. Diese kam auf unseren Hof Hunekemolner. [1]Dafür ihm zum Wechsel gegeben Greten des Hunikenmolners Tochter, diese ist verstorben ehe sie gekoren wurde[1]. Dafür zum Wechsel gegeben des Schulten Ostdoersloe Tochter [1]zu Telgte[1].

[1-1] *Textergänzung von Seite 7*

Item Hinrick Hunekemolner wohnt auf dem Ramenkotten und bleibt dem Kapitel hörig.
Item Johann Hunekemolner ist des Hunekemolners Bruder, ein alter Knecht, und wohnt bei dem Hunekemolner. [1]Ist gestorben und geerbteilt *(geerfdelet)* von dem Kapitel.[1]

[1-1] *später*

Anno 1559 auf Exaltationis crucis *[14. September]* haben die Vormünder der Kinder Evert von Langen von den Jungfern und Herren gewechselt Johann, des Hunekemolners Sohn. Dieser kam auf den Hof Grafftorp im Neuen Kirchspiel Warendorf. Dafür zum Wechsel empfangen Johan, den ältesten Sohn Grafftorp, echt und recht geboren. [1]Ist wieder ausgewechselt, ut sequitur.[1]

[1-1] *später*

54' Anno 1561 auf Freitag nach Leonardi confessoris hat unsere gnädige Frau Äbtissin von Jungfern und Herren des Kapitels zu Freckenhorst gewechselt Johann Grafftorp, welcher Schulte zum Loe binnen Warendorf wurde. Er gab zum gewohnten *(gewontlichen)* Wechselgeld zwei Goldgulden dem Kapitel gesamt und den Amtsjungfern einen Taler. Herrn Horstmar unserem Bursario und Boenynck unserm Vogt, zusammen einen Taler. Dafür hat ihre Gnaden uns zum Wiederwechsel gegeben Johann, Sohn des seligen Schulten Sclepinckhove und Gertrude, Eheleute im Kirchspiel Freckenhorst, Bauerschaft Gronhorst.

Anno 1571 auf Michaelis archangeli *[29. September]* haben unsere Gnädige Frau Äbtissin samt dem Pastor und Templierern der Kirche zu Freckenhorst gewechselt von Jürgen Bischopinck, Ratsherr zu Münster, Grete des Hunekemolners Tochter. Sie kam auf den Hoenhove im Kirchspiel Freckenhorst. Dafür eine zum Wiederwechsel gegeven.

Anno 1575 auf Saterdach den achten Oktober hat unsere gnädige Frau Äbtissin mit den Jungfern und Herren des Kapitels zu Freckenhorst gewechselt Anneken

55 des Hunekemolners Tochter, sie soll werden Varstermansche. Dafür hat ihre Gnaden uns zum Wiederwechsel gegeben Engelen Woldtmans, echte und rechte Tochter des jetzigen Woldtmans und seiner Hausfrau in der Heger Bauerschaft .

Anno 1577 am Sonntag Quasi modo geniti *[1. Sonntag nach Ostern = 14. April]* hat die Äbtissin und der Konvent zu Vinnenberg von uns gewechselt diese benannte Engelen Woldtmans. Dafür haben wir zum echten Wiederwechsel gekoren Annen Loyß, Herman Loyß und Elsen seiner Hausfrau echte Tochter, [2]im Kirchspiel Enniger[2].

[2-2] *am Rand, durch Hinweiszeichen.*

Anno 1576 auf Michaelis haben Jungfern und Herren des Kapitels zu Freckenhorst gewechselt mit dem Herrn Melchior von Büren, Domkellner zu Münster, Annen echte Tochter auf dem Hofe Große Mersman. Sie kam auf unseren Hof Hunekemollen. Dafür hat seine Erwürden gekoren Annen Sleppinckhove, echte Tochter des seligen Schulten Sleppinckhove und der jetzigen Meierschen in der Bauerschaft Gronhorst. Diese Annen Sleppinckhove haben wir zum Wiederwechsel empfangen vom obengenannten Herrn Domkellner, für des Reders Tochter, Meiersche zu Ummegrove

55' Anno 1580 den Montag nach Letare haben die Jungfern und Herren zu Freckenhorst frei gelassen Mathäus Hunekemollen, echt und recht geboren von der Hunekemollen im Neuen Kirchspiel Warendorf für XVII Reichstaler.

Jürgen Hunekemollers seine Kinder sind diese:

Johan Hunekemollers;

Bernhardt, so für den jetzigen Schulten Walgerden an ihre Gnaden verwechselt ist;

Jürgen;
Stepan;
[2]Ennike, so frei gelassen; Greitike; Trinike, so frei gelassen[2]; Agnes.

[2-2] *gestrichen.*

56 Anno 1625 den 22. Januar hat die Mutter Hunekemollersche ihrem Sohn Johan das Erbe überlassen. Welcher sich darauf bestattet hat an Elsen Hobbelings, welche frei gewesen und ihren Freibrief dem ehrwürdigen Kapitel eingeliefert hat. Dafür begehrt, daß ihr nach alten Brauch eines ihrer Kinder, so sie in Zukunft kriegen werde, ein Platz frei gelassen werden möchte, welches dann genehmigt.

16 **STRAETMAN zu Velsen im Kirchspiel Warendorf**

Anno XL *[1540]* geschrieben (getekent)
Item ein Erbe mit Namen Strateman in der Bauerschaft Velsen.
Item die alte Stratemansche ist gewechselt von Smysink. Dafür ihm zum Wechsel gegeben Grete, Tochter des Hunekemolner, diese ist von Smysink geerbteilt in Johan Swollen Haus in (binnen) Warendorf.
Item Herman Twenhusen nun Stratman, Zeller des Erbes ist gewechselt von Hinderick von Twist, Hofmeister und Droste zu Sassenberg. Dafür ihm zum Wiederwechsel gegeben aus demselben Erbe Joest Strate*[man]*.

57 Anno 1552 hat Evert von Langen begehrt zum Wechsel von Jungfern und Herren zu Freckenhorst Berndt, Straetmans Sohn zu Velsen, welcher in des Molners Haus zu Graftorpe im Kirchspiel Everswinkel kam. Dafür weder (noch) Wechsel noch Gewinngeld empfangen.

56' [Durch Hinweiszeichen hier auf Seite 57 einzufügen.]
Anno 1569 haben Jungfern und Herren des Kapitels zu Freckenhorst dafür zum Wechsel empfangen von den Vormündern der Kinder des Hauses zu Langen Merten Boemhove, echt und recht geboren von Gerd und Anna, Eheleute im Kirchspiel Greven, Bauerschaft Schmedehausen, den die Vormünder empfangen hatten zum Wechsel von unserer gnädigen Frau Äbtissin des Stiftes Freckenhorst für Hinrik Hindertman zu Bestorp im Kirchspiel Greven vorgenannt, der schon vorher gekommen ist und wohnt auf Gunekemans Erbe zu Greven.

loser Zettel Zu gedenken, daß Hinrick Hyndertman nun Gunekeman zu Greven gewechselt von den Vormündern der Kinder des Hauses zu Langen zu Everswinkel. Dafür nun gegeben Merten Boemhove, echt und recht geboren von Gerdt und Anna, Eheleute zu Baumhove im Kirchspiel zu Greven.

Zettel Rückseite Dieser Freibrief ist dem Jasper Smysinck zum Harkotten und dem Pastor zu Westkirchen auf 16 Reichstaler verdingt.

weiter 57 Anno vorgenannt[1] *[1552, siehe oben 57]* hat der ehrenfeste Johann Korf von Jungfern und Herren des Kapitels zu Freckenhorst begehrt zum Wechsel Johann, Straetmans Sohn zu Velsen im Kirchspiel Warendorf, welcher zum Loehaus im Dorf Füchtorf kam. Dafür zum Wechsel empfangen Paul Smedehusen, echter Sohn Hinrik Smedehusen und Enneken, Eheleute im Alten Kirchspiel Warendorf [2]Ist wieder ausgewechselt, ut sequitur.[2]

[1] *auf Seite 11 mit 1551 datiert.* – [2-2] *später.*

Anno 1566 auf Reminiscere haben wir zum Wechsel begehrt Styne Hovestads, welche Straetmannsche zu Velsen im Alten Kirchspiel Warendorf wurde. Dafür der Äbtissin und Kloster zu Rengering gegeben Greten, Lickhuses echte Tochter zu Freckenhorst.

57' Anno 1568 in vigilia Epiphanie hat die Frau von Vinnenberg von uns gewechselt Paul Smedehusen im Alten Kirchspiel Warendorf. Dafür haben wir empfangen Berndt, lütken Loemans und seiner Hausfrau echter Sohn im Kirchspiel Milte.
Anno 1572 auf Nativitatis beate Marie virginis hat das Kapitel zu Freckenhorst gewechselt von der Domkellnerei zu Münster Greten Monykmans im Kirchspiel Warendorf, Bauerschaft Velsen, welche Straetmansche werden soll im Kirchspiel und Bauerschaft wie vorgenannt. Dafür haben wir zum Wechsel gegeben Tryne Lickhues, echt und recht geboren auf Lickhues Erbe zu Freckenhorst, Bauerschaft Gronhorst.

58 SCHOCKINCKHOFF in Sendenhorst

Anno 1533 haben Jungfern und Herren des Kapitels zu Freckenhorst gewechselt von dem ehrenfesten Johann Tork, wohnhaft zu Ahlen, Berndt Smytkamp, welcher Schulte Schockinckhove in *(binnen)* Sendenhorst wurde. Dafür haben wir ihm zum Wiederwechsel gegeben Berndt Fryntorp, den wir von unserer gnädigen Frau zum Wechsel empfangen haben.
Item die Schockinckhovesche ist gewechselt von Hinrick Voeß, Bursener zu Münster. Dafür haben wir ihm zum Wechsel gegeben Greten Brokelmans, ist danach zu Freckenhorst verstorben.
Anno LIIII *[1554]* haben wir gewechselt von Diderick Cloeth, Rentmeister zu Wolbeck, Herman Smytkamp, welcher auf unseren Hof Schuckinckhove in *(binnen)* Sendenhorst kam. Dafür zum Wechsel gegeben Jürgen Eselgrym, echt und recht geboren auf Eselgryms Erbe zu Freckenhorst.

58' Anno LIIII *[1554]* haben wir gewechselt von vorgenanntem Rentmeister zu Wolbeck, Diderick Cloedt, Else Hovemans zu Sendenhorst, welche Schuckinckhovesche wurde. Dafür zum Wechsel gegeben Brigida, des Schulten Walgerden echte Tochter.
Merten Bemme, seine Hausfrau zu Sendenhorst ist dem Kapitel eigen *(mit Eigentum verwandt)*, da sie eine Tochter von Schuckinghoff ist, samt ihren Kindern Henrich[1], Johan, Diderich, Elsike.

[1] *Randbemerkung neben Henrich:* Dieser ist freigelassen.

59 Anno 1582 ist Else, Herman und Elsen Schockinckhoffs echte Tochter von uns gewechselt von dem erwürdigen und edlen Berndt Schmisinck, Dombursener, welche auf Tawiden Erbe im Kirchspiel Sendenhorst bestattet wurde. Dafür haben wir zum Wechsel empfangen Else Middendorps, Johan und Elsen Middendorps echte Tochter im Kirchspiel Sendenhorst, Bauerschaft Rinkhöven. Diese Else Middendorps ist freigekauft.

59' [leer]

60 Diederich Schöckinckhoff und Stine seine Hausfrau haben in stehender Ehe gezeugt nachbenannte Kinder:
Ludger, dieser ist anno 1619 an Stelle Dirick Loiß von den Rengeringschen ausgewechselt;
Henrich.
Diesen Kindern ist jedem 40 Rtlr. und ein gebührlicher Brautwagen, ein Pferd, eine Kuh und ein Schmalrind zum Brautschatz gelobt.
Derselbe Schöckinckhoff hat mit seiner anderen Frau, NN. Storps*(?)*, in stehender Ehe gezeugt nachbenannte Kinder:
Anna;
Berndt, mortuus;
Elske, mortuus.
Anno 1639, 3. Juni, hat Dietherich Schockinckhoff und Gertrudt Rape(?) oder Frone bekannt, daß sie zwei Kinder gezeugt haben, mit Namen:
Gertrud und Dirck(?).
NB. Berndt, Dietherich, Catharina, Elisabeth.
Berntt und Catharina hiervon freigelassen, wie weiter aus dem Protokoll zu ersehen.

Der Schulte Oestdoersloe

8 Item Bernt Schulte to Dodersloe hat nach seinem Tod nachgelassen zwei Söhne, Johan und Herman und eine Tochter.
Johan hat das Erbe nach des Vaters Tod und Herman hat das Lickhus.
Die Tochter ist gewechselt an den Domherren und hat Beckesten zu Einen.
Item der selige Bernt Schulte Dorsloe hatte eine Schwester, gewechselt an Steven Drosten auf das Evenesch zu Everswinkel. Dafür wir wieder empfangen haben Elsen Oldenhove aus dem Kirchspiel Alverskirchen. Diese Else Oldenhove haben wir verwechselt den Frauen zu Rengerinck für Aleken, Grothuses Tochter zu Gröblingen. Diese vorgenannte Aleke geben wir wieder dem Propste zu Clarholz für Kathrine Altenaes für einen Wiederwechsel der Hausfrau Gert Ebelers.
Item dieser Gert Ebeler und Kathrina seine echte Hausfrau haben einen Sohn mit Namen Hermanus, ist uns hörig, ist ein Mönch.
Item Fige Evenesche hatte, ehe sie von uns an Everwin Drosten gewechselt war, drei Söhne, Johan, Hinrik und Bernt. Sind uns hörig. Sind alle verstorben.

Item Johan Schulte Dorsloe hat genommen Grothuses Tochter von Everswinkel, welche dem Herrn zu St. Jürgen hörig war, da wir wieder für gegeben Drude des Hunekemolners Tochter.
Item dieser vorbeschriebene Johan und seine echte Hausfrau haben zwei Töchter. Die eine ist gewechselt an meinen Herrn für die Lickhussesche und die andere an Herrn Schade, Bursener zu Münster. Sind beide verstorben.

62 Anno XV^C LVI *[1556]* hat der würdige Herr Berndt von Raesfeldt, Domkellner der Kirche zu Münster, von den Jungfern und Herren des Kapitels zu Freckenhorst gewechselt Gerd, des Schulten Oestdorsloe Sohn, welcher Schulte Provestinck zu *[Ost-]*Bevern wurde. Dafür zum Wechsel gegeben Johann tor Telt, des Schulten Hinrik tor Telt und seiner Hausfrau echte Sohn im Kirchspiel Everswinkel.
Anno 1560 auf Tag Peter und Paul *[29.Juni]* hat Herr Diderick von der Recke, Domkellner, von uns gewechselt vorgenannten Johan tor Telt. Dafür uns gegeben [1]seinen jüngsten Bruder[1] Hinrick tor Telt, echt und recht geboren auf dem Hof tor Telt im Kirchspiel Everswinkel. Diesem ist gelobt alles Gut zweifach und einhundert Taler, dafür uns bürgt (gelobt) der Schulte Provestinck zu Bevern.

[1-1] *Ergänzungstext von Seite 7'.*

62' Anno 1560 auf Montag nach Exaltationis sancte crucis haben Jungfern und Herren des Kapitels zu Freckenhorst gewechselt von dem erbaren Jürgen Bispinck, Bürger zu Münster, Grete Rumphorst, welche Ehefrau des Schulten Oestdorsloe werden soll. Dafür ihm zum Wiederwechsel gegeben Greten Hunekemollen, im Neuen Kirchspiel Warendorf echt und recht geboren. [1]Ist wieder gewechselt an die Kirche zu Freckenhorst.[1]

[1-1] *später.*

Anno LXVI *[1566]* auf den Tag Marci evangeliste haben wir gewechselt von der Witwe des seligen Lambert Buck und Berthold Bisping Grete, des Schulten Oesthoves Tochter im Kirchspiel Einen, sie soll eheliche Hausfrau unseres vorgenannten Schulten Oestdorsloe werden. Dafür uns zum Wiederwechsel gegeben Anna, des vorgenannten Schulten Oestdorsloe und seiner seligen Hausfrau echte Tochter.
Anno 1567 auf nächsten Tag Conversionis sancti Pauli *[Tag nach dem 25.Januar]* haben wir gewechselt vom vorgenannten Jürgen Bispinck Dress Rumphorst, er kam auf den Hof Oestdorsloe. Dafür ihm zum Wiederwechsel gegeben Wessel Oestdorsloe, echt und recht auf dem Hof geboren.

63 Anno 1620 den 7. September hat der Schulte Oestdorsloe sein Erbe seinem Sohn Johan überlassen. Welcher sich darauf bestattet an Elsken[1], Grote Streinen Tochter zu Einen. Weil sie frei ist und ihren Freibrief eingeliefert, ist ihr zugestanden, daß ihr künftig nach altem Brauch ein Kind, welches sie benennen wird, wieder frei gelassen werden soll.
Haben gezeugt nachfolgende Kinder:
Berndt;

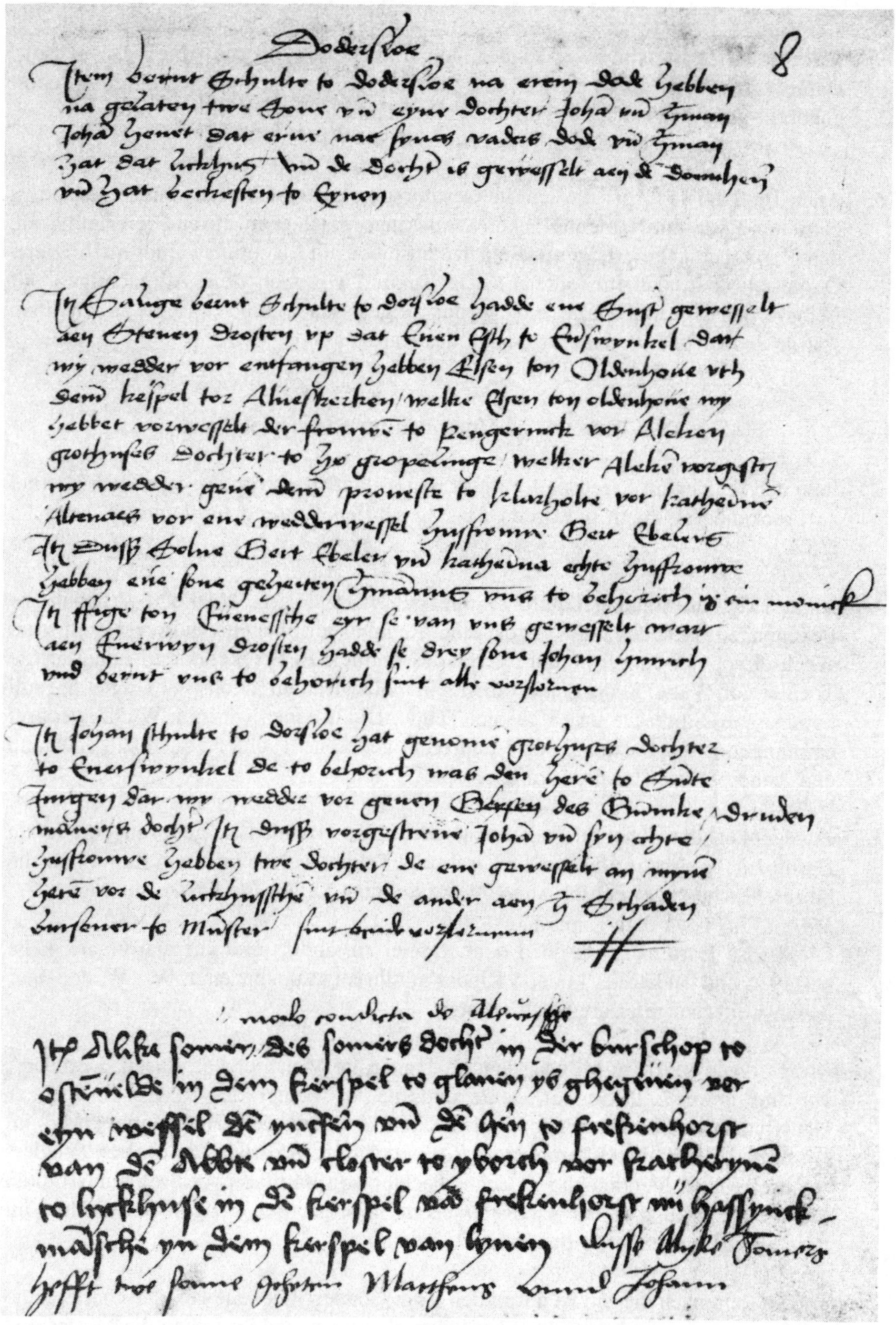

Wechselbuch des Stifts Freckenhorst Bl. 8

Margret, diese ist samt zwei Kinder, Johan und Elsen, an die Abtei verwechselt. Dafür Agnes Vogelsang gekoren, und für die zwei Kinder Stephan Schulte Bocholt gekoren, anno 1651 den 28. August, so auf Hunekemollers wohnt.

[1] *für gestrichen:* Greiteken.

63' Anno 1660 am 15. April ist Schulte Oestdorsloh, genannt Berndt, mit seiner jüngst getrauten Frau, mit Namen Enneken Schuckings, erschienen. Ihren Freibrief hat sie dem Kapitel eingeliefert, womit sie sich demselben mit Eigentum wieder qualifiziert. Dergestalt aber, daß Ihr, sofern sie in Zukunft von Gott dem Allmächtigen mit Leibeserben begnadet würde, eins wieder freigelassen sei, und dasselbe zu ernennen soll ihr jedoch aus besonderer Gnade des Kapitels freistehen.

DER REDDER zu Homollen im Kirchspiel Telgte

66 Item der Redder im Kirchspiel Telgte, Bauerschaft Raestrup, ist uns, dem Kapitel zu Freckenhorst, eigen geworden da man schrieb Tausend fünfhundert siebenzig *[1570]*.

68 Anno 1574 am Sonntag Letare *[4. Fastensonntag = 21. März 1574]* haben die Beamten zu Wolbeck, also Drost und Rentmeister, begehrt und verlangt zum Wechsel von den Jungfern und Herren des Kapitels zu Freckenhorst Metten, echte Tochter von Walter Reders und Annen seiner Hausfrau im Kirchspiel Telgte. Sie soll kommen auf Suiresche im Kirchspiel Telgte. Dafür haben wir zum Wiederwechsel empfangen Elsen Hartmans, echt und recht geborene Tochter von Johan Hartman und Annen seiner Hausfrau im Kirchspiel Telgte.

65 Zugedenken den Reer zu fragen, ob auch Else Hardtmans, geboren von Johan Hardtman und Anna, Eheleute im Kirchspiel Telgte, welche unserem Kapitel für die Suireschesche zugewechselt anno 74 am Sonntag Letare *[4. Fastensonntag = 21. März 1574]* noch dem Kapitel zustehe.
Diese Else Hardtmans ist noch dem Kapitel zuständig, und auf Hardtmans Erbe bestattet, und hat bereits 4 oder 5 Kinder mit ihrem Mann gezeugt. Wie Walter Reer davon weiter zu referieren sich erboten.

weiter 68 Anno 1576 am Montag den 23. Januar hat Melchior von Büren, Domherr, von uns gewechselt Gertrut, echte und rechte Tochter des Reders und seiner Hausfrau, obenbeschriebener Eheleute, sie soll auf den Hof Ummegrove im Kirchspiel Everswinkel kommen. Dafür wir wieder gekoren zum rechten Wiederwechsel Annen Sleppinckhove, echte Tochter von Bonifatius des seligen Schulten Sleppinckhove und seiner nachgelassenen Hausfrau, der jetzigen Meierschen im Kirchspiel Freckenhorst, Bauerschaft Gronhorst.

weiter 65 Item nach diesem ist durch den Vogt Goddert Luckene gekundschaftet anno 1600 am 14. September und hat befunden, daß noch sind im Leben die Mutter und hat gezählt sechs Kinder, davon 4 noch leben. Das älteste von 13 Jahren heißt Greteke, das älteste Venteken von 9 Jahren heißt Johan, noch ein Venteken von 4 Jahren heißt Herman, noch ein Venteken von 20 Wochen heißt Cathrinikc und 2 verstorbene heißen Elseke und Herman.

weiter 66 Anno 1616 niß gehundet*(?)* Elsa Hardtmans im Kirchspiel Telgte, Bauerschaft Berdel, ist an das Kapitel verwechselt für des Reres Schwester, so auf dem Sueresch gekommen. Diese Person hat auf Hardtmans Erbe dem Kapitel gezeugt diese nachfolgenden Personen:
Greitike, ist in das Armeleutehaus zu Telgte;
Johan, ist 22 Jahre alt;
Herman, 18 Jahre;
Catharina, diese ist freigelassen anno 1625;
Annike, auf einen Kotten bestattet, mit Namen der Rollische Kotten. Dieser Kotten im selben Kirchspiel und Bauerschaft wie oben genannt ist den Beamten zu Wolbeck zuständig.

66'(?) Diese Person hat dem Kapitel ein Kind gezeugt von 15 Wochen, mit Namen Greitiken.

67 [leer?]

69 **Des SCHRODERS Haus**

Frederich Schroder und seine Hausfrau sind anno 1577 ohne Kinder gestorben. Das Kapitel hat die Stätte gegönnt und überlassen Johan Rade, frei, echt und recht geboren von seligen Hinrich Rade und Stineke Schroder, Eheleute. Diese Stineke war ein echtes Kind von Schroders Haus und davon bestattet.
Weil Johan Rade frei ist, so wurde verabredet, von ihm und seiner Freundschaft eingewilligt, daß er nach seinem Tode von niemanden anders als von den Jungfern und Herren des Kapitels zu Freckenhorst solle geerbteilt werden. Das vorgenannte Kapitel also beliebet und hat ihn dermaßen zu der Stette angenommen und zugelassen.

72 **SCHULTE ZU NÜNNINCK**

71(?) [loser Zettel] Das Kapitel zu Freckenhorst begehrt zum Wechsel von unserer gnädigen Frau daselbst Herman Bodelinck. Dafür zur Kur gesetzt folgende:
Item zuerst Herman Nünning, echt und recht geboren auf dem genannten Hof Schulte Nünninck von seligem Johan und jetziger Else im Alten Kirchspiel Warendorf, Bauerschaft Darphorn.
Item Johan Schuckinckhof, von Herman und Else Schuckinckhof in Sendenhorst echt und recht geboren.

Item Johan Straete*[man]*, ehelich geboren von Joest und Margarete Straetmans im Alten Kirchspiel Warendorf, Bauerschaft Velsen.
[1]Herman Nünning ist gekoren und angenommen den 13 September anno 88 *[1588]*. Beamte zu Freckenhorst.[1]

[1-1] *später.*

72 Hardtmansche ist von den von S. Marienfeld in den Wechsel gesetzt für des seligen Meiers Schwester Greite, so Wesselmansche ist. Für diese Person ihre Gnaden dem Kapitel zum Wiederwechsel gesetzt Berdelmans Tochter Trineke[1]. Es bleiben nach der Wahl drei Kinder auf Hardtmans Erbe so mit Eigentum dem Kapitel zuständig sind im Alten Kirchspiel Warendorf, Bauerschaft Vohren.

[1] *gestrichen, darüber:* Agnes, *außerdem am Rand:* Diese Person ist (da)für gesetzt.

Schulte zu Nünnings Kinder sind diese:
Margaretha, verwechselt für Smehusens Tochter, welche auf Nünnings Erbe gekommen;
Elseke.

70 *[loser Zettel]* Wechselzettel
Erstlich[1] Greitike Nünning im Alten Kirchspiel Warendorf, Bauerschaft Dackmar, seligen Johan Schulte Nünninck und seiner nachgelassenen Merschen eheliche Tochter.
2. Gerdrut Nünning im Alten Kirchspiel Warendorf, Bauerschaft Dackmar, seligen Johan Nünning und Elsen Storkens eheliche Tochter.
3. N. Hardmans im Kirchspiel Telgte, Bauerschaft Berdel, N. Hardman und N. Hardman eheliche Tochter.
Von diesen oben benannten Personen eine zu küren für Große Smehausen seine Tochter, welche auf Nünnings Erbe bestattet wird.

[1] *Randbemerkunk neben Erstlich:* Diese ist gekoren.

73 Baltzer Nünnings Erbe.
Für großen Smehausen seine Tochter, welche auf Baltzer Nünnings Erbe gekommen ist und Johan Smisinck zu Harkotten hörig gewesen war, ist dem Junker zum Wiederwechsel gesetzt und von ihm gekoren Greitiken Nünning, eheliche Tochter des seligen Johan Schulte Nünning und seiner nachgelassenen Merschen im Alten Kirchspiel Warendorf, Bauerschaft Dackmar.
Die Kinder sind diese:
Johan Nünnig, so das Erbe hat;
Margaretha, so auf Krulmans Kotten bestattet, ist den Herren von Marienfeld hörig, war zum Wechsel gesetzt für Else Lelman samt ihrem Kind, welche die Herren von Marienfeld von dem würdigen Herrn Arnolt Hugen, Canonicus zu St. Ludgerus in Münster, zum Wechsel empfangen haben für Dreiers*(?)* Tochter. Actum, den 29. Januar anno 1620;
Gerdrut[1]; Ennike; Jürgen; Everhardt; Henrich.

[1] *Randbemerkung:* Diese ist freigelassen anno 1622.

Des seligen Johan Nünning Kinder
Joest, Erbe; Anna.

[1]Johan Baltzer*(?)* und Grete haben nachfolgende Kinder gezeugt:
Jürgen, frei; Anna; Margaretha; Catharina; Johan; Everhard.[1]

[1-1] *später.*

77 Anno 1621 den 7. Juni hat Gretha Kummermans, ehelich freigeborene Tochter von Kord Kummermans und Agathe, Eheleute im Kirchspiel Vesmar, sich dem Kapitel eigen gegeben, in dem sie sich auf Nünnings Erbe, dem Kapitel zubehörig, ehelich bestattet hat. Mit dem Vorbehalt, daß eins ihrer Kinder, welches sie zukünftig in stehender Ehe zeugt, an ihrer Stelle freigelassen werde.
Item hat Baltzer Nünning zur anstehenden Ehe sich verpflichtet, ein Versprechen *(Lobung)* zum Erbe *(Patrimonium)* seines Sohnes Jobstes, so aus erster Ehe gezeugt, dem Kapitel unverzüglich einzubringen. Actum mit Zutun des Notars und Zeugen zur Bekräftigung des Vertrages *(in bestehender Stipulation Bekräftigung).*

77' Anno 1651 den 30. Juli im Beisein der hochwürdigen, hochedlen Jungfern wie auch der wohlerwürdigen und wohlgelehrten dazu deputierten Jungfern Anna Wreden, Gertrudt Mette Walrave, Amtsjungfern, Dietherich Sterneberg, Bernard Dernebocholt, Andreas Timmerscheit, Bursarien, ist erschienen Johan Baltzer Nünninck im Altem Kirchspiel Warendorf. Weil bei Auffahrt und Aufzug auf Nünnings Erbe sich seine Frau Grete eigen gebe, ist verabschiedet, daß ein Kind an ihrer Stelle freigelassen werde. So hat er seinen ältesten Sohn Jürgen präsentiert und um Freilassung angehalten, dies ist dergestalt bewilligt, daß er zuerst auf das Erbe verzichtet, es soll auch nichts an Brautschatz oder Aussteuer versprochen *(gelobt)* werden bei Verlust seiner Freiheit, welches ausdrücklich vorbehalten wird.

53 Zur selben Zeit[1] ist Else Nünnings, so auf Burbancks Erbe zu Milte bestattet, verwechselt für Catharinen Hartmans im Kirchspiel Milte. Beide Wechsel sind gehalten in Anwesenheit Elisabeth Könings, Äbtissin zu Vinnenberg und Jungfer Kleinsorg, Kellnerschen.
[2]NB. Trinke Nünnings hat auf Burbanks Erbe so den Vinnenbergischen zuhörig zwei Kinder gezeugt. Diese Kinder blieben dem Kapitel eigen, sind aber nun beide, eins für Catharina Hartmans, das andere für Weitkamp, so Ramkottersche geworden den Vinnenbergischen wiederum angewechselt.[2]

[1] *Auf Seite 53 im direkten Anschuß an mit 1621 datiertem Eintrag.*
[2-2] *ganzer Absatz durchgestrichen.*

14 Im Dorf Freckenhorst Eigenhörige des Kapitels

Anno XV[C] XXXIII *[1533]* hat Thonies Koitenbrouwer mit Willen und Wissen des Kapitels zu Freckenhorst gezimmert und gesetzt, auf des Kapitels Grund, in der Nähe *(negst)* Herrn Temmen Sterneberges Hofe gelegen, ein klein Häuschen. Welches Meister Jo*[han]* Westarp sein Leben lang bewohnen soll. Nach seinem Tode soll das Haus mit seiner Besserung frei und unbeschwert dem Kapitel heimfallen. Vorbehaltlich Thonies oder wer in Westarps großem Haus zu der Zeit wohnt, des Hauses

Mietrechts oder Vorkaufsrechts vor einem Fremden, falls er will. Dies hat Johann Recqwin, des Kapitels Vogt, also bekannt.

[folgender Eintrag konnte keinem Erbe zugeordnet werden]

9 Item in dem Kirchspiel Amelsbüren eine Magdt mit Namen Else Hinkelenbrynke und hat einen Bruder mit Namen Gert, zubehörig dem Kapitel und seliger Brokelman hat dieses bestätigt *(beorkunt)*.

Item Ewert Linden zubehörig dem Kapitel, ist verstorben auf Jaspar Likens Hausstätte zu Freckenhorst.

Das Stammbuch des Albert Bischopinck aus Telgte

von Leopold Schütte

I. Zur Person Alberts

Albert Bischopinck, geboren um 1590, war Sohn des Heinrich Bischopinck, Burgmann zu Telgte, Herr zu Daerl (im Kirchspiel Albersloh) und Nünning (genannt 1582-1624, 1632†) und der Hille von Grael, Erbin zu Daerl und Nünning (genannt 1598)[1]. Er hat wohl ab 1606 in Köln[2], ab 1607 in Würzburg studiert, wo er mit seinem Bruder Heinrich zusammen immatrikuliert wurde[3], war 1609 Jurastudent in Würzburg und hat von dort eine mehrjährige Reise über Tours (1610), Siena, Rom (1611), Bologna und Padua (1612) mit z.T. längeren Studienaufenthalten gemacht, die durch die Eintragungen in einem von ihm seit 1609 geführten Stammbuch belegt werden. 1612 ist er wieder in Würzburg. Spätestens 1614 wurde er in das Stiftskapitel St. Mauritz vor Münster aufgenommen[4], in dem er bis zu seinem frühen Tode am 26. Juni 1621[5] verblieb. Er starb unter Hinterlassung eines leider nicht erhaltenen Testaments, das seinen Vater zu erheblichen Zahlungen an das Mauritzstift verpflichtete. Am 2. März 1622 setzen sich die Stiftsherren an St. Mauritz unter dem Dechanten Hermann Dobbe mit dem Vater Heinrich und drei Brüdern des Albert - Berthold, Johann und Everhard - deswegen auseinander und schließen einen urkundlichen Vertrag[6], der einen kleinen Einblick in die privaten Umstände des St.-Mauritzer *confrater* Albert zuläßt, der nach Stiftsherrenmanier ein eigenes Haus bewohnte. Demnach *verpleiben* bei dem Stift *nicht allein des obgenannten Herrn Alberten Bisschopings Nachjahren*[7] *und andere in Testamento unvergebene Parcelen*[8]*, sondern auch ihme von Johan Buxtorff, so zu Cölln banckerott gespielett, krafft bei der Verlassenschafft gefundener Obligation restirende zweihundertt Reichsthaler Capitall sampt darab betagten Pension*[9]*, wofern davon etwas zu bekommen, (...). Zudem woll der Vatter neben obgenannten Söhnen und Gebrüderen (...) die Summa von sechszehenhundertt Reichsthalern unfelbar verrichten, (...), dabeneben hundertt Reichsthaler Junffern Gertrudt Rhur, die welche der sehliger Herr in seinen anliggenden nöhten auffgenohmmen, ohne alles Zuthuen und Beilage des Capituls contentiren und befriedigen.* Mit einigen sonstigen Verbindlichkeiten kommen fast 2000 Reichsthaler zusammen, zu deren Bezahlung sich die Verwandten zunächst nicht ohne Weiteres bereit gefunden hatten. Der Vertrag ist von den vier Bischopinck unterschrieben und besiegelt. Der Vater notiert bei seiner Unterschrift: *in mangel mineß segelß hebb ich mineß sonneß* (Berthold) *seggel gebrukett.* Bertholds Siegel hängt deshalb zweimal an.

Seine Verwandten haben ihm ein Epitaph an der Mauritzkirche gesetzt, das nicht mehr erhalten ist. Es soll ein Abbild des Verstorbenen und acht Wappen gezeigt haben[10].

Außer den finanziellen Belastungen hat der früh verstorbene Kapitelsherr nur ein sehr persönliches Zeugnis aus seiner Studentenzeit hinterlassen: Ein „Stammbuch", das sich heute im Staatsarchiv Münster im Bestand „Altertumsverein"[11] findet.

Ein Stammbuch, heute noch in Kinderhand als „Poesiealbum" bekannt[12], enthält üblicherweise Sinnsprüche und Erinnerungseintragungen von Freunden und Verwandten und hat sich besonders in Studentenkreisen bis in die ersten Jahrzehnte des 20. Jahr-

Bl. 29, AT Bi. Nr. 1

Bl. 30, AT Bi. Nr. 3

hunderts erhalten. Bischopincks Album zeichnet sich durch eine aufwendige Anlage mit 30 Wappenmalereien und einem gemalten Exlibris und – nicht zuletzt – durch eine Dokumentation über seine Reisen zwischen 1609 und 1612 aus. Die Stammbuchsprüche, auf die unten kurz einzugehen ist, entsprechen dem üblichen Kanon.

Beide elterliche Familien gehörten zum stadtmünsterschen Patriziat, zu den sogenanten Erbmännern, die, seit dem 12. Jahrhundert nachweisbar, im Mittelalter im hansischen Fernhandel reich geworden waren und bis 1450 das Stadtregiment fest in der Hand hatten[13]. Zu den Erbmännern zählten um 1600 etwa 20 Familien, die sich z.T. in mehreren Linien vertreten waren[14] und bei ihren Heiraten auf standesgemäße Verbindungen achteten, durch die entweder der Reichtum zusammengehalten oder der Anschluß an den niederen Adel des Münsterlandes gesucht wurde. Seit dem 15. Jahrhundert überlassen die Erbmänner den gewinnbringenden, aber risikoreichen und stets neue Initiativen fordernden Fernhandel weitgehend einer neu entstehenden Honoratiorenschicht[15] und ziehen sich – anfangs unter weitgehender Beibehaltung ihrer Stadtwohnungen[16] – auf Güter zurück, die sie zunächst in naher Umgebung der Stadt erworben hatten, je länger je mehr aber auch in größerer Entfernung durch Heirat und Kauf von Adelsfamilien erwerben oder vom Bischof als Landesherrn zu Lehen nehmen[17].

Wenn auch bei einigen Familien die Herkunft aus der adligen landesherrlichen Dienstmannschaft feststeht[18], können die Erbmänner doch ganz ohne jeden Zweifel in jener Zeit, d.h. im 15./16. Jahrhundert, wegen ihres städtischen Wohnsitzes und ihrer zunächst noch „bürgerlichen Nahrung“ (Handel) dem Niederadel, der zum Teil gleichfalls aus derselben

Bl. 31, AT Bi. Nr. 7

Bl. 32, AT Bi. Nr. 9

Dienstmannschaft erwachsen war, nicht als ebenbürtig gelten. Nur die Macht des Geldes konnte einen Adligen bestimmen, selbst eine Erbmannstochter zu freien, und nur der Widerstand einer adligen Tochter gegen ein zukünftiges, kaum ausgefülltes Leben in der Zurückgezogenheit eines Stiftes oder gar Klosters konnte ihn veranlassen, sie einem Erbmann zur Ehe zu geben. Welche Summen Erbmannstöchtern als Brautschätze mitgegeben wurden, zeigen die erhaltenen Eheberedungen: Johann Kerckerinck auf dem Bispinghofe in Münster und seine Frau Elseke Bischopinck geben ihrer Tochter Gertrud im Jahre 1574 2000 Goldgulden und 1000 Silberthaler[19] in die Ehe mit Heinrich Warendorp zum Nevinghof, eine Summe, die von benachbarten Adligen in der Regel nicht aufgebracht werden konnte[20]. Verbindungen dieser Art wurden aber, gefördert durch die adlige Lebensweise der Erbmänner auf ihren Landgütern, nach und nach so sehr die Regel, daß es schließlich bei Eheschließungen keine Bedenken mehr gab und erst, als der Erbmann Dr. jur. Johann Schenckinck, Stiftsherr an St. Mauritz vor Münster, seine Hand nach einer dem Adel vorbehaltenen Domherrenstelle am Dom zu Münster ausstreckt, verweigert ihm das – so weit münsterländische Familien betroffen waren – erst seit gut 100 Jahren rein adlige Domkapitel[21] trotz päpstlicher Pfründenverleihung von 1557 den Zugang und prozessiert deswegen im sogenannten „Erbmännerstreit" bis 1708 vergebens vor dem Reichskammergericht[22]. Dabei war nicht ausschlaggebend, daß Schenckinck, geboren um 1525, als Erbmann noch „reinblütig" war, also keine adligen Vorfahren hatte. Auch ein Erbmann mit einer adligen Mutter oder ein Adliger mit einer erbmännischen Mutter oder einer sonstigen Ahnin aus dem Erbmännerstande (bis in die 16er-

Bl. 33, AT Bi. Nr. 13

Bl. 34, AT Bi. Nr. 11

Reihe seiner Ahnentafel) wäre vom Domkapitel Münster zurückgewiesen worden[23], während die Münstersche Ritterschaft gelegentlich über einige erbmännische Ahnen hinwegsah[24]. Folgerichtig wurde 1586 der Erbmann Bernhard Schenckinck, Dechant an St. Mauritz, abgelehnt. Noch 1689 wird Jacob Johann von der Tinnen, gleichfalls Dechant an St. Mauritz, wegen „zweifelhaftem und strittigem Adel, also eindeutig unqualifiziert“, zurückgewiesen[25]. Der Adel in der näheren Umgebung Münsters war deswegen in der Beurteilung des Erbmännerstreites durchaus gespalten, da die mit Erbmännern verschwägerten Familien fürchten mußten, daß ihre Kinder zukünftig nicht zu den adligen Kapiteln und Stiften zugelassen werden würden. Die mindestens vier Herren Schenckinck, die im 16./17. Jahrhundert im Domkapitel sitzen, gehören zu der Adelsfamilie Schenckinck auf dem Hause Bevern, die mit den Erbmännern nicht verwandt ist.

Albert Bischopinck war durch drei seiner vier Urgroßmütter dem Adel verbunden. Er besaß, wenn die vorliegenden Aufstellungen stimmen[26], sechs Schwestern, von denen vier sich adlig, eine erbmännisch verheiratet. Nur eine geht in ein standesgemäßes und bequemes Kloster, St. Aegidii in Münster[27]. Von den fünf Ehen seiner vier Brüder ist nur eine adlig, drei sind erbmännisch, eine unter dem Stand. Als Herr von drei Gütern war der Vater Heinrich in der Lage gewesen, seine Töchter fast alle standesgemäß unterzubringen. Noch eine Generation früher, als die Familie nur über den Burgmannshof zu Telgte verfügte, waren unter den fünf Schwestern Heinrichs noch drei Nonnen bzw. Stiftsdamen gewesen. Zwei Generationen nach Schenckinck und trotz des Prozesses hat

Bl. 35, AT Bi. Nr. 15

Bl. 36, AT Bi. Nr. 17

sich also am Heiratsverhalten des Adels und der Erbmänner nichts geändert. Die Erbmänner sind und bleiben auf dem Wege in den Adel.

Adliges Selbstverständnis spiegelt sich auch in dem Stammbuch des Albert, das Eintragungen aus den Jahren 1609 – 1615 enthält und ihn in seinen offenbar ziemlich fidelen Studienjahren in Würzburg, Tours und Rom begleitet hat. Der Mittelteil des heute nach einer Restaurierung im Jahre 1981 126, ehemals mindestens 128 Blatt umfassenden Queroktavbandes zeigt 28 schön, möglicherweise von Alerding, gemalte Wappen mit beigegebenen Namen von Erbmanns- (E) und Adelsfamilien (A).

Bisschopinck E
Kerckerinck E
Valcke A
Warendorp E
Huge E
Tzersen A
Vockinck E
Drolshagen E
Travelman E
van dem Bussche A
Schillinck A

Schenckinck E
Asscheberch A
Exter A
Rode E
Graell E
Fockinck E
Travelman E
Korte A
Strick A
Dorper E
Buck E

Bl. 37, AT Bi. Nr. 25

von Tohrn A
von Geisteren A
Polwick A

Bl. 38, AT Bi. Nr. 21

Rodeleve E
von Beckhausen A
Bockehase A

Es sind also 15 stadtadlig-erbmännische und 13 landadlige Wappen, die, wie zu erweisen sein wird, nicht zufällig zusammenstehen, sondern zur Ahnentafel Alberts gehören. Als Student muß er dies Stammbuch sozusagen als Adelsausweis mit sich geführt haben. Die meisten der Eintragenden, die seine Familienverhältnisse weit überwiegend kaum gekannt haben werden, belegen ihn in einem Ausmaße mit Adjektiven, die auf seinen Adel anspielen, daß von reinen Höflichkeitsformeln nicht die Rede sein kann. Neben seinem formellen Adel werden seine edlen Charaktereigenschaften und seine Gelehrsamkeit gerühmt. Standard ist *nobilis* oder *edel, erentvest* ›adlig‹ und *doctissimus* ›sehr gelehrt‹. Häufig tritt *ornatissimus* ›sehr zierlich‹ oder ›hoch geziert‹ (nämlich mit Gaben des Geistes) hinzu. Von Anfang an, also ab 1609, wird er auch stets als *dominus, seigneur* oder *gentilhomme* bezeichnet, Titel, die im weltlichen Bereich nur den Adligen zukommen. Besonders überschwänglich sind die Adressen: *aen den eedelen, eerentvesten Aelbertus Bysschoppinck, eedelman van Vestvalen* (von einem bürgerlichen Niederländer 1609), *nobili, erudito ac omnibus virtutibus condecorato adolescenti Alberto a Bischopinck* ›dem edlen, gelehrten und mit allen Tugenden geschmückten A.B.‹ (von einem adligen Rheinländer 1609 Apr. 30), *nobilitate, pietate, caeterisque virtutibus praestantissimo domino, Domino Alberto Bischopinck Telgetensi Westphalo* ›dem an Adel, Frömmig-

Bl. 39, AT Bi. Nr. 29

Bl. 40, AT Bi. Nr. 19

keit und allen sonstigen Tugenden besonders hervorragenden Herrn, Herrn A. B., Westfale aus Telgte‹ (von einem mit einer Kaplanstelle an S. Maria de Anima in Rom versehenen Geistlichen aus Metelen 1611 Sept. 24). Auch seine Professoren halten sich nicht zurück: Dr. Johannes Ornitius (etwa ›Vogler‹), Rechtsprofessor in Würzburg, widmet seinen Spruch *nobili, doctissimo et ornatissimo Domino Alberto Bischopingh, in jurium institutionibus suo auditori, conterraneo suo charissimo, in meritae et numquam interiturae amicitiae foedus* ›dem edlen, sehr gelehrten und hochgezierten Herrn A. B., seinem Hörer in den Rechtseinrichtungen und liebsten Landsmann als Band verdienter und niemals untergehender Freundschaft‹.

Die soziale und landsmännische Zusammensetzung seiner Freunde hängt nur undeutlich mit Bischopings Aufenthaltsorten zusammen: Ob in Frankreich oder Italien – immer dominieren die Deutschen. Für 1609 in Würzburg finden wir 12 Deutsche, davon 2 aus den Niederlanden und 6 aus Westfalen, darunter ein Droste zu Vischering und 2 Münsteraner (Heerde und Berhorst); 1610 in Tours sind es nur ein Franzose und 4 Deutsche, davon zwei Niederländer; 1610 auf dem Reiseweg nach (Münster? und) Italien 6 Deutsche, davon 1 Niederländer; 1611 in Rom (auch Bologna und Padua) trifft er 10 Deutsche, davon 2 Niederländer, und 3 Italiener bzw. Spanier, sofern diese anhand der Namen als solche zu erkennen sind. 1612 schließlich ist er in Padua und Würzburg und erwirkt 6 Eintragungen von Deutschen, darunter die seiner Wirtin in Würzburg. Hochmögende Persönlichkeiten sind nicht darunter: Ein Bronckhorst (1611) gehört immerhin einer durch ihre Heiraten zum Hochadel zu rechnenden Familie an. Er – wie

Bl. 41, AT Bi. Nr. 27

Bl. 42, AT Bi. Nr. 23

auch ein Ketteler und ein v. der Recke aus Westfalen – ziehen sich (1611) ohne hochtrabende Adressen, einfach mit (sehr) kurzem Spruch und Unterschrift aus der Affäre. Sie werden um die Standesverhältnisse der Erbmänner und den Erbmännerstreit gewußt haben. Der ebenso benachbarte Droste zu Vischering nennt Albert 1609 allerdings seinen *frater longe amantissimus*, seinen ›*mit Abstand am meisten geliebten Bruder*‹. An Titeln finden wir 1611 einen Dr. med. Weierstraß, 1610 einen Dr. med. Callaert, den schon für 1609 genannten Juraprofessor Ornitius, einen Dr. jur. mit dem (spanischen?) Namen Sanctes Panantius Florentinus (1611). Ob ein Kölner namens Bisterveld, Stiftsherr in Aachen und Ritter vom Heiligen Grabe (1611), oder ein *familiaris* (etwa) ›Vertrauter‹ des Bischofs von Arras (1611) in irgendeiner Weise einflußreich waren, muß offen bleiben.

Von 41 Eintragenden sind 15 erkennbar adlig, 12 stammen aus Westfalen, 17 aus dem übrigen Norddeutschland (zwischen Gent, Bl. 19, und Stralsund, Bl. 58, darunter 4 Friesen, die sich vor allem in Tours sammelten). Die meisten äußern sich in Latein und Deutsch, Französisch ist gut vertreten, Italienisch etwas schwächer, nur einmal erscheint Spanisch. Viele bedienen sich mehrerer Sprachen. Johannes Tegeder genannt Thyr[28], dem Namen nach eindeutig ein Münsterländer, bringt es gar auf fünf. Ihm verdanken wir den spanischen Eintrag.

Die Eintragungen sind überwiegend nicht sehr originell. Ihr Inhalt ist Gemeingut, das sich auch in einer eigenen kleinen Sammlung Bischopincks in seinem Stammbuch (Bl. 89) niederschlägt. Die Kategorien, nach denen sie zu analysieren und zu ordnen sind, können

Bl. 43, AT Bi. Nr. 31

Bl. 44, AT Gr. Nr. 1

dem Werk von Gertrud Angermann über Stambücher und Poesiealben des 18.-20. Jahrhunderts entnommen werden. Hier soll es mit einigen Kostproben sein Bewenden haben.

Rechtschaffenheit:

Nec temere, nec timide. Domat omnia virtus. (Bl. 19/1609)	Nicht (zu) kühn, nicht (zu) zaghaft. Alles zähmt die Tugend.
Wer ist uff erden, de dar kan gefallen jeder man. Der weigen istes alder best, recht doin. Dar mith kan man vor godt bestain. Und haiben in seinen leiden gedul[d], ist besser dan golt. (Bl. 88'/1615)	Wer kann auf Erden jedermann gefallen? Deshalb ist es am besten, recht zu tun. Damit kann man vor Gott bestehen. Geduld im Leiden ist besser als Gold.
Fa bene e lascia dire (Bl. 73/1611)	Tue recht und laß (die anderen) reden.

Adel:

Ser senor no es saber, es saber saberlo ser. (Bl. 76/1611)	„Ein Herr zu sein" ist nicht „Wissen". „Wissen" ist, wenn man weiß, ***wie*** man es ist.

Bl. 45, AT Gr. Nr. 9

Bl. 46, AT Gr. Nr. 13

Sein und Schein:

Freno indorato non migliora il cavallo.
(Bl. 68'/1612)

Das Gold am Zügel macht ein Pferd nicht besser.

Egoismus:

Wer woll ist, der bleibe.
Wer waß weiß, der schweige.
Wer waß hatt, behalte:
Dan ungeluck kumpt baltte.
(Bl. 76/1611)

Zufriedenheit:

Melius est parv[u]*m cum timore Domini, quam tesauri magni et insaturabiles.* (Bl. 17/1611)

Besser wenig in Gottesfurcht als große und unerschöpfliche Schätze.

Trost:

Si la fortune me turmente
l'esperance me contente.
(Bl. 61/1610)

Wenn das Schicksal ('Glück') mich quält, tröstet mich die Hoffnung.

Bl. 47, AT Gr. Nr. 11

Bl. 48, AT Gr. Nr. 15

Gottvertrauen:

En dieu gist mon espoir. (Bl. 68'/1612)

In Gott liegt meine Hoffnung.

1611 09 23, Bl. 75, Rom: [Gezeichnetes Kreuz:) *In quo reges vicerunt.*

[Das Zeichen,] in dem Könige gesiegt haben.

Freundschaft:

Les amis pour l'heure presente
sont du naturel d'un melon.
Il en fault choisir cinqante
avant d'en trouver un bon.
(Bl. 67/1609)

Freunde sind wie Melonen:
Man muß fünfzig auswählen,
um eine gute zu finden.

Ergebenheit:

Mal gre le temps
la fortune et les ans
je suis et seray
a jamays voustre servent.
(Bl. 21/1610)

Trotz der Zeiten, trotz der Vermögens-(Glücks-)umstände und der Jahre:
Ich bin und bleibe für immer Ihr Diener.

Bl. 49, AT Gr. Nr. 17

Bl. 50, AT Gr. Nr. 25

Die Frauen und die sonstigen Gefahren der Welt:

L'amour en iouissance dans trois mois a les cheveux gris. (Bl. 59/1609)	Die Liebe in Freuden macht in drei Monaten graue Haare.
Tout pour elle, rien sans elle, mais qui est elle? (Bl. 68'/1612)	Alles für sie, nichts ohne sie, aber: Wer ist sie?
Chi monta piu alto ch'e non deve *Cade piu basso ch'e non crede.* (Bl. 73'/1611)	Wer höher steigt als er darf, fällt viel tiefer als er glaubt.

Lebensgenuß:

C'est un mal extreme, qui meine au trespas, *de voire ce qu'on aime et n'en jouuir pas.* (Bl. 60/1609)	Es ist das größte Übel, das zum Tode führt: Zu sehen, was man liebt, und sich nicht daran zu erfreuen.

Die Gesamtliste der Eintragungen der Freunde und sonstigen Bekanntschaften ergibt, wenn sie chronologisch geordnet wird, den Reiseweg des jungen Erbmanns von 1609 bis 1612.

Bl. 23 /---- -- --, (Köln?): Frans Franssens/o.D., burger in Collen
Bl. 62 /1609 -- --, --: Dereick Bruins van de Blaenckenae

Bl. 51, AT Gr. Nr. 21

Bl. 52, AT Gr. Nr. 29

Bl. 69 /1609 -- --, --: Adriaen Boon van Antwerpen
Bl. 59 /1609 03 23, Würzburg: Jean Heerde[29]
Bl. 60 /1609 03 24, Würzburg: Johan Gruter
Bl. 60'/1609 04 06, (Würzburg): Gottfridt Schweiglch'[?] von Viechtenstain
Bl. 19 /1609 04 13, Würzburg: Joannes Ornitius, juris doctor et professor.
Bl. 61 /1609 04 13, Würzburg: Adolph Henrich Droste von Visscherinck
Bl. 78 /1609 04 14, Würzburg: Hermannus Berhorst Monasteriensis Westphalus.
Bl. 64 /1609 04 23, Würzburg: Bernardus Gogreve Padibornensis
Bl. 18 /1609 04 30, Frankfurt: Reinhardus ab Orsbeck
Bl. 68 /1609 11 16, Tours: Hanß Fridrich von Minckwitz auff Drenaw
Bl. 67 /1609 11 16: Tours: Fridericus Magnus a Minckwitz
Bl. 21 /1610 -- --, Tours: Lamarceille, chirurgien a Tours.
Bl. 80 /1610 02 02, Tours: Tobias Jddequinga Gronningensis[30]
Bl. 04 /1610 05 --, Tours: Joan. Karulus Rehlingerus a Rehlingen
Bl. 04 /1610 05 --, Tours: Joannes Nicolaus Freigius
Bl. 20 /1610 08 10, Tours: Ernestus a Donia
Bl. 26 /1610 08 10, Tours: Tibe(?)ius d' Oennama, Fryze
Bl. 71 /1610 08 25, Tours: Ludolphus Henrici Fris. Groningensis
Bl. 61'/1610 09 06, Orleans: Timannus Sickman Westphalus
Bl. 19'/1610 10 12, Paris: Philippus Callaert Gandensis, medicine doctor Lovaniensis
Bl. 57'/1610 12 --, Siena (*Senis*): Theodorus Bussius Calenbergus, Kaspar Bussius, Georgius Bussius

Bl. 53, AT Gr. Nr. 19

Bl. 54, AT Gr. Nr. 27

Bl. 58 /1610 12 --, Siena (*Senis Hetruscorum*): Joachimus Andreae, Sundio-Pomeranus
Bl. 17'/1611 01 12, Rom: Wilhelmus von Bronchorst
Bl. 73 /1611 02 06, Rom: Rembertus Ketteler
Bl. 74 /1611 02 07, Rom: Jodocus a Reck
Bl. 76 /1611 03 03, Rom: Joannes Tegeder condictus Thyr
Bl. 75 /1611 09 23, Rom: Bruno Bisterveldt Agrippinensis apud Aquas Grani canonicus et eques s. Sepulchri in Jerusalem.
Bl. 06 /1611 09 24, Rom: Sanctes Panantius Florentinus I.V.D.
Bl. 77'/1611 09 24, Rom: Egbertus Bavingh Metelensis, capellanus ecclesiae beatae Mariae de anima in urbe
Bl. 74'/1611 09 29, (Rom?) *Laureti*: Jacobus a Wridt[?], illustrissimi ac st(renuissi)mi domini Hermanni Ortembergii, episcopi Atrebatensis familiaris.
Bl. 60':1611 09 29, (Rom): Emanuel a Persona
Bl. 75'/1611 10 05, (Rom) ... *Laurettanum*: Pier Francesco Sacho
Bl. 63'/1611 10 15, Bologna: Joannes Guilielmus Mayer P[hilosophiae] B[accalaureus]
Bl. 63 /1611 10 15, Bologna: Bartholomaeus Bildtstein Hagenauuensis Alsatus
Bl. 73'/1611 11 11, Padua: Segerus Weierstrass, P[hilosophiae] et M[edicinae] doctor
Bl. 72 /1612 01 31, Padua: Curtt Ernst von Berlebsch
Bl. 58'/1612 02 02, Padua: Hannß Friderich, F[rei]h[err] zu Teuffenbach auff Landtschach[?], mit Wappen
Bl. 68'/1612 02 02, Padua: Sebastian und Michael Speidl, mit Wappen.

Bl. 55, AT Gr. Nr. 23

Bl. 56, AT Gr. Nr. 31

Bl. 62'/1612 02 04, Padua: Georgius Fridericus Amman ab Ammansegg, mit Wappen
Bl. 79 /1612 06 --, Würzburg: M. Casparus Schoeff, iurium studiosus
Bl. 87 /1612 06 23, (Würzburg): Sophia Triewaurin, wittwe, E.E. kost frau
Bl. 88'/1615 -- --, (Münster?): Didereich von Eylen, dero medezeina lebhaiber

Außer den Wappengemälden und den Sprüchen enthält das Buch noch weitere Aufschreibungen, die zum Teil wohl auf Bischopinck selbst zurückgehen. Es kommen zwei Handschriften vor, die ihm gehören könnten. Sie erstrecken sich jeweils über mehrere Seiten. Die eine, schwungvoll und sorgfältig, bietet uns über 18 Seiten (Bl. 7-15) hinweg italienische Liebeslyrik, die der Besitzer des Buches in Italien selbst eingetragen haben könnte. Auf sie folgt (Bl. 15'-16') ein französisches gereimtes Zwiegespräch zwischen einem Verehrer und seiner Geliebten unter dem Titel *Chanson*, das der Schreiber in der gleichen Schrift wie vorher beginnt. Bis Bl. 16' verfällt die Schrift aber sichtlich, wird kleiner, nachlässig und unansehnlich, ohne daß ein deutlicher Bruch erkennbar ist, der durch einen Schreiberwechsel bedingt sein könnte. Das nächste Blatt (17) enthält eine der drei Notizen bzw. Eintragungen aus der Zeit nach 1612, hier einen Vermerk, der die Zugehörigkeit Alberts zum Mauritzstift für 1614 belegt. Er notiert - doch offenbar selber - in der zweiten, flüchtigen Handschrift ein Formular für die Bestallung eines Prokurators, der Alberts Interessen in Zeiten eventueller Abwesenheiten wahrnehmen soll (Bl. 17):

Receptis iuxta statuta ecclesiae nostrae minoribus septimanis constituo ego infrascriptus R. ac N. K.[31] *NN. canonicum et confratrem meum in meum legitimum procuratorem, ubi de jure et consuetudine ecclesiae nostrae efficacius possum et valeo.*
Act(um) Maur(itio) 3. Oct. 1614
Albert Bisschopinck.

Diese jüngere Schrift ist eindeutig identisch mit derjenigen, in der auf Bl. 89 und 90 sowie auf der Innenseite des hinteren Buchdeckels jeweils gedrängt dreispaltig etwa 220 Namen von Reisestationen notiert sind. Die Liste beginnt auf Bl. 90 und springt für den Schluß auf Bl. 89 zurück, ist also eindeutig an unwichtiger Stelle auf wenig Raum nachträglich in einem Zuge niedergeschrieben worden.

Wahrscheinlich gehören beide Schriften Albert zu. Der merkwürdige Verfall hat vielleicht mit einer auf seinen Reisen erworbenen galanten Krankheit zu tun, die ihn schließlich früh ins Grab gebracht hat. Schon auf der Reise von Paris nach Rom war er, wie er sagt 14 Tage so fieberkrank, daß er zu sterben fürchtete

Die Reisewege lassen sich an den Listen ohne Weiteres ablesen, wenn auch einige Namenumstellungen und ungewöhnliche Namenschreibungen manche Identifikationen schwierig machen. Es genügt hier ein Überblick mit Angabe der gelegentlich eingestreuten Daten:

Die erste Route führt von Münster nach Köln, wo er vielleicht seine Studien im Jahre 1605/06 begonnen hat. In die Liste der zweiten Reise von Münster nach Würzburg ist zu Beginn nachträglich das Datum 22. Juni 1607 eingeschoben. Sie führt über Warendorf, Paderborn, Lichtenau, Wolfhagen, Fritzlar, Fulda nach Würzburg. Von dort bricht er nach Frankfurt auf, wo er vom 3. Sept 1607 bis 1. Mai 1608 bleibt. Von Frankfurt nach Paris braucht er über Kaiserslautern, Landstuhl, Metz, Bar-le-Duc, Vitry (weniger als) 18 Tage. Er trägt Paris (*civitas principalis Galliae*) vor Fontainebleau ein, das auf seiner Reiseroute vor Paris liegt. Dort war er am 18. Mai:

> *Fonteinebelleau ubi 10 diebus cum ambassateur M. Bongardt commoratus. Hic omnium primo vidi illustrissimum regem Galliae Hen(ricum) 4^{tum} anno domini 1608 mense Maio die 18. eiusdem mensis. Item Fonteinebleau vidi M. le daulphin et reginam Galliae, N. Mariam de Medices.* – In Fontainebleau blieb ich 10 Tage bei dem Botschafter Bongard. Dort sah ich zuerst den französischen König Heinrich IV. am 18. Mai. In Fontainebleau sah ich auch den Kronprinzen und die Königin, Maria Medici.

Von Paris geht es am 30. Mai 1608 über Orléans und Blois nach Tours, wo er allerdings erst am 6. Nov. 1608 ankommt und für 15 Monate bleibt. Dann kehrt er auf demselben Wege nach Paris zurück:

> *Thours ville ou arrive le 6 jour Novemb(re) et la demeure 15 mois et apres par le mesme chemin retourne jusques a Parijs.*

Sein Aufbruch von Tours wird zweifelos nicht 15 Monate nach dem 6. November 1608, d.h also in der kalten Zeit am 7. Februar 1610 stattgefunden haben. Nach den Stammbucheintragungen war er am 25. August 1610 noch in Tours. In Orleans trifft er auf dem Rückweg seinen Bruder Johann und *Timannus Sickman Westphalus*, der ihm, dem *amico … amantissimo et fraterrimo … in perpetuam amicitiam* ('dem geliebtesten und brüderlichsten Freund in ewiger Freundschaft'), am 6. Sept. 1610, dort einen Stammbucheintrag widmet (Bl. 19'). Von dort geht er wieder nach Paris, wo er zwei Monate lang auf Geld warten muß. Dann bricht er von dort auf:

A Orleans je trouve mon frere Joan et Sikman, chez lesquels demeure 15 jours. Apres venu a Parijs, [Bl. 91 (Rückendeckel innen)] *ou je demeure deux mois a la cause de mon argent, que je non pouvois pas alors lever de l'hoste du M. Jean Stephans. Apres party de Parijs.*

Für Paris (*Lutetiis Gallorum*) findet sich zu passendem Datum (12. Okt. 1610) gleichfalls ein Stammbuchvers (Bl. 19') eines Arztes aus Löwen in Brabant *in sempiterni nunquamque obliterandi amoris simbolum* ('als Zeichen ewiger und niemals zu zerstörender Liebe').

Von Paris nach Lyon nimmt Albert eine Kutsche. Da er diese Tatsache eigens notiert und die für ihn offensichtlich hohe Geldsumme von 20 Francs nennt, die er dafür im Voraus (am 19. Okt. 1610) geben muß, stellt sich die Frage, wie er sonst gereist sein mag. Nach den Übernachtungsvermerken (*pern(octavi)* ›ich habe übernachtet‹) in der Liste der Reisestationen kann man annehmen, daß Albert bis zu 40 km je Tag zurückgelegt hat, ein Pensum, das sich notfalls zu Fuß bewältigen läßt. Möglicherweise hängt der Eintrag mit seiner Krankheit auf dem Wege nach Lyon zusammen:

N(ota), que je ay donne au cochier vingt franc pour me faire tenir jousques a Lion, ce que est cent lieux. Le 19. jour d'Oct. l'an 1610.

Schon zwischen Paris und Montargis, in *Chapelle la Reine*, wurde er krank, und wenig später, in Briare (*Briade*, südl. von Montargis, an der Loire) ging es ihm so schlecht, daß er glaubte, sterben zu müssen. In Moulins (*Mouling en Bourbenois*, an der oberen Loire) lag er 15 Tage im Bett und gab dafür 14 Ecus (Goldschilde) aus:

Chapelle la Rejne, ou je este malade.
Briade. Yci estant si malade, que je pensois d'en mourir.
Mouling en Bourbenois j'eu la fiebvre 15 jours et je l'ay empl(oyé) 14 escus.

Dennoch ist er bereits Anfang Dezember in Siena (zwei Stammbucheinträge Bl. 57'/58) und am 13. Dez. 1610 in Rom. Dort ist er etwa 10 Monate geblieben und hat im Lauretanum[32] gewohnt. Was er in Rom getan hat, läßt sich nicht sagen. Er selbst schreibt nur einige merkwürdige Reliquien auf, darunter auch eine, die ihm wohl suspekt erschien: *Columna, super qua dicitur cantasse 3. gallus negante S. Pet. N.S.* (die Säule, auf der der dritte Hahn gekräht haben soll, als Petrus unseren Erlöser verleugnete). Sicher hat er nicht zuletzt, wie man an den vielen Seiten mit Liebesgedichten sehen kann, in Rom auch den Frauen zugesprochen: Im letzten römischen Stammbucheintrag vom 5. Oktober 1611 (Bl. 75') spielt der offenbar nicht der adligen oder studierten Gesellschaft angehörige Verfasser *Pier Francesco Sacho* auf eine *signora* an, die er noch oft mit Bischopinck sehen möchte (*spero vedere molte altre volte cho la presenzia del signore Albertto Pischopinche*).

Die Liste der Reisestationen bricht mit Rom ab. Aus den Stammbucheintragungen entnimmt man, daß Albert am 15. Oktober 1611 in Bologna und vom 11. November 1611 bis zum 4. Februar 1612 in Padua war. Im Juni 1612 ist er im Würzburg. Der letzte Eintrag aus der Reisezeit stammt von Alberts Wirtin (*kost frau*), der Witwe *Sophia Triewaurin*, am 23. Juni 1612 (Bl. 87), die zwar keinen Ort angibt, aufgrund eines anderen Eintrages vom Juni 1612 (ohne Tagesangabe, Bl. 79) wohl für Würzburg in Anspruch zu nehmen ist.

Dieser andere Juni-Eintrag faßt die Taten und die Fähigkeiten des jungen Bischopinck noch einmal in geradezu überschwenglicher Weise zusammen. Die erste (von drei) Strophen steht hier – nebst Datum und Sinnspruch – zum Abschluß des Abschnittes zur Person Alberts:

Versus unus aut alter gratulatorius, quo M. Casparus Schoeff, jurium studiosus, natione Padifontanus Westphalus, nobili, spectabili et pererudito Domino Alberto ab Episcopinck, cum exteras nationes cum magna linguarum, morum studiorumque utilitate peragrasset, ob haec omnia foelicissime et prosperrime successa gratulatur.	Der eine oder andere Gratulationsvers, mit dem Magister Kaspar Schoeff[33], Rechtsstudent aus Paderborn, Westfale, dem edlen, bemerkenswerten und sehr gelehrten Herrn Albert von Bischopinck, der die auswärtigen Nationen mit viel Nutzen für die Kenntnis der Sprachen, der Sitten und für die Studien durchwandert hat, zu seinem glücklichen und fruchtbaren Erfolg gratuliert.
Anno reparatae salutis 1612 mense Junio	Im Jahre des wiederhergestellten Heils 1612, Juni
Vive diu, sed vive Deo, nam vivere mundo mors est.	Lebe lang, aber lebe Gott,der Welt zu leben ist der Tod.

II. Die Wappen

Zu den oben notierten 28 Wappen ist die Behauptung aufgestellt worden, es handle sich um Ahnenwappen. Ahnentafeln zeichnen sich nun durch regelmäßigen Aufbau mit 2 Eltern, 4 Großeltern, 8 Urgroßeltern, 16 Ur-ur-Großeltern und 32 Ur-ur-ur-Großeltern aus. Die Zahl 28 ist nur wenig kleiner als 32. Da aber die Wappen wegen der durchschlagenden Farben jeweils auf einer Blattrückseite und der nächsten Vorderseite paarig gegenübergestellt sind und auf zwei Wappenseiten jeweils zwei leere folgen, stellt man beim Durchblättern bald fest, daß das 3. Wappen herausgeschnitten ist und dem 17. Wappen (Grael) sein Gegenüber fehlt. Schnittspuren finden sich hier nicht. Da das 17. Wappen auf der Rückseite des inneren Bogens einer buchbinderischen Lage steht, muß an dieser Stelle ein weiterer, wohl der eigentliche Innenbogen ohne Spuren entfernt worden sein.

Eine Kontrolle der Lagenstruktur des zeitweilig sehr zerstörten, 1981 in der Werkstatt des Staatsarchivs restaurierten und ergänzten Buches ergab folgenden Befund:

<1. Lage>
Bl. 01 SUM EX LIBRIS ALBERTI BISSCHOPINCK AN(N)O 1609
Bl. 02 *Schrift (Federproben?) z.T. verblaßt*

Bl. 03 leer
Bl. 03a *ergänzt*

<2. Lage>
Bl. 04a *ergänzt*
Bl. 04 Eintrag Tours 1610 Jun 25

Bl. 05 leer
Bl. 05a *ergänzt*

<3. Lage>
Bl. 05b *ergänzt*
Bl. 06 Eintrag Rom 1611
Bl. 06a *ergänzt*

Bl. 07 italienische Liebesgedichte
Bl. 08 desgl.
Bl. 09 desgl.

<4. Lage>
Bl. 10 desgl.
Bl. 11 desgl.
Bl. 12 desgl.
Bl. 13 desgl.

Bl. 14 desgl.
Bl. 15 desgl.
Bl. 16 französische Liebesgedichte
Bl. 17 Prokuratorenbestellung 1614 Okt 14 / Bl. 17' Eintrag Rom 1611

<5. Lage>
Bl. 18 Eintrag Frankfurt 1609 Apr 30
Bl. 19 Eintrag Würzburg 1609 Apr 13 / Bl. 19' Eintr. Paris 1610 Okt 12
Bl. 20 Eintrag Tours 1610 Aug 10

Bl. 21 Eintrag Tours 1610
Bl. 21a *ergänzt*
Bl. 21b ergänzt

<6. Lage>
Bl. 21c ergänzt
Bl. 21d ergänzt

Bl. 21e *ergänzt*
Bl. 22 leer

<7. Lage>
Bl. 22a *ergänzt*

Bl. 22b *ergänzt*
Bl. 23 Eintrag Köln(?)
Bl. 24 niederländ. Spiel

Bl. 24a *ergänzt*
Bl. 24b *ergänzt*
Bl. 25 niederländisches Spiel, Fortsetzung
Bl. 26 Eintrag Tours 1610 Aug 10

<8. Lage>
Bl. 27 leer
Bl. 28 leer
Bl. 29' Wappen [01] Bisschopinck
Bl. 30 Wappen [02] Kerckerinck

Bl. 30a' *ergänzt, Wappen* [03] *herausgeschnitten*
Bl. 31 Wappen [04] Valcke
Bl. 32' Wappen [05] Warendorp
Bl. 33 Wappen [06] Huge

<9. Lage>
Bl. 34' Wappen [07] Tzersen
Bl. 35 Wappen [08] Vocking
Bl. 36' Wappen [09] Drolshagen
Bl. 37 Wappen [10] Travelman

Bl. 38' Wappen van dem Bussche 38'
Bl. 39 Wappen [12] Schillinck
Bl. 40' Wappen [13] Schenckinck
Bl. 41 Wappen [14] Asscheberg

<10. Lage>
Bl. 42' Wappen [15] Exter
Bl. 43 Wappen [16] Rode
Bl. 44' Wappen [17] Graell

Bl. 45' Wappen [19] Fockinck
Bl. 46 Wappen [20] Travelman
Bl. 47' Wappen [21] Korte

<11. Lage>
Bl. 48 Wappen [22] Strick
Bl. 49' Wappen [23] Dorper
Bl. 50 Wappen [24] Buck
Bl. 51' Wappen [25] Tohrne

Bl. 52 Wappen [26] Geisteren
Bl. 53' Wappen [27] Polwick
Bl. 54 Wappen [28] Rodelewe
Bl. 55' Wappen [29] Beckhausen

<12. Lage>
Bl. 56 Wappen [30] Bockehase
Bl. 57 / 57' Eintrag Siena 1610 Dez
Bl. 58 Eintrag Siena 1610 Dez / Bl. 58' Eintrag Padua 1612 Feb 2
Bl. 59 Eintrag Würzburg 1609 Mar 13

Bl. 60 Eintrag Würzburg 1609 Mar 24 / 60' Einträge (deutsch) 1609 und (lateinisch) 1611
Bl. 61 Eintrag Würzburg 1609 Apr 13 / Bl. 61' Eintrag Orleans 1610 Sep 6
Bl. 62 Eintrag (niederländ.) 1609 / Bl. 62' Eintrag Padua 1612 Feb 4 mit Wappen Ammann
Bl. 63 Eintrag Bologna .... Okt 15 / Bl. 63'Eintrag Bologna 1611 Okt 15

<13. Lage>
Bl. 64 Eintrag Würzburg 1609 Apr 23 / Bl. 64' Jagd des Hauses Getter
Bl. 65 leer
Bl. 66 leer
Bl. 66a *ergänzt*

Bl. 66b *ergänzt*
Bl. 66c *ergänzt*
Bl. 67 Eintrag .... 1609 Nov 16
Bl. 68 Eintrag Tours 1609 Nov 16 / Bl. 68' Einträge Padua 1612 Feb 2 (mit Wappen Speidel)

<14. Lage>
Bl. 69 Eintrag Paris 1609
Bl. 69a *ergänzt*
Bl. 69b *ergänzt*
Bl. 69c *ergänzt*

Bl. 69d *ergänzt*
Bl. 70 leer
Bl. 71 Eintrag Tours 1610 Aug 25
Bl. 71a *ergänzt*

<15. Lage>
Bl. 72 Eintrag Padua 1612 Jan 31
Bl. 73 Eintrag Rom 1611 Feb 6 / Bl. 73' Eintrag Padua 1611 Nov 11
Bl. 74 Eintrag Rom 1611 Feb 7 / Bl. 74' Eintrag (Rom) *Laureti* 1611 Sep 29

Bl. 75 Eintrag Rom 1611 Sep 23 / Bl. 75' Eintrag Rom (domus Laurettana) 1611 Okt 5

Bl. 76 Eintrag Rom 1611 Mar 3
Bl. 77 / Bl. 77' Eintrag Rom 1611 Sep 24
Bl. 78 Eintrag Würzburg 1609 Apr 14
Bl. 79 Eintrag Würzburg 1612 Jun

<16. Lage>
Bl. 80 Eintrag Tours 1610 Feb 2
Bl. 81 leer
Bl. 81a *ergänzt*
Bl. 82 leer

Bl. 83 leer
Bl. 84 leer
Bl. 85 leer / Bl. 85' Eintrag o.D.
Bl. 86 leer

<17. Lage>
Bl. 87 Eintrag (deutsch) .... 1612 Jun 23
Bl. 87a *ergänzt*

Bl. 87b *ergänzt*
Bl. 88 Eintrag (deutsch) 1615

<18. Lage>
Bl. 88a *ergänzt*
Bl. 89 Reiseweg in Italien; Sinnsprüche / Bl. 89' Sinnsprüche
-----
Bl. 90 Reisewege in Deutschland und Frankreich
Bl. 91 *ergänzt*

Die Struktur ist also nicht ganz gleichmäßig. Die Unregelmäßigkeiten gehen bei den Lagen 3., 5. und 10. sicherlich auf den verdorbenen Zustand vor der Restaurierung zurück. Man kann also davon ausgehen, daß ursprünglich im Innenbereich überall vierbogige Lagen geheftet worden sind. Davon interessiert hier die 10. Lage mit dem 17. Wappen (Grael). Wirklich fehlt hier ein - leider nur ein - Bogen. Damit ist nur für 30 Wappen Platz nachgewiesen. Eine weitere Fehlstelle für zwei weitere Wappen konnte nicht erkannt werden.
Bei der Auflösung von unformierten Ahnenwappenserien geht man davon aus, daß die ersten beiden Wappen die der Eltern sind, die nächsten beiden die der Großmütter beider Eltern, die nächsten vier dann die Urgroßmütter der Großeltern usw. Plausibel wird dies Verfahren anhand von Wappenanordnungen auf Grabsteinen. Bei einem Grabstein mit vier Wappen sind diese meist in die Ecken gesetzt:

1 2

3 4

1. Vater des oder der Toten (und des oder der Toten selbst), 2. Mutter, 3. Mutter des Vaters, 4. Mutter der Mutter.

Ein Grabstein mit acht Wappen zeigt oft folgende Anordnung:

1 2
3 4
5 6
7 8

Dabei ist die linke Reihe die der väterlichen, die rechte die der mütterlichen Vorfahrenfamilien. Die Auflösung der Wappen 1. bis 4. entspricht der eben vorgeführten. Hinzu kommen noch die Wappen von 4 Urgroßmütterfamilien: 5. als Mutter des Großvaters väterlicherseits, 7. als Mutter der Großmutter väterlicherseits, 6. und 8. entsprechend zu 2. und 4. Es ergäbe sich eine Ahnentafel mit 8 Wappen in der obersten Reihe[34]:

1 5 3 7 2 6 4 8

1 3 2 4

1 2

1

Geht man nach diesem Muster an die Bischopinck-Wappen heran, ergibt sich folgendes Bild: Das Elternpaar ist

Bischopinck ⚭ *Kerckerinck*,

die beiden Großelternpaare sind

Bischopinck ⚭ *(fehlend)*,
Kerckerinck ⚭ *Valcke*,

die 8 Urgroßeltern müßten sein

Bischopinck ⚭ *Warendorp*
Kerckerinck ⚭ *Huge*
(fehlend) ⚭ *Tzersen*
Valcke ⚭ *Vockinck*

Mit den 8 Wappen der nächsten Generation haben wir dann eine Ahnentafel dieses Aussehens (in kekulescher Zählung von links nach rechts zu lesen):

				16. Bischopinck
			8. Bischopinck	
				17. Drolshagen
		4. Bischopinck		
				18. Warendorp
			9. Warendorp	
				19. Travelmann
	2. Bischopinck			
				20. *NN.*
			10. *NN.*	
				21. Bussche
		5. *NN*		
				22. Tzersen
			11. Tzersen	
				23. Exter
1. Bischopinck				
				24. Kerckerinck
			12. Kerckerinck	
				25. Travelman
		6. Kerckerinck		
				26. Huge
			13. Huge	
				27. Asscheberg
	3. Kerckerinck			
				28. Valcke
			14. Valcke	
				29. Schillinck
		7. Valcke		
				30. Vockinck
			15. Vockinck	
				31. Rode

Diese Tafel wird durch die heranzuziehenden Hilfsmittel[35] bestätigt. Vor allem ist einer Wappentafel mit 12 Feldern (3 x 4) aus der kleinen Sammlung von Erbmännerahnentafeln im Staatsarchiv das Wappen NN., nämlich das der ravensbergischen Adelsfamilie v. Aspelkamp, zu entnehmen. Diese Tafel zeigt die jeweils vier Großelternwappen von drei Personen (in der oberen Reihe: Bischopinck, Grael und Klodt). Das fehlende Wappen links unten muß nach unserem Stammbuch das der Familie Valcke sein. Dem Wappen der Ravensbergischen Aspelkamp entpricht die nordost-westfälische Heimat der Ahnenwappen Tzersen, von dem Bussche und Exter. Die Familiengeschichte v. Zerssen[36] bestätigt diese Hinweise. Sie notiert eine Ehe Aspelkamp-Zerssen. Was dort fehlt, ist die Mutter der Ehefrau Zerssen: Sie muß nach dem Stammbuch Bischopinck eine v. Exter gewesen sein[37]. Im übrigen ist die Ahnentafel mit den Angaben in den genealogischen Sammlungen von Spießen und Klocke sowie im „Gotha" konform.

Schwierigkeiten bereiten erst die letzten 13 Wappen im Stammbuch, beginnend mit dem Wappen Grael. 16 Wappen sind für eine Ahnentafel mit einer Reihe von 32 Ahnenwappen in der ältesten Generation erforderlich. Weder ist für zwei der drei an der Zahl 16 fehlenden Wappen der Platz bekannt, noch kennt man die Namen, noch lassen sich die als Ahnen Aspelkamp vorauszusetzenden 4 nordost-westfälischen Wappen erkennen. Auch das Wappen Korte, das einer Osnabrücker Adelsfamilie gehören könnte, stellt sich als dasjenige einer Familie aus der Gegend um Coesfeld dar.
Nun handelt es sich, wie wir gesehen haben, bei der bisher behandelten Ahnentafel Bischopinck nicht um die Alberts, sondern um die seines Vaters. Alberts Mutter war Hille v. Grael, Tochter des Henrich und der Elsebe Bischopinck[38]. Damit liegt der Gedanke nahe, die mit dem Wappen Grael beginnende Serie als die Ahnenwappen von Alberts Mutter anzusehen. Da gleich das erste Wappen nach dem Blatt Grael fehlt, war nun für diese Stelle ein Versuch mit Bischopinck, dem Wappen der Mutter der Hille, zu machen. Wieder hilft hier die oben genannte Tafel mit den 12 Wappen weiter: Aus ihr entnimmt man für die zweite Spalte die Ehen Grael-Bischopinck (Eltern), Grael-Averhagen und Bischopinck-Heven (Großeltern). Sowohl Averhagen als auch Heven fehlen zwar in Alberts Stammbuch, doch konnten eventuell damit die beiden an der Zahl 16 noch fehlenden Wappen gefunden sein. Da Klocke und Spießen für Hilles Großmutter Bischopinck den Namen v. Heven angeben, wurde mit den neu gefundenen Wappen Bischopinck, Averhagen und Heven an 2.-4. Stelle nach Grael eine Auflösung wie bei den 16 Wappen der väterlichen Ahnen Alberts vorgenommen, die zu einem restlos befriedigenden Ergebnis (s.u.) führt und von den vorliegenden genealogischen Hilfsmitteln (Döhmann, Klocke, Müller, Schutte, Schütte, Spießen) weitgehend gestützt wird bzw. diese an zwei Stellen korrigiert: 1. Die Ehe Strick-Bockehase, die schon bei Spießen richtig notiert, von Schutte aber ausdrücklich abgelehnt und auch von Schütte nicht übernommen worden ist, wird bestätigt. 2. Die im Stammbuch belegte Ehe Heven-Geisteren zwingt dazu, den bei Döhmann angegebenen Gerd v. Heven als Bruder, nicht als Vater des Everd v. Heven (oo Strick) anzusehen[39]. Es bestehen nur geringe Zweifel daran, daß die Erbmännerfamilien Bischopinck und Grael wirklich über zuverlässige Nachrichten über Vorfahren verfügt haben, die (bei 30-jähriger Generationendauer) um 1470 geboren sein müssen: Alberts Vater mag um 1560 geboren sein. Er hat wahrscheinlich einige seiner Großeltern, geboren um 1500, noch gekannt, und diese wußten natürlich um ihre Herkunft. Als die Eltern Alberts um 1610 das Stammbuch haben anlegen lassen, ist ihnen bei der Anordnung der Wappen sicherlich kein Irrtum unterlaufen.

1. **Bischopinck**, Heinrich, 1582-1624, 1632 †, Herr des bischöflichen Burgmannssitzes zu Telgte, ⚭ Grael, Hilla v., 1598, Erbin zu Daerl und Nünning

2. **Bisschopinck**, Berthold, 1574-1611, zu Telgte
3. **Kerckerinck**, Elisabeth (Elsken), 1601, 1621, 1632 †

4. **Bisschopinck**, Berthold, 1500, 1518, 1526, zu Rumphorst, Telgte und Nünning
5. **Aspelkamp**, Anna von
6. **Kerckerinck**, Johann, 1490, zur Borg

7. **Valcke**, Margarethe, 1520

8. **Bisschopinck**, Johann, 1472-1495, zu Handorf, Varwick, Diekhof
9. **Warendorp**, Richmod Elisabeth, 1500 †
10. **Aspelkamp**, Dietrich von
11. **Zerssen**, NN. von
12. **Kerckerinck**, Johann, zur Borg, ⚭ 1466
13. **Huge** gen. **Kneiling**, Elisabeth
14. **Valcke**, Heidenreich, zur Weersche
15. **Vockinck**, Agnes

16. **Bisschopinck**, Johann, 1466, zu Daerl
17. **Drolshagen**, Aleken von
18. **Warendorp**, Johan, zu Getter
19. **Schenckinck**, Elisabeth
20. **Aspelkamp**, Hermann von
21. **Büschen,** Hilla von
22. **Zerssen**, Arnd von, 1448-1462, zu Bielefeld(?)
23. **Exter**, NN. von
24. **Kerckerinck**, Christian, 1430, 1440, 1460 †, zu Angelmodde
25. **Travelmann**, Beleken
26. **Huge**, Dietrich, 1444, 1503 †, Bürgermeister zu Münster
27. **Asscheberg**, Belie von, 1444-1499, Erbin zur Borg
28. **Valcke**, Hermann, zu Weersche, Burgmann zu Nienborg
29. **Schilling**, Kunneke
30. **Vockinck**, NN.
31. **Rode**, NN.

1. **Grael**, Hilla von, ⚭ Heinrich Bisschopinck zu Telgte, Erbin Daerl und Nünning

2. **Grael**, Henrich von
3. **Bisschopinck**, Elsebe, 1550, 1579, Erbin zu Berteling und Daerl

4. **Grael**, Franz, 1525
5. **Averhagen**, Hilleken von
6. **Bisschopinck**, Berthold, 1526-1546, 1582 †
7. **Heven**, Elsabe von, † 1605 Jul. 19

8. **Grael**, Henrich v., 1448-1512
9. **Föcking**, Gela
10. **Averhagen**, NN. von
11. **Korte**, NN.
12. **Bisschopinck**, Johann, 1484-1535, 1536 †, zu Daerl, Vögeding, Finkenbrink, Stadtrichter zu Münster

13. **Travelman**, Godeken
14. **Heven**, Everd von, 1509-1560, Burgmann zu Steinfurt
15. **Strick**, Elisabeth, 1509-1524, Erbin zu Bellering

16. **Grael**, Albert, 1424, †1440
17. **Dorper**, Stineken v., 1480
18. **Föcking**, NN.
19. **Polwick**, NN. von[40]
20. **Averhagen**, NN von
21. **Torne**, NN. von
22. **Korte**, NN
23. **Beckhausen**, NN von[41]
24. **Bisschopinck**, Berthold, 1461, zu Daerl, Vögeding, Finkenbrink, Helmerking, Haklenburg
25. **Buck**, Richmod
26. **Travelman**, Godeken, zu Maser
27. **Rodelewe**, Anna
28. **Heven**, Wilke von, (1461) 1479-1484, Burgmann zu Steinfurt
29. **Geisteren**, Elisabeth von, † 1487
30. **Strick**, Godeke oder Johann
31. **Wedderden** gen. **Bockehase**, Ida(?) von

Namen und Daten sind der unten angeführten Literatur entnommen. Sie werden hier nicht einzeln belegt.
Eine Auszählung der beiden Ahnenreihen 16.-31. ergibt 16 adlige und 16 erbmännische Ahnen, wobei sich bereits in diesen Reihen der (bei 30-jähriger Generationendauer) um 1470 Geborenen zwei „Mischehen" (Huge ⚭ Ascheberg und Föckinck ⚭ Polwick) finden, die etwa um 1490 geschlossen worden sein müßten. Je weiter zurück, desto unbefangener werden solche Ehen geschlossen worden sein[42], da die bischöfliche Dienstmannschaft (Ministerialität) sich erst langsam zum niederen Adel entwickelte und, wie gesagt, die Erbmänner zum Teil der Ministerialität entsprossen sein dürften.
Für Albert war diese Ahnenschaft nicht von wesentlicher Bedeutung. Sein Eintritt in das Mauritzstift war weniger an Ahnen als an einen gewissen Wohlstand und die Herkunft aus „gutem Hause" gebunden.

Anmerkungen

1 *Klocke*, Nachlaß, Stammtafeln Bischopinck
2 Der Eintrag eines Kölner Bürgers (Bl. 23) ist leider nicht datiert, muß auch nicht in Köln erfolgt sein. Ein Hinweis auf Köln ergibt sich aus der Notierung von Reisestationen nach Köln (Bl. 90).
3 *Merkle* 1922, S. 81 Nr. 1793 und 1794. - Reisewegeintragungen Bl. 90.
4 Eintrag Bl. 17
5 *Geisberg*, Bau- und Kunstdenkmäler von Westfalen 41, Teil 6, S. 70
6 Staatsarchiv Münster, St. Mauritz, Urkunde Nr. 367

7 Nachjahre: Einkünfte des Erblassers, die die Erben oder Testamentsvollstrecker des Stiftsherrn nach seinem Tode noch eine zeitlang bezogen

8 Parzellen (Grundstücke?), die im Testament nicht erwähnt werden.

9 ›rückständige Zinsen‹

10 Wie Anm. 5.

11 Signatur: Altertumsverein, Msc. 440

12 *Angermann* 1971

13 *Ehbrecht* 1993, u.a. S. 135-137

14 Listen bei v. *Oer* 1987

15 *Ketteler* 1928, *Zuhorn* 1939, *Hsia* 1989

16 *Kirchhoff* 1966

17 *Klocke*, Nachlaß, Handschriftliche Regesten aus dem Archiv der Erbmännerfamilie Droste zu Hülshoff (unverzeichnet), Bl. 33 zu 1410 Feb. 27 (Dienstmannannahme); ebd. Bl. 34 zu 1414; ebd. Bl. 38 zu 1430. – Vgl. *Hsia* 1989, S. 45f. – Schon das älteste Lehnbuch der Bischöfe von Münster (um 1370) nennt zahlreiche erbmännische Lehnsleute (Edition demnächst, 1995, durch H. Kemkes, Gerhard Theuerkauf und M. Wolf: Die Lehnregister der Bischöfe von Münster bis 1379. (Veröffentlichungen der Historischen Kommission für Westfalen XXVIII.2). Münster 1995.

18 Nachweise sind zu erbringen für die Familien Buck, Drolshagen, Droste (Hülshoff), v. Emsbrock, v. Tilbeck, v. der Wieck und eine gewisse Wahrscheinlichkeit besteht für die Schenckinck und die Familie Bischopinck, die sich wohl nach dem bischöflich Hof in der Stadt Münster (Bispinghof) schreibt. Siehe *Spiessen*, *Prinz*, Urkundenbuch, und *Prinz*, Mimigernaford, S. 187f. und 201-209. – Zum allgemeinen Phänomen der Ministerialität (adligen Dienstmannschaft) vgl. Franz-Josef *Jakobi* 1986; desgl. für Westfalen vgl. *Klocke* 1939

19 Ein Goldgulden entspricht im Werte etwa einem Silberthaler

20 Eheberedung aus Hülshoff, *Klocke*, Nachlaß (Erbmänner-Regesten), Bl. 4; vgl. ebd. Bl. 43 zu 1443 (Ehe Travelman-Vagedes); vgl. ebd. Bl. 55 zu 1535 (Ehe Droste-Stevening). Vergleichbar sind ihrem Werte nach die Einkünfte, die Nikolaus (Claes) v. Gent aus den Niederlanden (Betuwe) seiner Tochter in die Ehe mit einem Droste zu Hülshoff (Erbmannsfamilie im Gegensatz zu den adligen Droste zu Vischering). Sie belaufen sich auf 150 Reichsthaler, die einem 5 %igen Zins von 3000 Reichsthalern entsprechen. Sie konnten von dem Adligen nicht bar aufgebracht werden. Unter Adligen galten 1000 Gulden schon als stattliche Mitgift (vgl. z.B. *Zerssen* 1968, S. 63) – *Klocke*, Nachlaß (Erbmänner-Regesten), Bl. 61 zu 1574.

21 Nichtadlige wurden – wie auch Johann Schenking – gelegentlich vom Papst providiert. Noch 1510-1512 war ein Johann Ingenwinkel, Propst zu St. Severin in Köln, Domherr in Münster. Das Domkapitel achtete also bei Auswärtigen weniger scharf auf den Adel als bei Münsterländern oder – allgemeiner – Westfalen. Der letzte Erbmann im Domkapitel war Rotger Buck, nur einmal genannt am 31. März 1424 (*Kohl* S. 557). Im 14. Jahrhundert sind Bürger im Domkapitel häufig (*Kohl*).

22 RKG M 1653, Nr. 3775. – Vgl. v. *Oer* 1978, *Weikert* 1990.

23 Ausnahmen waren auch hier möglich: Der Domherr Franz v. Letmathe aus dem Hause Langen, geboren um 1550, hatte eine Kerckerinck in seiner 16er-Ahnenreihe. Vgl. *Trotier* 1991, S. 30f.

24 *Dethlefs*, Gerd, Rezension zu *Weikert* in dieser Zeitschrift, Bd. 50 (1992), S. 326f.

25 *Kohl* 1982, S. 639 und 710. Zu v.d. Tinnen wörtlich: *dubiae et litigiosae nobilitatis, also kendtlich inqualificatus* (nach Staatsarchiv Münster, Domkapitel Münster 1 G A. 9)

26 *Klocke*, Nachlaß, Stammtafeln Bischopinck. – Gothaisches Genealogisches Taschenbuch 1920

27 Vgl. *Hsia* 1989, S. 35

28 Die Namen *Tegeder* und *Thyr* sind identisch. *Thyr* (auch *Thier* und andere Schreibweisen) geben „zersprochenes" *Tegeder* wieder. <Vgl. hier Beitrag Henkelmann>

29 Wahrscheinlich der spätere Dr. Johann Heerde. Vgl. *Hsia* 1989, S. 147

30 Kwartierstatenboek S. 29: Tobias Iddekinge, * 1590, ab 1610 Kaufmann in Groningen, war später Direktor der niederländischen Ostindischen Kompanie, † 1663.

31 Die Lesung ist nicht gesichert. Die Buchstaben entsprechen nicht den Initialen des als unterschrieben (*infrascriptus*) angekündigten Albert B.

32 Wahrscheinlich ein Haus des von Papst Sixtus V. 1587 gegründeten Ordens der Ritter von Loreto (Religion in Geschichte und Gegenwart, Bd. 3, Tübingen 1929, Sp. 1724

33 Später kaiserlicher Pfalzgraf, Rat und Kanzler des Abtes von Corvey, † vor 1661 (RKG C 193).

34 Vgl. dazu die Wappenserien-Auflösungen bei *Geisberg* 1933 und *Schütte* 1982

35 Literatur- und Quellenverzeichnis am Schluß

36 v. Zerssen 1968, S. 63

37 Auf der Tafel v. Exter bei *Schöning* findet sich diese Ehe nicht.

38 *Klocke*, Nachlaß, Stammtafeln Bischopinck

39 Siehe dazu jedoch den Text bei *Döhmann*, S. 36-40

40 Die Frau stammt wahrscheinlich aus der Adelsfamilie bei Zevenaar (bei Arnheim/Gelderland), die mit Stadtgeschlechtern aus Zevenaar verwandt war. Vgl. A.G. van *Dalen*: Het huis Poelwijk, de Magerhorst, de Ploen. In: De Liemers 8. Zevenaar ohne Jahr [etwa 1966], S. 5-8

41 Die kaum bekannten v. Beckhausen sind mit zwei Domherren im Kapitel zu Münster vertreten, bei *Kohl* (1982) nicht näher identifiziert.

42 Vgl. Anm. 21.

Literatur

Angermann, Gertrud: Stammbücher und Poesiealben als Spiegel ihrer Zeit nach Quellen des 18.-20. Jahrhunderts aus Minden-Ravensberg. (Schriften der Volkskundlichen Kommission des Landschaftsverbandes Westfalen-Lippe, Bd. 20). Münster 1971.

Döhmann, Karl Georg: Beiträge zur Geschichte der Stadt und Grafschaft Steinfurt. I. Die Burgmannen von Steinfurt. Gymnasium Arnoldinum zu Burgsteinfurt. Programm Ostern 1900. Burgsteinfurt 1900. - Darin: Zur Geschichte der v. Heven und ihrer Burgmannshöfe.

Ehbrecht, Wilfried: Rat, Gilden und Gemeinde zwischen Hochmittelalter und Neuzeit. In: Geschichte der Stadt Münster, Bd. 1. Münster 1993, S. 91-144

Geisberg, Max: das Stammbuch des Bernhard Schenking. In: Westfalen 18, 1933, S. 183-185

Geisberg, Max: Bau- und Kunstdenkmäler von Westfalen 41, Teil 6. Münster 1941

Gothaisches Genealogisches Taschenbuch der Adeligen Häuser - Alter Adel und Briefadel, Jahrgang 14, 1920. Darin Bischopinck S. 65-69.

Hsia, Ronnie Po-chia (bearb. von Franz-Josef *Jakobi*): Gesellschaft und Religion in Münster 1535-1618. (Quellen und Forschungen zur Geschichte der Stadt Münster, neue Folge, Bd. 13). Münster 1989.

Jakobi, Franz-Josef: Ministerialität und ius ministerialium in Reichsabteien der frühen Stauferzeit. In: Sprache und Recht. Beiträge zur Kulturgeschichte des Mittelalters. Ferstschrift für Ruth Schmidt-Wiegand zum 60. Geburtstag. Berlin 1986, S. 321-352

Ketteler, Josef: Vom Geschlechterkreise des Münsterschen Honoratiorentums. In: Mitteilungen der Westdeutschen Gesellschaft für Familienkunde 5 (1928), S. 422-430

Kirchhof, Karl-Heinz: Die Erbmänner und ihr Höfe in Münster. Untersuchungen zur Sozial-Topographie einer Stadt im Mittelalter. In: Westfälische Zeitschrift 116, 1966, S. 3-26. Neudruck in: Forschungen zur Geschichte von Stadt und Stift Münster. Münster 1988, S. 54-76. – Darin S. 64: Topographische Projizierung der Ahnentafel des Bernhard Schenking (wie *Geisberg* 1933)

Klocke, Friedrich v.: Untersuchungen zur Rechts- und Sozialgeschichte der Ministerialitäten in Westfalen. In: Westfälische Forschungen 2 (1939), S. 214-232

Klocke, Friedrich v., Nachlaß im Staatsarchiv Münster (unverzeichnet).
Darin: Sammlung von Erbmänner-Regesten aus dem Archiv Hülshoff.
Darin: Sammlung von Erbmänner-Stammtafeln und sonstigen Notizen.

Kohl, Wilhelm: Das Domstift St. Paulus zu Münster. (Germania Sacra, Neue Folge 17,2 Die Bistümer der Kirchenprovinz Köln. Das Bistum Münster 4,2). Bd. 2, Berlin 1982. – Enthält: Liste der Domdignitare und Domherren mit Kurzbiographien

Kwartierstatenboek. Verzameling kwartierstaten bijeengebracht ter gelegenheid van de herdenking van het 100-jarig bestaan van het Koninklijk Nederlandsch Genootschap voor Geslacht- en Wapenkunde. 's-Gravenhage 1983

Merkle, Sebastian (Bearb.): Die Matrikel der Universität Würzburg I.1. München u. Leipzig 1922. (Veröffentlichungen der Gesellschaft für fränkische Geschichte 4. 5)

Müller, Helmut: Ascheberg. Geschichte eines münsterländischen Ortes von den Anfängen bis zur kommunalen Neuordnung 1975. Ascheberg-Davensberg 1978. – Darin S. 49: Stammtafel der v. Ascheberg

Oer, Rudolfine v.: Wer waren die Erbmänner? In: Quellen und Forschungen zur Geschichte der Stadt Münster, NF 12. Münster 1987, S. 279-286

Prinz, Joseph: Münsterisches Urkundenbuch. Das Stadtarchiv Münster, 1. Halbband 1176-1440. (Quellen und Forschungen zur Geschichte der Stadt Münster. Neue Folge 1). Münster 1960

Prinz, Joseph: Mimigernaford – Münster. Die Entstehungsgeschichte einer Stadt. (Veröffentlichungen der Historischen Kommission Westfalens XXII. Geschichtliche Arbeiten zur westfälischen Landesforschung 4). Münster 1960

RKG = Das Staatsarchiv Münster und seine Bestände 2. Gerichte des Alten Reiches, Reichskammergericht. Münster 1968

Schöning, A.: Der Grundbesitz des Klosters Corvey im ehemaligen Lande Lippe. Teil 1.-4., Detmold 1958-1960. – Darin Teil 2, S. 59: Stammtafel der v. Exter(de)

Schütte, Leopold: Die Wappen der Darfelder Liederhandschrift. In: Beiträge zur westfälischen Familienforschung 40 (1982), S. 17-25.

Schütte, Leopold: Die Strick, in: Schöppingen 838-1988. Eine Geschichte der Gemeinden Schöppingen und Eggerode (Redaktion: Werner *Frese*). Schöppingen 1988, S. 212-213

Schutte, Otto: Strick. In: De Nederlandsche Leeuw 1975, S. 1-96, hier nach Sonderdruck im Staatsarchiv Münster

Spiessen, Max v.: Genealogische Sammlung im Staatsarchiv Münster (um 1920, handschriftl.)

Staatsarchiv Münster, Altertumsverein Msc. Nr. 440: Stammbuch des Albert Bischopinck aus Telgte, 1609-1615

Staatsarchiv Münster, Erbmänner-Ahnentafel 4

Trotier, Peter: Die Herren von Letmathe zu Langen in Westbevern. Stammtafel in: Der Märker 40 (1991), S. 30f.

Weikert, Wolfgang: Erbmänner und Erbmännerprozesse. Ein Kapitel Münsterscher Stadtgeschichte. Münster 1990

Zerssen, Otto v.: Die Familie v. Zerssen. Adel und Patriziat in Schaumburg. (Schaumburger Studien 8). Rinteln 1968

Zuhorn, Karl: Vom Münsterschen Bürgertum um die Mitte des XV. Jahrhunderts. In: Westfälische Zeitschrift 95 (1939), S. 88-193

Schülerverzeichnisse des Gymnasium Paulinum zu Münster aus den Jahren 1768, 1800 und 1801

von Alwin Hanschmidt

Das Gymnasium Paulinum zu Münster, zusammen mit dem Gymnasium Carolinum zu Osnabrück das älteste in Westfalen, kann im Jahre 1997 sein 1200jähriges Bestehen feiern. 797 als Domschule gegründet, ist es bis in die Gegenwart von den sich wandelnden geistigen und bildungspolitischen Strömungen jeweils neu geprägt worden. Es hat ungezählte Generationen von Schülern durch Vermittlung von Wissen und Bildung intellektuell und ethisch geformt.[1] Wer aber diese zahllosen Schüler waren, woher sie örtlich und sozial stammten und welche Studien- und Berufswege sie nach ihrer paulinischen Gymnasialzeit gegangen sind, weiß man einigermaßen verläßlich erst ab dem frühen 19. Jahrhundert. Seitdem nämlich sind Schüler-, vor allem aber Abiturientenlisten überliefert, wobei letztere für die Zeit ab 1820 auch gedruckt vorliegen.[2]
Für die davorliegende Zeit herrscht bezüglich der Zahlen und erst recht der Namen der Schüler und Absolventen des Gymnasium Paulinum – wie übrigens bei vielen alten Gymnasien – mangels überlieferter Quellen fast völliges Dunkel. Die berichts- und statistikfreudigen Jesuiten, die die Schule von 1588 bis 1773, dem Jahr der Auflösung des Ordens, führten, haben zwar Zahlen hinterlassen. Ihre Bildungseinrichtungen bestanden jedoch nicht nur aus dem Gymnasium; vielmehr schloß sich an dieses noch ein zwei- bis dreijähriger philosophisch-theologischer Kursus (Aufbau 1624 abgeschlossen) an.[3] Infolgedessen sind die Studentenzahlen, die die Jesuiten in ihren Jahresberichten („Litterae annuae") nennen, in der Regel Globalzahlen, die nicht nach Gymnasium und nachfolgenden Studienstufen unterschieden sind.[4]
Namentliche Schüler- und Zensurenlisten des Gymnasium Paulinum sind lediglich aus den Jahren 1636, 1637, 1639-1641 und 1643-1647 überliefert, allerdings für die meisten Jahre nur unvollständig[5]. Sie sind noch nicht veröffentlicht. Friedrich Zurbonsen hat sie 1898 in einem Aufsatz unter statistischen, unterrichtsinhaltlichen, disziplinären und Leistungsgesichtspunkten ausgewertet. Er hat für das Schuljahr 1640 eine Schülerzahl von 882, für 1646 918 ermittelt. Etwa 60 % der Schüler stammten aus der Stadt Münster, an die 30 % aus dem Münsterland und die restlichen 10 % aus „entlegeneren Gebieten, darunter besonders Holland".[6]
Weitere, bisher unbekannte Schülerlisten des Paulinums sind aus den Jahren 1768, 1800 und 1801 überliefert.[7] Die von 1768 sind entstanden im Zusammenhang bildungspolitischer Maßnahmen des Kölner Kurfürsten und münsterschen Fürstbischofs Maximilian Friedrich von Königsegg-Rothenfels (1762-1784). Eine spezifische Entstehungsursache dieser Art ist für die Schülerlisten von 1800 und 1801 nicht bekannt. Alle sollen im folgenden eingeordnet, ausgewertet und veröffentlicht werden.

I. Der Entstehungszusammenhang 1768: Anfänge der Schulreform im Fürstbistum Münster

Auf der Landtagssitzung am 16. Februar 1768 beschlossen die Stände (Domkapitel, Ritterschaft, Städte) des Fürstbistums Münster, den Landesherrn zu bitten, er möge „den Gnädigsten Bedacht" darauf nehmen, „daß der Mißbrauch im Studiren von Bauren, und geringer Leuten Söhnen welche keine besondere Talenten hatten, abgeschaffet und die schlechte Subjecta bey Zeiten davon abgehalten und nach Hauß geschicket würden Zum ackerbau, oder erlernung eines handwercks employrt zu werden".[8]
Drei Tage später, am 19. Februar 1768, richteten sie folgenden förmlichen Antrag an den Fürstbischof: „Da es die tägliche erfarung bezeuget, daß viele Bauren, auch anderer geringen Leuthen Söhne, obwohlen dieselbe von dem Allmächtigen mit keinen besonderen Talenten begabet seyndt, zu denen Schulen geschicket werden, und diese hernechst wan sie die schulen durchloffen, darinnen aber so viel nicht profitiret haben, daß sie Ihr glück machen können, zum ackerbau und erlernung neues handwerckes nicht mehr geschickt seyndt, sondern sich dem müßiggang ergeben, und Ihren elteren oder anverwandten zur Last bleiben, so bitten treugehorsambste Landstände, daß Ihro Churfürstlichen Gnaden den hierunter obwaltenden misbrauch abzustellen, undt denen Elteren so wohl als denen Schulprofessoren und Lehrmeisteren ein gewißes Ziel undt maas zu setzen, gnädigst geruhen wollen."[9]
Am 25. Februar 1768 beauftragte Kurfürst Maximilian Friedrich die Landtagskommission, den Landständen mitzuteilen, „daß von Sr. Khurfürstlichen Gnaden der Punkt wegen des in Betreff deren zu Schule geschicket werdenden – mit keinen besonderen Talenten aber begabten Bauren und anderen geringer Leuthen Söhnen zu setzenden Ziel und Maaßes nützlich zu seyn, gnädigst anerkennet worden seye."[10]
Es ging also darum, zum Studium mangels hinreichender Begabung ungeeignete Söhne von Bauern und anderen „geringen Leuthen" von den Gymnasien fernzuhalten oder zu entfernen. Begründet wurde dieses Ziel damit, daß solche Gymnasiasten nach dem Schulbesuch keinen diesem entsprechenden Beruf erreichen könnten, aber auch für die Erlernung des Ackerbaus oder eines Handwerks verdorben seien, so daß sie ihren Familien als Müßiggänger zur Last fielen. Bemerkenswerterweise spielte der Gesichtspunkt des Begabungsmangels und der potentiellen Berufslosigkeit und Müßiggängerei bei Gymnasialstudenten aus dem Bürger-, Beamten- und Adelsstand anscheinend keine Rolle.
Im Herbst 1768 wurde die von den Landständen angeregte und vom Landesherrn gebilligte Überprüfung vorgenommen. Am 5. September 1768 ließ der Geheime Rat, die zentrale Regierungs- und Verwaltungsbehörde des Fürstbistums, Kurfürst Maximilian Friedrich den Entwurf eines „zu erlassenden ohnmittelbaren Circularis" zugehen.[11] Am 16. September 1768 richtete der Kurfürst von Schloß Clemenswerth auf dem Hümmling aus ein gleichlautendes Schreiben an die Jesuitenkollegien zu Münster und Coesfeld, an die Jesuitenresidenz zu Meppen und an die Klöster der Franziskaner von der Strikten Observanz zu Rheine, Warendorf, Vreden und Vechta.[12] Der Landesherr wandte sich somit an sämtliche damals im Fürstbistum Münster bestehenden Gymnasien, die entweder von Jesuiten oder von Franziskanern geführt wurden.
Der Kurfürst beschränkte sich in seinem Schreiben allerdings nicht darauf, gemäß dem landständischen Antrag eine Verweisung unfähiger Schüler aus „dem Schatzpflichtigen

Bauern- und Handwercks Stande“ anzuordnen. Vielmehr wies er die Gymnasien zugleich an, über die in den einzelnen Klassen vermittelten Unterrichtsstoffe zu berichten. Dies hing mit der vom Kurfürsten und vor allem von seinem Minister Franz von Fürstenberg (1729-1810) beabsichtigten Bildungsreform im Hochstift Münster zusammen.[13] Dafür war eine Bestandsaufnahme erforderlich. Zwei Zwecke wurden so in dem landesherrlichen Zirkular an die Gymnasien miteinander verbunden.

Dem ersten Ziel, nämlich dem landständischen Begehren, entsprach der Fürstbischof im ersten Punkt seiner Anweisung, indem er denjenigen, „denen die Obern Schulen anvertraut sind“, befahl, „vor dießjähriger Abwechslung der Classen ein genaues examen und scharffe Censur der Studirenden Jugend anzustellen, und diejenige Schatzpflichtiger Bürger und Baurenstands Kinder, welche weder die erforderliche Talente besitzen, noch besonderen Fleiß im Studiren bezeigen, besonders aber deren Elteren obsonstige Vorgesetzte zu ermahnen, daß diese Kinder die Studien quittiren, und an deren Statt, andere nach ihrer Fähigkeit, Vermögen, und Umständen besser abgemessene Künste oder Handwercker erlernen, oder zum Ackerbau sich begeben.“ Für den Fall, daß die dahin zielenden „heilsame Ermahnungen fruchtlos seyn solten“, seien „die völlig ohntaugliche Subjecten abzuweisen, oder allenfalls, wie hiernach stehet Nahmhafft zu machen“.

Als Punkt zwei ordnete der Kurfürst nämlich an, auf der Grundlage der Beurteilung der Schüler („gemachter Censur“) „ein Verzeichnüß sämtlicher Studenten nach der Ordnung, wie sie in ihren Studien classificirt zu werden verdienen“, anzufertigen. In diesem Verzeichnis sei „auch der Nahm des Magistri oder Professoris, sodann Stand und Condition der Elteren der verzeichneten Kinderen mit anzumercken“. Und es war hinzugefügt: „diejenige, welche Schatzpflichtigen geringeren Handwerck- und Baurenstandes Kinder, zum Studiren ohnfähig, und dahero wie N: 1. erwehnet davon abgemahnet, die Studien dennoch nicht verlassen wollen, sind besonders Nahmhafft zu machen.“ Das Schreiben schweigt allerdings darüber, was mit den namhaft gemachten Uneinsichtigen zu geschehen habe.

Den zweiten Zweck, der wichtiger und wegen der angestrebten langfristigen Wirkung der Hauptzweck war, nämlich die Gymnasialreform, sprach Kurfürst Max Friedrich im dritten und vierten Punkt seines Schreibens an. Dabei ging es einerseits um eine Bestandsaufnahme, andererseits um die Anordnung einiger Neuerungen im Unterricht der Gymnasien des Landes.

Gemäß Punkt drei des Schreibens hatte jeder Magister neben der klassifizierten Schülerliste von jeder Klasse „eine Nachricht von seiner Lehr Arth, und denen in der Schulen gebrauchenden Bücheren, auch dasjenige, waß er etwa hierunter anzuführen, oder abzuänderen nützlich erachten mögte, beyzufügen“.

Die infolge dieser Anordnung von den Lehrern des Gymnasium Paulinum zu Münster angefertigten Berichte über die Lehrstoffe der einzelnen Klassen sind ebenso wie die Schülerlisten erhalten.[14] Da sie bereits ausgewertet worden sind, kann hier auf ihre Inhaltswiedergabe verzichtet werden[15].

In Punkt vier seines Zirkulars ordnete der Landesherr einige neue Unterrichtsinhalte an, wobei er das Kriterium von deren allgemeiner Nützlichkeit in den Vordergrund rückte. Es sei „nicht in Abrede zu stellen, daß die bisherige Lehr Art einer Veränderung bedörffe, und daß die lange Zeith, so die Studia wegzunehmen pflegen, durch eine verbesserte Lehr Art für die Studirende Jugend viel nützlicher verwendet werden könnte“.

Deshalb wolle er allen Gymnasien „die Beybringung einer Guten Sitten Lehr, und des Begriffs wahrer Tugend und Ehre, die Angewöhnung einer gesitteten Lebens Arth, die Unterweisung in der Historie, Rechenkunst, und Geometrie, die Lehre einer Teutscher Sprach und Schreibart, wie auch einer schönen deutlichen Handschrifft insbesondere deshalber hiemit anempfehlen, weilen bis hiehin mehren Theils auf diese Vorwürffe die Aufmercksamkeit nicht genommen ist, die sie wegen ihres allgemeinen Nutzens verdienen."
Wenn der Kurfürst in seinem Zirkular eigens erwähnte, daß das Jesuitenkolleg zu Münster mit der neuen Lehrart bereits „einen rühmlichen Anfang gemacht" habe, so unterstrich er dessen Vorreiterrolle für die Gymnasialreform im ganzen Hochstift. Denn am Paulinum hatte die Umgestaltung des Gymnasiums auf Betreiben des Ministers Franz von Fürstenberg bereits im Jahre 1763 mit der Einführung von Mathematik und Geographie in den drei bzw. zwei oberen Klassen begonnen.[16] Zugleich aber sprach der Landesherr die Erwartung aus, daß die übrigen Gymnasien des Landes sich nach dem Vorbild des Paulinums ebenfalls der Studienreform befleißigen und von deren „Fortgang und etwahigen Hinternüßen ... von Zeith zu Zeith den Bericht" erstatten würden.
In der Einleitung des Erlasses vom 16. September 1768 finden sich breite Ausführungen zur Verschiedenheit der Wissenschaften und zu ihrem unterschiedlichen Nutzen: „Einige Wissenschafften sind, wie allgemein zu betrachten, oder vielmehr, sie schaffen Nutzen in allen Ständen, andere hingegen, sind nicht so allgemein sondern nur besonderen Ständen und gewissen Absichten eigen." Die „Wissenschaften" – heute würde man sagen: Kenntnisse – der ersten Kategorie „machen bey Erziehung der Jugend den Haupt Gegenstand aus; hiehin gehören die Gründe der Religion, die Sitten Lehr, die Fertigkeit zu lesen und zu schreiben, die Angewöhnung einer Guten Handschrifft und Erlernung der Rechenkunst, wenigstens in ihren Anfangs Gründen."
Da es sich bei diesen „allgemeinen Wissenschafften" um die Lehrgegenstände der Elementarschulen handelt, wie sie in der Provisional-Schulverordnung von 1782 festgelegt wurden, kann der Erlaß vom 16. September 1768 als zwar nicht aktuelles, aber doch perspektivisches Grunddokument auch für die Elementarschulreform im Fürstbistum Münster angesehen werden.[17] Das Zirkular enthält einen ersten Gesamtentwurf zur Verbesserung des Schulwesens, in welchem Unterrichtsinhalte und Lernziele der beiden Schultypen Elementarschule und Gymnasium von der ständischen Gliederung der Gesellschaft hergeleitet wurden. Denn es heißt, daß es hinsichtlich der „allgemeinen Wissenschafften" dienlich sei, „ihren allgemeinen Nutzen mit einem allgemeinen Gebrauch zu vereinigen". Diesen stehe eine Reihe „in der That weniger Nutzbarer Wissenschafften" gegenüber, woraus der Landesherr die Folgerung zog: „Die Wissenschafft fremder Sprachen, der Gottes Gelehrtheit, der Natur Kunde, der Weltweisheit und dergleichen, sind in allen Ständen nicht nöthig; der Baur, der Handwercks-Mann kan ihrer entbehren."
Neben den aktuellen Anweisungen (Verweisung unfähiger Schüler von den Gymnasien; Einführung neuer Lehrgegenstände) waren in dem Septemberzirkular Grundaussagen formuliert, die in der ersten Schulordnung für die Gymnasien von 1770 im einzelnen entfaltet[18] und in der Schulordnung von 1776 in eine endgültige Form gegossen wurden.[19] Ihre unmittelbare Wirkung ist an den Neuerungen im Fächerkanon der Gymnasien in den folgenden Jahren abzulesen, und zwar nicht nur am Gymnasium der Landeshauptstadt,[20] sondern etwa auch am Gymnasium Antonianum zu Vechta im Niederstift Münster.[21]

II. Die Schülerlisten des Paulinums von 1768

Die angeforderten Berichte und Schülerlisten waren bis Michaelis (29. September) 1768 „zu unserem Hoflager einzuschicken". Das bedeutete, vom 16. September 1768 als dem Ausfertigungsdatum des kurfürstlichen Zirkulars an gerechnet und die damaligen Wege- und Verkehrsverhältnisse berücksichtigt, eine ziemlich knappe Frist. So kann es nicht überraschen, daß „die Lehrer der Jugend zu Münster Soc[ietatis] Jesu" ihre Berichte erst am 7. Oktober 1768 abgeschickt haben. In ihrem Begleitschreiben heißt es: „Ew. Churfürstlichen Gnaden gnädigsten Befehl zu folge haben wir nach gehaltenem Examen die Censur, und das Verzeichniß der Studenten, so wie auch die Nachricht eines jeden Lehrers ins Besondere unterthänigst überreichen sollen. Die Zuhörer der Philosophie und Theologie waren schon entlassen, ehe wir der gnädigsten Willens Meynung inne wurden: es hat deshalben kein Examen mit ihnen vorgenommen werden können."[22]

Die Schülerliste bezieht sich somit aus dem von den Patres genannten Grund auf die fünf Klassen des eigentlichen Gymnasiums. Diese waren – von unten aufsteigend – die Infima, die Grammatica (auch „Secunda" genannt), die Syntaxis, die Poetica (auch „Humanitas" genannt) und die Rhetorica. Diese fünf Gymnasialklassen wurden in der Sprache der damaligen Zeit als die „fünf unteren Schulen" des Gymnasiums bezeichnet, weil darüber noch zwei „obere" oder „höhere" Schulen angesiedelt waren, nämlich der im Begleitschreiben der münsterschen Jesuiten erwähnte („Zuhörer der Philosophie") zweijährige philosophische Lehrgang, der ein Verbindungsstück zwischen Gymnasium und Universität darstellte.

Im 18. Jahrhundert wies das Gymnasium Paulinum bei weitem nicht mehr die hohen Schülerzahlen auf wie noch in der zweiten Hälfte des 17. Jahrhunderts, als man laut Rudolf Schulze 800 bis 900 Gymnasiasten annehmen konnte.[23] In den 1630er und 1640er Jahren wurde eine ganze Reihe von Klassen doppelzügig geführt, wie die aus jenen Jahren überkommenen Klassenverzeichnisse erkennen lassen. Dies war im 18. Jahrhundert nicht mehr erforderlich,[24] und so nennt auch das Schülerverzeichnis von 1768 für jede Klassenstufe nur eine Klasse. Nach Schulze hat der Siebenjährige Krieg (1756-1763), unter dem die Stadt Münster stark gelitten hat und während dessen das Gymnasialgebäude längere Zeit nicht zur Verfügung stand, einen scharfen Einbruch bei den Schülerzahlen gebracht.

Wenn die Wirkung derartiger widriger Ereignisse auch nicht verkannt werden darf, so ist für die langfristige Entwicklung der leider nur ganz punktuell greifbaren Schülerzahlen des Paulinums doch auch ein anderer Gesichtspunkt zu bedenken. Bis um 1650 hatte Münsters Gymnasium es nur mit der Konkurrenz der Gymnasien in Coesfeld und Dorsten zu tun. Danach kamen im Oberstift und seiner Nachbarschaft die Gymnasien in Rheine (1658), Warendorf (1675), Vreden (1677) und Recklinghausen (1729) hinzu,[25] im Niederstift Münster zu Meppen (1642) noch Vechta (1714).[26] Will man nun bei einer in der zweiten Hälfte des 17. und in den ersten beiden Dritteln des 18. Jahrhunderts keineswegs stürmisch verlaufenen Bevölkerungsentwicklung, wobei die Zuwächse vornehmlich bei den ländlichen Unterschichten (vor allem den Heuerlingen) zu verzeichnen waren,[27] nicht eine deutliche Zunahme der studierwilligen und – vor allem finanziell – studierfähigen Jungen annehmen, so verteilte sich die Schülerschaft des Münsterlandes und angrenzender Gebiete um 1770 auf sehr viel mehr Gymnasien als um 1650. Das dürfte für den Zulauf zum Gymnasium Paulinum nicht folgenlos geblieben sein.

Vor diesem Hintergrund wird dann auch die überraschend geringe Schülerzahl von 195 im Jahre 1768 erklärlich. In diese Richtung weist auch ein Vergleich der Anteile der Pauliner aus der Stadt, aus dem Münsterland und aus anderen Gebieten in den 1640er Jahren[28] und 1768. Aus der Stadt stammten 1768 – nimmt man die drei aus dem „Suburbium" (der „Vorstadt") St. Mauritz kommenden hinzu – 126 Schüler, was 64,6 % der Gesamtzahl ausmacht. Dieser stadtmünstersche Anteil war gegenüber den von Zurbonsen für die 1640er Jahre ermittelten 60 % leicht angestiegen. Der Anteil der aus dem Münsterlande (Oberstift) kommenden Schüler betrug 1768 nur noch 14,4 % gegenüber ca. 30 % um die Mitte des 17. Jahrhunderts, war also halbiert worden. Aller Wahrscheinlichkeit nach hatten die übrigen Gymnasien des Münsterlandes mit ihren regionalen Einzugsbereichen den Schülerzustrom in die Landeshauptstadt abgeschwächt. Anteilmäßig, nicht in absoluten Zahlen, hat das Paulinum diesen Verlust nach dem für 1768 sich ergebenden Bild aber durch den gegenüber den 1640er Jahren verdoppelten Schüleranteil von etwa 20 % aus nichtmünsterschen Gebieten wettmachen können.
Für die nicht stadtmünsterschen Pauliner des Jahres 1768 ergeben sich folgende Herkunftsgebiete bzw. -orte:[29]

Fürstbistum Münster	
Oberstift	28
Niederstift	1
Herzogtum Westfalen	16
Grafschaft Mark	3
Fürstentum Siegen	3
Fürstbistum Paderborn	2
Herzogtum Kleve	2
Kurfürstentum Mainz (Fritzlar)	2
Niederlande	2
Osnabrück	2
Aachen	1
Dortmund	1
Hildesheim	1
Rietberg	1
Wiedenbrück	1
Zusammen	66

Auffallend ist hierbei lediglich die relativ hohe Schülerzahl aus dem Herzogtum Westfalen (kurkölnisches Sauerland). Die Gesamtschülerzahl betrug im übrigen auch im Jahre 1817 nur 205. Danach setzte ein deutlicher Anstieg ein: 1825 lautete sie 569, um 1870 lag sie bei etwa 650, um 1900 über 700.[30]
Hinsichtlich der sozialen Herkunft und Schichtung der paulinischen Schülerschaft des Jahres 1768 lassen sich nur sehr begrenzte Aussagen machen. Gemäß der kurfürstlichen Anordnung sollten die Schüler einerseits nach ihrem intellektuellen Leistungsstand klassifiziert, andererseits die leistungsschwachen Schüler aus dem Bauern- und Handwerkerstand und aus anderen unteren Bevölkerungsgruppen zum Verlassen des Gymnasiums bewegt werden, was die Benennung ihrer sozialen Herkunft erforderlich machte. Bei der

Erfassung sind die Patres aber offenkundig nicht einheitlich vorgegangen. Während bei der Secunda und der Rhetorica gar keine Berufs- und Sozialstatusangaben gemacht wurden, finden sich solche bei der Infima und der Humanitas nur bei der jeweils schlechtesten Schülergruppe, bei der Syntaxis dagegen in allen Leistungsgruppen. Dabei sticht ins Auge, daß in der Syntaxis von den besten Schülern zwei als arm („pauper“) bezeichnet werden, welchen man den „musicus“ aus der „Domus Mariana“ der Jesuiten wohl ebenfalls zurechnen darf; einer wird als „mediocris conditionis“ bezeichnet, womit vermutlich eine beruflich-soziale Mittellage des Vaters gemeint war, einer als Sohn eines „villicus“, eines wohlhabenden Bauern (Meier- oder Schulzenhof). Womöglich wollte der Jesuitenpater, der diese Liste aufgestellt hat, ausdrücklich dokumentieren, daß gerade die besten Schüler aus der unteren oder mittleren Bevölkerungsschicht stammten.
Wenn sich wegen der unvollständigen und uneinheitlichen Erfassung auch keinerlei repräsentative Aussagen über die soziale Zusammensetzung der Schülerschaft des Paulinums herleiten lassen, so seien die vorkommenden Angaben doch zusammengefaßt. Vier Väter werden als „villicus“ bezeichnet (Nr. 39, 89, 94, 100), zwei als „colonus“ (Bauer; Nr. 164, 166), zwei als „mercator“ (Kaufmann; Nr. 38, 165), drei als „officialis bellicus“, also als dem Militär angehörend (Nr. 42, 44, 124), einer als Arzt (Nr. 128), einer als „aedituus“ (Nr. 167), was sowohl Mesner wie Hausmeister bedeuten kann, einer als „mercenarius“ (Tagelöhner; Nr. 41). Mit dem Letztgenannten kommt man in die Nähe der fünf als arm („pauper“) bezeichneten Schüler (Nr. 88, 90, 101, 105, 131), zu denen wohl auch die beiden „musici“ (Nr. 91, 106) gehörten, die in der „Domus Mariana“ wohnten.
Am oberen Ende der sozialen Skala waren die 17 adeligen Schüler angesiedelt, die 1768 das Gymnasium Paulinum besuchten. Bezüglich der Leistung rangierten nur zwei von ihnen (Nr. 139, 169) in der jeweiligen Spitzengruppe der Klasse, mehrere dagegen in der schlechtesten.
Die Schülerzahlen der einzelnen Klassen betrugen:

Infima	44
Secunda	42
Syntaxis	45
Humanitas	37
Rhetorica	27
Zusammen	195

Bei der Binnengliederung der Klassen nach dem Leistungsmaßstab haben die berichtenden Patres kein einheitliches Schema angewandt. In der Infima und Syntaxis sind die Schüler nach fünf Leistungsstufen eingeteilt, in der Secunda und Humanitas nach vier, in der Rhetorica schließlich nur nach dreien.

„Catalogus Infimistarum anni 1768.[31]

Scholae optimi[32]

1 Franciscus Lindenkampff. Monsis.[33]
Joannes Druffel. Monsis.
Georgius Düesberg. Monsis.

ad hos accedunt proxime[34]

Casparus Volterman. Monsis.
5 Antonius Dingerkus. Attendoriensis.
Christianus Wilberding. Monsis.
Antonius Brummel. Rittbergensis.
Joannes Waller. Monsis.
Bernardus Palsow. Monsis.
10 Henricus Schmedding. Monsis.
Joannes Jochmarding. Monsis.
Henricus Wolters. Monsis.
Antonius Grüter. ex Alberslohe.
Casparus Busch. Monsis.
15 Joannes Schlüter. Monsis.
Franciscus Wöhlers. Monsis.

Mediocres[35]

Bernardus Isfordt. Monsis.
Franciscus Grevener. Mendensis.
Franciscus Seuffert. Freudenbergensis.
20 Wilhelmus Gabler. Monsis.
Joannes Deppe. ex Beelen.
Franciscus Wiedeman. Monsis. (Blatt 29r)
Antonius Dircksen. ex Haselünne.
Theodorus Döemer. Telgetanus.
25 Otto Wenner. Monsis.
Bernardus Itling. Monsis.
Bernardus Kuhlman. Monsis.

Hos Sequuntur[36]

Clemens Augustus de Beverförde ex Hemesbourg.[37]
Josephus de Berswordt ex Ahul.[38]
30 Joannes Bonner. Monsis.
Casparus Oesthoff. Monsis.
Adolphus Block. Monsis.

Joannes Altendorff. Monsis.
Bernardus Steinhaus. Monsis.
35 Michael Wegenhausen. Monsis.
Franciscus Zurmühlen. Monsis.
Bernardus Potthoff. ex Darup... exiguo tempore, quo studiis vacavit, magnum fecit progressum, ob singularem diligentiam singulariter commendandus.[39]

ultimi[40]

Paulus Rolinck. Monsis. praedivitis mercatoris filius. non capax.[41]
Joannes Bruning. Wiedenbrugensis. filius villici ditissimi.[42]
40 Ignatius Lageman. Monsis. ob variam valetudinem vix 8 menses frequentavit.[43]
Joannes Eisman. Mercenarii hujatis filius. non capax.[44]
Ferdinandus Büren. Monsis. Officialis bellici filius.[45]
Gaudentius Hense. ex Dioec. Paderbornensi.[46] (Blatt 29v)
Mathias Lautenbach. Monsis. Officialis bellici filius. duobus annis, quibus jam haesit in Infima, vix, si dies supputentur, 7 menses frequentaxit, nec ulterius sedendo proficiet."[47] (Blatt 30r)

„Catalogus Secundanorum[48]

primae classis[49]

45 Forckenbeck Adolphus Heidenricus, Monasteriensis.
Herding Franciscus Arnoldus, Monasteriensis.
Hovestadt Franciscus Otto, Monasteriensis.
Hüffer Christophorus Aloysius, Strombergensis.
Hüger Paulus Ludolphus, Monasteriensis.
50 Kersten Joannes Rudolphus, Monasteriensis.
Lichtenstein Joannes Josephus, Monasteriensis.
Norgard Joannes Wilhelmus, Monasteriensis.
Nieman Joannes Wilhelmus, Ludinghusanus.
Olfers Franciscus Theodorus, Monasteriensis.
55 Plencker Joannes Theodorus, ex Elspe.
Rolandt Michael Antonius, Monasteriensis.

secundae[50]

Benning Joannes Bernardus, Monasteriensis.
de Cloedt Franciscus L.B. ex Remlinghausen.
Cossaert Joannes Henricus, Monasteriensis.
60 Van Hoelm, Amstelodamensis.[51]
Mersman Clemens Augustus, Dülmaniensis.
Reichardt Fridericus, Monasteriensis.
Rüsch Ludovicus Antonius, Monasteriensis.

Schweling Paulus Wernerus, Monasteriensis.
Stapel Fridericus Antonius, Monasteriensis.
Storp Joannes Theodorus, Monasteriensis.
Teising Ferdinandus, Monasteriensis.
Wulff Joannes Antonius, Mendensis.
Zurmühlen Antonius Franciscus Xav. Monasteriensis.

tertiae[52]

Balcke Antonius Josephus, Büranus.
Coopman Engelbertus, Monasteriensis.
Cossaert Petrus Gerhardus, Monasteriensis.
Hobbelinck Joannes Bernardus ex Ascheberg.
Jürgens Carolus Benedictus, Monasteriensis.
Krafft Franciscus Josephus, Monasteriensis.
de Krane Franciscus L.B. ex Matena.[53]
Küpers Bernardus ex Laer.
Lotten Franciscus, Monasteriensis.
Merlin Joannes Josephus, Monasteriensis.
de Schenkink Philippus L.B. ex Voegedinck.[54]
Volterman Henricus, Monasteriensis. (Blatt 35r)

postremae Classis[55]

Casparus L.B. de Bersword ex Ahull.[56]
Hunthum Fridericus Antonius, Monasteriensis.
Jochmaring Joannes Antonius, Monasteriensis.
Rhemen Ludgerus, Monasteriensis.
Richardt Fridericus, Osnabrugensis." (Blatt 35v)

„Catalogus Syntaxistarum[57]

Inter primos Scholae censentur:[58]

Joannes Jos. Borgman, Monasteriensis, Mediocris Conditionis.[59]
Joannes Jos. Krekenberg, Monsis. Pauper.[60]
Joan. Henr. Püning, ex Alverskirchen. Villici filius.[61]
Joan. Bern. Uhrwerker, Monsis. Pauper.
Henr. Casp. Leonard. Frideslariensis, e Domo Mariana Musicus.[62]

His proximi sunt:[63]

Joan. Theod. Deters, Monsis.
Joan. Herm. Koberg, Beckumensis.
Jos. Ernest. Hömoet, ex Billerbeck, Villici filius.

95 Casp. Ant. Thombrink, Monsis.
Joan. Bern. Hase, Monsis.
Christophorus L.B. de Beverförde, ex Hemesborg.[64]
Joan. Theod. Rasink, Monsis.
Ant. Fellings, Ostinghusanus.
100 Joan. Henr. Lembeck, Aschebergensis, Villici filius.
Joan. Theod. Harnischfeger, Monsis. Pauper.
Melchior Ant. Volterman, Monsis.

Mediocres[65]

Clemens Augustus Gundlach, Monsis.
Joan. Bern. Glanderbeck, Telgetanus.
105 Franc. Arnold. Brans, Monsis. Pauper.
Jos. Andreas Stapf, Freudenbergensis, e Domo Mariana Musicus.[66]
Ant. Mathias Wölers, Monsis.
Franc. Arnold. Wilt, Monsis. (Blatt 37r)
Joan. Georg Pape, Monsis.
110 Wernerus Olfers, Monsis.
Josephus Schower, Monsis.
Fridericus Christian. Brenke, ex Suburbio S. Mauritii.[67]
Joan. Gerard. Ignat. Hase, Monsis.
Fridericus L. B. de Korf, ex Harkotten.[68]
115 Joan. Albertus Appold, ex Hovestadt.
Joan. Henr. Budde, Monsis.
Christophorus Schulz, Monsis.
Franc. Arnoldus Robrecht, Monsis

Ad hos accedunt:[69]

Joan. Henr. Poppe, Monsis.
120 Joan. Herman. Giese, Monsis.
Bernardus Lange, Monsis.
Joan. Henr. Meyer, Monsis.
Maximilianus Hase, Tremoniensis.[70]

Postremi Scholae[71]

Zacharias Schürman, Monsis. Officialis Bellici filius.[72]
125 Jos. Ant. Corten, Monsis.
Nicolaus L. B. de Syberg, ex Sümmern.[73]
Wenemarus L.B. de Hövel, ex Ruhr.[74]
Josephus Gunsberg, Monsis. Medicinae Doctoris jam defuncti filius.[75]
Philippus L.B. de Syberg, ex Sümmern.

130 Adolphus Krey, Monsis.
Joan. Jos. Frede, Grevoniensis. Pauper." (Blatt 38r)

„Humanistis[76]

Scholae Primi censentur[77]

Aloysius Christophorus Gröninger Monasteriensis.
Antonius Jochmaring Grevoniensis.
Antonius Henricus Höpinck ex Darfeld.
135 Christianus Fridericus Winckelfelt Monasteriensis.
Joannes Andreas Keck Freudenbergensis.
Jodocus Plasger Monasteriensis.
Joannes Theodorus Büning ex Suburbio S. Mauritij.[78]
Leopoldus Franciscus de Daell ex Eyll.[79]
140 Levinus (?) Schmitjan Monasteriensis.
Stephanus Cramer Attendoriensis.
Stephanus Dingerkus Attendoriensis.
Walterus Antonius Schwick Monasteriensis.

His Accedunt.[80]

Bernardus Henricus Goevert ex Altenberge.
145 Christianus Fridericus de Daell ex Eyll.[79]
Ernestus Melchior Büning ex Suburbio S. Mauritij.[78]
Gerhardus Henricus Urwercker Monasteriensis.
Joes. Bernadus Tumbult Monasteriensis.
Joannes Henricus Antonius Lammering ex Altenberge.
Joes. Henricus Weil (?) Monasteriensis.
150 Joes. Josephus Classens Osnabrugensis.
Hermannus Josephus Isfordt Monasteriensis.

Mediocres[81]

Antonius Rolinck Monasteriensis.
Antonius Seufferdt Monasteriensis.
155 Bernardus Antonius Schencking ex Lake.[82]
Bernardus Pape Monasteriensis.
Bernardus Philippus de Hoevel ex Ruhr.[83]
Joes. Theodorus Waldeck Frideslariensis.
Jodocus Hermannus Masmet Monasteriensis.
160 Joes. Bernardus Vielhaber Monasteriensis.
Joes. Henricus Wernsing Monasteriensis.
Petrus Pölken Monasteriensis.
Nicolaus Franciscus Lauterbach Hildesiensis.[84] (Blatt 42r)

Infimi[85]

Franciscus Josephus Boemer ex Holthausen Coloni Filius.
Ad Musas aeque ac ad alias operas exercendas ob perpetuam valetudinem adversam incapax.[86]

165 Joes. Josephus Zumfelde, Monasteriensis. Mercatoris hujatis praedivitis filius.[87]

Joannes Theodores Heithorn ex Ammelsbüren. Coloni filius.
Ad Musas uti et ad labores aegrestes ob vitium quoddam corporis incapax.[88]

Paulus Lange. Aeditui hujatis filius.[89]

Petrus Fridericus de Baumgarten." (Blatt 42v)

„Catalogus Rhetorum.[90]

Primis Scholae accensentur.[91]

Cl. Augustus L.B. de Raett, ex Bögelskamp.[92]
170 Ludovicus Balzer, Smalenbergensis.
Casparus Köster, Werlensis.
Petrus Zurmühlen, Monasteriensis.
Christophorus Schucking, Monsis.
Ignatius Schmitz, Monsis.
175 Georgius Hüffer, Strombergensis.
Henricus Westhues, Monsis.
Adolphus Bittenduvell, Coesfeldiensis.
Fridericus Wulff, Mendensis.

His proxime accedunt[93]

Franciscus Eicholz, Monsis.
180 Georgius Dinckels, Saerbecensis.
Ignatius Samson, Monsis.
Josephus Rudinger, Monsis.
Bernardus Krawinckel, Monsis.
Joannes Tergeist, Monsis. (Blatt 44r)
185 Franciscus de Blumenreuter, Monsis.
Mauritius Hosius, Monsis.
Henricus Hessele, Aquensis.[94]
Antonius Koch, Strombergensis.
Casparus Oesthoff, Monsis.

Mediocres[95]

190 Franciscus Althaus, Monsis.
Henricus Neuhaus, Monsis.

Henricus Volpenhenn, Monsis.
Petrus Lotten, Monsis.
Godefridus Specht, Monsis.
195 Bernardus Beyr, Ahlensis.

Omnes judico dignissimos, sua qui Studia prosequantur."[96] (Blatt 45r)

III. Die Schülerlisten von 1800 und 1801

Die Schülerlisten des Paulinums aus den Jahren 1800 und 1801 sind anscheinend im Zusammenhang mit der Erfassung der Studenten der Universität Münster aufgestellt und an Franz von Fürstenberg als Kurator der Universität geschickt worden. Jedenfalls sind sie zusammen mit Verzeichnissen der Hörer von Vorlesungen der Juristischen, der Medizinischen und der Philosophischen Fakultät in einem Teilnachlaß Fürstenbergs überliefert.[97] In einem Schreiben des Rechtsprofessors Matthias Sprickmann, des Dekans der Juristischen Fakultät, an Fürstenberg vom 26. Dezember 1800 heißt es, daß er die beigeschlossenen Listen aufgrund eines Befehls Fürstenbergs vom 18. dieses Monats einschicke. Die überlieferten Listen beziehen sich einesteils auf das im Herbst 1800 angefangene Studienjahr 1800/1801, andernteils auf das Studienjahr 1801/1802.
Ebenso verhält es sich mit den Schülerlisten des Paulinums. Fünf stammen aus dem Schuljahr 1800/1801, zwei aus dem Schuljahr 1801/1802. Für 1800/1801 liegen die Listen aller fünf Klassen vor, für 1801/1802 diejenigen der ersten und der zweiten Klasse. Die Schülerzahlen betrugen

1800/1801:		1801/1802:	
1. Klasse	46	1. Klasse	41
2. Klasse	41	2. Klasse	46.
3. Klasse	37		
4. Klasse[98]	26		
5. Klasse	27		
	177		

Nimmt man an, daß die fünf Klassenlisten des Schuljahres 1800/1801 sämtliche Schüler enthalten, dann war die Gesamtschülerzahl von 177 gegenüber dem Jahr 1768, als sie 195 betrug, deutlich abgesunken. Auch das Gymnasium Paulinum wäre damit von der Rückläufigkeit der Schülerzahlen erfaßt worden, die sich in den letzten Jahrzehnten des 18. Jahrhunderts an manchem Gymnasium zeigte.[99]
Angaben zur örtlichen Herkunft der Schüler weisen nur drei der sieben Listen auf (vierte Klasse 1800/1801; beide Klassen 1801/1802). Bei 111 der 113 in diesen drei Listen genannten Schüler findet sich eine Ortsangabe. 68 von ihnen stammten aus der Stadt Münster (einschließlich St. Mauritz und Kirchspiel Überwasser), was einem Anteil von ca. 61,3 % entspricht. 28 kamen aus dem Oberstift Münster (ca. 25,2 %), 15 aus anderen Territorien (ca. 13,5 %), wovon die Obergrafschaft Lingen allein fünf stellte.

Will man diese Anteile trotz schmaler Datenbasis für einigermaßen repräsentativ ansehen, so war der stadtmünstersche Anteil um 1800 etwa genau so hoch wie 1768 (61,3 % gegenüber 64,6 %). Der Anteil der aus dem Münsterland kommenden Pauliner war dagegen von 14,4 % (1768) auf 25,2 % erheblich angestiegen, während die nichtmünsterschen Gebiete deutlich weniger Schüler stellten (13,5 % statt ca. 20 %).
Die Namensabfolge der Schülerlisten folgt keinem einheitlichen Schema. Während die meisten Verzeichnisse die Namen in alphabetischer Reihenfolge aufführen, findet sich bei der dritten und der fünften Klasse („Rhetores") von 1800/1801 noch das von den Jesuiten überkommene Reihungsprinzip, gemäß dem die alphabetische Abfolge der Vornamen maßgeblich war und innerhalb einer Gruppe gleicher Vornamen die Familiennamen alphabetisch geordnet waren. Vom alphabetischen Reihungsmaßstab weicht die Liste der vierten Klasse ab, die die Schüler nach der Sitzordnung bankweise nennt.
Die Schülerlisten von 1800 und 1801 lauten:

„Die Schüler der 1sten Klasse

1 Aulike.
2 Böckmann.
3 Busson.
4 Bucholz.
5 Druffel.
6 Elfers.
7 Esch.
8 Evelt.
9 Forkenbeck.
10 Fuisting.
11 Fontain.
12 Gabeler.
13 Gresshoff.
14 Greveler.
15 v. Hamm.
16 Hase.
17 Herold.
18 Hessels.
19 Hoffschulte.
20 Hölling.
21 Höping.
22 Keller.
23 Kellermann.
24 Kentrup.
25 Kerklau.
26 König.
27 Kemner.
28 Melchers.
29 Merlin.
30 Nellen.
31 Oesterling.
32 v. Papen.
33 Peitmann.
34 Rolink.
35 Schlade.
36 Schlichter.
37 Schmedding.
38 Schmitz.
39 Bern. Theissing.
40 Fridr. Theissing.
41 Venschott.
42 Vonnegut.
43 Westhof.
44 Zumfelde.
45 Weydemeyer.
46 Weyrother."

„Nahmen der Schüler der 2ten Classe.

Clem. Becker.
Ant. Benthues.
Alb. Berghaus.
Bern. Bisping.
Franc. von Bönninghausen.
Gerh. Bosse.
Gerh. Bruns.
Theod. Buldermann.

Henr. Deitermann.
Franc. Emmerich.
Christoph. Evens.
Wilh. Finckenbrink.
Henr. Fockenbrock.
Bern. Gausselmann.
Christ. Geisler.
Henr. Giese.
Bern. Hülst.
Ferd. Hülst.
Ant. Homoet.
Henr. Homann.
Fried. Klövekorn.
Ignat. Koberg.
Theod. Lohmann.
Casp. Lütkenhof.
Henr. Mast.
Henr. Niemer.
Bern. Otto.
Joh. Pross.
Ferd. Renne.
Eberh. Rüther.
Wilh. Schulz.
Ant. Schütte.
Wilh. Seling.
Bern. Sieverding.
Franc. von Spiessen.
Joan. Stewe.
Arn. Temming.
Car. Trieß.
Gerh. Wein.
Fried. Woldering.
Bern. Westarb."

„Nomina Studiosorum 3tiae Classis. a. 1800.

Albert. Pötter
Arnold. Burghart
Bernard. Hensing
Bernard. Winkelsett
Caspar. Boeckmann
Caspar. Steinkampf
Caspar. Tyrell
Christoph. Melchers
Clemens v. Droste.
Clemens Olfers.
Engelbert. Böcker
Engelbert. Ringenberg
Ferdinand. Klövekorn
Ferdinand v. Scirp
Francis. Bierwert
Francis. Wilms.
Frideric. Isfordt
Georg. Neuhaus
Gerhard. Wenning
Henric. Lindenkampf
Henric. Nacke
Henric. Rüschhoff
Hermann. Stätzkamp
Ignat. Fricken
Jodoc. Dingerkus
Joseph. Bullenhar
Joseph. Stegemann
Joseph. Scheffer
Joseph. v. Sonnenberg
Joseph. Ullens
Joseph. Westhoff
Ludolph Lohkampf
Paul. Schücking
Petrus Koberg
Theodor. Bredenoll
Theodor. v. Cloedt
Wilhelm. Hüffer."

„Namen der Schüler der 4ten Klasse; nach der Rangordnung, worin sich selbige in den Bänken folgen. a. 1801.

Von der rechten zur linken Hand
1ste Bank.
1. Henr. Lohmann, a. Haltern.
2. Albert. Vrede, a. Münster.
3. Alex. Schweer, a. Füchtorf.
4. Frid. Jansen, a. Münst.
5. Clem. de Bonninghausen, zu Heringhaven.
6. Arn. Osthues, a. Ahlen.

2te Bank
1. Ant. Boeckmann, a. Münst.
2. Fran. Schütte, a. Münst.
3. Nic. Becker, a. Münst.
4. Lud. Baltzer, a. Münst.
5. Math. Wrede, a. Bonn.
6. Hen. Pohlmann, a. Warend.

3te
1. Ant. Deutz, a. Werne.
2. Jos. Adler, a. Münst.
3. Christop. de Rhemen. a. Münst.
4. Fran. Brungerd, a. Westbev.
5. Theod. Grotemeyer, a. Münst.
6. Herm. Offenberg. a. Münst.

4te
1. Ant. Hellweg, a. Münst.
2. Theod. Woldering, a. Münst.
3. Jos. Wunderlich, a. Münst.
4. Jos. Niermann, a. Essen.
5. Ant. de Beesten, a. Bentheim.
6. Jos. Bremer. a. Lüdingh.

5te
Mehring, Bahrenbroeck. No. 26.“

„Rhetores, a. 1800

Adolphus Greve
Andreas von Hamm
Antonius Bichtrup
Arnoldus Münstermann
Bernardus Brinkmann
Bernardus Fresmann
Bernardus Homann Monsis
Bernardus Homann ex Olfen
Bernardus Niesmann
Bernardus Seling
Bernardus Sendhoff
Carolus Vandercruisse
Engelbertus Humperdink
Ferdinandus Hüger
Franciscus Bredenoll
Franciscus Lindenkampf.
Fridericus Hosius
Gerhardus Hachmann
Joannes Sieverdink
Josephus Becker
Josephine Hontes
Ludovicus Reinking
Melchior Kemper
Theodorus Schultz
Wernerus Rieve.
* Josephus Kruse“

„Schüler der ersten Schule 1801-1802.

1. Joseph .... Antonij .... aus Münster
2. Alexander .... Aulike .... aus Münster
3. Anton .... Balzer .... aus Münster

4. Clemens	Becker	aus Borghorst.
5. Alexander . . .	von Beesten	aus Bentheim
6. Franz	von Beesten	aus Coesfeld
7. Christopher . . .	Bonse	aus Drensteinfurt
8. Joseph	Brüning	aus Münster
9. Joseph	D'Hauterive	aus Bonn
10. Maximilian . . .	Forstmann	aus Münster
11. Joseph	Ganz	aus Horstmar
12. Hermann	Greshoff	aus Münster
13. Ignaz	Hase	aus Münster
14. Mathias	Holtermann	aus Münster
15. August	von Kaas	aus Rheine
16. Ferdinand	Kövener	aus St. Mauritz
17. Franz	Kerklau	aus Münster
18. August	Kemna	aus Münster
19. Anton	Lohaus	aus Münster
20. Joseph	Mehring	aus Münster
21. Hermann	Meiners	aus Münster
22. Gerhard	Mersch	aus Brochterbeck
23. Ludwig	Moritz	aus Münster
24. Johann	Muesmann	aus Münster
25. Bernard	Northoff	aus Nordwalde
26. Bernard	Van Nuys	aus Münster
27. Henrich	Offenberg	aus Münster
28. Christian	Rienermann	aus Münster
29. Ignaz	von Schilgen	aus Münster
30. Carl	Schmitz	aus Münster
31. Hermann	von Schonebeck . . .	aus Münster
32. Friderich	von Schlaberndorf .	aus Hildesheim
33. Carl	Schulte	aus Brochterbeck
34. Theodor	Schweling	aus Münster
35. Clemens	Sontrup	aus Kirchspiel Ueberwasser
36. Ignaz Joseph . .	Specht	aus Münster
37. Peter	Ueding	aus Münster
38. Antonius	Veerkamp	aus Hopsten
39. Henrich	Volpenhenn	aus Münster
40. Joseph	Wiede	aus Bonn
41. Carl	Woldering	aus Münster"

„Die Schüler der 2ten Klasse. 1801-1802

Ferdinand Beyer, aus Warendorf.
Joseph Böckmann, aus Wolbeck.
Adrian Bucholz, aus Münster.
Paul Busson, aus Münster.
Christoph v. Droste, zu Senden.
Friderich Druffel, aus Münster.

Joseph Elfers, aus Münster.
Franz Esch, aus Münster.
Christian Evelt, aus Münster.
Joseph Forckenbeck, aus Münster.
Bernard Friehaus, aus Reke.
Caspar Fuisting, aus Selm.
Joseph Gabler, aus Münster.
Melchior Gresshoff, aus Münster.
Adolph Greveler, aus Münster.
Franz v. Hamm, aus Münster.
Joseph Herold, aus Münster.
Heinrich Hessels, aus Münster.
Heinrich Hoffschulte, aus Ibbenbüren.
Hermann Hölling, aus Ostbevern.
Bernard Höping, aus Darfeld.
Joseph Kellermann, aus Freckenhorst.
Franz Kemner, aus Ottmarsbucholz
Caspar Kentrup, aus Billerbeck.
Joseph König, aus Ahaus.
Joseph Melchers, aus Münster.
Anton Merlin, aus Münster.
Adolph Nellen, aus Münster.
Theodor Oesterling, aus Wolbeck.
Theodor v. Papen, aus Werl.
Christoph Röhling, aus Ramsdorf.
Anton Rolinck, aus Münster.
Nicolaus Schlade, aus Münster.
Conrad Schlichter, aus Ibbenbüren.
Matthias Schmedding, aus Münster.
Caspar Schmitz, aus Münster.
Bernard Sieverding, aus Lembeck.
Franz Ullens, aus Antwerpen.
Clemens Vonnegut, aus Münster.
Conrad Westhoff, aus Münster.
Caspar Weydemeyer, aus Münster.
Karl Weyhrother, aus Münster.
Heinrich Zumfelde, aus Münster.
Bernard Theissing, aus Münster.
Friderich Theissing, aus Münster
Anton Venschott, aus Amelsbüren."

Anmerkungen

1 Rudolf Schulze, Das Gymnasium Paulinum zu Münster (Westf.) im Wandel der Zeiten (797-1947). In: 797-1947. Das Gymnasium Paulinum zu Münster. Hrsg. von Rudolf Schulze. Münster 1948, S. 7-148. – I.H. Pollmüller, Eine Schule blickt zurück. In: Festschrift des Gymnasium Paulinum in Münster zur Einweihung seines Hauses im St.-Liudger-Gedächtnisjahr 1959. Münster 1959, S. 255-264. – Bernd Schönemann, Die Bildungsinstitutionen in der frühen Neuzeit. In: Geschichte der Stadt Münster. Hrsg. von Franz-Josef Jakobi. Bd. 1. Münster 1993, S. 683-733, besonders S. 683-706, 719-722. – Karl-Ernst Jeismann, Die Bildungsinstitutionen zwischen 1815 und 1945. In: Geschichte der Stadt Münster. Bd. 2, S. 663-726, besonders S. 676-679.

2 Franz Hölscher, Verzeichnis der Abiturienten des Gymnasiums von 1820-1866. In: 89. Jahresbericht über das Königliche Paulinische Gymnasium zu Münster i.W. für das Schuljahr 1908-1909. Münster 1909. – Ders., Verzeichnis der Abiturienten des Gymnasiums von 1867-1900. In: 90. Jahresbericht... für das Schuljahr 1909-1910. Münster 1910. – Julius Uppenkamp, Verzeichnis der Abiturienten des Staatlichen Paulinischen Gymnasiums von 1865-1914. Münster 1927.

3 Karl Hengst, Jesuiten an Universitäten und Jesuitenuniversitäten. Paderborn 1981, S. 239-243.

4 Schulze (wie Anm. 1), S. 58.

5 Staatsarchiv Münster, Studienfonds Münster – Jesuitenkolleg Nr. 5814.

6 Friedrich Zurbonsen, Aus den Censurenlisten des Gymnasiums 1636-1647. In: Königliches Paulinisches Gymnasium zu Münster. Festschrift zur Feier der Einweihung des neuen Gymnasialgebäudes am 27. April 1898. Münster 1898, S. 53-71; hier S. 56. – Regionale Auswertungen: Alwin Hanschmidt, Schüler aus dem Niederstift Münster am Gymnasium Paulinum zu Münster 1636-1647. In: Jahrbuch für das Oldenburger Münsterland 1994, S. 140-

149. – Ders., Gymnasium Paulinum zu Münster: Schüler aus Rietberg und Wiedenbrück 1636-1647. In: Heimatblätter der Glocke (Oelde). Vierte Folge. I/1994, S. 367-368.

7 Staatsarchiv Münster, Fürstentum Münster Kabinettsregistratur Nr. 2954 (für das Jahr 1768) – Archiv Höllinghofen (Frhr. v. Boeselager), F 640 (für die Jahre 1800 und 1801).

8 Staatsarchiv Münster, Fürstentum Münster Landtagsprotokolle Nr. 163, Bl. 27r.

9 Wie Anm. 8, Bl. 130r; auch Landtagsprotokolle Nr. 164, Bl. 39.

10 Wie Anm. 8, Bl. 136v - 137r. – Die Besorgnis der münsterschen Landstände und des Fürstbischofs, es könnten zu viele Bauern- und Handwerkersöhne das Gymnasium besuchen, war damals nicht einmalig. So hatte Graf Maximilian Ulrich von Kaunitz und Rietberg in seiner Stiftungsurkunde vom 1. März 1743 für das Gymnasium Nepomucenum in Rietberg bestimmt, daß Bauernsöhne nicht unterschiedslos zum Studium zuzulassen seien, „damit sie nicht vom Ackerbau abgezogen" würden (Alwin Hanschmidt, Gräfliches Franziskanergymnasium und Königliches vollberechtigtes Progymnasium zu Rietberg. Die ersten 150 Jahre des Nepomucenums 1743-1893. In: 250 Jahre Gymnasium Nepomucenum Rietberg 1743-1993. Hrsg. von Alwin Hanschmidt. Rietberg 1993, S. 22-30; hier S. 24).

11 Wie Anm. 7.

12 Wie Anm. 7. Aus diesem Schreiben, wenn nicht anders angegeben, die folgenden Zitate.

13 Alwin Hanschmidt, Franz von Fürstenberg als Staatsmann. Die Politik des münsterschen Ministers 1762-1780. Münster 1969, S. 124-150. – Ders., Aufgeklärte Reformen im Fürstbistum Münster unter besonderer Berücksichtigung des Bildungswesens. In: Katholische Aufklärung – Aufklärung im katholischen Deutschland. Hrsg. von Harm Klueting in Zusammenarbeit mit Norbert Hinske und Karl Hengst. Hamburg 1993, S. 319-334.

14 Wie Anm. 7.

15 Joseph Frey, Über die Schulordnung des Hochstifts Münster vom Jahre 1776. In: Jahresbericht über das Königliche Paulinische Gymnasium zu Münster in dem Schuljahre 1888/89. Münster 1889, S. 1-24; hier S. 5-7.

16 Frey (wie Anm. 15), S. 4.

17 Alwin Hanschmidt, Bernard Overberg und die Reform des Elementarschulwesens im Fürstbistum Münster. In: Schulreform im Fürstbistum Münster im ausgehenden 18. Jahrhundert. Hrsg. von Meinolf Peters. Beiträge zur Geschichte der Gemeinde Recke. Heft 3. Recke-Ibbenbüren 1992, S. 1-44.

18 „Verordnung, wie die Lehrart in den fünf unteren Schulen der Gymnasien des hiesigen Hochstiftes überhaupt eingerichtet werden soll"; abgedruckt bei A. Kahle, Der erste Entwurf der Fürstenbergschen Schulordnung. In: Königliches Paulinisches Gymnasium zu Münster. Festschrift zur Einweihung des neuen Gymnasialgebäudes am 27. April 1898. Münster 1898, S. 75-104; hier S. 82-104.

19 „Verordnung, die Lehrart in den untern Schulen des Hochstifts Münster betreffend"; Faksimiledruck, hrsg. von Siegfried Sudhof. Münster 1960. – Zur Neuordnung des Gymnasialunterrichts: Hanschmidt, Fürstenberg als Staatsmann (wie Anm. 13), S. 135-142.

20 Frey (wie Anm. 15), S. 4 und 7.

21 In der im Jahre 1769 angelegten „Tabula Consuetudinum" des Vechtaer Franziskanergymnasiums finden sich, absichtlich und ausdrücklich in deutscher Sprache, u.a. folgende Bestimmungen:

„1. Es soll, der gnädigen Churfürstlichen Verordnung ausführlicher nachzukommen mit dem anfang des Jahres der gebrauch einer gut deutschen sprach eingeführet werden. Die studenten seynd also gehalten nicht allein in der schule, sondern in allen auch sonderheitlichen zusammenkünften ohne vermischung gewöhnlicher platter Sprache zu reden, es sey denn, daß sie Latein reden wollen.

...

3. damit die Lehr von der deutschen sprach- und rechenkunst und geschichten mit mehrerem nutzen werde angefangen, so wird Ihnen anbefohlen erstens, daß sie sich ein besonders Buch einbinden lassen die ersten grunde der geschichte und rechenkunst darin zu schreiben und zweitens, daß sie sich im Druck den gel. Gottsched von der deutschen Sprachkunst anschaffen. Was weiter hievon zu verordnen, hierin wird ihnen ihr eigener Lehrer einen weiteren Unterricht geben." – Die Schuljahrseröffnung wurde 1769 letztmalig in lateinischer Sprache vorgenommen, danach gemäß fürstbischöflicher Verordnung in deutscher Sprache (Großherzoglich Oldenburgisches Katholisches Gymnasium zu Vechta. Festschrift zur Feier des 200jährigen Jubiläums der Anstalt am 12.-14. August 1914. Münster 1914, S. 68-72; Zitat S. 71). – Bei günstiger Quellenüberlieferung dürften sich die Auswirkungen der landesherrlichen Anordnung von 1768 auch an den übrigen Gymnasien des Hochstifts nachweisen lassen.

22 Wie Anm. 7. – Am 10. Oktober 1768 ließ Kurfürst Max Friedrich von Ahaus aus die Berichte des Paulinums dem Geheimen Rat zustellen „Zu Euerer einsicht, und dabey etwa nöthig findender erinnerung". – Leider sind im Staatsarchiv Münster nur die Berichte des Paulinums, nicht aber diejenigen der anderen Gymnasien des Hochstifts überliefert. Ob sich in den Archiven dieser Gymnasien noch Unterlagen zu der Bestandsaufnahme von 1768 aufbewahrt finden, ist nicht bekannt.

23 Schulze (wie Anm. 1), S. 58. – Diese Zahlen entsprechen den von Zurbonsen für 1640 (882) und 1646 (918) ermittelten (siehe oben Anm. 6).

24 Schulze (wie Anm. 23).

25 Friedrich Wilhelm Saal, Das Schul- und Bildungswesen. In: Westfälische Geschichte. Hrsg. von Wilhelm Kohl. Bd. 3. Düsseldorf 1984, S. 533-618, 638-645; hier S. 537.

26 Zu Meppen: J.B. Diepenbrock, Geschichte des vormaligen münsterschen Amtes Meppen oder des jetzigen hannoverschen Herzogthums Arenberg-Meppen. 1838. Reprint Meisenheim/Glan o.J., S. 380-398. – Wolfgang Germing, Der Weg durch die Jahrhunderte. Eine Zeittafel zur Geschichte des Windthorst-Gymnasiums Meppen. In: 350 Jahre Windthorst-Gymnasium Meppen 1642 bis 1992. Hrsg. von Wolfgang Germing. Meppen 1992, S. 11-22. – Zu Vechta: wie Anm. 21.

27 In der Stadt Münster blieb die Gesamteinwohnerzahl von 1685 (10 500 bis 11 000 Personen) bis um 1770 (10 000 bis 10 500 Personen) in etwa konstant (Franz-Josef Jakobi, Bevölkerungsentwicklung und Bevölkerungsstruktur im Mittelalter und in der frühen Neuzeit. In: Geschichte der Stadt Münster. Hrsg. von Franz-Josef Jakobi. Bd. 1. Münster 1993, S. 485-534; hier S. 498f).

28 Nach Zurbonsen (wie Anm. 6).

29 Drei Ortsangaben können nicht eindeutig identifiziert werden: Holthausen (Nr. 164), Laer (Nr. 77; Fürstbistum Münster oder Fürstbistum Osnabrück?), Lake (Nr. 155).

30 Karl-Ernst Jeismann (wie Anm. 1), S. 678.

31 Verzeichnis der Schüler der Infima des Jahres 1768. – Lehrer: Antonius Fechteler S.J.

32 Die Besten der Klasse.

33 Monsis = Monasteriensis: aus Münster stammend.

34 Diesen kommen am nächsten.

35 Mittelmäßige.

36 Diesen folgen.

37 Haus Hemisburg im Kirchspiel Albersloh.

38 Haus Auel im Kirchspiel Scheidingen bei Werl.

39 Während der kurzen Zeit, in der er sich den Studien gewidmet hat, hat er einen großen Fortschritt gemacht; wegen seines einzigartigen Fleißes ist er besonders zu empfehlen.

40 Die Letzten.

41 Sohn eines sehr reichen Kaufmanns; unfähig.

42 Sohn eines sehr reichen Bauern (Gutsbesitzers).
43 Wegen schwankender Gesundheit hat er den Unterricht kaum acht Monate besucht.
44 Sohn eines hiesigen Tagelöhners; unfähig.
45 Sohn eines Offiziers.
46 Aus der Diözese Paderborn.
47 Sohn eines Offiziers; er hat in den zwei Jahren, in denen er bereits in der Infima geklebt hat, alle Tage zusammengerechnet, kaum sieben Monate die Schule besucht und wird durch Sitzenbleiben keine weiteren Fortschritte machen.
48 Verzeichnis der Secunda. - Lehrer: Wilhelm Faber S.J.
49 Der ersten Abteilung (zuzuordnen)
50 Der zweiten (Abteilung zuzuordnen).
51 Aus Amsterdam.
52 Der dritten (Abteilung zuzuordnen).
53 Haus Matena im Kirchspiel Welver bei Soest.
54 Haus Vögedinck (Münster-Nienberge).
55 Der letzten Abteilung (zuzuordnen).
56 Wie Anm. 38.
57 Verzeichnis der Syntaxis. - Lehrer Joseph Esch S.J.
58 Unter die Ersten der Klasse werden gerechnet.
59 Von mittelmäßiger Verfassung (vermutlich finanziell gemeint).
60 Arm.
61 Sohn eines Bauern (Gutsbesitzers).
62 Aus Fritzlar stammend, Musiker aus dem Marianerhaus der Jesuiten. - Das Marianerhaus war ein Konvikt armer Studenten („studiosi pauperes Domus Marianae"), die sich der Ausübung der Musik im Dom und in anderen Kirchen widmeten; es war 1615 gegründet worden und unterstand dem Rektor der Jesuitenniederlassung; das Haus lag am Krummen Timpen, war durch eine Zugbrücke über die Aa mit dem Gelände des Jesuitenkollegs verbunden und ist zwischen 1769 und 1771 abgebrochen worden, um dem Neubau des Gardehotels (Haus der fürstbischöflichen Leibwache) zu weichen (Die Stadt Münster. Bearb. von Max Geisberg. Vierter Teil. Münster 1935, S. 280f.).
63 Diesen kommen am nächsten.
64 Wie Anm. 37.
65 Mittelmäßige.
66 Wie Anm. 62.
67 Aus der Vorstadt St. Mauritz.
68 Haus Harkotten im Kirchspiel Füchtorf bei Warendorf.
69 Diesen schließen sich an.
70 Aus Dortmund stammend.
71 Die Letzten der Klasse.
72 Sohn eines Offiziers. Bei dem Vater könnte es sich um Ferdinand Schürmann handeln, der seit dem 23.11.1744 Leutnant im münsterschen Regiment von Nagel war (Westfälische Zeitschrift 137, 1987, S. 79).
73 Haus Sümmern bei Menden/Sauerland.
74 Haus Ruhr im Kirchspiel Westhofen.
75 Sohn eines bereits verstorbenen Doktors der Medizin.
76 Verzeichnis der Humanitas (Poetica). - Lehrer: Friedrich Drimborn S.J.
77 Als Beste der Klasse werden beurteilt.
78 Wie Anm. 67.
79 Haus Eyll bei Nieukerk (Kreis Moers).

80 Diesen schließen sich an.
81 Mittelmäßige.
82 Diese Ortsangabe konnte nicht identifiziert werden.
83 Wie Anm. 74.
84 Aus Hildesheim stammend.
85 Die Untersten.
86 Sohn eines Bauern. Zur Beschäftigung mit den Schönen Künsten ebenso wie zur Ausübung anderer Arbeiten wegen dauernder Krankheiten unfähig. – Der häufig vorkommende Ortsname Holthausen konnte nicht genau identifiziert werden.
87 Sohn eines hiesigen sehr reichen Kaufmanns.
88 Sohn eines Bauern; zu den Schönen Künsten wie auch zu anstrengenden Arbeiten wegen eines Körperschadens unfähig.
89 Sohn eines hiesigen Mesners oder Hausmeisters.
90 Verzeichnis der Rhetorica. – Lehrer: Antonius Stordeur S.J.
91 Den Ersten der Klasse werden zugerechnet.
92 Haus Beugelskamp bei Denekamp (Provinz Overijssel, Niederlande).
93 Diesen kommen am nächsten.
94 Aus Aachen stammend.
95 Mittelmäßige.
96 Alle halte ich für sehr geeignet, ihre Studien fortzusetzen.
97 Archiv Höllinghofen (Frhr. v. Boeselager), F 640. – Zur Überlieferungsgeschichte dieses Teilnachlasses: Co (= Horst Conrad), Ein Teilnachlaß des Franz Friedrich von Fürstenberg im Archiv Höllinghofen. In: Archivpflege in Westfalen und Lippe. Heft 29, April 1989, S. 36.
98 Die Liste der vierten Klasse trägt zwar den Vermerk „a. 1801", so daß sie auf den ersten Blick dem Schuljahr 1801/1802 zugeordnet werden könnte. Da jedoch keiner der Namen der dritten Klasse von 1800 in dieser Liste auftaucht, wie es bei der Liste der zweiten Klasse von 1801/1802 im Vergleich mit derjenigen der ersten Klasse von 1800/1801 der Fall ist, spricht mehr dafür, die Liste der vierten Klasse dem Schuljahr 1800/1801 zuzuordnen. Möglicherweise ist die Notiz „a. 1801" darauf zurückzuführen, daß sie erst im Kalenderjahr 1801 aufgestellt worden ist. Das erscheint nicht ausgeschlossen, wenn man bedenkt, daß die Listen der Universitätsstudenten erst im Dezember 1800 angefordert und eingeschickt worden sind. Andererseits unterscheidet sie sich von den anderen Klassenlisten des Jahres 1800 durch die Angabe der Herkunftsorte der Schüler, die jenen fehlt, während sie sich in den Listen des Schuljahres 1801/1802 ebenfalls findet.
99 In Bielefeld war die Schülerzahl des Gymnasiums zwischen 1780 und 1789 von 80 auf 20 gesunken; die Gymnasien in Soest und Hamm zählten um 1800 jeweils rund 80 Schüler (Friedrich Wilhelm Saal, Das Schul- und Bildungswesen. In: Westfälische Geschichte. Hrsg. von Wilhelm Kohl. Bd. 3: Das 19. und das 20. Jahrhundert. Wirtschaft und Gesellschaft. Düsseldorf 1984, S. 533-618 und 638-645, hier S. 546).

Die Familien Schulte Röchling und Röchling in (Dortmund-)Wickede im 17./18. Jahrhundert

von Martin Litzinger

Die Familien Schulte Röchling und (Wirt) Röchling gehörten während des 17. und 18. Jahrhunderts zu den besonders angesehenen und wohlhabenden Bauerngeschlechtern des damaligen märkischen Hellweggebietes und waren mit vielen anderen namhaften Familien aus jener Region durch verwandtschaftliche Beziehungen verbunden.
Beheimatet waren beide Familien auf Höfen im alten Hellweg-Kirchdorf Wickede, das etwa auf halber Wegstrecke zwischen den Städten Dortmund und Unna lag und später (1928) nach Dortmund eingemeindet wurde.
Der Schultenhof Röchling hatte seinen Standort als Einzelhof außerhalb des früheren Dorfkerns einige hundert Meter nördlich der Kirche und des Hellwegs. Er gehörte ursprünglich den Adelsfamilien v. Hane und v. Laer und ging im Laufe des 16. Jahrhunderts in den Besitz des Rates der Stadt Unna über, der seinerseits Unnaer Bürger und Ratsverwandte damit belehnte. Bewirtschaftet wurde der Hof jedoch auch damals schon von bäuerlichen Erbpächtern, die ihren jeweiligen Hofesherren dienst- und abgabepflichtig waren.
1628 verkaufte die Stadt Unna den Schultenhof zur Deckung aufgelaufener Kriegsschulden zusammen mit den Wickeder Höfen Goesmann und Ellerckmann an die adligen Besitzer des Gutes Haus Heeren in (Kamen-)Heeren, in dessen Gutsverband er dann – von einem zeitweiligen Tausch mit der Domänenverwaltung und Rentei Hörde von 1652 bis 1693 abgesehen – bis zur Ablösung um die Mitte des 19. Jahrhunderts verblieb[1].
Im Jahre 1705 war der Schultenhof Röchling mit seinen zugehörigen 34 Maltersaat Land der zweitgrößte Hof im Dorf Wickede[2]. An Naturalabgaben hatten die Schulten jährlich je 27½ Malter Roggen und Gerste, 2 Malter Hafer, 8 Hühner und 2 Gänse an das Haus Heeren zu liefern; außerdem war neben einem jährlich zu entrichtenden Dienstgeld von 3 Reichstalern 15 Stübern noch alle 12 Jahre ein Gewinngeld in Höhe von 100 Reichstalern an die Gutsherrschaft zu zahlen[3].
Trotz seiner Größe und seiner Ertragsfähigkeit geriet der Hof Schulte Röchling um die Mitte des 18. Jahrhunderts in erhebliche wirtschaftliche Schwierigkeiten. Die Auswirkungen des Siebenjährigen Krieges (1756-1763), Brände, Mißernten und notwendige Zahlungen von Kapitalabfindungen an weichende Erben waren die Ursachen für diese Entwicklung. Dem Hofschulten Diedrich Henrich Freckmann gnt. Schulte Röchling (1746-1820), der seit 1773 mit Clara Elsabena Schulte Röchling (1755-1829), der Erbtochter des Hofes, verheiratet war, gelang es jedoch durch eine ausgesprochen geschickte und glückliche Wirtschaftsführung, den Hof in seinem Bestand zu sichern und für seine Familie zu erhalten[4]. Noch 1880 befand sich der Schultenhof in Familienbesitz, wurde aber nur wenig später verkauft und verschwand schließlich erst vor wenigen Jahrzehnten aus dem Wickeder Ortsbild.
Im Gegensatz zum Schultenhof lag der Hof (Wirt) Röchling inmitten des Ortes direkt südlich des Hellwegs, der das Dorf von Westen nach Osten durchquerte. 1705 war er mit 18 Maltern Land nur gut halb so groß wie der Schultenhof[5]. Von altersher wurde

allerdings auf diesem Anwesen neben der Landwirtschaft auch noch die über lange Zeit einzige Gastwirtschaft mit Bierbrauerei im Ort betrieben[6]. Nach einem Liegenschaftsverzeichnis aus dem Jahre 1709 war der Hof offensichtlich aus drei ehemals eigenständigen Anwesen zusammengesetzt, nämlich aus der früheren Wickeder Hiddinghove, dem Bönnemanns Kotten und einem weiteren unbenannten Kotten, den der Gast- und Landwirt Johann Röchling - vermutlich wohl im letzten Viertel des 17. Jahrhunderts - von den Erben des Unnaer Bürgers Thomas Hövel gekauft hatte[7].

Bei diesem Anwesen könnte es sich um jenen Kotten gehandelt haben, der 1586 von der Wickeder Familie Niehus an die Stadt Unna verkauft, dann vorübergehend dem Hof Goesmann zugelegt und 1594 von der Stadt Unna dem Fronen Degenhard Röchling zu Wickede, wohl einem Sohn vom Schultenhof, und seiner Frau verpachtet worden war[8]. Die Hiddinghove hatte der Gastwirt Johann Röchling nach eigenem Bekunden zunächst nur zu einem kleineren Teil selbst erworben[9], den restlichen und größeren Teil dieses Anwesens, das er pachtweise bewirtschaftete, kaufte erst sein Sohn Joh. Dietrich Röchling gemeinsam mit seiner Ehefrau Margaretha geb. Schulte Röchling im Jahre 1727 für 885 Reichstaler von den Erben Giesler[10].

In der zweiten Hälfte des 18. Jahrhunderts verlor die Familie (Wirt) Röchling ihren angestammten Hof durch Überschuldung; nach mehrfachem Verkauf und Besitzerwechsel war das Anwesen bereits um die Mitte des 19. Jahrhunderts fast völlig zersplittert[11].

Insbesondere der genealogischen Forschung bereitete es in der Vergangenheit immer wieder Schwierigkeiten, Namensträgerinnen und Namensträger Röchling der jeweils richtigen Familie Schulte Röchling oder (Wirt) Röchling zuzuordnen, da alle älteren Kirchenbücher der luth. Kirchengemeinde Wickede bis auf eine Ausnahme[12] schon lange verschollen sind. Das von Pfarrer Zahn noch nach eben diesen Kirchenbüchern erarbeitete Familienbuch weist mancherlei Fehler und Unstimmigkeiten auf und kann daher nur als bedingt zuverlässig gelten[13].

Die nachfolgenden Aufstellungen zur Genealogie der Familien Schulte Röchling und Röchling sollen zukünftige Forschungen erleichtern und das verwandtschaftliche Umfeld beider Familien gerade in älterer Zeit dokumentieren. Dabei wird auf eine genealogische Auswertung der mitgeteilten Patennennungen verzichtet, weil sie hinreichend Stoff für eine eigenständige Untersuchung bietet.

Stammtafel Schulte Röchling

Die urkundlich nachweisbare ununterbrochene Generationen- und Besitzerfolge auf dem Schultenhof Röchling beginnt mit Friedrich Brügg(e)mann Schulte zu Röchling, der namentlich allerdings nur ein einziges Mal - am 22. Juli 1671 - als Zeuge in einem Ehevertrag zwischen seiner Enkeltochter Elisabeth Hueck aus (Unna-)Niedermassen und ihrem Bräutigam Caspar Brockmann aus (Bönen-)Flierich genannt wird[14].

Über die Herkunft und das Leben dieses Hofschulten ist kaum etwas bekannt. Vermutlich kam er zu einem nicht näher bestimmbaren Zeitpunkt während des Dreißigjährigen Krieges (1618-1648) entweder durch Heirat mit einer Erbin oder aber - bereits verheiratet - als neuer bäuerlicher Erbpächter zusammen mit seiner Ehefrau auf den Schultenhof. Geboren wurde er wahrscheinlich um 1595/1600 entweder auf dem Schultenhof Korten

in (Fröndenberg-)Ostbüren oder auf dem Schultenhof Wiehenbrauck in (Unna-)Mühlhausen[15]. Aus der Ehe mit seiner bisheran unbekannten Ehefrau gingen mindestens zwei Kinder hervor. Die Tochter Anna war seit 1638 mit dem Bauern Caspar Hueck (1609-1678) in (Unna-)Niedermassen verheiratet[16]. In dem Ehevertrag von 1671 wird sie als Mutter der Braut genannt. Sie lebte noch Anfang Februar 1686[17].
Ihr Bruder Henrich Brügmann ist 1655 und 1666 als Vorsteher und Besitzer des Schultenhofes Röchling in Wickede bezeugt[18]. Er lebte noch im Juli 1671, denn auch er gehört zu dem im Ehevertrag Brockmann-Hueck namentlich benannten Personenkreis. Sein Sohn Johann Schulte Röchling wird in der dritten Generation mit seiner ganzen Familie faßbar, weshalb an dieser Stelle zu einer tabellarischen Darstellungsweise übergegangen werden soll:

I. Friedrich Brügg(e)mann Schulte zu Röchling, urkundlich erwähnt 1671
II. Henrich Brügg(e)mann Schulte zu Röchling, urkundlich erwähnt 1655, 1666 und 1671
III. Johann Schulte Röchling
  * Wickede ..., † ebd. 5.4.1714
  ∞ I. ...
  Anna Schulte Lenninghausen[19]
  * ..., † Wickede ..., lebt noch am 21.4.1667[20]
  ∞ II. Wickede... vor 28.10.1671[21]
  Sophia Schorlemer[22]
  * Wickede ..., † Wickede ..., lebt noch am 21.9.1692[23]

  Kinder aus beiden Ehen:
  1. Johann
     * Wickede ... (err. 1658/1659), † ebd. 13.1.1733, 74 J.
     wird Hesselmann zu Wickede

  2. Catharina
     ~ Wickede 9.3.1662
     Paten: Johann Röchling, Wirths Sohn
     Catharina, Schulten Tochter zu Molhusen
     Catharina Maeß von Unna

  3. Elsaben
     ~ Wickede 13.9.1663
     Paten: Elske Huecks zu Massen
     Sonstige Paten sind nicht angegeben

  4. Diederich (vgl. IV a)
     ~ Wickede 7.9.1665
     Paten: Diederich Lenninghusen
     Anthon Micke
     Clara Holtzwickede Velleuersche zu Asseln

5. Henrich (vgl. IV b)
~ Wickede 16.5.1675
Paten: Henricus Sachsenschede, Pastor
Jobst Schult zu Westhoff
Clara Velleuers

6. Godhart Caspar (vgl. IV c)
~ Wickede 11.12.1677
Paten: Henrich Hueck
Johan Schorlemer
Elsen, Wirths Frau

7. Elisabeth
~ Wickede 11.2.1681
Paten: Johann Isenbeck
Elisabeth Holtzwickede, Lücken zu Natorp Hausfrau
Anna Rochling Witwe Huecks zu Niedermassen

8. Clara Sophia (vgl. IV d)
~ Wickede 8.2.1684
Paten: Margaretha Schorlemer, Jacob Hiddemanns Hausfrau
Anna Sophia Wortmanns Witwe Steinemanns
Arnold Velleuer zu Asseln

9. Margaretha (vgl. IV e)
~ Wickede 7.1.1687
Paten: Emich Diederich Kemper
Johann Röchlings Hausfrau Clara Huecks
Johann Schorlemers Hausfrau Anna Maria Schulten zum Kumpff

IVa. Diederich Schulte Röchling, wird Schorlemer
~ Wickede 7.9.1665, † ebd. 15.5.1729;
⚭ I. Wickede ... (ca. 1694/1695)
Anna Maria Schulte Kump, Witwe d. Johann Schorlemer († 1693)
* Derne ..., † Wickede ... 1714
⚭ II. Wickede ... (ca. 1714/1715)
Anna Westermann
* ..., † Wickede ..., lebt noch Januar 1752

IVb. Henrich Schulte Röchling, Hoferbe zu Wickede
~ Wickede 16.5.1675, † ebd. 24.2.1733;
gewinnt den Schultenhof Röchling als Nachfolger seines Vaters am 8.4.1707[24]

⚭ Wickede ... 1709[25]
Anna Elisabetha (Wirt) Röchling
~ Wickede 6.1.1692, † ebd. 4.7.1754

Kinder:

1. Clara Sophia
~ Wickede 24.6.1711, † Oberaden 12.8.1771
⚭ Methler ... 1739
Johann Henrich Voigt, Bauer zu Oberaden
~ Oberaden 10.5.1712, † ebd. 7.4.1775

2. Diederich Friedrich, Hoferbe zu Wickede
~ Wickede 12.9.1719, † ebd. 4.2.1790; übernimmt den Schultenhof Röchling durch Vertrag vom 11.11.1752[26]
⚭ Wickede 2.12.1752
Clara Maria Isingschulte
~ Hemmerde ... 1726, † Wickede 6.4.1789

3. Maria Elisabetha
~ Wickede 31.3.1724, † ebd. 16.11.1782
⚭ Wickede 29.5.1753
Johann Wilhelm Menke, Lehrer u. Küster zu Wickede

IVc. Godhart Caspar Schulte Röchling, wird Schulte Holzwickede
~ Wickede 11.12.1677, † Holzwickede 27.1.1718
⚭ Opherdicke ... 1712
Christina Ursula Schulte Holzwickede, Anerbin
~ Holzwickede ... 1688, † ebd. 3.5.1748, 60 J.
⚭ II. Opherdicke 29.2.1720
Johann Thomas Velleuer, wird Schulte Holzwickede
~ Asseln 28.3.1689, † Holzwickede 6.9.1748

IVd. Clara Sophia Schulte Röchling
~ Wickede 8.2.1684, † ebd. 7.1.1760
⚭ Wickede ... 1706
Goddert Johann Borchard, Bauer zu Wickede
~ Wickede ... 1684, † ebd. 27.4.1753, 69 J.

IVe. Margaretha Schulte Röchling
~ Wickede 7.1.1687, † ebd. 8.2.1759; erwirbt 1727 gemeinsam mit ihrem Ehemann die Hiddinghove von den Erben Giesler
⚭ Wickede ... 1709/1710
Johann Diederich (Wirt) Röchling, Gastwirt zu Wickede
~ Wickede 13.2.1688, † ebd. ..., lebt noch 1741

Stammtafel (Wirt) Röchling

I. Jörgen Röchling,
urkundlich erwähnt 1655 als Gastwirt zu Wickede[27]

II. Johann Röchling, Gast- und Landwirt zu Wickede
* Wickede ... , † ebd. 8.5.1711[28], 1666 erstmalig als Bewirtschafter des Hofes Röchling bezeugt[29], als Nachfolger seines Vaters seit 1672 Pächter Cappenberger Landbesitzes in Wickede[30], errichtet sein Testament 1709[31]
⚭ I. ... vor 27.5.1666[32]
Else/Elsken Hueck[33]
* ..., † Wickede ..., lebt noch im März 1683
⚭ II. ... vor 24.5.1685[34]
Clara Hueck
* Niedermassen ..., † Wickede 5.10.1708[35]

Kinder aus beiden Ehen:

1. Johann
Wickede 21.4.1667, † ebd. vor 29.11.1677[36]
Paten: Johann, Schorlemers Sohn
Caspar Huecks zu Niedermassen
Anna Lenninghusen Meiersche zu Rochling

2. Caspar (vgl. III a.)
Wickede 27.2.1669
Paten: Johann Isenbeck zu Herringen
Gord Schorlemer
Elisabeth Meiersche zu Holtzwickede

3. Catharina Elisabeth
Wickede 12.3.1671
Paten: Johann Schulte Röchling
Catharina Lisabeth Huecks
Elske Röchlings Meiersche Herrling

4. Clarphiken (vgl. III b.)
~ Wickede 6.8.1672
Paten: Henrich Schorlemer
Trinecke, Buschings Frau
Clara Ennecke Huecks

5. Gottfried (vgl. III c.)
~ Wickede 5.7.1674

Paten: Gottfried Velleuer
Henrich Hueck
Meyersche zu Himpendahl

6. Clara Sophia (vgl. III d.)
~ Wickede 24.11.1676
Paten: Johann Schult zu Kotten
Clara Huecks zu Niedermassen
Sophia Meyersche zu Röchling

7. Henrich Everdt (vgl. III e.)
~ Wickede 20.5.1679
Paten: Henrich Buschemann
Everd Velleuer
Ennecke Huecks von Niedermassen

8. Thomas
~ Wickede 14.2.1686 , † ebda. ... vor 1709
Paten: Thomas Huecks zu Stockum
Arnold Velleuer zu Asseln
Witwe Huecks zu Niedermassen

9. Johann Diederich (vgl. III f.)
~ Wickede 13.2.1688
Paten: Johann Vogelsang an der Ennepe
Johann Röchling, des Schulten Sohn
Gottfried Velleuers zu Asseln Hausfrau Catharina Meyers

10. Thomas (vgl. III g.)
~ Wickede 31.5.1690
Paten: Bernard Burchard
Tönnes Lindemann von Afferde
Johann Schorlemers Hausfrau Anna Maria Schulte zu Kumpff

11. Anna Elisabetha (vgl. III h.)
~ Wickede 6.1.1692
Paten: Göddert Lüken zu Natorp
Anna Elsabeth Huecks
und Schulten Tochter zu Holtzwickede

IIIa. Caspar Röchling, wird Schulte Kessebüren
~ Wickede 27.2.1669, † Kessebüren ... 1738[37];
gewinnt den Schultenhof Kessebüren gemeinsam mit seiner zukünftigen Ehefrau am 28.12.1700[38]

⚭ Frömern/Kessebüren … 1701
Elsabein Osthof gnt. Koch, Witwe d. Hermann von Steinen Schulte Kessebüren
~ Asseln 30.1.1672, † … 1750[39]

Kinder:

1. Johann Gottfried Röchling (1703-1780)
   Stammvater der Saarbrückener Röchlings und der Industriellenfamilie Röchling in Völklingen[40]

2. Georg Henrich Röchling,
   Rotgerbermeister in Grünstadt/Pfalz[41]

3. Clara Elsabena Röchling (1710-1788)
   ⚭ Fröndenberg/Gut Neuhoff 9.10.1737
   Eberhard Henrich Schulte Neuhoff (1714-1779)[42]

4. Caspar Leonhard Röchling, wird Schulte Höing zu Afferde,
   gewinnt den Schultenhof[43]
   ⚭ Unna 22.11.1744[44]
   Anna Elisabeth Schorlemer, Witwe d. Caspar Rötger Schulte Höing
   ~ Wickede … 1695, † Afferde …

IIIb. Clarphiken Röchling[45]
~ Wickede 6.8.1672, † Weddinghofen 11.5.1744, 72 J.
⚭ Methler … 1699
Goddert Henrich Vorwick Schulte zu Velmede
* Weddinghofen (err. 1677), † ebd. 14.12.1745, 68 J.;
gewinnt den Schultenhof Velmede am 30.4.1699[46] gemeinsam mit seiner Ehefrau.

IIIc. Gottfried Röchling, wird Sybrecht zu Asseln
~ Wickede 5.7.1674, † Asseln … 1734;
gewinnt den Hof Sybrecht am 8.6.1705[47] gemeinsam mit seiner zukünftigen Ehefrau;
⚭ Asseln 23.7.1705
Elisabeth Isenbeck, Witwe d. Johann Sybrecht
* Herringen/Hof Isenbeck 26.11.1676[48], † Asseln 14.8.1726

IIId. Clara Sophia Röchling
~ Wickede 24.11.1676, † Herringen 23.6.1703
⚭ Herringen 12.10.1694
Henrich Hermann Isenbeck
* Herringen/Hof Isenbeck 6.11.1671, † ebd. 19.5.1733
⚭ II. 1704 Clara Schulte Böing (1686-1706)
⚭ III. 1710 Clara Schulte Höing (1690-1753)

IIIe. Henrich Everdt Röchling, wird Schulte Mühlhausen
Wickede 20.5.1679, † Mühlhausen ...
⚭ Lünern 22.8.1707
Anna Elisabeth Grube Schulte Mühlhausen, Anerbin auf dem Schultenhof Mühlhausen

IIIf. Johann Diederich Röchling, Hoferbe u. Gastwirt
Wickede 13.2.1688, † ..., lebt noch 1741[49]
⚭ ebd. ... 1709/1710
Margaretha Schulte Röchling
~ Wickede 7.1.1687, † ebd. 8.2.1759

Kinder:

1. Clara Sophia Röchling
~ Wickede 25.6.1711, Weddinghofen ... 1757/58;
wird Erbin ihrer Tante auf dem Schultenhof Velmede,
den sie gemeinsam mit ihrem Ehemann am 8.10.1737 gewinnt[50]
⚭ Methler 22.10.1737
Gottfried Henrich Velleuer, wird Schulte Velmede,
* Asseln 15.2.1711, † Weddinghofen 7.7.1781;
erhält durch Erbvertrag vom 25.9.1760 200 Reichstaler als Erbteil seiner verstorbenen Ehefrau[51].
⚭ II. Methler 26.11.1758
Catharina Elisabetha Schulte Altenmethler

2. Gottfried Henrich Röchling, Hoferbe und Gastwirt
~ Wickede 28.2.1716, † ...;
erhält durch den Erbvertrag vom 25.9.1760 den Hof (Wirt) Röchling[52].
⚭ Wickede 11.12.1760
Maria Catharina Plaas, aus Nette, Kirchspiel Mengede.

3. Johann Caspar Röchling, wird Achterschulte
~ Wickede 25.5.1719, † Afferde 26.11.1787
erhält 1760 500 Reichstaler als elterliches Erbteil[53],
⚭ I. Wickede 19.8.1754
Maria Catharina NN, Witwe Achterschulte zu Afferde
..., † Afferde ... 1757/58
⚭ II. Unna 24.9.1758
Maria Catharina Kühl, aus Sölde, Kirchspiel Aplerbeck
* ... 1735, † Afferde 19.9.1799

4. Christina Margaretha Röchling
~ Wickede 6.7.1730, † Holzwickede 25.6.1801;
erhält 1760 300 Reichstaler als elterliches Erbteil[54],

⚭ Opherdicke 8.5.1749
Thomas Diederich Velleuer Schulte Holzwickede
~ Opherdicke 23.7.1727, † Holzwickede 4.7.1794

IIIg. Thomas Röchling (1690-1764)
Kaufmann, Stammvater der Röchlings zu St. Johann/Saar[55]

IIIh. Anna Elisabetha Röchling (1692-1754)
⚭ Wickede ... 1709
Henrich Schulte Röchling (1675-1733)
vgl. Stammtafel Schulte Röchling, IV b.

Anmerkungen

1 Archiv v. Plettenberg-Heeren, Akten, Nr. 119
Die Akte enthält eine reiche Überlieferung zur Besitzgeschichte des Hofes ab 1495. Ergänzend hierzu sei verwiesen auf Nordrhein-Westfälisches Staatsarchiv Münster (künftig: StAM), Dep. Stadt Unna, Urkunden 1522 März 12. und 1560 Mai 9.

2 Kataster der kontribuablen Güter in der Grafschaft Mark 1705. Bearb. von Willy Timm, Münster 1980, S. 73

3 Archiv v. Plettenberg-Heeren, Akten, Nr. 201

4 Archiv d. Evgl. Kirchengemeinde Dortmund-Wickede, Familienbuch der Bewohner des Dorfes Wickede. Nach den dortigen Kirchenbüchern ... bearb. von Pfarrer Carl Friedrich Zahn, Wickede 1848-1850, Bl. 321

5 s. Anm. 2), S. 72

6 s. Anm. 4), Bl. 325

7 StAM. Grafschaft Mark - Gerichte I, Nr. 40 Bl. 97

8 StAM. Dep. Stadt Unna, Urkunden 1586 Januar 6.
Archiv v. Plettenberg-Heeren, Akten, Nr. 119 Bl. 32

9 Aufzeichnung des Rektors W. Küppermann, Dortmund-Wickede, nach der im Stadtarchiv Dortmund, Dep. Haus Bodelschwingh befindlichen Akte 109 (weitgehend Kriegsverlust).

10 StAM. Grafschaft Mark - Gerichte III, Nr. 124 Bl. 322 ff.

11 s. Anm. 4), Bl. 325

12 Archiv d. Evgl. Kirchengemeinde Dortmund-Wickede, Taufregister 1661-1693. Es wurde für die vorliegende Arbeit ausgewertet.

13 s. Anm. 4). Übernommen wurden hieraus nur Namen und Daten, die als weitgehend gesichert angesehen werden konnten oder aber auch durch die Register anderer Kirchengemeinden belegbar waren. Für die folgenden Datenzusammenstellungen wurden - soweit nicht anders angegeben - die älteren Kirchenbücher der Gemeinden Asseln, Herringen, Lünern, Methler, Unna und Opherdicke herangezogen.

14 Stadtarchiv Dortmund, Best. 411 Nr. 29
Es handelt sich um eine nur fragmentarisch überlieferte neuzeitliche Abschrift des Vertrages aus dem früheren Hofarchiv Sümmermann/Korten in (Fröndenberg-)Ostbüren.

15 Beide Höfe wurden um die Wende des 16./17. Jahrhunderts von bäuerlichen Pächterfamilien des Namens Brüggemann bewirtschaftet. Vgl. Hofchronik Sümmermann/Korten in: Dortmunder General-Anzeiger Nr. 227 v. 20.8.1901 sowie bzgl. des Hofes Schulte Wiehenbrauck StAM. Dep. Stadt Unna, Urkunden 1551 Dezember 21. sowie Stift Fröndenberg, Akten Nr. 40: Johann

v. Roell und seine auf dem Hof geborene Ehefrau Elsabein Brüggemann gewinnen den Schultenhof Wiehenbrauck 1647 Mai 9.

16 Hofbuch Isenbeck-Herringen, Bl. 311
Dieses Hofbuch wurde von Johann Isenbeck (1643-1681) angelegt, der nach eigenen Angaben seit 1665 mit Elsabein Hueck (1640-1687) verheiratet war. Das Hofbuch ist verschollen; es existieren jedoch sehr präzise auszugsweise Abschriften, die 1936 von Heinrich Isenbeck, Soest, und Brigitte Funke, Hamm, angefertigt wurden.

17 Sie wird zu dieser Zeit als Taufpatin zu Wickede erwähnt.
Mehrfach sind Caspar und Anna Hueck auch im ältesten ref. Taufregister Unna (1613-1678) als Paten bezeugt.

18 Archiv d. Evgl. Kirchengemeinde Dortmund-Wickede, Akten, Nr. 1/1
StAM. Kleve-Märk. Regierung, Landessachen, Nr. 453, Bl. 41, hier in offensichtlich verschriebener Namensform „Henrich Bringmann Schult zu Röcheling".

19 Zur Geschichte der Familie Schulze Lenninghausen sei verwiesen auf W. Honselmann, Lenninghausen bei Hennen, in: Heimatblätter für Hohenlimburg und Umgebung, 2/1963, S. 24-29 u. 3/1963, S. 44-48.

20 Als Taufpatin zu Wickede genannt.

21 Als Sophia Schorlemer Meyersche zu Röchling als Taufpatin zu Wickede genannt.

22 Die Familie Schorlemer ist seit Anfang des 17. Jahrhunderts in Wickede nachweisbar. Sie bewirtschaftete seit dieser Zeit das weitaus größte und einzige freie Hofgut im Ort. Jener Goddert Schorlemer, der 1661 letztmalig in Wickede ein Kind taufen läßt, dürfte der Vater Sophias sein, der seit 1667 auftretende Johann dagegen ihr Bruder.
Ein Goddert Schorlemer zu Wickede, der 1606, 1611 und 1616 als Hofrichter zu Stockum und Rentmeister zu Hörde bezeugt ist - StAM. Dep. Stadt Unna, Urkunden 1606 Dezember 8., 1611 Dezember 12. und 1616 Juni 25. - ist vermutlich der Großvater oder Urgroßvater Sophia Schorlemers. Sehr wahrscheinlich bestanden auch verwandtschaftliche Beziehungen zur Familie des Bürgermeisters Caspar Schorlemer in Lünen, der in der ersten Hälfte des 17. Jahrhunderts in seiner Heimatstadt hohes Ansehen genoß - vgl. hierzu Alma Langenbach, Kleines Kulturbild aus dem alten Lünen des 17. Jahrhunderts, in: Beiträge zur Geschichte Dortmunds und der Grafschaft Mark, Bd. 58, 1962, S. 449-463.

23 Als Taufpatin zu Wickede genannt.

24 s. Anm. 3), Bl. 22

25 s. Anm. 7), Bl. 96

26 s. Anm. 10), Bl. 562 ff.

27 Archiv d. Evgl. Kirchengemeinde Dortmund-Wickede, Akten, Nr. 1/1

28 Hofbuch Sybrecht-Asseln, Bl. 2
Im Besitz der Familie Sybrecht, Dortmund-Asseln

29 StAM. Kleve-Märk. Regierung, Landessachen, Nr. 453, Bl. 42

30 StAM. Stift Cappenberg, Akten, Nr. 69

31 s. Anm. 7), Bl. 97 ff.

32 Als Elsken Röchling Wirthinne als Patin genannt.

33 Über ihre Identität herrschte sehr lange Zeit Unklarheit, da ihr Familienname nicht direkt überliefert ist. Sie muß aber eine geborene Hueck sein, weil Johann Isenbeck in seinem Hofbuch bereits am 9. März 1668 den Wirt Johann Röchling als seinen Schwager bezeichnet und ihm die Patenschaft über seine zweite Tochter überträgt.
Ebenso ist Johann Isenbeck am 27.2.1669 Pate über den zweiten Sohn Johann Röchlings.
Schließlich darf auch nicht übersehen werden, daß Caspar Hueck bereits bei der Taufe des ältesten Sohnes von Johann Röchling Pate ist.

34 1685 tritt „Clara Hueck, Wirth Röchlings Frau“ in Wickede als Taufpatin auf. Sie dürfte eine jüngere Schwester der verstorbenen Else Röchling und um 1655/1660 geboren sein.

35 s. Anm. 28)

36 s. Anm. 12), Bl. 347
„Johan Rochling der Wirt legierte bei Absterben seines ältisten Sohnes Johan an unsere Gemeinde 10 Reichstaler ...“. Der Vermerk trägt als Datum den 27.11.1677.

37 Ernst Bellwinkel, Das Schulzengut Neuenhof bei Fröndenberg und die Familie Schulze Neuhoff, Hamm 1939, S. 19

38 StAM. Stift Fröndenberg, Akten, Nr. 9 Bl. 38

39 s. Anm. 37)

40 Wilhelm Küppermann, Die Beziehungen der saarländischen Familie Röchling zu Dortmund-Wickede, in: Westfalen 1/35, S. 36-39; vgl. auch Hans Jaeger, Biographie Karl Röchling, und Konrad Fuchs, Biographie Hermann Röchling, in: Saarländische Lebensbilder, Bd. 2, Saarbrücken 1984, S. 201 ff. u. S. 221 ff., jeweils mit zahlr. w. Nachw.
Die Ahnentafel der Geschwister Röchling – gedruckt in: Ahnen und Enkel, Bd. 1, Limburg/Lahn 1959 – bedarf bezüglich der Namenslinie Röchling (S. 16) noch einer genauen und kritischen Überprüfung, ebenso die in demselben Band abgedruckte Ahnentafel der Geschwister Vopelius im Teil Röchling (S. 114-116).

41 Ernst Bellwinkel, a.a.O., S. 20

42 Zusammenfassend Alexander Tille, Das Haus Röchling und seine Unternehmungen, Saarbrücken 1907, S. 11; Ernst Bellwinkel, a.a.O.

43 s. Anm. 3), Bl. 49

44 StAM. Stift Fröndenberg, Akten, Nr. 120

45 Sie ist seit 1699 nur noch unter dem Vornamen Anna bezeugt, der vermutlich auf ihre Taufpatin Clara Anna Hueck zurückzuführen ist.

46 StAM. Stift Cappenberg, Akten, Nr. 70 Bl. 15

47 Stadtarchiv Dortmund, Best. 351, Akten Nr. 342

48 Hofbuch Isenbeck-Herringen

49 Wilhelm Küppermann, a.a.O., S. 37

50 StAM. Stift Cappenberg, Akten, Nr. 71

51 s. Anm. 10)

52 s. Anm. 10)

53 s. Anm. 10)

54 s. Anm. 10)

55 s. Anm. 49)

Zur sozialen und geographischen Mobilität einer Scharfrichterfamilie in der Frühen Neuzeit

Die Clauss (Clausen, Claessen, Clages) aus Lemgo

von Gisela Wilbertz

Mobilitätsforschung und Genealogie

Zu den Charakteristika, die schon immer bei den Scharfrichtern der Frühen Neuzeit registriert wurden, gehörte, „daß weitverzweigte Scharfrichterfamilien sich Jahrhunderte hindurch in einer und derselben Stelle hielten oder sich ausbreiteten wie Dynastengeschlechter"[1], daß sie „untereinander heirateten" und „sich das Gewerbe vom Vater auf den Sohn oder Schwiegersohn vererbte"[2]. Es wurde sogar hin und wieder versucht, den geographischen Raum zu beschreiben, in dem diese „dynastische" Ausbreitung stattfand, wie für Thüringen, wo „die bis ins 19. Jahrhundert fortdauernde Verbindung der Scharfrichterfamilien von den südlichen Abhängen des Thüringer Waldes bis in die nördlichen Harzvorlande und die Mark Brandenburg, von der Werra bis zur Elbe" reichte[3]. In der Regel blieb aber das Phänomen der vielfach miteinander verwandten traditionellen Scharfrichterfamilien ohne Raum- und Zeitbezug. Zudem wurden Endogamie, Berufsvererbung und Selbstrekrutierung ausschließlich als Indiz für die Abgeschlossenheit des Standes gegenüber anderen sozialen Gruppen interpretiert und diese wiederum wie selbstverständlich zurückgeführt auf die den Scharfrichtern angeblich anhaftende „Unehrlichkeit", die es ihnen unmöglich gemacht hätte, in andere Berufe zu wechseln oder Heiratsverbindungen außerhalb des eigenen Berufskreises einzugehen[4].

Bei meinen eigenen Forschungen stand zum einen die Beschreibung des sozialen Systems von Scharfrichterei und Abdeckerei, innerhalb dessen sich Scharfrichter, Halbmeister und ihre Knechte mit- und übereinander verständigten, und zum anderen die Frage der sozialen Mobilität im Mittelpunkt. Mit dem aus der Soziologie entlehnten Instrumentarium der Intergenerationenmobilität, Karrieremobilität und Eliteforschung wurden Herkunft und Verbleib, Heiratsverbindungen, Bildung und Ausbildung, Merkmale der Berufsausübung und der ökonomischen Potenz sowie die sich daraus ergebende soziale Positionierung untersucht. Die Frage nach der Dauer dieser Erscheinungen führte zur Feststellung eines sozialen Wandels, der etwa um die Mitte des 18. Jahrhunderts einsetzte und das Ende des Systems im 19. Jahrhundert einleitete – ein Prozeß, der wiederum in engem Zusammenhang mit dem gesamtgesellschaftlichen Wandel jener Zeit zu sehen ist[5].

Geographische Mobilität kam ebenfalls in einigen meiner Arbeiten vor – so in der Beschreibung einzelner Heiratskreise mit deutlich unterschiedlichem Regionalbezug und als Ergebnis einer Herkunftsstudie[6] –, doch handelte es sich eher um den materialisierten Niederschlag, um das greifbare Endprodukt dieser Mobilität. Der Vorgang des Ortswechsels selbst, sein Umfang und sein zeitlicher Rahmen, die Zielrichtungen, die sozioökonomischen Voraussetzungen und die zugrundeliegenden Motivationen wurden bisher nicht ausdrücklich thematisiert. „Wanderungsgeschehen und Wanderungsverhalten großräumig und epochenübergreifend zu erfassen, ist eine eine gewaltige, für die deutsche Geschichte [...] noch nicht annähernd eingelöste Aufgabe der Historischen Migrationsforschung“[7]. Unter diesem Aspekt sollen die Ausführungen zu diesem Problem als erster Beitrag verstanden werden, mit dem Ziel, anhand eines exemplarischen Beispiels einige grundlegende Einsichten zu gewinnen und ein Modell für die zukünftige Forschung zu entwerfen. Auch die Frage nach dem komplementären Verhältnis von sozialer und geographischer Mobilität kann nur angerissen werden.

Mobilität – soziale und geographische – wird getragen von Menschen. Will man sich ihrem Alltag, ihrer Lebenswelt, ihrer Biographie und ihren Handlungsmotivationen nähern, bietet sich die Prosopographie, die Personenforschung, als erfolgversprechender Weg an. Prosopographie aber ist nicht möglich ohne die Methoden der Genealogie, der „Lehre von der Herkunft und den Verwandtschaftsverhältnissen von Personen oder Familien“[8]. Der hohe Erkenntniswert, den genealogische Forschung besitzen kann, sei ausdrücklich unterstrichen. Personengeschichtliche Quellen vermögen selbst dort noch Ergebnisse zu erbringen, wo andere Quellen versagen[9]. Freilich kann die Genealogie innerhalb der Geschichtswissenschaft kein Selbstzweck sein. Bereits die ältere Forschung bemühte sich, Einzel- und Familienschicksale mit den allgemeinen historischen Prozessen in Beziehung zu setzen[10]. Was diesen Darstellungen allerdings fehlt, ist die Anwendung sozialwissenschaftlicher Methoden auf das mit Hilfe der Genealogie gewonnene Datenmaterial, wie es in meiner Dissertation hinsichtlich der Scharfrichter (und Abdecker) geschah[11].

Wenn daher Ruth.-E. Mohrmann in ihrer Rezension meint[12], der biographische Teil dieser Arbeit brächte nichts Neues, denn „wie begrenzt und eng die Heiratskreise für Scharfrichter und Abdecker gewesen sind, war auch schon in der älteren Literatur zu erfahren“, und ich hätte mir daher den „immense(n) Fleiß, der hier in das Aufspüren genealogischer Daten gesetzt worden ist“, sparen können, so verkennt sie völlig den Stellenwert dieses Ansatzes. Genealogie ist von mir genutzt als eine Methode zur Erhebung von Daten, die für Personen und Personengruppen der Frühen Neuzeit anders nicht zu erlangen wären. Da sich meine Untersuchungen in der Regel auf den Alltag und die Lebenswelt individueller Einzelpersonen beziehen – dadurch begründet, daß es sich bei den Scharfrichtern einer bestimmten Region um einen begrenzten, zählbaren Personenkreis handelt –, reichen anonymisierte Stichproben nicht aus, so daß hier ein entscheidender Unterschied zur Historischen Demographie und Historischen Familienforschung gegeben ist[13]. Nur durch eine intensive genealogische Forschung ist eine ausreichend große und wissenschaftlich genügend abgesicherte Datenbasis zu gewinnen, die eine quantifizierende Analyse von sozialer und geographischer Mobilität erlaubt. Der genealogische Ansatz ist folglich die notwendige und unverzichtbare Voraussetzung für eine Anwendung sozialwissenschaftlicher Methoden. Dadurch war es in meiner Dissertation erstmals möglich, für den Berufskreis der Scharfrichter und Abdecker zahlenmäßig sichere Aussagen über Berufsvererbung, Selbstrekrutierung und Endogamie zu machen, die soziale Abgrenzung zwischen Scharfrichtern und Abdeckern nachzuweisen sowie die innere Struktur dieses Berufskreises und den personellen Wandlungsprozeß vom 18. zum 19. Jahrhundert, nämlich den Ausstieg der Scharfrichter aus diesem Beruf und das Nachrücken der Abdecker an ihrer Stelle, sichtbar zu machen. Auf der gleichen

Grundlage war es auch erstmals möglich, die Verbindungen der Scharfrichter zu anderen sozialen Gruppen aufzuzeigen und so dem verbreiteten Topos eines vermeintlichen Ausschlusses aus der Gesellschaft zu begegnen[14].
Für den folgenden Beitrag zur sozialen und geographischen Mobilität schien es sinnvoll, nicht ortsbezogen vorzugehen, also nicht die Scharfrichter eines bestimmten Ortes zu untersuchen, sondern personenbezogen, d. h. eine bestimmte Familie als Ausgangspunkt zu wählen. Eine dafür geeignete Familie hatte gewisse Kriterien zu erfüllen. Sie mußte sich vom 16. bis zum 19. Jahrhundert nachweisen lassen, um so Anfang und Ende des frühneuzeitlichen Systems „Scharfrichter" in den Blick zu bekommen. Sie mußte sich über einen möglichst weiten Raum ausgebreitet haben, um genügend Mobilitätspotential bieten zu können. Nicht zuletzt mußte sie gut erforscht sein, um eine ausreichende Quellen- und Datenbasis zu liefern. Aufgrund dieser Kriterien erschien kaum eine andere Scharfrichterfamilie so geeignet für eine Untersuchung wie die Familie Clauss aus Lemgo.
Die Clauss zählen zu den ältesten Scharfrichterfamilien im deutschen Sprachraum und zu den am längsten in diesem Beruf verbliebenen. 1566 kam mit Caspar Clauss der „Stammvater" nach Lemgo – mit Sicherheit der erste Scharfrichter der Familie überhaupt –, 1868 starb Wilhelm Ernst Clausen als letzter Scharfrichter des Fürstentums Lippe. Von Lemgo aus verbreitete sich die Familie unter Variierung des Namens (Clausen, Claessen, Clages o.ä.) im ganzen nordwestdeutschen Raum bis in die Niederlande. Was die Lemgoer über die lange Berufstradition und die weite räumliche Ausbreitung hinaus bemerkenswert macht, ist die Überlieferung ihres Familiennachlasses, der sich heute im Lemgoer Stadtarchiv befindet[15]. Bei den Clauss handelt es sich also um eine Scharfrichterfamilie von exemplarischer Bedeutung.
In den folgenden Kapiteln soll auf einige charakteristische Entwicklungslinien hinsichtlich sozialer und geographischer Mobilität der frühneuzeitlichen Scharfrichter im allgemeinen und der Familie Clauss im besonderen hingewiesen werden. Daran schließt sich eine prosopographische Darstellung der einzelnen Familienzweige und ihrer Mitglieder an.

„Stammvater" Caspar Clauss und die mögliche Herkunft der Familie

Der Ursprung der traditionellen Scharfrichterfamilien der Frühen Neuzeit wurde in der älteren Literatur regelmäßig in das undurchdringliche Dunkel der Vergangenheit zurückdatiert. Dies erlaubte gleichzeitig die schönsten Spekulationen darüber, wer denn wohl die ersten jener Scharfrichter gewesen sein könnten. Eine Auswahl: „[...] zu diesem Amte gedungene Leibeigene, Landesflüchtige oder gar Verbrecher"[16], „Bettler oder Verbrecher, wie Räuber, Mörder und Diebe"[17], „rohe, gewalttätige Menschen, [...] der Abschaum der Menschheit [...], alle, die unter die Räder des Lebens gekommen waren"[18], „irgendein vierschrötig genug aussehender Leibeigener, der die notwendigen Folterungen oder die Hinrichtung zu übernehmen hatte"[19], „Kriminelle, Säufer und dissolute Kerle", denen „vom Wasenmeister und dem Metzger, den Heimatlosen und Unheimlichen her dunkle Elemente zuströmen"[20]. Zwar entbehrten diese Mutmaßungen jeglichen Quellennachweises, doch erwies sich das darin gezeichnete Negativbild trotzdem – oder gerade deswegen? – bis heute als äußerst zählebig.

Nun reicht das städtische Amt des Scharfrichters keineswegs in nebelhafte historische Fernen, sondern nur bis in die erste Hälfte des 13. Jahrhunderts zurück. Seine für die Frühe Neuzeit charakteristische Ausprägung – Eintritt in den Dienst des Landesherrn, Bestallung auf Lebenszeit verbunden mit einer Expektanz für Frau und Kinder, Schaffung einer gesicherten materiellen Basis zumeist durch Verleihung der Abdeckereiprivilegien, ideelle Aufwertung durch Rechtfertigung der Strafjustiz als Ausdruck göttlichen Willens – erfuhr es sogar erst im Laufe des 16. Jahrhunderts. Auch die ältesten der traditionellen Scharfrichterfamilien werden in dieser Zeit erstmals erwähnt. Beides ist ursächlich miteinander verknüpft und in Zusammenhang mit der Konsolidierung des frühneuzeitlichen Staates zu sehen, der seine Ordnungsvorstellungen in erster Linie mit strafender Gewalt durchzusetzen trachtete und daher einen ständig verfügbaren hauptberuflichen Strafvollstrecker brauchte. Durch die Subsistenzmöglichkeiten über den Tag hinaus wurde das Amt attraktiv, so daß Berufsvererbung, Selbstrekrutierung und Endogamie bis ins 18. Jahrhundert die Regel waren. Wegen der von der Obrigkeit als Berufsvoraussetzung erwünschten medizinisch-chirurgischen Kenntnisse kamen vermutlich etliche der Scharfrichter des 16. Jahrhunderts aus diesem Bereich[21].
In vielen Fällen ist es möglich, den „Stammvater" eindeutig zu bestimmen – denjenigen, der mit Sicherheit als erster der Familie das Scharfrichteramt ausübte. Dies macht zwar die Herkunftsfrage nicht unbedingt lösbarer, zumal die dafür geeignete Überlieferung des 16. Jahrhunderts im nordwestdeutschen Raum eher dürftig aussieht, erlaubt es aber doch, einen gewissen regionalen und sozialen Rahmen abzustecken und die unvermeidlicherweise vagen Befunde zumindest auf eine gesicherte Quellengrundlage zu stellen. Vielleicht könnte die intensive Beschäftigung mit nur einer Familie sogar hin und wieder exakte Ergebnisse liefern – allen Genealogen und Familienforschern sei dies ans Herz gelegt[22].
Klar nachweisen läßt sich die Herkunft in solchen Fällen, wo die Vorfahren bereits als Abdecker tätig waren, wie die Fritze zu Peine[23] und die Döring (Dorrien) zu Hildesheim[24]. Obwohl ein solcher Weg aufgrund der Affinität zwischen Abdeckerei und Strafvollzug logisch und konsequent erscheinen könnte, dürfte er doch eher die Ausnahme als die Regel gewesen sein. Denn da die Abdeckerei im 16. Jahrhundert bereits ein von der Obrigkeit vergebenes Privileg war und daher einen Niederschlag in den schriftlichen Quellen fand, müßte diese Art der Abstammung, wäre sie häufiger vorgekommen, auch häufiger überliefert sein. Zudem zeigen die beiden folgenden Beispiele aus Lippe, wie schwierig es bereits seit dem Ausgang des 16. Jahrhunderts für Abdeckernachkommen war, nicht nur die eigene Person als Scharfrichter zu etablieren, sondern dieses Amt auch für die Familie zu sichern.
Caspar Möller (geb. ca. 1575), Wrasemeistersohn aus Horn, und der eine Generation jüngere Henrich Unverzagt (geb. ca. 1610/15), Wrasemeistersohn aus Schwalenberg, dessen Vater berufsfremder Herkunft gewesen sein dürfte, wollten von Jugend auf Scharfrichter werden und durchliefen daher eine entsprechende Ausbildung[25]. Infolge einer Heirat mit der Tochter seines Vorgängers wurde Caspar Möller 1605 Scharfrichter in Lügde; 1614 ging er nach Höxter, und 1617 erhielt er die Substitution für die Grafschaft Lippe mit dem Wohnsitz Horn. Henrich Unverzagt heiratete 1638 die Witwe Clauss und ließ sich als substituierter Scharfrichter in Lemgo nieder. In beiden Fällen waren die erworbenen Positionen nicht von Dauer. Zwar gelang es noch, jeweils eine Tochter an einen Scharfrichter zu verheiraten; die Söhne und deren Nachkommen aber

waren wieder nur Wrasemeister und Abdecker. Auch Henrich Unverzagt selbst starb schließlich als Wrasemeister im paderbornischen Delbrück[26].

Die Beispiele Möller und Unverzagt demonstrieren gleichzeitig, auf welche Art und Weise man am besten zu einer Bestallung gelangen konnte, nämlich durch eine Eheverbindung - ein Weg, der während der gesamten Frühen Neuzeit üblich und selbst für Berufsfremde gangbar war. Wenn also die Sanson zu Paris und die Volmar zu Zürich in ihrer Familiensaga den Einstieg ihres berufsfremden „Stammvaters" in die Scharfrichterei ursächlich auf die Heirat mit einer Scharfrichtertochter zurückführten - natürlich, wie es sich für das 19. Jahrhundert gehörte, umweht von einer romantisch-tragischen Liebesgeschichte -, dann ist dies gar nicht so unwahrscheinlich[27]. Daß aber eine Verwandtschaftbeziehung allein noch nicht unbedingt genügte, wenn nicht auch eine ausreichende Qualifikation vorlag, mußte 1616 Humpert Veltmann erfahren, Schwiegersohn des Herforder Scharfrichters Anton Kleine. Sein mit der Scharfrichterin zu Lemgo abgeschlossener Vertrag wegen Substitution in der Grafschaft Lippe wurde von der Landesherrschaft nicht anerkannt, weil er als Berufsfremder nicht „tüchtig" erschien[28].

Über die Herkunft von Caspar Clauss, der 1566 Scharfrichter in Lemgo wurde, läßt sich bislang nichts Genaues sagen. Trotzdem kann man versuchen, ihn in das oben skizzierte Herkunftsspektrum einzuordnen. Aus Abdeckerkreises stammte er offenbar nicht, und eine Verbindung zur Chirurgie ist nicht erkennbar; auch war er mit seinem Amtsvorgänger Henrich Rose wohl nicht verwandt. Der Familienname kam und kommt im gesamten nordwestdeutschen Raum vor, in der Form „Clasen" oder „Clausen" besonders häufig in jenen Küstenregionen, wo patronymische Namengebung üblich war. Da das Nächstliegende oft auch das Zutreffende ist, könnte man an einen Zusammenhang mit der in Lemgo seit 1444 nachgewiesenen Familie Clausing, seit dem 18. Jahrhundert C/Klasing[29], denken. Doch obwohl der an der Familiengeschichte sehr interessierte Leipziger Buchhändler und Verleger Friedrich August Otto Klasing (1841-1888) von dieser Verwandtschaft überzeugt war, weswegen er die Lemgoer Richtschwerter kaufte[30], ist sie eher unwahrscheinlich. Es gibt dafür bislang nicht den geringsten Hinweis, und auch die Namensformen Clauss bzw. Clausing werden, von ganz seltenen Ausnahmen abgesehen, strikt unterschieden. Eher unwahrscheinlich ist auch eine Abstammung von den beiden lippischen Claus-/Clauwes-Höfen, die in Spork-Eichholz bei Detmold und in der Bauerschaft Schlangen lagen[31]. Der Hof zu Spork-Eichholz entstand erst zwischen 1538 und 1545 als Neuwohnerstelle, und auch der 1547/48 mangels früherer Quellen erstmals erwähnte Hof zu Schlangen dürfte nicht sehr viel älter gewesen sein[32].

Im lippischen Wikbold Lage wohnte 1588 ein Jobst Claus, der damals die Orgel zu Detmold renovierte und dafür 1605 ein Zeugnis erhielt[33]. In der Stadt Detmold selbst war der ca. 1529 geborene Bartold Clawes ab 1572 mehrfach Bürgermeister[34], und seit 1592 ist ein Richter namens Albert Clauß bezeugt[35]. Der Vorname „Albert" läßt aufhorchen, denn er kam ebenfalls bei einem Sohn und einem Enkel von Caspar Clauss vor. Doch so verlockend die Annahme einer Verwandtschaft wäre, spricht außer der Vornamensgleichheit nichts dafür, so daß dieses Indiz nicht zwingend ist. Auch der in Lemgo bei einem Mitglied der Clausing erscheinende Vorname „David"[36], den später zwei Scharfrichter Clauss trugen, ist kein Beweis für eine Verwandtschaft. Eher wäre in beiden Fällen an gemeinsame Namenvorbilder zu denken. Der Detmolder Richter Albert Clauß

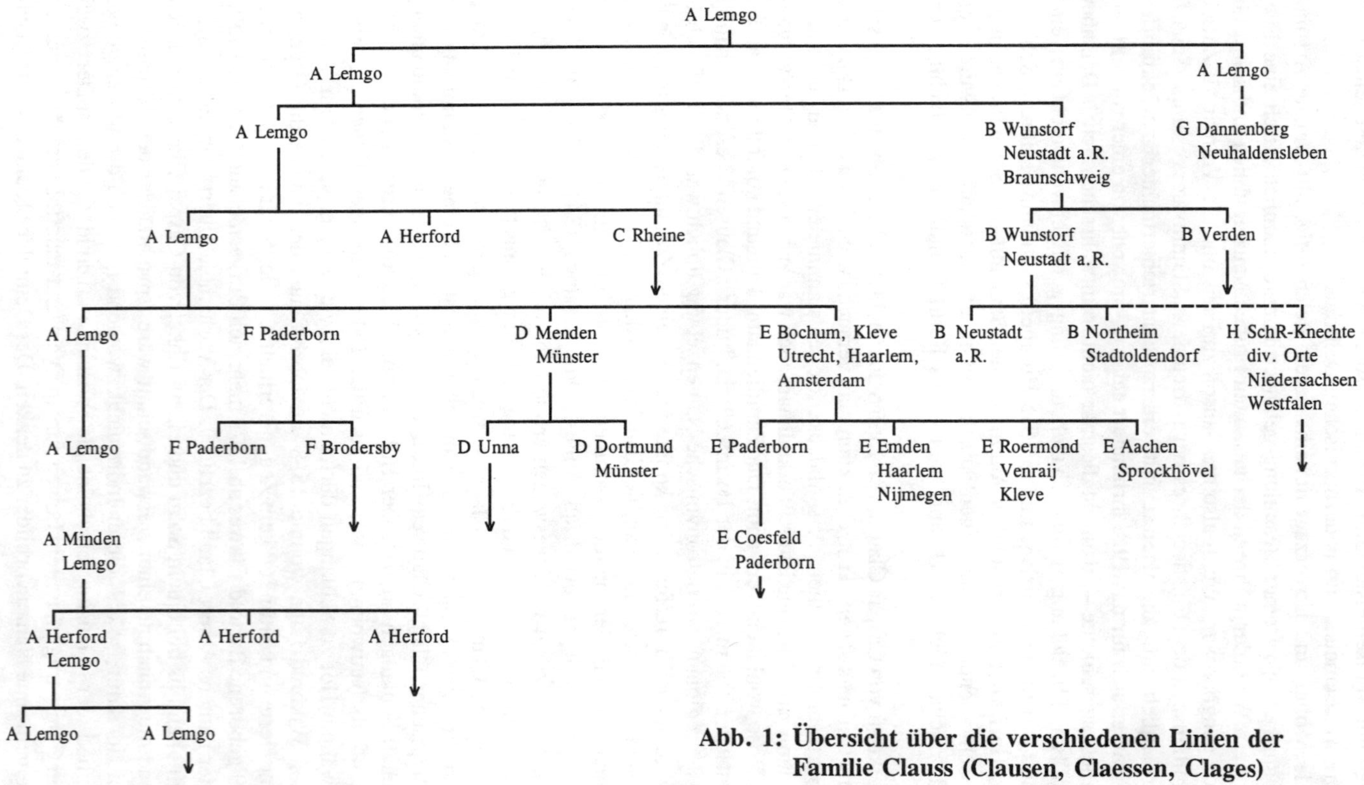

Abb. 1: Übersicht über die verschiedenen Linien der Familie Clauss (Clausen, Claessen, Clages)

führte seit 1592 in Lemgo einen Prozeß namens seines Vetters, des Meiers zu Sebeke. Bei dieser Ortsbezeichnung handelte es sich um eine Wüstung nordwestlich von Brakel, von der allein der Meierhof noch bis in den Dreißigjährigen Krieg bewohnt war[37]. Die sich hier andeutende Herkunft des Richters Albert Clauß aus dem benachbarten Paderbornischen könnte also allenfalls einen möglichen Einzugsbereich auch für die Abstammung des Scharfrichters Caspar Clauss anzeigen.
Gewichtiger ist ein anderer Hinweis, der geographisch in die entgegengesetzte Richtung führt. 1611 wurde dem Lemgoer Scharfrichter Franz Clauss von den beiden Kämmerern und dem Stadtsekretär ein sechs Punkte umfassendes Sündenregister vorgehalten. Darunter war der Vorwurf, daß er ohne Vorwissen des Rates für längere Zeit die Stadt verlassen habe. Franz Clauss entschuldigte sich damit, „daß er zu Duderstadt beim Scharffrichter Christoffer und darnach bei M[eister] Hanß zu Göttingen gewesen, denen er zugesagt, [sie] dermaleinst zu besuchen. Die hetten ihn auffgehalten und nicht gehen laßen wollen" – ganz so, wie man es bei lieben und gern gesehenen Verwandten zu tun pflegt[38]. Christoph und Hans Görteler waren Brüder und Söhne von Viet Görteler, Scharfrichter zu Alfeld – auch er der „Stammvater" seiner Familie[39]. 1613 entfloh Franz Clauss wegen eines begangenen Totschlags nach Minden, wo damals Asmus Rathmann und nach ihm seine Söhne Viet und Carsten Scharfrichter waren[40]. Die Rathmanns waren bereits damals eine weitverbreitete Familie, und mit dem um 1540 in Hamburg genannten Vitus Radman auch eine der ältesten[41]. Lag der Flucht nach Minden ebenfalls eine Verwandtschaft zugrunde? Wie auch immer man sich die möglichen familiären Verbindungen zwischen Franz Clauss, den Görtelers und den Rathmanns vorstellt, auf jeden Fall müßten sie in die Generation seines Vaters Caspar Clauss zurückgehen, denn Franz Clauss' Ehefrau Maria Meisner kommt als Bindeglied nicht in Frage. Bedenkt man noch, daß der Name „Claus" offenbar in der Umgebung von Alfeld heimisch war[42], so verstärkt sich der Blick in jene Region. Hat man also dort die Herkunft des Caspar Clauss zu suchen, und kam er auf dem Wege einer Heirat zur Scharfrichterei?

Berufs- und Heiratsspektrum und die Rolle der Chirurgie

Die Angehörigen der Scharfrichterfamilie Clauss aus Lemgo sind der besseren Übersichtlichkeit wegen in diesem Aufsatz sechs verschiedenen Linie A-F zugeordnet (s. Abb. 1). Davon scheidet die Linie F, zurückgehend auf einen Sohn des Lemgoer Scharfrichters David Clauss d. Ä., den Chirurgen Otto Henrich, bereits in der 2. Hälfte des 17. Jahrhunderts aus dem väterlichen Berufskreis aus. Sie ist daher bei den folgenden Ausführungen nicht berücksichtigt. Dies gilt auch für die Linien G und H, deren Abstammung nicht sicher nachgewiesen ist. Die statistischen Überlegungen beziehen sich also ausschließlich auf jene Personen der Linien A-E, die Scharfrichter waren (32), ihre Ehefrauen (46), ihre Söhne (50) und Töchter (54).
Unter den verschiedenen möglichen Fragestellungen der sozialen Mobilität erübrigt sich die nach der Herkunft der Scharfrichter – über den „Stammvater" Caspar Clauss wurde bereits gesprochen –, da es sich hier um Angehörige nur einer Familie handelt. Der Aspekt der Karrieremobilität entzieht sich bei den Scharfrichtern – als einem einstufigen Berufstyp – einer quantifizierenden Analyse und ist eher mit der Methode der „dichten

Beschreibung" zu erfassen[43], was den Rahmen dieses Aufsatzes sprengen würde. Auch soll aus diesem Grund auf eine systematische Untersuchung der Beziehungen zu anderen sozialen Gruppen verzichtet werden. Immanent geht dies aus dem prosopographischen Teil der Arbeit hervor. Im folgenden ist das Datenmaterial unter drei Gesichtspunkten aufgeschlüsselt, nämlich der sozialen Herkunft der Scharfrichterehefrauen, der Berufe der Söhne und der Heiratsverbindungen der Töchter. In einem Vergleich mit den für den nordwestdeutschen Raum gewonnenen Ergebnissen[44] soll nach übereinstimmenden oder gegensätzlichen Tendenzen und Relationen gefragt werden.

Von den Ehefrauen der 32 Scharfrichter Clauss sind 46 namentlich bekannt. 38 von ihnen, also bei weitem die Mehrheit, waren Scharfrichtertöchter oder -witwen (= 82,6 %; zum Vergleich Nordwestdeutschland: 70,9 %; s. Abb. 2)[45]. Unter den Witwen waren zwei berufsfremder Herkunft (Ilse Grapens A.1.; Ilse Anna Hohmann B.3.). Diese abgerechnet, würde sich der Anteil der Ehefrauen aus Scharfrichterfamilien auf 78,3 % verringern. Aus dem Kreis der Halbmeister und Abdecker stammten 3 Ehefrauen (6,5 % zu 10,0 %), darunter die ihrer Herkunft nach möglicherweise berufsfremde Stieftochter eines Halbmeisters (B.4.). Mit Sicherheit berufsfremd waren fünf Frauen (10,8 % zu 19,1 %). Zählt man die beiden oben erwähnten Witwen hinzu, erhöht sich der Anteil auf 15,2 %. Trotz unterschiedlicher Zahlen bei den Clauss und für den nordwestdeutschen Raum ist eine gemeinsame Tendenz erkennbar: die deutliche Bevorzugung von Ehepartnerinnen aus der eigenen Berufsgruppe, die kaum vorhandene Verbindung zu Halbmeister- und Abdeckerkreisen und der im Vergleich dazu höhere Anteil von berufsfremden Frauen. Gemeinsam ist auch, daß die Eheschließungen mit letzteren bevorzugt ins 18. Jahrhundert, und hier wiederum eher in dessen 2. Hälfte, fallen.

Von den Kindern der Scharfrichterfamilie Clauss wurden 50 Söhne nachweislich erwachsen. Von dreien ist das weitere Schicksal unbekannt, zwei weitere starben ohne erkennbare Berufstätigkeit. Von den restlichen 45 waren 31 Scharfrichter (68,9 % zu 63,0 %; s. Abb. 3). Nur ein Sohn (Henrich Gottlieb Clages B.6.6.) wurde Abdecker (2,2 % zu 12,6 %). Dagegen verließen 13 Söhne den väterlichen Berufskreis (34,1 % zu 24,4 %), einer bereits in der 2. Hälfte des 17. Jahrhunderts (Otto Henrich Clauss F.1.). Die übrigen verteilen sich auf die 1. und 2. Hälfte des 18. und die 1. Hälfte des 19. Jahrhunderts (2/5/5). Auch hier stimmen bei einem Vergleich der Clauss mit dem nordwestdeutschen Raum die Gesamttendenz und die Relationen der einzelnen Gruppen untereinander überein.

Von den 54 nachweislich erwachsenen Clauss-Töchtern ist der Verbleib bei sechsen unbekannt. Sechs weitere blieben ledig, davon waren zwei als Haushälterinnen tätig (Friderica Wilhelmine Clausen A.10.8; Elisabeth Classen C.1.6.). Die übrigen 42 Töchter gingen 51 Ehen ein, davon 28 mit einem Scharfrichter (54,9 % zu 54,6 %; s. Abb. 4), acht mit einem Halbmeister oder Abdecker (15,7 % zu 18,8 %), 15 mit einem Partner aus anderen Berufen (29,4 % zu 26,8 %), worunter jedoch zwei Scharfrichtersöhne waren (Joh. Christoph Gürteler A.8.4.; Bernard Henrich Bröcker D.1.2.). Der größte Teil der Nicht-Scharfrichter-Ehen der Töchter fand bereits in der 1. Hälfte des 18. Jahrhunderts statt (drei mit Halbmeistern/Abdeckern; sieben berufsfremde). Die zahlenmäßige Übereinstimmung mit den Ergebnissen aus dem nordwestdeutschen Raum ist bei den Clauss-Töchtern am höchsten.

Abb.2 Soziale Herkunft der Scharfrichter-Ehefrauen

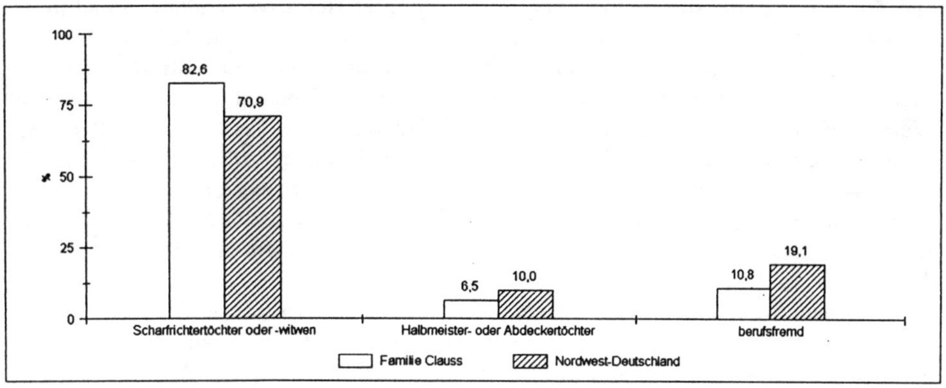

Abb.3 Berufe der Scharfrichtersöhne

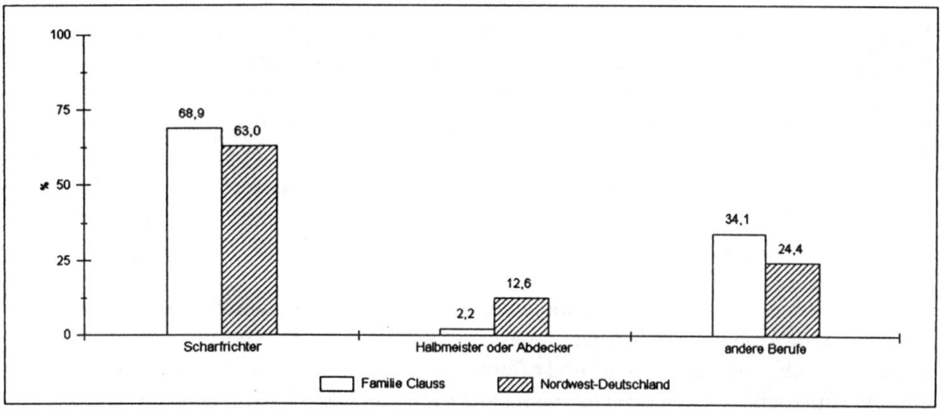

Abb.4 Heiraten der Scharfrichtertöchter

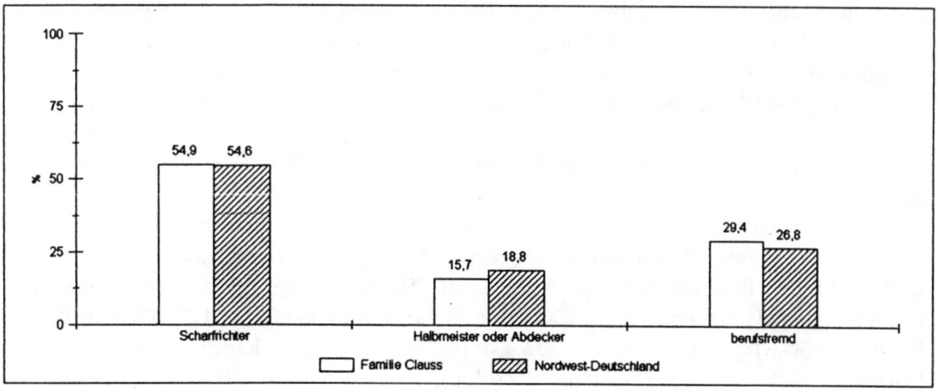

Trotz der relativ geringen Personenzahl der Scharfrichter Clauss, ihrer Ehefrauen, Söhne und Töchter zeigt die statistische Aufschlüsselung ihrer Heiratsverbindungen und ihrer Berufswahl die gleichen Tendenzen und Relationen, wie sie für alle Scharfrichter im nordwestdeutschen Raum in der Frühen Neuzeit festzustellen sind. Mikroebene und Makroebene stimmen überein. Gleichzeitig weist dieser Befund auf den exemplarischen Wert der für Nordwestdeutschland gewonnenen Ergebnisse hin. Das Eliteverhalten, wie es sich in Berufsvererbung, Selbstrekrutierung und Endogamie ausdrückt, war nicht nur eine allgemeine Erscheinung bei Scharfrichterfamilien, sondern es manifestiert sich auch über einen weiten geographischen Raum hinweg in vergleichbaren Größenverhältnissen. Es wird besonders sichtbar in der strikten Abgrenzung nach unten, zu Halbmeistern und Abdeckern, zu denen eine deutliche soziale Kluft bestand. Dies sei vor allem deshalb unterstrichen, weil sich die Gleichsetzung von Scharfrichtern und Abdeckern und die damit verbundene Vorstellung, der Scharfrichter habe in eigener Person die Abdeckerarbeit verrichtet, in der Literatur immer wieder und noch in jüngster Zeit findet[46]. Für das bisher anhand von ungedruckten Quellen untersuchte Gebiet – Niedersachsen einschließlich Bremen, Westfalen, Niederrhein und Nordhessen – trifft dies jedoch auf keinen Fall zu.

Schaut man sich die berufsfremden Eheverbindungen der Scharfrichter genauer an, so ist bei einer der Frauen (Henriette Wilhelmine Nonnenkamp A.10.) die soziale Herkunft bisher nicht näher zu bestimmen. Eine stammte aus der Nachbarschaft; der Vater war Gardereiter, Bürger und Brauer (Anna Magdalena Linnemann B.6.). Eine weitere war die Tochter eines Sensenschmieds (Sophia Margaretha Ketteler D.4.). Zwei kamen aus Bereichen, mit denen ein Scharfrichter in beruflichem/geschäftlichem Kontakt stand (Wilhelmine Henriette Klintzing, Tochter eines recht wohlhabenden Schuhmachers und ehrenamtlichen Kirchenprovisors, A.13.; Marie Henriette Höcker, Tochter eines Rektors am Gymnasium und Schwägerin eines Compagnie-Chirurgus, A.11.). Von den Scharfrichterwitwen berufsfremder Herkunft wäre die Tochter eines Bürgermeisters hinzuzuzählen (Ilse Anna Hohmann B.3.). Der untersten sozialen Schicht gehörte also keine dieser Frauen an – eher im Gegenteil –, und offenbar waren solche Eheschließungen auch ohne weiteres möglich. Wenn sie trotzdem nicht häufiger vorkamen, dann deshalb, weil damit – materiell oder immateriell – weniger zu gewinnen war als mit einer Frau aus der eigenen Berufsgruppe. Die Heiraten mit Scharfrichtertöchtern oder -witwen waren von den Scharfrichterfamilien selbst gewollt. Die verhinderte Ehe von Joh. Peter Clauss zu Lemgo (A.8) mit der Lohgerberstochter Beata Elisabeth Hovedissen liefert dafür ein eindrucksvolles Beispiel. Denn es war die Witwe Clauss, die sich querlegte, und keineswegs die Eltern der jungen Frau, die im Gegenteil diese Verbindung wohl gern gesehen hätten.

Bei den 15 berufsfremden Ehen der Scharfrichtertöchter läßt sich in sechs Fällen über die Tätigkeit des Ehemannes nichts sagen. Darunter befand sich ein Scharfrichtersohn, folglich wäre am ehesten die Chirurgie zu vermuten (Bernard Henrich Bröcker D.1.2.). Nur noch ein weiterer Ehemann übte ebenfalls den Chirurgenberuf aus (wohl vor 1673 Henrich? Jobst Hermann? Vogeler A.5.2.). Die Ehemänner der übrigen Töchter waren Kupferschmied (1724 Joh. Caspar Cornelius D.2.3.), Advokat (wohl 1733 Otto Wilhelm Benning B.3.7.), Bäckergeselle (1758 Lorenz Adam B.6.3.), Kunstmaler (1767 Joh. Christoph Görteler A.8.4., Scharfrichtersohn!), Tischlermeister (1813 Gerhard Henrich

Graeve A.9.8.), Müller (1826 Joh. Christian Grünewald A.9.12.), Schönfärber (1837 Joh. Friedrich Wilhelm Hempelmann A.10.11.). Auch hier kann keine Rede davon sein, daß etwa nur Angehörige der sozialen Unterschicht eine Scharfrichtertochter gefreit hätten. Entgegen allen Klischees waren Handwerksberufe bevorzugt, und dies schon seit dem 1. Viertel des 18. Jahrhunderts.

Das Berufsspektrum der 13 Söhne, die den väterlichen Kreis verließen, ist weniger breit gefächert und hat einen eindeutigen Schwerpunkt im medizinischen Bereich. Drei der Söhne waren Chirurgen (A.5.3.; B.3.5.; D.4.4.), von einem vierten ist dies zu vermuten (D.3.2.), drei studierten Medizin (D.4.1.-3.). Einer diente als Fourier beim Militär (E.6.4.). Erst im 19. Jahrhundert wurde die Berufswahl differenzierter (Goldschmied A.10.9.; Bäcker A.10.10.; Theologe A.10.14.; Steueraufseher A.12.). Ein Sohn konnte wegen Krankheit keinen Beruf erlernen und war Handarbeiter (A.10.12.). Auch dieses Ergebnis entspricht in der Tendenz dem, was für den nordwestdeutschen Raum festgestellt wurde[47].

Für den Ausstieg aus der Scharfrichterei erwiesen sich also Medizin und Chirurgie als „zentrale Mobilitätspfade“[48]. In der Literatur wird dies in der Regel mit den fehlenden Alternativen im Handwerk erklärt, das sich geweigert hätte, angeblich „unehrliche“ Scharfrichtersöhne aufzunehmen[49]. Abgesehen davon, daß inzwischen einige Indizien diese hergebrachte Meinung sogar für den Scharfrichter selbst in Frage stellen[50], beinhaltet dieses Erklärungsmuster einen Widerspruch in sich, nämlich insofern, als ja auch die Chirurgie bis ins 19. Jahrhundert hinein ein Handwerksberuf war und sich in privilegierten Ämtern, Gilden und Zünften organisierte[51]. Schaut man zudem auf die Heiraten der Scharfrichtertöchter, deren berufsfremde Ehemänner schon im 18. Jahrhundert aus dem Handwerk stammten, erhebt sich die Frage, ob die postulierten Schwierigkeiten der Söhne bei den „klassischen“ Zünften als Begründung für die Berufswahl der Chirurgie hinreichen. Schließlich hätte es außer Handwerk und medizinischer Tätigkeit auch noch andere berufliche Alternativen gegeben. Vorstellbar wäre weit eher, daß der Weg in die Chirurgie deshalb bevorzugt wurde, weil er aus dem familiären Erfahrungsumfeld heraus als der vielversprechendste und attraktivste, aber auch als der am leichtesten gangbare erschien. Außerdem bot er einen weiteren, nicht zu unterschätzenden Vorteil: Er erlaubte die Rückkehr in den Scharfrichterberuf, waren doch gute chirurgische Kenntnisse als Voraussetzung für eine Bestallung von der Obrigkeit erwünscht.

Der Wechsel eines Scharfrichtersohnes von der Chirurgie zurück zur Scharfrichterei begegnet bereits in der 1. Hälfte des 17. Jahrhunderts. Johann Bröcker, einer der Söhne des Rheiner Scharfrichters Bernhard Bröcker, hatte zwar den väterlichen Beruf erlernt, dann aber zehn Jahre lang in Meppen „mit Arzten sich aufgehalten“. 1632 empfahl ihn der dortige Drost für die Scharfrichterstelle in den Ämtern Vechta, Cloppenburg und Wildeshausen[52]. Otto Henrich (F.1.), Sohn von David Clauss d. Ä. zu Lemgo, hatte offenbar von vornherein nur die Chirurgie erlernt. Trotzdem hielt der Vater 1672 für ihn um den Herforder Scharfrichterdienst an – allerdings vergeblich, weil „sein Sohn, welchen er unß praesentirt, zu solchem Werck nicht erzogen noch qualificirt“[53]. Ohne Erfolg blieb auch Bendix Johann Andreas Pfeffer (A.6.1.2.), Operateur und Bruchschneider zu Wittingen, der seit 1737 jahrelang wegen der Uelzener Meisterei prozessierte[54]. Joh. Friedrich Goepel dagegen, Regimentschirurgus, kehrte 1787 nach langer

Abwesenheit in seine Vaterstadt Uelzen zurück und wurde dort Scharfrichter[55]. Einen ähnlichen Lebensplan hatte auch Joh. Henrich Ernst Clausen (A.10.) für sich entworfen. Da der Erbfall in Lemgo so bald nicht eintreten würde, wollte er zunächst das „honette Metier" der Chirurgie erlernen und ausüben – tatsächlich wurde er dann Tierarzt, seit der 2. Hälfte des 18. Jahrhunderts ein ebenfalls häufiger Nachfolgeberuf von Scharfrichtersöhnen –, um dann nach dem Tod seines Vaters den Scharfrichterdienst anzutreten[56].

Umgekehrt verließen Scharfrichter ihr Amt, um nur noch als Chirurgen tätig zu sein, wie es bereits 1559 von einem Meister aus Wunstorf berichtet wurde[57]. Auch Hans Hinrich Gottfried Meyer (B.3.7.), Scharfrichter in Stade, der 1766 unfreiwillig gehen mußte, gab auf die Befragung nach seinen Zukunftsplänen an, „er wolle sich auf dem Lande von seinen Curen wohl nähren, indem er mit chirurgischen Operationen ganz gut umzugehen wüßte"[58]. Selbst mehrfacher Wechsel von einem zum anderen Beruf kam vor. Paul Adolph Claessen (E.4.), dem sein Vater 1716 den Scharfrichterdienst zu Roermond verschafft hatte, ging von dort als Chirurg nach Venraij, um schließlich 1727 das Scharfrichteramt in Kleve anzutreten[59]. Der Sendenhorster Scharfrichtersohn Anton Vogt hatte in Hildesheim die Chirurgie erlernt und war seit 1721 in diesem Beruf tätig. 1723 war er zum Scharfrichter in Schwerte bestallt, jedoch 1739 entlassen worden. Anschließend praktizierte er wieder als Chirurg, pachtete dann aber offenbar von seinem Nachfolger, dem Bochumer Scharfrichter Joh. Christopher Diepenbrock, von neuem die Schwerter Meisterei. Als er dort 1754 zum zweiten Mal abgesetzt wurde und er wegen der zunehmenden Schwierigkeiten, die man ihm aufgrund seiner katholischen Konfession machte, Schwerte verlassen wollte, suchte er bei der Münsterschen Hofkammer um einen Scharfrichterdienst nach. Daraus wurde jedoch nichts, und so blieb er bis zu seinem Tod 1764 als Chirurg in Schwerte[60].

Die Übergänge von der Scharfrichterei zur Chirurgie und umgekehrt waren also sehr fließend. Wenn demnach Scharfrichtersöhne bevorzugt in den medizinisch-chirurgischen Bereich wechselten, dann nicht deshalb, weil sie sonst keine anderen Möglichkeiten gehabt hätten, sondern weil sie es so wollten. Unter allen Berufsentscheidungen ließ diese die meisten Optionen offen. Die verstärkt realisierte Berufswahl von (nur) Chirurgie und Medizin anstelle der Scharfrichterei ist als Indiz für die abnehmende Attraktivität des Scharfrichteramtes zu werten, wofür sowohl materielle als auch ideelle Faktoren verantwortlich waren. Die Abschaffung der Abdeckereiprivilegien im 19. Jahrhundert brachte dann endgültig das Ende des Systems[61].

Wendet man sich den verschiedenen Linien der Familie Clauss im einzelnen zu, fallen Unterschiede ins Auge – deutlicher Hinweis dafür, daß es bei allen statistischen Gemeinsamkeiten und Durchschnittswerten die individuellen Varianten nicht zu übersehen gilt. Die realen Lebensgeschichten und Familienschicksale mit ihren vielfältigen Wendungen und Verwicklungen lassen sich eben doch nicht über einen Kamm scheren. Zunächst fällt auf, daß allein die Lemgoer Linie (A) bis ins 19. Jahrhundert im Scharfrichterberuf verblieb und sich auch mit zahlreichen Kindern fortpflanzte – nachdem sie allerdings im 18. Jahrhundert zwei Generationen lang nur auf zwei (männlichen) Augen gestanden hatte. Die Rheiner Linie (C) starb mit dem unverheirateten und kinderlosen Joh. Stephan Classen 1766 aus. In Verden (B) und Paderborn (E) war beim Tod der Väter 1750 bzw. 1756 gerade noch je ein Sohn vorhanden. Beide wurden nicht mehr

Scharfrichter. Die Unnaer Linie (D) blieb eine Generation länger bis 1784 im Scharfrichteramt, doch wechselten alle vier Söhne zur Medizin bzw. Chirurgie über. Bei dieser Linie bestand der intensivste Bezug zum medizinisch-akademischen Bereich. Dagegen nahm es mit Neustadt a. Rbge. (B) das sprichwörtliche böse Ende, was sich bereits seit Beginn des 18. Jahrhunderts andeutete. Die beiden Ehefrauen von Joh. Philipp Clages (B.4.) stammten aus Halbmeisterkreisen, auch wenn eine nur die Stieftochter eines Halbmeisters und möglicherweise berufsfremder Herkunft war und die andere einen Scharfrichtersohn zum Vater hatte. Die zwei Töchter aus der ersten Ehe heirateten wieder nur einen Halbmeister bzw. einen Scharfrichterknecht. Der Sohn Stats Jürgen Clages (B.6.) aus der zweiten Ehe wurde zwar Scharfrichter, jedoch 1764 wegen seiner Trunksucht, seines liederlichen Lebens und seiner erheblichen Schulden entlassen. Im gleichen Jahr vermietete sich der „ungeratene“ und „gottlose“ Sohn Henrich Gottlieb (B.6.6.), mit dem er in Fehde lag, als Abdeckerknecht, nur um seinem Vater einen Schimpf anzutun. Neben anderen Indizien spricht dieser Hang „nach unten“ dafür, die Halbmeister- und Abdeckerlinie Claus/Clasen (H) an die Neustädter anzuschließen.

Die Ausbreitung im geographischen Raum

Auf der beigefügten Karte (Abb. 5) sind alle feststellbaren Wohn- und Aufenthaltsorte der Scharfrichter Clauss, ihrer Söhne und Töchter eingetragen, insgesamt 82. Fragt man nach den Gründen für den Ortswechsel, so steht bei den Männern die auswärtige Bestallung als Scharfrichter an der Spitze (38), in einem guten Viertel aller Fälle (10) verbunden mit einer Heirat. Sonstige Berufstätigkeit folgt mit elf Orten, andere Gründe mit acht Orten. Die weitaus meisten Frauen (33) zogen infolge ihrer Eheschließung an einen anderen Ort. Nur bei zweien hing dies mit einer Berufstätigkeit bzw. einer eigenen Bestallung zusammen (A.6.1.; C.1.6.). Fünf weitere hatten sonstige Gründe. Etliche Personen wechselten mehrfach Aufenthalts- und Wohnort, wobei die Scharfrichtersöhne (50 verschiedene Orte) offenbar mobiler waren als die Scharfrichtertöchter (38 verschiedene Orte).
Legt man über die Karte ein Radialnetz mit konzentrischen Kreisen im Abstand von je 50 km, dessen Mittelpunkt Lemgo bildet, so befinden sich 18 der 82 Wohn- und Aufenthaltsorte im Umkreis bis zu 50 km, 17 bis zu 100, 17 bis zu 150, 14 bis zum 200 und 16 Orte über 200 km. Sie verteilen sich also recht gleichmäßig auf die verschiedenen Entfernungszonen. Allerdings liegt ein gewisses Schwergewicht auf den beiden inneren Kreisen bis 100 km insofern, als hier die meisten Mehrfachnennungen von Orten vorkommen. Die Zahl der Aufenthalts- und Wohnorte konzentriert sich bei den Scharfrichtertöchtern auf die Entfernung bis 150 km und nimmt dann merklich ab (13/10/8/3/4), während die umgekehrte Tendenz bei den Scharfrichtersöhnen sichtbar wird (6/10/10/11/13). Dieser Befund unterstreicht die größere Mobilität der Söhne gegenüber den Töchtern.
Unterteilt man die konzentrischen Kreise entsprechend den Himmelsrichtungen in vier Segmente, so entfallen auf den Norden 21, auf den Osten 20, auf den Süden 5 und auf den Westen 36 Orte. Verschiebt man die Segmente um 45° entlang einer Nordwest-/Südost- bzw. Südwest-/Nordostachse, so verteilen sich auf die beiden nordwestlichen

Segmente 19 Orte, auf die südwestlichen 24, auf die nordöstlichen 30 und auf die südöstlichen 9 Orte. Die Ausbreitung der Familie Clauss aus Lemgo erfolgte also vor allem in West-Ost-Richtung, mit Schwerpunkt nach Westen bis in die Niederlande, allerdings mit einer leichten Achsenverschiebung nach Südwesten bzw. Nordosten. Die reine Nordrichtung ist weniger ausgeprägt, während der Süden fast ganz ausfällt. Die größere Ortsanzahl im südlichen Westen erklärt sich mit der Städtekonzentration entlang des Hellweges, während in den westlichen Teil des Nordsegments die dünn besiedelten und städtearmen Moorregionen Niedersachsens fallen.

Die drei östlichen Punkte Berlin, Halle a. d. S. und Magdeburg hängen mit Studienaufenthalten und dem Dienstort zweier „berufsfremder" Scharfrichtersöhne im 19. Jahrhundert zusammen (A.10.14.; A.12.). Die nördlichen Orte Lübeck, Wismar und Rostock waren Stationen auf der Gesellenwanderung eines weiteren „berufsfremden" Scharfrichtersohnes (A.10.5.), und auch das am weitesten nördlich gelegene Brodersby war seit dem Anfang des 18. Jahrhunderts Wohnort einer aus der Scharfrichterei ausgestiegenen Clausen-Linie (F). Nach Osten und Nordosten gelangte also die Ausbreitung der Clauss, soweit sie noch Scharfrichter waren, kaum über die Elbe hinaus. Nach Süden erreichte sie den Nordrand der Mittelgebirge. Im Norden und Westen bildete die Nordseeküste die natürliche Grenze. Konfessionelle Barrieren sind nicht erkennbar. Denn die Niederlassung erfolgte auch in katholischen Gebieten (Hochstift Paderborn, Münsterland, Aachen) samt dem notwendigen Konfessionswechsel.

Dieses geographische Verbreitungsgebiet der Scharfrichterfamilie Clauss weicht kaum von dem ab, was bisher über Wanderungsbewegungen aus dem nordwestdeutschen Raum bekannt ist. Es fügt sich im Gegenteil in das „North Sea System"[62], eines jener in Ausdehnung und Richtung genau abgrenzbaren europäischen Migrationssysteme, innerhalb dessen sich in der Frühen Neuzeit Handel, Saisonarbeit und Auswanderung vollzogen. Innerhalb dieses Systems besaßen vor allem die Niederlande eine starke Anziehungskraft. Schon sehr lange ist bekannt, daß die wirtschaftliche Blüte der Niederlande seit dem ausgehenden 16. Jahrhundert sehr viele Saisonarbeiter und Einwanderer aus Westfalen und Niedersachsen anlockte, denen sich in der zweiten Hälfte des 18. Jahrhunderts die Hessen hinzugesellten. Um 1800, vor allem infolge des wirtschaftlichen Niedergangs der Niederlande, verebbten diese Migrationsströme und wurden schließlich im 19. Jahrhundert weitgehend durch die Amerikaauswanderung ersetzt[63]. Als „Schmelztiegel" für Einwanderer fungierte besonders Amsterdam, die damals mit Abstand größte Stadt der Niederlande, deren Einwohner zwischen 1600 und 1800 zu einem Viertel ausländischer, vor allem deutscher Herkunft waren[64].

Die Attraktion der Niederlande wirkte seit dem 16. Jahrhundert auch auf sehr viele Scharfrichter und Scharfrichtersöhne aus Westfalen und Niedersachsen, nach 1750 auch auf solche aus Hessen. Manche kamen nur auf einige Jahre zur Ausbildung, wie Jobst Henrich und Joh. Conrad Kleine (A.7.1.3.-4.; A.8.), aber die meisten blieben auf Dauer, wie deren sechs Brüder (A.7.1.5.-7., 9.-11.)[65]. Fast alle niederländischen Scharfrichterfamilien waren deutscher Abstammung – eine Erscheinung, die vorerst nur als Faktum zu konstatieren ist, in Zukunft aber sicher eine genauere Untersuchung verdiente. Noch 1803 inserierte der Hof van Overijssel in deutschen Zeitungen, um einen neuen Scharfrichter zu finden[66]. Mit ihrer Ausbreitung innerhalb des „North Sea System" einschließlich der Niederlassung in den Niederlanden folgten also die Scharfrichter einem all-

Abb. 5 WOHN- UND AUFENTHALTSORTE DER SCHARFRICHTER CLAUSS, IHRER SÖHNE UND TÖCHTER

gemeinen Muster – Indiz dafür, daß sie auch in dieser Hinsicht in die Gesellschaft ihrer Zeit integriert waren[67].
Im Kapitel Berufs- und Heiratsspektrum wurde gezeigt, daß die soziale Mobilität der Scharfrichter immer möglich war, aber bis weit ins 18. Jahrhundert nur begrenzt wahrgenommen wurde. Am ehesten war dies bei den Scharfrichtertöchtern der Fall, die schon seit dem Anfang des 18. Jahrhunderts vermehrt berufsfremd heirateten. Die größere soziale Mobilität wäre demnach bei den Töchtern als Ausgleich für ihre geringere geographische zu interpretieren. Bei den Söhnen setzte man statt dessen auf geographische Mobilität. Die Aussichten im Scharfrichterberuf, die man vor Ort oder in der Region nicht (mehr) hatte, suchte und fand man anderswo, nicht zuletzt in den Niederlanden. Mangelnde soziale wurde also bei den Scharfrichtersöhnen durch verstärkte geographische Mobilität kompensiert. Erst nach der Mitte des 18. Jahrhunderts, als dieser Weg – im wörtlichen und im übertragenen Sinne – nicht mehr attraktiv und deshalb nicht mehr gangbar erschien, akzeptierte man in größerem Maße soziale Mobilität als Problemlösungsstrategie.

A. Lemgo, Herford, Minden

A.1. **Caspar Clauss**, 1566-1608 SchR in Lemgo, * ca. 1530/34, † 05.05.1611/ 13.09.1612; ⚭ I. NN. ?; ⚭ II. ca. 1570 (1565/75?) Ike N., * ca. 1550 (1545/1555?) † 1594/1600; ⚭ III. 19.09.1600 (Ehevertrag) Ilse Grapens, Wwe. von Martin Meisner, SchR zu Rodenberg (u. Stadthagen?)[68] (* ca. 1555?), † nach Mai 1611/wohl vor 1615.
Das Jahr des Dienstantritts von Caspar Clauss geht aus der Bestallung seines Sohnes Franz von 1608 hervor, worin sich Bürgermeister und Rat von Lemgo auf den mit seinem Vater 1566 eingegangenen „alten Contract" bezogen[69]. Bestätigt wird dies dadurch, daß sich im gleichen Jahr der Vorgänger Henrich Rose vergeblich beim lippischen Landesherrn über seine Entlassung beschwerte[70]. Direkt genannt ist Meister Caspar in Lemgoer Quellen erstmals in der Kämmereirechnung von 1576 unter dem 30. September[71]. 1583 ließ er in der Neuen Straße neben dem Turm an der Stadtmauer ein neues Haus mit Scheune erbauen. 1590 wurde es gegen das städtische Scharfrichterhaus, das auf der anderen Seite der Neuen Straße lag, ausgetauscht und fortan zur Dienstwohnung bestimmt[72]. Als Caspar Clauss 1594 von der Stadt eine Expektanz für seine Söhne aus der Ehe mit „itziger seiner Hausfrauwen Icken" erhielt, hieß es über ihn, er sei „zu ziemblichem Alter geraten, ohne daß auch ein bawfelliger Mann und seines Lebens nicht sicher". Somit dürfte er damals mindestens 60, wenn nicht einige Jahre älter gewesen sein[73]. Er lebte allerdings noch im Mai 1611, als sein Sohn Franz über angebliche Auseinandersetzungen mit seinem Vater befragt wurde[74]. Am 13.09.1612 war er tot[75]. Ike (Ycke) könnte seine zweite Frau gewesen sein, da die Formulierung in der Expektanz von 1594 dafür spricht, daß es bereits eine „vorige Hausfrau" gegeben hatte. Auch die vermutlichen Geburtsjahre der Kinder aus dieser Ehe lassen darauf schließen, daß Ike um einiges jünger war als ihr Mann. Die letzte Ehefrau Ilse Grapens lebte ebenfalls noch im Mai 1611, da Franz Clauss damals bestritt, „daß er seine Stieffmutter sollte geschlagen haben"[76]. Sie dürfte vor 1615, auf jeden Fall vor 1617, gestorben sein. Denn die ihr im Ehevertrag lebenslang zur Leibzucht verschriebene „Fillerei" Blomberg ging wohl schon 1615 an ihren Stiefsohn Albert Clauss über und wurde 1617 verkauft[77].

Kinder:
1.1. unehel. **Tochter**, 1584 erwachsen.
1585 kam es in Lemgo zu einem Injurienprozeß der Rostertschen gegen die Lesemannsche wegen Zaubereibeschuldigung. Die Lesemannsche verdächtigte ihre Kontrahentin, ihr durch Schadenzauber acht Kühe getötet zu haben. Auf Anraten „zweier frommer Männer", so ihre Aussage vom 10.06.1585, habe sie versucht, durch ein magisches Ritual die schuldige Hexe herbeizuzwingen - tatsächlich erschien dann die Rostertsche -, und dazu benötigte sie Herz, Leber und Lunge einer der getöteten Kühe. Diese Teile hatte sie „umb einen Fürstengroschen durch des Bottels [= SchRs] natürliche oder Halbtochter sich zustellen laßen". Dieses Ereignis lag damals ein Jahr zurück[78]. Aufgrund der geschilderten Umstände erhebt sich die Frage, ob diese uneheliche Tochter mit einem der SchR-Knechte, die ja auch für die Abdeckerei zuständig waren, verheiratet gewesen sein könnte. Im Jahr zuvor, am 22.04.1584, hatte „Hans Kale, M. Caspars Nachrichters Diener, eine gewöhnliche eidtliche Urfehde geleistet, des Angriffs [d.h. Verhaftung]

wegen unzüchtigen Beilagers gegen die [Herren] von Lemgo oder ihre Diener im Unguten nicht zu gedenken“[79]. War dieser Hans Ka(h)le etwa der Ehemann von Meister Caspars natürlicher Tochter, und hat man sich hier eine ähnliche Zwangsverheiratung vorzustellen wie bei ihrer Halbschwester Ilsabein (vgl. unter 1.5.)?

1.2. **Franz**, * ca. 1570/75 = A.2.

1.3. **Johann** (Hans), * ca. 1575/80, † (vor 1608?)
Dieser Sohn wurde im Ehevertrag seines Vaters mit Ilse Grapens vom 19.09.1600 als von zu Hause abwesend erwähnt. Im Erbvergleich vom 09.03.1608 wegen der Lemgoer SchRei kam er nicht mehr vor[80]. Dies kann entweder bedeuten, daß er damals tot war oder daß er sein Erbteil bereits erhalten hatte und keine weiteren Ansprüche stellen konnte.

1.4. **Albert**, * ca. 1580/85 = A.3.

1.5. **Ilsabein**, * ca. 1585/90, † nach 1622; ⚭ Lemgo 06.07.1617, o/o 1622, Joachim Fendell (Fenloh), * Nieheim ca. 1595; † vor 1635?, Abdecker, 1622 in Schwalenberg wohnhaft, S. von Thielen Fenloh (Fendell), Abdecker in Nieheim u. für Schwalenberg (begr. Nieheim/k 29.11.1634) u. Margreta N. (begr. ebd. Jan. 1635)[81]; Joachim Fendell ⚭ 1622 (Stief-?)Tochter von Jürgen Farnecke, SchR zu Stadthagen.
Am 03.07.1617 berichteten die beiden Lemgoer Bürgermeister vor beiden Räten, daß „M. Caspars Tochter sich mit einem Abdecker zu Niehmbe [= Nieheim] eingelaßen und darvon sich schwängern laßen und alhier sich miteinander finden laßen und darüber ins Bollwerck gebracht“. Darauf beschloß der Geschworne Rat mit Zustimmung des Alten Rats, „ihn zu befragen, ob er sich mit einer anderen eingelaßen; da das nicht geschehen, [ihn] auff eine gebührliche Urfehde der Hafft [zu] erlaßen, und [er sich] die Person ehelich geben laßen müße“[82]. Die Namen der beiden Zwangsgetrauten erfährt man 1622, als Joachim Fendell oder Fenloh die Scheidung von seiner Frau Ilsabein Clauss begehrte. 1617 sei er „ein junger, dienstloser Gesell etwa von 22 Jahren“ gewesen, der in die Fremde ziehen wollte, um noch etwas zu lernen. Nach drei Tagen im Gefängnis habe er notgedrungen der Heirat zugestimmt und sei „alsbaldt aus der Hafft auff das Rathaus und von darab vor den Priester in die Kirche zur Copulation geführet worden“[83]. Im übrigen stellte er sich als ahnungslose, von zwei heimtückischen Weibern überrumpelte Unschuld dar. Denn als er schlief, habe sich Ilsabein Clauss „zu ihme ohne sein Wissen nächtlicher Zeit ins Bette gelegt“, während unterdessen „ihres Brudern Weib, M. Franz Clausen Ehefrauen, soviel bey der Obrigkeit zuwege gebracht, daß sie beyde daselbsten berücket und aufgegriffen“ worden seien[84]. Überliefert ist nur seine Version der Geschichte. Die von Ilsabein Clauss dürfte anders gelautet haben. Die Ehe Fendell-Clauss muß 1622 geschieden worden sein. Denn im gleichen Jahr war „Joachim Fendel aus Schwalenberg in Lippe“ der Schwiegersohn von Jürgen Farnecke zu Stadthagen[85]. Allerdings kann die zweite Frau kaum die Tochter von Meister Jürgen gewesen sein, sondern wohl eher eine Tochter seines Amts- und Ehevorgängers Lorenz Renzhausen. Während der Erbauseinandersetzungen der Geschwister Fendell/Fenloh nach dem Tod des Vaters 1635 wurde Joachim nicht mehr erwähnt[86].

1.6. **Tochter**[87].

A.2. **Franz Clauss** (aus A.1.), 1608 SchR in Lemgo, 1609 Bestallung für die Grafschaft Lippe[88], wohl 1600-1608 in Blomberg wohnhaft, 1613 wegen eines begangenen Totschlags nach Minden entflohen, * 1570/75, † 21.01.1620/06.08.1621; ⚭ 1600, nach 19.09., Maria Meisner, * ca. 1580, † wohl 1628, T. von Martin Meisner, SchR in Rodenberg (u. Stadthagen?) u. Ilse Grapens (vgl. unter A.1.); Maria Meisner ⚭ vor 1626 David Fuchs/Voß, wohl bis 1628 in Lemgo wohnhaft, 1628-1633 substituierter SchR in Hannover[89], 1636 SchR in Helmstedt, 1638 in Braunschweig und 1643 in Wolfenbüttel[90], * ca. 1590/95, begr. Wolfenbüttel 15.08.1648[91].
Vor seinem Dienstantritt in Lemgo, vermutlich seit seiner Heirat, wohnte Franz Clauss in Blomberg. Offenbar waren ihm die Einkünfte der dortigen Wrasemeisterei (Abdeckerei), wie später seinem Bruder Albert, zur Subsistenzsicherung überlassen. Am 15.12.1603 erging an „Franz, Meister Caspars Scharffrichters zu Lemgo Sohn, jetzo zum Blomberge", eine Vorladung des geschworenen Richters zu Steinheim, sich wegen einer blutigen Schlägerei dem Gericht zu stellen[92]. 1611 mußte er sich in Lemgo wegen einer Schlägerei im Ratsweinkeller mit dem „Quacksalber" Storgen verantworten, und Anfang 1612 verwundete er Cord Dusten Sohn[93]. Gewalttätiges Verhalten, sowohl von Männern als auch von Frauen, war in der Frühen Neuzeit nichts Ungewöhnliches und an der Tagesordnung - die Brüchtenregister, Protokolle und Kriminalakten sind voll davon. Es durfte aber ein gewisses Maß nicht überschreiten, und genau dies war bei Franz Clauss der Fall. Als er im Oktober 1612 während des Lemgoer Bruchmarktes im Wirtshaus „Zum Neuen Schaden" Jost von Aertzen mit einer Pistole anschoß, ließ man ihm eine letzte Warnung zukommen. Der Rat verurteilte ihn am 18. Dezember, daß er „seinen Hals, kniend, ein bloßes Richtschwert im Arm haltend, wiederumb bitten solle, und [sich] das ein Spiegel sein laße, hinferner sich dergleichen Handelns und Thaten [zu] enthalten"[94]. Schon ein halbes Jahr später, am 9. Juli 1613, erstach er im Streit den Herforder Bürger Jost Brunckl o. Diesmal rettete ihn nur die Flucht nach Minden vor einer wahrscheinlichen Hinrichtung[95]. Ob Franz Clauss in Minden SchR war, wie es 1617 hieß, ist die Frage. Denn dies war bis 1614 Asmus Rathmann, 1615 dessen Sohn Vit und 1618 Carsten Rathmann, wohl ein weiterer Sohn von Asmus[96]. Am 21.01.1620 ist noch von „M. Frantz Clauß Scharffrichters Frauwen" die Rede, am 06.08.1621 von seiner „hinterpliebenen Wittwen"[97].
Maria Meisner war am 19.09.1600 (Ehevertrag Clauss-Grapens, vgl. unter A.1.) offenbar noch unverheiratet. Die Eheschließung muß aber bald darauf stattgefunden haben, denn der älteste Sohn Dietrich wurde 1601 geboren[98]. Nach der Flucht ihres Mannes ließ sie sich vom Landesherrn am 12.04.1615 die schriftliche Zusicherung geben, daß sie mit ihren Kindern beim Dienst verbleiben und für die SchR-Funktionen einen Stellvertreter bestimmen könne. Am 21.10.1616 traf sie deswegen eine Vereinbarung mit Humpert Veltmann, Schwiegersohn des Herforder SchRs Anton Kleine. Da Veltmann sich als nicht „tüchtig" erwies - seinem Namen nach müßte er berufsfremd gewesen sein -, schloß sie einen Vertrag mit Caspar Möller, SchR zu Höxter. Dieser wurde unter dem 01.03.1617 vom Landesherrn bestätigt, mit der Auflage, den Wohnsitz in Horn zu nehmen[99]. Bürgermeister und Rat von Lemgo hielten sich aber nicht an diesen Kontrakt. 1619 hatten

sie laut Beschwerde von Maria Meisner „durch einen fremden Nachrichter und Meister von Bielefeldt justificiren laßen", und 1621 wurde der Herforder geholt[100]. Zwar erreichte sie damals die Annahme ihres gerade 20jährigen Sohnes Dietrich als SchR, doch hielt sie es offenbar wegen seiner Jugend und Unerfahrenheit für angebracht, zur Sicherheit eine zweite Ehe mit einem „erfahrenen" Meister einzugehen, der ihrem Sohn zur Seite stehen konnte. In der zweiten Jahreshälfte 1627 lebte Maria Meisner noch, spätestens Ende 1630 muß sie tot gewesen sein, da ihr zweiter Ehemann David Fuchs/Voß damals mit einer anderen Frau verheiratet war[101]. Vermutlich starb sie 1628, worauf David Fuchs/Voß Lemgo verließ und in Hannover den Dienst für seine verwitwete Schwägerin Maria Hansen übernahm. Seine Identität mit dem späteren Meister zu Helmstedt, Braunschweig und Wolfenbüttel ist inzwischen durch ein Schreiben vom 25.01.1643 nachgewiesen, worin er, damals in Braunschweig wohnhaft, um Unterstützung bei der Eintreibung einer Schuldforderung aus seiner Lemgoer Zeit bat[102].

Kinder:

2.1. **Dietrich**, * 1601 = A.4.

2.2. **Kind**, † nach der Geburt.
Während des Hexenprozesses gegen die Hebamme Ilse Bornemann, verheiratete Brauning, sagte am 05.10.1630 eine Zeugin aus, „daß die Brauningesche einstmahls bei Mergen [= Maria], der Scharffrichtersfrauwen, in Kindesnöthen geweßen, und wie sie des Kindes genesen und die Brauningesche das Kindt gehoben, hette sie das Kindt fallen laßen, und hette sie Merge bezichtiget, daß es durch den Fall den Todt bekommen". Die Brauningesche bestritt das Faktum nicht, sagte aber, daß das Kind „ihr aus Fahrläßigkeit entschoßen, hette daran keine Schuldt"[103]. Dieser Vorfall muß damals mehr als zwanzig Jahre her gewesen sein. In einen Zusammenhang mit Schadenzauber wurde er offenbar erst sehr viel später gebracht, als sich ohnehin die Hexereiverdächtigungen gegen die Brauningesche zu verdichten begannen (vgl. unter A.2.3.).

2.3. **Ike** („Iggeken"), * ca. 1608, † nach 1685; ⚭ wohl 1628 Marten Vogt, 1629-1634 SchReipächter in Peine, seit 1634 SchR in Hannover, * Büren ca. 1600/1605, begr. Hannover 27.12.1663[104].
1627 strengte die Brauningesche, Ilse Bornemann, einen Injurienprozeß gegen mehrere Frauen an. Zu denen, die sie „höchlich injuriirt und vor eine Zauberinne gescholten", gehörte auch „Iggeken Clauß, M. Frantz Scharffrichters Tochter". Vor Gericht darüber vernommen, gab diese nur zu, im Vorübergehen gesagt zu haben: „Jeser Gott, segne uns", was zweifellos eine indirekte Beschuldigung enthielt. Darüber hinaus meinte Iggeken, „sie wolle die Brauningesche nicht rein machen; wäre sie guth, so mochte sie guth pleiben" – auch dies eine Bemerkung, die die Verdächtigung eher bestärkte. Iggeken Clauss wurde nicht weiter vernommen, gegen einige andere Frauen wurde dagegen länger verhandelt[105].

Kinder[106]:

2.3.1. **David**, * wohl Anfang 1629, begr. 17.08.1656.

2.3.2. **Franz Matthias**, * wohl 1630, begr. 30.10.1684, 1653-55 SchR in Peine, 1656-57 in Alfeld, 1658(-63?) in Eldagsen, seit 1664 SchR in Hannover; ⚭ Peine 26.04.1653 Anna Catharina Farnecke, * ca. 1630, begr. 22.11.1700, T. von Asmus Farnecke, SchR in Hildesheim u. für Peine, u. Anna Fahner verw. Döring (Nachkommen).

2.3.3. **Diederich**, * u. † wohl 1632.

2.3.4. **Caspar**, * wohl 1633, begr. 26.03.1660.

2.3.5. **Margareta Ursula**, get. 29.10.1635, begr. Hameln 02.02.1664; ⚭ 16.08.1658 Stats Fahner, SchR in Hameln, * ca. 1610, begr. Hameln 27.06.1684, S. von Hans Fahner, SchR in Hameln, u. Catharina N. (Nachkommen)[107].

2.3.6. **Anna**, get. 16.12.1637, begr. 23.08.1640.

2.3.7. **Elisabeth**, get. 31.01.1639, † Uetze 30.01.1707; ⚭ 03.11.1664 Heinrich (Wiechmann) Frölich, SchR in Uetze, get. Bockenem 05.11.1639, † Uetze 23.11.1712, S. von Claus Frölich, SchR in Bockenem, dann in Braunschweig, u. Anna Meissner (Nachkommen).

2.3.8. **Hans Marten**, get. 02.04.1641, begr. 06.04.1641.

2.3.9. **Hans Jacob**, get. 11.03.1642, † ..., am 12.09.1659 Pate in Hameln.

2.3.10. **Hans**, get. 09.10.1643, begr. 06.06.1646.

2.3.11. **Ilsa**, get. 15.07.1645, begr. 15.10.1648.

2.3.12. **Catharina Margaretha**, get. 02.04.1647, begr. 29.08.1648.

2.3.13. **Christopher Diederich**, get. 13.10.1648, begr. Uetze 05.07.1671.

2.4. **Anna**, * ca. 1610, † nach 02.03.1684; ⚭ Hannover 28.12.1630 Caspar Kruse, seit 1630 SchR in Goslar, * ca. 1610, † wohl 1682, S. von Caspar Kruse, SchR in Goslar (gen. 1613-1621, * ca. 1585, † nach 1621[108]), und NN. († wohl Febr./März 1630)[109]. Als am 15.03.1630 Bürgermeister und Rat von Goslar Meister Caspar Kruse auf Bitten seiner Großmutter Catharina eine Bestallung erteilten, war er „noch junck von Jahren" und „in seinem Ambte noch unerfahren", so daß er wohl kaum älter als 20 Jahre war[110]. Der Sohn Hans Christoph (A.2.4.6.) wohnte zunächst nach seiner Heirat als SchR im Amt Liebenburg, bevor er die Nachfolge seines Vaters in Goslar antrat. Da er dort am 23.01.1683 das erste Kind taufen ließ, dürfte Caspar Kruse wohl im Jahr zuvor verstorben sein. Bei dem nächsten, am 2. März 1684 get. Kind des Sohnes Hans Christoph Kruse ist Anna Clauss als „R[elicta] Mr. Caspar Krusen, infantis avia“ zuletzt genannt.

Kinder[111]:

2.4.1. **Hans Caspar**, get. 05.10.1631, †

2.4.2. **Wilhelm**, get. 15.09.1633, begr. Verden (Johannis) 16.06.1688, seit 1658 SchR in Verden (vgl. unter B.3.).

2.4.3. **Anna Maria**, get. 20.12.1635.

2.4.4. **Hans Christoph**, get. 04.04.1638, †

2.4.5. **Catharina**, get. 20.09.1640, † nach 1693; ⚭ 01.08.1664 Dietrich Meisner, SchR in Gandersheim, * ca. 1635, † wohl 1703[112], S. von Jürgen Meisner, SchR in Gandersheim, u. Margaretha Baar (Nachkommen).
1692 hatte in Gandersheim zusammen mit seiner Frau Catharina Kruse „M. Dieterich Meißner ein Paar zinnern Leuchter in der Kirchen verehret mit 2 Wachslichter“[113]. Angefertigt wurden die Leuchter für St. Georg aber wohl erst 1693, denn sie trugen diese Jahreszahl zusammen mit den Namen des Stifterehepaares[114]. Ihr Verbleib ist unbekannt[115].

2.4.6. **Hans Christoph**, get. 03.01.1643, † nach 31.03.1719[116], 1678 SchR im Amt Liebenburg, dann (seit 1682?) in Goslar; ⚭ I. Osterode (Jacobi) 14.11.1678 Anna Margaretha von Bremen, get. ebd. 15.04.1659, † vor 21.11.1701, T. von Wiechmann von Bremen, SchR in Osterode, u. Anna Margaretha Meissner; ⚭ II. 21.11.1701 Sophia Gertrud Förster, Witwe Hoscheroth, * … , † …, T. von Christoph Förster, SchR in Schöningen, u. Maria N. (Nachkommen).[117]

2.4.7. **Anna Ilsabe**, get. 17.08.1645, † ca. 1679; ⚭ 16.10.1671 Hans Christoph Zapf, SchR in Rotenburg/Wümme (vgl. unter B.3.).

2.4.8. **Christoph**, get. 06.01.1648, † …, lebte noch 1667[118].

2.4.9. **Caspar**, get. 01.11.1649, †

2.4.10. **Valentin**, get. 27.08.1652, begr. Dannenberg 28.09.1691, SchR in Dannenberg; ⚭ ebd. 25.05.1681 Catharina Margaretha Adam, Witwe Körner, get. Wolfenbüttel 06.11.1657, † Dannenberg 18.12.1725, T. von Hans Adam, SchR in Wolfenbüttel, u. N. Albrecht[119] (Nachkommen).

2.5. **Hans**, * ca. 1613 = B.1.

2.6. **Albert**, * ca. 1616, † nach 27.06.1636.
Am 5. Nov. 1634 wurde „Albert Clauß, M. Diedrichs Bruder“ als Zeuge verhört; nochmals genannt ist er in einem Mandat vom 27. Juni 1636[120].

2.7. unehel. **Kind**.
In seiner Scheidungsklage von 1622 warf Joachim Fendell (vgl. oben unter A.1.5.) seiner Frau Ilsabein Clauss vor, sie halte Gesellschaft mit „einer gemeinen Huren, Hilleken genandt, welche vor diesem mit weilandt M. Franz Clauss, Scharffrichter alhie, in stehender Ehe ein Kindt gezeuget“[121]. Bereits 1611 wurde Franz Clauss nachgesagt, „daß er mit einem andern Weibe zuhielte und zu schaffen hette“, was er jedoch abstritt[122].

A.3. **Albert Clauss** (aus A.1.), 1613-1615 substituierter SchR in Lemgo, 1615-1617 wohl in Blomberg wohnhaft, * ca. 1580/85, † nach 31.03. 1618 (evtl. Nachkommen vgl. unter G).
Albert Clauss wohnte nach dem Erbvergleich von 1608, offenbar unverheiratet, bei seinem Bruder Franz in Lemgo. 1611 und 1612 vertrat er ihn während seiner Abwesenheit[123], und nach dessen Flucht wegen Totschlags 1613 versah er für die unmündigen Kinder den SchR-Dienst[124]. 1614 warf ihm jedoch seine Schwägerin Maria Meisner vor, eine Bestallung für sich selbst anzustreben, so daß sie Schutz beim Landesherrn suchte (s. oben unter A.2.). Anfang 1615 verließ Albert Clauss Lemgo[125]. Wahrscheinlich ließ er sich in Blomberg nieder, das ihm wohl - ähnlich wie vorher seinem Bruder Franz und der Stiefmutter Ilse Grapens - zum Unterhalt überlassen war. Jedenfalls verkaufte er 1617 die dortige WRei an Henrich Struck zu Schwalenberg, was er am 31.03.1618 nochmals mit eigener Hand bestätigte[126].

A.4. **Dietrich Clauss** (aus A.2.), seit 1621 SchR in Lemgo, 1622 Bürger, * 1601, † Lemgo 25.03.1636; ⚭ wohl 1622 Anna Margaretha Struck, * ca. 1602/3, † wohl 1647, T. von Trojan Struck, SchR in Höxter († 1634)[127]; sie ⚭ II. Lemgo 02.09.1638 Henrich Unverzagt, substituierter SchR in Lemgo, bis 1649 dort wohnhaft, zuletzt WR in Delbrück, * ca. 1610/15, † Delbrück/k 11.04.1684, S. von N. Unverzagt, WR in Schwalenberg († wohl vor 1620), u. Anna Fenloh († 07.05.1635)[128].
Dietrich Clauss war laut Aussage seiner Mutter am 01.09.1614 „an die 13 Jahr alt“[129]. Als 1621 in Lemgo ein aufwendiger Hexenprozeß gegen Anneke Steffens, Ernst Bödekers Frau, geführt wurde, beschloß der Rat, daß für die Tortur, „weiln der Boddelschen Sohn etwas jung, ein erfahrener Meister darzugezogen [werden solle]“. Nachdem auch vorher schon verschiedentlich fremde SchR nach Lemgo geholt worden waren, fürchtete die Mutter offenbar, auf diese Art und Weise allmählich doch aus dem Dienst gedrängt zu werden und mit ihren Kindern auf der Straße zu sitzen. Am 27. Sept. 1621 erschien sie daher vor dem Rat: „Die Büttelsche sich angeben, daß ihr Sohn, so nunmehr mit dem Schwerte einen gerichtet [...], zum Dienste verstattet werden müchte“. Mit diesem Vorstoß hatte sie Erfolg. Für den gerade 20jährigen Dietrich Clauss wurde ein Kontrakt ausgefertigt, und am 10. Okt. 1621 war er es, „welcher die Zaubersche gebrandt“[130]. Bereits am 6. Aug. 1621 hatte die Mutter beim Landesherrn um eine Bestallung

angehalten und dabei berichtet, daß ihr Sohn „mit des Scharffrichters zu Huxar [= Höxter], M. Trojani Strucks, Dochter sich ehelich eingelaßen“[131]. Wahrscheinlich ist dies aber nur als Eheberedung zu verstehen, denn erst am 10. Mai 1622 verhandelte Dietrich Clauss mit dem Rat wegen des Einkömmlingsgeldes für seine Frau. „Auff Interceßion gutter Leuthe“ wurde es zunächst auf 20, schließlich auf 15 Taler festgesetzt. Er selbst mußte nur einen Taler für sein Bürgerrecht bezahlen[132]. Da in Lemgo Bürgeraufnahme und Heirat in unmittelbarem zeitlichen Zusammenhang standen, fand letztere wohl Ende April (nach Ostern)/Anfang Mai 1622 statt. Das Todesdatum von Dietrich Clauss geht aus einem Schreiben des gräflichen Rates Holstein zu Brake hervor, worin er dem Vizekanzler zu Detmold über die vorbildliche Haltung von M. Dietrich im Angesicht des Todes berichtete und gleichzeitig um die Beibehaltung des Dienstes für die hinterlassene Witwe und ihre fünf Kinder bat[133].
Am 8. Juni 1636 erhielt Anna Margaretha Struck für sich und die drei Söhne einen Manutenenzbrief des Landesherrn. Dennoch fürchtete sie, wie sie am 8. Mai 1638 klagte, daß Jürgen Möller zu Horn den SchR-Dienst in der Grafschaft Lippe und dazu die WRei Detmold, die immer zur Lemgoer SchRei gehört hatte, erhalten würde. Danach muß sie sich Hals über Kopf zu einer neuen Heirat entschlossen haben, um auf diese Weise die Stellvertretung im SchR-Amt zu gewährleisten. Wenn der zweite Ehemann Henrich Unverzagt später ins „Hausbuch“ der Lemgoer SchR schrieb, er sei „den 2. September 1638 in Lemgo zu wohnen gekommen“, so ist dies sicher als Datum der Eheschließung zu verstehen[134]. Henrich Unverzagt stammte aus einer offenbar nur kurzen ersten Ehe der Nieheimer WR-Tochter Anna Fenloh. Der Ehemann, dessen Vorname bislang unbekannt ist, hatte von seinem Schwiegervater Thielen Fenloh (vgl. oben unter 1.5.) die Schwalenberger Abdeckerei gepachtet. Der Sohn Henrich Unverzagt dagegen strebte frühzeitig nach Höherem. Schwalenberg überließ er seinem Onkel Henrich Struck, weil er, wie seine Tante Margaretha Fenloh ihm nachsagte, „bereits mit der Scharffrichterey umbgangen und dieselbe zu continuiren gedencket“[135]. Insofern war die Heirat mit der Clauss-Witwe zu Lemgo sicher seine große Chance. Der Aufstieg zum SchR war aber nicht von Dauer. In Delbrück war er nur WR, und auch seine Nachkommen, bis auf die älteste Tochter, verblieben in diesem Beruf[136]. Anna Margaretha Struck war laut Aussage ihrer Söhne Steffen und Henrich am 23.08.1650 tot. Da der älteste Sohn David ins „Hausbuch“ schrieb, er sei 1647 „zu Lemgo Meister worden“, und der Stiefvater Henrich Unverzagt daraufhin zum Gehen genötigt wurde, ist anzunehmen, daß die Mutter in jenem Jahr starb[137].

Kinder[138]:

4.1. **Tochter**

4.2. **Tochter**

4.3. **David**, * 1628/29 = A.5.

4.4. **Stephan** (Hans Steffen), * ca. 1631/32 = C.1.

4.5. **Henrich**, * ca. 1635 = A.6.

A.5. **David Clauss** d. Ä. (aus A.4.), seit 1647 SchR in Lemgo, seit 1648 für die Grafschaft Lippe, * 1628/29, † Lemgo 09.08.1696; ⚭ I. wohl 1648 Agnesa Bröcker, * ca. 1630, † Lemgo 24.03.1678, T. von Jürgen Bröcker, 1634-1646 adjung. SchR in Osnabrück, seit 1646 SchR in Schüttorf, seit 1649 auch für Rheine (* ca. 1597, begr. Schüttorf/r 13.05.1655), und Agnes Klare d. Ä. (* ca. 1600, † wohl 1646, ⚭ Osnabrück 22.02./01.04.1621)[139]; ⚭ II. wohl Ende 1678 Agnesa Gertrud Muth, * ca. 1660, † Bielefeld 13.04.1733, T. von Hans Henrich Muth, SchR in Lübbecke (* ca. 1630, begr. Lübbecke 30.05.1687), und Catharina Margaretha Albrecht (* ca. 1640, begr. Lübbecke 21.02.1713); Agnesa Gertrud Muth ⚭ II. Lemgo 27.02.1702 Johann (Zacharias) Voß, SchR in Bielefeld[140], get. Schöningen 19.03.1671, † Bielefeld 02.10.1725, S. von David Voß (Fuchs), SchR in Schöningen (get. Wolfenbüttel 11.06.1646, begr. Schöningen 29.03.1705)[141], und Maria Sophia Schlotte (get. Quedlinburg 20.03.1640, begr. Schöningen 08.10.1693, ⚭ Wolfenbüttel 10.02.1670)[142].

David Clauss gab am 17. Juni 1665, als er neben achtzehn weiteren Personen als Zeuge in einem Hexenprozeß vernommen wurde, sein Alter mit 36 Jahren an[143]. Diese „krumme" Zahl spricht für ihre Glaubwürdigkeit, so daß er 1629 oder, falls sein Geburtstag in der zweiten Jahreshälfte lag, bereits 1628 geboren wurde. Im Mai 1638 schrieb die Mutter von ihm als ihrem „Söhnlein", was gleichfalls Indiz für ein damals noch recht zartes Alter ist. Wohl deshalb hatte der Stiefvater Henrich Unverzagt 1638 die Substitution auf fünfzehn Jahre erhalten. Um ihn 1649 loszuwerden, hatte David Clauss ihm für die restlichen vier Jahre eine Abfindung von 200 Talern zahlen müssen. Seinen vier Geschwistern schuldete er Brautschatzgelder von je 100 Talern, und zum Lebensunterhalt mußte er seinen Brüdern Stephan und Henrich die WRei Silixen überlassen. Außerdem hatte er „viele hundert Taler an Schulden" zu übernehmen[144].

Bei seinem Dienstantritt 1647 bzw. 1648[145] war David Clauss noch ein sehr junger Mann von 18 oder 19 Jahren. Doch als selbständiger Meister mit eigener Haushaltung brauchte er eine „Hausfrau". Aufgrund der vermutlichen Geburtsjahre der ältesten Kinder ist die Heirat mit Agnesa Bröcker noch ins Jahr 1648 zu datieren. Am 29. April 1650 war David Clauss in Melle Zeuge beim Ehevertrag von Matthias Bröcker, Sohn des Schüttorfer und Rheiner SchRs Jürgen Bröcker und der Agnes Klare d. Ä., mit der Lügder SchR-Tochter Anna Barbara Struck[146]. Aus dieser Konstellation ist die Herkunft der Agnesa Bröcker zu erschließen, die demnach eine Schwester des Matthias war. Das Grabkreuz des Matthias Bröcker steht noch heute vor der Kilianskirche in Lügde, während sich in Blomberg in der Neuen Torstraße 26 das 1677 erbaute und mit einer Namensinschrift versehene repräsentative Wohnhaus von Anna Barbara Strucks Bruder Jürgen Struck erhalten hat[147]. David Clauss erwarb 1661 vom Grafen zur Lippe für 400 Taler dessen in der Papenstraße (heute Nr. 48) zu Lemgo gelegenen Hof[148]. Auch dieses große Haus, wo die SchR-Familien Clauss und Kleine 135 Jahre lang wohnten, ist heute noch erhalten. Möglicherweise stammte von diesem Haus oder einem Nebengebäude die heute an der Neuen Straße 62 befindliche Hausinschrift mit den Namen von David Clauss und Agnesa Bröcker. Jedenfalls haben sie dort nicht gewohnt, und ob ihnen dieses Haus je gehörte, ist bislang fraglich. Nach dem frühen Tod von Agnesa Bröcker heiratete David Clauss

die höchstens 18jährige Agnesa Gertrud Muth aus Lübbecke – Beginn einer über drei Generationen reichenden engen Verwandtschaftsbeziehung zu den Lübbecker Scharfrichtern.
Im Gegensatz zu seinem Vater Dietrich hatte David Clauss d. Ä. offenbar eine sehr gute Ausbildung hinter sich – als Scharfrichter ebenso wie als Chirurg. Gleiches ließ er später seinen vier Söhnen zuteil werden. Vielleicht war Jürgen Bröcker zu Osnabrück, Schüttorf und Rheine, dessen Tochter er heiratete, sein Lehrherr. Denn dieser besaß vor allem als Chirurg einen guten Ruf. Auch sein Neffe Hans Bröcker hatte „bey Meister Jürgen die Artzeney gelernet“[149]. Im Geburtsbrief für die Tochter Anna Ilsabein Clauss (A.5.6.) ist 1714 von der „Bürgerschafft“ der Eltern die Rede. Dies ist sonst nicht zu belegen, doch mag dies an der Unvollständigkeit der überlieferten Bürgeraufnahmen liegen. Weiter hieß es 1714, die Eltern „hätten im Schmiedeampte hieselbst gestanden“[150]. Aus sonstigen Quellen läßt sich diese Angabe bislang nicht bestätigen. Andererseits ist schwer vorstellbar, daß man sich über einen so wichtigen Punkt geirrt haben sollte. Somit wäre dies ein bemerkenswerter Beleg für die Mitgliedschaft eines SchR-Ehepaares in einer Handwerkszunft[151].
David Clauss d. Ä. hinterließ aus der Ehe mit Agnesa Bröcker acht Kinder, vier Söhne und vier Töchter[152]. Für die beiden jüngsten, Anna Catharina und David, wurden am 21. August 1679 nach dem Tod der Mutter Jobst Wilhelm Krieger und Cordt Mueß zu Vormündern bestellt[153]. Bei zwei Kindern des Ratsherrn Cordt Mueß war 1671 und 1673 David Clauss Taufpate[154] – obwohl er nur wenige Jahre vorher die erste Ehefrau Mueß, Anna Magdalena Mesollen, als Hexe enthauptet hatte[155]. Ob also der SchR „den Bürgern stets suspekt“ blieb, man ihm aus dem Weg ging, „wo man konnte“, ihn isoliert ließ, „da doch Blut an seinen Händen klebte“, oder „viele auch einfach Angst vor ihm“ hatten[156], ist die Frage. Gerade die reichhaltige Lemgoer Quellenüberlieferung läßt erkennen, wie sehr der SchR als Nachbar unter Nachbarn akzeptiert war. Auch Paten- und Vormundschaften waren mehr als eine bloße Formsache, sie konstituierten im Gegenteil eine enge persönliche Beziehung. Noch 1705 fühlte sich der längst erwachsene David Clauss d. J. (A.7.) seinem ehemaligen Vormund Jobst Wilhelm Krieger sehr verbunden[157].

Kinder:

5.1. **Johann** (Hans) **Matthias**, * wohl 1649 = D.1.

5.2. **Anna Christina**, * ca. 1650, † nach 09.08.1697, ⚭ (vor 1673?) (Henrich? Jobst Hermann?) Vogeler, Chirurg in Minden, † vor 21.08.1703.
Der Vorname der Anna Christina Clauss wird am 09.08.1697 anläßlich der Eröffnung des väterlichen Testaments genannt, und damals lebte sie noch[158]. Mit einiger Gewißheit war sie die älteste Tochter, so daß ihre Eheschließung vor Beginn der Kirchenbücher von St. Nicolai in Lemgo (1673) stattgefunden haben könnte. Ihr Ehemann war Chirurg in Minden und im August 1703, als Hans Koch in Lemgo angeblich über die Eheschließung der Tochter Anna Elisabeth Vogeler mit Joh. Gottschalck Heyde lästerte, bereits tot[159]. Es gab in Minden mehrere Linien der Familie Vogeler, und der Chirurgenberuf kam häufiger vor. Im fraglichen Zeitraum wurden in Minden drei Vogeler-Töchter namens

Anna Elisabeth getauft. Von den drei Vätern war nur Wilhelm Vogeler mit Sicherheit Chirurg. Doch kommt gerade er nicht in Frage, weil seine beiden Ehefrauen namentlich bekannt sind[160]. Am ehesten könnte jener M. Henrich Vogeler gemeint sein, dessen Witwe am 24.05.1700 in Minden begraben wurde. Allerdings steht nicht fest, ob die Mutter der Anna Elisabeth Vogeler 1703 ebenfalls schon tot war. Auch der bereits am 21.09.1679 zu Grabe getragene Jobst Hermann Vogeler käme als Vater der Anna Elisabeth noch in Frage. Über seinen Beruf ist bisher nichts bekannt[161].

Kind:

5.2.1. **Anna Elisabeth** (get. Minden 20.06.1680? 22.03.1676?), begr. Lemgo (St. Johann/r) 06.12.1704, ⚭ Lemgo 02.08.1703 Joh. Gottschalck Heyde, Bader ebd. „bei St. Johanns Pforten", get. Lemgo (St. Marien) 25.12.1681, † 1720/25, S. von Caspar Heyde, Chirurg in Lemgo, und Ilsabein Spruthe (Nachkommen)[162].

5.3. **Otto Henrich**, * ca. 1652 = F.1.

5.4. **Anna Maria**, * ca. 1654, begr. Melle 10.05.1730, ⚭ I. Lemgo 1674 (o. D.) Caspar Farnecke, SchR in Stadthagen, get. ebd. 17.11.1652, † wohl 11.11.1703/05.03.1706[163], S. von Henrich Farnecke, SchR in Stadthagen (* ca. 1609, begr. Stadthagen 21.06.1671, im 62. J.), und der Catharina Görteler (get. Göttingen 28.12.1612, † nach 1673, ⚭ Göttingen 23.10.1628), ⚭ II. Stadthagen 21.06.1720 Henrich Lohdi, um 1680 SchR-Knecht in Rinteln u. Minden, seit 1686 HM in Melle, 1716-1721 substit. SchR des Hochstifts Osnabrück[164], * ca. Juli/Aug. 1657, begr. Melle 02.03.1733, alt 75 J. 7 M., S. von N. Laudi (Lohdi), u. a. HM in Bückeburg; Henrich Lohdi ⚭ I. wohl 1686 Anna Catharina Froböse, * ca. 1665, † wohl 1701, T. von Jobst Froböse, HM in Melle († 1675/76), ⚭ II. Schwelm 11.07.1702 Catharina Maria Agnes Wenner, * ca. 1669, † ca. 1719 (?), T. von Hans Michael Wenner, SchR in Schwelm (* ca. 1630, begr. Schwelm/k 28.12.1702), und der Anna Elisabeth N. (* ca. Anf. 1634, † Schwelm 22.04.1722, alt 88 J. 3 M.).

Kinder[165]:

5.4.1. **Hans David**, get. 23.07.1675, begr. 29.08.1677.

5.4.2. **Hans** (Johann) **Henrich**, get. 24.06,1677, † wohl 1710, 1693 Schüler des Lemgoer Gymnasiums[166], SchR in Stadthagen, ⚭ ca. 1702/3 Anna Barbara Dorothea Gebhard, (* 1679?), † wohl 1728, möglicherweise T. von Bendix Gebhard, SchR in Celle, u. der Magdalena Farnecke (vgl. unter A.6.)[167].

5.4.3. **Catharina Maria**, get. 12.09.1680.

5.4.4. **Anna Elisabeth**, get. 30.12.1682[168].

5.4.5. **Anna Dorothea**, get. 03.05.1685.

5.4.6. **Bendix Wilhelm**, get. 15.04.1687, begr. 15.12.1689 oder 26.01.1691 oder 06.05.1694.

5.4.7. **Hans Jürgen**, get. 09.06.1689, begr. 10.07.1689.

5.4.8. **Caspar Henrich**, get. 17.09.1690, begr. 26.01.1691 oder 06.05.1694.

5.4.9. **Justus David**, get. 08.03.1696, begr. 17.08.1697.

5.5. **Johann** (Hans) **Hermann**, * ca. 1656 = E.1.

5.6. **Anna Ilsabein**, * ca. 1658/61, begr. Groningen ca. 12.11.1734, ⚭ (vor 21.08.1679?) Franz Henrich Schneider (Frans Snijder), seit 04.12.1679 SchR der Landschaft Drenthe zu Coevorden, seit 1694 auch der Stadt Groningen und seit 1700 der Groninger Ommelanden, * wohl 1663, † Groningen 25.01./26.06.1727[169], S. von Hans Jürgen Schneider, SchR zu Schüttorf (get. Ahlen, St. Marien/k 28.10.1640, † 25.04.1699/01.03.1700), und der Anna Margaretha Bröcker (* ca. 1635, † nach 27.10.1676, ⚭ Münster, Ludgeri/k 25.11.1657)[170].
Als am 21. Aug. 1679 nach dem Tod der Agnesa Bröcker für die hinterlassenen unmündigen Kinder Vormünder bestellt wurden, ist Anna Ilsabein Clauss nicht genannt, obwohl sie noch nicht volljährig gewesen sein kann. Also könnte sie damals bereits verheiratet gewesen sein[171]. Am 4. Juli 1714 erschien sie in Lemgo und erbat einen Geburtsbrief, wofür sie den Siegelherrn Nolte Tripmacher und den Kämmerer Hermann Schnitker zu Zeugen vorschlug. In dieser am gleichen Tag ausgestellten Urkunde bescheinigten Bürgermeister und Rat u. a., daß sie „vorgemeldter Frauen Annen Ilsabein Clauß nichts Unziemliches nachzureden wissen und [sie] dahero an allen Orten, in Städten, Flecken und Dörffern zu allem Guten gerne befordert sehen möchten“[172].

Kinder:

5.6.1. **Anna Margrieta**, get. Coevorden 01.04.1683, † Zutphen 1720, ⚭ Groningen 12.02.1710 Johannes van Anhout, SchR in Zutphen, get. Nijmegen 26.10.1675, begr. Zutphen 08.10.1750, S. von Hans van Anholt, SchR in Nijmegen, u. Lijsbeth Hermens (Nachkommen)[173].

5.6.2. **Agnes Maria**, get. Coevorden 05.11.1684, † ..., ⚭ I. ca. 1705/10 Cornelis van Hattum, * ca. 1680, † 1722/23, ⚭ II. Groningen 23.11.1723 Hindrik Bolten, aus Elsen im Stift Paderborn, * ..., † nach 25.11.1734.

5.6.3. **Kind**, * wohl 1686, † Coevorden ca. 26.11.1686.

5.6.4. **Hans Jurjen**, get. Coevorden 04.01.1688, † ebd. ca. 13.05.1688.

5.6.5. **Hans Jurjen** („Johannes“), get. Coevorden 28.04.1689, † nach 18.08.1747, seit 1727/28 SchR der Stadt Groningen u. der Landschaft Drenthe, ⚭ Arnhem 01.05.1712, aufg. Groningen 16.04.1712, Rebecca Cahle, get. Zutphen 16.10.1690, † vor 18.08.1747, T. von Hans Henrich Kahle, SchR in Zutphen, dann in Arnhem, u. der Catharina Elisabeth Kellenaer (Nachkommen).

5.6.6. **Anna Elsabeen**, get. Coevorden 21.09.1692, † ebd. ca. 18.01.1693.

5.6.7. **Anna Elsabeen**, * wohl Groningen ca. 1694, † ..., ⚭ Groningen 17.05.1713 Johannes Cahle, SchR in Dordrecht, get. Zutphen 27.10.1686, begr. Dordrecht 01.03.1728, S. von Hans Henrich Kahle, SchR in Zutphen, dann in Arnhem, u. der Catharina Elisabeth Kellenaer.

5.6.8. **Anthonius**, * ca. 1696/1700, † Groningen ca. 21.06.1774, seit 1727 SchR der Landschaft Drenthe u. der Stadt Groningen, ⚭ I. Groningen 17.10.1731 Bouwina Renses, * ca. 1705, † Groningen ca. 15.05.1743, T. von Rense Eelkes u. Wijpke Ubels, ⚭ II. Bedum 08.01.1747, aufg. Groningen 17. 12.1746, Anna Maria van Dijk, get. Teteringen b. Breda 23.02.1721, † Warfhuizen 11.05.1796, T. von Petrus van Dijk u. Helena Petri Raeijmakers (Nachkommen).[174]

5.7. **Anna Catharina**, * ca. 1663, † ..., ⚭ Lemgo 05.04.1684 Joh. Jost Döring, „Fürstl. Eßendischer Operator und Nachrichter", get. Marburg/r 10.07.1661, † ..., S. von Christopher Döring, SchR in Marburg (* ca. 1612, † Marburg, begr. Treysa 03.10.1682)[175], und der Elisabeth Bast (* ca. 21.05.1626, begr. Marburg/r 31.08.1693, alt 67 J. 3 M. 10 T., ⚭ Herborn 26.10.1641).
In Essen kam es im 17. Jahrhundert des öfteren zu Unstimmigkeiten zwischen der Stadt und der Fürstäbtissin wegen der Befehlsgewalt über den SchR. Als 1682 die Stadt der SchR-Witwe Viehoff verbot, eine vom fürstlichen Gericht verhängte Todesstrafe durch den von ihr als Stellvertreter berufenen SchR von Bochum, Joh. Hermann Claessen (E.1.), vollziehen zu lassen, war dies für die Landesherrin Anna Salome von Salm-Reifferscheid der unmittelbare Anlaß, einen eigenen Meister anzustellen. Am 14. Nov. 1683 ließ sie in den Kirchen publizieren, „daß ein ScharffRichter nahmens Johann Jost Döring in dero Stifft, Stadt und Landen angenommen" wäre. Zwar beschwerte sich die Stadt darüber, hielt es dann aber 1684 wohl doch für angebracht, ihn anzuerkennen[176]. In Essen ist Joh. Jost Döring sonst nicht nachweisbar, auch nicht in Borbeck, wo 1688 bereits Joh. Peter Schlieff als Fürstl. SchR wohnte[177]. Am 9. Sept. 1686 war „Joes Augustus Döring" noch Pate in Jülich (kath.) bei einem Kind seines Bruders Joh. Henrich Döring[178].

5.8. **David** (* Lemgo 27.02.1666) = A.7.

5.9. **Söhnlein**, * ca. 1670, † Lemgo 25.05.1673.

A.6. **Henrich Clauss** (aus A.4.), seit 1661 SchR in Herford, * ca. 1635, † kurz vor 03.09.1667, ⚭ Stadthagen 24.09.1661 Magdalena Farnecke, get. ebd. 18.08.1639, † nach 12.01.1698, T. von Henrich Farnecke, SchR in Stadthagen, und Catharina Görteler (vgl.

unter A.5.4.); Magdalena Farnecke ⚭ II. Stadthagen 16.05.1669 Carsten von der Havestadt, SchR in Celle, get. ebd. 21.04.1639, † wohl Ende 1677/Anf. 1678[179], S. von Claus von der Havestadt, 1615 SchR in Lübbecke, seit 1627 in Celle, seit ca. 1638 wohl in Burgdorf (* ca. 1580/85, † ca. 1655/59), u. der Maria Ewerts von Oldenburg (* ca. 1605, † ..., ⚭ wohl 1627)[180], ⚭ III. wohl 1678 Bendix Gebhard, SchR in Celle seit Mich. 1678 bis Ostern 1693, weiterhin dort wohnhaft, * ..., † ..., S. von Georg Gebhard, SchR in Halle a. d. S., dann (1657) in Magdeburg (* ca. 1630, † Magdeburg/Jacobi 02.04.1696), u. der Christine Stengel[181].

Henrich Clauss dürfte das jüngste Kind aus der Ehe von Dietrich Clauss und Anna Margaretha Struck gewesen sein. Am 13. Sept. 1650 überließ David Clauss d. Ä. seinen Brüdern Stephan und Henrich zum Lebensunterhalt auf vier Jahre die WRei Silixen. Alle drei unterschrieben den Kontrakt[182]. Höchstwahrscheinlich war es Henrich, den sein Bruder David im August und September 1653 zur Folter und Hinrichtung einiger Hexen und Zauberer mitnahm[183]. Denn der ältere Bruder Stephan (vgl. unter C.1.) kann damals schon nicht mehr in Lemgo gewohnt haben. Als Henrich Clauss am 21. Sept. 1654 einen Geburtsbrief erhielt, um nach Münster zu gehen, bescheinigten ihm Bürgermeister und Rat von Lemgo, daß er sich „alhie bey Unß in Verrichtungen vorfälliger Torturen und Executionen dermaßen albereits also gebrauchen laßen, daß er die Stelle eines Nach- und Scharffrichters wird zu verrichten wißen“. Am 3. April 1661 erhielt er einen neuen Geburtsbrief, um den Scharfrichterdienst in Herford anzutreten. Beide Male wurde seine Abstammung bis zu Caspar Clauss zurückverfolgt und betont, daß er „von keinen Abdeckern und dergleichen entsproßen“ sei[184]. Da die Herforder Meisterei nur die Stadt umfaßte und nicht besonders einträglich war, bemühte er sich 1663, vom Grafen zur Lippe die benachbarte WRei Salzuflen zu pachten[185]. Diese Pläne zerschlugen sich aber, und so verschaffte er sich 1664 eine Expektanz auf die SchRei Minden. Daß sie in Kraft trat, erlebte er nicht mehr, denn er starb wenige Tage vor dem dortigen SchR Peter Albrecht[186]. Die zweimal wiederverheiratete Witwe von Henrich Clauss ist zuletzt als „Magdalena Farnecken, Scharfrichterin zu Celle“ am 12. Jan. 1698 bei einer Patenschaft in Gifhorn genannt.

Kinder:

6.1. **Catharina Elisabeth**, * ca. 1662/64, begr. Gifhorn 11.07.1689, seit 1679 mit dem SchR-Dienst zu Uelzen belehnt, ⚭ wohl 1685 Christoph Augustus Pfeffer, SchR in Gifhorn, seit 1690 in Uelzen, get. Braunschweig 28.06.1664, begr. Uelzen 03.01.1706, S. von Hans Pfeffer, SchR in Vorsfelde, seit 1662 in Braunschweig (* ca. 1630, begr. Braunschweig 05.09.1680), und der Regina Frölich (* ca. 1637, begr. Quedlinburg/Wiperti 04.11.1688, ⚭ Lehndorf, dim. Braunschweig 03.05.1653)[187]; Christoph Augustus Pfeffer ⚭ II. wohl 1690 Ilse Marie Farnecke, * ..., begr. Uelzen 07.11.1695[188], ⚭ III. wohl 1696 Anna Sophia Asthusen, * ..., begr. Uelzen 18.04.1742[189].

Am 19. April 1679 übertrug Herzog Georg Wilhelm von Braunschweig und Lüneburg der damals höchstens 17 Jahre alten Catharina Elisabeth Clasen, Stieftochter von Bendix Gebhard zu Celle, den SchR-Dienst zu Uelzen mit den Ämtern Oldenstadt, Bodenteich, Ebstorf und Medingen, unter der Bedingung, „daß sie einen tüchtigen Nachrichter Meister heyrathen und mit demselben in Ültzen sich setzen solle“. Auf Bitten der Mutter gab ihr auch die Stadt Uelzen im Mai desselben Jahres eine Bestallung[190]. Catharina Elisabeth Clasen brachte die Uelzener Meisterei demnach als Mitgift in die Ehe mit. Daß dieser Dienst von der ersten Ehefrau seines Vaters Christoph Augustus Pfeffer herrührte, wußte noch der Sohn Bendix Joh. Andreas Pfeffer, als er 1737 mit seiner Stiefmutter Anna Sophia Asthusen um sein Erbe prozessierte. Auch war bekannt, daß dieser Sohn in Gifhorn geboren war. Allerdings hielt er fälschlicherweise Ilse Marie Farnecke für seine Mutter und die erste Frau seines Vaters[191]. Christoph Augustus Pfeffer war aber auf jeden Fall dreimal verheiratet, und seine 1689 in Gifhorn verstorbene, nicht namentlich genannte erste Frau war die Mutter seines Sohnes Bendix Joh. Andreas. Daß es sich bei ihr wirklich um Catharina Elisabeth Clasen handelte, ist dem Brüchtenregister Gifhorn zu entnehmen. Darin ist 1687 von dem „hiesigen Scharffrichter [Christoph Augustus Pfeffer] und deßen Schwiegervater, dem Scharffrichter von Zelle [Bendix Gebhard]" die Rede[192]. Auch kann Pfeffer auf keine andere Weise der „liebe Schwager" der Anna Havestadt, Catharina Elisabeth Clasens Halbschwester, gewesen sein[193].

Kinder:

6.1.1. **Kind**, * ca. 1686, begr. Uelzen 28.03.1690.

6.1.2. **Bendix Joh. Andreas**, get. Gifhorn 17.04.1688, † 07.11.1741/04.09.1750, Bruchschneider[194], 1737 in Wittingen wohnhaft, ⚭ Burgdorf 28.08.1712 Anna Elisabeth Francke, * ..., begr. Wittingen 04.03.1750 als Witwe, T. von Christoph Francke, SchR in Burgdorf.

6.2. **Magdalena**, * ca. 1664/66, † ..., ⚭ I. wohl 1686, vor 02.08., David Torneden, 1687 SchR (?) in Rinteln, * ..., † ..., ⚭ II. Christian Wieruth, 1714 HM (in Rinteln?), * ..., † ...
Am 2. Aug. 1686 erhob David Torneden „als Ehevoigt meiner Ehefrawen Magdalenen Claußen" Klage gegen seine Schwiegermutter, weil diese sich weigerte, „meines sehl. Schwiegervattern Meister Henrich Claußen Verlaßenschafft und was jedem Kinde [...] zu ihrem kindtlichen Antheil in der Erbtheilung davon zugefallen", offenzulegen. Allein der Anteil „von denen zu Herforth gestandenen 1300 Taler Capital" betrug 433 Taler 12 Mariengroschen[195]. Die Herkunft des David Torneden ist wahrscheinlich unter den Verwandten des HMs Henrich Darneden zu Rinteln, Wunstorf, Hess. Oldendorf und Holzminden und des ebenfalls aus Holzminden stammenden Celler „Militairscharfrichters" Jürgen Torneden zu suchen[196]. 1687 ist David Torneden in Rinteln als SchR bezeichnet, doch kann er eigentlich nur HM gewesen sein. Die zweite Ehe der Magdalena Clauss ist indirekt daraus zu erschließen, daß die 1714 in Rinteln verstorbene Ilse Catharina Tornetten „aus Zelle" als „des Halbmeisters Christian Wieruths Stieftochter" bezeichnet ist. Mit dem ungewöhnlichen Namen „Wieruth" könnte ein Angehöriger der vor allem in Hessen beheimateten Familie Wildruth/Wiltraut gemeint sein.

Kinder:

6.2.1. **Anna Maria**, get. Rinteln 10.11.1687, † ...

6.2.2. **Ilse Catharina**, * Celle ..., † Rinteln 04.12.1714.

A.7. **David Clauss** d. J. (aus A.5.), seit 29.11.1692 adjung. SchR in Lemgo, 23.06.1688 Expektanz und 03.12.1698 Bestallung für die Grafschaft Lippe[197], (* Lemgo 27.02.1666)[198], begr. ebd. 18.02.1725, ⚭ Lübbecke 09.06.1689 Anna Margaretha Muth, * ca. 1664/67, begr. Lemgo 07.10.1750, T. von Hans Henrich Muth, SchR in Lübbecke, und Catharina Margaretha Albrecht (wie oben unter A.5.).
Nachdem David Clauss d. Ä. 1688 für seinen jüngsten Sohn eine Anwartschaft auf den SchR-Dienst in der Grafschaft Lippe erhalten hatte und so dessen Zukunft gesichert war, konnte David Clauss d. J. an eine Heirat denken. Anna Margaretha Muth aus Lübbecke war eine jüngere Schwester seiner Stiefmutter Agnesa Gertrud Muth. Nach einem Jahr bei den Schwiegereltern mietete er sich in Detmold im Haus der Witwe Gerdt Lückens ein, um seinem Vater in Lemgo bei dessen „continuirlichen podagrischen Schwachheit" besser beistehen zu können. Die Vermieterin selbst hatte im Haus Stube und Kammer zur eigenen Wohnung behalten. Die Stadt Detmold wollte diesen Mietvertrag jedoch verbieten. Offenbar fürchtete man – unbegründeterweise –, in dem gemieteten Haus würden nun auch die Abdeckerknechte untergebracht und folglich dem Stadtsäckel die 4 Taler Jahresmiete für deren stadteigene Dienstwohnung entgehen. Erfolg hatte man mit dem Einspruch nicht. Erst zwei Jahre später zog David Clauss d. J. von Detmold zurück nach Lemgo[199]. Um die gleiche Zeit vollzog er seine erste Hinrichtung mit dem Schwert[200]. Andere Exekutionen hatte er bereits vor 1690 anstelle seines Vaters ausgeführt[201].
Die angebliche oder tatsächliche Anfeindung wegen der Ehe seiner Nichte Anna Elisabeth Vogeler im Jahr 1703 (vgl. oben unter A.5.2.1.) war offenbar Teil einer schon seit Jahrzehnten schwelenden, mehr oder weniger versteckt ausgetragenen Auseinandersetzung der Lemgoer SchR mit dem ortsansässigen Barbierer- und Chirurgenamt. 1661 hatte David Clauss d. Ä. vom Landesherrn ein Privileg erhalten, Arm- und Beinbrüche sowie anderen Schaden, „sonderlich in heiler Haut", behandeln zu dürfen[202]. Im Gegenzug ließen sich die Barbierer und Chirurgen 1673 in ihrem neuen Amtsbrief vom Lemgoer Magistrat die Zusage geben, daß dem Scharfrichter alle Kuren verboten seien[203]. 1704 eskalierte der Streit zu einem langjährigen Prozeß, worin auf beiden Seiten mit harten Bandagen gekämpft und nicht mit „anzüglichen Injurien" gespart wurde[204]. Graf Friedrich Adolph bestätigte schließlich unter dem 1. Mai 1710 das Privileg von 1661 und erteilte sogar eine Expektanz auf den Sohn oder Schwiegersohn[205].
Anna Margaretha Muth, die ihren Mann um mehr als 25 Jahre überlebte, geriet als Witwe in immer größere finanzielle Schwierigkeiten. Als Wittumsgelder waren ihr die 46 Taler Pacht von der WRei Silixen verschrieben worden, doch reichten diese zum Unterhalt für sie und ihre beiden unverheirateten Töchter offenbar nicht aus. In den folgenden Jahrzehnten war sie in zahlreiche Prozesse wegen Schuldforderungen verwikkelt, weswegen sie Haus und Land verpfänden oder verkaufen mußte[206]. Von den 100 Talern, die ihr als Erbteil des zu Schwabstedt verstorbenen Bruders, des Chirurgen Joh. Henrich Muth, zugefallen waren, blieben ihr nach Abzug aller damit zusammenhängenden Unkosten ganze 9 Taler[207]. Zuletzt war sie gezwungen, sich auch von dem repräsentativen

Haus in der Papenstraße zu trennen, das an ihren Enkel und zweiten Ehemann ihrer Schwiegertochter fiel, Jobst Henrich Kleine (vgl. unter A.7.1.3. und A.8.)[208].

Kinder:

7.1. **Margaretha Gertrud**, get. Lübbecke 29.03.1690, † Herford 15.01.1763, ⚭ Lemgo 21.05.1708 Jobst Liborius Kleine, seit 1708 SchR in Herford[209], * ..., † Herford 28.11./16.12.1738[210], S. von Conrad Nicolaus Kleine, SchR in Herford (get. Osterwieck 22.04.1655, † wohl 1699, vor 16.07.)[211], und der Magdalena Albrecht (* ca. 1662, † wohl 1705)[212].

Kinder[213]:

7.1.1. **Joh. David**, get. 22.02.1709, † ...

7.1.2. **Bernd Hinrich**, get. 18.04.1710, † ...

7.1.3. **Jobst Henrich**, get. 04.08.1711, † Boizenburg 26.12.1800, 1738-1776 substit. SchR in Lemgo, bis 1796 dort wohnhaft, ⚭ I. Lemgo 02.11.1738 Catharina Elisabeth Muth, Witwe von Joh. Peter Clauss, SchR in Lemgo (vgl. unter A.8.), ⚭ II. Seesen 26.11.1743 Maria Dorothea Juliana Gebhard, * Einbeck (Marien) 27.12.1715, begr. Lemgo 14.08.1744, T. von Friedrich Theodor Gebhard, zuletzt SchR in Seesen, u. der Catharina Margaretha Charlotte Förster, ⚭ III. Minden 11.10.1746 Margaretha Magdalena Meisner, get. Peine 26.08.1708, † Lemgo 31.03.1793, T. von Franz Adam Meisner, zuletzt SchR in Osterwieck, u. der Eva Catharina Elisabeth Kahle[214].

7.1.4. **Joh. Conrad**, get. 28.03.1713, † 13.03.1785, seit 1741 SchR in Herford, nachdem er sich „in Holland und sonderlich im Haag über 7 Jahre auffgehalten und daselbst mit Verrichtung allerhand Executionen an Maleficanten sich geübet“[215], ⚭ Hemmendorf 24.08.1741 Justina Lucia (Wilhelmina) Renzhausen, * ca. 1714/15, † 08.07.1785, T. von Joh. Hinrich Valentin Renzhausen, SchR in Hemmendorf, u. Regina Maria Pfeffer (vgl. unter A.7.2.) (Nachkommen).

7.1.5. **David Henrich**, get. 25.02.1715, begr. ’s-Hertogenbosch 14.01.1785, seit 1742 SchR ebd., ⚭ I. Dordrecht 12.05.1744 Sophia Juliana Deuring (Döring), get. Breda 21.03.1722, begr. ’s-Hertogenbosch 25.09.1756, T. von Christophel Deuring, SchR in Breda, u. der Anna Eleonora Diepenbrock, ⚭ II. Gorssel 12.08.1761, aufg. Zutphen 17.05.1761, Catharina Elisabeth van Anhout, get. Zutphen 26.12.1723, begr. ’s-Hertogenbosch 10.02.1800, T. von Johannes van Anhout, SchR in Zutphen, u. der Susanna Cahle (Nachkommen)[216].

7.1.6. **Peter Henrich**, get. 27.07.1716, † ..., Chirurg in Groningen[217].

7.1.7. **Franz Christoffer**, get. 06.11.1718, † ..., 1760 in ’s-Hertogenbosch wohnhaft, dann bis 1776 SchR in Breda[218].

7.1.8. **Arend Henrich**, get. 12.02.1720, † ...

7.1.9. **Joh. Henrich**, get. 20.04.1722, † ..., seit 1750 SchR in Bergen-op-Zoom, ⚭ ebd. 17.11.1751 Allegonda Blom (Nachkommen)[219].

7.1.10. **Joh. Christoffer**, get. 08.06.1724, † ..., 1751 Mitglied der luth. Gemeinde zu Utrecht[220], 1760 SchR in Den Haag (Nachkommen)[221].

7.1.11. **Christoph Carl**, get. 29.11.1727, † ..., 1751 Mitglied der luth. Gemeinde zu Utrecht[222], 1760 SchR ebd.[223], danach bis 1784 in Amsterdam[224].

7.1.12. **Anna Christina**, get. 13.12.1731.

7.2. **Ilsabe Magdalena**, get. Detmold/r 07.08.1691, † Hessisch Oldendorf 23.10.1761, ⚭ I. Lemgo 05.05.1716 Joh. Hinrich Valentin Renzhausen, SchR in Hemmendorf, get. ebd. 16.06.1682, begr. ebd. 03.04.1740, S. von Dietrich Renzhausen, SchR ebd. (* wohl 1655, begr. Hemmendorf 29.09.1701), u. der Anna Dorothea Hartmann (* ca. 1649, begr. Hemmendorf 10.07.1702), ⚭ II. Hemmendorf 18.01.1748 Joh. Wilhelm Goepel, seit 1699 SchR in Göttingen, get. Hersfeld 11.04.1678, † Göttingen 29.03.1755, S. von Joh. Christian Goebel, SchR in Hersfeld (* ebd. 29.05.1648, † ...), u. der Anna Dorothea Farnecke (get. Stadthagen 19.04.1650, † ..., ⚭ Hersfeld 30.04.1672)[225]; Joh. Hinrich Valentin Renzhausen ⚭ I. Hameln 05.12.1702 Regina Maria Pfeffer, get. ebd. 03.02.1686, begr. Hemmendorf 13.05.1715, T. von Hans Hinrich Pfeffer, SchR in Hameln (get. Vorsfelde 25.08.1658, begr. Hameln 27.04.1734), u. der Ilse Marie von der Havestadt (get. Celle 06.12.1646, begr. Hameln 09.06.1715, ⚭ ebd. 01.05.1685)[226]; Joh. Wilhelm Goepel ⚭ I. Göttingen 15.05.1699 Anna Margaretha, Witwe von Hans Henrich Görteler, SchR zu Denkershausen (* ca. 1660/62, begr. Göttingen 12.05.1747).
Die Namensinitialen der Ilsabe Magdalena Clauss und ihres ersten Ehemannes Joh. Hinrich Valentin Renzhausen sind in zwei blumenumkränzten, mit der Jahreszahl 1722 versehenen Kartuschen über dem Hauseingang der Meisterei zu Hemmendorf zu finden. Die Grabsteine des Hemmendorfer SchRs, seiner ersten Frau Regina Maria Pfeffer und seines Vaters Dietrich stehen an der Außenwand der dortigen Kirche. In der Sakristei ist heute der aus der Diele der Hemmendorfer SchRei stammende Schrank untergebracht, in dem einst die Richtschwerter aufbewahrt wurden. Auf dem verbindenden Mittelstück trägt er ebenfalls die Initialen von Joh. Hinrich Valentin Renzhausen mit der Jahreszahl 1731[227]. Der zweite Ehemann der Ilsabe Magdalena Clauss, Joh. Wilhelm Goepel, stiftete 1712 zusammen mit seinem Bruder Joh. Georg Goepel einen Altar, der mit ihren Namen versehen ist und noch heute in der St. Pankratiuskirche zu Denkershausen steht[228].

Kinder:

7.2.1. **Henrich Christian**, get. Lemgo 17.02.1717, begr. ebd. 19.12.1717.

7.2.2. **Anna Sophia**, get. Hemmendorf 30.06.1720.

7.2.3. **Joh. Christoph**, get. Hemmendorf 29.07.1729.

7.3. **Anna Maria**, get. Lemgo 02.02.1693, begr. ebd. 12.01.1769, seit 1763 in St. Loyen.
Anna Maria Clauss wohnte zunächst mit ihrer ebenfalls unverheirateten jüngeren Schwester Agnesa Christina (A.7.9.) und der verwitweten Mutter in dem Haus an der Papenstraße, nach dessen Verkauf in der Neuen Straße. 1762 war sie gezwungen, „zu ihrem höchstnöthigen Unterhalt" 40 Taler von SchR Jobst Henrich Kleine (A.8.) zu leihen und dafür ihren ererbten Hof an der Neuen Straße zu verpfänden[229]. Da die Schwestern das Geld nicht zurückzahlen konnten, verkauften sie ein Jahr später diesen Hof für 110 Taler an ihren Neffen Joh. Christian Friedrich Clausen, damals SchR zu Minden (A.9.), und dessen Frau Dorothea Catharina Scheermesser. Die nach Begleichung der Schuld übrigbleibenden 70 Taler dienten dazu, Anna Maria Clauss in das sog. Brüderkloster, Sitz der Armenstiftung St. Loyen, einzukaufen. Die jüngere Schwester Agnesa Christina nahm der Neffe nach Minden mit, wo sie auch starb[230]. Ob Anna Maria Clauss erst bei der Haushaltsauflösung die Verschreibung von Jobst Henrich Kleine aus dem Jahr 1743 wiederfand, worin er nicht nur der Mutter die jährlichen 46 Taler von der WRei Silixen, sondern auch den beiden unverheirateten Töchtern auf Lebenszeit pro Jahr 16 Taler versprochen hatte? Jedenfalls strengte sie erst am 29. Dez. 1763 eine Klage an, weil sie von diesem Geld noch keinen Pfennig gesehen hatte. Der Prozeß endete am 17. Jan. 1764 mit einem Vergleich. Statt der erhofften rückständigen 104 Taler erhielt sie nur 40 Taler[231].

7.4. **Töchterlein**, get. Lemgo 30.06.1695[232], † 08.09.1695.

7.5. **Henrich Caspar**, get. 06.09.1696, begr. 21.03.1710.

7.6. **David Henrich**, get. 26.04.1698, begr. 17.10.1704.

7.7. **Johann Peter**, get. 18.08.1700 = A.8.

7.8. **Conrad Jonas**, get. 27.02.1703, † 05.07.1705.

7.9. **Agnesa Christina**, get. 09.08.1707, † Minden 20.08.1770.

A.8. **Johann Peter Clauss** (aus A.7.), Bestallung vom 26.02.1725 als SchR der Grafschaft Lippe, vom 15.06.1728 als SchR der Stadt Lemgo[233], am 06.01.1728 Bürger, am 15.06.1728 Zahlung des Einkömmlingsgeldes für seine Frau[234], get. Lemgo 18.08.1700, begr. ebd. 27.10.1737, ⚭ Lübbecke 28.04.1728 Catharina Elisabeth Muth, get. ebd. 11.09.1706, begr. Lemgo 13.04.1741, T. von Hans Peter Muth, SchR in Lübbecke (* ca. 1666, begr. Lübbecke 08.05.1739), und der Christina Ilsabe Kahle (get. Bielefeld 23.03.1684, begr. Lübbecke 17.11.1748, ⚭ ebd. 24.11.1700)[235]; Catharina Elisabeth Muth ⚭ II. Lemgo 02.11.1738 Jobst Henrich Kleine, 1738-1776 substit. SchR in Lemgo, get. Herford 04.08.1711, † Boizenburg 26.12.1800. S. von Jobst Liborius

Kleine, SchR in Herford, u. der Margaretha Gertrud Clauss (wie unter A.7.1. und A.7.1.3.).

Am 29. Sept. 1725 brachte in Lemgo die 23jährige Bürgerstochter Beata Elisabeth Hovedissen eine uneheliche Tochter zur Welt, die am 1. Okt. in St. Marien auf den Namen Anna Maria Lisabeth getauft wurde. Der Kindesvater, der im Kirchenbuch nicht genannt ist, war Meister Hans Peter Clauss. Er war es auch, der laut Brüchtenprotokoll am 14. Nov. 1725 als Unzuchtstrafe „vor die Schwängerung Johann Caspar Hovedißen Tochter 10 Goldgulden erleget“[236]. Die Liebesbeziehung datierte ein Jahr zurück – bis um jene Zeit etwa, als Hans Peter Clauss seine erste Hinrichtung vollzog[237]. Die Eltern der jungen Frau, Lohgerbermeister Joh. Caspar Hovedissen und Anna Catharina Knigge, sahen es offenbar nicht ungern, daß er sich „um die Liebe ihrer Tochter bewarb“. Denn dem Vater war klar, wie er später aussagte, daß die 50 Taler Mitgift, die er ihr würde geben können, wenig waren im Vergleich zu dem, was Hans Peter Clauss von einer Braut seines Berufsstandes zu erwarten hatte, und so erschien in den Augen des Handwerksmeisters der junge Scharfrichter als eine ausgesprochen gute Partie. Die Eltern Hovedissen ließen jedenfalls den Dingen ihren Lauf, was dann hinterher zu dem Vorwurf von seiten der Mutter Clauss führte, sie seien selbst daran schuld, „daß ihre Tochter den Jungfernkrantz verlohren und ein Kindgen wiegen muß“. Hans Peter Clauss bekannte sich zu dem Kind und auch zu seinem Eheversprechen. Jeden Abend besuchte er Beata Elisabeth Hovedissen im Haus der Eltern, tröstete sie und sagte, „er wolle sie wieder zu Ehren bringen“. Verschiedentlich blieb er zum Abendessen. Er fühlte sich schon ganz als Schwiegersohn und hatte die Eltern „beyderseits Vatter und Mutter genannt“. Bei einer Unterredung mit Pastor Joh. Barthold Haccius zu St. Nicolai hatte er auf dessen Frage, „ob das Mädgen ihm gefiele“, geantwortet, „er wollte sie [zur Frau] haben“, und auch bei dem ersten Termin vor dem Konsistorium, wo Vater Hovedissen schließlich im September 1726 namens seiner Tochter eine Eheklage anstrengte, erklärte er, „daß ers gut mit ihr im Sinne hätte“ und ihr „alle Liebkosungen und Promessen [= Versprechungen], daß er sie nicht verlaßen wollte, gethan“. Zweifellos hatte Hans Peter Clauss ernste Absichten, und nichts wäre ihm lieber gewesen, als die junge Frau heiraten zu können. Auf der anderen Seite aber war er auch ein allzu gehorsamer Sohn, der es nicht wagte, sich gegen seine Mutter und deren Verwandtschaft durchzusetzen. Die Witwe Clauss war nämlich entschieden gegen diese Ehe. Ihr Sohn sei „für Hovedissen Tochter nicht auffgezogen“, und als Braut für ihn hätten „so wenig mein Mann sehl. als ich die Hovedißische im Sinn gehabt“. War sie grundsätzlich gegen eine allzu baldige Heirat ihres Sohnes, weil sie die Einnahmen aus der SchRei noch länger für sich behalten wollte, wie sie sich angeblich geäußert hatte? Fürchtete sie, von einer Lemgoer Schwiegertochter, die dort über einen ganz anderen familiären Rückhalt verfügte als eine ortsfremde, aus dem häuslichen Regiment ins soziale Abseits gedrängt zu werden? Waren ihr die 50 Taler Brautschatz zu wenig, so daß ihr „eines reichen Nachrichters Tochter“ lieber war, wie Vater Hovedissen meinte? Oder war sie ihrerseits schon gegenüber ihrem Bruder zu Lübbecke im Wort, der immerhin fünf Töchter zu verheiraten hatte? Die Witwe Clauss bestritt jedenfalls hartnäckig, gegenüber dem zwischenzeitlich verstorbenen Pastor Haccius und gegenüber Joh. Caspar Hovedissen ihr Einverständnis zu einer Eheschließung gegeben zu haben. Es kam zu einem förmlichen Prozeß, wobei es schließlich nicht mehr um den erklärten Heiratswunsch der beiderseitigen Kinder ging, sondern ausschließlich um die Frage, ob die Behauptungen des Lohgerbermeisters Hovedissen oder die der Witwe Clauss zutrafen. Bürgermeister Heldmann als dem Vorsitzenden des Konsistoriums war klar, daß eine der beiden Parteien einen Meineid würde schwören müssen, und dies wollte er um jeden Preis verhindern. Der „Preis" war ein Vergleich, was gleichzeitig den Verzicht auf die Heirat bedeutete, und es war letztlich Beata Elisabeth Hovedissen, die ihn zahlen mußte. Denn ihr wurde zwar als Entschädigung „pro defloratione et alimentatione partus" die recht hohe Summe von 150 Talern zugesprochen – wovon nach dem Tod des Kindes 50 Taler abgezogen wurden –, doch waren ihre Heiratschancen offenbar gemindert. Erst 1733 schloß sie eine Ehe mit dem landfremden Thomas Dammüller[238].

Hans Peter Clauss heiratete zwei Jahre nach dem Prozeß seine Lübbecker Kusine Catharina Elisabeth Muth. Wenig später bat er beim Rat der Stadt Lemgo darum, das alte SchR-Haus beim Ostertor für ihn herrichten zu lassen, da er Bedenken habe, „mit seiner Frau in das Haus auf der Papenstraße zu seiner Mutter und Geschwistern einzuziehen". Die verhinderte Heirat mit der Frau, die er liebte, hatte wohl doch zu einer Entfremdung geführt. Die Stadt Lemgo ließ denn auch die Dienstwohnung wieder instandsetzen, wo nach Hans Peter Clauss auch sein Amts- und Ehenachfolger Jobst Henrich Kleine aus Herford wohnte[239]. Dessen geplante Eheschließung mit der Witwe Clauss 1738 ließ der Rat zunächst einmal verbieten und verlangte zuvor die Zahlung eines Weinkaufs sowie des Bürgeraufnahmegeldes, um damit klarzustellen, daß er auch der Bediente der Stadt war und ihrer Jurisdiktion unterstand[240]. Mit dieser Heirat erreichte die Blutsverwandtschaft unter den SchRn in Ostwestfalen-Lippe ihren engsten Grad. Denn Kleine war der Neffe von Hans Peter Clauss und gleichzeitig der Vetter zweiten Grades von dessen Frau Catharina Elisabeth Muth. Der kleine Joh. Christian Friedrich Clausen, für den er den Dienst versah, war nicht nur sein Stiefsohn, sondern auch sein Vetter. In seine Dienstzeit als substituierter SchR fiel die letzte Hinrichtung in Lemgo am 21. März 1774, nämlich die Räderung des wegen dreifachen Raubmordes zum Tode verurteilten Joh. Christoph Krop[241].

Kinder[242]:

8.1. unehel.: **Anna Maria Lisabeth**, * Lemgo 29.09., get. ebd. (St. Marien) 01.10.1725[243], begr. ebd. 25.06.1728 (M: Beata Elisabeth Hovedissen).

8.2. **Joh. Christian Friedrich**, * 27.06.1730 = A.9.

8.3. **Conrad Wilhelm**, * 09.12.1732, begr. 07.09.1742.

8.4. **Christina Elisabeth**, * 26.03.1735, † Minden 24.02.1812, Näherin[244], ⚭ Minden (Dom/k) 11.01.1767, aufg. Lemgo 31.12.1766, Joh. Christoph Görteler, Kunstmaler in Minden, get. Moritzberg/k 12.11.1743, † Minden (Dom/k) 19.04.1771, S. von Joh. Henrich Görteler, SchR in Moritzberg (* ..., † Bavenstedt/k 11.11.1757), u. der Anna Juliana Bröcker (get. Büren/k 17.04.1703, † Moritzberg/k 27.01.1767, ⚭ ebd. 31.12.1727)[245].

Kinder:

8.4.1. **Magdalena Dorothea**, * Minden 05.10.1767

8.4.2. **Friedrich August**, * ebd. (Dom/k) 15.11.1769

A.9. **Johann Christian Friedrich Clausen** (aus A.8.), 1763-1777 substit. SchR für Minden und Hildesheim[246], Bestallung vom 19.09.1768 für die Grafschaft Lippe[247], am 09.12.1768 für die Stadt Lemgo[248], am 04.10.1776 Bürger ebd.[249], seit 1779 dort wohnhaft[250], seit 1761 Konzession für das an Hannover verpfändete lippische Amt Sternberg[251], * Lemgo 27.06.1730, † ebd. 08.02.1808, ⚭ I. Minden 06.07.1763 Dorothea Catharina Scheermesser, * (Halberstadt?) wohl 1729, † Minden 08.08.1769, T. von Henrich Ernst Scheermesser, SchR in Helmstedt, dann in Halberstadt (get. Helmstedt/St. Stephani 08.07.1699, † Halberstadt 18.09.1743), u. der Anna Margaretha Wittig (* ca. 1693, begr. Halberstadt 29.09.1765, ⚭ Osterwieck 17.09.1726)[252], ⚭ II. Boizenburg 23.06.1779 Johanna Maria Christina Frisch, seit 1808 Verwalterin der SchRei Herford[253], get. Boizenburg 26.11.1759, † Herford 18.04.1817, T. von Christian Gottfried Frisch, SchR in Boizenburg u. Winsen a. d. Luhe (* ca. Okt. 1714, † Winsen a. d. Luhe 04.02.1765), u. der Anna (Catharina) Regina Hennings (* Jerichow 10.04.1724, † Boizenburg 12.06.1777)[254]; Dorothea Catharina Scheermesser ⚭ I. Halberstadt (St. Johannis) 23.04.1750 Joh. Jacob Kücken, seit 1743 SchR in Minden, seit 1759 für Hildesheim, get. Artlenburg 19.12.1714, begr. Minden 31.10.1762, S. von Valentin Hinrich Kücken, SchR in Artlenburg (get. Bleckede 23.04.1683, begr. Artlenburg 22.01.1747), u. der Anna Elisabeth Kannenberg (get. Dannenberg 21.03.1693, † Artlenburg 10.02.1756, ⚭ ebd. 01.10.1713)[255].

Als Joh. Christian Friedrich Clausen 1763 die wohlhabende Mindener SchR-Witwe Kücken heiratete, versprach er seinen Stiefeltern Jobst Henrich Kleine und Margaretha Magdalena Meissner für den Fall, daß er die Lemgoer Meisterei einmal selbst antreten würde, eine jährliche Unterhaltszahlung von 40 Talern[256]. Auch nachdem er 1768 eine Bestallung für die Grafschaft Lippe und die Stadt Lemgo erhalten hatte, überließ er die Lemgoer Meisterei samt dem Amt Brake weiterhin seinem Stiefvater zur freien Nutzung, solange es ihm, Clausen, gefallen würde[257]. Beide dachten wohl an ein Arrangement auf Dauer. Die zwei Stieftöchter Kücken, die Dorothea Catharina Scheermesser in ihre zweite Ehe mitgebracht hatte, wollte Clausen offenbar bei ihrer Heirat mit einem Brautschatz abfinden, so daß er die SchRei Minden seinem eigenen Sohn hätte vererben und Jobst Henrich Kleine seinerseits Lemgo für seine Nachkommen hätte behalten können. Der vorzeitige Tod der Ehefrau Clausen 1769 machte jedoch diese schönen Pläne zunichte. Denn damit fiel nach preußischem Recht das SchRichter-Lehen automatisch an die älteste Kücken-Tochter, die erst 17jährige Anna Margaretha Catharina. Spätestens bei ihrer Volljährigkeit mußte Clausen die Mindener Meisterei räumen. Um sein ursprüngliches Ziel doch noch zu erreichen, wollte er nun diese Stieftochter heiraten. Doch obwohl sich der Oberforstmeister zu Hausberge sehr für ihn beim König einsetzte und obwohl Clausen schließlich nicht davor zurückschreckte, die junge Frau zu schwängern, um eine Heirat zu erzwingen, wurde der Ehedispens nicht erteilt[258].

Joh. Christian Friedrich Clausen bereitete also wohl oder übel seine Rückkehr nach Lemgo vor, und dazu kündigte er 1775 aufgrund der Vereinbarung von 1769 seinem Stiefvater Jobst Henrich Kleine den Dienst auf. Kleine ging aber nicht freiwillig und mußte erst aus der Dienstwohnung geklagt werden, so daß Clausen gezwungen war, seinen Pächter Heinrich Christoph Maas bis Michaelis (29. Sept.) 1776 in einem gemieteten Haus unterzubringen. Die lippische Landesherrschaft bestand bei ihrem SchR oder dessen Substituten strikt auf Residenzpflicht. Den Pächter Maas wollte man jedoch nicht als Stellvertreter akzeptieren, da er nur HM war. Als Clausen sich trotz mehrfacher Aufforderung nicht nach Lemgo bequemte, weil er immer noch hoffte, den Ehemann der Anna Margaretha Catharina Kücken - sie hatte bald nach ihrer Volljährigkeit Daniel Gottlob Friedrich Koch aus Gardelegen geheiratet - durch ein höheres Gebot an Lehnware und Jahreskanon aus Minden verdrängen zu können, riß der Regierung zu Detmold schließlich die Geduld. Joh. Christian Friedrich Clausen wurde des lippischen SchR-Lehens entsetzt. Dies wurde zwar nach einigem Hin und Her wieder rückgängig gemacht, doch kostete ihn dies die stolze Summe von 1000 Talern. Auch wurde die Belehnung seines Stiefbruders Joh. Christoph Kleine mit dem Amt Sternberg für nichtig erklärt, allerdings erst nach einem Prozeß durch alle Instanzen bis zum Reichskammergericht. Pächter Maas klagte auf Entschädigung für die vorzeitige Kündigung seines Vertrags und für die entgangenen Einnahmen in seinem ersten Pachtjahr. Stiefvater Kleine verlangte die einst 1763 zugesagten 40 Taler Jahresalimente, und seine zweite Stieftochter Anna Margaretha Dorothea Kücken forderte die Rückerstattung der jahrelang unrechtmäßig erhobenen Pachtgelder aus der Meisterei Hildesheim in Höhe von 2448 Talern. All dies führte wiederum zu langwierigen Prozessen[259]. Schließlich schob Joh. Christian Friedrich Clausen einen Schuldenberg von fast 6000 Talern vor sich her. Die Mitgift von 1100 Talern, die seine zweite Frau Johanna Maria Christina Frisch mitbrachte, und der Verkauf der WRei Silixen 1791 für 1500 Taler reichten zur Tilgung bei weitem nicht aus[260]. Dem Konkurs entging er nur deshalb, weil seine Stieftochter auf ihre Rückzahlungsforderung, die ohnehin nicht zu erfüllen gewesen wäre, verzichtete und seine Lemgoer Gläubiger einen unendlichen Langmut bewiesen[261].
Während seiner Lemgoer Dienstzeit als SchR fand am 16. Juli 1794 die letzte Hinrichtung in Lippe statt, als auf der Jerxer Heide bei Detmold der Raubmörder Franz Henrich Böger gerädert wurde. Dieses Urteil ließ Joh. Christian Friedrich Clausen durch einen seiner Knechte vollziehen[262].

Kinder[263]:

9.1. **Johann Henrich Ernst**, * Minden 26.12., get. 29.12.1763 = A.10.

9.2. **Magdalena Christina**, * ebd. 16.11.1766, † Lemgo 27.04.1834[264].

9.3. **Johann Daniel**, * Minden 21.10.1768, † ebd. 30.12.1772.

9.4. unehel.: **Christian Friedrich**, * ebd. 19.02.1775 (M: Anna Margaretha Catharina Kücken, die Stieftochter)[265].

9.5. **Johann Christian**, * 25.09.1780, † 19.07.1784.

9.6. **Carolina Louisa**, * 12.01.1783, † 25.03.1783.

9.7. **Heinrich Ludwig**, * 09.04.1784, † 20.04.1784.

9.8. **Catharina Louisa**, * 01.12.1785, † ..., ⚭ Herford 05.09.1819 Gerhard Henrich Graeve, * ca. Apr. 1789, † ..., Tischlermeister auf der Herforder Neustadt, S. von † Gerhard Henrich Graeve, Tischlermeister in Herford, u. der Friederike Dorothea Müller.

Kinder:

9.8.1. vorehel.: **Christian Adolph**, * Herford 17.03.1813

9.8.2. **Elise Henriette**, * ebd. 11.12.1819

9.9. **Friedrich Adolph**, * 24.01.1788 = A.11.

9.10. **Sophia Dorothea**, * 01.01.1792, † 11.10.1792.

9.11. **Johanna Dorothea**, * 25.11.1793, † 05.10.1795.

9.12. **Louise Henriette**, * 06.05.1797, † ..., ⚭ Herford 15.08.1826 Joh. Christian Grünewald, Müller in Herford, * Hundisburg b. Magdeburg 13.11.1800, † ..., S. von Joh. Andreas Grünewald u. Dorothea N., beide tot.

Kind:

9.12.1. unehel.: **Tochter**, totgeb. Herford 08.09.1819.

9.13. **Franz Heinrich Christoph**, * 29.05.1801 = A.12.

A.10. **Johann Henrich Ernst Clausen** (aus A.9.), 1789-1794 Tierarzt in Holm b. Jesteburg i. d. Nordheide, 1794-1808 SchR in Herford[266], seit 1808 SchR in Lemgo und Bürger ebd.[267], * Minden 26.12., get. 29.12.1763[268], † Lemgo 16.04.1842, ⚭ I. Vlotho/k 19.08.1794 Maria Theresia Rosenberg, * Brakel/k 20.09.1762, † Herford/k 13.12.1796, T. von Joh. Wilhelm Rosenberg, WR-Knecht in Medebach u. Brakel (* ca. 1730, † Brakel/k 03.12.1762), u. der Anna Maria Theresia Medeler (get. Brakel/k 06.04.1735, † Silixen/r 13.03.1808, ⚭ wohl 1750)[269], ⚭ II. Herford 21.05.1797 Henriette Wilhelmine Nonnenkamp, * Lübbecke 31.08.1778, † Lemgo 30.05.1828, T. von Joh. Henrich Nonnenkamp u. Henriette Francke; Maria Theresia Rosenberg ⚭ I. Bielefeld/k 19.05.1782 Peter Paul Mohr, SchR-Knecht u.a. in Lemgo und Höxter, * ..., † vor 1794 (wahrscheinl. identisch mit Peter Mohr, SchR-Knecht „aus dem Hildesheimischen“,

† Werder a. d. Havel 01.04.1792), S. von Wilhelm Henrich Mohr, SchR-Knecht in Gandersheim, HM in Polle u. Quakenbrück (* ca. 1728, † Polle 17.09.1794), u. der Anna Margaretha Walther (* ca. 1725, † Polle 17.08.1794)[270].

Schon als junger Mann hatte Joh. Henrich Ernst Clausen von seinem weiteren Leben eine klare Vorstellung: Er wollte zunächst ein „honettes Metier" erlernen und ausüben, um dann als Erbe der Lemgoer Meisterei „nach meines Vaters Tod [...] meine Dienste anzutreten". Trotz vieler Bitten konnte er den ersten Teil dieses Vorhabens jahrelang nicht verwirklichen, was er auf den bösen Willen und „den Mangel der Liebe im Herzen" seiner nur vier Jahre älteren Stiefmutter zurückführte, wofür aber die erheblichen finanziellen Schwierigkeiten des Vaters mindestens mitursächlich gewesen sein dürften. Vom reichen, über 4000 Taler betragenden Halberstädter Erbe seiner Mutter Dorothea Catharina Scheermesser waren 1782, als endlich ein Inventar errichtet wurde, nur noch kümmerliche 88 Taler 7 Groschen übrig[271]. Schließlich ging er in der Nacht vom 3. auf den 4. Juli 1787 heimlich von zu Hause fort. Verschiedene Sachen im Wert von 96 Talern, die er als sein Eigentum ansah, nahm er mit. Vom erbosten Vater wurde ihm dies als Diebstahl ausgelegt, ebenso wie die Aufnahme von 60 Talern auf das Pachtgeld der Detmolder WRei[272]. Als er in Silixen Station machte – vermutlich, um von dem WRei-Pächter Hermann Rosenberg weiteres Geld zu leihen –, traf er dort dessen Schwester Maria Theresia Rosenberg. Die junge Frau, die er bereits aus Lemgo kannte, hatte bei ihrem Bruder Zuflucht gesucht, nachdem ihr Mann, der SchR-Knecht Peter Paul Mohr, kurz zuvor sie und ihre drei kleinen Kinder böswillig verlassen hatte. Ob Joh. Henrich Ernst Clausen sie sofort mitnahm – sein Vater warf ihm später „Entführung" einer Ehefrau vor –, oder, wie er selbst aussagte, sie ihm erst später nachreiste, jedenfalls gaben beide schon vor, verheiratet zu sein, als der flüchtige Ehemann Peter Paul Mohr noch lebte[273]. Die Heirat vor dem katholischen Priester in Vlotho 1794 dürfte daher auch die erste und einzige gewesen und nicht als revalidierte Ehe zu interpretieren sein.

Als Joh. Henrich Ernst Clausen am 18. Juli 1787 von Osnabrück aus an den Lemgoer Bürgermeister Christian Friedrich Hellwing schrieb, um ihn von seinem Weggang zu unterrichten und seine Ansprüche auf die Lemgoer SchRei weiterhin geltend zu machen, hatte er noch vor, Chirurg zu werden[274]. Da seine finanziellen Möglichkeiten dafür wohl nicht ausreichten, entschloß er sich zur Tierheilkunde. Wie zu jener Zeit noch weithin die Regel – erst 1778 war in Hannover die erste Tierarzneischule gegründet worden –, erlernte er diesen Beruf in einer zweijährigen Lehrzeit bei Anton Friedrich Wilhelm Schrader zu Hamburg, „Roßarzt bei den Dragonern", der ihm das beste Zeugnis ausstellte[275]. Anschließend ließ er sich in Holm b. Jesteburg in der Nordheide nieder. Dort, auf dem platten hannoverschen Land, scheint es ihm aber sehr schlecht ergangen zu sein. Joh. Henrich Ernst Clausen sah sich nach einer geeigneten SchRei um. Ihm war klar, daß der Lemgoer Erbfall so bald nicht eintreten würde, und so war er bereit, auf die dortige Meisterei gegen Zahlung eines Geldbetrags, der ihm den Erwerb eines gleichwertigen Dienstes ermöglicht hätte, zu verzichten. Seinem Vater war seinerseits daran gelegen, Lemgo für seine zweite Frau und die Kinder aus dieser Ehe zu sichern, nachdem er den Prozeß um die Hildesheimer Meisterei verloren hatte. Er konnte jedoch die vereinbarten 450 Taler nicht aufbringen, so daß der Sohn den Vergleich für nichtig ansah. Der daraus resultierende jahrelange Prozeß wurde von der Detmolder Kanzlei zugunsten von Joh. Henrich Ernst Clausen entschieden[276].

1794 übernahm er die Herforder SchRei. Der Dienst war nicht sehr einträglich, bot aber zumindest eine gewisse Ausgangsbasis. Als Tierarzt war Joh. Henrich Ernst Clausen so fähig und tüchtig, daß die Stadt Herford ihn nur sehr ungern wieder gehen ließ und sein Können zum Maßstab für seine Nachfolger machte[277]. Kurz vor seinem Tod rief ihn der Vater nach Lemgo, versöhnte sich mit ihm und nahm ihm das Versprechen ab, für seine zweite Frau und die Kinder zu sorgen. Joh. Henrich Ernst Clausen überließ ihnen daher Herford, während er selbst den Lemgoer Dienst antrat[278]. Im gleichen Jahr 1808 ließ er das von seinem Vater einst erworbene Bergsängersche Haus in der Neuen Straße (heute Nr. 71) umbauen. Die Bauinschrift mit seinem Namen und dem seiner zweiten Frau Henriette Wilhelmine Nonnenkamp ist noch erhalten[279]. Auch in Lemgo hatte er als Tierarzt eine bedeutende Praxis, so daß er die von seinem Vater übernommenen Schulden vollständig ablösen und darüber hinaus ein gewisses Vermögen ansammeln konnte. Bei seinem Tod 1842 hinterließ er jedem seiner sieben Kinder zweiter Ehe 1023 Taler 20 Groschen 5 5/7 Pfennig[280].

Kinder:

10.1. **Anna Dorothea Elisabeth**, * Holm (get. Jesteburg) 25.01.1789, † ebd. 28.02.1792[281].

10.2. **Catharina Maria**, * ebd. 22.07.1791, † Salzuflen/r 19.04.1855, ⚭ Bielefeld/k 13.11.1825[282] Joh. Henrich Adolph Künemund, 1821-1825 SchR-Knecht in Lemgo[283], seit 1825 Abdecker in Bielefeld, * Salzuflen/r 24.06.1803, † Bielefeld 1840(?)[284], S. von Franz Joseph Künemund, HM- bzw. SchR-Knecht, zuletzt in Bielefeld (* Minden, Dom/k 05.07.1773, † Bielefeld/k 18.09.1821), u. der Catharina Elisabeth Sparenberg (get. Osnabrück, St. Katharinen 26.12.1779, † Bielefeld, St. Nikolai 18.06.1815, ⚭ Osnabrück, St. Johann/k 01.10.1799)[285].

Kinder:

10.2.1. unehel.: **Heinrich August**, * Lemgo 27.10.1817, † ebd. 09.07.1826 (V: Christian Rethmeyer angebl.)[286].

10.2.2. **Dorothea Elisabeth**, * Bielefeld/k 16.11.1825, † ebd. 13.02.1855, Näherin.

10.2.3. **Joh. Henrich Adolph**, * ebd. 13.03.1828

10.2.4. **Carl Heinrich**, * ebd. 30.11.1832, † ebd. 14.08.1833.

10.3. **Dorothea Elisabeth**, * Holm (get. Jesteburg) 26.05.1794, † Salzuflen/r 03.11.1861, ⚭ Valdorf 05.12.1827 Carl Henrich Vogt, 1826-1827 SchR-Knecht in Lemgo[287], 1829 Handarbeiter, 1834 WR in Salzuflen, 1840 Bürger ebd.[288], * Bonneberg (get. Valdorf) 01.05.1809, † Salzuflen/r 17.08.1861, S. von Joh. (Caspar) Friedrich Vogt, HM in Bonneberg (get. Scherfede/k 24.05.1774, † Bonneberg 06.08.1828), u. der

Sophie Elisabeth Harte (* Horn/r 23.09.1777, † nach 27.06.1834[289], ⚭ Valdorf 16.09.1808)[290].
Wie auch ihre Schwester Catharina Maria, hatte Dorothea Elisabeth Clausen ihren späteren Ehemann, den 15 Jahre jüngeren Carl Henrich Vogt, kennengelernt, als er auf der Meisterei ihres Vaters in Lemgo als Knecht diente. Diese nicht standesgemäße Ehe schien ihr wohl immer noch besser, als unverheiratet zu bleiben. Im Gegensatz zu ihren jüngeren Halbgeschwistern hatte sie nur das bescheidene Erbe von 87 Talern 18 Groschen zu erwarten - nach dem Tod des Vaters wurde es auf ihre Bitte um 20 Taler erhöht[291] -, was wiederum für Carl Henrich Vogt, der in Lemgo einen Jahreslohn von rund 20 Talern erhielt[292], nicht unattraktiv gewesen sein mag - von dem Prestigegewinn einer Heirat mit der Lemgoer SchR-Tochter einmal abgesehen. Vater Clausen war über die „unvernünftige und schlechte Ehe" alles andere als begeistert. Wegen Volljährigkeit der Tochter mußte er ihr aber ebenso „wie der vorigen" seine Einwilligung geben, „und lasse sie ernten", so fügte er grimmig hinzu, „was sie gesäet hat"[293]. Die schlechteste Wahl scheint Dorothea Elisabeth Clausen aber dennoch nicht getroffen zu haben. Denn ihr Ehemann Carl Henrich Vogt konnte 1840 von Joh. Philipp Kuhlmann die Salzuflener WRei erwerben und ein eigenes Wohnhaus kaufen[294]. Ihr 15jähriger Sohn erhielt 1845 von der lippischen Regierung eine Belohnung von 10 Talern, „weil er den Knaben der Wittwe Justus Moritz aus dem hiesigen Mühlenteiche mit eigener Lebensgefahr gerettet hat"[295].

Kinder:

10.3.1. **Carl Friedrich Wilhelm**, Fuhrmann in Salzuflen, * ebd./r 02.06.1829, † ebd. 25.06.1889, ⚭ ebd. 19.02.1860 Margarethe (Grietje) Dreves, * Oudepekela 02.03.1841, † Detmold 28.11.1894, T. von Joh. Heinrich Anton Dreves zu Oesterode/NL, u. Anne Bouw (Nachkommen).

10.3.2. **Henriette Wilhelmine**, * Salzuflen/r 07.04.1831, † ebd. 16.05.1831.

10.3.3. **Elisabeth Sophie**, * ebd. 08.06.1834, † ebd. 14.05.1836.

10.4. **Hermann Henrich Ernst**, * Herford 05.09.1796, † ebd. 23.03.1797[296].

10.5. **Wilhelm Ernst**, * 19.03.1798 = A.13.

10.6. **Sophie Magdalene Christine**, * 18.08.1800, † 24.03.1807.

10.7. **Christine Charlotte**, * 09.04.1803, † 02.04.1804.

10.8. **Friederica Wilhelmine**, * 21.02.1805, † Lemgo 19.09.1852.
Nach dem Tod der Mutter führte sie für den Vater und später für den Bruder Wilhelm Ernst den Haushalt[297].

10.9. **Johann Friedrich**, * 18.10.1807 = A.14.

10.10. **Wilhelm Heinrich**, * Lemgo 01.03.1810[298], † ..., Bäcker.
Der 18jährige Bäckergeselle Wilhelm Heinrich Clausen, der in Detmold in der Lehre gestanden hatte, erhielt auf Ansuchen des Vaters am 21. April 1828 zunächst einen Reisepaß, mit dem er sich bis zum November des folgenden Jahres in Hamburg, Lübeck, Rostock und Wismar umsah, und dann am 23. März 1830 ein Wanderbuch[299]. Sein Verbleib ist bisher unbekannt, doch lebte er noch bei der Erbteilung am 30. April 1842[300].

10.11. **Dorothea Henriette Charlotte**, * 04.11.1812, † ..., ⚭ 06.08.1837 Joh. Friedrich Wilhelm Hempelmann, Schönfärber zu Heiden, * 18.04.1809, † ..., S. von Joh. Anton Hempelmann, Kunstdrechsler in Lemgo (* ebd. St. Marien 05.03.1776, † ebd. 13.01.1862), u. der Anna Maria Henriette Cottmann (* 11.06.1786, † ..., ⚭ 01.11.1803).
Joh. Friedrich Wilhelm Hempelmann ging im Sommer 1848 zunächst allein nach Amerika. Am 23.04.1856 folgte ihm der 16jährige Sohn Eduard. Im gleichen Jahr kehrte der Vater zurück und holte am 20.01.1857 die restliche Familie nach[301].

Kinder[302]:

10.11.1. **Heinrich Ernst Joh. Wilhelm**, * 31.12.1838.

10.11.2. **Friedrich Anton Eduard**, * 06.07.1840.

10.11.3. **Friedrich Gustav**, * 22.11.1842.

10.11.4. **Ernst Wilhelm**, * 23.03.1845.

10.11.5. **Meta Wilhelmine**, * 21.07.1847.

10.12. **Johann Christoph**, * 13.01.1815, † St. Louis/Missouri (USA) 27.04.1849.
Joh. Christoph Clausen war seit früher Kindheit krank, fast ständig bettlägerig und konnte kaum die Schule besuchen[303]. Als einzigem der Clausen-Söhne war es ihm nicht möglich, einen Beruf zu erlernen[304]. Im Herbst 1847 wanderte er nach Amerika aus[305]. Dort arbeitete er im Gasthaus von William C. Scott in St. Louis, bis er am 27. April 1849 an einer der häufigen Choleraepidemien starb[306].

10.13. **Heinrich Ernst**, * 15.06.1817, † 29.10.1818.

10.14. **Carl Ernst**, * 13.10.1820, † ...
Carl Ernst Clausen besuchte bis Ostern 1842 das Lemgoer Gymnasium und war beim Tod des Vaters bereits „studiosus theologiae“[307]. Da er noch unmündig war, wurden seine beiden Lemgoer Brüder Wilhelm Ernst und Joh. Friedrich zu Vormündern bestellt[308]. Vom Sommersemester 1842 bis zum Wintersemester 1843/44 studierte er in Berlin, anschließend bis zum Wintersemester 1844/45 in Halle a. d. Saale[309]. Einige seiner Kommilitonen widmeten ihrem „lieben Freund Karl Klausen“ ihre Porträts[310].

A.11. **Friedrich Adolph Clausen** (aus A.9.), seit 24.10.1808 SchR in Herford[311], * Lemgo 24.01.1788, † Herford 01.03.1816, ⚭ ebd. (St. Johannis) 08.09.1809 Marie Henriette Höcker, get. ebd. (Münsterkirche) 17.08.1762, † ebd. (St. Johannis) 12.09.1832, T. von Joh. Heinrich Höcker, seit 1761 Konrektor u. seit 1764 Rektor des Friedrichs-Gymnasiums in Herford (get. ebd. Münsterkirche 08.05.1725, † ebd. 17.09.1779), u. der Anna Gertraud Heinen (* ca. 1724/25, † Herford, Münsterkirche, 16.04.1790).
Durch einen Vergleich vom 14. März 1808 überließ Joh. Henrich Ernst Clausen seiner Stiefmutter und seinem 20jährigen Halbbruder Friedrich Adolph Clausen die Herforder Meisterei[312]. Die Stadt Herford, die großen Wert auf gute tierärztliche Kenntnisse ihres neuen SchRs legte, erteilte ihm aber erst die Bestallung, nachdem er glaubhaft versichert hatte, daß er sich zur Erlernung der „Vieharzneikunst" einige Zeit bei verschiedenen Tierärzten im Hannoverschen aufgehalten und seine theoretischen und praktischen Kenntnisse bei seinem Bruder vervollkommnet habe. Außerdem wolle er noch eine der benachbarten „Veterinair-Schulen" besuchen[313]. Im Gegensatz zu seinem Lemgoer Bruder Joh. Henrich Ernst, der nie sein SchR-Amt hatte ausüben müssen, vollzog der junge Friedrich Adolph Clausen bereits 1809 und 1810 zwei Enthauptungen mit dem Schwert – „mit bewunderungswürdiger Dexterität (= Geschicklichkeit)", wie die Mutter später berichtete[314]. Vier Monate nach der ersten Exekution heiratete er die aus dem Herforder Bildungsbürgertum stammende, wesentlich ältere Marie Henriette Höcker. Als eines von nur wenigen Mädchen hatte sie seit Ostern 1773 das Herforder Gymnasium besucht, wo ihr Vater damals Rektor war[315]. „Vorbild" für diese Verbindung war offenbar die Eheschließung ihrer Schwester Charlotte Margarethe Höcker mit einem ebenfalls sehr viel jüngeren Mann, dem Compagnie-Chirurgus Heinrich Emilius Sinnig, Sohn des Herforder Stadtchirurgen und Kirchenältesten bei der ref. Gemeinde St. Petri. Vermittelt wurde die Bekanntschaft wohl durch den gesellschaftlichen Umgang innerhalb der chirurgisch-medizinischen Kreise Herfords, zu denen auch der SchR gehörte[316].

A.12. **Franz Heinrich Christoph Clausen** (aus A.9.), seit 1820 im preußischen Militärdienst, 1838-1840 Steueraufseher in Driburg, später in Magdeburg (?), * Lemgo 24.05.1801, † Sülldorf b. Magdeburg 09.09.1860[317], ⚭ I. Herford (St. Johannis) 18.09.1826 Margarethe Theodore Wilhelmine Rahe, * Preuß. Oldendorf 10.03.1798, † Minden (Garnison) 05.12.1836, T. von Heinrich Rahe, Akziseaufseher in Herford, u. der Johanne Margarethe Welmans, ⚭ II. Minden (Garnison) 18.06.1837 Friederike Wilhelmine Dollmann, * ebd. (Martini) 11.04.1804, † Schermcke b. Magdeburg 15.08.1857, T. von Friedrich Wilhelm Dollmann, Schuhmachermeister in Minden († ebd., St. Simeonis 05.01.1828, 69. J.), u. der Wilhelmine Menssen[318].
Nach dem vorzeitigen Tod seines Bruders Friedrich Adolph wollte Franz Heinrich Christoph Clausen die Herforder SchR-Stelle übernehmen. Obwohl er „ein sehr redtlicher und fleißiger junger Mensch" war und auch bereits großes Interesse an der Tierheilkunde gezeigt hatte, so daß „mit Grunde zu erwarten steht, daß er der hiesigen Stadt und deren Umgebung sehr nützlich werden wird", konnte sich der Herforder Magistrat nicht entschließen, ihm eine förmliche Bestallung zu geben, weil er erst 15 Jahre alt war. Zur Vorbereitung auf sein späteres Studium besuchte er einige Jahre das Herforder Gymnasi-

um, was die Mutter durch „wirtschaftliche Ersparung“ und durch häusliche Spinnarbeit ermöglichte. Als die Mutter bereits ein Jahr nach dem Bruder starb, überließ man zwar die Nutzung der Meisterei nach einigem Hin und Her Franz Heinrich Christoph und seinen beiden Schwestern, doch zu einer Bestallung kam es nicht mehr[319]. 1817 wurde nämlich von Berlin verordnet, daß noch bestehende SchR-Privilegien anerkannt, aber auf keinen Fall neue vergeben werden sollten[320]. Franz Heinrich Christoph Clausen wurde also nicht SchR, aber auch – deswegen – nicht Tierarzt. Seit 1820 diente er als Freiwilliger im 2. Bataillon des 15. Linien-Inf.Reg.[321]. Bei seiner ersten Heirat 1826 war er Bombardier bei der 2. reitenden Compagnie in der 4. Artilleriebrigade, bei seiner zweiten 1837 Unteroffizier in der 13. Div. Garnison-Compagnie. Als Steueraufseher trat er dann in den preußischen Staatsdienst. Sein weiterer Lebensweg ist im einzelnen noch unbekannt.

Kinder[322]:

12.1. vorehel.: **Christian Heinrich**, * 11.08.1825, † 07.02.1895, Schneidermeister in Herford, ⚭ 28.10.1855 Wilhelmine Louise Henriette Hönsch, * Salzuflen/r 09.03.1827, † Herford 02.06.1898, T. von Philipp Heinrich Adolph Hönsch, Handarbeiter in Salzuflen, u. der Henriette Ernestine Sassenberg.

Kinder:

12.1.1. vorehel.: **Heinrich Christian**, * Salzuflen/r 27.06.1853, † 1935/39, Zigarrenmacher in Herford.

12.1.2. **Carl Julius**, * 09.06.1856, † 20.12.1875.

12.1.3. **Louise Charlotte Elise**, * 24.01.1858, † 18.11.1867.

12.1.4. **Henriette Juliane**, * 13.12.1859, † 1927/31, Näherin, dann Haushaltshilfe in Herford.

12.1.5. **Carl August Christian**, * 18.04.1862, † 24.08.1934, Maurer in Herford, ⚭ wohl 1886/87 Wilhelmine Goohwinkel, * 17.02.1861, † 05.09.1940 (Nachkommen).

12.1.6. **Heinrich Wilhelm Julius**, * 17.03.1864, † 15.04.1866.

12.1.7. **Wilhelmine Henriette Dorothee**, * 18.01.1867.

12.1.8. **Emil Ludwig**, * 30.11.1873, † 20.12.1875.

12.2. **Carl Joseph**, * Driburg/k 27.06.1838, † Herford 15.01.1917, Drechslermeister ebd., ⚭ I. 22.04.1866, aufg. Elberfeld 08.04.1866, Henriette Louise Hönsch, * Salzuflen/r 14.05.1830, † Herford/r 01.08.1867[323], T. von Philipp Heinrich Adolph Hönsch, Handarbeiter in Salzuflen, u. der Henriette Ernestine Sassenberg (vgl. unter

A.12.1.), ⚭ II. Enger 22.03.1868 Marie Elise Meyer, * ebd. 23.08.1843, † Herford 28.02.1875, T. von Heinrich Julius Wächter gen. Meyer, Schuhmachermeister in Enger, u. der Anne Marie Ilsabein Niemeier, ⚭ III. 14.05.1875 Louise Auguste Rüter, * 29.04.1844, † 21.02.1876[324], T. von Caspar Heinrich Rüter, Handarbeiter in Herford, u. der Charlotte Wilhelmine Frewert, ⚭ IV. 27.04.1876 Wilhelmine Charlotte Engel Stickdorn, * Jöllenbeck/Amt Gohfeld 28.10.1846, † Herford 22.12.1916, T. von Carl Heinrich Stickdorn, Heuerling in Jöllenbeck, u. der Anna Marie Catharine Wilhelmine Lübbing.

Kinder:

12.2.1. **Caroline Hermine Emilie**, * 04.08.1868, † vor 1917 (?)[325], 1885 Dienstmagd in Herford.

12.2.2. **Carl Julius Wilhelm**, * 27.08.1870, † 15.03.1893, Eisendreher in Herford.

12.2.3. **Hermine Johanne**, * 19.02.1873, † 28.03.1877.

12.2.4. **Carl August**, * 16.02.1876, † 28.03.1877.

12.2.5. **Heinrich Wilhelm**, * 19.10.1876, † ..., 1917 in Bielefeld, ⚭ Ida Könicke[326].

12.2.6. **Wilhelmine Maria**, * 05.07.1878, † ..., ⚭ Sprenger, Hannover[327].

12.2.7. **Charlotte Wilhelmine**, * 02.10.1880, † 18.04.1882.

12.2.8. **Robert Wilhelm**, * 27.03.1882, † 05.12.1952, Drechslermeister, dann Linoleumleger in Herford, ⚭ 06.11.1908 Frieda Riestein, * 26.06.1884, † 05.02.1950 (1 Tochter).

12.2.9. **Minna Emilie Sophie**, * 18.08.1885, † 12.01.1890.

12.2.10. **Emma Louise Minna**, * 08.05.1888, † ..., ⚭ Willy Steinbach, Herford[328].

12.2.11. **Martha Lisbeth**, * 31.03.1890, † 07.02.1892.

12.3. **Carolina Johanna Wilhelmine**, * Driburg/k 11.08.1840.

12.4. **Heinrich Wilhelm Julius**, am 17.03.1864 Pate in Herford.

A.13. **Wilhelm Ernst Clausen** (aus A.10.), seit 1842 SchR in Lemgo[329], am 22.04.1842 Bürger[330], * Herford 19.03.1798, † Lemgo 26.10.1868, ⚭ ebd. 27.07.1856 Wilhelmine Henriette Klintzing, * ebd. (St. Marien) 04.03.1820, † ebd. (St. Nicolai) 01.01.1903, T. von Joh. Valentin Klintzing, Schuhmachermeister in Lemgo (* Barchfeld/

Hess. 05.06.1756, † Lemgo, St. Marien 01.06.1840), u. der Margaretha Catharina Bödeker (* Lemgo 10.02.1779, † ebd. 10.09.1855, ⚭ ebd. 05.05.1796)[331].
Seit März 1813 stand Wilhelm Ernst Clausen in Lemgo bei dem Chirurgen Georg Philipp Heinrich Hofmeister in der Lehre. Dort holte der Vater ihn aber wieder fort und forderte die Rückzahlung des Lehrgeldes, weil Hofmeister seinen Sohn zu „groben Tagelöhnerarbeiten" mißbraucht habe, statt ihm die Chirurgie beizubringen. Hofmeister bestritt alle Vorwürfe und konterte damit, daß Wilhelm Ernst Clausen ein „verzogenes Muttersöhngen" sei. Vater Clausen und der Lemgoer Chirurg prozessierten noch bis 1818 gegeneinander[332]. Unterdessen beendete Wilhelm Ernst Clausen in Detmold bei Amtschirurgus Kirchner seine Lehre[333]. Anschließend besuchte er noch eine Zeitlang die Tierarzneischule in Hannover[334]. Ein Nachweis für die Ausübung der einen oder anderen Tätigkeit hat sich bisher nicht finden lassen. Wahrscheinlich führte er das behagliche Leben eines Rentiers, zumal er 1852 auch die Verwaltung der Lemgoer Meisterei aufgab und sie für 200 Taler jährlich an Franz Kratz verpachtete[335]. Als 1857 der Lemgoer Bürgermeister Diedrich Moritz Petri sein 50jähriges Jubiläum im öffentlichen Dienst feierte, gehörte Wilhelm Ernst Clausen neben seinem Bruder Joh. Friedrich, dem Goldschmied (A.14.), zu den Gratulanten[336].
Zu seinem Besitz zählten 1854 ein Wohnhaus, ein Garten vor dem Ostertor und vier Stücke Ackerland. Im gleichen Jahr erwarb er von der Stadt Lemgo das einst 1583 von Caspar Clauss erbaute alte Scharfrichterhaus am Ostertor, die benachbarte Wohnung des Abdeckers samt Hofraum und Garten und dem zwischen beiden Gebäuden liegenden Stadtmauerturm[337]. Weitere fünf Stücke Ackerland brachte seine Frau Wilhelmine Henriette Klintzing als Mitgift in die Ehe, außerdem wohl noch etliches Barvermögen. Denn unmittelbar nach der Heirat wurde ein weiteres sehr großes Grundstück erworben[338]. Nach dem Tod ihres Ehemannes führte die Witwe Clausen ihrem unverheirateten Bruder Conrad Klintzing den Haushalt[339]. Ein gemeinsames Testament von 1875 wurde 1881 wieder rückgängig gemacht[340].

A.14. **Johann Friedrich Clausen** (aus A.10.), Gold- und Silberschmied in Lemgo, * Herford 18.10.1807, † Lemgo 08.04.1892, ⚭ ebd. 25.10.1840 Caroline Louise Richter, * ebd. 24.01.1820, † ebd. 06.12.1891, T. von Friedrich Adolph Richter, Knochenhauer in Lemgo (* ebd. 12.04.1790, † 09.08.1859), u. der Dorothea Henriette Köhne (* ebd. 25.01.1786, † 27.03.1862, ⚭ ebd. 28.09.1817).
1826 erteilte die Stadt Lemgo dem Goldschmiedegesellen Joh. Friedrich Clausen einen Reisepaß[341]. Als er sich 1832 endgültig in seiner Heimatstadt niederließ, bat er auch um eine Konzession als Graveur und Stempelschneider. Da er von seinem Aufenthalt im „Ausland" vorteilhafte Zeugnisse mitgebracht hatte, empfahl ihn der Lemgoer Magistrat in Detmold für Regierungsaufträge[342]. Außerdem gab er Zeichenunterricht[343].

Kinder:

14.1. **Friedrich Wilhelm Ernst**, * Lemgo 31.05.1841, † Detmold 14.03.1903, Bäckermeister in Itzehoe[344], seit 1904 Rentier in Detmold, ⚭ Itzehoe 01.01.1874[345]

Margaretha Becker, * Wewelsfleth 05.04.1849, † Detmold 04.11.1924, T. von Albert Becker, Schuster in Neustadt/Wewelsfleth, u. der Metta Mohr.

14.2. **Johann Ernst**, * Lemgo 15.09.1842, † ebd. 14.04.1923, Goldschmied in Lemgo, ⚭ ebd. 21.08.1877 Louise Friederike Bertha Winter, * Heiden/r 05.01.1839[346], † Lemgo 31.01.1897, T. von Joh. Cord Winter, Küster in Heiden, u. der Amalie Tracht; Bertha Winter ⚭ I. Lemgo 20.04.1870 Ferdinand Christoph Louis Neid, Zimmermeister in Lemgo, * (wo?) 21.10.1838, † Lemgo 17.08.1871, S. von Joh. Christoph Neid zu Rockstedt im Fsttum Schwarzburg-Sondershausen, u. der NN.

Kinder:

14.2.1. **Anna Dora Lieve**, * Lemgo 27.12.1877, † ebd. 05.05.1946.

14.2.2. **Ernst Friedrich Theodor**, Bankbeamter, * Lemgo 04.02.1880, † (gefallen) Boyelles/Arras 26.03.1918 als Leutnant u. Kompanieführer.

14.3. **Caroline Dorothee** („Doris") **Henriette**, * Lemgo 26.11.1844, † Bad Salzuflen 28.06.1927, ⚭ Detmold 09.11.1870 Conrad Ludwig Richter, Bäckermeister in Detmold, * ebd. 10.04.1842, † ebd. 27.12.1903, S. von Conrad Ludwig Richter, Bäckermeister in Detmold (* Lemgo 12.06.1798, † Detmold 19.05.1869), u. der Dorothea Henriette Strotmann (* Detmold 26.01.1805, † ebd. 10.03.1867, ⚭ ebd. 19.10.1828).

Kinder:[347]

14.3.1. **Caroline Henriette Elise**, * 20.08.1871, † ...

14.3.2. **Friedrich August Ludwig** (Louis), * 16.01.1873, † ..., Oberlehrer in Bad Salzuflen.

14.3.3. **Wilhelm Carl**, * 14.02.1874, † ..., Bäckermeister in Detmold, ⚭ Luise Groll.

14.3.4. **Dorothea Martha Alma**, * 30.12.1875, † ..., ⚭ Karl Bickenbach, Hemer.

14.3.5. **Dora Marie Sophie**, * 11.08.1877, † ..., ⚭ Fritz Bartels, Goldschmied in Halberstadt.

14.4. **Friedrich Emil Leopold**, Bäcker und Gastwirt in Lieme, seit 1891 Kolonialwarenhändler in Detmold, * Lemgo 30.05.1847, † Detmold 08.10.1915, ⚭ I. Lieme 04.07.1882 Emilie Auguste Kracht, * Lemgo 26.02.1856, † Detmold 15.09.1894, T. von Hermann August Kracht u. Emilie Papritz, ⚭ II. Detmold 28.09.1895 Hermine Auguste Marie Kenneke, Köchin bei Oberforstmeister Feye in Detmold, * Kohlstädt/r 30.11.1860, † Detmold 03.09.1941, T. von Friedrich Wilhelm August Kenneke, Förster in Kohlstädt, u. der Henriette Louise Friederike Lampe.

Kinder:

14.4.1. **Fritz**, bis 1966 als Eigentümer des Hauses Weinbergstr. 12, Detmold, genannt[348].

14.4.2. …

14.5. **Wilhelmine Charlotte Maria**, * Lemgo 29.07.1851, † Detmold 19.10.1927, ⚭ Oerlinghausen/r 12.06.1874 Ernst Friedrich Wilhelm Stolte, Lehrer in Oerlinghausen, dann in Detmold, * Heiligenkirchen/r 15.06.1841, † Detmold 04.01.1914, S. von Georg Christoph Stolte, Küster in Heiligenkirchen, u. der Conradine Dorothee Amalie Hoffmeister; Friedrich Stolte ⚭ I. Oerlinghausen/r 29.11.1867 Auguste Wilhelmine Anna Eleonore Henriette Elisabeth Caroline Schlepper.

(wird fortgesetzt)

Abkürzungen

SchR = Scharfrichter
HM = Halbmeister (Abdeckereipächter)
WR = Wrasemeister (in Lippe u. Paderborn: Abdeckereipächter)
k = katholisch
l = lutherisch
r = reformiert
T = Taufen
H = Heiraten
B = Bestattungen

Im Teil A. Lemgo, Herford, Minden stammen die genauen Lebensdaten, falls nicht anders angegeben, aus Kirchenbüchern lutherischer Gemeinden. Bei Orten mit mehreren alten Pfarreien sind, ohne nähere Angabe, folgende Kirchspiele gemeint:

Bielefeld = Nikolai (Altstadt)
Braunschweig = Martini
Göttingen = Jakobi
Hameln = TH Nikolai, B Bonifatii
Hannover = Georgi (Marktkirche)
Herford = Jakobi (Radewig)
Höxter = Kiliani
Lemgo = St. Nicolai
Minden = Martini
Wolfenbüttel = Trinitatis

Anmerkungen

1 Albrecht *Keller*: Der Scharfrichter in der deutschen Kulturgeschichte. Bonn u. Leipzig 1921 (ND Hildesheim 1968), S. 240.

2 Wilhelm *Funk*: Alte deutsche Rechtsmale. Sinnbilder und Zeugen deutscher Geschichte. Bremen-Berlin 1940, S. 91.

3 Theodor *Mucke*: Thüringische Feldmeister und Scharfrichter. In: Archiv für Sippenforschung, Jg. 14, S. 227-231, 264-268, 306-310, 334-338. Görlitz 1937, hier S. 336.

4 Diese Vorstellung ist allgemein verbreitet und findet sich in der Literatur sehr häufig. Hier ein willkürlich herausgegriffenes Zitat: „Die Scharfrichter waren ihrer ›gruseligen Hantierung‹ halber in Verruf; sie galten als ›unehrlich‹ und waren verfemt samt ihren Angehörigen und ihrem Gesinde. Deshalb waren diese Sippen ganz aufeinander angewiesen. Es konnte kein Sohn eines Scharfrichters einen anderen bürgerlichen Beruf ergreifen und keine Frau aus einem anderen Stand heiraten – ebenso erging es den Töchtern. Dadurch kam es zu enger Versippung in diesen Familien; oft auch über die damaligen Landesgrenzen der kleinen deutschen Staaten hinaus" (Lorenz *Röseler*: Scharfrichter-Sippen. In: Zschr. f. niedersächs. Fam.kde., Jg. 20, S. 60-61. Hamburg 1938).

5 Soweit in Kürzestform die Thematik meiner Dissertation: Scharfrichter und Abdecker im Hochstift Osnabrück. Untersuchungen zur Sozialgeschichte zweier „unehrlicher" Berufe im nordwestdeutschen Raum vom 16. bis zum 19. Jahrhundert. Osnabrück 1979 (Osnabrücker Gesch.qu. u. Forsch., Bd. 22). Zum Problem der sozialen Mobilität in der Frühen Neuzeit vgl. auch Winfried *Schulze* (Hrsg.): Ständische Gesellschaft und soziale Mobilität. München 1988 (Schriften d. Hist. Kollegs, Kolloquien Bd. 12).

6 *Wilbertz* 1979 (wie Anm. 5), S. 163ff. u. S. 392 Abb. 4; *dies.*: Johann Jakob Döring, letzter Scharfrichter Schleswig-Holsteins, und seine Ahnen. In: Genealogie, 27. Jg., S. 259-266. Neustadt/Aisch 1978, mit einer Karte S. 265. Vgl. auch *dies.*: Richtschwert und Dichterkranz. Vorfahren und Verwandte der Bochumer Schulgründerin Henriette von Noël (1833-1903). In: Beitr. z. westf. Fam.forsch., Bd. 45, S. 125-170. Münster 1987, hier S. 130.

7 Klaus J. *Bade*: Wanderung in Deutschland seit dem 18. Jh. In: Wanderhandel in Europa. Hrsg. von Wilfried Reininghaus, S. 13-20. Dortmund 1993, hier S. 13. Zu diesem Problemkreis siehe auch Gerhard *Jaritz*/Albert *Müller* (Hrsg.): Migration in der Feudalgesellschaft. Frankfurt a. M./New York 1988 (Studien z. Hist. Sozialwiss. Bd. 8); Jürgen *Brockstedt* (Hrsg.): Regionale Mobilität in Schleswig-Holstein 1600-1900. Neumünster 1979 (Studien z. Wirtsch.- u. Sozialgesch. Schlesw.-Holst. Bd. 1). Vgl. auch Anm. 62-64.

8 *Meyers* Taschenlexikon Geschichte. Mannheim-Wien-Zürich 1982, Stichwort „Genealogie".

9 Dafür als Beispiel Gisela *Wilbertz*/Gustav *Seebold*: „... der löblichen Apothekerkunst zugethan". Zum 300jährigen Jubiläum der Alten Apotheke in Bochum 1691-1991. Bochum 1991. Auch meine (noch unveröffentlichten) Forschungen zur Geschichte der jüdischen Gemeinde in Bochum beruhen mangels anderer Quellen weitgehend auf diesem Ansatz.

10 Siehe dazu vor allem die Arbeiten von Hermann *Mitgau*, u.a.: Berufsvererbung und Berufswechsel im Handwerk. Untersuchungen über das Generationsschicksal im Gesellschaftsaufbau. Berlin-Spandau 1952 (Friedewalder Beitr. z. soz. Frage, H. 4); *ders.*: Geneal.-gesellsch. Untersuchungen z. Versippung u. z. soz. Generationenschicksal im braunschweig. Patriziate (15. bis 17. Jh.). In: Nieders. Jb. f. Landesgesch., Bd. 34, S. 33-69. Hildesheim 1962. Vgl. auch Walter *Schaub*: Sozialgenealogie – Probleme u. Methoden. In: Bll. f. dt. Landesgesch., Jg. 110, S. 1-28. Göttingen 1974.

11 *Wilbertz* 1979 (wie Anm. 5).

12 In: Osnabrücker Mitt. Bd. 85, S. 352-353. Osnabrück 1979.

13 Zur Einführung in diese Fragestellungen Arthur E. *Imhof*: Einführung in die Historische Demographie. München 1977; Michael *Mitterauer*/Reinhard *Sieder* (Hrsg.): Historische Familienforschung. Frankfurt a. M. 1982.

14 Die Anwendung dieser Methoden auf den Berufskreis der Scharfrichter und Abdecker muß so unerhört gewesen sein, daß bis heute fast niemand fähig war, den innovativen Charakter von Fragestellungen und Ergebnissen meiner Dissertation zu erkennen. Nicht nur Frau Mohrmann, die sich somit in guter Gesellschaft befindet, wußte damit nichts anzufangen. Bevorzugt stürzte man sich daher auf die altvertraute „Unehrlichkeit" der Scharfrichter - obwohl sie nicht im Mittelpunkt meiner Arbeit steht und nur am Rande auf 16 Seiten (von 334) vorkommt. Zu welcher Blindheit gegenüber der eigentlichen Zielsetzung die ausschließliche - und damit natürlich aus dem Zusammenhang herausgerissene - Lektüre dieser 16 Seiten führt, ist beispielhaft nachzulesen bei Anton *Blok*: Over de infamie van de scherprechter. In: Volkskundig Bulletin 9, Heft 2 (1983).

15 Stadtarchiv (im folgenden: StdtA) Lemgo, Nachlaß (NL) Clausen. Vgl. dazu Gisela *Wilbertz*: Der Nachlaß der Scharfrichterfamilie Clauss/Clausen in Lemgo. In: Recht und Alltag im Hanseraum. Festschrift für Gerhard Theuerkauf zum 60. Geburtstag. Hrsg. von Silke Urbanski, Christian Lamschus, Jürgen Ellermeyer, S. 439-461. Lüneburg 1993 (De Sulte Nr. 4); *dies.*: „Ein bekanntlich sehr zuverlässiger Mann." Aus den Papieren des Scharfrichters Johann Henrich Ernst Clausen (1763-1842). In: Histor. Jb. f. d. Kr. Herford 1994, S. 53-64. Bielefeld 1993.

16 Franz *Heinemann*: Der Richter und die Rechtspflege in der deutschen Vergangenheit. Jena 1900 (ND Düsseldorf-Köln 1976), S. 127.

17 Richard *Messerich*: Die levis notae macula der deutschen Scharfrichter. Diss. jur. Greifswald 1913, S. 49.

18 *Keller* (wie Anm. 1), S. 117.

19 Alister *Kershaw*: Die Guillotine. Eine Geschichte des mechanischen Fallbeils. Hamburg 1959, S. 120.

20 Hans von *Hentig*: Vom Ursprung der Henkersmahlzeit. Tübingen 1958 (ND Nördlingen 1987), S. 219 u. S. 257.

21 Genauer bei Gisela *Wilbertz*: Scharfrichter und Abdecker. Aspekte ihrer Sozialgeschichte vom 13. bis zum 16. Jahrhundert. In: Randgruppen der spätmittelalterlichen Gesellschaft. Hrsg. von Bernd-Ulrich Hergemöller. Zweite, neubearb. Aufl., S. 121-156. Warendorf 1994.

22 Nachgewiesen ist z. B. die Herkunft der ältesten frühneuzeitlichen Scharfrichterfamilie, der Großholz, aus einem Dorf am Zürichsee. Der Enkel des ersten Vorfahren, der 1473 nach Zürich einwanderte, wurde dort 1516 Scharfrichter (Wilhelm Heinrich *Ruoff*: Von ehrlichen und unehrlichen Berufen, besonders vom Scharfrichter und Wasenmeister im alten Zürich. In: Zürcher Taschenbuch auf das Jahr 1934, N. F. Jg. 54, S. 15-60. Zürich 1933, hier S. 35-36; Karl *Gatzen*: Das Scharfrichtergeschlecht Grosholz. In: Mitt. d. Westdt. Ges. f. Fam.kde., Jg. 21, Sp. 129-150. Köln 1963, hier Sp. 140).

23 Bereits Hans Fritze, 1556 als verstorben bezeichnet, war Abdecker in Peine. Sein Sohn Arndt setzte dort diesen Beruf fort, während der andere Sohn Urban 1588 Scharfrichter in Wolfenbüttel war und 1590 auch eine Verschreibung für die Ämter Schöningen und Seesen erhielt (Hauptstaatsarchiv - im folgenden: HStA - Hannover, Hann. Des 88c Nr. 537 Bl. 2-21; Staatsarchiv - im folgenden: StA - Wolfenbüttel, 2 Alt Nr. 12353 Bl. 70; StdtA Göttingen, AA Gewerbesachen Scharfrichter Nr. 0-4; Hilde u. Kurt Wiedenroth: Häuserchronik der Stadt Peine. Masch. Manuskr. Peine 1978, S. 213 Nr. 329).

24 1568 erhielt M. Hans Dorrien eine Bestallung als Abdecker in Hildesheim. Als Abdecker wurden auch noch weithin seine Söhne Hans und Franz angesehen, obwohl ihnen die Altstadt Hildesheim 1593 bzw. 1611 eine Bestallung als Nachrichter erteilt hatte. Erst Jacob Döring zu Einbeck, der Sohn von Franz, galt zweifelsfrei als Scharfrichter (HStA Hannover, Hild. Br. 1

Nr. 9808 Bl. 12-13, 514-517, 520-521 u. Nr. 9822 Bl. 6-15; ebd., Cal. Br. 9 Nr. 128; StdtA Hildesheim, C XXXIX Nr. 1).

25 StA Detmold, L 31 C VI Nr. 3 und L 77 A Fach 140 Nr. 6 I.

26 Vgl. unter A.2. und A.3. Dort auch die Quellenangaben.

27 Henri *Sanson*: Sept générations d'exécuteurs, 1688-1847. Mémoires des Sanson, mis en ordre, rédigés et publiés par H. Sanson, ancien exécuteur des hautes œuvres de la cour de Paris. Vol. I-VI. Paris 1862-63. Zeitgleich erschien eine deutsche Übersetzung unter dem Titel: Geheimnisse des Schaffots. Memoiren von sieben Scharfrichter-Generationen (1685-1847). Aus dem Französischen des H. Sanson, letztem Vollstrecker der Todesurtheile des Hohen Gerichtshofes von Paris. Bd. 1-7. Berlin 1862-63. Die letzte nur unwesentlich gekürzte Ausgabe unter dem Titel: Tagebücher der Henker von Paris 1685-1847. Hrsg. von Eberhard Wesemann und Knut-Hannes Wettig. 2 Bde. München 1983 (Bibliothek des 18. Jhs.). Keine der deutschen Ausgaben - deren es zahlreiche gibt! - enthält jedoch die Anmerkungen des französischen Originals, so daß dessen Anspruch auf Authentizität nur unzureichend wiedergegeben wird, ganz zu schweigen von den sprachlichen Subtilitäten. Bei den Züricher Volmar ist die Heirat als solche, nämlich mit einer Großholz-Tochter, sogar nachgewiesen. Allerdings glaubt *Ruoff* (wie Anm. 22, S. 37), der Vater des Paulus Volmar sei ebenfalls schon Scharfrichter gewesen.

28 StA Detmold, L 34 E III Nr. 9.

29 Adolph *Schmidt*: An welchen auswärtigen Schulen und Hochschulen haben Angehörige der Grafschaft Lippe bis zum Beginn des 19. Jahrhunderts ihre Ausbildung gesucht? In: Lipp. Mitt., 15. Bd., S. 233-302. Detmold 1935, hier S. 248: Universitätsmatrikel Erfurt 1444 „Johannes Clawesing de Lemego".

30 Frdl. Mitt. von Herrn Hans Klasing, Bielefeld. Zu den vier Richtschwertern der Familie Clauss vgl. *Wilbertz* 1993 (wie Anm. 15), S. 447-449.

31 Die lippischen Landschatzregister von 1535, 1545, 1562 und 1572. Bearb. von Fritz *Verdenhalven*. Münster 1971 (Lipp. Gesch.qu. Bd. 4), S. 34-35 u. 117; Die lippischen Landschatzregister von 1590 und 1618. Hrsg. von Herbert *Stöwer*. Münster 1964 (Lipp. Gesch.qu. Bd. 2), S. 5, 118 u. 121; Salbücher der Grafschaft Lippe von 1614 bis etwa 1620. Bearb. von Herbert *Stöwer* u. Fritz *Verdenhalven*. Münster 1969 (Lipp. Gesch.qu. Bd. 3), S. 16, 408 u. 466.

32 Frdl. Mitt. von Herrn Herbert Stöwer, Pivitsheide.

33 StA Detmold, H 1 Register zur Bedienstetenregistratur.

34 StA Detmold, Namenskarteien zu L 83-86; Bürgerbuch der Stadt Detmold von 1635 bis 1885. Bearb. von Fritz *Verdenhalven*. Detmold 1977 (Lipp. Gesch.qu. Bd. 7), S. 176.

35 StA Detmold, H 20 Beamtenkartei; StdtA Lemgo, A 139 S. 67ff.

36 „Davidt Clauwsingh" o.ä. genannt seit 1586 (StdtA Lemgo, A 138 S. 191).

37 Frdl. Hinweis von Herrn Hermann Hentschel, Lemgo. Vgl. dazu Ruprecht *Ewald*: Geschichte der Stadt Brakel. Brakel 1925, S. 53-54; Brakel 829-1229-1979. Hrsg. von der Stadt Brakel. Redaktion: Herbert *Engemann*, Ulrich *Ernst*, Franz *Hillebrand*. Brakel 1979, S. 40.

38 StdtA Lemgo, A 4883 Nachtrag II. Nur die Antworten von Franz Clauss sind erhalten. Die Fragen muß man danach erschließen.

39 StdtA Göttingen, AA Gewerbesachen Scharfrichter Nr. 2; Franz *Schimpf*: Einiges von den Scharfrichtern zu Osterode am Harz. In: Heimatbll. f. d. südwestl. Harzrand H. 32 S. 61-76. Osterode 1976, hier S. 64.

40 Taufregister Rinteln 13.03.1614; StdtA Lemgo, A 8496; StdtA Minden, B 71 Bl. 33.

41 Kämmereirechnungen der Stadt Hamburg. Bearb. von Karl Koppmann, V S. 777 Z. 22 u. 35, VI S. 32 Z. 11. Hamburg 1883 u. 1892.

42 Sophia Louise Claus, seit ca. 1788 verheiratet mit dem Halbmeisterknecht Joh. Andreas Schley und mit Sicherheit eine berufsfremde Frau, stammte aus Duingen b. Alfeld (Taufregister Landolfshausen 26./27.06.1791).

43 Clifford *Geertz*: Dichte Beschreibung. Beiträge zum Verstehen kultureller Systeme. Frankfurt a. M. 3. Aufl. 1994.

44 *Wilbertz* 1979 (wie Anm. 5.), S. 294-295. Für den dort untersuchten nordwestdeutschen Raum vgl. die Abb. 2 auf S. 390. Er stimmt nicht mit dem Ausbreitungsraum der Scharfrichter Clauss überein, der umfassender ist und ganz Niedersachsen, ganz Westfalen, den Niederrhein und die Niederlande einbezieht.

45 Hier wie auch bei den folgenden Zahlen aus dem nordwestdeutschen Raum sind die Unbekannten jeweils herausgerechnet, um gegenüber der Clauss-Familie eine gleiche Ausgangsbasis zu gewinnen.

46 Dafür als Beispiel Friedrich Wilhelm *Hemann*: Das Rietberger Stadtbuch. Edition, Einleitung, Typologie. Ein Beitrag zur Erforschung von Klein- und Residenzstädten sowie zur Frage der Schriftlichkeit in frühneuzeitlichen Städten Westfalens. Warendorf 1994 (Beitr. u. Qu. z. Stadtgesch. Niederdtlds., Bd. 3), S. 142: „Im 17. Jahrhundert wohnte allerdings der vom Landesherrn angenommene Scharfrichter in Rietberg und versah innerhalb der Stadt die Aufgaben eines Abdeckers." Zwar besaß der Rietberger Scharfrichter, wie üblich, die Abdeckereiprivilegien, aber die Aufgaben eines Abdeckers versah er keineswegs - dies besorgten seine Knechte. Wenn der Autor in der dazu gehörigen Anmerkung meinen Aufsatz über den Nachlaß der Scharfrichterfamilie Clausen zu Lemgo zitiert (wie Anm. 15), mit dem Hinweis, dort sei etwas über deren „Aufgaben als Abdecker" zu finden, so kann er diesen Aufsatz unmöglich gelesen haben.

47 *Wilbertz* 1979 (wie Anm. 5), S. 314-315.

48 Jutta *Nowosadtko*: Wer Leben nimmt, kann auch Leben geben - Scharfrichter und Wasenmeister als Heilkundige in der Frühen Neuzeit. In: Medizin, Gesellschaft und Geschichte, Bd. 12, S. 43-74. Stuttgart 1993, hier S. 47.

49 Vgl. das Zitat in Anm. 4. Darüber hinaus eine weitere willkürliche Auswahl für diese weitverbreitete Überzeugung: Ferdinand *Frensdorff*: Das Zunftrecht insbesondere Norddeutschlands und die Handwerksehre. In: Hans. Gesch.bll., Bd. 13, S. 1-89. Leipzig 1907, hier S. 41ff.; Rudolf *Wissell*: Des alten Handwerks Recht und Gewohnheit. Berlin 1929 (ND 1971), hier Bd. I, S. 87ff.; Horst *Mattias*: Die Entwicklung des Medizinalwesens im Lande Lippe unter besonderer Berücksichtigung des Scharfrichterwesens und seiner Stellung in der Heilbehandlung. Diss. med. (masch.) Münster 1947, S. 12; Wolfgang *Schild*: Scharfrichter. In: Strafjustiz in alter Zeit. Hrsg. von Christoph Hinckeldey, S. 279-288. 4. erw. Aufl. Rothenburg o. d. T. 1989, hier S. 284 (Schriftenreihe d. mittelalterl. Krim.mus. Rothenburg o. d. T., Bd. VI c).

50 In Siegen erschien 1573 der Scharfrichter Walther Melmer als Chirurgus „in der sehr angesehenen Stahlschmiedezunft" (Lothar *Irle*: Die Scharfrichter im Siegerland. Ihre gesellschaftliche und wirtschaftliche Stellung und ihre Tätigkeit. In: Heimatland. Beilage zur Siegener Zeitung, Jg. 7, Nr. 7 S. 107-111, Nr. 8 S. 121-126, Nr. 9 S. 143-144, Nr. 10 S. 145-150. Siegen 1932, hier S. 125). 1685 wurde in Gouda der Utrechter Scharfrichter Hans van Gelder Mitglied der Chirurgengilde (Gemeentearchief - im folgenden: GA - Gouda, Archief Chirurgijnsgilde 1.16.06., inv.nr. 5 fol. 59v, Anno 1685. Für die Mitteilung dieses Belegs danke ich Herrn Cornelis R. H. Snijder, Berg en Terblijt). Über den Lemgoer Scharfrichter David Clauss d. Ä. und seine Frau Agnesa Bröcker († 1696 bzw. † 1678) hieß es 1714 im Geburtsbrief einer Tochter, sie hätten „im Schmiedeampte hieselbst gestanden" (StdtA Lemgo, A 6154 Nr. 37). 1795 beschwerte sich der Scharfrichter Franz Joseph Voß zu Bavenstedt beim Magistrat der Stadt Hildesheim, daß bei der neuen Vergabe einer Bestallung Joh. Christoph Kleine aus Lemgo (* ebd. 17.01.1751, † Boizenburg 16.04.1827) ihm vorgezogen werde, denn dieser sei „dem Namen nach nur Nachrichter, [habe] niemals diesem Dienst vorgestanden, sondern [sei] seiner wahren Profession [nach] ein verdorbener Schuhmacher" (StdtA Hildesheim, Best. 101 Fach 1343-1). Zu Joh. Christoph Kleine vgl. Anm. 254.

51 Sabine *Sander*: Handwerkschirurgen. Sozialgeschichte einer verdrängten Berufsgruppe. Göttingen 1989 (Krit. Studien z. Gesch.wiss. 83).

52 StA Osnabrück, Rep. 110 I Nr. 164 vol. III Bl. 128-129, 132-133.

53 Geh. StA Preuß. Kulturbesitz Berlin, Rep. 34 Nr. 98 g Bl. 71-72.

54 StdtA Uelzen, 117-1.

55 StdtA Uelzen, 117-2 Bl. 74-76.

56 StdtA Lemgo, A 9977: Schreiben vom 18.07.1787 an Bürgermeister Hellwing.

57 Otto *Schütte*: Der Scharfrichter in Braunschweig. In: Festschrift für Paul Zimmermann. Qu. u. Forsch. z. Braunschweig. Gesch., Bd. 6, S. 204-211. Wolfenbüttel 1914, hier S. 208.

58 StdtA Stade, Abt. St. V Fach 66-67.

59 Gisela *Wilbertz*: Von Bochum nach Kleve. Zur Sozialgeschichte von Scharfrichtern und Abdeckern im märkisch-niederrheinischen Raum – Westfalen und Rheinland im Vergleich. In: Der Märker. Landeskundl. Zschr. f. d. Bereich d. ehemal. Grafschaft Mark u. d. Märk. Kreis, 42. Jg., S. 95-107, 163-176, 211-222. Altena 1993.

60 Ebd., S. 166-167; *dies*. 1979 (wie Anm. 5), S. 280.

61 Ebd., S. 311-316; *dies*. 1993 (wie Anm. 59), S. 217-219.

62 Jan *Lucassen*: Migrant Labour in Europe 1600-1900. The Drift to the North Sea. London, Sydney, Wolfeboro 1987. Die Originalausgabe erschienen unter dem Titel: Naar de Kusten van de Noordzee. Trekarbeid in Europees perspektief, 1600-1900. Gouda 1984.

63 Außer Lucassen (Anm. 62) und Diederiks (Anm. 64) nur noch wenige ausgewählte Titel, die auch weiterführende Literatur enthalten: Emil *Dösseler*: Die Aus- und Einwanderung Westfalens. In: Westf. Forschungen, 19. Bd., S. 161-166. Münster 1966; Franz *Bölsker-Schlicht*: Die Hollandgängerei im Osnabrücker Land und im Emsland, Ein Beitrag zur Geschichte der Arbeiterwanderung vom 17. bis zum 19. Jahrhundert. Sögel 1987 (Emsland/Bentheim. Beitr. z. neueren Gesch., Bd. 3); Andreas *Eiynck* u.a. (Hrsg.): Wanderarbeit jenseits der Grenze. 350 Jahre auf der Suche nach Arbeit in der Fremde. Assen 1993.

64 Herman *Diederiks*: Amsterdam 1600-1800. Demographische Entwicklung und Migration. In: Niederlande und Nordwestdeutschland. Studien zur Regional- und Stadtgeschichte Nordwestkontinentaleuropas im Mittelalter und in der Neuzeit. Franz Petri zum 80. Geburtstag. Hrsg. von Wilfried Ehbrecht und Heinz Schilling, S. 328-346. Köln-Wien 1983.

65 Vgl. zu den niederländischen Kleijnes Louis J. M. *Kleijne*: Genealogie Kleijne (afkomstig van Herford). Sint-Oedenrode 1976, dazu Nachtrag von 1977; *ders.*: Achter elke naam een mensenleven. Sint-Oedenrode 1983.

66 Rijksarchief in Overijssel te Zwolle, toegangsnr. 31.1., inv.nr. 75 (nach einer freundl. Mitt. von Herrn Cornelis R. H. Snijder, Berg en Terblijt). Aus Westfalen meldete sich auf die Anzeige der Dülmener Scharfrichtersohn Bernard Joseph Schlieff (get. Dülmen/k 15.12.1775), damals in Münster, um dort, wie er schrieb, „dem wissenschaftlichen Fache obzuliegen". Offenbar wollte er lieber Scharfrichter werden.

67 Beispiele für die Integration der Scharfrichter in das soziale Umfeld vor allem bei *Wilbertz* 1979 (wie Anm. 5), 1987 (wie Anm. 6) u. 1993 (wie Anm. 15). Ob die geographische Mobilität der Abdecker anders aussah, müßte noch genauer untersucht werden. Eine Kartierung der Aufenthaltsorte der Abdeckerlinie Claus/Clasen (H) scheint dies nahezulegen. Vgl. auch die Herkunftsorte der Vorfahren von Joh. Jakob Döring aus dem niedersächsischen Twistringen, die fast sämtlich Abdecker waren, bei *Wilbertz* 1978 (wie Anm. 6), auf S. 265. Beide Beispiele zeigen im Vergleich zu den Scharfrichtern eine deutliche Nord-Süd-Ausrichtung. Dazu würde passen, daß im 18. Jh. eine ganze Reihe von Abdeckern aus dem katholischen Süden nach Niedersachsen einwanderten. Seit Ausgang des 18. und im 19. Jh. kam es dann zu einer merklichen Wanderungsbewegung nach Osten, in die Gebiete jenseits der Elbe (vgl. unter B.6.6.).

68 *Wilbertz* Zwei Scharfrichterfamilien und ihr Grabstein zu Hannover. In: Hann. Gesch.bll. N. F. Bd. 36, S. 231-250. Hannover 1982, hier S. 237-238.

69 StdtA Lemgo, Urk. 1532; als Abschrift auch in: StdtA Lemgo, A 10185.

70 StA Detmold, L 28 Lemgo F XIV.

71 StdtA Lemgo, A 5255 „Uthgiffte".

72 StdtA Lemgo, A 166 S. 78-79, A 167 S. 260, A 10185 u. Urk. Nr. 1416.

73 Wie Anm. 70.

74 StdtA Lemgo, A 4883.

75 StdtA Lemgo, A 5262 Jg. 1612 3. Quartal.

76 Wie Anm. 74.

77 StA Detmold, L 77 A Fach 140 Nr. 8 I.

78 StdtA Lemgo, A 166 S. 192-193.

79 StdtA Lemgo, A 301 S. 178.

80 StA Detmold, L 77 A Fach 140 Nr. 8 I; StdtA Lemgo, Urk. 1532, auch in A 10185.

81 Thielen Fenloh (Fendell, Fennel), Abdecker zu Nieheim, hatte 30 Jahre lang die Schwalenberger WRei innegehabt. 1622 erhielt er dort eine eigene, vom Lemgoer SchR unabhängige Bestallung (StA Detmold, L 77 A Fach 140 Nr. 6 I).

82 StdtA Lemgo, A 183 Bl. 136r und 137r.

83 StdtA Lemgo, A 2727. Auch noch rund 80 Jahre später reichten drei Tage Haft aus, um bei einem unwilligen Heiratskandidaten einen Sinneswandel zu bewirken. Als am 4. Juli 1698 der 24jährige Schuhmachergeselle Fritz Kanne nach Ablauf dieser Frist vor dem Geschworenen Rat befragt wurde, „ob er sich nun anderster besinnet und sich resolviret hätte, seine geschwächete Braut zu ehelichen", erklärte er sich einverstanden, mit der Bemerkung, „wäre er des Sitzens müde". Die Trauung fand noch am gleichen Tag „in curia" statt (StdtA Lemgo, A 397; vgl. Kirchenbuch - im folgenden: KB - St. Marien unter dem 4. Juli 1698).

84 StdtA Lemgo, A 2727.

85 Die *Scharfrichter* zu Stadthagen. In: Schaumburg-Lippische Heimatblätter, Jg. 18, Nr. 8 S. 3-4 u. Nr. 9 S. 4.

86 StA Detmold, L 77 A Fach 140 Nr. 6 I.

87 Im Ehevertrag Clauss-Grapens von 1600 unterschrieb Albert Clauss namens seiner abwesenden Brüder Franz und Johann und seiner nicht namentlich genannten Schwestern (StA Detmold, L 77 A Fach 140 Nr. 8 I). Caspar Clauss muß also mindestens eine weitere Tochter gehabt haben. Oder war etwa die „natürliche oder Halbtochter" (A.1.1.) mitgemeint?

88 StdtA Lemgo, Urk. 1532 u. A 10185; StA Detmold, L 28 Lemgo F XIV u. L 37 VIII Nr. 10a.

89 Für Herkunft und zweite Ehe der Maria Meisner vgl. *Wilbertz* 1982 (wie Anm. 68), S. 237-239.

90 StdtA Helmstedt, B V 22; *Schütte* (wie Anm. 57), S. 206; StA Wolfenbüttel, 7 Alt P 381 u. 40 Slg. 2064 u.ö.

91 Über die Herkunft des David Fuchs/Voß läßt sich bisher nichts sagen. In Westfalen ist nur ein älterer SchR dieses Namens belegt, nämlich Hans Voß, 1588-1590 in Coesfeld genannt (Marielies *Saatkamp*: Bekandt, daß sie ein Zaubersche were. Zur Geschichte der Hexenverfolgung im Westmünsterland. Vreden 1993, S. 88; Dick *Schlüter*: Met den koorde of door het zwaard. Criminele rechtspraak, dood- en lijfstraffen in Twente vanaf de middeleeuwen. Oldenzaal 1994, S. 69 u. 71). Der gleichen Generation wie Hans Voß dürfte auch Catharina Voß angehört haben, Ehefrau der beiden münsterschen SchR Christian Schütte († 02.01.1594) und Jacob Schneider († wohl kurz nach 14.10.1594). Doch ist durchaus ungewiß, ob sie eine SchR-Tochter war (StdtA Münster: Testamente I Nr. 330; Causae civ. Nr. 2073; Causae crim. Nr. 99 und Krim.-Reg. 1590-1607 Bl. 13; Ratsprotokolle 1593-1595. Vgl. dazu die einseitige und in ihren Schlußfolgerungen widersprüchliche Darstellung bei Sabine *Alfing*/Christine *Schedensack*: Frauenalltag im frühneuzeitlichen Münster. Bielefeld 1994, S. 219-226, 232-253).

David Fuchs/Voß war nach Maria Meisners Tod noch dreimal verheiratet: ⚭ II. NN., begr. Hannover 10.03.1633; ⚭ III. Gertrud Goien o. Gohlen, begr. Braunschweig 19.04.1640; ⚭ IV. wohl 1640 Catharina Jahn, * ca. 1620, begr. Wolfenbüttel 01.10.1654, alt 34 J. Diese letzte Ehefrau, eine berufsfremde Braunschweigerin, ⚭ II. Wolfenbüttel 21.05.1651 Hans Adam, SchR ebd., * ca. 1630/31, begr. Wolfenbüttel 06.06.1675, S. von Hans Adam d. J., SchR in Bremen, u. der Elisabeth Winter.

92 StA Detmold, L 31 C VI Nr. 3.

93 StdtA Lemgo, A 10185 u. A 4883 Nachtrag II/5, A 178 S. 7-9, 217-219.

94 StdtA Lemgo, A 178 S. 319, auch S. 257-259, 284-286, u. A 177 29. Okt. 1612.

95 StdtA Lemgo, A 179 S. 138.

96 Taufregister Rinteln 13.03.1614; StdtA Lemgo, A 8496; StdtA Minden, B 71 Bl. 33.

97 StdtA Lemgo, A 51; StA Detmold, L 34 E III Nr. 9.

98 StA Detmold, L 77 A Fach 140 Nr. 8 I u. L 34 E III Nr. 9. Die Vermutung, Franz Clauss sei bereits einmal verheiratet gewesen und habe aus dieser Ehe eine mit Jürgen von der Havestadt zu Schüttorf verheiratete Tochter gehabt (*Wilbertz* 1982, wie Anm. 68, S. 237 Anm. 14), trifft nicht zu. Die Ehefrau dieses Schüttorfer SchRs hieß Hester Sap (GA Deventer, Renunc.boek, 15. März 1659; nach einer frdl. Mitt. von Herrn Peter A. Christiaans, 's-Gravenhage). Vermutlich war sie eine Tochter von Henrich Sapp, SchR zu Osnabrück, dann zu Herford.

99 StA Detmold, L 34 E III Nr. 9. Humpert Veltmann wurde Anfang 1620 vor den Toren Lemgos von seinem Schwager Jürgen Möller aus Lügde im Streit erschossen. Kunne, die Ehefrau des flüchtigen Täters, wurde zunächst in Lemgo unter dem Verdacht der Mitbeteiligung festgehalten, schließlich aber wieder freigelassen (StdtA Lemgo, A 4883 Nachtrag II u. A 51: 31. Jan. 1620). Dennoch entging sie ihrem Schicksal nicht. 1626 wurde sie in Lügde wegen Ermordung einer Soldatenfrau enthauptet (KB Lügde/k; StA Marburg, Best. 115.30 Nr. 377. Den Hinweis auf diese Akte verdanke ich Herrn Manfred Willeke, Lügde).

100 StA Detmold, L 28 Lemgo F XIV; StdtA Lemgo, A 10185 u. A 5264 Jg. 1621 4. Quartal.

101 StA Detmold, L 28 Lemgo A XX; StdtA Lemgo, A 3752, A 10185 u. A 150 S. 112- 113; Taufreg. Marktkirche Hannover 03.01.1632.

102 StdtA Lemgo, A 9331.

103 StdtA Lemgo, A 3625.

104 Zu Marten Vogt und seinen Nachkommen vgl. *Wilbertz* 1982 (wie Anm. 68).

105 StdtA Lemgo, A 190 Bl. 144v-147r, 161r-162v, 201v-202r, u. A 13917.

106 Sofern nicht anders angegeben, stammen alle genauen Lebensdaten aus den KBn der Marktkirche Hannover.

107 Stats Fahner ⚭ I. Göttingen 19.04.1635 Anna Görteler, * wohl Northeim ca. 1615, begr. Hameln 21.03.1658, T. von Hans Görteler d. J., SchR in Northeim, dann in Göttingen; ⚭ III. wohl Celle 1664 Ilse Marie von der Havestadt, get. Celle 06.12.1646, begr. Hameln 09.06.1715, T. von Claus von der Havestadt, SchR in Lübbecke, dann in Celle, u. der Maria Ewerts von Oldenburg.

108 StA Wolfenbüttel, 2 Alt Nr. 12352 Bl. 2-4 u. 2 Alt Nr. 8234; StdtA Goslar, B 3571.

109 Die Witwe Kruse ⚭ II. Hans Mosel, der am 22.02.1630 als SchR in Goslar genannt wurde (HStA Hannover, Hild. Br. 1 Nr. 9821 Bl. 4-5). Da kaum drei Wochen später der Sohn Caspar Kruse eine Bestallung erhielt, dürfte die Mutter zwischenzeitlich gestorben sein, wodurch der Stiefvater sein Recht am Dienst verlor.

110 StdtA Goslar, B 3571.

111 Sofern nicht anders angegeben, stammen alle genauen Lebensdaten aus den KBn von St. Stephani, Goslar. Die Sterberegister beginnen erst 1729.

112 Mstr. Dietrich Meisner ist noch in der Kirchenrechnung von St. Georg, Gandersheim, für 1703 genannt (StA Wolfenbüttel, 17 N Nr. 930). Er dürfte jedoch im gleichen Jahr gestorben sein,

da der Sohn Joh. Daniel Meisner bei seiner Heirat in Wolfenbüttel am 29.01.1704 mit Eva Elisabeth Adam bereits in eigenem Namen als SchR von Gandersheim auftrat. Die KBer von Gandersheim beginnen erst 1750.

113 StA Wolfenbüttel, 17 N Nr. 930: Kirchenrechnung St. Georg zu Gandersheim, Geldeinnahmen.

114 Karl *Kronenberg*: Häuserchronik der Stadt Bad Gandersheim. Hildesheim 1983, S. 147.

115 Am 21.08.1989 (Poststempel) teilte das Stiftskirchenbüro Gandersheim mit, daß sich die Leuchter in der Burg Dankwarderode zu Braunschweig befänden. Das zuständige Herzog Anton Ulrich-Museum, Braunschweig, wußte davon nichts und konnte die Leuchter auch in seinen übrigen Sammlungen nicht nachweisen (Mitt. vom 12.09.1989). Erfolglos blieb ebenfalls eine Anfrage beim Braunschweig. Landesmuseum (Mitt. vom 20.09.1989). Beide Museen verwiesen nach Gandersheim zurück, wo sich die Leuchter noch befinden müßten. Eine weitere Anfrage in Gandersheim blieb ohne Antwort.

116 Unter diesem Datum wurde ihm sein Sohn Heinrich Jürgen Kruse adjungiert, da er alt und schwach war (StdtA Goslar, B 3571).

117 Für die Herkunft der Sophia Gertrud Förster vgl. HStA Hannover, Hild. Br. 1 Nr. 9813 Bl. 19-21. Sie ∞ I. Wolfenbüttel 29.04.1678 Hans Paul Hoscheroth, 1678 SchR-Knecht ebd., 1679-(1688) HM in Alfeld.

118 Zusammen mit seinen Brüdern Wilhelm, Hans Christoph und Valentin trat Christoph Kruse am 09.01.1667 in einem Vertrag mit den Försters zu Seesen wegen der Abdeckerei im Amt Langelsheim als Mitunterzeichner auf. Die übrigen Kruse-Söhne waren zu diesem Zeitpunkt offenbar nicht mehr am Leben (StA Wolfenbüttel, 8 Alt Se Gr. 16 Nr. 1 Bl. 6-7).

119 Als noch unverheiratetes junges Mädchen von 18 Jahren hatte Catharina Margaretha Adam auf Ansuchen ihres Vaters am 01.07.1676 eine SchR-Bestallung für Dannenberg erhalten (HStA Hannover, Hann. 74 Dannenberg Nr. 2569). Der Dienst wurde dann stellvertretend von ihren drei Ehemännern versehen. Sie ∞ I. Wolfenbüttel 17.07.1676/Dannenberg 18.07.1676 Jürgen Hinrich Körner, get. ebd. 19.02.1643, begr. ebd. 02.02.1681, S. von Andreas Körner, SchR in Dannenberg; ∞ III. ebd. 17.05.1692 Hans Jacob Kannenberg, get. Fallersleben 14.07.1692, begr. Dannenberg 27.06.1734, S. von Leonhard Kannenberg, SchR in Uetze, dann in Fallersleben, und Anna Frölich.

120 StdtA Lemgo, A 4484.

121 StdtA Lemgo, A 2727.

122 StdtA Lemgo, A 4883 Nachtrag II/5.

123 StdtA Lemgo, A 4883 u. A 5262 Jg. 1612 3. Quartal.

124 StdtA Lemgo, A 3678 Bl. 6 u. A 180 Bl. 182r-183r.

125 StdtA Lemgo, A 36 Bl. 36v.

126 StA Detmold, L 77 A Fach 140 Nr. 8 I.

127 Für das Todesjahr von Trojan Struck vgl. u.a. StA Wolfenbüttel, 2 Alt 1628 u. 1680. Er kam bei der Eroberung Höxters ums Leben (Joachim-Ulrich *Görlich*: Zum Indiz der Tränenlosigkeit im Hexenprozeß. In: Jahrbuch für den Landkreis Holzminden, Bd. 4/1986, S. 18-28. Holzminden 1987; hier: S. 27). Nachfolger wurde sein Sohn Jürgen Struck, * ca. 1606/7, † Höxter 02.06.1665, ∞ vor 15.04.1640 Dorothea Möller, * ca. 1617, † Höxter 31.03.1687, T. von Caspar Möller, substituierter SchR für Lippe zu Horn (vgl. unter A.2.), u. Margaretha N.

128 Das Todesdatum der Anna Fenloh in StA Detmold, L 77 A Fach 140 Nr. 6 I. Sie ∞ II. Hermann Wrenzel, WR in Schwalenberg, † Anf. 1634 („vor Nieheimb erschossen"). Er könnte identisch sein mit jenem „Meister Harmen Frenzel, Schinder vom Rodenberge", dessen Frau am 17.08.1617 und am 19.06.1619 Patin in Wunstorf war.

129 StA Detmold, L 34 E III Nr. 9.

130 StdtA Lemgo, A 73: 10. u. 27.09.1621, A 5264 Jg. 1621 4. Quartal, A 10185.

131 Wie Anm. 129.

132 StdtA Lemgo, A 59 u. A 5264 Jg. 1622 2. Quartal; Bürgerbuch der Stadt Lemgo von 1506 bis 1886. Bearb. von Hans Hoppe. Detmold 1981 (Lipp. Gesch.quellen Bd. 9), S. 61 Nr. 2225 u. S. 102 Nr. 3512.

133 StA Detmold, L 28 Lemgo F XIV.

134 StA Detmold, L 37 VIII Nr. 10 A u. L 28 Lemgo F XIV. Daß er nach „M. Dietrichs Absterben dessen Witwe allererst Anno 38 geheyrathet“ habe, erwähnte Henrich Unverzagt noch einmal 1661 (StA Detmold, L 34 E III Nr. 9).

135 StA Detmold, L 77 A Fach 140 Nr. 6 I.

136 1649 zog Henrich Unverzagt von Lemgo nach Delbrück, wo er aber schon nach einem Jahr wieder gehen mußte, weil er nicht katholisch werden wollte. Danach war er 1653-54 in Horn zu finden, 1660 wieder in Lemgo, 1660-61 in Detmold, bevor er sich ab 1661 doch endgültig in Delbrück niederließ (StA Detmold, L 28 Lemgo F XIV u. L 34 E III Nr. 9; StdtA Lemgo, A 154 S. 29). Nach dem Tod von Anna Margaretha Struck hatte Henrich Unverzagt eine Frau gleichen Vornamens geheiratet, die am 12.04.1694 in Delbrück starb („Margretha Unversaget, senicula, Wrasemeistersche“). Aus seiner ersten Ehe stammte mit Sicherheit die Tochter Anna Margaretha Unverzagt, * ca. 1639/41, † Lingen/r 05.02.1733, alt 107 (!) J., ⚭ vor 1669 (ca. 1665?) Berend Broecker, SchR in Lingen, * ca. 1635, † Lingen/r 12.10.1721, S. von Jürgen Bröcker, adjung. SchR in Osnabrück, dann SchR in Schüttorf u. für Rheine, und der Agnes Klare. Auch die (vermutlichen) Söhne Jodocus (Jobst) und Hans Caspar Unverzagt könnten noch aus der Ehe von Henrich Unverzagt mit Anna Margaretha Struck stammen.

137 StA Detmold, L 28 Lemgo F XIV.

138 Die fünf Kinder, die Dietrich Clauss bei seinem frühen Tod hinterließ, lebten noch 1650, denn damals sprach der Sohn David von seinen zwei Brüdern und zwei Schwestern (StA Detmold, L 77 A Fach 140 Nr. 2 I). Die beiden Töchter, die die älteren Kinder gewesen sein müssen, waren offenbar noch unverheiratet. Über ihren Verbleib lassen sich bislang nicht einmal Vermutungen anstellen.

139 Zu Jürgen Bröcker und Agnes Klare vgl. *Wilbertz* 1979 (wie Anm. 5), S. 167-169.

140 Johann Voß ⚭ I. Bielefeld 18.05.1699 Anna Maria Kahle, * ca. Anf. 1679, begr. Bielefeld (St. Marien) Aug. 1701, T. von Hermann Kahle, SchR in Bielefeld, und seiner zweiten Frau Catharina Elisabeth Fahner. Durch seine erste Ehe mit Eva Struck aus Höxter war Hermann Kahle der Onkel von David Clauss d. Ä. zu Lemgo. Vgl. dazu Gisela *Wilbertz*: Eva Catharina Elisabeth Kahle – ihre Eltern und weiteren Vorfahren. Ein Nachtrag zur Ahnenliste des Komponisten Friedrich Wilhelm Kücken. In: Genealogie, 25. Jg. S. 377-380. Neustadt/Aisch 1976. Das mit einer Namensinschrift versehene Richtschwert von Hermann Kahle befand sich im 19. Jh. im Besitz der Lemgoer Clausen (*Wilbertz* 1993, wie Anm. 15, S. 448). Nach dem Tod des einzigen Bruders der Anna Maria Kahle, Peter Hinrich Kahle (* ca. 1682, † ca. Mai 1700), erhielt Johann Voß am 4. Sept. 1700 ein Patent als SchR der Grafschaft Ravensberg (Geh. StA Preuß. Kulturbes. Berlin, Gen. Dir. Forstdep. Mind.-Rav. Tit. XII Nr. 2 Bd. 1).

141 Der Vater des Schöninger SchRs war jener David Fuchs/Voß, der mit der Lemgoer SchR-Witwe Maria Meisner verheiratet war. Vgl. oben unter A.2. und Anm. 91. David Voß zu Schöningen ⚭ II. ebd. 29.10.1696 Catharina Lüddecke.

142 Maria Sophia Schlotte ⚭ I. Quedlinburg 25.09.1660 Christoph Förster, SchR in Schöningen, * ca. 1620, begr. ebd. 04.11.1666. Aus der ersten Ehe dieses Christoph Förster mit Maria N. stammte die Tochter Sophia Gertrud, vgl. oben unter A.2.4.6. Die Daten aus Quedlinburg nach Johann *Glenzdorf*/Fritz *Treichel*: Henker, Schinder und arme Sünder. 2 Bde. Bad Münder a. D. 1970, Nr. 4633.

143 StA Detmold, L 86 Hexenprozesse S 8: Anneken, Friedrich Schoeffs Frau zu Schwelentrup, Bl. 72. Auch erwähnt bei Rainer *Walz*: Hexenglaube und magische Kommunikation im Dorf der Frühen Neuzeit. Die Verfolgungen in der Grafschaft Lippe. Paderborn 1993, S. 92 Anm. 43. Dort ist allerdings der Name falsch mit „Meister David Carl" wiedergegeben. In der Quelle steht „Meister David Claes".

144 StA Detmold, L 28 Lemgo F XIV. Vgl. auch StdtA Lemgo, A 152 S. 355-356: Von Jacob Schlömer auf 17 Taler 9½ Groschen verklagt, die bereits der Großvater schuldig geblieben war, erklärte David Clauss am 18. Febr. 1650 vor dem Lemgoer Stadtgericht, er „hette wegen seines Großvatters und Vatters nichts geerbett" und auch „sunsten nichts ubrigh were".

145 Wenn er ins „Hausbuch" schrieb: „Anno 1647 bin ich M. David Clauß zu Lemgo Meister worden", und er am 13. Sept. 1650 gegenüber dem Landesherrn erwähnte, er habe vor zwei Jahren, also 1648, den Dienst angetreten, so ist dies kein Widerspruch, sofern man diese Aussagen wörtlich versteht und auf die Stadt Lemgo einerseits und auf die Grafschaft Lippe andererseits bezieht (StA Detmold, L 28 Lemgo F XIV). Im Anschlag der Hauptschatzung vom 27. Nov. 1648 wird er in Lemgo erstmals als „M. Davidt der NachRichter" aufgeführt, und zwar mit einer Zahlung von 4 Talern – einer der höchsten Summen (StdtA Lemgo, A 2291).

146 StA Detmold, L 77 A Fach 140 Nr. 8 I. Anna Barbara Struck (* ca. 1630, begr. Moritzberg/k 12.09.1715), T. von Balthasar Struck, erhielt einen Brautschatz von 300 Talern.

147 Matthias Bröcker ist laut Inschrift des Grabkreuzes geb. Osnabrück 12.09.1628 und gest. 06.01.1691. Im Sterberegister Lügde/k ist der 16.01.1691 angegeben. Text der Inschrift u. Abb. bei Gisela *Wilbertz*: Scharfrichter und Abdecker. Zur Sozialgeschichte zweier „unehrlicher" Berufe im nordwestdeutschen Raum vom 16. bis zum 19. Jahrhundert. In: Unser Bocholt. Zschr. f. Kultur u. Heimatpflege, 32. Jg. H. 2, S. 3-16. Bocholt 1981, hier S. 11-12. Eine weitere Schwester des Matthias Bröcker war die in der Blomberger Bauinschrift genannte (zweite) Ehefrau von Jürgen Struck, Anna Margaretha Bröcker. Zu diesem Ehepaar vgl. Gisela *Wilbertz*: Die Halbmeister (Abdecker) von Quakenbrück und ihre Familien. Ein Beitrag zur 750-Jahr-Feier der Stadt Quakenbrück. In: Genealogie, 35. Jg., S. 39-55. Neustadt/Aisch 1986, hier S. 40. Zu dem Haus Neue Torstraße 26 in Blomberg vgl. Heinrich *Stiewe*: Hausbau und Sozialstruktur einer niederdeutschen Kleinstadt. Blomberg zwischen 1450 und 1870. Diss. Münster 1993, Katalogteil. Erscheint im Druck voraussichtl. 1995 (Schriften d. Westf. Freilichtmuseums Detmold, Bd. 13). Die Bauinschrift ist wiedergegeben bei Heinz-Walter *Rolf*: Blomberg. Geschichte – Bürger – Bauwerke. Blomberg 1981, S. 119-120 (mit Abb.). Jürgen Struck war allerdings nicht Scharfrichter, wie dort gesagt, sondern Wrasemeister. Einen Scharfrichter hat es in Blomberg nie gegeben. Trotzdem wird das Gebäude heute entsprechend vermarktet, und die darin etablierte Gaststätte nennt sich „Zum Scharfrichter". Vermutlich wäre „Zum Abdecker" weit weniger zugkräftig.

148 StA Detmold, L 28 Lemgo F XIV: Kaufvertrag vom 04.03.1661.

149 *Wilbertz* 1979 (wie Anm. 5), S. 172; StA Osnabrück, Dep. 3 B V Fach 28 Nr. 6 Bl. 3-4.

150 StdtA Lemgo, A 6154 Nr. 37.

151 Vgl. oben, Anm. 50.

152 StdtA Lemgo, A 329 Bl. 172v.

153 StdtA Lemgo, A 523 S. 170.

154 StdtA Lemgo, A 5274; Taufregister St. Nicolai.

155 StdtA Lemgo, A 3669.

156 Wolfgang *Schild*: Alte Lemgoer Gerichtsbarkeit. In: 800 Jahre Lemgo. Aspekte der Stadtgeschichte. Im Auftrage der Alten Hansestadt Lemgo hrsg. von Peter Johanek u. Herbert Stöwer, S. 141-170. Lemgo 1990 (Beitr. z. Gesch. d. Stadt Lemgo, Bd. 2), hier S. 151.

157 StdtA Lemgo, A 5568.

158 StdtA Lemgo, A 329 Bl. 174v.

159 Am 21. Aug. 1703 klagte David Clauss d. J. beim Lemgoer Rat über den „verleumbderischen Hans Koch", der am Sonnabend zuvor „in Schleppers Behausung auf der Neustadt en pleine compagnie, auff mich und die Meinigen fulminirend, sein Läster-, Schmäh- und Schändmaul zu des besagten Gottschalcks Heeden Bruder, welcher zugegen gewesen, eröffnet und gesprochen: Warumb sich sein Bruder zu sölchem Gepeckelß und Büttelspack gesellet und eingeschwägert (und) waß für grobliche Injurien mehr von ihm außgegossen". Dagegen verwahrte sich David Clauss, „da weder meiner Schwester Tochter, deren Vatter geweßen weil. Chirurgus Vogeler in Minden, noch mir und den Meinigen solche imputirte Unehr und Schande kann auffgebürdet werden" (StdtA Lemgo, A 10186). Vor Gericht zitiert, wollte Hans Koch von etwa geäußerten Injurien nichts wissen, „vielmehr sich erkläret, daß er von Mstr. David nichts alß Liebes und Guthes zu sagen wüßte, (daher) amicabiliter zusammen verglichen" (StdtA Lemgo, A 332 S. 15: 20. Sept. 1703).

160 Frdl. Mitt. von Herrn Dr. med. Wilfried Vogeler, Essen.

161 Die Begräbnisdaten Minden nach Martin *Krieg*: Das Mindener Sargbuch von 1636-1734. In: Mindener Jb, Bd. 9 (1937/38), S. 65-143. Minden 1938.

162 Die einzige Tochter aus der Ehe Heyde-Vogeler, Anna Ilsabe, get. Lemgo (St. Johann/r) 24.06.1704, ⚭ Lemgo 25.09.1729 Henrich Hermann Stackelbieck aus Salzuflen.

163 Am 11. Nov. 1703 war noch „uxor M. Caspar" Patin in Stadthagen, während am 5. März 1706 der Sohn Joh. Henrich Farnecke bei einer Patenschaft in Wunstorf als SchR von Stadthagen bezeichnet ist.

164 Über Henrich Lohdi ausführlich *Wilbertz* 1979 (wie Anm. 5), S. 191-192, 224-225.

165 Alle Daten Stadthagen.

166 August *Schacht* (Hrsg.): Die alte Schülermatrikel des Gymnasiums zu Lemgo [1631-1819]. Lemgo 1913, S. 33.

167 Anna Barbara Dorothea Gebhard ⚭ II. wohl 1711 Jacob Sauer (Suhr), seit 12.10.1711 (Bestallung) SchR in Stadthagen, get. Delmenhorst 27.09.1684, begr. Stadthagen 06.01.1758, S. von Jost Suhr, Abdecker in Delmenhorst. Am 4. Mai 1729 erhielt Jacob Sauer eine neue Bestallung für seine zweite Frau Margaretha Emerentza Pfeffer, get. Hameln 05.09.1687, † Ende 1771, T. von Hans Henrich Pfeffer, SchR in Hameln, u. der Ilse Marie von der Havestadt (vgl. unter A.7.2.). Die Bestallungen von 1711 und 1729 im StA Bückeburg, Schbg Des K 1 W Nr. 7 Bl. 41-44, 149.

168 Eine Anna Elisabeth Farnecke ⚭ Stadthagen 21.02.1708 Hans Barthold Schotte, 1709-1715 als HM in Rinteln genannt. Es ist jedoch zweifelhaft, ob sie die Tochter von Caspar Farnecke und Anna Maria Clauss war. Unter den Paten ihrer Kinder erscheinen fast ausschließlich Farnecke aus Hessisch Oldendorf, so daß eher anzunehmen ist, daß es sich bei ihr um die gleichnamige, am 18.03.1673 in Rinteln get. T. des SchRs Stats Farnecke zu Rinteln, dann zu Hess. Oldendorf, aus der Ehe mit Anna Elisabeth Stemmerberg gehandelt hat. Diese Anna Elisabeth Farnecke † Höxter 30.04.1722, ⚭ II. Hess. Oldendorf 06.10.1716 Joh. Dietrich Förster, SchR in Stadtoldendorf, get. Mölln 14.06.1686, begr. Stadtoldendorf 10.11.1737, S. von Daniel Förster, SchR in Mölln, u. der Catharina Stengel. Die Daten aus Mölln nach *Glenzdorf/Treichel* (wie Anm. 142), Nr. 1011.

169 Diese und alle folgenden Daten aus den Niederlanden verdanke ich Herrn Cornelis R. H. Snijder, Berg en Terblijt. Sie werden zusammen mit den Quellenangaben demnächst in seinem Aufsatz „Het scherprechtersgeslacht Snijder/Schneider te Kampen (1687-1791) en nageslacht" in der Zeitschrift „Gens Nostra" erscheinen.

170 Anna Margaretha Bröcker war eine Schwester der Agnesa Bröcker ⚭ David Clauss d. Ä. (A.5.). Anna Ilsabein Clauss und Franz Henrich Schneider waren also Vetter und Kusine. Hans Jürgen Schneiders Eltern waren Philipp Schneider, seit 1640 SchR in Ahlen, seit 1652 in Münster, und Christina von Osnabrück.

171 StdtA Lemgo, A 523 S. 170. Die Heirat ist weder in Lemgo noch in Schüttorf noch in Coevorden verzeichnet.

172 StdtA Lemgo, A 335: 4. Juli 1714, u. A 6194 Nr. 37. Das Konzept dieses vierseitigen Geburtsbriefes wurde am 31. Juli 1714, unter Austausch der persönlichen Daten, für Anna Elisabeth Schmedings, Stieftochter des Papiermachers Gabriel Meyerhöfer, verwendet.

173 Johannes van Anhout ∞ II. Velp 25.02.1721 Susanna Cahle, get. Zutphen 15.03.1693, † ..., T. von Hans Henrich Kahle, SchR in Zutphen, dann in Arnhem, u. der Catharina Elisabeth Kellenaer.

174 Anna Maria van Dijk ∞ II. Groningen 16.08.1775 Philippus van Arcken, Tanzmeister, get. Maastricht/k 15.04.1721, † Groningen ca. 28.09.1783. Zu den Nachkommen des Anthonius Snijder vgl. vorerst J. P. A. *Wortelboer*: Een Stad-Groningse Familie van Scherprechters. Genealogie Snijder. In: Gruoninga. Tijdschrift voor genealogie, naam- en wapenkunde, 24. Jg., S. 37-44. Groningen 1979.

175 Das Begräbnisdatum nach *Glenzdorf/Treichel* (wie Anm. 142), Nr. 657.

176 StdtA Essen, Rep. 100 Nr. 285 S. 225-228, 237, 239.

177 Walter *Wimmer*: Gewachsen in elf Jahrhunderten. Borbecker Chronik I 869-1854. 2. Aufl. Essen-Borbeck 1981, S. 13. In den 1675 beginnenden (kath.) KBern von Borbeck sind Joh. Peter Schlieff und seine Frau Margaretha zuerst am 08.05.1689 mit einer Taufe zu finden. Sie hatten mindestens drei ältere, nicht in Borbeck geborene Kinder.

178 Joh. Henrich Döring, 1683-(1699) SchR in Jülich, get. Marburg/r 14.11.1658, † ..., ∞ Jülich/k 31.01.1683 Elisabeth Schneider, * ca. 1655, † ..., T. von Matthias Schneider, SchR in Menden, dann in Kleve, u. der (Anna Maria) Schneider; Elisabeth Schneider ∞ I. ca. 1675 Gottfried Mosel, SchR in Jülich, * ca. 1650, † Jülich/k 14.11.1681 „submersus", höchstwahrscheinl. S. von Constantin Mosel, SchR in Ratingen, u. dessen erster Frau Catharina.

179 Die Celler SchR wohnten in der St. Georg-Straße in der Masch, die zur Vorstadt Blumlage gehörte. Dort wurde zwar 1658 eine eigene Gemeinde gegründet, doch beginnen die Blumlager KBer erst 1761. Vgl. Ralf K. *Busch*: Zur Geschichte der Celler Scharfrichter. In: Sachsenspiegel, Beil. z. Celleschen Ztg., Nr. 19/22. Mai 1965, Nr. 36/18. Sept. 1965.

180 Für die Herkunft des Claus von der Havestadt vgl. *Wilbertz* 1979 (wie Anm. 5), S. 166. Seine Bestallung für Celle datierte vom 14.01.1627. Am 01.11.1638 war Hans Körner (Kerner) dort sein Nachfolger (HStA Hannover, Celle Br. 61 Nr. 854 Bl. 2-3). Eine namentlich unbekannte Schwester der Maria Ewerts war mit Ernst Scheermesser, SchR in Uelzen, verheiratet (Patenschaft Celle 15.05.1628). Ihre Brüder waren Peter Everts van Oldenburg, SchR in s'Hertogenbosch, und Hans Everts van Oldenburg, zuletzt SchR in Groningen (nach einer frdl. Mitt. von Herrn Peter A. Christiaans, 's-Gravenhage. Vgl. Wobbe *de Vries*: Bossche scherprechters en hun familie. In: De Brabantse Leeuw, Jg. 8, S. 39-46. Bergen-op-Zoom 1959; B. *Lonsain*: Groningsche scherprechtersfamilies. In: Groningsche Volksalmanak 1925, S. 84-100. Groningen 1925). Aus der Ehe des Carsten von der Havestadt zu Celle mit Magdalena Farnecke verw. Clauss stammte die Tochter Anna Juliana Havestadt, ∞ 01.01.1698/05.01.1700 Joh. Henrich Ritterburg (StdtA Uelzen, 117-1 Bl. 29-30).

181 Bendix Gebhard wurde Michaelis (29. Sept.) 1678 zum SchR in Celle bestellt (HStA Hannover, Hann 76 c Ad. Kammerregister). Seine Herkunft ist angegeben, als er am 26. Febr. 1693 an das „Siechenbett" seines Vaters Georg Gebhard nach Magdeburg gerufen wurde (HStA Hannover, Celle Br. 61a Nr. 2924 Bl. 2-6. Die genealog. Daten zu Georg Gebhard bei Ernst *Neubauer*: Häuserbuch der Stadt Magdeburg 1631-1720. Magdeburg 1931; nach einer frdl. Mitt. von Frau Dr. Ilse Schossig, AG Genealogie, Magdeburg). Vermutlich rechnete Bendix Gebhard mit dem Tod des Vaters und dessen Nachfolge in Magdeburg. Denn er verzichtete damals auf sein Celler Scharfrichteramt zugunsten des dortigen SchRs „bey der Milice" Jürgen Tornedde, der Ostern 1693 seinen Dienst antrat (HStA Hannover, Celle Br. 61a Nr. 2926 Bl. 2-3). Aus

den Magdeburger Plänen wurde jedoch nichts, so daß er auch weiterhin in Celle wohnte. Die von *Glenzdorf/Treichel* (wie Anm. 142), Nr. 5578, behauptete Identität des Celler SchRs mit einem am 04.12.1707 in Calbe a. d. S. begr. Bendix Gebhard ist bislang nicht nachgewiesen. Aus der Ehe des Bendix Gebhard mit Magdalena Farnecke verw. Clauss könnte die mit Joh. Henrich Farnecke zu Stadthagen verheiratete Anna Barbara Dorothea Gebhard stammen (vgl. unter A. 5.4.2.).

182 StA Detmold, L 28 Lemgo F XIV.

183 StdtA Lemgo, A 3678 u. 3752.

184 StdtA Lemgo, A 6194 Nr. 17 u. A 6196 Nr. 152.

185 StA Detmold, L 77 A Fach 140 Nr. 4 I Bl. 45. Schreiben vom 17. Nov. 1663, daran sein Siegel.

186 Geh. StA Preuß. Kulturbes. Berlin, Gen. Dir. Forstdep. Mind.-Rav. Tit. XII Nr. 1 Bd. 1. Peter Albrecht begr. Minden 04.09.1667 (*Krieg*, wie Anm. 161).

187 Regina Frölich ⚭ II. Braunschweig 08.07.1685 Andreas Schlotte, SchR in Quedlinburg, zuletzt in Langensalza, get. Quedlinburg 11.04.1633, † Langensalza 1692 (*Glenzdorf/Treichel*, wie Anm. 142, Nr. 3815; dort auch seine Eltern und seine weiteren Ehen). Das Sterbedatum der Regina Frölich nach einer frdl. Auskunft der Domküsterei St. Servatii, Quedlinburg.

188 Alle Begräbnisdaten Uelzen nach den Totengeläutregistern (= Auszüge aus den Kirchenrechnungen) im StdtA Uelzen. Die KBer aus den Jahren vor 1794 wurden im 2. Weltkrieg vernichtet. Laut SchR-Kartei Woehlkens im StdtA Uelzen soll Ilse Marie Farnecke eine T. des Peiner SchRs Anton Farnecke gewesen sein. Dies kann jedoch kaum stimmen, da eine Tochter dieses Namens weder im Tauf- noch im Konfirmationsregister Peine erscheint. Ihre Herkunft dürfte allerdings im Verwandtschaftsumfeld von Christoph Augustus Pfeffers Schwiegermutter Magdalena Farnecke zu suchen sein. Am ehesten könnte sie eine ca. 1668 geb. T. von Magdalenas Bruder Stats Farnecke, SchR zu Rinteln, dann zu Hess. Oldendorf, aus dessen erster Ehe mit Anna Elisabeth Stemmerberg gewesen sein.

189 Anna Sophia Asthusen ⚭ II. Bleckede 27.04.1708 Henning Christoph Kücken, seit 1708 SchR in Uelzen, 1721 in Wittingen, get. Bleckede 19.05.1685, † nach 15.01.1721, S. von Hans Jacob Kücken, SchR in Bleckede, u. Anna Maria Seiler. Vgl. StdtA Uelzen, 117-2 Bl. 30-38, 56. Anna Sophia Asthusen entstammte auf jeden Fall der bekannten norddt. SchR-Familie. Ihre genaue Herkunft ist bislang völlig offen.

190 HStA Hannover, Hann. 74 Oldenstadt Nr. 743; StdtA Uelzen, 117-2 Bl. 22-23.

191 StdtA Uelzen, 117-1, vor allem Bl. 2-3, u. 117-5 Bl. 20.

192 HStA Hannover, Celle Br. 61a Nr. 2892 Bl. 3-4.

193 StdtA Uelzen, 117-1 Bl. 22-23. Vgl. oben, Anm. 180.

194 Gesagt bei seiner Heirat in Burgdorf. Beim Tod seiner Witwe in Wittingen ist er als „gewesener Scharfrichter" bezeichnet, was aber kaum stimmen kann.

195 HStA Hannover, Celle Br. 61 Nr. 864 Bl. 44-45. Gesagt wird dies ein Jahr später, am 13.09.1687.

196 Vgl. dazu *Wilbertz* 1982 (wie Anm. 68), S. 246-247.

197 StdtA Lemgo, A 10186 u. NL Clausen Nr. 4 u. Nr. 9; StA Detmold, L 37 VIII Nr. 10a. Ein Erwerb des Bürgerrechts in Lemgo ist nicht belegt, obwohl er sich selbst mehrfach als Bürger bezeichnete und von anderen so bezeichnet wurde (z. B. StdtA Lemgo, A 7334).

198 StdtA Lemgo, A 329 Bl. 101v: Zeugenaussage Mstr. David Clauss am 11. Dez. 1696, „er wäre diesen Fastnachten 30 Jahr alt". Fastnacht 1696 war der 24. Febr. (alten Stils). Allerdings ist die Frage, ob er dies so gemeint hat oder nicht vielmehr sagen wollte, er sei an Fastnacht vor 30 Jahren geboren. Dies wäre der 27. Febr. 1666 (alten Stils) gewesen.

199 StA Detmold, L 18 Nr. 93.

200 StA Detmold, D 71 Nr. 80, Küsters Diarium Lippiacum S. 182: „Anno 1692 d. 28ten Sept. hat der junge Mstr. David den Sünder von Heiligenkirchen, welcher einen anderen todtgeschlagen hatte, vors erste mit dem Schwerdt gerichtet". Küster berichtet 1699-1724 von elf weiteren Hinrichtungen in Lemgo und Detmold.

201 Wie Anm. 199.

202 StA Detmold, L 23 Lemgo F XIV.

203 StdtA Lemgo, A 3011.

204 StdtA Lemgo, A 5568 u. A 332-333 (Prot. Audientiae 1704-1707); StA Detmold, L 28 Lemgo F XIV (Prozeßakten 1707-1710).

205 StdtA Lemgo, NL Clausen Nr. 9.

206 StdtA Lemgo, A 7634, 7334, 6349, 7313, dazu A 339-344 (Prot. Audientiae 1725-1743) u. A 359 (Hypothekenprot. 1729-1743).

207 StdtA Lemgo, A 6898, A 343 S. 564 u. 930, A 344 S. 136-137, 198; StA Detmold, L 83 A 8 R. 5. Joh. Henrich Muth dürfte 1731 gestorben sein, da seine Witwe Anna Christina am 04.02.1732 in Schwabstedt den Witwer Hans Paulsen heiratete. Die Sterberegister von Schwabstedt beginnen erst 1744 (Auskunft des Archivs der Ev.-Luth. Propstei Husum-Bredstedt).

208 Noch 1745 wohnte sie in der Papenstraße, 1750 bei ihrem Tod in der Neuen Straße (StdtA Lemgo, Häuserkartei).

209 Kommunalarchiv (im folgenden: KA) Herford, Stadt Herford A I 121 Bl. 32: Bestallung vom 21.09.1708.

210 Ebd. Bl. 66-67: Am 28. Nov. 1738 erklärte die Ehefrau Kleine, „daß ihr Ehemann aus seinem jetzigen Krankenlager nicht auffkommen möchte". Am 16. Dez. war er tot. Die Sterberegister von St. Jacobi, Herford, beginnen erst 1747 (T 1705, H 1725).

211 Vom 16. Juli 1699 datiert der Expektanzbrief der Stadt Herford für die drei hinterlassenen Söhne (KA Herford, Stadt Herford A I 121 Bl. 32).

212 Ihr Name ist genannt bei einer Patenschaft in Detmold am 07.08.1691. Sie war eine Schw. von Cath. Marg. Albrecht ∞ Hans Henr. Muth zu Lübbecke (vgl. unter A.5.). Für ihre Herkunft vgl. Max *Burchard*: Die Kirchenstuhlbücher von St. Martini in Minden als familiengeschichtliche Quelle. In: Mindener Jb., Bd. 9 (1937/38), S. 5-63. Minden 1938, hier S. 33. Magdalena Albrecht ∞ II. 1699 Joh. Melchior Fahner, substit. SchR in Herford, 1706 in Telgte, dann Chirurg an verschiedenen Orten, get. Telgte/k 06.01.1683, † nach 1744, S. von Joh. Christoph Fahner, SchR in Telgte, dann in Bielefeld, u. der Anna Gertrud Vehoff. Als er sich 1723 in Zwolle bewarb, wußte der Klever SchR Joh. Hermann Claessen (= E.1.) über ihn zu berichten, daß er seine erste Frau nach kurzer Zeit verlassen und Dienste im holländischen Regiment Rechteren genommen habe; dort desertierte er und nahm Dienste im Münsterschen, wo er durch die Telgter SchR-Witwe freigekauft wurde, die ihn dann heiratete (GA Zwolle, AAZOJ-05624; nach einer frdl. Mitt. von Herrn Cornelis R. H. Snijder, Berg en Terblijt). Joh. Melchior Fahner ∞ II. Telgte/k 03.05.1706 Anna Christina Schürmann, Witwe des SchRs Georg Henrich Froböse, ∞ III. ebd. 31.01.1721 Maria Elisabeth Lohdi, T. von Henrich Lohdi, HM in Melle u. substit. SchR des Hochstifts Osnabrück, u. der Anna Catharina Froböse (s. unter A.5.4.). Vgl. auch *Wilbertz* 1979 (wie Anm. 5), S. 225.

213 Sofern nicht anders angegeben, alle Daten Herford (Jacobi).

214 Vgl. *Wilbertz* 1976 (wie Anm. 140).

215 KA Herford, Stadt Herford A I 121 Bl. 81-82: Prot. 28. Juli 1741. Am gleichen Tag erhielt er eine Bestallung und leistete den Diensteid (Bl. 83-84).

216 *De Vries* (wie Anm. 180); *Kleijne* 1976 u. 1983 (wie Anm. 65).

217 *Kleijne* 1983 (wie Anm. 65).

218 *Kleijne* 1983 (wie Anm. 65).

219 *De Vries* (wie Anm. 180), S. 42-44.
220 Frdl. Mitt. von Herrn Cornelis R. H. Snijder, Berg en Terblijt.
221 *De Vries* (wie Anm. 180), S. 43.
222 Frdl. Mitt. von Herrn Cornelis R. H. Snijder, Berg en Terblijt.
223 *De Vries* (wie Anm. 180), S. 43.
224 Isabelle Henriette *van Eeghen*: De beul te Amsterdam. In: Amstelodanum. Maandblad voor de kennis van Amsterdam, Jg. 41, S. 120-127. Amsterdam 1954, hier S. 124.
225 Taufdatum und Eltern nach *Glenzdorf/Treichel* (wie Anm. 142), Nr. 1357. Die Mutter war eine T. von Henrich Farnecke, SchR zu Stadthagen, u. der Catharina Görteler aus Göttingen (vgl. unter A.5.4.).
226 Hans Hinrich Pfeffer war ein Bruder von Christoph Augustus Pfeffer, ∞ I. Catharina Elisabeth Clasen (A.6.1.). Ilse Marie von der Havestadt war eine Schwester des Carsten von der Havestadt, ∞ Magdalena Farnecke verw. Clauss (A.6.), Mutter der eben gen. Cath. Elis. Clasen. In erster Ehe war sie verheiratet mit Stats Fahner, SchR zu Hameln (vgl. Anm. 107).
227 Abb. der Namenskartuschen und der Grabsteine bei *Wilbertz* 1981 (wie Anm. 147), S. 10, 12-13. Vgl. auch Achim *Gercke*: Die Scharfrichter zu Hemmendorf. In: Norddeutsche Familienkunde, 5. Jg., S. 25-26, 53-56. Neustadt/Aisch 1956.
228 Abb. auf dem Titel von: Der Märker, 42. Jg. H. 3, Altena 1993. Joh. Georg Goepel, seit 1707 SchR in Denkershausen, seit 1735 in Bremen, get. Hersfeld 11.04.1684, begr. Bremen (Kirchenrechnung Liebfrauen) 26.10.1761, ∞ Göttingen 25.01.1707 Catharina Elisabeth Görteler, * wohl 1685, begr. Bremen 11.12.1755, T. von Hans Henrich Görteler, SchR in Denkershausen, u. der Anna Margaretha N. (oo II. 1699 Joh. Wilhelm Goepel, vgl. unter A.7.2.) - also die Stieftochter seines Bruders! Von dem gleichnamigen Sohn des Göttinger SchRs aus erster Ehe, Joh. Wilhelm Goepel zu Hannover (* ca. 1704, begr. Hannover 10.08.1761), wird im Hamelner Museum ein prunkvolles Richtschwert a. d. J. 1747 aufbewahrt. Vgl. dazu Viktor *Meissner*: Aus dem Besitz des Hamelner Museums - Rechtsaltertümer. In: Museumsverein Hameln, Jahrb. 1992, S. 33-41, hier S. 37-41 (mit Abb.).
229 StdtA Lemgo, A 405 S. 1121-1122 u. A 359 S. 336.
230 StdtA Lemgo, NL Clausen Nr. 14. Laut Hauptbuch der Provision St. Loyen erscheint Anna Maria Clauss 1763 bis 1769 unter „denen alten Armen, welche auf dem Kloster sind, (und) nebst Bier und Brodt, auch Wochen- und Opfergeldt gegeben worden", und zwar pro Jahr 4 Taler 24 Groschen. 1763, ihrem Eintrittsjahr, waren es nur 24 Groschen, und in ihrem Todesjahr 1769 2 Taler 6 Groschen (StdtA Lemgo A 31). Zu St. Loyen vgl. Günter *Rhiemeier*: St. Loyen in Lemgo - Aus der Geschichte des Hauses Rampendahl 64. In: Heimatland Lippe, 83. Jg., S. 176-186, 215-218. Detmold 1990; *ders.*: 700 Jahre Armenfürsorge in Lemgo. Lemgo 1993 (Forum Lemgo, H. 8), S. 19-22, 35-77.
231 StdtA Lemgo, A 10186 u. A 406 S. 235, 243-244, 257, 270-271.
232 Auch alle folgenden Daten, falls nicht anders angegeben, Lemgo (Nicolai).
233 StdtA Lemgo, A 10186.
234 *Hoppe* (wie Anm. 132), Nr. 5820 u. 5843. Er wird genannt „Hans Peter Clauß, weil. Meister Davids eines Bürgers Sohn".
235 Vgl. *Wilbertz* 1976 (wie Anm. 140). Hans Peter Muth ∞ I. Lingen/r 03.10.1693 Anna Margaretha Bröcker, get. Lingen/k 27.08.1673, begr. Lübbecke 26.03.1699, T. von Bernhard Bröcker, SchR in Lingen, u. der Anna Margaretha Unverzagt (vgl. Anm. 136).
236 StdtA Lemgo, A 400 S. 283.
237 StA Detmold, D 71 Nr. 80, Küsters Diarium Lippiacum, S. 443: „Anno 1724 Decemb. d. 18ten ist bey Detmold auf der Jerxer Heyde ein junger Mensch von 22 Jahren, nahmens Hans Henrich, gebürtig von der Haustenbecke oder Neuendorff, welcher 9 Jahr gefänglich geseßen, wegen

vielen Stehlens aufgehencket; da der Scharffrichter Mstr. Hans Peter Claus das erste Mahl sein Ambt verrichtet".

238 StdtA Lemgo, A 2752. Beata Elisabeth Hovedissen, get. Lemgo (St. Marien) 01.01.1702, begr. ebd. 12.08.1759, ⚭ ebd. 26.04.1733 Thomas Dammüller, aus der Grafschaft Pappenheim, begr. Lemgo (St. Marien) 06.03.1754. Aus dieser Ehe stammten eine früh verstorbene Tochter und drei Söhne.

239 StdtA Lemgo, A 47 S. 1-2 u. A 10186.

240 StdtA Lemgo, A 47 S. 312-315, auch in A 10186. Am 31. Okt. 1738 leistete er seinen Bürgereid, worauf am 2. Nov. die Hochzeit stattfand (vgl. *Hoppe*, wie Anm. 132, Nr. 6097). Auch für seine zweite und dritte Frau zahlte er Einkömmlingsgeld (ebd., Nr. 6174 u. Nr. 6221).

241 StdtA Lemgo, A 48 S. 639-640. Die sehr umfangreiche Prozeßakte ebd., A 4583. Darin fehlt allerdings das Hinrichtungsprotokoll (Stück 134). Es wurde offenbar von Christian *Antze* in den 20er Jahren des vorigen Jhs. entnommen, als er sich für seine Arbeit über Hexenprozesse in Lippe (in: Lippisches Magazin 1835-1839) u.a. auch diese Akte auslieh. Neben anderen Stücken aus seinem Nachlaß befindet es sich heute im StA Detmold, L 86 Hexenprozesse Allg. Nr. 12. Zu Antze und seinen Forschungen vgl. Jürgen *Scheffler*/Gerd *Schwerhoff*/Gisela *Wilbertz*: Umrisse und Themen der Hexenforschung in der Region. In: G. Wilbertz/G. Schwerhoff/J. Scheffler (Hrsg.): Hexenverfolgung und Regionalgeschichte. Die Grafschaft Lippe im Vergleich. Bielefeld 1994 (Studien z. Regionalgesch., Bd. 4), S. 9-25, hier S. 10. Vgl. zum Fall Krop die Veröffentlichung des Lemgoer Stadtsekretärs und nachmaligen Bürgermeisters Joh. Albert Hermann *Heldmann*: Actenmäßige Nachricht von der wider Johan Christoph Krop angestellten Untersuchung und dessen Verurteilung ... Lemgo: in der Meyerschen Buchhandlung, 1774. Zwei Exemplare befinden sich in der Lipp. Landesbibliothek in Detmold. Das laut Lipp. Bibliographie noch 1953 im Städt. Museum Hexenbürgermeisterhaus in Lemgo aufbewahrte Exemplar ist inzwischen verschwunden.

242 Falls nicht anders angegeben, alle Daten Lemgo (St. Nicolai).

243 Das Geburtsdatum ist in der Eheprozeßakte angegeben (StdtA Lemgo, A 2752). Im KB von St. Marien steht nur das Taufdatum.

244 Ihre Identität geht aus den Zivilstandsregistern Minden hervor (Personenstandsarchiv Detmold, P 1 B Nr. 556). Im Sterberegister von St. Martini ist sie eingetragen als „Wittwe Gürtlern, gebürtig von Dettmold, 70 Jahre".

245 Anna Juliana Bröcker ⚭ I. Moritzberg/k 09.11.1722 Georg Henrich Diepenbrock, SchR in Moritzberg, † ebd. 27.06.1727, S. von Arend Henrich Diepenbrock, WR zu Horn i. Lippe, u. der Anna Margaretha Leefhelm.

246 Für seine Mindener Zeit vgl. u. a. StA Münster, Oberforstmeister (OFM) Hausberge XVI Nr. 2 u. 4; StdtA Minden, C 391. Für Hildesheim u. a.: StdtA Hildesheim, C XXXIX Nr. 2 u. 6; BistA Hildesheim, Abt. C 853.

247 StdtA Lemgo, NL Clausen Nr. 6.

248 StdtA Lemgo, A 10186 u. NL Clausen Nr. 19.

249 *Hoppe* (wie Anm. 132), Nr. 6942.

250 StdtA Lemgo, A 6904, A 407 S. 473, NL Clausen Nr. 13.

251 StdtA Lemgo, A 10186 u. 10187.

252 Anna Margaretha Wittig ⚭ I. Osterwieck 31.10.1720 Franz Joachim Meissner, SchR ebd., * ca. 1640/45, † Osterwieck 19.08.1724, S. von Jürgen Meissner, SchR in Gandersheim, u. der Margaretha Baar (vgl. unter A.2.4.5.). Die Daten aus Halberstadt nach *Glenzdorf/Treichel* (wie Anm. 142), Nr. 3699. Die Daten aus Osterwieck nach frdl. Mitt. von Herrn Gerhard Reiche, ebd. Die Abstammung des Franz Joachim Meissner nach StA Wolfenbüttel, 17 N 26 S. 428.

253 Vgl. dazu *Wilbertz* 1994 (wie Anm. 15).

254 Die Daten aus Boizenburg nach Auskunft des Dom-Archivs Ratzeburg, Meckl. KB-Abt. Anna (Cath.) Regina Hennings ⚭ II. Boizenburg 10.07.1766 Georg Christian Ibe, SchR ebd., * ca. 1727, † Boizenburg 20.03.1794; dieser ⚭ II. ebd. 23.06.1779 Anna Margaretha Dorothea Kücken, get. Minden 05.02.1754, † Boizenburg 18.10.1837, T. von Joh. Jacob Kücken, SchR in Minden, u. Dorothea Catharina Scheermesser; Anna Marg. Dor. Kücken ⚭ II. Boizenburg 31.10.1794 Joh. Christoph Kleine, SchR ebd., * Lemgo 17.01.1751, † Boizenburg 16.04.1827, S. von Jobst Henrich Kleine, SchR in Lemgo, u. der Margaretha Magdalena Meissner (vgl. unter A.8., A.7.1.3. u. Anm. 50).

255 Das Heiratsdatum Halberstadt nach einer Auskunft des dortigen Pfarramtes St. Johannis. Der Ehevertrag Kücken-Scheermesser, abgeschlossen Halberstadt 01.04.1750, im StdtA Hildesheim, C XXXIX Nr. 6. Danach erhielt die Braut neben einer Ausstattung mit Kleidung, Wäsche, Möbeln und Hausrat eine Mitgift von 800 Talern. Die Daten aus Artlenburg nach: Sippenbuch der Gemeinde Artlenburg 1640-1938. Zusgest. von August *Hoffmann*. Artlenburg o. J. (1961), ungedruckt (nach einer frdl. Mitt. von Herrn Dr. Fritz Treichel, Glückstadt). Die KBer von Artlenburg a. d. J. vor 1812 verbrannten im letzten Krieg. Auch Joh. Jacob Kücken war bereits einmal verheiratet. Daran schließt sich eine Kettenehe an, die bis ins Jahr 1671 zurückreicht und über die die Mindener SchRei vererbt wurde. Anna Elisabeth Kannenberg war eine T. von Hans Jacob Kannenberg u. Catharina Margaretha Adam (oo II. Valentin Kruse), vgl. Anm. 119 u. A.2.4.10.

256 StdtA Lemgo, A 7928.

257 StdtA Lemgo, A 10188.

258 StA Münster, OFM Hausberge XVI Nr. 2; StdtA Lemgo, A 10188; StA Detmold, I, 38 A 12. K 338. Vgl. auch die Zitate bei *Wilbertz* 1979 (wie Anm. 5), S. 147.

259 StdtA Lemgo, A 10187, 10188, 7928, 7927, 6904; StA Detmold, L 83 A 12. K 338, L 82 Nr. 113; StdtA Hildesheim, C XXXIX Nr. 1; BistA Hildesheim, Abt. C 853.

260 StdtA Lemgo, A 9977 u. NL Clausen Nr. 9 u. 13.

261 StdtA Lemgo, A 10187 u. NL Clausen Nr. 15, A 3384, A 10609; StA Detmold, L 83 A 12. L Nr. 104.

262 Die umfangreiche Prozeßakte im StA Detmold, L 86 Nr. 1207 u. Nr. 2046b. Die von Clausen aufgestellte Gebührenrechnung im StdtA Lemgo, NL Clausen Nr. 10. Dazu gehört auch die Anleitung zur Herstellung einer kreuzförmigen hölzernen Unterlage zum Rädern mit Anmerkungen von anderer Hand, vermutlich des Detmolder Rademachers Peter, der sie anfertigte (ebd.). Zu diesem Kriminalprozeß verfaßte der beteiligte Kriminalassessor Joh. Conrad August *Stertzenbach* eine Druckschrift: Actenmäßige Erzählung des gegen den Colonus Fischer aus Brake am 15ten April 1794 auf der von Brake nach Detmold führenden Landstraße verübten Mordes und Straßenraubes ... Detmold im Julius 1794. Ein Exemplar befindet sich in der Lipp. Landesbibliothek in Detmold. Ein Faksimilenachdruck, mit einem Nachwort hrsg. von Karl-Alexander *Hellfaier*, erschien Detmold 1979. Vgl. auch Friedrich *Richter*: Die letzte Hinrichtung in Detmold. Raubmord an einem Kassenboten auf der Jerxerheide gesühnt. In: Lipp. Bll. f. Heimatkd. Beil. der Lipp. Landes-Zeitung, Nr. 1 u. Nr. 2/1953.

263 Alle Daten, falls nicht anders angegeben, Lemgo (St. Nicolai).

264 Eine Magdalene Klaus ließ am 18.12.1795 zu St. Marien in Lemgo einen unehelichen Sohn Henrich Ernst taufen, dessen Vater ein Unteroffizier Fenrie vom franz. Regiment war. Die Vornamen der Mutter und des Kindes legen zwar eine Identität sehr nahe, doch ist sie deshalb zweifelhaft, weil Magdalena Christina Clausen sich seit August 1795 durchgehend bei ihrem Bruder Joh. Henrich Ernst in Herford nachweisen läßt und erst 1808 mit ihm nach Lemgo zurückkehrte (Kommunikantenregister St. Jacobi, Herford).

265 Anna Margaretha Catharina Kücken, get. Minden 23.01.1752, † ebd. 20.07.1780, ⚭ ebd. 26.12.1777 Daniel Gottlob Friedrich Koch, SchR in Minden, seit 1783 in Eutin, * Kyritz

22.10.1752, † Eutin 20.05.1834, S. von Daniel Koch, SchR in Kyritz u. Gardelegen, u. der Regina Maria Stickler; Daniel Gottl. Friedr. Koch ∞ II. Minden 09.11.1780 Anna (Catharina) Engel Lieber, Witwe von Ernst August Matthias, SchR in Osnabrück, get. ebd. (St. Joh./k) 23.05.1747, † Eutin 13.06.1809. Die Daten aus Kyritz und Eutin nach *Glenzdorf/Treichel* (wie Anm. 142), Nr. 5241. Zu Matthias-Lieber *Wilbertz* 1979 (wie Anm. 5), S. 196-200.

266 Über seine Herforder Zeit ausführlich *Wilbertz* 1994 (wie Anm. 15).

267 StdtA Lemgo, A 10187, A 49 S. 229, NL Clausen Nr. 7 (Bestallung f. d. Grafsch. Lippe vom 03.03.1808) u. Nr. 9 (Bestallung f. d. Stadt Lemgo vom 05.03.1808); *Hoppe* (wie Anm. 132), Nr. 7790.

268 Das Geburtsdatum ist bei seinem Tod in Lemgo angegeben. Im KB von St. Martini, Minden, steht nur das Taufdatum.

269 Anna Maria Theresia Medeler ∞ II. Brakel/k 27.05.1764 Christian Ritz, SchR-Knecht in Herford, Delmenhorst u. Bielefeld, * ..., † Silixen/r 12.04.1784.

270 Über die Familie Mohr genauer Gisela *Wilbertz*: Fremde in der Stadt. Herkunft und soziale Beziehungen der Halbmeister (Abdecker) von Quakenbrück. In: Quakenbrück. Von der Grenzfestung zum Gewerbezentrum. Hrsg. von Horst-Rüdiger Jarck. Zur 750-Jahr-Feier, S. 196-216. Quakenbrück 1985 (Osnabr. Gesch.qu. u. Forsch., Bd. 25); *dies*. 1986 (wie Anm. 147).

271 StdtA Lemgo, A 9977; StA Detmold, L 83 A 12. K 298 Bl. 88-94.

272 StA Detmold, L 77 A Fach 140 Nr. 2 I.

273 Am 20.02.1790 ließ in Höxter (kath.) Maria Christine Winnenborg eine uneheliche Tochter von ihm taufen, gezeugt „ex adulterio".

274 StdtA Lemgo, A 9977.

275 StA Detmold, L 83 A 12. K 298 Bl. 95: Zeugnis vom 10. Juli 1789; StdtA Lemgo, NL Clausen Nr. 12 : „Vocabel Buch über einige medicinische Medicamente", begonnen Hamburg d. 10. Okt. 1787, „ex Schrader".

276 StA Detmold, L 83 A 12. K 298 Bl. 95.

277 KA Herford, Stadt Herford A I 121 n. B 170.

278 StdtA Lemgo, A 10190 u. 10187, NL Clausen Nr. 14; StA Detmold, L 77 A Fach 140 Nr. 2 I.

279 StdtA Lemgo, A 10187 u. NL Clausen Nr. 9.

280 StdtA Lemgo, A 10190 u. NL Clausen Nr. 14 u. Nr. 15.

281 Diese und die folgenden Daten aus Jesteburg nach einer Auskunft des dortigen Pfarramtes.

282 Ehekonsens Lemgo, 22.10.1825 (StdtA Lemgo, A 2493).

283 StdtA Lemgo, NL Clausen Nr. 22.

284 Angegeben beim Tod seiner Witwe im KB Salzuflen. In den Bielefelder KBern ist sein Tod nicht zu finden.

285 Franz Joseph Künemund ∞ II. Bielefeld/k 20.11.1815 Anna Maria Drewes, * ca. 1776, † Bielefeld/k 24.01.1855.

286 Am 22.10.1825 wurde der Schlosser Heinrich Wilhelm Möller zu seinem Vormund bestellt (StdtA Lemgo, A 523 S. 736).

287 StdtA Lemgo, NL Clausen Nr. 22.

288 StdtA Bad Salzuflen, A 3 S. 745 u. A 187 (nach frdl. Mitt. von Herrn Franz Meyer).

289 An dem Tag war sie noch Patin in Salzuflen.

290 Joh. (Caspar) Friedrich Vogt ∞ I. Valdorf 1793, o. D. (20.10./10.11.), Anna Maria Theresia Meisner (* Lübbecke 28.08.1768, † Bonneberg 22.03.1808).

291 StdtA Lemgo, NL Clausen Nr. 15.

292 Dies läßt sich nach dem „Lederbuch" errechnen (StdtA Lemgo, NL Clausen Nr. 22).

293 StdtA Lemgo, A 2494.

294 StA Detmold, L 77 A Fach 140 Nr. 1 u. Nr. 4 II; StdtA Lemgo, NL Clausen Nr. 15.

295 Fürstl. Lipp. Reg.- u. Anzeige-Blatt Nr. 7, Detmold, 15. Febr. 1845, S. 60: Bekanntmachung des Magistrats Salzuflen vom 10. Febr. 1845.

296 Falls nicht anders angegeben, auch die folgenden Daten Herford (St. Jacobi).

297 StdtA Lemgo, A 10190.

298 Falls nicht anders angegeben, auch die folgenden Daten Lemgo (St. Nicolai).

299 StdtA Lemgo, A 6207 u. 6212.

300 StdtA Lemgo, A 10190 u. NL Clausen Nr. 14.

301 Fritz *Verdenhalven* (Bearb.): Die Auswanderer aus dem Fürstentum Lippe (bis 1877). Nach gedruckten u. ungedruckten Quellen gesammelt u. bearb. Detmold 1980 (Sonderveröff. d. Naturwiss. u. Hist. Ver. f. d. Land Lippe, Bd. 30), S. 58 V 398, S. 60 V 414 u. S. 251 XI 431.

302 Alle Daten Heiden/r.

303 StdtA Lemgo, A 3267.

304 1842 bei der Erbteilung war er „ohne Profession". 1847 bei seiner Auswanderung ist als sein Stand „Handarbeiter" angegeben (StdtA Lemgo, A 10190 u. A 6228).

305 StdtA Lemgo, A 6228; Fürstl. Lipp. Reg.- u. Anzeige-Blatt Nr. 40, Detmold, 2. Oct. 1847, S. 556: Bekanntmachung des Magistrats Lemgo vom 20. Sept. 1847; *Verdenhalven* (wie Anm. 301), S. 234 XI 206.

306 StdtA Lemgo, NL Clausen Nr. 24: Notariatsinstrument von Friedrich Kretschmar, Friedensrichter u. öffentl. Notar in St. Louis, 7. Sept. 1850.

307 StdtA Lemgo, Y 9001 Jg. 1842/43, S. 32 Nr. 4, u. A 10190.

308 StdtA Lemgo, A 523 S. 839.

309 Auskunft der Universitätsarchive der Humboldt-Universität, Berlin, bzw. der Martin-Luther-Universität, Halle-Wittenberg; StdtA Lemgo, NL Clausen Nr. 14.

310 StdtA Lemgo, NL Clausen Nr. 23.

311 KA Herford, Stadt Herford B 170 Bl. 21-23.

312 StdtA Lemgo, NL Clausen Nr. 14; StA Detmold, L 77 A Fach 140 Nr. 2 I.

313 KA Herford, Stadt Herford B 170 Bl. 8-12.

314 Ebd., Bl. 34-35. Zu diesen Hinrichtungen - 4. Mai 1809 Joh. Heinrich Tappe, 13. Sept. 1810 Joh. Caspar Niemann - vgl. KA Herford, Stadt Herford A I 122. Eine ausführliche Beschreibung der Hinrichtung Tappe bei Julius *Normann*: Herforder Chroniken. Sagen u. Geschichtsbilder aus der Vergangenheit von Stift u. Stadt. Herford 1910, S. 500.

315 Richard *Kohl*: Gymnasialschüler in Herford 1738-1779. In: Herforder Heimatblatt, 5. Jg. Nr. 2/Febr. 1926, S. 7.

316 Genauere Daten bei *Wilbertz* 1994 (wie Anm. 15), S. 60.

317 Das Sterbedatum nach den Kirchenbuchduplikaten im Landesarchiv Magdeburg, Landeshauptarchiv, Best. C 131, Kirchengemeinde Sülldorf, Gestorbene 1860 (nach Auskunft von Frau Angela Erbacher, der ich für ihre Hilfe danken möchte). Bei welcher Zoll- und Steuerbehörde F.H.C. Clausen tätig war, ließ sich bisher nicht klären. Ein Aufenthalt in Magdeburg selbst ist nicht nachzuweisen (frdl. Mitt. von Frau Dr. Ilse Schossig, AG Genealogie, Magdeburg).

318 Das Sterbedatum nach Auskunft des Ev. Pfarramtes Schermcke. Ihre Herkunft ist auch angegeben bei der Taufe des Sohnes Carl Joseph in Driburg. 1846 war in Minden noch die Witwe Wilhelmine Dollmann, 85 J., mit ihrer gleichnamigen Tochter, 54 J., und ihrem Sohn Heinrich, 52 J., wohnhaft (Auskunft KA Minden).

319 KA Herford, Stadt Herford B 170, vor allem Bl. 36-47 u. 69-75.

320 Genauer bei *Wilbertz* 1993 (wie Anm. 59), S. 171.

321 KA Herford, Stadt Herford B 170 Bl. 77-78.

322 Falls nicht anders angegeben, alle Daten Herford.

323 Henriette Louise Hönsch ∞ I. Herford 09.10.1859 Ferdinand Carl Tiede, Schuhmacher in Herford, * Stolp/Pommern 02.01.1828, † Herford 01.12.1861, S. von Handarbeiter Johann Tiede u. Dorothea Gast.

324 Louise Auguste Rüter ∞ I. Herford 24.10.1869 Heinrich Friedrich Wilhelm Helweg, Zigarrenarbeiter in Herford, * ebd. 13.07.1844, † ebd. 19.09.1873, S. von Handarbeiter Friedrich Wilhelm Helweg u. Marie Louise Horst.

325 In der Todesanzeige des Vaters 1917 ist sie nicht unter den hinterbliebenen Kindern genannt (vgl. Anm. 326).

326 Todesanzeige Carl Clausen im Herforder Kreisblatt vom 17. Jan. 1917 (Auskunft KA Herford).

327 Wie Anm. 326.

328 Wie Anm. 326.

329 Am 6. Mai 1842 Bestallung für die Stadt Lemgo, am 7. Juni 1842 Bestallung für das Fürstentum Lippe, 1852 erneuert (StdtA Lemgo, NL Clausen Nr. 9, A 49 S. 907, A 10190 u. Urk. Nr. 1916).

330 *Hoppe* (wie Anm. 132), Nr. 8837.

331 Joh. Valentin Klintzing ∞ I. Lemgo (St. Marien) 29.08.1784 Anna Maria Borchardt, get. ebd. 17.06.1754, † ebd. 04.02.1796.

332 StdtA Lemgo, A 5576, 7567 u. A 411: Audienzprot. 1813-18.

333 Zeugnis Kirchner vom 16. Mai 1816; Prüfung durch den Stadt- und Amtsphysicus Medizinalrat Dr. Joh. Friedrich Scherf vom 6. Mai 1816 (KA Herford, Stadt Herford B 170 Bl. 43-44).

334 StdtA Lemgo, A 10190.

335 StdtA Lemgo, NL Clausen Nr. 9. Franz Kratz, * Scharrendorf (get. Twistringen/k) 09.07.1812, † Lemgo/k 04.11.1897, S. von Joh. Christoph Kratz u. Johanna Dorothea Theresia Schwarz, ∞ Gandersheim 25.09.1842 Anna Dorothee Schlehuber, * Seehausen b. Magdeburg 03.09.1816, † Lemgo/k 19.02.1893, T. von Joh. Andreas Schlehuber, zuletzt Abdecker in Gandersheim, u. der Dorothee Friederike Kühne.

336 Wolfgang *Petri*: Diedrich Moritz Petri. Ein lippisches Beamtenleben in der 1. Hälfte des 19. Jahrhunderts im Spiegel von alten Familienpapieren. In: Lipp. Mitt., 48. Bd., S. 189-225. Detmold 1979, hier S. 223.

337 StdtA Lemgo, A 349 S. 340-345 u. NL Clausen Nr. 13.

338 StdtA Lemgo, A 349 S. 344-345.

339 StdtA Lemgo, A 2137.

340 StdtA Lemgo, NL Clausen Nr. 27.

341 StdtA Lemgo, A 6207.

342 StdtA Lemgo, A 3055.

343 Fürstl. Lipp. Intelligenzblatt Nr. 41/12. Oct. 1833, S. 359. Am 11. Dez. 1845 empfahl er im Fürstl. Lipp. Reg.- u. Anzeige-Blatt Nr. 50, S. 541, zum Weihnachtsfest seine „Auswahl moderner Gold- u. Silberwaren".

344 1862 bat er in Lemgo um Erneuerung seines Wanderbuches und Übersendung an das Polizeiamt zu Itzehoe (StdtA Lemgo, A 6212).

345 Das Heiratsdatum Itzehoe nach frdl. Mitt. von Herrn Dr. Fritz Treichel, Glückstadt.

346 Das Geburtsdatum nach Auskunft des Pfarramtes Heiden.

347 Alle geb. Detmold.

348 Adreßbücher Detmold.

„Waßgestalt meine Eltern und Vorelteren alhie in dieser loblichen Stadt Minden ihre Wohnung gehabt ...“[1]

Die jüdische Familie Gans aus Lippstadt und Minden und ihr verwandtschaftlicher Umkreis vom 16. bis zum ausgehenden 18. Jahrhundert. Ein Beitrag zur Geschichte der jüdischen Oberschicht Nordwestdeutschlands in der frühen Neuzeit.

von Bernd-Wilhelm Linnemeier

Die Beschäftigung mit den Führungseliten der frühen Neuzeit ist weder neu, noch ein innerhalb der Forschung unterrepräsentiertes Spezialgebiet; ganz im Gegenteil: Die Zahl der Publikationen zur frühneuzeitlichen Elitenforschung, wie sie gerade im Laufe der letzten Jahre und Jahrzehnte vorgelegt wurden, läßt sich kaum noch überblicken. Zumeist sind es jedoch die adeligen bzw. bürgerlichen Führungsgruppen, auf welche sich das wissenschaftliche Interesse konzentriert hat[2]. Ganz anders verhält es sich mit den führenden Exponenten der wichtigsten ethnisch-religiösen Minderheit im frühneuzeitlichen Nordwestdeutschland, nämlich den Familien der jüdischen Oberschicht: Man hat sich ihrer während der vergangenen fünf Jahrzehnte weder als wirtschafts- und sozialgeschichtliches Phänomen noch als genealogisch interessante Gruppe angenommen, obwohl ältere familiengeschichtliche Ansätze durchaus vorlagen und erneut hätten aufgegriffen werden können.

Auch in Hinblick auf die Familie Gans lassen sich ältere Forschungsansätze beobachten[3], auf welche hier und da auch noch in der jüngeren Literatur zurückgegriffen wurde; ansonsten ist die Geschichte dieser bedeutenden Familie, deren Mitglieder im 16. und 17. Jahrhundert durchaus zur jüdischen Elite Nordwestdeutschlands und seiner Nachbargebiete zu zählen sind, kaum einer systematischen Bearbeitung unterzogen worden[4].

Selbstverständlich kann auch eine knappe Skizze, wie sie im Rahmen der folgenden Darlegungen zu entwerfen sein wird, nicht den Anspruch der Vollständigkeit bzw. Endgültigkeit erheben; ist doch die Quellenlage zum Spezialgebiet der jüdischen Familienforschung gekennzeichnet durch eine überaus starke Streuung des archivalischen Primärmaterials einerseits, andererseits aber auch durch eine vielfach nur mangelhafte Erschließung desselben, so daß die Quote der archivalischen Zufallsfunde auf diesem Gebiet als überdurchschnittlich bezeichnet werden muß.

Es ist also immer wieder mit einem gewissen Erkenntniszuwachs zu rechnen, welcher einem jeden Bearbeitungsvorhaben dieser Art, aber auch fast jeder Zusammenfassung von Forschungsergebnissen den Charakter des Unfertigen gibt. Daher sind die folgenden Ausführungen auch als umrißhafte Darstellung vorläufiger Forschungsergebnisse zu bewerten.

Josua Seligmann Gans, Sohn des Salomon[5], der erste nach Minden zugewanderte Angehörige dieser Familie, kam aus Lippstadt und wurde ebenso wie sein Bruder David mit einiger Sicherheit dort geboren. David Gans, wohl jünger als sein Mindener Bruder, ging nach mehrjährigen Studien bei den Rabbinern Ruben Fulda in Bonn, Eleasar Treves

in Frankfurt und Moses Isserles in Krakau nach Prag, wo er als ehemaliger Schüler des Hohen Rabbi Löw (Maharal von Prag), Freund der Astronomen Tycho de Brahe und Johannes Kepler sowie Autor des ›Zemach David‹, der ersten jüdischen Weltchronik, als Gelehrter in der Umgebung Rudolfs II. 1613/14 starb[6]. Seine Verbindungen zum kaiserlichen Hof werden es gewesen sein, die seinem Bruder Seligmann und dessen Angehörigen im Jahre 1591 die Möglichkeit schufen, für die Stadt Minden das kaiserliche Privileg *„de non arrestando"* zu erwirken[7]. Ob und wie sich jener Joachim Gans aus Prag, welcher im England der 1580er Jahre als Metallurg und Minenexperte bekannt wurde, in das verwandtschaftliche Umfeld der Gebrüder Seligmann und David einordnen läßt, muß angesichts einer gar zu schmalen Quellenbasis dahingestellt bleiben[8].
Wenngleich der eigentliche Ursprung der Mindener bzw. Prager Familien Gans auch im Dunkeln bleibt, indem wir hinsichtlich ihrer Herkunftsbestimmung nicht über Lippstadt hinausreichen, so sollte man doch die bei Alexander Dietz gegebenen Hinweise auf entsprechende Namensvorkommen im spätmittelalterlichen Frankfurt nicht außer acht lassen – vor allem deswegen nicht, weil dort im Zusammenhang mit frühen Trägern des Namens Gans der hilfreiche Beiname *„von Lechnich"* (nach dem Ort Lechenich südwestlich von Köln) in Erscheinung tritt, der – unter Voraussetzung eines tatsächlichen genealogischen Zusammenhanges – auf eine rheinische Herkunft der ältesten Familienzweige der Gans schließen ließe[9]. Wichtiger scheint jedoch der Umstand, daß Josel Gans, der ›Judenbischof‹, d.h. Vorsteher der bedeutenden jüdischen Gemeinde von Worms in dieser Funktion dort zwischen 1490 und 1505 nachgewiesen ist[10] und daß ›Josel‹ nichts anderes bedeutet als eine Diminutivform des Namens Josua, der uns durch David Gans als doppelter Vorname seines Mindener Bruders überliefert ist, wird man doch den Namen Seligmann als sog. ›Kinnui‹, d.h. eine Entsprechungsform des Namens Josua sehen müssen. Da Vornamen innerhalb der alten jüdischen Familien einem Individuum nicht willkürlich, sondern häufig zu Ehren von Vorfahren oder verstorbenen Verwandten beigelegt wurden, dürfte eine familiäre Verbindung der Lippstädter bzw. Mindener/Prager Gans' nach Worms nicht auszuschließen sein.
Im Jahre 1561 erstmals für Lippstadt bezeugt[11], mußte Seligmann die Stadt mitsamt seiner Familie spätestens gegen Ende der 1570er Jahre verlassen und zog nach Minden, wo ihm nach dem Wortlaut des Geleitbriefes zunächst *„zusambt zweyen seiner kinder, sohnen oder tochtermannen"* sowie deren Ehepartnern und Kindern im Jahre 1579 Geleit erteilt wurde[12]. Dies bedeutet, daß jene namentlich nicht genannten Kinder Seligmanns damals bereits über eigene Familien verfügten. Der Umstand, daß Seligmann für die Geleiterteilung durch den Mindener Rat die beträchtliche Summe von 1.000 Thl. als einmalige Zahlung entrichten sowie für sich und seine Angehörigen ein jährliches Schutzgeld in Höhe von 100 Thl. zusichern konnte, läßt einen gewissen Wohlstand vermuten; einen Wohlstand und eine wirtschaftliche Leistungsfähigkeit, die auch für die zweite Mindener Generation dieser Familie stabil geblieben zu sein scheinen – zählen doch die Gans' und ihr familiärer Umkreis noch in den ersten Jahrzehnten des 17. Jahrhunderts zu den bedeutenden Kreditgebern der Weserstadt, aber auch zu deren wichtigsten Lieferanten, wenn es um die Beschaffung kostbarer Produkte des Kunsthandwerks ging[13]. Darüber hinaus betätigten sich Angehörige der Familie als Kreditgeber des ostwestfälischen Adels, dessen Bedarf an barem Geld gerade während des ausgehenden 16. Jahrhunderts erheblich gewesen sein dürfte, brachte doch die den gesamten nordwestdeutschen Raum erfassende

kulturelle Blüte jener Zeit nicht nur ein gesteigertes Repräsentationsbedürfnis der führenden gesellschaftlichen Gruppen, sondern vielfach ein gänzlich neues Lebensgefühl mit sich, welches seinerseits neue Verhaltensmuster vor allem des konsumtiven Bereichs forderte, deren Umsetzung sich nur durch einen erhöhten Kapitaleinsatz bewerkstelligen ließ[14]. Auch der Edelmetallhandel zugunsten des landesherrlichen Münzwesens dürfte sich nicht ohne die Beteiligung von Angehörigen der Familie Gans vollzogen haben, obgleich die Belege hierfür vergleichsweise rar sind und eine gewisse Zurückhaltung in Hinblick auf diesen riskanten Geschäftszweig vermuten lassen[15].

Insgesamt haben sich drei Söhne des vor 1609 verstorbenen[16] Familienoberhauptes in Minden niedergelassen, nämlich Isaak, Sostmann und Salomon d.Ä. Gans, deren wahrscheinlich Ältester, Isaak, zwischen 1618 und 1621 starb, worauf seine Witwe Hintgen im Jahre 1621 in das städtische Geleit aufgenommen wurde[17]. Auch Sostmann, der zweite der Gebrüder, lebte, nachdem er im Jahre 1625 letztmalig in Erscheinung trat[18], vier Jahre später bereits nicht mehr[19]. Seine Witwe namens Blümchen[20] heiratete nicht zuletzt wohl angesichts der Tatsache, daß jüngere Kinder zu versorgen waren[21], in zweiter Ehe den Fibes Salomon (*„Rabbi Feibus von Minden“*[22] bzw. *„Rabbi Feibusch bar Schneor“*[23]), dessen Herkunft bislang nicht ermittelt werden konnte und der bereits im Jahre 1625/26 in Minden in Erscheinung tritt, um bis in die 1660er Jahre hinein[24] eine rege Tätigkeit zu entfalten, welche für die Familie, der er nunmehr verbunden war, allerdings nicht zum Segen werden sollte; einem Umstand, auf den wir später noch einzugehen haben werden. Zunächst haben wir uns noch mit Salomon Gans d.Ä., dem dritten Sohn des Seligmann, zu befassen, der spätestens seit dem letzten Jahrzehnt des 16. Jahrhunderts als selbstständiger Geschäftsmann agiert[25] und noch im Jahre 1626 zusammen mit seiner Frau Richell als Kreditgeber für die Stadt Minden belegt ist[26]. Salomon d.Ä. rechnet, was seine spätere geschichtliche Präsenz in Minden angeht, zu den eher problematischen Gestalten, denn spätestens mit dem Jahre 1631 verlieren sich seine Spuren[27]. Im Jahre 1639 zählte er jedenfalls nicht mehr zu den Lebenden[28].

Isaak, Sostmann und Salomon d.Ä. Gans sollten im übrigen vom Jahre 1612 an zu Zentralfiguren des langandauernden Verfassungskonfliktes zwischen der Stadt Minden und ihrem bischöflichen Landesherrn werden, in dessen Mittelpunkt das strittige Recht auf Geleiterteilung stand und der sich, ohne daß es je zu einem endgültigen Spruch des hierbei eingeschalteten höchsten Reichsgerichtes gekommen wäre, bis zum Jahre 1619 hinzog: Christian von Braunschweig-Lüneburg, seit 1599 evangelischer Administrator des Stifts Minden, hatte im Herbst des Jahres 1612 versucht, die Gebrüder Gans in seine Münzwirtschaft einzubeziehen, indem er sie aufforderte, bei der Einwechslung kleinerer Münzsorten in hochwertige Talerwährung behilflich zu sein, da *„alle in [des Landesherrn] stifft und bottmessigkeit gesessene Juden den herren stiftischen beambten järlich umb die heyl. ostern und michaelis eine gewiße summen hartter reichsthaler vor gute reichtsmüntz undt ein ziemlich uffgeldt einzuwechseln und zu verschaffen der gelegenheit und schuldigen billigkeit nach auff sich genommen …“*[29]; eine Schuldigkeit, von der im 1599 erlassenen Geleitbrief des Landesherrn für die städtische Judenschaft aber noch keineswegs die Rede war und der man auf seiten der Betroffenen auch wohl wenig Begeisterung entgegengebracht haben wird, waren doch solche erzwungenen Wechselgeschäfte zumal in jenen Tagen häufig genug ein risikoreiches Unterfangen, bei welchem das so generös zugebilligte *„uffgeldt“*, d.h. der übliche Gewinn, sich in empfindlichen Verlust umkehren konnte,

weil man die *„gute reichsmüntz"* - geringhaltige Groschen und anderes Kleingeld - kaum noch zu einem reellen Kurs gegen die allseits gesuchten und gehorteten Reichstaler einzuwechseln vermochte.
Die Weigerung der Stadt-Mindener Judenschaft, d.h. in erster Linie der Gebrüder Gans, bei diesem unsicheren Geschäft mitzutun, blieb nicht ohne Folgen[30]: Ohne lange zu zögern, ließ der zornige Landesherr in eindrucksvoller Drohgebärde durch öffentlichen Aushang den Mindener Juden seinen Schutz aufkündigen und sie des Landes verweisen, nahm aber dieser Bestimmung gleichzeitig ihre Schärfe, indem er dieselben zunächst noch einmal vor seine Regierungskanzlei lud und - wohl nicht zuletzt im eigenen pekuniären Interesse - wenige Tage später eine Geldstrafe von 3.000 Thl. gegen sie verhängte, da sie unter dem Druck der städtischen Obrigkeit den landesherrlichen Verfügungen keine Folge leisteten[31]. Die Stadt schritt, da sie sich durch die landesherrlichen Aktivitäten in ihrem althergebrachten Recht auf Geleiterteilung gegenüber Mitgliedern der städtischen Judenschaft verletzt sah, nun ihrerseits zum Mittel der gerichtlichen Auseinandersetzung und trug die Sache vor das Reichskammergericht zu Speyer. Gleichwohl hielt man auf seiten des Administrators nicht inne, auch weiterhin Druck auf die städtische Judenschaft auszuüben, etwa dergestalt, daß man im September 1613 mit Hilfe einer wohl bestochenen christlichen Amme ein kleines Kind des Sostmann Gans nach Petershagen, dem Sitz der fürstbischöflichen Regierung, entführen ließ, um den Vater und dessen Brüder zu Verhandlungen dorthin zu zwingen, was den Gebrüdern Gans durch den Mindener Rat jedoch bei Androhung von 6.000 Thl. Strafe untersagt wurde[32].
Ob die Geste der Unterwerfung, welche die Gebrüder Gans noch im Jahre 1618 vollführten, indem sie dem welfischen Landesherrn 45 Rosenobel (=300 Speziesthaler) sowie einen vergoldeten Pokal von 173 Lot Gewicht als Geschenk anboten[33], von raschem Erfolg gekrönt war - vor allem aber, ob die städtische Obrigkeit je von diesem Vorstoß erfahren hat, ist unsicher. Ein landesherrlicher Schutzbrief ist für die Gebrüder Gans nach dieser Zeit jedenfalls nicht überliefert, so daß es fortan allein die städtischen Geleitbriefe waren, welche den Aufenthalt der Gans' in Minden wenigstens de jure sicherten.
Wenden wir uns nun dem zu vermutenden bzw. gesicherten verwandtschaftlichen Umfeld der zweiten Mindener Generation der Familie Gans, repräsentiert durch Isaak, Sostmann und Salomon d.Ä. zu: Möglicherweise unterhielten die Gebrüder enge Beziehungen zu den Hannoverschen Heilbot, und dort vor allem zu Fibes Heilbot, der während der 90er Jahre des 16. Jahrhunderts in schwere wirtschaftliche Bedrängnis geraten war und dem die Gebrüder Gans ihre Hilfe anboten, wobei verwandtschaftliche Verbindungen nicht auszuschließen, aber auch nicht direkt zu beweisen sind[34]. In welcher Beziehung jener Jacob Gans aus - dem vielleicht hessischen - Frankenberg, der im Jahre 1615 den Hauptteil des Mindener Memorbuches schrieb[35], zu seinen dortigen Namensvettern stand, läßt sich nicht klären; sicher war er ein enger Verwandter, vielleicht sogar ein Sohn des alten Seligmann. Eindeutig sind dagegen die familiären Beziehnungen der Gans' zu den Hildesheimer Schayes[36]: David Schaye, Nathans Sohn, nennt in einer Urkunde des Jahres 1628 sowohl den kurz zuvor verstorbenen Sostmann Gans als auch dessen Bruder Salomon d.Ä. seine Schwäger, was den Schluß zuläßt, daß er mit einer Schwester der Gebrüder Gans verheiratet war - eine Tatsache, die ihn aber offenbar nicht motivierte, seinem Neffen und Mündel Salomon Gans d.J. in einer Weise beizustehen, wie es die Pflicht eines Vormundes gewesen wäre.

Und noch ein weiterer Schwager der Gebrüder Gans, d.h. also wohl der Ehemann einer ihrer Schwestern, wird durch seine eher zufällige Erwähnung in einem ganz anderen Zusammenhang greifbar: Moyse von Hamm, dort 1604 auf 12 Jahre vergeleitet[37], tritt im Zuge des oben bereits kurz erwähnten Rechtsstreites zwischen der Stadt Minden und den dortigen Juden einerseits sowie dem Landesherrn Christian von Braunschweig-Lüneburg andererseits im Jahre 1612 als Überbringer unheilvoller Dekrete in Erscheinung, ohne daß erkennbar würde, was gerade ihn zur Übernahme dieses Auftrags bewogen haben mag[38]. Vielleicht hatten ihn geschäftliche Aktivitäten in die Nähe des Administrators Christian gebracht, welcher seinem Sohn Salomon *„junior“* im Jahre 1617 - vielleicht nachträglich - für das Gebiet von Fürstbistums und Stadt Minden Geleit erteilte[39]. Eine gewisse Bindung der Mindener Gans' an die Grafschaft Mark, wo diese Familie ja über einen längeren Zeitraum ansässig gewesen war, blieb also auch nach ihrer Übersiedlung nach Minden wenigstens bis in die zweite Generation bestehen. Dieser Salomon, welchen der Schutzbrief des Mindener Landesherrn *„den Jüngeren“* nennt, den man aber nicht mit dem gleichnamigen Sohn des Sostmann Gans verwechseln darf, könnte sich mitsamt seiner Familie bereits ab 1614[40] für einen längeren Zeitraum in Minden aufgehalten und dort zahlreiche geschäftliche Aktivitäten entfaltet haben, für welche der noch unter Vormundschaft stehende Salomon Gans d.J. eigentlich zu jung gewesen sein dürfte.

Eine lapidare Notiz im Ratsprotokoll des Jahres 1629, wonach ein nicht näher bezeichneter Salomon *„des schutzes e[ines] e[hrbaren] rhatts [...] erlaßen werden [sollte]“*, nachdem Fibes Salomon seinetwegen eine größere Zahlung an den Rat getätigt haben würde[41], bezieht sich allerdings auf keinen der beiden jüngeren Namensträger, sondern auf den älteren Salomon Gans, für welchen Fibes Salomon damals eine finanzielle Vorleistung gegenüber dem Mindener Rat erbrachte[42].

Vom jüngeren Salomon Gans, Sohn des Sostmann und Enkel des Seligmann, bis zu seinem vorübergehenden Weggang von Minden wohl dem Haushalt seines Stiefvaters und Vormundes Fibes Salomon angehörig und noch im Jahre 1629 als *„Knabe“* bezeichnet, wissen wir, daß er sich in seiner Jugend - korrekter würde wohl es heißen müssen: als junger Erwachsener - für längere Zeit zum Talmudstudium in Polen aufgehalten hat[43], nachdem er bereits zu Lebzeiten seines Vaters, also fast noch im Kindesalter, mit Jente, der Tochter des Jobst Goldschmidt (Joseph Hameln) in Stadthagen bzw. Hameln verlobt worden war[44].

Wie aus den ›Denkwürdigkeiten‹ seiner Schwägerin Glückel von Hameln, vor allem aber aus den archivalischen Quellen hervorgeht, hatte Salomon d.J. zwei Vormünder oder Pflegeväter, nämlich seinen Stiefvater Fibes Salomon in Minden und David Schaye, Nathans Sohn zu Hildesheim[45], die als Kuratoren während seiner Abwesenheit offenbar nicht allzu sorgsam mit dem ihnen anvertrauten Vermögen umgingen, so daß Salomon d.J. nach seiner Rückkehr, die noch vor 1639 erfolgt sein muß[46], keineswegs mehr über die Mittel verfügte, die ihn für Jobst Goldschmidt seinerzeit zu einem willkommenen zukünftigen Schwiegersohn hatten werden lassen, sondern in finanzieller Hinsicht vergleichsweise bescheiden dastand[47], infolgedessen er ohne schwiegerväterliche Hilfe hätte *„Todes verschmachten“* müssen[48]. Sein besonderer Zorn galt hierbei seinem Stiefvater Fibes, dem er in aller Deutlichkeit vorwarf, daß er *„wieder alle vatterliche trew und glauben meine haeredität (= Erbe; Erbteil) zu [sich] gerissen und dabeneben mich* *dermassen ruinirt und ins verderb gesetzet, daß leider nun miserien schmeltzen muß; ich auch von demjenigen, waß noch haben soll [...], den geringsten heller nicht ermechtiget sein [...] kan*"[49]. Erstaunlich scheint auf den ersten Blick der Umstand, daß der zweite Vormund - und Onkel[50] - Salomons d.J., David Schaye in Hildesheim, der seinem Mündel zudem noch Geld schuldig war[51], diesem Treiben nicht steuerte: Sein Stillschweigen wird aber nachvollziehbar, wenn man zur Kenntnis nimmt, daß sein Sohn Israel David Schaye spätestens im Jahre 1647 als Schwiegersohn des Fibes Salomon zu Minden in Erscheinung tritt[52], allerdings nicht mit einer leiblichen Tochter desselben verheiratet war, sondern wohl mit seiner Cousine Hanna, der Tochter des verstorbenen Sostmann Gans, wie man dies bereits 1629 vereinbart hatte[53].

Wir haben es also mit einer doppelten Verwandtschaftsbeziehung zwischen den Hildesheimer Schayes einerseits und den Mindener Gans andererseits zu tun, und zwar aufgrund einer - für christliche Verhältnisse eher ungewöhnlichen, nach jüdischen Religionsgesetzen aber durchaus erlaubten - Ehe unter nahen Verwandten[54].

Hinzu kommt für die Familie Gans, als deren einziges Mitglied Salomon d.J. zunächst in Minden übrig blieb[55], noch die jüngere familiäre Anbindung an die Familie Goldschmidt in Stadthagen bzw. Hameln. Genützt hat dies dem Salomon Gans allerdings wenig; im Frühjahr 1654 ist er - obwohl in Minden anscheinend nie von Ausweisung bedroht wie viele seiner Glaubensgenossen - mit seiner Frau und sieben kleinen Kindern nach Hannover verzogen[56] und dort schon nach kurzer Zeit verstorben[57]. Seine Witwe Jente heiratete in zweiter Ehe Leffmann Behrens (Liepmann Cohen), den später zu hohem Ansehen gelangten Hof- und Kammeragenten des Welfenhauses[58].

Anlaß für Salomon Gans den Jüngeren, seiner Vaterstadt Minden den Rücken zu kehren, war ganz offensichtlich die ausweglose wirtschaftliche Lage, in welche ihn nicht zuletzt seine Vormünder gebracht hatten: Während es ihm fast unmöglich, wurde, eigene Außenstände - etwa beim Rat der Stadt Minden - einzutreiben, drangen christliche Gläubiger umso härter auf ihn ein. So gelang es beispielsweise den Erben eines gewissen Otto Storck angesichts der Tatsache, daß Salomon Gans nicht im Stande war, einen Schuldposten ungenannter Höhe fristgerecht abzutragen, sich den Zugriff auf dessen *„Silbergeschir[r], Mobilien undt Haußgerath"* im Wege der Beschlagnahme zu sichern[59]: Ein Zugriff auf die persönliche Habe des Betroffenen, dazu angetan, dessen häusliche Sphäre zu verletzen, indem sie in den Bereich privaten Daseins eindrang. Folge dieser Bedrängnis war schließlich der oben bereits beschriebene Weggang des letzten Mindener Gans nach Hannover.

Im Gegensatz zu den Gans' gelang es ihrem Verwandten und Widersacher Fibes Salomon und seiner Familie, auf Dauer in Minden Fuß zu fassen, obwohl ihm die jahrelange Auseinandersetzung mit Jobst Goldschmidt, dem Schwiegervater des früh verstorbenen Salomon Gans d.J., wirtschaftlich hart zugesetzt und nicht zuletzt auch seinem Ruf nachhaltig geschadet haben dürfte, zumal er im Zuge des Streites zeitweilig in Haft genommen wurde[60]. Selbst eine Auseinandersetzung mit dem allgewaltigen Berend Levi, dem gefürchteten und einflußreichen *„Vorgänger und Befehlshaber"* der Mindener Judenschaft, in deren Verlauf letzterer seine Widersacher vom Besuch der in seinem Hause befindlichen Synagoge ausschloß[61], wurde von Fibes, dem Wortführer der Gegenseite, offenbar heil überstanden. Auch gelang es ihm, den landesherrlichen Schutz seiner nächsten Angehörigen in der Stadt Minden langfristig sicherzustellen:

Nachdem sein Schwiegersohn, der spätere Vorsteher der Mindener Gemeinde, Rabbiner[62] Levi Joel (Moses Jeremiah Jehuda Löb/Jehuda Löb Minden[63]), mit einiger Sicherheit ein Sohn des hochangesehenen Rabbiners Joel b. Moshe Wetzlar[64], im Jahre 1649 zunächst um Aufnahme in das städtische Geleit nachgesucht hatte[65] und im folgenden Jahr schließlich auch in den Schutz des neuen brandenburgischen Landesherrn aufgenommen worden war[66], rückten auch dessen Söhne Meyer und Salomon Levi in vakant gewordene Schutzjudenstellen der Stadt nach oder aber erlangten entsprechende Exspektanzen: Meyer, dem älteren der Gebrüder, wurde durch kurfürstliches Reskript vom 4. Juli 1675 die Niederlassung in Minden bewilligt[67]; bereits im Jahre 1668 war dem damals etwa achtjährigen Salomon durch den alten Fibes die Zusicherung des Kurfürsten verschafft worden, daß er nach des Großvaters Ableben in die so erledigte Schutzjudenstelle nachrücken dürfe[68] – zwei Genehmigungen, die auch durch spätere Versuche, die Niederlassung von mehr als einem Kind je Familie zu unterbinden, nicht mehr rückgängig zu machen waren[69]. Beide Brüder lebten zusammen mit ihren großen Familien noch im Jahre 1700 in Minden und dürften nicht nur hinsichtlich ihrer beruflichen Ausrichtung als Betreiber von *„Wechselgeschäfte[n] und andere[r] Handlungen"* bzw. als Juwelenhändler zu den führenden Köpfen der Mindener Gemeinde gerechnet haben[70]: Auch durch ihre weitreichenden familiären Verbindungen nach Amsterdam bzw. Wesel knüpften sie gewissermaßen an die Tradition der Familie Gans an. Darüber hinaus nahm wenigstens einer der beiden Brüder, nämlich Salomon, auch innerhalb der religiösen Hierarchie – wie schon sein Vater – eine herausragende Stellung ein, heißt es doch über ihn im Memorbuch der Gemeinde: *„Der angesehene, alte und tugendhafte Mann, dessen Name und Ruf besser ist als die köstlichsten Oele und Gewürze, der geziert war mit Weisheit und Greisenalter, der gelehrte Vorsteher Salomon, Sohn des ebenso gelehrten Vorstehers R. Juda Löb Münden [recte: Minden; L.], derselbe war viele Jahre lang Vorsteher und Leiter der Gemeinde und des Bezirks, und starb am 23. Elul 5489 (1729)"*[71].

Dem Salomon Levi gelang es auch bereits im Jahre 1680, für sich und seine Nachkommen durch den Ankauf eines Hauses eine dauernde Heimstatt zu gewinnen; ein Vorteil, welcher noch zu Zeiten Friedrichs II. und seiner Nachfolger wirksam war: Angesichts einer rigiden staatlichen Politik mit dem Ziel, jüdischen Hauserwerb zu unterbinden bzw. rückgängig zu machen, konnten sich die Enkel des Salman Minden erfolgreich auf das Rechtsgut eines langen und ungestörten Besitzes berufen[72].

Den Söhnen der Gebrüder Meyer und Salomon Levi, allesamt Urenkel des Fibes Salomon und Blümchen, der Witwe des Sostmann Gans, war es während des 18. Jahrhunderts möglich, ihre herausragende Stellung innerhalb der städtischen Judengemeinde behaupten. So unterhielt beispielsweise Philipp Salomon (Uri Feibusch) noch zu Lebzeiten seines Vaters geschäftliche Kontakte zu hohen Verwaltungsbeamten des Landes – so etwa zum Bürgermeister der Stadt Lübbecke Dr. v. Gülich[73], den er mit hochwertigen Stoffen belieferte. Auch in seinen späten Jahren – er war inzwischen zum Vorsteher der Stadt-Mindener Gemeinde aufgerückt und somit in die Fußstapfen des Vaters und Großvaters getreten – widmete er sich u.a. dem Textilhandel. So wird seine gewerbliche Betätigung im Jahre 1757 folgendermaßen umrissen: *„Treibt Wechsel mit Geld und handelt mit allerhand Gold und Silber, auch Seiden-Waren, jedoch altershalber wenig"*[74].

Joseph Meyer, Sohn des Meyer Levi und Vetter des Philipp Salomon, fungierte nach dem Tode des Letzteren als Vorsteher der Mindener Gemeinde[75].

Unter den in Minden verbliebenen Söhnen des Philipp Salomon sei zunächst der wahrscheinlich Älteste, Levi Philipp, genannt: Auch er bekleidete im späten 18. Jahrhundert zeitweilig das Amt eines Parnass, d.h. Vorstehers seiner Gemeinde[76]; erst nach seinem wohl alters- und krankheitsbedingten Ausscheiden aus dem Amt ging die Vorsteherwürde vorübergehend in die Familie Coppel über, um in napoleonischer Zeit wieder einem Nachkommen des Feibusch Salomon, nämlich dem Bankier Isaak Levi (Levison) zuzuwachsen[77]. Bleiben wir jedoch noch in der Vorgängergeneration:
Gumpert Philipp, dem zweiten in der Reihe der in Minden verbliebenen Söhne des Philipp Salomon, wurde bereits im Jahre 1734 ein besonderes Schutzpatent für Minden erteilt[78]. Innerhalb der jüdischen Geschäftswelt Mindens nahm er für das mittlere 18. Jahrhundert den ersten Rang ein[79]. Es folgt der um 1723 geborene Joseph Philipp, welcher 1761 in die vakant gewordene Schutzjudenstelle des Gerson Meyer[80] (eines Sohnes des längst verstorbenen Meyer Levi, mithin also eines Verwandten) einrücken konnte[81]. Wolf Philipp, geboren um 1733 als möglicherweise Jüngster der Gebrüder und verheiratet mit Jette, Tochter des Isaak Levi, setzte, wie schon seine Brüder Levi, Gumpert und Joseph den Familienstamm in Minden fort[82]: Von seinen fünf überlebenden Kindern blieben wenigstens zwei Söhne in Minden und nahmen während der napoleonischen Zeit den bürgerlichen Familiennamen Wolf(f)ers an[83]. Sie wurden – wie ihre Vettern Lindenheim, Levison und Lasard – zu Begründern angesehener und wohlhabender Handelshäuser, die allerdings unter den antisemitischen Ausschreitungen im Minden der 1840er Jahre besonders zu leiden hatten. Gleichwohl ließen sich ihre nahen Verwandten, die inzwischen in akademische Berufe abgewanderten Dres. med. und phil. Wolfers in Lemförde bzw. Berlin, gleichfalls Nachfahren des Wolf Philipp, nicht davon abhalten, sich aktiv für die bürgerliche Emanzipation der Juden einzusetzen oder aber Stiftungen zugunsten von Schülern des Mindener Gymnasiums zu tätigen, deren Leistungen über den Durchschnitt herausragten.
Kehren wir abschließend zurück zu den Nachkommen des jüngeren Salomon Gans und der Jente Goldschmidt in Hannover, deren große Zahl zwar eine detaillierte Darstellung verbietet, die aber doch nach ihren wichtigsten Exponenten genannt werden sollen, um die geschichtliche Kontinuität dieser Familie aufzuzeigen:
Noch in Minden waren den Eheleuten Gans sieben Kinder geboren worden, von denen drei Söhne und drei Töchter überlebten[84]:
Als Ältester gilt Sußmann, so genannt wohl nach seinem Großvater väterlicherseits, der sich zunächst als Lederhändler in Hameln niederließ, später aber nach Hannover zurückkehrte, wo er im Jahre 1724 starb[85]. Ein nicht unbedeutender Zweig dieser Linie ging nach Celle, wobei besonders der im Jahre 1798 verstorbene Hofagent Isaak Jacob Gans hervorzuheben ist, der durch zahlreiche fromme und gelehrte Stiftungen von sich reden machte, der aber auch durch sein zähes Festhalten an traditionellen Werten Aufsehen erregte. Einige unter seinen Nachkommen traten zwar zum Christentum über; die jüdische Tradition dieses Familienzweiges war damit aber keineswegs gebrochen, sondern wurde durch Nachfahren in weiblicher Linie bis ins 20. Jahrhundert hinein fortgeführt[86].
Nathan (Israel Joseph Nathan) Gans, der zweite Sohn des Salomon Gans und der Jente Goldschmidt, starb in Hannover bereits im Jahre 1689[87], während ihn seine Ehefrau Sprinze, Tochter des Moses Aron Goldzieher aus Hamburg fast um vier Jahrzehnte

überlebte. Eine Tochter des Ehepaares namens Blümchen verheiratete sich mit Salomon (Salman) Düsseldorf, den Sohn des Eljakim Gottschalk Levi Düsseldorf und der Gela Gans, gleichfalls einer Tochter Salomons und der Jente. Wir haben es hier also mit einer Ehe unter relativ nahen Verwandten zu tun, die zwar den Rechtsnormen der christlichen Bevölkerungsmehrheit nicht entsprochen haben dürfte, die aber auch und gerade innerhalb der alten und einflußreichen jüdischen Familien häufiger anzutreffen ist, da sie den entsprechenden religiösen Vorschriften des Judentums durchaus konform ging[88].
Diese Ehe war eine unter mehreren Verbindungen zwischen den Familien Gans und Düsseldorf, so daß man hier fast von einer Verschmelzung beider Familien zu einer Einheit sprechen kann. Salomon Düsseldorf, seit 1719 Hofjuwelier in Hannover[89], knüpfte hinsichtlich seiner Position innerhalb der hannoverschen Gemeinde an die Tradition seines Stiefgroßvaters Leffmann Behrens an, indem er das Amt des Vorstehers bekleidete und insofern zum Retter der durch Behrens erbauten Synagoge wurde, als er sie nach dem Zusammenbruch des Handelhauses Behrens vor dem Zugriff Dritter schützte, indem er dieselbe zusammen mit seinem Schwiegersohn selbst ankaufte und anschließend der Gemeinde schenkte, was ihm und dem jeweils Ältesten seiner Nachkommen am Ort das erbliche Amt des ersten Synagogenvorstehers einbrachte.
Der dritte Sohn des Salomon Gans aus Minden, Samuel, blieb in Hannover ansässig und starb dort im jahre 1732[90]. Seine erste Frau war Recha, die Tochter des Abraham von Essen, welche bereits 1689 starb. In zweiter Ehe war Samuel Gans verheiratet mit Hendel, Tochter des Moses Juspa, die ihn um wenige Jahre überlebte und im Jahre 1735 verstorben ist. Aus Samuels erster Ehe entstammte der Sohn Joseph, dessen Tochter Recha mit Simon Heine (Aron David Simon Bückeburg), dem Urgroßvater Heinrich Heines, verheiratet war[91]. Zu den Vorfahren des Dichters mütterlicherseits (von Geldern) zählen allerdings auch der oben bereits genannte Gottschalk Düsseldorf und dessen Frau Gela Gans, so daß sich Heinrich Heine gleich mehrfach auf seine Abkunft von den Gans' zu Hannover, Minden und Lippstadt hätte berufen können.
Als Salomon Gans der Jüngere kurz vor seinem Weggang von Minden nach Hannover meinte, sich beklagen zu müssen, weil, wie er sagte *„Ich gantz allein von meiner alten verwandtschafft ubrig"*[92], konnte er freilich nicht ahnen, daß sein Name am neuen Wohnsitz und an anderen Orten der welfischen Fürstentümer noch lange fortbestehen und er selbst zum Vorfahren eines der größten Dichter deutscher Sprache werden sollte.

I Die Familie Gans und ihre Nachfolger in Minden, Hannover, Hameln und Celle

Salomon Gans in Lippstadt/Westfalen
dort erwähnt 1561

1) Josua Seligmann Gans in Minden
geb. in Lippstadt
vergeleitet in Minden 1579
✡ in Minden vor 1609

2) David Gans in Prag
geb. 1541 in Lippstadt
✡ in Prag 1613/14

Kinder des Josua Seligmann Gans:

1) Tochter
geb. Lippstadt?
✡ wann? wo?
⚭ Moyse von Hamm
(Westf.)

2) Isaak Gans
geb. Lippstadt
✡ 1618/21 in Minden
⚭ Hintgen
als Witwe genannt
1621

3) Sostmann Gans
geb. Lippstadt
✡ 1625/29 in Minden
⚭ um 1612 Blümchen
Sie ⚭ II. 1625/29
Philipp/Fibes Salomon
(Rabb. Feibusch.
b. Schneor)
geb. wann? wo?
✡ vor 1682

4) Salomon Gans
d.Ä.
geb. Lippstadt
✡ 1629/39 in
Minden
⚭ Richell

5)? Jacob Gans
geb. Lippstadt?
✡ wann?
in Frankenberg?
Schreiber des Mindener Memorbuches zu
Hildesheim

6) Tochter
geb. Lippstadt?
✡ wann? wo?
⚭ David ben Nathan
Schaye

Kind der Tochter (1):

1) Salomon „junior“
geb. in Hamm?
vergeleitet in Minden
(Stadt und Land)
1617
✡ wann? wo?

Kinder des Sostmann Gans:

I. 1) Salomon Sostmann Gans d.J.
geb. in Minden
✡ 1654 in Hannover
⚭ Jente Goldschmit (Jente Hameln)
Tochter von Jost G.
geb. in Hameln
✡ in Hannover?
Sie ⚭ II. Leffmann Behrens (Liepmann
Cohen) in Hannover

Kinder und Nachkommen des Salomon
Sostmann Gans: S. Tafel II

I. 2) Hanna Gans
geb. in Minden
✡ wann?
⚭ Israel b. David Schaye
in Hildesheim

II. 1) Tochter
geb. in Minden
✡ wann?
⚭ Rabb. Levi Joel (Jehuda
Loeb b. Rabb. Joel Moshe)
geb. um 1622 in Wetzlar (?)
Geleit in Minden 1650
✡ in Minden 1704

Drei Söhne und deren
Nachkommen: S. Tafel III

II Auszüge aus der Stammtafel bei Gronemann (wie Anm. 3, Abt. 1, S. 160f.)

Salomon Sostmann Gans d.J.
⚭ Jente Goldschmidt (Hameln)
6 überlebende Kinder (3 Söhne, 3 Töchter)

- 1) Sußmann Gans (Hameln)
  Kaufmann in Hameln (Leder und Tabak)
  geb. wann? in Minden
  ✡ 16.10.1724 in Hannover
  ⚭ NN.
  - 1) Meyer Gans (Hameln)
    geb. wann? in Hameln?
    ✡ wann?
    ⚭ NN.
  - 2) Salomon Gans (Celle)
    geb. wann? in Hameln?
    ✡ wann? in Celle
    ⚭ NN.
    - 1) Isaak Jacob Gans
      Hofagent in Celle
      geb. wann?
- 3) Israel Joseph Nathan Gans
  geb. wann? in Minden
  ✡ 30.4.1689 in Hannover
  ⚭ Sprinze
  Tochter von Moses Aron Goldzieher in Hamburg
  - 2 Söhne und 4 Töchter
- 2) Samuel Gans
  geb. wann? in Minden
  ✡ 28.7.1732 in Hannover
  a.⚭ Recha Essen
  Tochter von Abraham Essen
  b.⚭ Hendel
  Tochter von Moses Juspa
  - 7 Kinder, davon 2 Söhne in Hannover:
    - I. 1) Joseph Gans
      geb. wann? in Hannover
      ✡ 15.4.1725 in Hannover
      ⚭ Edel
      geb. wann? wo?
      ✡ 28.8.1728 in Hannover
      - 3 Kinder, darunter
        3) Recha
        ⚭ Simon Heine
    - II. 1) Nathan Gans
      geb. wann? in Hannover
      ✡ 26.3.1741 in Hannover
- 4) Gela
  geb. wann? in Minden
  ✡ wann? in Düsseldorf
  ⚭ Salomon Eljakum Gottschalk Levi,
  Vorsteher der Gemeinde Düsseldorf
  - Tochter:
    - Bräunle
      geb. wann? in Düsseldorf?
      ✡ wann? wo?
      ⚭ Juspa van Geldern
      - Lazarus van Geldern
        - Dr. Gottschalk van Geldern
          (Großvater Heinr. Heines)

III Söhne des Levi Joel, Schwiegersohn des R. Feibusch Minden

1) Meyer Levi
geb. in Minden etwa 1654
✡ 1744
⚭ wann? NN.

3) Hertz Levi
geb. in Minden etwa 1675, ✡ vor 1739
⚭ wann?
seine Witwe genannt 1739

2) Salomon Levi (Salman Minden), Rabb. und Gemeindevorstand
geb. in Minden etwa 1660, ✡ 1729
I.⚭ vor 1680 Edel Goldschmidt, Tochter des Shimon Halevi G., ✡ 1682
II.⚭ Yachet, Tochter des Gumpel Wesel und der Bela, ✡ 1743

7 Kinder;
3 seiner Söhne in Minden

1) Gershon Meyer
Handelsmann
geb. wann?
✡ 1754/1757
(Nennung seiner Witwe)
⚭ Sara, ✡ 1770

2) Joseph Meyer
Handelsmann
und Geldwechsler
geb. wann?, ✡ nach 1757
⚭ (?) Rivka Hinche,
Tochter des Naftali Herz
Mainz, ✡ 1766

3) Isaschar
blind
geb. wann?
✡ 1766
nicht ⚭

6 Kinder; ältester Sohn verh. in Amsterdam,
älteste Tochter verh. in Wesel;
ein Sohn in Minden

1) Philipp Salomon (R. Uri Feibusch)
Geldwechsler und Händler (Gold, Silber und Seidenwaren;
Gemeindevorstand)
geb. wann?, ✡ 1764
I.⚭ Fradle, Tochter des Bendit Levi Hamburg, ✡ 1720
II.⚭ Breine, Tochter des Eljakum, ✡ 1740
III.⚭ Ridcha, Tochter des Rabb. Shimon, ✡ 1767

eine Tochter:

2) Blümchen
geb. wann?
✡ 1700
in Minden
⚭ Loeb Shmuel

Kinder:

1) Levi Philipp
(Juda Loeb)
geb. wann? in Minden,
✡ 1790
I.⚭ Mehle, Tochter des Jechiel
Kleve, ✡ 1754
II.⚭ Hinche, Tochter des Israel
Halberstadt, ✡ 1782

2) Gumpert Philipp
(Mordechai Gumpel)
geb. in Minden
dort vergeleitet 1734
✡ vor 1790 (1758?)

Nachkommen:
S. Tafel IV

3) Joseph Philipp
geb. ca. 1723 in Minden
dort vergeleitet 1761
1790 Witwer

Nachkommen:
S. Tafel V

4) Wolf Philipp
geb. 1733 in Minden,
✡ 24.9.1810
⚭ wann? Jette, Tochter des Isaac
Levi, geb. ca. 1735/40 in Minden?
✡ 8.2.1811

Nachkommen: S. Tafel VI

5) Moses Philipp
in Berlin
✡ vor 1802

6) Esther
⚭ Ruben Rintel(n)
in Berlin
Sie: ✡ vor 1802

1) Bendix Levi
geb. 1741 in Minden
✡ 1793 in Minden
⚭ Sara Samson
geb. 1753, ✡ 1831
5 Kinder; der älteste Sohn
Michel (geb. 1776) führt ab
1808 den Namen Lindenheim

2) Isaak Levi
geb. 1746 in Minden
✡ 1815 in Minden
⚭ Juttel Samson
geb. 1756, ✡ 1825
mindestens 5 Kinder;
seine Söhne führen nach 1808
den Namen Levison

3) Blümchen
geb. 1744 in Minden
✡ 1804 in Minden
⚭ Lazarus Israel Liebmann
(Eleasar b. Isroel Halberstadt)
geb. 1728 in Halberstadt, ✡ 1794 in Minden
mindestens 6 Kinder; seine Nachkommen
führen ab 1808 den Namen Lasard

4) Tochter
geb. wann? in Minden
✡ wann? in Kleve
⚭ NN. Fradels in Kleve

IV Nachkommen des Gumpert Philipp

Gumpert Philipp (Mordechai Gumpel b. [Uri] Feibusch)
⚭ NN., ✡ nach 1786

1) Esther
geb. 1747 in Minden
✡ 1823 in Minden
⚭ Levi Levi (Loeb Warendorf)
geb. 1754, ✡ ...

2) Jette
geb. ..... in Minden
✡ 1814 Minden

3) Joseph Gumpel
geb. ..... in Minden
✡ ..... in Bückeburg

4) Wolf Gumpel
geb. ..... in Minden
✡ vor 1778 in Minden

V Nachkommen des Joseph Philipp

Joseph Philipp
⚭ NN.

1) Salomon Joseph
geb. 1764

2) Blümchen
geb. 1765

4) Philipp Joseph
geb. 1767

VI Nachkommen des Wolf Philipp

Wolf Philipp (Wolf b. Uri Feibusch),
⚭ Jette, Tochter des Isaak Levi

1) Philip Wolf (Wolfers)
geb. 1764, ✡ 1848
⚭ I. Schönchen, Tochter des Shmuel Halevi, geb. um 1772 in Walsrode, ✡ 24.3.1817

5 Söhne und 3 Töchter, darunter:

1) Samuel
geb. 1799

2) Jacob
geb. 1803

3) Isaak
geb. 1807

4) Salomon
geb. 1810

2) Isaac Wolf
(Wolfers)
geb. 1770

3) Blümchen
geb. 1771

4) Sara
geb. 1772

5) Salomon Wolf (Wolfers)
geb. 1777, ✡ .....
⚭ wann? Tirza, Tochter des Shmuel Halevi, ✡ 1827

Anmerkungen

1 Zitat aus dem ›Abschiedsschreiben‹ des Salomon Gans d.J. (Sohn des Sostmann) an den Rat der Stadt Minden, 1654 April 9 (Kommunalarchiv Minden [im Folgenden abgek. ›KAM‹], Stadt Minden, B 58 [alt]).

2 Zu diesem Forschungsfeld sei hier – unter Einschränkung auf die bürgerlich-städtischen Führungsschichten Nordwestdeutschlands – auf einige wenige Titel verwiesen: Lampe, Joachim: Aristokratie, Hofadel und Staatspatriziat in Kurhannover (Untersuchungen zur Ständegeschichte Niedersachsens 2, 2 Bde., Göttingen 1963; v. Lenthe, Gebhard: Das Patriziat in Niedersachsen. In: Deutsches Patriziat 1430-1740, Büdinger Vorträge 1965, hrsg. von Hellmuth Rössler, Limburg/Lahn, 1968, S. 157-194; sowie Schilling, Heinz: Vergleichende Betrachtungen zur Geschichte der bürgerlichen Eliten in Norwestdeutschlands und in den Niederlanden. In: Bürgerliche Eliten in den Niederlanden und in Nordwestdeutschland (Städteforschung A 23), Köln/Wien 1985, S. 1-32.

3 So etwa Gronemann, Selig: Genealogische Studien über die alten jüdischen Familien Hannovers, 1. Abt, Berlin 1913. Dort S. 21-29 auch eine Darstellung der Familiengeschichte der Gans', bezogen auf den Zweig dieser Familie, der, von Minden her kommend, in Hannover, Hameln und Celle fortbestand. Dort im Anhang auch eine Stammtafel, auf welche im Rahmen dieses Aufsatzes streckenweise zurückgegriffen wurde.

4 Aufgegriffen werden familiengeschichtliche Fragestellungen hinsichtlich der Gans' allerdings bei Brilling, Bernhard: Die Familiennamen der Juden in Westfalen. In: Rheinisch-Westfälische Zeitschrift f. Volkskunde, Jg. 5, 1958, S. 150; Krieg, Martin: Die Juden in der Stadt Minden bis zum Stadtreglement von 1723. In: Westfälische Zeitschrift, Bd. 93, 1937, S.117-118, 145-146; Mühle, Eduard: Zur Geschichte der jüdischen Minderheit. In: Lippstadt. Beiträge zur Stadtgeschichte, hrsg. von Wilfried Ehbrecht, Teil II, Lippstadt 1985, S. 519-574 sowie schließlich im Art. „Gans, David ben Salomon" der Encyclopaedia Judaica (im Folgenden abgek. ›EJ‹), Vol. 7, Jerusalem 1971, Sp. 310-311.

5 So müßte sein vollständiger Name lauten, wenn man alle Hinweise zusammennimmt, die der „Zemach David" seines Bruders David ben Salomon Gans liefert, welchen dieser seinem wohl älteren Bruder in Minden widmete (Mühle, wie Anm. 4, S. 562, Anm. 10, mit Hinweis auf Neher, André: David Gans 1541-1613, Disciple du Maharal, assistent de Tycho Brahe et de Jean Kepler [L'école du Maharal de Prague]. Paris 1974, S. 13).

6 Zu David Gans, der 1541 in Lippstadt geboren wurde, siehe u.a. Brilling, wie Anm. 4, S. 150; EJ, wie Anm. 4, Vol. 7, Sp. 310-311; Evans, Robert J.W.: Rudolf II. and his World. A Study in Intellectual History 1576-1612. Oxford 1973, S. 241-42; Aschoff, Diethard: Die Juden in Westfalen zwischen Schwarzem Tod und Reformation (1350-1530). Studien zur Geschichte der Juden in Westfalen. In: Westfälische Forschungen, Bd. 30, 1980, S. 86 u.a. bezugnehmend auf Neufeld, S.J.: David Gans aus Westfalen. In: H. Chanoch Meyer (Hrg.): Aus Geschichte und Leben der Juden in Westfalen, Frankfurt 1962, S. 17f; außerdem Mühle, wie Anm. 4, S. 520 inklusive der dortigen Anm. 10 und 11. Davids zweiter Schwiegervater war der für seine Quecksilberkuren bei der Syphilistherapie bekannte Arzt Samuel Rofe (EJ, wie oben, Sp. 310).

7 Und zwar als Teil der einmaligen *„Verehrung"*, wie sie sich die Stadt bei Erneuerung ihrer Geleitbriefe auszubedingen pflegte (KAM, Stadt Minden, AI, Nr. 741, 1591 Oktober 4).

8 Auch Evans, wie Anm. 6, S. 241-42 deutet eine familiäre Verbindung zwischen David und Joachim Gans lediglich als Möglichkeit an; eine Überprüfung seiner Quellen kann nicht Gegenstand dieser Untersuchung sein.

9 Dietz, Alexander: Stammbuch der Frankfurter Juden. Frankfurt/M. 1907, S. 99, 181. Aufschlußreich scheint in diesem Zusammenhang die Tatsache, daß sich die Vornamen

Seligmann, Isaak und David sowohl bei den spätmittelalterlichen Frankfurter als auch den frühneuzeitlichen Lippstädter bzw. Mindener Gans offenbar einer gewissen Beliebtheit erfreuten.

10 Reuter, Fritz: Bischof, Stadt und Judengemeinde von Worms im Mittelalter (1349-1526). In: Neunhundert Jahre Geschichte der Juden in Hessen. Beiträge zum politischen, wirtschaftlichen und kulturellen Leben (Schriften der Kommission f.d. Gesch. d. Juden in Hessen VI), Wiesbaden 1983, S. 66.

11 Mühle, wie Anm. 4, S. 521-522.

12 KAM, Stadt Minden, A I, Nr. 698. Seine Söhne werden hierbei noch nicht namentlich genannt und die Formulierung des Schutzbriefes, welche nur zwei Kinder/Schwiegerkinder des Seligmann anspricht, dürfte insofern unzutreffend sein, als tatsächlich bereits drei Söhne - Isaak, Sostmann und Salomon d.Ä. - im Jahre 1579 zusammen mit dem Vater nach Minden kamen, wie noch Jahrzehnte später festgestellt wird (Staatsarchiv Münster [im Folgenden abgek. ›StAMS‹], RKG, M 1170).

13 Hier sei auf die bedeutenden städtischen Kredite der Jahre 1626 und 1627 hingewiesen, gewährt durch Salomon Gans d.Ä. (2.000 Thl.) sowie durch denselben, jedoch einvernehmlich übertragen auf David Schaye zu Hildesheim (6.200 Thl.). KAM, Stadt Minden, A, Dep. Or., Nr. 993 und 995 sowie KAM, Stadt Minden, B, Nr. 58 (alt).
Hinzu kommt die Betätigung der Gans' als Geschäftspartner der Stadt im Holzhandel großen Stils sowie späterhin als Lieferanten großer Gold- und Silberschmiedearbeiten, wann immer der Rat während der ersten Jahrzehnte des 30jährigen Krieges den militärisch-politischen Führungsfiguren der Zeit solche *„Verehrungen"* zukommen lassen wollte oder mußte. KAM, Stadt Minden, B, Nr. 80 (Stadtrechnungen 1620-30, fol. 14v-99r).

14 So zählten etwa die v. Münchhausen zu den Kreditkunden der Gans' (StAMS, Grafschaft Schaumburg, Akten, I, Nr. 32 [unpaginierte Beilage, 1599 Juli 19, September 26 und Oktober 3]) ebenso wie der Droste zu Barntrup, Heinrich Minsche nebst seiner Frau Christina v. Halle (StAMS, RKG, M 1173, fol. 5-6, 1605 März 30). Vielfach wurden bei solchen Geschäften jedoch Angehörige des städtischen Patriziats als Mittelmänner eingeschaltet, welche nominell als Kreditgeber fungierten. Daher tauchen jüdische Geschäftsleute in den Schuldverzeichnissen des Adels eher selten auf, obwohl sie - angesichts unzureichender Sicherheiten unter hohem Risiko - die tatsächlichen Geldgeber waren.

15 Wir wissen lediglich von der Beteiligung eines Familienangehörigen, nämlich Salomon *„juniors"* (nicht zu verwechseln mit dem Sohn des Sostmann Gans) an solchen Geschäften, die ihn und seine nächsten Angehörigen im Jahre 1619 in arge Bedrängnis brachten, da einige Geschäftspartner Salomons aus dem Mindener Patriziat sich unlauterer Praktiken bedient hatten, was schließlich ruchbar wurde (KAM, Stadt Minden, B, Nr. 19, fol. 133v-142).

16 Jedenfalls ist er im Geleitbrief von 1609 (KAM, Stadt Minden, A I, Nr. 776) als verstorben genannt.

17 Isaak Gans tritt im Rahmen einer Eingabe an den Administrator Christian von Minden im Jahre 1618 letztmalig in Erscheinung (HStAH, Celle Br. 27, Nr. 220, 1618 Juni 22); seine Witwe erhält lt. KAM, Stadt Minden, AI, Nr. 795 im Jahre 1621 Geleit in der Stadt.

18 StAMS, RKG M 1178, fol. 3, 1625 September 10 sowie fol. 10, undatiert (1625?).

19 KAM, Stadt Minden, B, Nr. 744, 5389 Tewet 22 (1629 Januar 17), wo Sostmann Gans als verstorben bezeichnet wird. Darüber hinaus: KAM, Stadt Minden, B, Nr. 69, fol. 47, wo es in der Aufstellung der schutzverwandten Juden für das Jahr 1629 heißt *„Soistmann itzo Philips"*, was bedeutet, daß Fibes Salomon bereits an die Stelle des verstorbenen Sostmann getreten ist.

20 Ihr Name wird erwähnt in KAM, Stadt Minden, B, Nr. 225 (alt), 1648 Februar 18 unter Bezugnahme auf ein Protokoll von 1628 Oktober 28. Nach dem 1662 erteilten Ratsattest für ihren zweiten Ehemann Fibes Salomon und sie (KAM, Stadt Minden, B, Nr. 820, 1662, August

20) hat sie sich seit etwa 1612 in Minden aufgehalten: Hiermit wäre ein ungefährer Hinweis auf den Zeitpunkt ihrer Heirat mit Sostmann Gans gewonnen.

21 Jedenfalls läßt sich einer Notiz des Ratsprotokolls von 1613 entnehmen, daß ein Kind des Sostmann Gans noch durch eine Amme bereut wurde (KAM, Stadt Minden, B, Nr. 7 [Ratsprotokoll 1613], fol. 86v, 1613 September 8).

22 So nennt ihn David Schaye von Hildesheim in der deutschen Übersetzung einer urspr. hebräisch formulierten Abtretungserklärung vom 22. Tewet 5389 (1629 Januar 17) (KAM, Stadt Minden, B, Nr. 744). Vgl. die folgende Anmerkung!

23 So das Memorbuch der Mindener Gemeinde (Stadt- und Universitätsbibliothek Frankfurt/M., Ms. hebr. oct.97, auszugsweise veröffentlicht bei Loewenstein, Leopold: Memorbücher. In: Zeitschrift für die Geschichte der Juden in Deutschland, hrsg. von Ludwig Geiger, Bd. 1, 1887, S. 197). Das dort angegebene Todesjahr 1682 ist jedoch nicht korrekt, sondern gehört der folgenden Eintragung an; die auch dort gebrauchte Bez. „Rabbi" deutet auf den gelehrten Rang des Betreffenden, der das Rabbineramt - soweit bekannt - jedoch nicht offiziell innehatte.

24 Früheste direkte Nennung in KAM, Stadt Minden, B, Nr. 26, (Ratsprotokolle 1627) fol. 22r, 1627 Dezember 12; 1662 wird vermerkt, daß er sich seit 1625(!) in Minden aufgehalten habe (KAM, Stadt Minden, B, Nr. 820). Sein Name fällt - soweit absehbar - innerhalb der städtischen Überlieferung zum letzten Male in KAM, Stadt Minden, B, Nr. 517, 1668 März 3, als ihm für seinen damals etwa achtjährigen(!) Enkel Salomon Levi, den Sohn des Levi Joel, eine kurfürstliche Exspektanz auf des Großvaters Stelle als vergeleiteter Jude in Minden erteilt wird.

25 Und zwar im Rahmen eines riskanten Kreditgeschäfts mit Christoph von Münchhausen, in welches auch Nathan Spanier zu Stadthagen verstrickt wird, ohne es eigentlich zu wollen. StAMS, Grafschaft Schaumburg, Akten, I, Nr. 32 (unpaginierte Beilage) 1599 Juli 19, September 26 und Oktober 3.

26 KAM, Stadt Minden, A I, Nr. 800.

27 So jedenfalls läßt sich der letzte Hinweis auf ihn in KAM, Stadt Minden, B, Nr. 69 (Einnahme-Manual der Stadtkämmerei 1627-62), aus dem Jahre 1631 deuten. Aus den Geschäften mit der Stadt Minden - u.a. als Lieferant von Gold- und Silberwaren - scheint er sich schon zuvor zurückgezogen zu haben (KAM, Stadt Minden, B, Nr. 80, fol. 98v-99r [1627 letztmalige Nennungen]).

28 Nach der Formulierung in KAM, Stadt Minden, B, Nr. 58 (alt), 1639 Juni 17, wonach *„weylandt Salomon Ganß der elter"* der Stadt etliche Jahre zuvor einen Kredit in Höhe von 6200 Thl. verschafft habe, war er damals schon verstorben.

29 So jedenfalls nach Darstellung des Christian'schen Kammergerichtsprokurators Kremer in den Defensionalartikeln des Landesherrn von 1618 (StAMS, RKG, M 1173, fol. 15-33; hier Art. 18, fol. 25, präs. 1618 Mai 9).

30 StAMS, RKG nM 1170, fol. 3, 1613, Februar 26. Hiernach auch das Folgende.

31 Dies gab die Stadt in ihrem Instrumentum Appellationis 1612, Dezember 2 selber zu (StAMS, RKG, M 1170, fol. 6).

32 KAM, Stadt Minden, B, Nr. 7 (Ratsprotokoll 1613), fol. 86v, 89-90, 1613 Sept. 8-10.

33 HStAH, Celle Br. 27, Nr. 220, 1618 Juni 22.

34 Ries, Rotraut: Phibes Heilbot und die Judenpolitik der Stadt Hannover gegen Ende des 16. Jahrhunderts. In: Freimark, Peter; Richtering, Helmut (Hrg.): Gedenkschrift für Bernhard Brilling (Hamburger Beiträge zur Geschichte der deutschen Juden Bd. XIV). Hamburg 1988, S. 99-101.

35 Loewenstein, wie Anm. 23, S. 195. Loewensteins Lesart von Frankenberg wird offenbar neuerdings nicht mehr völlig zweifelsfrei akzeptiert (Roth, Ernst; Prijs Leo: Hebräische

Handschriften, Teil 1a [Verz. d. orientalischen Handschr. in Deutschland [...], hrsg. von Wolfgang Voigt, Bd. VI, 1a]. Wiesbaden 1982, S. 142).

36 Zu dieser Familie insgesamt, vor allem aber zu Nathan Schaye, dem Hoffaktor des Bischofs Ernst von Bayern: Aufgebauer, Peter: Die Geschichte der Juden in der Stadt Hildesheim im Mittelalter und in der frühen Neuzeit (Schriftenreihe des Stadtarchivs und der Stadtbibliothek 12), Hildesheim 1984, S. 88-95.

37 Dartmann, Anna: Die soziale, wirtschaftliche und kulturelle Entwicklung der jüdischen Gemeinde in Hamm 1327-1943 (Tatsachen und Berichte, Schriftenreihe der Stadt Hamm, Nr. 24), Hamm, o.J., S. 6-7.

38 StAMS, RKG, M 1170, fol. 43, präs. 1614 März 1, unter Bezugnahme auf einen Vorgang des Jahres 1612.

39 Hauptstaatsarchiv Hannover (im Folgenden abgek. ›HStAH‹), Celle Br. 27, Nr, 470 I, fol. 3, 1617 April 5.

40 So vermeldet das Ratsprotokoll von 1614, daß man Salomon, Isaak und Salomon d.J. zur Befragung vorgefordert habe, wobei deutlich wird, daß Salomon d.J. bereits als selbstständiger Geschäftsmann agierte (KAM, Stadt Minden, B, Nr. 10, fol. 28v, 1614 März 21). Im Jahre 1616 erfahren wir, daß man *„dem juden Salomon juniori in casum necessitatis eine christen amme erleubt“* habe (KAM, Stadt Minden, B, Nr. 16 (Ratsprotokoll 1616), fol. 85v, 1616 September 16. In beiden Fällen kann es sich nicht um den Sohn des Sostmann Gans handeln, denn dieser wird noch in der Überschreibungsurkunde von 1629 (s. Anm. 22) als *„Knabe“* bezeichnet, während seine wohl ältere Schwester Hanna in eben jener Quelle *„Junffer“* genannt wird. Wohl aber kann es sich um Salomon, den Sohn des Moyse von Hamm, handeln. Auch *„Salomon der Jude junior“*, welcher im Jahre 1619 als *„Vetter“* des älteren Salomon Gans bezeichnet wird (KAM, Stadt Minden, B, Nr. 19, 1619 Dez. 2), dürfte niemand anderer sein als Salomon, der Sohn des Moyse.

41 KAM, Stadt Minden, B, Nr. 28 (Ratsprotokoll 1629), fol. 11r, 1629 Juli 6. Dies sollte geschehen, nachdem Fibes Salomon *„wegen Salomon juden die versprochene dreyhundert zehn Rthaler [...] uff eine zeit“* erlegt haben würde.

42 Dies wird bestätigt durch eine gleichzeitige Eintragung im Einnahme Manual der Stadtkämmerei (KAM, Stadt Minden, B, Nr. 69, fol. 47), wonach Salomon Gans die Zahlung von 310 rthl. Schutzgeld im Voraus aushandelt, welche Summe dann offenbar durch Fibes Salomon vorgestreckt wird.

43 So jedenfalls seine spätere Schwägerin Glückel von Hameln in ihren ›Denkwürdigkeiten‹ (Feilchenfeld, Alfred [Hrg.]: Denkwürdigkeiten der Glückel von Hameln [Nachdruck der 4. Ausgabe, Berlin 1923] Königstein/Ts. 1980, S. 41 f.). Hiernach auch das Folgende.

44 Feilchenfeld, wie Anm. 43, S. 41.

45 Zur Vormundschaft des Fibes Salomon: KAM, Stadt Minden, B, Nr. 744, 5389 Tewet 22 (1629 Januar 17) sowie KAM, Stadt Minden, B, Nr. 58 (alt), 1639 Juni 7 sowie zur Vormundschaft Schayes ibidem, 1639 März 18. David Schaye wird bei Glückel allerdings nicht erwähnt.

46 Jedenfalls trug sich Salomon d.J. im Juni 1639 mit dem Gedanken, zu heiraten. So begründet sein ehemaliger Vormund Fibes Salomon die Forderung nach Zahlung eines großen Zinsrückstandes der Stadt Minden, an Salomon d.J. Gans mit dessen bevorstehender Familiengründung (KAM, Stadt Minden, B 58 [alt], 1639, Juni 17). Diese Forderung war ihm übrigens von David Schaye angewiesen worden, der damit eine geldliche Verpflichtung gegenüber seinem ehemaligen Mündel abzutragen dachte - wohl wissend, daß der Rat von Minden kaum zahlen würde!

47 So mußte er etwa im Jahre 1642 die Stadt Minden ermahnen, ihm von der großen Summe rückständiger Kapitalzinsen wenigstens 200 Thl. auszuzahlen, damit er selber seine Gläubiger befriedigen könne (KAM, Stadt Minden, B, Nr. 232 [alt], 1642 Oktober 30); eine Bitte, die er im Jahre 1646 wiederholte, als er um eine Abschlagszahlung in Höhe von 300 Thl. bat, wovon

ihm jedoch nur 100 Thl. ausgezahlt wurden (KAM, Stadt Minden, B, Nr. 58 [alt], 1646 Mai 22. Die Ausführungen der Glückel von Hameln, die desolaten Finanzverhältnisse Salomons d.J. betreffend (vgl. oben Anm. 43) werden hierdurch bestätigt.

48 So drückt sich Jobst Goldschmidt (Joseph Hameln) in einem Schreiben an die brandenburgische Regierung des Fürstentums Minden vom 28. Oktober 1653 aus (KAM, Stadt Minden, B, Nr. 514).

49 KAM, Stadt Minden, B, Nr. 58 (alt), 1653 Februar 22.

50 Aufschlußreich in dieser Hinsicht die Abtretungserklärung des David Schaye in KAM, Stadt Minden, B, Nr. 744, 5389 Tewet 22 (1629 Januar 17) zugunsten seines Neffen Salomon Gans d.J. und Hanna Gans sowie seines noch lebenden Schwagers Salomon Gans d.Ä. Auch läßt die Tatsache, daß Salomon Gans d.Ä., Onkel Salomons d.J.und im Jahre 1626 der eigentliche Kreditgeber der Stadt Minden mit einer Summe von 6200 Thl., die entsprechende Obligation zugunsten des David Schaye ausstellen ließ, die Vermutuung zu, daß es sich bei diesem Betrag um die Mitgift für eine nach Hildesheim verheiratete Gans-Tochter handeln könnte (KAM, Stadt Minden, B, Nr. 58 [alt], 1639 Juni 17 sowie ibidem, A I, Nr. 802).

51 Was er ihm nicht bar zurückerstattete, sondern durch die Überschreibung eines Teils seiner Stadt-Mindener Obligation, deren wenigstens teilweise Einlösung Salomon d.J. noch schwer genug werden sollte (KAM; Stadt Minden, B, Nr. 58 [alt], 1639 März 18).

52 KAM, Stadt Minden, B, Nr. 65 (alt), 1647 Juli 15.

53 KAM, Stadt Minden, B, Nr. 744, 5389 Tewet 22 (1629 Januar 17).

54 Unter den zahlreichen Inzestverboten in der Thora (Leviticus 18, 5-18) wird die Ehe zwischen Geschwisterkindern nicht genannt (Vgl. auch Encyclopaedia Judaica, Bd. 8, Berlin 1931, Sp. 461-468). Verwandtenehen dieser Art, d.h. Ehen unter Geschwisterkindern kamen vielmehr ausgesprochen häufig vor.

55 Kurz vor seinem Weggang von Minden umschrieb er seine Beweggründe zu diesem Schritt u.a. mit der Feststellung *„weiln ich gantz allein von meiner alten verwandtschafft ubrig“*, obwohl er gehofft hatte *„ich wurde wegen meines wolverhaltens bieß in meine gruben alhier geplieben und geduldet worden sein“* (KAM, Stadt Minden, B, Nr. 58 [alt], 1654 April 9).

56 wie vor; er bittet im oben angezogenen Schreiben nochmals um die Auszahlung von etwa 300 Thl. als Startkapital an seinem neuen Wohnort sowie um ein offizielles Attest hinsichtlich seines Verhaltens, nachdem er *„fast tagliches reißfertig“* ist.

57 Das bei Gronemann, wie Anm. 3, 1. Abt. S. 21 gegebene Sterbedatum 1654 April 6 kann allerdings nicht richtig sein, denn Salomons letztes Schreiben an die Stadt Minden (siehe vorige Anm.) ist auf den 9. April 1654 datiert.

58 Gronemann, wie Anm. 3, 1. Abt., S. 21ff. sowie Feilchenfeld, wie Anm. 43, S. 44.

59 KAM, Stadt Minden, B, Nr. 275 (alt), 1653 Februar 18.

60 So berichtet durch Glückel von Hameln (Feilchenfeld, wie Anm. 43, S. 43) und bestätigt in KAM, Stadt Minden, B, Nr. 514, 1653 April 29.

61 KAM, Stadt Minden, B, Nr. 516, 1659 Sept. 3 und 6.

62 Für ihn und viele seiner Mindener Nachkommen gilt die Feststellung, daß er zwar über die Qualifikation und Würde eines Rabbiners verfügte, dieses Amt jedoch nicht offiziell ausübte, da die städtische und ländliche Judenschaft im Fürstentum Minden aufgrund landesherrlicher Autorität seit 1650 dem Rabbinat Halberstadt unterstand (Stern, Selma: Der preußische Staat und die Juden, Teil I, Abt. 2, Tübingen 1962, S. 357 u. 522).

63 So nach dem Memorbuch der Mindener Gemeinde, dessen Volltext noch nicht zur Auswertung kommen konnte, dessen durch Löwenstein veröffentlichte Auszüge (wie Anm. 23, S. 197-198) zusammen mit den freundlicherweise durch Mr. Michael Wolfers (London) besorgten und zusammengestellten Personaldaten dieser Quelle hier zugrundegelegt wurden.

64 So die entspr. Eintragungen des Mindener Memorbuchs (wie Anm. 23), wo auch der im Jahre 1698 verstorbene R. Joel Wetzlar verzeichnet ist.

65 KAM, Stadt Minden, B, Nr. 316 (Ratsprotokolle 1648-51), fol. 20v, 1649 November 19.

66 KAM, Stadt Minden, B, Nr. 517, 1650, Januar 28.

67 KAM, Stadt Minden, B, Nr. 518, 1675, Juli 4.

68 KAM, Stadt Minden, B, Nr. 517, 1668, März 3.

69 Vgl. hierzu: Krieg, wie Anm. 4, S. 120-121.

70 Stern (wie Anm. 62, S. 525 (undatiert, 1700). Hiernach auch das Folgende.

71 Loewenstein, wie Anm. 62, S. 198.

72 StAMS, KDK Minden, Nr. 318, fol. 9-12; dort auch der Hinweis auf den Hauserwerb im Jahre 1680.

73 Stadtarchiv Lübbecke, Stadt Lübbecke, A I, Nr. 568, fol. 88, 1714 Juli 28.

74 StAMS, Minden-Ravensberg, Steuerräte, Nr. 6.

75 StAMS, KDK Minden, Nr. 315, fol. 269 (1775).

76 StAMS, Minden-Ravensberg, Kammerjustizdeputation, Nr. 9, Bd. 1, fol. 42 (1779).

77 StA Osnabrück, Rep. 240, Nr. 307, fol. 10 (1812). Nach dem Memorbuch der Gemeinde starb Isaak Levi im Jahre 1815.

78 KAM, Stadt Minden C, Nr. 236, fol. 38-40 (Abschrift des 18. Jhs.).

79 StAMS, Minden-Ravensberg, Steuerräte, Nr. 6, wo er für das Jahr 1757 als Höchstbesteuerter erscheint.

80 Dieser scheint kurz vor 1757 verstorben zu sein; so jedenfalls läßt sich die entsprechende Eintragung in der Kopfsteuerliste dieses Jahres (wie Anm. 72) interpretieren.

81 KAM, Stadt Minden, C, Nr. 123.

82 Dies und das Folgende nach KAM, Stadt Minden, C, Nr. 123. Demnach wurde Jette Isaak Levi etwa im Jahre 1741 geboren. Sie verstarb nach Aussage ihrer Grabinschrift auf dem alten jüdischen Friedhof in Hausberge/Porta am 8. Februar 1811.

83 Vgl. hierzu Herzig, Arno: Das Sozialprofil der jüdischen Bürger von Minden im Übergang vom 18. zum 19. Jahrhundert. In: Mindener Mitteilungen, Jg. 50, 1978, S. 45-70. Hiernach auch das Folgende.

84 Gronemann, wie Anm. 3, S. 22 beziffert die Zahl der Kinder des Salomon und der Jente mit sechs. Salomon Gans selbst gibt die Zahl seiner Kinder im Jahre 1654 dagegen mit sieben an (KAM, Stadt Minden, B, Nr. 58 [alt], 1654 April 9); ein Kind muß also früh verstorben sein.

85 Gronemann, wie Anm. 3, S. 27.

86 Gronemann, wie Anm. 3, S. 27-28. Dort auch weitere Hinweise zu den Nachkommen des Hofagenten.

87 Gronemann, wie Anm. 3, S. 22-23. Hiernach auch das Folgende.

88 Vgl. hierzu Anm. 54.

89 Nach ihm hatten seine Söhne Nathan und Moses sowie sein Schwiegersohn Aron Schlesinger dieses Amt inne (Gronemann, wie Anm. 3, S. 30). Hiernach auch das Folgende.

90 Gronemann, wie Anm. 3, S. 23-27. Hiernach auch das Folgende.

91 Gronemann, wie Anm. 3, S. 24-25. Dort detaillierte Angaben zur familiären Anknüpfung des Dichters an die verschiedenen Zweige der Gans'.

92 KAM, Stadt Minden, B, Nr. 58 (alt), 1654 April 9.

Die Geschichte der Familie Valepage

von Hans Jürgen Rade

I. Einleitung*

Vor 150 Jahren, am 9. März 1845, verstarb in Delbrück als letzter Träger seines Namens der Kaufmann Wilhelm Joseph Valepage. Mit ihm ging die Geschichte einer Familie zu Ende, die eng mit der des Delbrücker Landes verbunden ist. Noch heute ist der Name Valepage in der Erinnerung der Delbrücker lebendig. Er steht in Verbindung mit dem ehemaligen Krankenhaus (1862-1977), das auf eine Stiftung des letzten Valepage zurückging; auch eine Straße in Delbrück trägt den Namen der Familie.
Weit über Delbrück hinaus wurde der Name durch den sogenannten Valepagenhof bekannt, einem Hofgebäude aus dem Jahre 1577, das heute als Hauptgebäude des Paderborner Dorfes im Westfälischen Freilichtmuseum in Detmold zu bewundern ist[1]. Diese hervorragende Arbeit der Weserrenaissance im bäuerlichen Bereich entstand in einer Blütezeit der Familie, die im Laufe der Jahrhunderte bemüht war, sich bei wandelnden sozialen Strukturbedingungen zu behaupten.
Von genealogischem und sozialgeschichtlichem Interesse geleitet, soll im Folgenden versucht werden, die Geschichte von etwa 17 Generationen der Familie Valepage von etwa 1311 bis 1845 nachzuzeichnen, um damit einen Beitrag zur Erforschung der Ritterschaft des Hochstifts Paderborn zu leisten[2]. Dabei wird deutlich werden, daß die Familie aufgrund des Fehlens einer ausreichenden wirtschaftlichen Existenzgrundlage, die ihr ein unabhängiges Leben entsprechend ihres sozialen Standes erlaubt hätte, gezwungen war, sich Einkünfte zu erschließen, die sie vor dem (gänzlichen) Absinken in den bäuerlichen Stand nur knapp bewahrten.
Verdient gemacht hat sich um die Erforschung der Geschichte des Valepagenhofes und der Familie Dr. Hans-Franz von Hülst († 1986), der als erster den Versuch unternahm, der historischen Bedeutung des Hofes und des Geschlechtes nachzugehen. Durch seine Frau Maria Alwine von Hülst, geb. Kösters, († 1993) gelangte er in den Mitbesitz des Hofes. Nach seiner Pensionierung als stellv. Landesbankgeneraldirektor in Münster widmete er einen Großteil seiner Zeit sowohl der Erarbeitung der Geschichte der Bewohner des Hofes und der Stiftung Valepage als auch deren Neuorganisation. Die Ergebnisse seiner Forschungen hat er in einem ungedruckten Manuskript hinterlassen, das auf dem Valepagenhof in Delbrück aufbewahrt wird[3]. Auf seinen Vorgaben baut die vorliegende Arbeit auf.

II. Die Herkunft

Gemeinhin gilt als Heimat der Valepage das Delbrücker Land, etwa 25 km nordwestlich von Paderborn gelegen, in dessen begrenzten Radius sich die Familie bewegte.

Innerhalb des ehemaligen Fürstbistums Paderborn, das im August 1802 von Preußen besetzt und annektiert wurde, bildete das Delbrücker Land ein in sich kirchlich, politisch, administrativ und juristisch geschlossenes Gemeinwesen, das durch die Eigenbehörigkeit seiner Bewohner, die zum größten Teil dem Fürstbischof von Paderborn gehörten, geprägt war.

In diesem genossenschaftlich organisierten bäuerlichen Umfeld waren die Valepagen als Freie und Lehnsleute des Benediktinerklosters Abdinghof in Paderborn so etwas wie Fremde, da sie als Grundherren keinen Zugang zu den nur Eigenbehörigen vorbehaltenen öffentlichen Ämtern hatten, durch die die Delbrücker sich selbst regierten[4]. So verwundert es nicht, daß die Herkunft der Valepagen außerhalb des Delbrücker Landes zu suchen ist.

Der niederdeutsche Name „Valepage" bedeutet „fahles Pferd"[5]. Gemeint ist vielleicht ein aschgrau wirkender Schimmel. Es drängt sich auf, an das Westfalen-Roß zu denken, doch hilft diese Spekulation nicht weiter, zumal die Valepagen kein Pferd in ihrem Wappen trugen.

Der Name Valepage begegnet uns zum ersten Mal in der Mitte des 14. Jhdts. im Paderborn-Kölner Grenzgebiet zwischen Büren und Rüthen.

Für das Jahr 1353 erwähnt der Rüthener Bürgermeister Christoph Brandis 1650 einen Ritter namens Carolus von Kellinchusen genannt Valepage, und 1358 erwirbt Elias Valepage Land in Steinhausen bei Büren, wo die Familie vom Wichmodeberg genannt Valepage beheimatet ist.

Die Valepagen erscheinen in zwei Familien im Blickfeld der Geschichte: den von Kellinghausen genannt Valepage und den vom Wichmodeberg genannt Valepage. Ob beide Familien auf eine Wurzel zurückgehen und wo diese lag, muß offen bleiben. Eine Möglichkeit wäre, daß verschiedene Zweige der einen Familie unbekannter Herkunft unterschiedlichen Besitz erwarben und sich nach diesem benannten. Ob die Valepage vor der Teilung in verschiedene Linien einen freien oder ministerialen Status besaßen, ist unbestimmt. Die Tatsache, daß zwei Familien in räumlicher Nähe den Namen Valepage führten, spricht m. E. gegen die Annahme, daß es sich bei „Valepage" um einen Spitz- oder Necknamen handelt.

Zuerst sollen nun die von Kellinghausen, dann die vom Wichmodeberg näher vorgestellt werden. Von den letzteren stammen die Delbrücker Valepage ab.

III. Die von Kellinghausen genannt Valepage

Kellinghausen ist ein kleines Dorf, das heute zur Stadt Rüthen gehört. Nach diesem Ort führt ein Geschlecht seinen Namen, das im Umkreis von Rüthen seit 1196 anzutreffen ist[6]. Christoph Brandis nennt in seiner 1650 verfaßten Rüthener Geschichte unter den vornehmen Geschlechtern der Stadt, die teils auch die Burgmänner stellten, deren Insignien aber nicht überkommen sind, an erster Stelle: *„Die von Kedlinghusen genanndt Vahlepage. Anno 1353 existit in vivis Carolus de Kedlinghusen, vir militari gloria celeberrimus."*[7] Nach Ausweis mehrerer Urkunden im Rüthener Stadtarchiv wird ein Conrad de Kellinchusen am 22. April 1330 und als Ratsmitglied am 16. Aug. 1345 und am 6. Okt und 18. Okt. 1353 genannt[8]. Vermutlich meinte Brandis mit Carolus de

Kedlinghusen diesen Conrad de Kellinchusen. Wahrscheinlich ist er auch mit jenem Conrad von Keldinchusen identisch, der mit seinen Brüdern Johann und Wilhard 1328 bis 1376 genannt wird[9]. Der Knappe Johann van Keldinchusen, in dem Hömberg den Sohn Johanns von Keldinchusen, des vorgenannten Conrads Bruder, sieht, schenkte am 12. März 1411 dem Kloster Bredelar testamentarisch seine freien Güter zur Begehung eines Jahresgedächtnisses für alle de Keldinghusen[10]. Er siegelt mit einem Wappenschild, das drei Rosen im Verhältnis zwei zu eins zeigt. Dasselbe führt auch von Spießen in seiner genealogischen Sammlung für die Familie von Kellinghausen-Keldinghusen an[11]. Das Wappen der von Kellinghusen bezeugt ihre Nähe zu den vom Wichmodeberg genannt Valepage, deren Siegel sechs Rosen im Verhältnis drei zu zwei zu eins zeigt. Offen bleibt die Frage, welches der beiden Siegel älter ist.

Mit Johann van Keldinchusen starb die Familie aus. Seine nächsten Verwandten waren der Paderborner Domherr Lubbert Westphal, dessen Bruder Wilhelm und Henneke von Muldesborn, Knappen. Am 3. Nov. 1432 verzichten sie gegenüber dem Kloster Bredelar auf alle Ansprüche an das Erbe des Johann van Keldinchusen, die sie wegen der Aleke van Keldinchusen erhoben hatten[12] Das Aussterben der Familie von Kellinghausen bestätigt auch der Paderborner Domscholaster Diethrich von Engelsheim in dem von ihm 1444 verfaßten Liber dissencionum[13].

Auffällig ist, daß bislang außer der Erwähnung der von Kedlinghusen genannt Vahlepage durch Christoph Brandis 1650 keine weitere urkundliche Nennung eines von Kellinghausen mit dem Zusatz „genannt Valepage“ nachgewiesen werden konnte. Durch zwei Urkunden läßt sich jedoch nachweisen, daß die Valepagen Besitz in Kellinghausen hatten. Am 1. März 1411 liehen sich der Rüthener Bürger Telman Francke und seine Frau Else 21 Mark von Cordt von Langenstroit dem Alten. Zur Sicherheit setzten sie u. a. *„unsen halven hoff to Kellinchusen myt syner tobehoringe de to vor tyden Valepagen was“* als Pfand[14]. Im Güterverzeichnis des Klosters Bredelar findet sich unter Rüthen folgende Einnahme: *„Item de teynde to Kelinchusen, de pleget to geldene bi dren malder korns und ses schillinge to teyntlosen, der geit dre schillinge ut der Valepagen gode unde twe schillinge ut Cordes hove von Langestrod …“*[15]

Wenn sich die Familie von Kedlinghausen-Kellinghausen, die dem Ritterstand angehörte, in Urkunden auch nie Valepage nennt, so bezeugen die letztgenannten Notizen, daß der Name Valepage doch sehr wohl in Verbindung mit den von Kellinghausen bekannt war. In einer gesonderten Untersuchung müßte der Genealogie sowie der Frage nach dem ursprünglichen sozialen Status derer von Kellinghausen nachgegangen werden[16]. Für unseren Kontext genügen die vorliegenden Befunde.

IV. Der Wichmodeberg bei Büren-Steinhausen

Im Gegensatz zu den von Kellinghausen, die den Zusatz „genannt Valepage“ nicht urkundlich geführt haben, geht die Orts- und Herkunftsbezeichnung vom Wichmodeberg eine enge Verbindung mit dem Zusatz „genannt Valepage“ ein.

Etwa 1,5 km südlich des Dorfes Steinhausen, das heute zur Stadt Büren gehört, liegt der Schorn, eine kleine Waldung, an dessen Nordausgang sich die Osterschledde in einer Talsenke anschließt. Westlich des Schorns und oberhalb der Osterschledde erhebt sich

in einer Hanglage der Wichmodeberg. Mit der Geschichte der heutigen Wüstung haben sich M. Willeke[17] und R. Bergmann[18] ausführlich auseinandergesetzt. Letzterer ermittelte auf dem Wichmodeberg drei archäologische Fundbereiche. Aufgrund der dort aufgefundenen Keramikfragmente vermutet Bergmann, daß die Besiedlung des Wichmodeberges erst im 11. Jhdt. erfolgte, womit sie *„zu den wenigen hochmittelalterlichen Ausbausiedlungen des Geseker Hellwegraumes"* gehört[19].
Der Wichmodeberg wird urkundlich erstmals 1243 genannt, als die Edelherren Bertold und Bertold von Büren drei Mansen *„in Wichmodeberg in parochia Stenenhus"* dem Bischof von Paderborn im Austausch gegen erlittene Besitzverluste bei der Gründung des Klosters Holthausen übertrugen, die sie als Lehen zurückerhielten und der Neugründung übergaben[20]. Nach einer Notiz von 1308 erhielt das Kloster Böddeken am St. Scholastika-Tag (10. Febr.) vom Wichmodeberg eine Getreiderente zur Memorie der Domina Lutgardis von Büren[21]. In der ersten Hälfte des 14. Jhdts. wird deutlich, daß der Besitz der Edelherren von Büren auf dem Wichmodeberg ein Lehen der Grafen von Arnsberg ist. So wird am 10. Juni 1313 der *„nobilis vir de Wevelsborch"* als Lehensinhaber einer *„hobe in Wichmodesberge"* im Güterverzeichnis des Grafen Wilhelm von Arsberg (1313-1338) genannt[22]. Graf Gottfried IV. von Arnsberg (1338-1368; † 1371) belehnt 1338 *„Bertoldus de Buren nobilis dictus Wivelsborg"* mit *„duas curias in Withimodeberg"*[23]. Als 1337 der Edelherr Bertold von Büren-Wewelsburg dem Knappen Albert Clot gestattete, dem Kloster Bredelar ein Lehensgut zu überlassen, gelangte damit ein drittes Kloster in den Besitz von Rechten am Wichmodeberg[24].
M. Willeke benennt für das Ende des 14. Jhdts. zwei Höfe auf dem Wichmodeberg. Der erste ist das sogenannte Hermannsgut, mit dem der Ritter Friedrich von Brenken 1378 von den Edelherren Johann und Bernd von Büren belehnt wurde[25]. Dasselbe Gut wird 1390 von der Wewelsburger an die Davensberger Linie der Edelherren von Büren verkauft, wobei die Belehnung derer von Brenken bestätigt wird[26]. Das andere Gut trägt den Namen Gevelinchusen. 1386 tragen die Edelherren Symon, Heinrich und Johann von Büren dem Kölner Erzbischof *„unsre vryge losledige eygen erve"*, das *„Gevelichus guyt by Sylbeke"*, auf, das sie von ihm als Burglehen zu Alme zurückerhalten[27]. 1390 verkaufen die von Büren-Wewelsburg das Gevelinchus-Gut an Wilhelm von Büren-Davensberg[28]. Dieser belehnt 1424 Nese von Lehnhusen mit dem besagten Gut[29]. Nese von Lehnhusen wiederum verkauft am 9. Jan. 1452 ihr *„ghued to dem Wichmansberge"* erblich an Henrike van Graffen, Mengen Sohn. Sie bittet *„myne leve vrowen"* Alheyd von Büren, Pröpstin des Damenstiftes Neuenheerse[30], sowie ihren Lehensherrn Bernd von Büren-Davensberg zu siegeln[31]. Agnes gehörte wohl der Familie von Gevelichusen genannt von Lehnhusen an und scheint Stiftdame in Neuenheerse gewesen zu sein[32]. Im 15. und 16. Jhdt. war schließlich der Großteil des Wichmodeberges in den Händen der Familie von Graffen als Afterlehen der Familie von Brenken[33]. Laut R. Bergmann endete die Besiedlung des Wichmodeberges im 14. Jhdt., vielleicht aber auch erst im 15. Jhdt. Der Name Wichmodeberg, der auf den weiblichen Vornamen Wichmodis zurückgeht, erscheint in den Archivalien noch bis ins 18. Jhdt. hinein, jedoch in immer stärker abweichenden Varianten[34].
Die Besitzgeschichte auf dem Wichmodeberg ergibt kein klares Bild. Ursachen dafür sind wahrscheinlich die Pestwellen, Fehden, Lehnsverdunkelungen und der Wüstungsprozeß,

der sich über einen längeren Zeitraum hingezogen haben dürfte. Über den Besitz der Familie vom Wichmodeberg auf dem Wichmodeberg liegen gar keine Nachrichten vor.

V. Die vom Wichmodeberg

Die Ersterwähnung der Familie vom Wichmodeberg fällt ins 1. Viertel des 14. Jhdts. Gleich fünf Mitglieder der Familie bezeugen eine Urkunde der Äbtissin Alheydis von Böddeken am 31. Jan. 1311, in der diese den Verkauf eines Böddeker Lehngutes in Sylbeke, das dem Wichmodeberg benachbart ist, durch Conrad de Stormede und seinen Sohn Johannes an Antonius Kake und seine Söhne bewilligt und die Käufer belehnt. Nach den Edlen Fredericus de Eversten und Hinricus de Büren sowie Conrad de Etlen, Bertold de Budiken und Bernard de Budiken bilden die Brüder Hermann, Elya und Thetmar, die Söhne des verstorbenen Hermann de Wychmodeberg, und Hermann und Thetmar, die Söhne des Elia de Wychmodeberg den Abschluß der Zeugenreihe[35]. In einer eigenen Urkunde bewilligt auch der Edelherr Bertold von Büren d. J. am selben Tag seinerseits den geschehenen Verkauf vor denselben Zeugen[36]. Das starke Auftreten der vom Wychmodeberg legt die Vermutung nahe, daß durch diesen Verkauf in irgendeiner Weise ihre Interessen berührt wurden.
Schwierig zu entscheiden ist die Frage, ob der verstorbene Hermann de Wychmodeberg und der Vater Elias de Wychmodeberg Brüder oder gar Vettern waren und es somit 1311 zwei Linien der Familie auf zwei Höfen gab, oder ob es sich um drei Generationen einer Familie handelt, so daß Elias, der Vater des Hermann und Thetmar, mit Elias, dem Bruder der erstgenannten Hermann und Thetmar und dem Sohn des verstorbenen Hermann identisch ist. Ich neige zur Vermutung, daß es sich um eine Familie in drei Generationen handelt, die auf einem Hof auf dem Wichmodeberg beheimatet war. Auffällig sind die drei sich wiederholenden Vornamen Hermann, Elias und Thetmar, die bei den Edelherren von Büren nur in der Generation der Stadtgründer von 1195 in dieser Konstellation erscheinen. Der Vorname Thetmar wurde einer der Leitnamen der Familie der Edelherren von Büren bis zum ersten Viertel des 13. Jhdts.[37]. Ob sich in den Vornamen der vom Wichmodeberg Reste einer engen Ministerialbindung oder gar einer verwandtschaftlichen Beziehung zu den Edelherren von Büren erhalten haben?
Wiederum als letzter in der Zeugenreihe erscheint am 29. Juni 1315 ein Hermann de Wichmodeberg in einer Urkunde des Bertold von Büren d. J.[38]. Es bleibt offen, mit welchem Hermann er identisch ist.
Als der Ritter Wilhard von Holthusen am 4. Dez. 1315 bekundet, daß er sich mit dem Kloster Holthausen über strittige Güter geeinigt habe, bittet er neben drei Edelherren von Büren und dem Bürener Pfarrer Andreas zwölf Knappen und zwei Bürener Bürger als Zeugen hinzu. Wieder als letzte, dieses Mal aber ausdrücklich in der Reihe der Knappen, stehen Hermann und Helyas de Wichmodeberghe[39], die die Söhne des vor 1311 verstorbenen Hermann sein könnten.
1352 finden wir einen Wychmodeberg als Hausbesitzer in der Stadt Büren. Am 23. Febr. dieses Jahres beurkundet der Bürener Stadtrat, daß vor ihm ihre Mitbürgerin Hadewigis Andree zu ihrer und aller ihrer Verwandten und Freunden Seelenheil dem Pfarrer Amelung von Büren eine jährliche Rente von 3 Schilling Bürener Währung geschenkt

habe, die ihr erblich aus dem Haus und der Hausstätte des Hermanni de Wytmodeberghe in Büren zustehen[40]. Vermutlich ist es derselbe Hermann, der auch 1368 als Zeuge in einer Urkunde[41] der Edelherrn von Büren und am 25. Febr. 1370 als erster Zeuge in einem Vergleich zwischen Henricus de Dylle und seiner Frau Alheyd von Adene einerseits und dem Ritter Friedrich von Brenken anderseits[42] erscheint.
Es existiert nun noch eine Urkunde, die zwar den Namen Wichmodeberg nicht enthält, in der es aber die Vornamen Hermann und Elia wahrscheinlich machen, daß die Familie gemeint ist. Am 14. April 1339 verzichtet Jutta, die Ehefrau des Wilhard de Smechten, für sich und ihre Kinder Hermann und Elia, die nicht die Söhne des Wilhard sind, auf alle Rechte und Ansprüche auf einen Hof in Silbeke, der früher Wolboden-Hof genannt wurde und an dem sie den Nießbrauch besaß, und den Syfridus dictus Droch an Hildebrand Monich verkauft hatte[43]. Die Vornamenkombination der Kinder Hermann und Elias läßt vermuten, daß Jutta, die nunmehrige Ehefrau des Wilhard de Smechten[44], eine Tochter oder Schwester des Syfridus Droch[45], in erster Ehe mit einem Wichmodeberg, vielleicht mit einem der Söhne des Elias von 1311, Hermann und Thetmar, verheiratet war. Von diesem stammten dann die Kinder Hermann und Elias.
Juttas Sohn Hermann könnte identisch sein mit Hermann de Wychmodeberge, der 1352 ein Haus in Büren besitzt und 1368 und 1370 als Zeuge genannt wird.
Von ihm könnte Ditmar vom Wichmodeberg aus Büren abstammen, den Werner Rolevinck als Mitglied des Kölner Kartäuser-Klosters St. Barbara erwähnt. Ditmar vom Wichmodeberg war vor seinem Eintritt als Priester und Altarist in Attendorn tätig, wo es an der Pfarrkirche St. Johannes ein Kollegiatstift gleichen Namens gab[46]. 1428 starb er als hochverdienter Vikar des Kölner Konventes[47]. Er war der Letzte der Familie, der als Vornamen einen der drei alten Leitnamen trug und der als vom Wichmodeberg ohne den Zusatz „genannt Valepage“ Erwähnung findet.

VI. Die Valepage

1358 erscheint zum ersten Mal urkundlich der Name Valepage[48]. Am 6. Sept. dieses Jahre verpfändete Nolthe van dem Sconenlo mit Zustimmung seines Lehensherrn Bertold von Büren-Wewelsburg seine *„hove de gheleghen is to dem Sylbecke“*, dem Wichmodeberg benachbart[49], an *„Eliuse Vallepaghen unde synen rechten erven“* für 3 Mark Soester Währung. Der Hof bestand aus 33 Morgen Land in fünf Parzellen, die um den Schonenlo[50] herum lagen. Es wird betont, daß Elius Vallepaghe den Hof *„over langhe tyd hebbet undergehat“*, also schon lange bewirtschaftet hatte. Nolte von dem Schonenlo behält sich das Recht vor, den Hof nach vier Jahren um dem Tag Cathedra Petri (22. Febr.) für 3 Mark wieder auszulösen. Interessant ist an dieser Urkunde der Hinweis, daß Elias Valepage gepachtetes Land bewirtschaftete. Fraglich bleibt, ob er ausschließlich von dieser Hufe, die einen vollständigen Hof darstellte, lebte oder ob die Pacht ihm zusätzliche Einnahmen erbrachten.
Elias Valepage könnte identisch sein mit dem 2. Sohn der Jutta Droch, die 1339 dem Nießbrauch am Wolbodenhof in Silbeke entsagt. Er wäre dann ein Bruder des Hermann de Wichmodeberg, der 1352 in Büren wohnt.

Den Verpfändungsbrief von 1358 und die damit verbundenen Rechte an dem Hof beim Schonenloh in Silbeke geben Hermann Voge, seine Frau Stine von der Heige und Stines Kinder Henrich, Walter und Styne am 10. März 1367 an Arnold von Langenstroid für ebenfalls 3 Mark Soester Währung weiter[51]. Der Wortlaut der Urkunde von 1358 ist in der Urkunde von 1367 inseriert. Da Stine von der Heige Kinder aus einer ersten Ehe hat, ist zu vermuten, daß sie in dieser ersten Ehe mit Elias Valepage verheiratet war, und Henrich, Walter und Stine seine Kinder sind. Da das Ehepaar Hermann Voge und Stine von der Heige über kein Siegel verfügt, bitten sie den Freigraf Johann von Loyn[52], der vermutlich Richter der Freigrafschaft Langenstrasse-Eiden war, die die von Langenstrot von den Edelherren zu Büren zu Lehen trugen[53], die Urkunde zu besiegeln. Eine Erlaubnis des Lehensherren für diese Weiterverpfändung wird nicht erwähnt.

Stine von der Heige gehört vermutlich zur Familie von Heige, die in und um Amecke und Bamenohl Arnsbergische Lehen innehatten[54]. Hermann Voge ist wahrscheinlich identisch mit einem Herman de Voghet, der am 1. März 1359 erwähnt wird. An diesem Tag vergleicht sich Graf Gottfried IV. von Arnsberg mit der Stadt Soest über die Grafschaft Heppen. Von den freien Gütern, die zu dieser Freigrafschaft gehören, haben Herman de Voghet und *„sine zuster kinder eyn tzo Thodinchus, deselve Herman hevet er eyn tzo dem Haterenlo, oik hevet he eyn tzo Schallern“*, von denen insgesamt 30 Schilling an Renten zu entrichten sind[55].

Ebenso wird er identisch sein mit Hermannus Vogt, der 1363 Godefried de Lyth *„hortum, curtim ac totalem aream cum suis adpertinentiis et annexis, sitis in oppido Rüden juxta portam indaginis“* verkauft[56]. Hermann Vogt wird schließlich noch einmal am 8. Dez. 1395 genannt, als Heidenreich van Jeischen, des verstorbenen Heidenreichs Sohn, dem Erzbischof Friedrich von Saarwerden ein Burglehen zu Hovestadt, bestehend aus 10 Mark aus dem Hof Hattorp, zugunsten des Herrn Wilhelm Freseken, der dasselbe für 80 Mark gekauft hat, überläßt. Das besagte Burglehen hatte der verstorbene Heidenreich van Jeischen von Hermann Vogt gekauft[57].

Hermann Vogt, der zweite Ehemann der Stine von der Heige, gehörte demnach zu den Arnsberger und Kölner Lehnsmännern und hatte Besitz in der Nähe von Soest, Hovestadt und Rüthen. Er wird jedoch nicht als Knappe bezeichnet. Auffällig ist weiterhin, daß er den Besitz in Rüthen und das Burglehen veräußert.

Übersehen werden darf nicht, daß keiner der Söhne der Stine von der Heige einen der Leitnamen der vom Wichmodeberg als Vornamen trägt, sondern sie Henrich und Walter heißen. Der Vorname Henrich scheint der Familie von Heige zu entstammen[58]. Der zu dieser Zeit und in dieser Gegend eher seltene Vorname Walter aber bietet den Beweis, daß die Kinder der Styne von der Heige zur Familie vom Wichmodeberg gehören. Denn am 14. Sept. 1385 bekennt Walter vamme Wygmodeberge gheheten Valepage, daß er *„wol ghezoynt“* (= versöhnt) sei mit dem Abt des Klosters Abdinghof in Paderborn und seinem Konvent. Er gelobt, fortan ihr Bestes zu suchen, ihnen keinen Schaden mehr zuzufügen oder ihr Feind zu werden. Er habe ihnen 20 Goldgulden bezahlt. Walter hat die Urkunde selbst besiegelt. Leider ist das Siegel zerstört[59]. Es ist bedauerlich, daß in dieser Urkunde nicht gesagt wird, wie Walter dem Kloster geschadet hat. Die Höhe der Sühnezahlung läßt jedoch auf einen erheblichen Schaden schließen, der möglicherweise im Zuge einer Fehde entstanden sein könnte. Beachtenswert ist hier zudem, daß Walter vamme Wygmodeberge gheheten Valepage in einer Beziehung zum Kloster Abdinghof

in Paderborn steht, das für die Geschichte der Familie in den kommenden Jahrhunderten von größter Bedeutung sein wird. Walter ist der erste, der zur Herkunftsbezeichnung vom Wichmodeberg den Annex *„gheheten Valepage"* trägt. Mit ihm endet zugleich die Verbindung der Valepage zum Raum Büren-Steinhausen. Walters Bruder Henrich werden wir in Delbrück wiederfinden.
Nimmt man alle Erwähnungen der Familie vom Wichmodeberg genannt Valepage bis zum Ende des 14. Jhdts. zusammen, ergibt die Stammtafel etwa folgendes Bild:

Stammtafel der vom Wichmodeberg genannt Valepage I

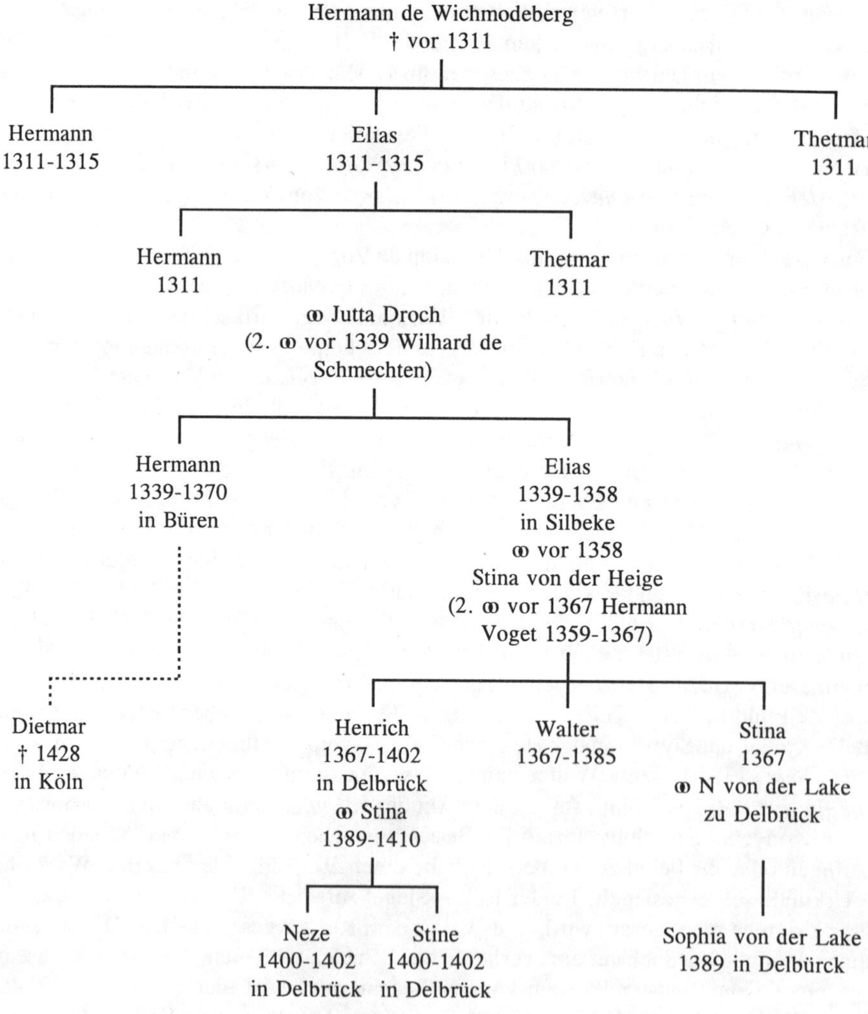

VII. Der Lakehof zu Delbrück

Am Ende des 14. Jhdts. verlagerte sich der räumliche Schwerpunkt der Familie Valepage vom Wichmodeberg bei Büren-Steinhausen nach Delbrück. Im Delbrücker Land waren, wie schon erwähnt, nahezu alle Bewohner Eigenbehörige und ihre Höfe gehörten einem Grundherren. Neben dem Fürstbischof von Paderborn traten das Domkapitel von Paderborn, die Grafen von Rietberg, die Grafen von Tecklenburg, die Familien von Hörde zu Boke, das Stift Geseke, der Propst zu Lippstadt und der Pfarrer von Boke als Grundherren auf. Doch wohnte keiner von ihnen im Delbrücker Land. Inmitten dieser ganz und gar von der Eigenbehörigkeit geprägten Sozialstruktur des Landes gab es in Delbrück-Dorfbauerschaft auf der Lake einen exemten adeligen, d. h. von allen öffentlichen Schatzungen befreiten Hof (curia), der Eigentum des Benediktiner-Klosters Abdinghof in Paderborn war. Der Hof wurde vom Kloster als Lehen ausgegeben.

Erstmals erwähnt wird der Lakehof im ältesten erhaltenen Lehensregister des Abtes Gizo (1340/41) und seiner unmittelbaren Nachfolger[60]. Dort heißt es: *„Item Gerardus van der Lake curiam to der Lake in Delebrughe de qua pensio infrascripta.“* Um 1340/50 war demnach ein Gerard von der Lake mit dem Lakehof belehnt. Am Rand der Eintragung hat eine Hand vom Ende des 15. Jhdts. oder Anfang des 16. Jhdts. den Namen Johan Varendorp nachgetragen, ein Beweis für die Identität des Hofes[61].

1386 verzeichnen die Register der Abdinghofschen Kellnerei zum ersten Mal eine jährliche Lehnsabgabe von *„V solidos (et) unum plaustrum lignorum“* von der *„curia Lakehoff in Delbrugghe“*[62]. Chr. Reinicke, der sich 1980 mit der Geschichte der Valepage beschäftigt hat, vermutet, daß der Lakehof ursprünglich den Mittelpunkt eines kleinen Villikationsverbandes bildete, einer Organisationsform, die seit dem 12. Jhdt. Auflösungserscheinungen zeigte, da die Inhaber vor allem der Fronhöfe versuchten, diese in den erblichen Besitz ihrer Familie zu bringen[63]. Tatsächlich gehörten zum Lakehof vier Unterhöfe, so daß der Inhaber des Lakehofes Grundherr der Vollmeierhöfe Nellmann und Nolte in Delbrück-Osterloh, Furlmeier in Hövelhof und der Altzuläger- oder Achtelmeierstätte Lübbenmeier auf der Lake in Delbrück-Dorfbauerschaft war. Der Nellmann-Hof wird am 4. März 1453 zum ersten Mal erwähnt. Er war zu diesem Zeitpunkt an die Choralen des Paderborner Domes versetzt[64]. Als Steffen Valepage 1539 seine Eigenbehörige Gertrud vom Nellinghof und ihre Kinder, die zu Herbram wohnen, an die Familie Westphal verkauft, wird betont, daß es mit Erlaubnis des Abtes von Abdinghof als des *„domini directi“* des Nellinghofes geschehe[65].

Der Nolten- und der Furlmeier-Hof werden beide 1527 erstmalig genannt[66], sind aber mit Sicherheit zu dieser Zeit schon mehrere hundert Jahre alt. Der Altzulägerhof Lübbenmeier, in der Nachbarschaft des Lakehofes gelegen, ist wahrscheinlich wie die anderen Achtelmeier des Delbrücker Landes im 16. Jhdt. entstanden. Nach einer Notiz von 1711 bezog der Lakehof vom Nolten-Hof jährlich 3 Taler 18 Groschen Dienstgeld und für einen Tag Spanndienst 1 Reichstaler, vom Nellmann-Hof jährlich 2 Reichstaler 6 Groschen Dienstgeld und für einen Tag Spanndienst ebenfalls einen Reichstaler, vom Furlmeier-Hof in den Senne hingegen 2 Reichstaler Dienstgeld und für ein Herrenschwein 5 Reichstaler jährlich und vom Lübbenmeier-Hof 2 Reichstaler 18 Groschen Dienstgeld und für 6 Scheffel Roggen 3 Reichstaler sowie von allen zusammen jährlich 20 Pachthühner[67]. Außer diesen regelmäßigen und fest fixierten Abgabe standen dem Grundherrn

auch die Weinkauf-, Sterbfall-, Freilassungs- und Wechselgelder zu, deren Höhe jeweils im Einzelfall festgelegt wurde.
Vor jeder Belehnung hatte der Lehnsempfänger dem Kloster Abdinghof eine Designation der Ländereien des Lakehofes vorzulegen. Die älteste bekannte Designation für den Lakehof stammt vom 7. Febr. 1679[68]. Darin werden 57½ Morgen Land spezifiziert, die mit Sicherheit zum Lehen gehören. Hinzu kommen 15 Morgen, deren Rechtsqualität unklar ist, da sie mit einer Rente belastet sind, die an die fürstbischöflich-paderbornische Rentkammer in Neuhaus entrichtet werden muß. Mit 57½ Morgen Land lag der Lakehof im Vergleich mit den eigenbehörigen Vollmeiern in Delbrück-Dorfbauerschaft an 2. Stelle[69]. Als 1649 die geringen Lehensabgaben seit mehreren Jahren nicht mehr bezahlt worden waren, gab man seitens des Klosters Abdinghof seiner Verwunderung darüber Ausdruck, da das Kloster schätzte, daß zum Hof je 80 Morgen Wiesen und 80 Morgen Acker sowie die Berechtigung zur Jagd, zur Fischerei und Schweinemast im Eichenwald gehören würden und der Hof außerordentlich schön gelegen und groß sei[70]. 1711 werden in einer Spezifikation des Besitzes der Familie Valepage außer den 1679 bereits genannten Landflächen noch 9 Allodialgrundstücke angeführt, deren Verpachtung etwa ein Fünftel mehr an Einnahmen erbringt als die Verpachtung der Feudalgrundstücke. Danach kann man schätzen, daß zum Lakehof um 1711 etwa 155 Morgen Land an Feudal- und Allodialgrundstücken gehörten[71]. 1711 erbrachte die Verpachtung aller Grundstücke und der dazugehörigen Häuser etwa 183 Reichstaler jährlich; dem gegenüber stand 1711 eine jährliche Belastung des Hofes von etwa 242 Reichstalern[72].
Am Beginn des 18. Jhdts. entstand zwischen den Brüdern Johann Diethrich Valepage, der nur zwei Töchter als Erbinnen hatte, und Bernd Henrich Valepage genannt Sporck Streit darüber, ob die vier eigenbehörigen Höfe Allodial- oder Lehensbesitz sei, da Johann Diethrich die Höfe seinen Töchtern, Bernd Henrich dieselben seinem Sohn als Mannlehenbesitz vererben wollte. Die Auseinandersetzung wurde in zweiter Instanz dem Reichskammergericht in Wetzlar angetragen, das entschied, daß die Höfe Allodialgut seien[73]. Damit waren sie dem Kloster endgültig verloren gegangen, das erstaunlicherweise nicht gegen diese Entscheidung protestierte. Die vier eigenbehörigen Höfe sowie sonstiger Allodialbesitz, der nach dem Tod des Johann Diethrich Valepage 1719 dem Lakehof verlorengegangen war, wurde im Laufe des 18. Jhdts. von den Inhabern des Lehens zurückerworben.
1845 gehörten insgesamt 199 Morgen Land zum Valepagenhof[74]. Die Qualität der Wiesen, Weiden und Äcker wurde jedoch bloß als mäßig eingeschätzt[75].

VIII. Heinrich van Wichmannsberg genannt Valepage (1367 – † vor 1405)

Beziehungen der Valepage zum Kloster Abdinghof in Paderborn werden erstmals 1385 sichtbar, als Walter vom Wichmodeberg genannt Valepage eine Sühnezahlung von 20 Goldgulden an das Kloster leistete. Ob diese Zahlung in einem Zusammenhang mit dem Lakehof in Delbrück steht, ist unbekannt.
Der erste namentlich bekannte Lehnsträger des Lakehofes aus der Familie Valepage war Henrich vom Wichmannsberg genannt Valepage, der 1367 als Kind mit seiner Mutter Stine von der Heige und seinen Geschwistern Walter und Stine erstmals genannt wird.

Eine Belehnungsurkunde oder -notiz ist in den Abdinghofschen Archivalien nicht überliefert. Henrich Valepage läßt sich aber durch mehrere Geldgeschäfte, die er getätigt hat, als Lehensinhaber nachweisen.
So bittet der Abdinghofer Abt Conrad II. von Allenhusen (1362-1405)[76] am 3. Okt. 1395 den Paderborner Notar Bertold Coygen, eine Urkunde vom 25. April 1389 zu transsumieren, die er im Original vorlegte. Darin wird bekundet, daß Henricus Valepage mit seiner Frau Christine und seiner Nichte Sophie van der Lake vor Abt Conrad von Abdinghof als seinem Lehensherren erschienen ist, um dem Officium caritatis des Klosters eine Jahresrente von einer Mark paderbornischer Währung, zahlbar am Michaelstag (29. Sept.) aus der *„curia sua in Lake"* und allen seinen Zubehörungen in Delbrück, zu verkaufen. Henricus Valepage erhält dafür vom Kloster 22 Goldgulden als Kapital. Er kann die Rente zwischen St. Martin und Weihnachten zurückkaufen, indem er dem Kloster die volle Kapitalsumme erstattet. Ausdrücklich erteilt der Abt als Lehns- und Pachtherr des Lakehofes dem Verkauf seine Zustimmung und besiegelt die Urkunde. Auch Henricus Valepage hängte sein Siegel 1389 an die besagte Urkunde. Dieses wird 1395 so beschrieben, daß es in einem Schild sechs Rosen zeigt. Auf Bitten des Henricus Valepage siegelt 1389 Henricus de Rameshusen für Christina und Sophia, die über kein eigenes Siegel verfügen. Das Siegel des Rameshusen zeigt *„eyne Ramme"*.[77]
Besondere Beachtung muß in dieser Urkunde der Erwähnung der Sophie von der Lake geschenkt werden. Sie wird als *„neptis eiusdem"* des Henricus Valepage bezeichnet. Da das Pronomen *„eiusdem"* männlich oder weiblich sein kann, könnte Sophie von der Lake sowohl die Nichte des Henricus als auch die seiner Frau Christine sein. Henricus Valepage ist jedoch im betreffenden Satz der Urkunde der betonte Bezugspunkt. So erscheint es wahrscheinlicher, daß Sophia von der Lake seine Nichte ist. Sie wäre demnach eine Tochter (das einzige Kind?) seiner Schwester Stina, die mit einem von der Lake verheiratet gewesen sein müßte[78]. Henricus Valepage hätte, sollte diese Vermutung zutreffen, also seine Schwester, seinen Schwager und seine Nichte beerbt. Wahrscheinlich ist er über die Vormundschaft, die er nach dem vor 1389 erfolgten Tod der Eltern der Sophie von der Lake über diese übernommen hat, in die Rolle des Lehensinhabers des Lakehofes hineingerutscht, da kein anderer männlicher Anwärter aus der Familie vorhanden war. Die Belehnung des Henricus Valepage mit dem Lakehof müßte dann als ausgesprochene Neubelehnung betrachtet werden. Man kann weiter vermuten, daß ihm das Kloster Abdinghof für diese Gnade eine nicht unbeträchtliche Gebühr abverlangt haben wird. Weitere Erwähnungen von Sophie von der Lake liegen nicht vor. Am 21. März 1400 erscheint Henricus dictus Valepaghe erneut mit seiner Frau Cristine vor seinem Lehensherren Abt Conrad II. von Abdinghof. Dieses Mal werden sie von ihren Töchtern Neze und Stine begleitet. Sie verkaufen dem für das Hospital des Klosters zuständigen Bruder Hermann dictus Tzyler eine Jahresrente von 2 Mark paderbornischer Währung für 44 Rheinische Goldgulden, die wie die andere Rente am St. Michaels-Tag zahlbar ist. Auch diese Rente ist rückkaufbar. Wiederum setzen sie allein den Lakehof und seine Zubehörungen als Pfand ein. Die über den Verkauf ausgestellte Urkunde wird wie 1389 von Abt Conrad, Henricus dictus Valepaghe und Henricus de Rameshusen besiegelt[79].
Auffällig ist, daß Henricus de Rameshusen zweimal für Christina, die Ehefrau des Henricus Valepage, siegelt. Sollte Christina vielleicht eine geborene Rameshusen und

Schwester des Henricus sein? Die Rameshusen stammen aus Rameshusen, einer Wüstung in der Nähe der Stadt Büren[80]. Henricus de Rameshusen läßt sich von 1376 bis 1410 mehrfach als einer der beiden Bürgermeister der Stadt Paderborn nachweisen; zugleich führte er den Knappen-Titel und war Lehensmann der Edelherren von Büren[81]. Indem Henricus de Rameshusen für Christina, die Ehefrau des Henricus Valepaghe, siegelt, werden in jedem Fall alte Verwandtschaftsbeziehungen sichtbar.

Von Henricus Valepage ist nun noch ein dritter Verkauf bekannt. Bereits am 9. Febr. 1402 leisten Hinrich van Wichmansberge anders geheiten Valepage, seine Frau Stine und ihre Kinder Styne und Neze vor dem Delbrücker Gograf Herman dey Voerstere einen vollständigen Verzicht auf einen *„hoff und guete mit synen tobehorungen"*, der in *„Egginchusen"* im Kirchspiel Neuengeseke liegt[82]. Sie haben ihn an den Priester Bernd van den Saltkotten, der als Offizial zu Soest amtiert, verkauft. Vermutlich wurde durch den vollständigen Verzicht eine vorherige Verpfändung in einen ewigen und erblichen Verkauf umgewandelt. Erbliche Rechte an dem Hof und Gut zu *„Egginchusen"* besaßen neben den Valepagen, die ausdrücklich als Verkäufer genannt werden, auch Herr Volpert Synneman und seine Frau Berte zu Lippstadt[83] und der Knappe Hinrich van der Hege, der das sogenannte Hegemanns-Gut den Valepage ganz überlassen hatte[84]. Sie erklären am 11. Febr. 1402 vor dem Lippstädter Richter Hinrich Plume ihren Verzicht gegenüber dem Offizial Bernd van den Saltkotten, der das Gut für die Kapelle S. Nicolai zu Brunstein in Soest erworben hat[85].

Die Tatsache, daß der Knappe Hinrich van der Hege unter den Mitbesitzern des von dem Valepagen verkauften Gutes ist, bestätigt die Zugehörigkeit von Stine, der Mutter des Henricus vom Wichmannsberge genannt Valepage, zur Familie von der Heige.

Henricus Valepage hatte in den Jahren 1389 bis 1402 offensichtlich einen gesteigerten Geldbedarf, den der Lakehof mit seinen Einkünften nicht befriedigen konnte. Da der Lakehof zudem zweimal belastet wurde, ist zu vermuten, daß kein weiterer verpfändbarer Besitz zur Verfügung stand – außer dem Hofanteil in *„Egginchusen"*.

Heinrich, der zu Lebzeiten niemals als Knappe bezeichnet wird, gehörte jedoch offensichtlich zu den Ritterbürtigen. So erscheint er am 17. März 1398 mit Wychard van Enze, Arnd Balke und Johan de Gogreve als Zeuge in einer Urkunde des Gerd van Enze, in der dieser dem Grafen von Rietberg gestattet, das Amt von Ostheim in den nächsten 12 Jahren wieder einzulösen[86].

Am 4. Aug. 1405 ist Hinricus Valepage tot. Wohl über einen längeren Zeitraum hinweg hatte er versucht, dem Delbrücker Beneficium der Hl. Catharina und der 10.000 Märtyrer einen Zehnten und 18 Morgen Land in Delbrück-Dorfbauerschaft streitig zu machen und für sich zu vereinnahmen. Nach seinem Tod nun schloß *„Styna relicta quondam Hinrici Valpagen famuli eiusdem diocoesis"* vor dem Paderborner Offizial Johannes Thus einen Vergleich mit Gerhard Schuddecrome[87], dem Inhaber des Beneficiums S. Catharinae. Styna verzichtete auf alle Ansprüche gegenüber dem genannten Altar[88].

Stina, die Witwe des Henricus Valepage, scheint den Hof nach dem Tod ihres Mannes zunächst allein geführt zu haben. Im Abdinghofer Kellereiregister heißt es 1410: *„curia Lakehoff, qua possidet relicta Henr. Valpage V sol., plaustrum lignorum, dabit V sol."*[89] 1417 wird erstmals die vollständige Abgabenlast des Lakehofes an die Abdinghofer Kellnerei genannt: *„curia Lakehof quondam Valepagen valet V sol., 1 plaustrum lignorum et tynam"*[90].

Dazu kamen noch die Abgaben von einer Mark an das Officium Annone[91] und zwei Mark an das Hospital[92], die ebenso wie die Abgaben an die Kellnerei nur stockend entrichtet wurden[93]. Von 1418 bis 1420 entrichtet ein Hermann Cockbone die fälligen Abgaben[94]. Er könnte ein Schwiegersohn der Witwe Stina oder ein Pächter des Hofes sein. Im Delbrücker Land ist der Name Cockbone sonst nicht nachweisbar.

IX. Johann van Wichmersberg genannt Valepage (1423-1428)

Erbe des Lakehofes wurde Johann Valepage, der 1423 erstmals rückständige Abgaben an das Kloster Abdinhof entrichtet[95]. Am 15. Juli 1424 lassen die Brüder Johan und Hinrich van Wichmersberg anders geheten Valpagen ihre Eigenbehörige Grete Tekenbussches frei, deren Herkunftsort leider nicht genannt wird. Beide besiegeln mit ihren eigenen Siegeln die Freilassungsurkunde[96]. Das Siegel des Hinrich van Wichmersberg ist erhalten geblieben; in der Umschrift ist sein Name erkennbar. Ein Vergleich dieses Siegels mit dem des Henricus Valepage, mit dem er die Urkunde vom 21. März 1400 beglaubigte, ergab das überraschende Ergebnis, daß beide Siegelabdrücke ein in jeder Hinsicht identisches Bild zeigen, d. h. sie müssen beide von ein und demselben Siegelstempel stammen. Hinrich van Wichmersberg hat demnach schlichtweg den Siegelstempel des vor 1405 verstorbenen Henricus Valepage übernommen. Auf diese Weise sparte er die sicher nicht unerheblichen Kosten für die Neuanfertigung eines Siegelstempels, was seinen bescheidenen finanziellen Verhältnissen sehr entgegengekommen sein dürfte.

Siegel des Hinrich van Wichmersberg gen. Valepage
(St.A. Münster, Grafschaft Rietberg, Urk. 256 zu 1424 Juni 15)

Der ältere Bruder Johann Valepaghe wurde am 8. Sept. 1425 mit dem Lakehof belehnt. Es handelte sich dabei wohl um die erste Belehnung des Johann Valepaghe, da Abt Johann III. von Brockhausen von 1420 bis 1454 dem Kloster Abdinghof vorstand[97]. Johann Valepaghe erteilte dem Abt einen Reversalbrief, in dem er gelobt, am St. Michaelstag die alten Abgaben, nämlich fünf Schilling paderbornischer Währung, *„eyne nigen tover und ein voder bantholt“*, zu entrichten[98].
Johann Valepaghe und sein Bruder Hinrich sind vermutlich Söhne des Walter van Wichmodeberg genannt Vakepage und somit Neffen des letzten Lehnsinhabers des Lakehofes, Henricus Valepage. Johann Valepaghe wird seinen Anspruch auf den Lakehof gegenüber seinen Cousinen Stine und Neze geltend gemacht haben, weil der Hof als Mannlehen betrachtet wurde. Seiner Belehnung wird eine Auseinandersetzung vorausgegangen sein, so daß sich die Ablegung des Lehnseides bis 1425 hinzog. Johann Valepaghe wird zuletzt 1428 in den Abdinghofer Abgabenregistern genannt[99], im selben Jahr erscheint bereits Henricus Valepage unter den Restanten der Abdinghofer Kellnerei[100]. Johann Valepage scheint demnach um 1427/28 gestorben zu sein. Er hinterließ seine Witwe Lyse van Heerse und Kinder.

X. Lyse van Heerse (1441-1458)

Lyse von Heerse entstammt dem alten Ministerialengeschlecht des adeligen Damenstifts Neuenheerse[101]. Sie war die Tochter des Knappen Hermann von Heerse[102] und seiner Frau Gisela[103]. Lyse hatte eine Schwester namens Gisela, die Stiftsdame in Neuenheerse war. Hermann von Heerse besaß zusammen mit seinem älteren Bruder Ludolf Rechte am halben Dorf Schwaney, an der Hälfte von Herbram sowie Borchen bei Paderborn. 1372 war er noch minderjährig[104]. Am 29. Mai 1429 wird er zuletzt genannt[105]. 1434 ist er tot[106]. Hermann von Heerse geriet durch verschiedene Fehden, an denen er teilnahm, in wirtschaftliche Bedrängnis. So fiel er im Kampf gegen die Padberger, die das Stift Paderborn mit Unheil überzogen, diesen in die Hände[107]. Am 8. Mai 1415 bekannte Hermann von Heerse, daß er Heidenreich von Calenberg und seiner Frau Ryxe 100 Rheinische Gulden schuldet, die er brauchte, um sich aus der Gefangenschaft von Ritter Friedrich von Padberg, Friedrich van Driburg und der van Calenberg loszukaufen. Zum Unterpfand setzte er die Hälfte seines Dorfes Herbram ein[108].
Der große Ausverkauf der Besitzungen der von Heerse wurde aber nicht von Hermann von Heerse, sondern von dem Sohn seines Bruders Ludolf, Dietrich von Heerse, vorgenommen.
Bereits am 15. Juli 1409 hatten Hermann von Heerse und seine Neffen, die Brüder Ludolf und Dietrich von Heerse, dem Paderborner Domkämmerer Heinrich Westphal für 220 Rheinische Goldgulden die Hälfte des Dorfes Schwaney versetzt[109]. Auf dieses Pfandgut lieh sich Dietrich von Heerse am 29. Sept. 1434 nach dem Tod seines Onkels und seines Bruders weitere 30 Goldgulden vom Busdorf-Kanoniker Ludeke Westphal, dem Erben des Henrich Westphal[110]. Am 1. Aug. 1440 übergab ihm Ludeke Westphal schließlich weitere 220 Rheinische Goldgulden[111]. Damit hatte Dietrich von Heerse alle seine Anrechte an Schwaney endgültig an die Westphal verkauft. So bittet er am 15. Aug. 1440 die Äbtissin von Neuenheerse, Ermengard von Solms, den Knappen Wilhelm Westphal mit der Hälfte des Dorfes Schwaney zu belehnen[112].

Am 29. April 1441 wendet sich Lyse von Heerse, des seligen Hermanns von Heerse Tochter und nunmehrige Ehefrau des Bertram Balke, an Ermengard von Solms, die Äbtissin von Neuenheerse, und bittet sie ihrerseits, den Knappen Wilhelm Westphal mit der Hälfte des Dorfes Schwaney zu belehnen, wie ihre Vorfahren es vom Stift zu Heerse zu Lehen gehabt haben. Lyse bekundet, daß sie aus freiem Willen und mit Zustimmung ihres Mannes Bertram Balke ihre Rechte an der Hälfte des Dorfes Schwaney an Wilhelm Westphal verkauft habe, wie auch ihr Vetter Dietrich von Heerse, und sie gänzlich Verzicht leiste. Dieses geschah vor dem Paderborner Domvizepropst Otto Wedemhover *„in der Delbruggen vor Herman Beyrmans huyss vur der nyenbrugge"*, die über die Ems führt, die das Fürstbistum Paderborn von der Grafschaft Rietberg trennte. Zeuge war u. a. Hermann van Heyrse, Bastard, Lyses Halbruder[113]. Am 3. Juni 1441 verkaufte auch Gysele von Herse, Lyses Schwester, ihr von Hermann von Herse angeerbtes Recht an dem halben Dorf Schwaney an Wilhelm Westphal in Gegenwart der Äbtissin von Neuenheerse[114], die daraufhin Wilhelm Westphal belehnt[115].
Das Dorf Schwaney war damit für Lyses Erben endgültig verlorengegangen.
Im nächsten Schritt verkaufte der Knappe Dietrich von Heerse am 5. Febr. 1443 mit Zustimmung seiner Frau Ilyane seine Wohnung und sein Dorf Herbram an Wilhelm Westphal für 400 rheinische Gulden, wovon er einen Teil in den Brautschatz seiner Tochter Else investiert, für 150 Gulden aber die vorgenannte Wohnung und das Dorf Herbram von Johann von dem Kalenberg, des seligen Heydenrikes Sohn, und Johann Valepagens Kinder wiedereingelöst hat[116]. Dietrich von Heerse hatte demnach einen Teil seiner Rechte an Herbram an seine Cousine Lyse von Heerse und ihren ersten Mann Johann Valepage verpfändet.
Johann Valepage hatte mit Lyse von Heerse als Erbtochter des Hermann von Heerse eine Frau geheiratet, die ihm die Häfte des Heersischen Besitz hätte zubringen können. Die wirtschaftliche Basis der Familie Valepage wäre enorm gesteigert worden, das Ansehen der Familie als Nachfolger der von Heerse wäre um ein Vielfaches gestiegen. Doch es kam anders. Zum einen war Johann Valepage bereits 1428 verstorben; zum anderen geriet Lyse in den Verkaufsstrudel, den ihr Vater begonnen und ihr Vetter Dietrich von Heerse bis zum endgültigen Verlust aller Heersischen Erb- bzw. Lehengüter fortgesetzt hat. Weiter muß man sicher vermuten, daß Johann Valepage die Tochter des Hermann von Heerse nur heiraten konnte, weil sich die Familie bereits in einem Abwärtstrend befand. Denn was hatte Johann Valepage der Lyse von Heerse zu bieten außer seiner Zugehörigkeit zur Paderborner Ritterschaft und vielleicht seinen ritterlichen Aktivitäten, über die aber leider keine Nachrichten vorliegen?
Lyses Kindern aus ihrer Ehe mit Johann Valepage verblieb nur ein kleiner Rest aus dem großväterlichen Erbe.
Lyse von Heerse heiratete nach dem frühen Tod des Johann Valepage den Bertram Balke aus der Ritterschaft der Grafschaft Rietberg.
Bertram Balke, des seligen Arnd Sohn, verkaufte am 27. Okt. 1435 mit seiner Mutter Stine eine Rente an die St. Margarethen-Kirche zu Wadersloh[117]. Am 29. April 1441 besiegelt er mit seiner Frau den Verkaufsbrief über Schwaney[118]. Am 20. Jan. 1450 sagen Bertram Balke, des verstorbenen Arndes Sohn, etwa 60 Jahre alt, und sein Vetter Arnd Balke, des verstorbenen Bertram Sohn, etwa 40 bis 50 Jahre alt, in einer Streitsache vor dem Richter des Grafen von Rietberg, Henricus de Dreyer, aus[119]. Bertram Balke wird noch einmal am 26. Febr. 1452 genannt[120]. M. von Spießen hat Bertram Balke, den

Ehemann der Lyse von Heerse, fälschlicherweise als Bruder des Arnd Balke, der in erster Ehe mit Ermengard Gräfin von Rietberg verheiratet war, betrachtet[121]. Die Urkunde von 1450 bezeugt sie jedoch als Vettern.
Bertram Balke und Lyse von Heerse wohnten wahrscheinlich nicht auf dem Lakehof in Delbrück, sondern in der Grafschaft Rietberg. Um 1441 ihren Verzicht auf Schwaney gerichtlich erklären zu können, mußten sie vermutlich Paderborner Boden betreten. So wählten sie den von der Grafschaft Rietberg aus am nächsten gelegenen Gerichtsplatz auf Delbrücker Gebiet vor der Neuenbrücke in Delbrück-Steinhorst.
Kinder aus der zweiten Ehe der Lyse von Heerse mit Bertram Balke sind nicht bekannt. Lyse starb nach 1458.

XI. Der Sühnestein für Lud. Valepaghe

In der Nähe von Stadtoldendorf wurde 1929 ein 162 x 105 cm großer Sühnestein gefunden, der heute im dortigen Heimatmuseum aufbewahrt wird. Auf der Vorderseite zeigt er eine Kreuzigungsszene. Das Kreuz wird von Maria und Johannes flankiert. Unter dem Kreuz kann man eine weibliche Gestalt erahnen. Die Rückseite zeigt einen Mann, der von einem anderen mit einem spitzen Dolch durch einen Stoß in den Hals ermordet wird. Die Inschrift auf der Vorderseite ist folgerdermaßen aufgelöst worden: *„Luderus Valepaghe est occisus innocenter a latronibus, cuius anima requiescat in pace."* Auf der Rückseite befand sich ein Wappenschild, das durch ein Band mit dem Hals des Ermordeten in Verbindung steht. Das Wappen ist leider nicht mehr zu erkennen. Darunter steht: *„Lud. Valepahge"* und ein *„e"* (= est?). Die weibliche Gestalt unter dem Kreuz auf der Vorderseite könnte, so wird vermutet, die Mutter des Getöteten sein, die den Stein hat errichten lassen. Der Stein soll nach der Tracht des Valepahge und der Schrift der Inschriften der zweiten Hälfte des 14. Jhdts. angehören[122].
Aus der nicht mehr sehr deutlichen Inschrift auf der Vorder- und Rückseite könnte man statt Luderus auch Ludolf lesen. Der Vorname Ludolf gehört zu den Leitnamen der Familie von Heerse. Der, dem der Sühnestein gewidmet ist, wäre demnach ein Sohn der Lyse von Heerse, die unter dem Kreuz auf der Vorderseite dargestellt sein könnte. Der Stein würde dann in die ersten Jahrzehnte des 15. Jhdts. gehören.
Der Stein wirft mehrere Fragen auf. Wurde er in der Nähe des Tatorts aufgestellt und entdeckt? Wenn ja, was tat das Mordopfer in der Gegend von Stadtoldendorf? War er auf der Durchreise?
Die Fragen sind nicht zu beantworten. Aber es bleibt die beachtenswerte Tatsache, daß ein Valepaghe in größerer Entfernung von Delbrück unterwegs war, Opfer eines Raubmordes (?) wurde und zu seinem Gedenken ein Stein in beträchtlicher Größe errichtet wurde, der die Untat mahnend zeigt. Auf seine Weise zeugt der Stein von der Bedeutung und Selbsteinschätzung der Familie.

XII. Henrich van Wichmersberg genannt Valepage (1424-?)

Bereits im Todesjahr des Johann Valepage 1428 erscheint in den Abgabenregistern des Klosters Abdinghof der Name Henricus Valepage[123]. Bezeugt ist dieser Name auch in den

Jahren 1430[124], 1432[125], 1436[126] und 1437[127]. 1442 heißt es: *„Hinrico Valepagen vasallo monasterii nostri"*[128]. 1448/49 wird er schließlich noch unter den Restanten des Abdinghofer Hospitals genannt[129]. Dies ist die letzte Erwähnung eines Henricus Valepage in den Abdinghofer Registern.
Da noch 1437 von den Erben des Lakehofes die Rede ist[130], wird es sich bei dem ab 1428 genannten Henricus Valepage zunächst um den zum ersten Mal 1424 urkundlich belegten Bruder des Johann Valepage handeln[131], der die Verwaltung des Lakehofes übernommen haben wird.
Unbekannt ist der Zeitpunkt, an dem der ebenfalls Henricus genannte Sohn des Johann Valepage sein Erbe angetreten hat; eine Nachricht über eine erfolgte Belehnung liegt nicht vor.
Ebenso unbekannt ist das weitere Schicksal Henricus Valepages, des Bruders des Johann Valepage.
Erwähnt sei noch, daß sich die jährliche Lehenspachtabgabe weiterhin auf fünf Schillinge, einen Fuder Schlagholz und ein neues Faß oder einen Zuber belief[132]. 1433 wird erstmals alles mit 9 Solidos beglichen[133]. So blieb es bis 1476[134]. Auch an das Offizium Annone wurde weiterhin jährlich eine Mark entrichtet[135] und das Hospital forderte die ihm zustehende Rente von zwei Mark jährlich[136]. Immer wieder mußte die Familie aber auch an ihre Zahlungsverpflichtungen erinnert werden, so 1430[137], 1441[138], 1442[139] und 1448[140].

XIII. Henrich van dem Wichmersberg genannt Valepage (1453-1477)

In die Zeit des Henricus vom Wichmersberg genannt Valepage, des Sohn des Johann Valepage und der Lyse von Heerse, fällt eine Erwähnung, die die Familie Valepage eindeutig der Paderborner Ritterschaft zurechnet.
Der Paderborner Domscholaster Dietrich von Engelsheym verfaßte um 1444 ein Manuskript, in dem er unter Heranziehung originaler Quellen über den Versuch des Kölner Erzbischofs Dietrich von Moers berichtet, das Paderborner Bistum, dessen Verwalter dieser seit 1415 war, dem Kölner Erzbistum zu inkorporieren und den zähen Widerstand des Paderborner Domkapitels, das den Versuch zum Scheitern brachte. Engelsheym berichtet schließlich auch darüber, welche Adelsgeschlechter es 1444 im Bistum Paderborn noch gab und welche ausgestorben waren.
Unter den noch existierenden heißt es: *„Suß weren up dusse siden Paderborns leget vel alder riker guder geslechte, de van Elmerinchusen, de Stepele, de Crevete, de van Herse, de van Ense, van Verne, van Graffen, de Scildere, de van Vlechten, de van Anrepen, de Schellen, de Valepagen"*[141].
Die Valepage waren demnach den von Heerse und anderen Geschlechtern, die in ihrer Nachbarschaft wohnten wie die Krevets[142], von Verne[143] und von Anreppen[144] ebenbürtig, wenn auch nicht so bedeutend.
Henricus vom Wichmersberg genannt Valepage ist urkundlich nur durch Verkäufe belegt, die er getätigt hat und die einen Einblick in seine gesellschaftliche Stellung und wirtschaftliche Situation erlauben.
Vor 1453 hatte Henricus vom Wichmersberg genannt Valepage den Nellinghof in Delbrück-Osterloh, der zum Abdinghofer Lehen gehörte, an Lubbert Westphael

verpfändet. Dieser hatte zwei über die Verpfändung ausgestellte Briefe an die Choralen des Paderborner Domes weiterverkauft. Am 4. März 1453 versprechen der Paderborner Domdekan und -kantor im Namen der Choralen, dem Lubbert Westphael die genannten Verpfändungsbriefe zurückzugeben, sobald die darin verschriebene Rente von 15 Schilling jährlich bezahlt worden ist[145].
Im Jahr 1458 war Henricus erneut in Bedrängnis geraten. Von seinem Ohm, dem Paderborner Dompropst Heinrich von Haxthausen († 1479)[146], erhält er am 16. Aug. 1458 50 Rheinische Goldgulden. Dafür verspricht er seinem Ohm, daß weder er, noch seine noch lebende Mutter Lyse von Heerse, noch seine Erben, den Dompropst oder dessen Bruder Johann von Haxthausen in irgendeiner Weise auf die Güter der von Heerse, insbesondere Hermanns von Heerse, Lyses Vater und Henricus Großvater, ansprechen werden. Ausdrücklich verzichtet er auf alle Ansprüche auf das Amt Borchen, es sei denn, er zahle die 50 Gulden zurück. In diesem Falle verspricht er, Rechtswege einzuhalten *„unde nu unde nimmer mer myt selffwolt, rove, brande und moitwillen"* den großväterlichen Nachlaß zurückzufordern. Henricus siegelt für seine Mutter und sich mit seinem Siegel: 6 Rosen im Verhältnis 3:2:1. Die Siegelumschrift lautet: „S'HINRIC VA(N) D(EM) WI...ERSBERGE". Zeugen waren die Paderborner Domherren Hinrich van Velsteyn und Diderich Westfaill sowie Diderike Preyn, Priester im Dom[147].
Dieser Einigung war vorausgegangen, daß Dietrich von Heerse, Lyses Vetter, von 1447 bis 1453 alle seine Rechte an Borchen an Heinrich von Haxthausen und dessen Bruder Johann verkauft hatte. Dietrich von Heerse bittet schließlich 1453 den Dompropst Heinrich von Haxthausen, Johann von Haxthusen, *„mynen leven omhe, de ock van dem slechte tho Herße geboren ist"* mit dem domkapitularischen Amt Borchen zu belehnen[148]. Auch Gysele van Herße, *„juncfrowe to Herße"*, Lyses Schwester, erklärte am 15. April 1453 ihren Verzicht auf alle Rechte an Borchen, die sie von ihrem Vater geerbt hat[149]. So verloren die Valepage nach Schwaney nun auch noch den schmalen Restbesitz am Amt Borchen.
Wichtig ist hier die Beobachtung, daß auch Dietrich von Heerse wie Henrich vom Wichmersberg genannt Valepge den Dr. jur. utr. Heinrich von Haxthausen und dessen Bruder Johann als seine Ohme bezeichnet[150]. M. von Spießen gibt in seiner genealogischen Sammlung an, daß der Vater der beiden Brüder von Haxthausen, Albert von Haxthausen, in erster Ehe mit Mette von Heerse, einer Tochter des Knappen Hermann und Heerse und seiner Frau Gisela und Schwester von Lyse und Gisela von Heerse, verheiratet war[151]. Ein Beleg fehlt. Aus zeitlichen Gründen erscheint es jedoch wahrscheinlicher, daß Albert von Haxthausen, der Vater des Dompropstes Heinrich und des Paderborner Erbhofmeisters Johann von Haxthausen, mit einer Schwester des Hermann von Heerse verheiratet war. Lyse von Heerse und der Paderborner Dompropst Heinrich von Haxthausen wären demnach Cousine und Cousin gewesen. Henrich vom Wichmersberg genannt Valepage zählte somit den nach dem Fürstbischof ranghöchsten geistlichen Würdenträger des Bistums Paderborn sowie die aufstrebende Familie von Haxthausen zu seinen Verwandten.
An ihrem Aufblühen hatte Henrich vom Wichmersberg jedoch keinen Anteil. Einen Tag nachdem er seine Ansprüche an Borchen veräußert hatte, verpfändet er alle seine Höfe und Güter in Delbrück wiederkäuflich an Lubbert Westphael für 100 Rheinische Gulden[152]. Diese braucht er, um sich aus der Gefangenschaft zu Schartingen[153] zu lösen. Demselben Lubbert tritt er ebenfalls 1458 auch seine letzten Rechte an Herbram, die er

von seinen Eltern geerbt hat, für 50 Goldgulden ab[154]. Die Gefangenschaft, in die Henrich geraten war, zeugt davon, daß er seinen Lebensunterhalt durch eine ritterliche, sprich: militärische Lebensweise zu bestreiten versuchte. Das Risiko war groß. Durch seine Gefangennahme, aus der er sich mit eigenen Mitteln befreien mußte, verschlechterte sich seine wirtschaftliche Situation erheblich. Mit dem Verlust von Herbram verlor er endgültig den letzen Rest des großväterlichen Erbes.
Erst zwanzig Jahre später wird noch einmal ein Henrich van deme Wichmersberge genandt Valepage urkundlich erwähnt. Leider wird nicht deutlich, ob er mit dem bisher genannten identisch oder bereits dessen Sohn ist. Am 8. Dez. 1477 bezeugt der Knappe Raven van Brenken, daß Philipp von Hörde zu Boke *„etlike breve by sik liggende hefft, de in vorleden tyden by synen vader seliger gedechtnisse hern Bernde van Horde to truwer hant gelecht und nu an enne gekommen syn, de van deme Wichmersberge genandt Valepage andreppende und beroren"*, die Philipp von Hörde nun an Hinriche van deme Wichmersberge genandt Valepage als einem rechten Erben übergeben habe[155]. Bernd von Hörde der Jüngere war etwa von 1435 bis 1467 Amtmann des Schlosses und Amtes Neuhaus bei Paderborn[156]. In diesen Jahren müßten die Valepage Bernd von Hörde ihre Urkunden zur Aufbewahrung übergeben haben. Vermutlich war ihnen ihr Fachwerkhaus auf dem Lakehof in Delbrück nicht sicher genug. Die zurückgegebenen Urkunden existieren heute leider nicht mehr. Rückblickend kann man sagen, daß es besser gewesen wäre, wenn die Familie von Hörde die Urkunden weiterhin aufbewahrt hätte.
Der Vorgang zeigt die Nähe der Familie Valepage zur bedeuterenden und mächtigeren Familie von Hörde zu Boke[157] im 15. Jhdt.
Mit dem 1477 genannten Henrich van deme Wichmersberge genandt Valepage starb der letzte der vom Wichmodeberg bei Büren-Steinhausen stammenden Familie, der letzte Valepage. Zum einen fehlte der Familie die wirtschaftliche Basis, von der aus sie ihren Einfluß und ihre Bedeutung hätte steigern können. Zum anderen wurde sie ein Opfer des Fehdewesens, das aufgrund des hohen Risikos sowohl für das Leben als auch den Besitz zwangsläufig zu einer Verminderung des Ritterstandes führte. Die Valepage gehörten zu den Verlierern einer Entwicklung, die für eine Reihe von Familien des niederen Adels im 15. Jhdt. in einer Krise endete. Sie blieben zu sehr dem Alten verhaftet und besaßen nicht die Kraft und Phantasie, neue Wege zu beschreiten.
Noch 1477, im Jahr des Letzterwähnung des Henrich Valepage, begann auf dem Lakehof in Delbrück eine neue Ära.

XIV. Nese Valepage (1481)

Am 19. Dez. 1481 erschien Nese Valepagen vor dem Abdinghofer Abt Heinrich V. Schroder von Peine (1476-1491)[158] mit ihrem Sohn Johann Boiger. Sie verzichten auf alle ihre Rechte und Ansprüche am Lakehof in Delbrück zugunsten Johann Varendorps, Nesens Sohn und Johann Boigers Bruder. Sie bitten den Abt, ihn mit dem Lakehof zu belehnen[159].
Nese = Agnes Valepage kann als die letzte ihrer Familie gelten. Es ist schwierig zu entscheiden, ob sie eine Tochter des Henrich vom Wichmersberg, dem letzten Valepage ist, oder seine Schwester, also eine Tochter von Johann Valepage und Lyse von Heerse. Im ersten Fall müßte sie jung geheiratet und ein Kind bekommen haben. Nese Valepage

war wahrscheinlich in erster Ehe mit einem Varendorp, in zweiter mit einem Böger verheiratet. Beide Ehemänner lassen sich leider nicht näher bestimmen. Nese hatte offensichtlich durch ihre zweite Ehe mit dem Böger eine ausreichende Versorgung, so daß sie auf eine Versorgung aus dem Lakehof nicht angewiesen war. Es ist bedauerlich, daß ihr Wohnort nicht angegeben wird. Auch liegen keine weiteren Erwähnungen von ihr vor.

Neses erster Ehemann Varendorf entstammte der adeligen Familie von Varendorf, da die Nachkommen Johanns das Siegel der von Varendorf, den nach links schreitenden Löwen, benutzten[160].

Das aus dem Fürstbistum Osnabrück stammende, seit dem Ende des 12. Jhdts. belegte Geschlecht der von Varendorf spaltete sich in der 2. Hälfte des 13. Jhdts. in zwei Linien, die sogenannte Sutthauser Linie[161] und die Malberger Linie, die seit dem 2. Viertel des 15. Jhdts. auf Haus Milse bei Bielefeld beheimatet war[162]. Die Ähnlichkeit der Vornamen in der Milsener Linie der von Varendorf und der Delbrücker Varendorf sowie die Tatsache, daß sich ein Sohn des Johann Varendorf in Bielefeld niederließ, sprechen für die Vermutung, daß der Ehemann der Nese Valepage der Milsener Linie entstammte. Auffällig ist jedoch, daß sich die Delbrücker Varendorf niemals der Präposition „von" bedienten.

Stammtafel der vom Wichmodeberg genannt Valepage II

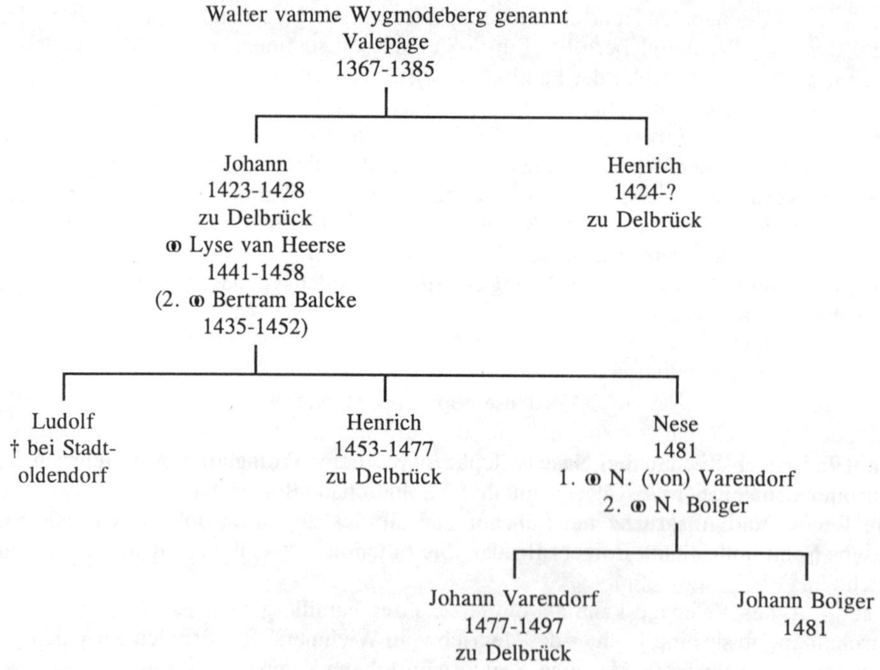

XV. Johann Varendorf (1477-1497)

Johann Varendorf wurde bereits im Laufe des Jahres 1477 von Abt Heinrich V. Schroder mit dem Lakehof belehnt: *„Johannes Varendorp infeudatus cum curia condicta Lakehove in der Delbruggen in emphitheosim“*[163].

Vielleicht hat Henrich vom Wichmersberg genannt Valepage alle Briefschaften von Philipp von Hörde zu Boke am 8. Dez. 1477 zurückerbeten, um sie dem neuen Lehensinhaber übergeben zu können.

Obwohl Johann Varendorf 1477 eindeutig belehnt worden war, wurde die Belehnung am 19. Dez. 1481 von demselben Abt wiederholt, der sie auch 1477 vorgenommen hatte. Anlaß der Wiederholung war die Verzichtserklärung von Nese Valepage, der Mutter des Johann Varendorf, und seines Bruders Johann Boiger auf alle Ansprüche gegenüber dem Lakehof. Die Belehnung geschieht nach Pachtlehensrecht zu denselben Bedingungen, zu denen zuvor die Valepagen mit dem Lakehof belehnt worden waren. Zeugen dieses Aktes waren Philipp von Hörde, Ludolf Walchuse, Johann Boickliid (?) und Hinrich Pumperlamp. Johann Varendorf erteilte dem Abt am selben Tag einen Reversbrief, in dem er verspricht, zu Michaeli sowohl die jährliche Pacht von 9 Schillingen als auch die Rente an das Hospitel zu entrichten[164]. Die erneute Belehnung wird auch durch einen Eintrag ins Lehensregister bestätigt[165]. 1478 steigt die jährliche Rente auf 21 Schillinge an[166]. Am 3. Dez. 1484 erscheint Johann Varendorp einmal in Paderborn als Zeuge in einer Urkunde Abt Heinrichs V. von Abdinghof, in der es um die Beilegung eines Streites über Lehengüter des Klosters zu Havergo geht. Beteiligt ist u. a. der Priester Requin Beyger, Benefiziat zu Busdorf[167]. Ob er ein Verwandter des Johann Boiger ist? Die Zeugenschaft ist die einzige Urkunde, in der Johann Varendorp, abgesehen von den Belehnungsnachrichten und Abgabenregistern, genannt wird.

Nach der Wahl des Johannes von Peine (1491-1536) zum Abt von Abdinghof[168] wurde Johann Varendorp erneut belehnt[169]. 1497 wird er zum letzten Mal in den Abdinghofer Abgabenregistern angeführt[170]. Er scheint in diesem Jahr gestorben zu sein, denn von 1498 bis 1510 werden die jährliche Pacht von 21 Schillingen an die Kellnerei[171] und die Rente von 2 Mark an das Hospitel des Klosters[172] von der *„relicta Joannis Varendorp“* entrichtet.

Johann Varendorf scheint ausschließlich vom Lakehof gelebt zu haben. Etwaiger weiterer Besitz ist nicht bekannt geworden. Vor allem gibt es keinerlei Hinweise auf eine irgendwie geartete militärische Tätigkeit.

Von dem Siegel, mit dem er 1481 den Reversbrief bekräftigt, ist leider nur ein kleines Stück des Randes erhalten geblieben, auf dem die Silbe *„-dorp“* zu lesen ist. Allein die Tatsache, daß er über ein Siegel verfügte, bezeugt, daß er von seiner Herkunft her nicht ganz unbedeutend gewesen sein kann.

Von Johann Varendorp sind vier Söhne bekannt:

1. der älteste Sohn Lubbert, der studierte,
2. Jobst, der nach Bielefeld zog,
3. Arnd, der auf dem Lakehof lebte, und
4. Stephan, der den Lakehof erbte.

XVI. Lubbert Varendorf (1499-1506)

Zwei Jahre nach dem Tod des Johann Varendorf war es vermutlich dem Kloster Abdinghof und der Familie Varendorf daran gelegen, für beide Seiten eine Rechtssicherheit bezüglich des Lakehofes herzustellen.

So wurde am 13. Juni 1499 in Gegenwart des Delbrücker Gografen Henrich Ocke und von Martin Lüdeke der bescheidene Lubbert Varendorf, *„Clerick und Studenten der Universiteten bynnen dohme"*, also einem Schüler der Paderborner Domschule, von Abt Johannes von Peine mit dem Lakehof zu einem rechten Mannlehen nach Pachtlehensweise und -recht, *„so den Johan Varendorp van uns to vorne hebbe gehath"*, belehnt[173].

Nach dem Abschluß der Paderborner Domschule ging Lubbert Varendorp nach Köln, wo er sich am 20. Juni 1504 zum Studium der Künste an der Universität immatrikulierte. Am 27. März 1506 wird er noch einmal in den Matrikeln genannt[174]. Danach verliert sich seine Spur. Die Lehensnachfolge auf dem Lakehof jedenfalls hat er faktisch nicht angetreten.

Das Studium zeugt jedoch davon, wie die Familie auf eine neue Weise versucht, etwas an Bedeutung zurückzugewinnen.

XVII. Jobst Varendorf genannt Valepage (1547-1570)

Jobst Varendorf, ein Sohn des Johann Varendorf und Bruder von Lubbert, Arnt und Stephan Varendorf, wurde Bürger in Bielefeld und nannte sich zumeist nur „Valepage"[175]. Er ging dem Beruf eines Leinenhändlers nach. Möglicherweise kaufte er auch in Delbrück, wo Hanf angebaut und verarbeitet wurde, Leinen auf. 1547 läßt sich Jost Valepage gen. Varendorp erstmals in Bielefeld nachweisen. Er besitzt dort ein Haus in der Niedernstrasse[176]. Verheiratet war er, vermutlich in zweiter Ehe, mit Catharina Hesekus, der Tochter des Ratsherrn und schaumburgisch-lippischem Sekretär zu Stadthagen und späteren Herforder Bürgers Bertold Hesekus († vor 1556) und der Margarete (oder Anna) Bulle[177]. 1557 heißt es, sie seien seit etlichen Jahren verheiratet[178]. Am 29. Nov. 1559 verkaufen sie eine Rente aus ihrer Stätte auf dem Bleichplatz bei der Dammühle für 17½ Taler[179]. Am 29. Dez. 1570 wird ihr Haus und Hof auf dem Damme genannt[180]. Zudem ist er um 1570 Pächter eines vor Bielefeld gelegenen Gartens, der dem Drosten Bernd von Varendorf († 1579)[181] gehörte[182].

Jobst Valepage ist nach 1570 in Bielefeld verstorben. Er ist der erste Valepage, der als Kaufmann sein Glück zu machen versuchte. Seit dem Bürener Hermann vom Wichmodeberg im 14. Jhdt. ist er außerdem der erste der Familie, der sich als Bürger in einer Stadt niedergelassen hat.

Von Jobst Valepage sind zwei Söhne namens Johann und Jobst bekannt.

XVIII. Johann Valepage (1537-1585)

Johann Valepage, der Sohn des Jobst Valepage, schätzte am 5. März 1592 sein Alter auf 55 Jahre[183]. Demnach wäre er um 1537 geboren worden. Er stammt mit großer

Wahrscheinlichkeit aus der ersten Ehe seines Vaters, da er nicht in der Stammtafel der Familie Hesekus erscheint, der die zweite Frau seines Vaters entstammte[184]. Johann Valepage ist seit 1572 Mitglied der Höckergilde in Bielefeld, 1598 ist er der 15. Älteste[185]. Ebenfalls 1572 ist er Zeuge bei der Abfassung des Testaments des Matthias von Grest, das er u. a. besiegelt[186]. Verheiratet war er mit Ilseke Cothmann, der Tochter des Bielefelder Kanonikus Johannes Cothmann († 1571). 1578, 1583 und 1585 wird er in den Akten der Cothmannschen Studienstiftung genannt[187].
Johann Valepage ist nach 1598, wahrscheinlich in Bielefeld, verstorben. Als Höcker hat er vielleicht das Geschäft seines Vaters übernommen.

XIX. Jobst Valepage (1589)

Jobst Valepage entstammt der zweiten Ehe des Jobst Valepage mit Catharina Hesekus[188]. Am 27. Mai 1589 ist er bei der Erbteilung des verstorbenen Gerhard Cock zum Brockhagen in Bielefeld anwesend. Mit Johann Grothe und Matthias von der Mhulen hatte er auszulosen, wem welche Hausgeräte zufallen sollen[189]. Weitere Erwähnungen liegen von ihm leider nicht vor.

XX. Arnd Varendorf genannt Valepage (1512-1550/51)

Nach dem Tode Johann Varendorfs auf dem Lakehof in Delbrück übernahm zunächst dessen Witwe die Haushaltungsführung. Ab 1512 werden die Abgaben an die Abdinghofer Kellnerei[190] und das Hospital[191] des Klosters von Arnd Varendorp entrichtet. Die Höhe der Pacht beträgt weiterhin 21 Schillinge, die der Rente 2 Mark. Arnd Varendorp (auch Warendorp) leistet die Abgaben bis einschließlich 1524. Er wurde nie belehnt, da vermutlich durch die Belehnung seines älteren Bruders Lubbert 1499 eine ausreichende Rechtssicherheit gegeben war.
Arnd Varendorp erscheint auch nach 1524 noch in vielen Belegen. So ist er am 29. Sept. 1527 Zeuge bei einem Verkauf durch die Familie Förster vom freien Försterhof in Delbrück-Dorfbauerschaft[192]. 1531/32 erhält Arnd, der hier erstmals Valepage genannt wird, 1½ Mark aus der fürstbischöflichen Rentkasse des Schlosses Neuhaus für seine Dienstkleidung[193]. 1550/51 empfängt er aus derselben Kasse für seinen Dienst 1 Malter Roggen und 3 Malter Hafer[194]. Welches Amt er in fürstbischöflich-paderbornischen Diensten bekleidete, wird leider in den Quellen nicht gesagt. Da aber 1560/61 die Landknechte oder Vögte im Delbrücker Land an derselben Stelle der Rechnung angeführt werden[195], muß man vermuten, daß auch Arnd diese Funktion besaß. Als fürstbischöflicher Vogt in Delbrück war Arnd Varendorp die ausführende Hand des vom Fürstbischof eingesetzten Gografen. Der Vogt hatte Polizeiaufgaben wahrzunehmen, Pfandstücke mit Arrest zu belegen und gegebenenfalls Landschatzungsgelder und Beden einzutreiben. Seine Funktion war demnach nachgeordneter und ausführender Art. Sie sicherte ihm jedoch ein zusätzliches Einkommen und eine gewisse, wenn auch bescheidene Bedeutung im Delbrücker Land.

Vom Delbrücker Benefizium S. Catharinae hatte er Land gepachtet, von dem er 1535 und 1536 je 1 Malter Gerste und 1 Scheffel Roggen zu entrichten hatte[196]. Auch dieses Land diente seinem Unterhalt.
Arnd Varendorf oder Valepage wird zwischen 1551 und 1560 gestorben sein. Er ist der erste Valepage, der in fürstbischöflich-paderbornischen Diensten eine Funktion im Delbrücker Land innehatte. Leider liegen keine Hinweise vor, ob er verheiratet war und Kinder hatte.

XXI. Steffen Varendorf genannt Valepage (1525-1561)

Unvermittelt werden die Abgaben des Lakehofes, wie er weiterhin genannt wurde, ab 1525 von Steffen Varendorp bezahlt. Er scheint der jüngste der Söhne des 1497 verstorbenen Johann Varendorp zu sein. Von 1525 bis 1543 betrug die Abgabe 9 Schilling[197], von 1544 bis 1558 10 Schilling[198] und ab 1559 einen halben Gulden[199]. Die Höhe der seit 1400 an das Hospital zu zahlenden Rente änderte sich hingegen nominell nicht[200]. Ab 1536 wird er in den Kellnereiregistern Steffen Warendorp alias Valepage genannt. Ab 1549 heißt er sowohl in den Kellnereiregistern als auch in den Hospitalregistern nur noch Steffen Valepage. So setzt sich der alltägliche und landläufige Gebrauch des Namens Valepage etwa zeitgleich bei den Brüdern Johann und Jobst in Bielefeld und Arnd und Steffen in Delbrück durch. Als Steffen Varendorp ist er nach seinem Bruder Arnd am 29. Sept. 1527 Zeuge bei einem Landverkauf durch die Familie Förster in Delbrück[201].
Als am 13. Nov. 1527 die eigenbehörigen Vollmeier Nolte und Lubbert Nellmann aus Delbrück-Osterloh im Grenzstreit zwischen Paderborn und Rietberg vernommen wurden, sagen sie aus, sie seien *„Steffen Valepagen, försters in der Delnbrücken eigen“*[202]. Steffen Valepage bekleidete demnach das Amt des fürstbischöflich-paderbornischen Holzförsters im Delbrücker Land. Wie sein Bruder Arnd erhält er 1531/32 für seine Dienstkleidung 1½ Mark aus der fürstlichen Rentkasse zu Schloß Neuhaus[203]. An weiteren Bezügen erhielt er wie Arnd jährlich 1 Malter Roggen und 3 Malter Hafer[204], die der Fütterung eines Pferdes dienten, das er brauchte, um die weiten Entfernungen innerhalb des Delbrücker Land zügig zurücklegen zu können. Um 1560 erhält er für seine Dienstkleidung 6 Mark 9 Schilling[205]. Als Holzgraf hatte Steffen Valepage über die Holzbestände des Delbrücker Landes, die von seinen Bewohnern nicht ohne Genehmigung gefällt werden durften, zu wachen. Weiter hatte er das Fällen und Liefern von Bäumen an die fürstbischöfliche Verwaltung zu organisieren. Er kümmerte sich um das Einsammeln der Honigabgaben und deren Lieferung zum Residenzschloß in Neuhaus. Vermutlich fungierte er auch als Jagdaufseher und hatte fürstbischöfliche Jagden mit vorzubereiten. 1547 läßt er den Richter der Bauerschaft Delbrück-Westenholz gegen Tonies Frese vorgehen, der Rietbergischen Jägern auf Paderborner Grund Beihilfe geleistet haben soll[206].
Steffen Valepage war nicht nur dienstlich, sondern auch wirtschaftlich tätig. 1537 wird er im Abgabenregister des Benefiziums S. Catharinae in Delbrück genannt. Er zahlt jährlich 6 Scheffel Gerste und 2 Scheffel Roggen für vom Benefizium gepachtetes Land[207]. 1541 entrichtet er an dasselbe Benefizium 1 Malter Roggen[208]. 1539 verkauft

er seine Eigenbehörige Gertrud Nelling vom Nellmann-Hof in Delbrück-Osterloh, die mit ihren Kindern in Herbram wohnt, mit Erlaubnis des Abtes von Abdinghof an die von Westphal, die den alten Heersischen Besitz in Herbram erworben hatten[209]. Am 17. Mai 1540 erstand er vor dem Neuhäuser Rentmeister Conrad Thorwesten und dem Delbrücker Gografen Johann Schnehagen 3 Morgen Heuwachs in dem Venne und einen Hofmorgen in Eyrleige gelegen von Joist Förster vom freien Förster-Hof in Delbrück[210]. 1560/61 erwarb er 4 Malter Roggen aus der Mühle zu Delbrück-Westerloh für 6 Taler, die er dem Fürstbischof eigenhändig übergab[211].

Des öfteren findet man Steffen Varendorf oder Valepage auch als Zeuge bei gerichtlichen Verhandlungen. So ist er anwesend, als Adrian von Haxthausen zu Dedinghausen bei Lippspringe und seine Frau Anna dem Paderborner Domküster Wulf von Haxthausen eine Rente aus dem Ocken-Hof in Delbrück verkaufen, zu dessen Erwerb der Domküster ihnen einhundert Gulden geliehen hatte. Der Verkauf geschah vor dem Delbrücker Gografen Johann Sechtlen am 12. März 1532[212]. Am 20. Dez. 1546 ist er Zeuge bei einem Rentenverkauf durch Hermann Webelinck und dessen Frau Catharina aus Delbrück-Osterloh an das Busdorf-Stift in Paderborn. Auch dieser Verkauf geschah vor dem Delbrücker Gogericht. Der Gograf war Johann Thorwesten[213].

Steffen Valepage ist mehrfach vom Kloster Abdinghof belehnt worden. Nach dem Regierungsantritt des Abtes Theoderich III. von Roermond (1536-1541)[214] wird er zum ersten Mal belehnt. Es ist zugleich die erste Belehnung seit 1499.

„Steffen Varendorp alias Valepage is belehenet mit dem Lakehove in der Delbruggen tho einen pachtlehene und gifft jairlix pro canone ½ goldgulden unnd hospitali II marck cum gratia redemptionis, hefft auch den selbigen hof beswert mit hundert goldgulden de consensu Johannis Abbatis.“ Der Abt empfing als Weinkauf 37 Goldgulden *„ex gratia, quia feudum nobile liberum et habet sub se colonos, oportuisset dare supra 50 florenos, sed quia venit cum benedictione remissa ad 37 florenos“*[215]. Jede Belehnung brachte demnach eine hohe Gebühr mit sich. Beachtenswert ist hier, daß der Hof als adeliges freies Lehen bezeichnet wird, und Steffen ihn mit 100 Goldgulden beliehen hat. Leider erfahren wir nicht, bei wem und wofür er dieses Geld verwendet hat. Ob erst Steffen die 1458 an die Familie Westphal verpfändeten eigenbehörigen Höfe, die zum Lehen gehörten, wieder eingelöst hat?

Steffens zweite Belehnung[216] erfolgte 1543 durch Abt Arnold von Venlo (1541-1557)[217] von Abdinghof. Obwohl kein Abtswechsel vorliegt, wird er am 8. Mai 1550 ein drittes Mal mit dem Lakehof belehnt. Zum Weinkauf hatte er 57 Taler und an Gebühren einen Taler zu entrichten[218]. Zum letzten Mal legte Steffen Warendorp den Lehenseid am 25. März 1560 vor dem Abt Johannes von Venlo (1557-1569)[219] ab[220]. 1561 wird er zum letzten Mal in den Abdinghofer Abgabenregistern genannt[221]. Vermutlich ist er noch im selben Jahr gestorben, denn ab 1562 entrichtet die *„relicta Stephani Valepagen“*, deren Vor- und Geburtsnamen leider nicht bekannt sind, die fälligen Abgaben.

So bleibt es bis einschließlich 1571[222]. In den Registern des Hospitals heißt es dagegen von 1564 bis 1578: *„haeredes Stephani Valepage“*[223].

Wie sein Bruder Arnd hatte Steffen Valepage sich in fürstbischöfliche Dienste begeben. Er verfügte so über ein Zusatzeinkommen, das die Einkünfte aus dem Lakehof aufbesserte, und über einen gewissen Einfluß und Ansehen im Delbrücker Land. Seine Funktion blieb zwar zweitranging, aber dennoch konnte er seinen Erben anscheinend ein gutes Fundament hinterlassen, auf dem sie weiterbauen konnten.

Die Erben waren Stephans Söhne Conrad, Jodocus und Hans sowie eine Tochter, deren Namen unbekannt ist.

XXII. Cort (1564) und Hans (1589) Varendorf genannt Valepage

Nach Steffen Valepages Tod 1561 ließ der Abt von Abdinghof der Familie bis 1564 Zeit. Dann wurde der vermutlich älteste Sohn Steffens, Conrad, für sich und seine Geschwister belehnt: *„Cort Varendorp. Anno 1564 den neinzigstenn tagh des monatzs Maii ist belhenet der ersame und vursichtige Conradt Varendorp anderst genamptt Valepage zu behoiff seiner broder und einigenn schvester mitt dem Lakenhove in der Delbrugge gelegen, aller seiner gerechtigkeitt, slachtenutte und zubehorunghe."*[224] Über das weitere Schicksal Conrads konnten keine Nachrichten ermittelt werden. Möglicherweise ist er früh gestorben, da schon 1572 sein Bruder Jodocus belehnt wurde.
Wie Conrad wurde auch sein dritter Bruder *„Hanßen Valpagen daselbst zur Delbrugk"* nur einmal erwähnt. Am 28. Okt. 1589 wird er in Delbrück als Zeuge genannt[225]. Von ihrer gemeinsamen Schwester ist nichts als ihre bloße Existenz bekannt.

XXIII. Jost Varendorf genannt Valepage (1572-1621)

Die interessanteste Persönlichkeit der Familie ist ohne Zweifel Jobst oder Jost Valepage, der Sohn und Erbe des Steffen Valepage. Mit ihm errang die Familie für eine Generation die größte Bedeutung im Delbrücker Land, die ihr zu erreichen möglich war.
Die wirtschaftliche Grundlage blieb der Lakehof. Schon bevor Jost Valepage 1572 nach dem Tod seines Bruders Conrad von Abt Hieronymus Johannes VI. Schröder oder Rotger (1569-1578)[226] zum ersten Mal belehnt wurde[227], entrichtete er 1566 und 1571 die Abgaben an die Kellnerei[228] und von 1564 bis 1571 mehrmals die Rente an das Hospital[229]. Ab 1572 wird er kontinuierlich in den Abgabenregistern der Kellnerei[230], 1583 in den Registern des Hospitalsverwaltung genannt[231]. Die Höhe der Lehenspacht beträgt von 1572 bis 1584 einen halben Goldgulden[232], von 1585 bis 1597 einen halben Taler[233] und ab 1598 einen halben Königstaler[234]. 1599 und 1606 wird die Pacht von Jost Frau der Kellnerei überbracht[235]. 1608 ist er selber zur Stelle[236]. Insgesamt wird Jost nach 1572 noch vier Mal nach einem Abtswechsel belehnt. Von Abt Bruno Fabritius (1579-1582)[237] wird er als erster von allen Lehensleuten des Klosters am 6. Juni 1579 belehnt und zahlt 5 Goldgulden für den Weinkauf[238]. Am 17. Nov. 1583 empfängt er das Lehen[239] aus der Hand des Abtes Jodocus Rose (1582-1598)[240], der ihm den Weinkauf für 4 Taler beläßt[241]. Abt Leonhard Rubens (1598-1609)[242] investierte ihn am 6. Juli 1598[243]. Zuletzt leistete Jost am 15. März 1610 vor dem Abt Albert Egginck (1609-1621)[244] den Lehenseid und zahlte er 4 Taler Weinkaufsgeld[245].
Rasch schaffte er den sozialen Aufstieg. Bereits am 23. Febr. 1573 wird er erstmals als fürstbischöflich-paderbornischer Gograf im Delbrücker Land genannt[246]. Er besaß als solcher die höchste Autorität im Land, hatte polizeiliche und richterliche Vollmachten und fungierte quasi als Notar, da alle Verkäufe vor seinem Gericht verhandelt werden mußten. Er unterstand dem fürstbischöflichen Drosten oder Amtmann des Amtes Neuhaus

und der landesherrlichen Kanzlei, die ebenfalls im Schloß Neuhaus ihren Sitz hatte. Vermutlich mußte er sich im Delbrücker Land zunächst Respekt verschaffen. Denn 1572/73 heißt es in den Strafregistern: *„Slinck Scheper, das der Joist Falpagen in die handt genhomen, geven II marck"*[247].

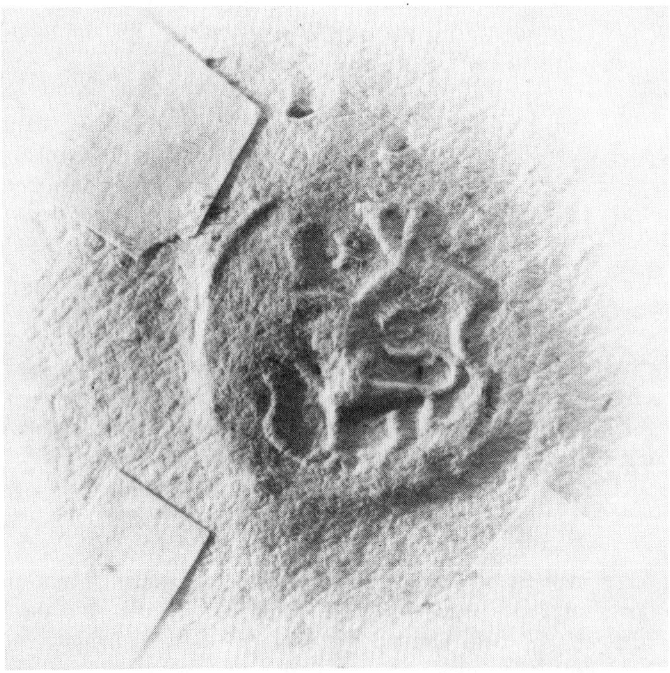

Siegel des Delbrücker Gografen Jost Varendorf gen. Valepage
mit dem Varendorfschen Löwen unter den Initialen I und V
(St.A. Münster, Kl. Abdinghof, Akte 507, Bl. 1v zu 1621 August 2)

Aus den folgenden Jahren sind viele Zeugnisse von seiner Tätigkeit als Gograf überliefert. So saß er mit dem Salzkottener Gograf auch über etliche der Zauberei angeklagte Frauen in Salzkotten zu Gericht, die dort am 12. Juli 1591 hingerichtet wurden[248]. Von der Rentkammer in Neuhaus erhält er jährlich 5 Mark 3 Schillinge für seine Dienstkleidung sowie zunächst 7 Mark und ab 1599/1600 sieben Taler Lohn[249]. 1603/04 erhält er diese Bezüge zum letzten Mal[250]. Darüber hinaus wird er von den Leuten, die ihn in seiner amtlichen Funktion um Hilfe oder Schreibtätigkeiten baten, Geld erhalten haben. Von der Rentkammer bezog er ferner jährlich 2 Malter Roggen und 3 Malter Hafer, um ein Pferd zu unterhalten[251].

Joist Valepage verfügte anscheinend über eine gesicherte Position und genügend finanzielle Mittel, als er 1577 das wohl älteste und schönste bäuerliche Fachwerkhaus der Weserrenaissance auf dem Lakehof errichten ließ. Schon Ludorff nahm es 1899 in die Bau- und Kunstdenkmäler des Kreises Paderborn auf[252]. Ausführlich beschreibt J. Schepers den Hof in „Haus und Hof westfälischer Bauern"[253]. Das Hofgebäude mit seiner reichgeschnitzten Fassade wurde 1973 abgebaut und von 1975-1979 als Haupthaus des Paderborner Dorfes im Westfälischen Freilichtmuseum in Detmold neu errichtet[254].
Die Inschrift über dem Deelentor lautet:
„Dis Haus steit in Gots hant. Joist Valpage ist er gnant.
Der hats lassen bawen und auf Got gesetz sein vertrawen.
Anno Domini 1577"
Das Hofgebäude diente einerseits der Repräsentation. Er ist als Zeichen dafür zu werten, daß Jost Valepage versuchte, sich von seinem bäuerlichen Umfeld abzuheben und seine Bedeutung zu betonen. Andererseits diente es eindeutig dem bäuerlichen Betrieb auf dem Lakehof, den Jost wie sein Vater Steffen auszubauen versuchte. Ein erstes Mittel war der Erwerb von Zuschlägen, Land aus der Allmende, das in die ausschließliche Nutzung eines Hofes überging, wofür eine jährliche Abgabe an die Rentkammer in Schloß Neuhaus zu entrichten war[255]. Am 17. Mai 1587 bestätigt ihm der Paderborner Fürstbischof Dietrich von Fürstenberg, daß er einen größeren Teich auf seine Kosten bei der Sudmühle in Delbrück-Dorfbauerschaft in der Nähe des Ockenteiches habe herrichten lassen. Da dieser aber dem anderen zu nahe liege und er ohne Konsens des Fürstbischofs gehandelt habe, muß er den Teich aufgeben. An dessen Stelle weist ihm der Landesherr einen neuen Zuschlag an, den er und seine Erben als Wiese oder Kamp nutzen dürfen[256]. Am 9. Febr. 1591 erhält er die Erlaubnis des Fürstbischofs, bei dem der Familie Valepage eigenbehörigen Furlmeyer-Hof in der Senne eine Mühle errichten zu lassen, die allerdings nicht von anderen genutzt werden darf[257].
Daß Jost es bei seinen Bemühungen, den Lakehof auszubauen, nicht einfach hatte, verdeutlicht noch folgende Begebenheit. Er hatte eine Wiese, die die Bauern von Delbrück-Nordhagen, die dem Grafen von Rietberg eigenbehörig waren, zuvor als gemeine Hude genutzt hatten, als Zuschlag erworben und mit einem Zaun umgeben. 1591 hat er darauf ein kleines Haus errichten lassen. Darüber beschweren sich die Rietberger Beamten bei der fürstbischöflichen Regierung in Neuhaus, die den Gografen um eine Stellungnahme ersucht. Dieser betont, er habe den Zuschlag erlaubtermaßen eingerichtet, das Haus sei ein alter Heu- und Strohstall. Der Streit zog sich hin. Jost Valepage durfte schließlich die Wiese und den Stall behalten[258].
Am 12. April 1594 liehen sich Jobst Valepage und seine Frau Anna, die hier erstmals namentlich genannt wird, vom Paderborner Domkapitel 50 Reichstaler, wofür sie versprechen, jährlich zu Ostern 3 Reichstaler als Rente an das Kapitel zu entrichten. Sie setzen all ihren Besitz als Pfand ein. Leider wird in der Urkunde nicht verraten, wofür sie das Geld nutzen wollten oder mußten[259]. Am 14. Juni 1601 schließlich kaufen sie noch eine Wiese samt der darauf stehenden Behausung, die früher zum freien Förster-Hof in Delbrück gehörte. Leider wird die Kaufsumme nicht genannt[260].
Jost Valepage scheint einen guten Kontakt zum Paderborner Fürstbischof Dietrich von Fürstenberg und dessen Bruder Caspar von Fürstenberg, dem Landdrosten des Herzogtums Westfalen, gehabt zu haben.

Caspar von Fürstenberg berichtet in seinen Tagebüchern mehrmals von Besuchen beim Gografen in Delbrück. Erstmals treffen sich der Paderborner Dompropst Dietrich von Fürstenberg, sein Bruder Caspar, der das Treffen arrangiert hat, Raban Spiegel und der Neuhäuser Rentmeister Antonius Bartholt auf dem Valepagenhof, um über die bevorstehende Wahl Dietrichs zum Fürstbischof zu beraten[261]. Am 15. Okt. 1585 hat der neue Fürstbischof *„in der Delbrugk gehetzt, darnacher gezecht"*[262]. Am 10. Juli 1587 haben der Fürstbischof und sein Bruder Caspar in Delbrück die neuen Teiche besichtigt[263], darunter sicher auch jenen, den der Gograf nicht behalten durfte[264]. Schon einen Monat später notiert Caspar: *„Mein gnediger Herr und ich zihen zusamen zu den Greven in der Delbrugk sein alda des mittags lustig"*[265]. Wieder einen Monat später, am 17. Sept. 1587, ist der Bischof von Boke aus *„bei dem Greven in der Delbrugk abgestanden."*[266] Am 9. Febr. 1589 sind *„Mein gnediger furst und her und ich ... ufs gehege gezogen und bei dem Greven zur Delbrugk abgestanden"*[267]. Bei der nächsten Gelegenheit, am 26. Juni 1589, ziehen wiederum beide *„uf die vischerei in die Delbrugk"*[268]. Am 1. Juni 1590 heißt es: *„Ire furstliche gnaden zihen mit uns durch die Delbrugk uf des Grevenhof daselbst, sein daselbst gans lustig und zihen drunken widrumb heim"*[269]. Ohne Zweifel wird Jost Valepage die Abstecher und Besuche seines Landesherrn und dessen Bruders auf seinem Hof hoch geschätzt und als besonderen Gnadenerweis betrachtet haben, obwohl es für ihn sicher auch jedesmal ein teures Vergnügen gewesen sein wird, den Fürstbischof und sein Gefolge zu beköstigen. Am 9. Aug. 1590 sind der Fürstbischof und Caspar von Fürstenberg zur Einweihung des neuen *„Praetoriums"* in Delbrück zu Gast[270]. Am 10. Febr. 1591 notiert Caspar von Fürstenberg in seinem Tagebuch: *„Der Greve in der Delbrugk erhelt durch meine befurderung seine mollen"*[271], jene Mühle, die Jost Valepage am Furlmeyer-Hof errichten wollte. Man brauchte demnach auch damals Beziehungen. Weitere Besuche in Delbrück hat Caspar von Fürstenberg in seinen Tagebüchern nicht vermerkt. In der 26. Woche nach Ostern 1597 hat der Gograf dem Fürstbischof jedoch *„ettliche weintrauben unterthenigh verehrett"*. Eine Magd hatte sie ins Residenzschloß Neuhaus gebracht[272].

Jost Valepage bezeugte seine Anhänglichkeit an den Fürstbischof Dietrich von Fürstenberg auch dadurch, daß er seinen zweiten Sohn nach ihm benannte. Einem weiteren Sohn gab er den Namen des fürstbischöflich-paderbornischen Amtmannes zu Boke, Hunold von Plettenberg zu Nehlen.

Der wohl schrecklichste Tag im Leben des Jost Valepage war der 14. März 1604, der als der grausamste in die Delbrücker Geschichte eingegangen ist. An diesem Sonntag durchzogen meuternde spanische Söldner, die ganz Westfalen in Schrecken versetzten und erhebliche Summen erpreßten, auf dem Weg nach Rietberg durch das Delbrücker Land. Angeblich sollen Delbrücker Hitzköpfe ohne Befehl das Feuer auf die Söldner eröffnet haben. Diese rächten sich grausam an der Delbrücker Bevölkerung, so daß 400 am Ort des Überfalls getötet und über 100 verwundet worden und eine große Anzahl Frauen und Kinder mit den Häusern verbrannt worden sein sollen[273]. Zudem sollen die Söldner den Delbrückern noch 1000 Taler abgenötigt haben[274]. Die Katastrophe muß enorm gewesen sein. Wieviel Verantwortung Jost Valepage als Gograf an dem Geschehen hatte, läßt sich nicht beantworten. Er verlor jedoch sein Amt als Gograf und damit seine führende Rolle im Delbrücker Land. Auch finanziell scheint Jost Valepage in Bedrängnis geraten zu sein. Während er von 1598 bis 1609 pünktlich einen halben Königstaler als

Jahrespacht an die Abdinghofer Kellnerei entrichtet[275], bleibt er ab 1610 diese eher geringe Abgabe schuldig. Erst 1623 werden die Schulden von 14 Jahren beglichen[276]. Am 2. Aug. 1621 wendet sich „*Jobst Varendorff sunst genant Valepagen*" brieflich an den Abt zu Abdinghof und bittet ihn darum, „*wegen hohen allters unnd leibs unvermogenheit*" an seiner Stelle seinen geliebten Sohn Diethrich, dem er die Haushaltung überlassen und die übrigen Kinder auszusteuern aufgetragen hat, mit dem Lakehof zu belehnen. Jobst siegelt mit dem nach links schreitenden Löwen der von Varendorf, über den er seine Initialen I und V gesetzt hat[277]. So dokumentiert sein letztes Lebenszeugnis sein Selbstverständnis als Nachkomme der adeligen Familie von Varendorf, obwohl er sich selbst überwiegend immer nur Valepage nannte.
Jost Valepage hat eine Menge in seinem Leben erreicht. Doch noch zu seinen Lebzeiten, ab 1604, begann der erneute Niedergang der Familie, der durch den dreißigjährigen Krieg noch beschleunigt wurde.
Zum Glück aber hat das Hofgebäude, das Jost Valepage auf dem Lakehof hat errichten lassen, die Stürme der Zeiten überstanden. Jost Valepage hätte sich kein glanzvolleres Denkmal setzen können.
Von Jost Valepage und seiner Frau Anna sind fünf Söhne namentlich bekannt:

1. Hermann, der Gograf,
2. Dietrich, der Erbe,
3. Hunold, der Meier zu Stapelage,
4. Wilhelm, der Jäger und
5. Jodocus, der das Gymnasium Theodorianum in Paderborn besuchte.

XXIV. Hermann Valepage (1616-1620)

Der älteste Sohn des Gografen Jost Valepage und seiner Frau Anna war Hermann Valepage. Er heiratete am 21. Nov. 1616 eine Schwester des fürstbischöflich-paderbornischen Drosten zu Dringeberg Raban Westphal. Zur Hochzeit erhielt er vom Abdinghofer Abt Albert Egginck (1609-1621) einen Goldgulden oder 2 Königstaler geschenkt[278]. Der Vorname der Braut ist unbekannt. Sie ist eine uneheliche Tochter des Dringenberger Drosten und Kölner und Paderborner Rates Raban Westphal, der in der Nacht vom 23. auf den 24. Okt. 1598 verstarb[279]. Dieser war ein Vetter Caspars von Fürstenberg und zugleich dessen Schwager, da beide eine geborene Spiegel zur Ehefrau hatten[280]. Vermutlich hat der Vater Jost Valepage zur Vermittlung dieser Ehe seine alten Verbindungen spielen lassen. Die Heirat wirft zugleich ein Licht auf die Selbsteinschätzung der Valepage am Beginn des 17. Jhdts. Sie waren sich nicht zu schade, die uneheliche Tochter und Schwester eines hohen fürstbischöflichen adeligen Beamten zur Frau zu nehmen, um ihre Beziehungen auszubauen.
Hermann Valepage wird erstmals in den Kornrechungen des Amtes Neuhaus von 1617/18 als Gograf in Delbrück genannt. Er erhielt zur Fütterung seines Pferdes 3 Malter Hafer und 2 Malter Roggen[281]. Im Rechnungsjahr 1616/17 wird noch sein Vorgänger Rotger Herting als Gograf genannt, der Hermanns Vater 1604 im selben Amt abgelöst hatte[282]. Die folgenden Jahrgänge fehlen. 1621/22 ist bereits Anton Knobbe Delbrücker Gograf[283]. Hermann Valepage hat nur 2 bis 3 Jahre als Gograf amtiert. Er wird vor dem 2. Aug.

1621 verstorben sein, da sein Vater an diesem Tag den Abt von Abdinghof bittet, Hermanns Bruder Dietrich zu belehnen[284]. Unbekannt ist das Schicksal der Witwe des Hermann Valepage aus der Familie Westphal.
Mit seinem ältesten Sohn Hermann mußte Jost Valepage viele seiner Hoffnungen zu Grabe tragen.

XXV. Dietrich Varendorf genannt Valepage (1621-1648)

Nach dem Tod des Gografen Hermann Valepage rückte dessen Bruder Dietrich an die Stelle des Erben. Er heiratete am 27. Juli 1620 und erhielt dazu vom Abdinghofer Abt Albert Egginck einen Königstaler als Geschenk[285]. Dietrichs Frau hieß Susanna. Mit großer Wahrscheinlichkeit stammte sie vom Hof Menkhausen in Örlinghausen, Grafschaft Lippe. Dietrich Valepage wird in einem Prozeß 1638 als Schwager des Otto Meyer zu Menkhausen bezeichnet[286]. Susanna wäre demnach eine Tochter des Conrad Meyer zu Menkhausen (* um 1567 † 1637) und dessen Frau Ilsabein Meyer zu Barkhausen († 1635/37)[287]. Conrad Meyer zu Menkhausen wird von Dietrich Valepage als Bürge gestellt, als er 1627 seinem Bruder Hunold den Brautschatz für den Stapelage-Hof in Örlinghausen versprach[288]. Nachdem Jost Valepage am 2. Aug. 1621 auf das Lehen verzichtet hat[289], wird Dietrich am 3. Aug. 1621 von Abt Wilhelm Riven (1621-1632)[290] belehnt, wofür er 7 Taler und 1 Gulden an Gebühren entrichten muß[291]. 1623 war Dietrich in der glücklichen Lage, die Pachtrückstände von 14 Jahren zurückzahlen zu können[292]. Doch schon 1627 war er wieder in Geldschwierigkeiten, als er seinen Bruder Hunold aussteuern mußte. Zu diesem Zweck lieh er sich am 15. Dez. 1627 200 Reichstaler beim Salzkottener Kämmerer Gerhard Wortmann und dessen Frau Catharina, die jährlich zu Weihnachten mit 12 Reichstalern zu verzinsen waren. Zum Bürgen stellte er den eigenbehörigen Viertelmeier Nacht Johann aus Boke-Anreppen[293]. 1629 war er mit den Pachtabgaben an das Kloster wieder zwei Jahre im Rückstand[294]. Die Verwaltung des Klosters scheint wenig Verständnis für Dietrich gezeigt zu haben. 1630 wurde im Abgabenregister notiert, zu Mastzeiten könnten auf dem Lakehof jährlich 100 (!) Schweine feist gemästet werden. Zudem würden 80 Morgen Wiese und 80 Morgen Ackerland zum Hof gehören[295]. 1649 wird diese Einschätzung wiederholt und unterstrichen, zum Hof gehöre auch eine Jagd und Fischerei[296]. Das Kloster scheint die Lage jedoch ein wenig zu optimistisch eingeschätzt zu haben. Denn ab 1630 zahlte Dietrich nur wenig oder gar nichts von der geringen Pachtabgabe von einem halben Königstaler geschweige denn die Rente von zwei Mark, die dem Hospital seit 1400 zustand. 1632 unterließ er es, nach einem Abtswechsel um eine Neubelehnung nachzusuchen. Vermutlich scheute er die Kosten. Ab 1637 stellte er sämtliche Zahlungen ein. Die Folge waren Ladungen vor das Lehensgericht des Klosters 1639 und 1642[297].
Die Situation des Hofes und der Familie sah unter Dietrich Valepage nicht sehr günstig aus. Die mit dem dreißigjährigen Krieg einhergehende wirtschaftliche Krisensituation setzte dem Hof stark zu. Hinzu kam, daß die Familie allem Anschein nach ausschließlich von den Einkünften des Lakehofes leben mußte, da Dietrich keine weiteren Einkünfte aus Ämtern hatte. Die Familie konnte sich unter diesen Umständen keine ihrem Stand angemessene Lebenshaltung erlauben. Dietrich Valepage starb am 13. Juni 1648[298].

Seine Witwe Susanna ging eine zweite Ehe ein. Am 17. Sept. 1649 wird sie erstmals als Ehefrau des Jorgen Sechtling genannt. An diesem Tag bemühen sie sich zusammen mit Wilhelm Valepage, Susannas Schwager, und Conrad Valepage, Susannas ältestem Sohn, um einen Vergleich mit dem Paderborner Offizial Hermann Herting, dem Schwiegersohn und Erben das Salzkottener Kämmerers Gerhard Wortmann[299]. Sie einigten sich dergestalt, daß die rückständigen Zinsen von dem 1627 aufgenommenen Kredit auf das zum Teil abgetragene Kapital angerechnet werden sollen, so daß dieses wieder 200 Reichstaler beträgt, die von neuem mit 12 Reichstaler jährlich abgetragen und verzinst werden sollen[300]. Der Offizial Hermann Herting übergab die Obligation später dem Kapuzinessenkloster in Paderborn[301].
Jorgen Sechtling, geb. Meyer zu Apelern in der Delbrücker Senne, heute Hövelhof, war ein fürstbischöflich-paderbornischer eigenbehöriger Vollmeier in Delbrück-Ostenland[302]. Er war Witwer und mußte für Susanna seinen Hof mit 10 Reichstalern *„uff Jahr unnd zur Leibzucht"* beweinkaufen[303]. Da sie nun auf einem gewöhnlichen Hof lebte, mußte sie, obwohl sie schon mehr als 35 Jahre im Delbrücker Land lebte, nachträglich 1657/58 zwei Reichstaler Einzugsgeld zahlen, wie jede und jeder andere auch, der sich im Delbrücker Land auf einer eigenbehörigen Stätte niederlassen wollte[304]. Susanna zog es offenbar vor, wirtschaftlich abgesichert als Eigenbehörige auf einem eigenbehörigen Hof denn als freie, aber mittellose und unversorgte Frau auf dem angeschlagenen Lakehof zu leben. Jorgen Sechtling, um 1598 geboren, war zum Zeitpunkt seiner Heirat mit Susanna, der Witwe des Dietrich Valepage, nicht ganz unbedeutend. Er bekleidete von 1642 bis zu seinem Tod das Amt des Hausgenossenrichters, das höchste repräsentative Amt, das es im Delbrücker Land gab. Zum Zeichen seiner Würde trug er zu offiziellen Anlässen ein Zepter. Seine Hauptaufgaben bestanden in der Überwachung von Hofübertragungen, Leibzuchts- und Mitgiftregelungen sowie in der Findung sogenannter Landurteile, mit deren Hilfe die Delbrücker verbindlich feststellten, was im Delbrücker Land immer schon Recht und Sitte war[305]. Jorgen Sechtling genoß durch dieses Amt im Land Delbrück höchstes Ansehen. Hinzu kommt, daß er den dreißigjährigen Krieg wirtschaftlich relativ unbeschadet überstanden hat.
Susanna Menkhausen war vermutlich zunächst Calvinistin. Am 6. Mai 1644 berichtet der Delbrücker Pfarrer Henricus Mertens: *„unam Calvinisam habeo excomitatu Lippiensi oriundam"*[306]. Am 27. Dez. 1657 läßt sie sich jedoch mit ihrem Mann Georgius Sechtling in die neugegründete Delbrücker Rosenkranzbruderschaft aufnehmen[307]. Sie wird demnach mittlerweile katholisch geworden sein. Dennoch bleiben die Beziehungen zur lippischen Verwandtschaft bestehen. So wird Jorgen Sechtling am 10. Dez. 1650 in Thüle zusammen mit Elisabeth Menkhausen aus dem lippischen Land Pate beim ersten Kind Anna Barbara des domkapitularischen Schulten zu Scharmede Simon Otto Böger, der ebenfalls aus der Grafschaft Lippe stammte, und seiner Frau Eva Angela Schulte[308]. Bei Elisabeth Menkhausen handelt es sich vermutlich um Elisabeth Böger, die seit 1634 mit Otto Meyer zu Menkhausen, dem Bruder Susannas, verheiratet war[309]. Elisabeth Menkhausen, geb. Böger, war wahrscheinlich eine Cousine des Simon Otto Böger, Schulte zu Scharmede, der ein Sohn des Kanzleischreibers zu Brake Simon Böger († 1626) und Neffe des Detmolder Bürgermeisters Dr. Heinrich Böger war[310]. Susanne war vermutlich auch noch auf eine direkte Weise mit Simon Otto Böger verwandt, sonst wäre Jorgen Sechtling kaum Pate des ersten Kindes geworden. Zudem lassen sich auch in der nächsten

Generation gute Beziehungen zwischen den Familien Valepage und Böger in Scharmede nachweisen.
Susanna verstarb 1665 auf dem Sechtlingshof in Delbrück-Ostenland. Der Witwer zahlte für sie 12 Reichstaler Sterbfallgeld an die fürstbischöfliche Rentkasse und zusätzlich fünf Reichstaler, da Susanne ihre jüngeren Kinder, die als Freie auf dem Valepagenhof geboren worden waren, mit auf den Sechtlingshof gebracht hatte[311]. Jorgen Sechtling verfaßte am 14. Juni 1666 sein Testament[312]. Am 10. März 1673 wurde er in Delbrück begraben[313]. Dietrich Valepage und Susanna Menkhausen haben sechs Kinder hinterlassen:

1. Conrad
2. Hunold
3. Christina
4. Agnes
5. Elisabeth und
6. Susanna.

Aus Susannas zweiter Ehe mit Jorgen Sechtling sind keine Nachkommen mehr hervorgegangen.
Eine Siegelnutzung durch Dietrich Valepage ist nicht bekannt. Da Dietrich kein öffentliches Amt bekleidet hatte und sich die wirtschaftliche Situation des Lakehofes im dreißigjährigen Krieg erheblich verschlechterte, sank mit Dietrich die Bedeutung der Familie gravierend ab.

XXVI. Hunold Varendorf genannt Valepage (1627-1642)

Kaum besser als Dietrich Valepage erging es seinem Bruder Hunold. Dietrich Valepage hatte durch seine Frau Susanna Menkhausen Kontakte in die Grafschaft Lippe. Susanna entstammt dem Familienkreis Menkhausen, Barkhausen und Böger, die zu Örlinghausen beheimatet sind. Aufgrund dieser Beziehungen wurde für Hunold die Heirat auf den Hof Stapelage im Kirchspiel Örlinghausen vermittelt.
1610 hatten Jobst Westmeyer und Sophie zu Barkhausen den Stapelage-Hof übernommen. Sie mußten sich dazu in die Eigenbehörigkeit des Kloster Marienfeld, dem der Hof gehörte, begeben[314]. Um 1626 verstarb Jobst Westmeyer, der Meyer zu Stapelage. Am 6. März 1627 wurden in Anwesenheit des Abtes von Marienfeld die Bedingungen für die Heirat zwischen der Witwe Sophie Meyerin zu Stapelage, geb. zu Barkhausen, und Hunold *„Valpa“* festgelegt. Hunold stehen 500 Reichstaler als Mitgift zur Verfügung, von denen allein 430 der Abt zum Weinkauf erhält. Hunold Valepage stellt seinen Bruder Dietrich und Cuerdt Meyer zu Menkhausen als Bürgen. Der Hof verbleibt den Kindern erster Ehe, zu deren Vormündern der gräflich-lippische Vogt zu Örlinghausen Johann zu Barkhausen, Christoph Meyer zu Barkhausen und Johann Westmeyer bestellt werden[315]. Am 25. April 1627 verfassen die genannten drei Vormünder ein Protokoll, das alle zum Hof gehörenden Immobilien, Mobilien, Rechte, Einnahmen und Verpflichtungen exakt beschreibt. Eine Kopie erhält der neue Meier Hunold Varendorff genannt Vahlpagen und seine Frau Sophie[316]. Am 2. Adventssonntag 1635 ist Hunoldt Meyer zu Stapeloh mit Anna Maria Schulte aus Scharmede, der Ehefrau des Salzkottener Kämmerers Jost Barkhausen und Schwester der Eva Angela Schulte, der späteren Ehefrau des

Simon Otto Böger, Pate bei der Tochter Anna Maria des Salzkottener Bürgermeisters Joannes Sauer und seiner Frau Margarethe[317].
Um 1639 erfolgt für Hunold die Abrechnung über die von ihm seit 1627 ausgeübte Betriebsführung. Die wirtschaftliche Situation des Hofes wird der von 1627 gegenübergestellt. Es wird nicht verhehlt, daß Hunold den Stapelage-Hof dem wirtschaftlichen Ruin nahegebracht haben soll. Er soll nun die Leibzucht beziehen[318]. Während sich die Tochter Ilsabein aus der ersten Ehe seiner Frau schon vor 1627 an den lippischen Vogt zu Lage Bernd Böger verheiratet hat[319], will ihre Schwester Catharina, eine andere Tochter erster Ehe, sich 1639 an Christoph, den Sohn des Meyers Hans zu Wistinghausen, verheiraten und mit diesem den Stapelage-Hof übernehmen[320].
Christoph, dem jungen Meier zu Stapelage, wird am 21. April 1642 aufgetragen, die Kosten zu übernehmen, die Walter Henrich von Plettenberg zu Nehlen dadurch entstanden sind, daß er Hunold Varendorf 3½ Jahre bei sich beherbergt und versorgt habe. Angeblich sei Hunold gezwungen gewesen, sich diesen Aufenthalt zu suchen, da die Versorgung aus der Leibzucht des Stapelage-Hofes unzureichend gewesen sei. Die Höhe der Unkosten belaufen sich auf 350 Reichstaler. Hunold Valepage hatte sich demnach zum Sohn seines Patenonkels, des Boker Amtmanns Hunold von Plettenberg, begeben, der ihn aufgenommen hat. Bei ihm wird er auch Anfang 1642 verstorben sein[321].
So verblieben dem Stapelage-Hof nach Hunolds Tod neben den Schäden auf dem Hof noch erhebliche Schulden. Auch der Valepage-Hof in Delbrück blieb noch für eine lange Zeit mit jener Schuld in Höhe von 200 Reichstaler belastet, die Dietrich Valepage sich 1627 leihen mußte, um Hunold aussteuern zu können. Hunold Varendorf genannt Valepage hat keine Kinder hinterlassen.

XXVII. Wilhelm Valepage (1624-1663)

Der vierte Sohn des Gografen Jost Valepage wird am 5. Juni 1624 erstmals genannt. Er bittet an diesem Tag die fürstbischöfliche Regierung in Neuhaus um ein Geleit[322].
Wilhelm Valepage wohnte auf dem Lakehof. Als sein Bruder Dietrich am 7. Nov. 1642 morgens um 7 Uhr eine Vorladung vor das Abdinghofer Lehensgericht erhielt, war Wilhelm vor der Tür des Hauses anwesend[323]. Nach dem Tod Dietrichs war er am 17. Sept. 1649 Zeuge bei der Umschuldung eines Kredits[324]. Wilhelm Valepage war als Jäger in fürstbischöflichen Diensten tätig. 1651/52 ist er zum ersten Mal als solcher nachweisbar[325]. Er erhielt neben der Kost und einer Livree jährlich ein Gehalt von 10 Reichstalern und 2 Taler 14 Schillinge für 3 Paar Schuhe[326]. 1659/60 wird er zum letzten Mal in den fürstbischöflichen Besoldungslisten des Amtes Neuhaus genannt[327]. Wilhelm bekleidete die Funktion eines Unterjägers. Er hatte die fürstliche Tafel in Neuhaus mit Wild zu versorgen und vermutlich als Jagdaufseher zu fungieren. Seine subalterne Stellung verdeutlich den Niedergang der Familie in dieser Generation.
Wilhelm Valepage läßt sich am 27. Dez. 1657 in die Delbrücker Rosenkranzbruderschaft aufnehmen[328]. Am 11. Okt. 1661 wurde er Pate bei Simon Hermann Böger, dem Sohn des domkapitularischen Schulten zu Scharmede Simon Otto Böger und seiner Frau Eva Angela Schulte[329]. Der Täufling wurde später Bürgermeister von Lippspringe[330]. Die Patenschaft läßt die Frage aufkommen, ob Wilhelm durch seine Tätigkeit als Jäger

Kontakt zu Simon Otto Böger in Scharmede hatte, von dessen Hof aus Mitglieder des Domkapitels jagen gingen, oder ob Wilhelm aufgrund verwandtschaftlicher Beziehungen zwischen den Familien Schulte und Valepage gebeten wurde, die Patenschaft zu übernehmen.

Wilhelm Valepage war nicht verheiratet. Dennoch hinterließ er einen Sohn namens Wilhelm. Dieser wurde ihm um 1640 von Clara Beckering, der Erbin der fürstbischöflichen-paderbornischen eigenbehörigen Bardenhauerstätte Beckering in Delbrück-Sudhagen geboren. Clara Beckering beweinkaufte 1652/53 die Beckering-Stätte für sich und ihr Kind mit 10 Reichstalern[331]. Dadurch war die Zukunft ihres unehelichen Sohnes gesichert. Am 22. April 1658 wurde er als Gwilhelmus Valepage in die Delbrücker Rosenkranzbruderschaft aufgenommen[332]. Am 28. Okt. 1663 hielt er unter dem Namen Wilm Valepage eine Eheberedung mit Anna Timmermann, der eigentlichen Erbin des fürstbischöflich-eigenbehörigen Vollmeierhofes Timmermann in Delbrück-Dorfbauerschaft, der in unmittelbarer Nachbarschaft des Beckeringhofes liegt. Anna verzichtete auf ihr Anerbenrecht und erhielt von ihrer Mutter Engel und ihrem Stiefvater Bories Timmermann eine Mitgift, die 170 Reichstaler, 2 Kühe, 3 Rinder, 5 Schweine, 5 Malter Roggen, ein Pferd, einen Brautwagen, Kleidung und einen halben Blockwagen umfaßte. Zusätzlich sollte für sie, so lange sie lebte, jährlich ein Schwein auf dem Timmerhof mitgemästet werden.

„Was des bräutigambß sachen anbelangen thuet, pittet deßen vatter auch Wilmen Valepagen, damitt biß diesen tag zu acht tagen auß gewißen ursachen zu verschieben, so eingewilliget worden"[333]. Ein Fortsetzungsprotokoll ist nicht erhalten. Die Eheberedung ist die letzte Erwähung des alten Wilhelm Valepage. Vermutlich ist er wenig später gestorben.

Bories Timmermann beweinkaufte 1665/66 für seine Stieftochter Anna die verschuldete Beckering-Bardenhauerstätte mit 4 Reichstalern[334]. Clara Beckering wurde am 24. Dez. 1666 in Delbrück begraben[335]. Wilhelm Beckering, wie er von nun an ausschließlich hieß, zahlte für seine Mutter 5 Taler Sterbfallgeld[336]. Wilhelm Beckering starb am 18. Febr. 1697, seine Frau Anna, geb. Timmermann, am 4. Febr. 1698[337]. Die Sterbfallgelder betrugen 2 bzw. 3 Reichstaler[338].

Wilhelm Beckerings männliche Nachkommen leben auch heute noch auf dem Beckeringhof in Delbrück-Sudhagen. Sie sind die einzigen männlichen Valepage, die es heute noch gibt. Aus diesem Grund und weil Wilhelm Beckering eine zahlreiche Nachkommenschaft hinterlassen hat, soll hier der Stammbaum bis zur Gegenwart fortgeführt werden[339].

Die Stammreihe der Familie Beckering, Beckeringdamm 1, Delbrück

Clara Beckering
† 24. Dez. 1666
o – o
Wilhelm Valepage
† nach 1663

|

Wilhelm Beckering
* um 1640
† 18. Febr. 1697
⚭ 28. Okt. 1663
Anna Timmermann
* um 1640 Delbrück-Dorfbauerschaft
† 4. Febr. 1698

|

Jorgen Beckering
* 26. April 1671
† 3. Mai 1693
⚭ 13. Juli 1691
Anna Dorothea Kettelgerdes-Förster
* um 1670 Delbrück-Dorfbauerschaft
(2. ⚭ 10. Juli 1693
Philipp Renger gnt. Beckering
† 13. Sept. 1731)

|

Joannes Jodocus Beckering
* 23. April 1692
† 8. Okt. 1763
⚭ 3. Sept. 1719
Anna Angela Klönner
* 2. Febr. 1700 Delbrück-Sudhagen
† 13. Juni 1763

|

Joannes Antonius Beckering
* 20. April 1736
† 22. Dez. 1800
⚭ 15. Jan. 1758
Anna Catharina Franzsander
* 26. Dez. 1734 Delbrück-Sudhagen
† 17. Okt. 1782

|

Joannes Bernardus Beckering
* 23. Jan. 1772
† 31. Jan. 1844
1. ⚭ 25. Nov. 1792
Anna Maria Elisabeth Kettelgerdes
* 27. Dez. 1766 Delbrück-Dorfbauerschaft
† 1. Jan. 1806
2. ⚭ 17. Febr. 1806
Anna Maria Gertrud Göstencoers
* 30. Aug. 1780 Delbrück-Sudhagen
† 23. Jan. 1836

|

Anton Joseph Beckering
* 12. Juli 1794
† 18. Febr. 1847
⚭ 3. Febr. 1820
Maria Catharina Göstencoers
* 15. Juli 1792 Delbrück-Sudhagen
† 13. Juli 1849

|

Bernard Heinrich Beckering
* 21. Febr. 1836
† 27. Jan. 1917
⚭ 8. Juni 1865
Maria Theresia Kröning
* 11. Sept. 1834 Delbrück-Sudhagen
† 12. April 1915

|

Jodokus Rotger Beckering
* 6. Febr. 1869
† 14. Dez. 1922
⚭ 20. Aug. 1901
Anna Maria Elisabeth Benteler
* 11. Nov. 1877 Delbrück-Ostenland
† 20. Sept. 1964
(2. ⚭ 4. Mai 1926 Konrad Heinrich Rohling)

|

Georg Beckering
* 10. Juli 1922
⚭
Maria Stollmeier
* 30. Juni 1925 Delbrück-Ostenland

|

Heinz Beckering
* 30. April 1963
⚭
Bernardette Elisabeth Remmert
* 3. April 1965 Salzkotten

Jürgen	Jessica	Rene
* 27. Jan. 1991	* 18. Juli 1992	* 5. Juni 1994

XXVIII. Jodocus Valepage (1601-1605)

Der jüngste Sohn des Delbrücker Gografen Jost Valepage wurde nach seinem Vater benannt. Er sollte eine akademische Laufbahn einschlagen und besuchte zu diesem Zweck das vom Paderborner Fürstbischof Dietrich von Fürstenberg neu gegründete Gymnasium Theodorianum in Paderborn. Am 2. Juli 1601 wurde er in die Marianische Sodalität der Schüler des Gymnasiums aufgenommen[340]. Im April 1605 wird er als *„consultor"* der Sodalität im Mitgliedverzeichnis geführt. Hinter seinem Namen wurde der Zusatz *„ingressus Societatem"* nachgetragen[341]. Gemeint ist die Gesellschaft Jesu, deren Patres das Gymnasium führten. Jodocus Valpage ist jedoch keine Mitglied des Jesuitenordens geworden[342]. Vermutlich ist er jung verstorben.

Stammtafel der Varendorf genannt Valepage I

- Johann Varendorf
1477-1497
in Delbrück
⚭
NN
1498-1510 als Witwe
  - Lubbert
1499-1506
Student in Köln
  - Jobst
1547-1570
Händler in Bielefeld
1. ⚭
NN
2. ⚭ vor 1557
Catharina Hesekus
1557-1559
    - Johann
1537-1585
Höcker in
Bielefeld
    - Jobst
1589
in Bielefeld
  - Arnd
1512-1550/51
Vogt in Delbrück
  - Steffen
1525-1561
Holzförster in
Delbrück
⚭
NN
1562-1571 als
Witwe
    - Cort
1564
in Delbrück
    - Jost
1572-1621
Gograf in
Delbrück
⚭ Anna
1594-1606
      - Hermann
1616-1620
Gograf in Del-
brück
⚭ 1616
N. Westphalen
1616
      - Dietrich
1621-1648
⚭ 1620
Susanna zu
Menkhausen
1620-1665
2. ⚭ 1649
Jorgen Sechtling
1621-1673
      - Hunold
1627-1642
Meier zu Stape-
lage
⚭ 1627
Sophia zu Bark-
hausen,
Witwe Meierin
zu Stapelage
1610-1627
      - Wilhelm
1624-1663
Jäger zu Schloß
Neuhaus
o o
Clara Becke-
ring
in Sudhagen
1652/53-1666
      - Jodocus
1601-1605
    - Hans
1589
in Delbrück
    - Tochter
1564
in Delbrück

XXIX. Daniel Valepage (1655)

Dr. von Hülst rechnete Daniel Valepage zu den Söhnen des Gografen Jost Valepage[343]. Doch diese Vermutung ruft Zweifel hervor.
Daniell Fahlpagen starb am 6. Sept. 1655 und wurde zu Thüle begraben[344]. Seine Witwe zahlte für ihn 8 Reichstaler Sterbfallgeld an die fürstbischöflich-paderbornische Rentkammer in Neuhaus[345]. Daniel Valepage war also ein Eigenbehöriger des Fürstbischofs von Paderborn. Doch wie ist er in die Eigenbehörigkeit gekommen? In Scharmede, wo er wohnte, gab es ausschließlich domkapitularische Eigenbehörige und keine einzige Hausstätte, die dem Fürstbischof gehörte[346].
Daniels Witwe, Enneke Daniels genannt, ging am 6. Febr. 1656 zu Thüle eine neue Ehe mit Cordt Schmidt ein[347]. Als Conrad Daniels wurde er am 15. Okt. 1656 Pate bei einem Sohn von Bernd und Gertrud Willeken in Scharmede[348]. Die Danielsche, seine Frau, ist am 27. Jan. 1658 Patin bei Viggemeyers in Thüle[349]. Für Enneke Daniels liegt im Archiv des Paderborner Domkapitels ein Wechselbrief aus dem Jahr 1660 vor. Anna zur Fort aus der Delbrück, so ist ihr Geburtsname, wurde aus der Eigenbehörigkeit des Paderboner Fürstbischofs in die des Paderborner Domkapitels verwechselt, um auf die Schmiedes Curdt-Stätte in Scharmede, die dem Domkapitel gehörte, aufziehen zu können[350]. Für die Wechselung zahlte sie 2 Taler 5 Schillinge 3 Deut an die Rentkasse in Neuhaus[351]. Da Cordt Schmieddes am 20. April 1670 Pate bei Clara Angela Voerdt, der Tochter von Gerdt und Anna Voert, in Delbrück war, läßt sich der Geburtshof der Anna zur Fort genau bestimmen. Sie stammte vom Fortmeyer-Hof in der Mühlensenne in Delbrück-Ostenland, einem fürstbischöflich-eigenbehörigen Neuzuläger, der zu Beginn des dreißigjährigen Krieges entstanden ist. Annas Vater hieß Vort Steffen[352]. Conrad Schmied und Anna zur Vort, die Witwe des Daniel Valepage, sind wahrscheinlich vor 1673 verstorben, da sie in einer Auflistung aller Scharmeder in diesem Jahr nicht mehr genannt werden[353].
Die Ausführungen lassen vermuten, daß Daniel Valepage von Geburt an ebenfalls eigenbehörig war. Er könnte aus einer illegitimen Verbindung der Brüder Hermann, Dietrich, Hunold oder Wilhelm Valepage mit einer fürstbischöflich-eigenbehörigen Frau aus dem Delbrücker Land stammen. Unbekannt ist, warum er sich in Scharmede niederließ und welchem Beruf er nachging. Bevor er sich in die Eigenbehörigkeit des Domkapitels begeben konnte, verstarb er. Kinder sind weder von ihm noch aus der zweiten Ehe seiner Frau bekannt.

XXX. Conrad Valepage (1648-1650)

Der älteste Sohn des Dietrich Valepage und der Susanna zu Menkhausen wurde wohl nach seinem Großvater mütterlicherseits benannt. Da sein Vater seit etwa 16 Jahren die Lehnsabgaben nicht bezahlt und zudem nach dem Abtswechsel 1632 nicht um eine Neubelehnung nachgesucht hatte, waren die Startbedingungen für Conrad Valepage nach dem Tod seines Vaters 1648 ungünstig.
Zunächst hatte er sich 1649 um die Umschuldung des Wortmannschen Kredits zu kümmern[354]. Am 29. Juli 1649 wurde er zusammen mit seiner Mutter vor das Abdinghof-

sche Lehensgericht zitiert[355]. Am 29. Okt. 1649 bekam er eine Frist von einem Monat gesetzt, um dem Kloster zwei Vertrauensleute zu benennen[356]. Abt Gabelus wies schließlich am 26. Febr. 1650 seine *Pares curiae* Arnold von Brenken und Henrich Freyhoff an, das Lehensgericht gegen Conrad Valepage und seinen Bruder tagen zu lassen[357], obwohl am 5. Febr. 1650 alle Schulden an die Kellnerei beglichen worden waren[358]. Unklar ist, ob Conrads Stiefvater Jorgen Sechtling ihn finanziell unterstützt hat oder ob Conrads Bruder Hunold die Schulden abgetragen hat. Offensichtlich gab es Spannungen zwischen den Brüdern. Bereits am 28. Okt. 1649 hatte Hunold Valepage den Abt um die Belehnung mit dem Lakehof gebeten. Ein Abdinghofer Mönch vermerkte jedoch am Rand des Schreibens: *„Conrad senior Hunolt Valpage"*[359]. Hunold wollte anscheinend mit seinem Bruder in Konkurrenz treten. Nach dem Tod des Abtes Gabelus bat Hunold am 2. Nov. 1650 erneut um die Belehnung mit dem Lakehof[360].
Conrad hatte sich inzwischen mit Elisabeth Fullhorst vom Vollmeierhof Fullhorst in Delbrück-Westenholz, der der Familie von Fürstenberg zu Herdringen eigenbehörig war, verheiratet. So bezeugt es jedenfalls ihre Mutter Catharina Fullhorst, geb. Nolte (begr. am 14. Mai 1670), am 12. Juli 1665[361]. Diese war eine Cousine von General Graf Johann Sporck (1600-1679)[362]. Sie verschreibt ihrer Tochter Elisabeth 1665 erneut den Brautschatz in voller Höhe von 120 Talern, 2 Kühen, 1 Rind, 3 Schweinen, 3 Malter Roggen, einem zweijährigen Stoppen, einem Brautwagen und einem Ehrenkleid im Wert von 14 Talern. Daraus läßt sich schließen, daß der Brautschatz bei ihrer Heirat mit Conrad Valepage nicht zur Auszahlung gekommen ist. Conrad verstarb vermutlich im Laufe des Jahres 1650. Seine Witwe Elisabeth Fullhorst (begr. am 4. Jan. 1678) heiratete am 3. Aug. 1670 in Delbrück[363] den fürstbischöflich-paderbornischen eigenbehörigen Neuzuläger oder Sechzehntelmeier Martin Grothe genannt Boltenschnieder († 20. März 1700).
Conrad Valepages Brautwahl verdeutlicht, daß die Familie immer stärker auf dem Weg des sozialen Abstiegs hinein in den bäuerlichen Stand war. Nur Conrads früher Tod und seine Kinderlosigkeit gaben seinem Bruder Hunold die Chance, die Familie aus dem Tief herauszuführen.

XXXI. Hunold Varendorf genannt Valepage (1649-1693)

Der zweite Sohn von Dietrich Valepage und Susanna zu Menkausen wurde nach seinem Onkel Hunold Valepage benannt. Noch zu Lebzeiten seines älteren Bruders Conrad bat Hunold Valepage genannt Varendorpff am 28. Okt. 1649 um die Belehnung mit dem Lakehof zu Delbrück. Er berichtet in dem an den Abt von Abdinghof gerichteten Bittschreiben, daß er bereits zu Lebzeiten seines Vaters bis zum gegenwärtigen Tag unter dem Paderborner Domherren Friedrich Heinrich von Westphalen, der Capitän im Kölnischen Landdrosten-Regiment unter dem Obristen Landtsperg sei, gedient habe und noch diene. Er wolle sich jedoch des Dienstes entledigen[364]. Nach dem Tod des Abtes Gabelus bittet Hunold erneut um seine Belehnung[365]. Doch beiden Schreiben blieb der gewünschte Erfolg versagt; der Streit vor dem Lehensgericht ging weiter. Erst am 4. Sept. 1657 einigte er sich mit dem Kellner von Abdinghof, jährlich 2 Reichstaler an das Hospitel wegen des 1400 aufgenommenen Darlehens zu zahlen[366]. Er unterschrieb eigenhändig mit: *„Hunoltt Falpage"*. Es dauerte dann jedoch noch bis 1665, bis Hunold,

„remisso caducitatis processu", wie er mit seinem Vater geführt worden war, zu einer endgültigen Einigung mit dem Kloster Abdinhof über die restierenden und zukünftigen Pachtabgaben fand[367]. So wurde Hunold erst am 22. Sept. 1665 mit seinem väterlichen Hof von Abt Heinrich VI. Keller genannt Schlungrabe (1664-1674)[368] belehnt[369]. Die Höhe der Pachtabgabe betrug jährlich einen halben Gulden. Unter Abt Paul Haver (1677-1680)[370] erhält Hunold am 31. März 1679 erneut seine Belehnung in Gegenwart seiner Frau. Er hat 10 Reichstaler zum Weinkauf und 5 Taler 12 Groschen für die Jura curiae zu entrichten[371]. Zuvor hatte er am 7. Febr. 1679 die älteste erhaltene Designation über die Größe des Lehensbesitzes vorgelegt. Das Kloster akzeptierte die Spezifikation von insgesamt 72½ Morgen Land[372]. Ein drittes Mal wurde Hunold von Abt Pantaleon I. Mönnig (1680-1692)[373] am 4. Nov. 1681[374] und ein viertes Mal von Abt Gregor Busch (1692-1709)[375] am 7. April 1693 belehnt[376]. Die Höhe des Laudemiums und der Jurae curiae blieben unverändert.

Hunold Valepage bekam in Delbrück den sozialen Abstieg seiner Familie zu spüren. 1658 mußte er die Schatzungsfreiheit des Lakehofes gegen Versuche des Delbrücker Gografen Liborius Lohmann († 7. März 1658) verteidigen, den Lakehof in die allgemeine Viehschatzung einzubeziehen[377]. Am 12. Sept. 1662 bestätigten zwar der Delbrücker Hausgenossenrichter Jorgen Sechtling, Hunolds Stiefvater, und der Hausgenossenknecht Bertold Diekmann erneut die allgemeine Schatzungsfreiheit des Hofes. Sie meinten aber, der Hof müsse zu den außerordentlichen Schatzungen herangezogen werden, da der Hof vom Land profitiere[378]. Diese Versuche sind deutliche Zeichen dafür, wie wenig es im Bewußtsein der Delbrücker war, daß der Lakehof ein adeliges und darum exemtes Gut war.

Hunold Valepage kam vermutlich durch Friedrich Heinrich von Westphalen, unter dem er im dreißigjährigen Krieg gedient hatte, in Kontakt mit der Familie Thorwesten. Um 1650/53 heiratete Hunold Valepage Amalia Thorwesten, die Tochter des Verwalters der Güter derer von Westphalen in Herford Theodor Thorwesten (* 1598 † 1679)[379] und der Maria Schleden[380]. Theodor Thorwesten kann zu den Söhnen des Neuhäuser Rentmeister und Stukenbrocker Vogtes Conrad II. Thorwesten († um 1613/14)[381], der mit Anna Westfal verheiratet war[382], gezählt werden. Am 23. Juli 1631 wurde Theodor Thorwesten die Verwaltung der Westphalenschen Güter in Herford übertragen[383]. Amalias Thorwesten hatte mehrere Geschwister:

1. Theodor Thorwesten war zunächst Nachfolger seines Vaters in Herford. 1683 lebte er noch[384]. Von ihm stammen die Thorwesten in Schloß Neuhaus, die als Beamte in fürstbischöflichen Diensten standen, ab.
2. Catharina Hedwig, die Ehefrau von Johann Simon Reise († 1709), der ebenfalls als Verwalter der von Westphalen in Herford tätig war[385]. Catharina Hedwig Reise wurde am 30. April 1712 in Lippspringe in der Kapelle der von Westphalen begraben[386].
3. Wilhelm Thorwesten, der Augustiner-Chorherr im Kloster Böddeken wurde. Er starb als Culinarius des Klosters 1700[387].
4. Margarethe Thorwesten, die 1678 erwähnt wird[388].

Durch die Heirat mit Amalia Thorwesten fand Hunold Valepage Anschluß an eine der alten und großen Paderborner Beamtenfamilien, die mit dem Neuhäuser Rentmeister Conrad Thorwesten († vor 1558) beginnt.

Hunold Valepage und Amalia Thorwesten lebten zunächst auf dem Lakehof in Delbrück, wo auch ihre ersten drei Kinder geboren worden sind. Am 27. Dez. 1657 läßt sich das Ehepaar in die Delbrücker Rosenkranzbruderschaft aufnehmen[389]. Ab 1666 erscheint Hunold jedoch als Pächter der Westphalenschen Güter in Bad Lippspringe mit dem Wohnsitz in Lippspringe[390]. Es ist offensichtlich, daß ihm seine Beziehungen und vermutlich mehr noch die seiner Frau und ihrer Familie diese Chance eröffnet haben. Durch die Übernahme der Position des Verwalters konnte Hunold seine Einkünfte und sein Prestige verbessern. Am 23. Aug. 1693 wurde Hunold Valepage in Lippspringe begraben[391].

Am 6. Juli 1689, wenige Tage vor der Heirat ihres zweiten Sohnes, legten die Eheleute in Lippspringe fest, daß dieser ihr zweiter Sohn Johann Dietrich Erbe des Lakehofes werden und seinen Geschwistern je 400 Reichstaler als Mitgift bzw. Abfindung auszahlen solle. Ihren Willen erklärten sie in Gegenwart von Amalias Bruder P. Wilhelm Thorwesten und ihres Neffen Diethrich Thorwesten, der als Kornschreiber zu Schloß Neuhaus tätig war[392]. Amalia Thorwesten zog nach dem Tod ihres Mannes auf den Lakehof nach Delbrück. Am 6. Juni 1712 schickte Johann Dietrich Valepage seiner Mutter den Notar Matthias Wolff aus Fürstenberg, um sie darüber zu befragen, wie sie die Verlassenschaft ihres Mannes verteilt hat, als sie Lippspringe verließ[393]. Am 7. Sept. 1714 verstarb Amalia Thorwesten im Alter von etwa 85 Jahren auf dem Lakehof und wurde in Delbrück begraben[394].

Hunold Valepage hatte es geschafft, durch seine Heirat und seine Stellung als Pächter in Lippspringe das Ansehen der Familie wieder zu heben und seinen überlebenden Kindern ein gutes Fundament, auf dem sie aufbauen konnten, zu legen.

Aus der Ehe von Hunold Valepage und Amalia Thorwesten gingen sieben Kinder hervor:

1. Berndt Henrich, der Sporckmeier wurde,
2. Johann Dietrich, der Erbe des Lakehofes und Rentmeister zu Fürstenberg,
3. Liborius, der Rentmeister zu Brenken wurde,
4. Maria Elisabeth, die einen Delbrücker Kaufmann heiratete,
5. Raban Jodocus, der ins Kloster Böddeken eintrat,
6. Isabella Anna Theresia, die den Paderborner Stadtsekretär Ernesti heiratete, und
7. Theodor Wilhelm, get. 4. Febr.1674. Paten: Theodor Thorwesten, Kornschreiber zu Neuhaus und Thus Balthasars Frau zu Neuhaus[395]. † 18. Jan. 1695 in Lippspringe[396].

XXXII. Christina Peitzmeyer, geb. Valepage (1652/53-1704)

Die älteste Tochter von Dietrich Valepage und Susanna zu Menkhausen trug den Namen Christina. 1652/53 beweinkauft ihr Bruder Hunold für sie die Peitz-Bardenhauerstätte im Dorf Delbrück mit 7 Reichstalern[397]. Da die Stätte dem Fürstbischof eigenbehörig war, begab sich Christina durch diese Ehe ebenfalls in die Abhängigkeit. Zur Peitz-Stätte gehörten 1672 16 Morgen Saatland, 10 Morgen Wiese und 2 Morgen Garten[398]. Mit 28 Morgen Land übertraf die Peitz-Stätte bei weitem alle anderen Bardenhauer des Dorfes Delbrück außer Gerdesmeyers, zu denen der Ockenhof gehörte[399]. Christina und ihr Ehemann Henricus Peitzmeyer lassen sich am 31. Dez. 1658 in die Delbrücker Rosenkranzbruderschaft aufnehmen[400].

Henrich Peitzmeyer scheint früh verstorben zu sein. Sein Tod läßt sich jedoch weder im Delbrücker Sterberegister noch unter den Sterbfallabgaben der Neuhäuser Ämterrechnungen nachweisen. Christina starb am 15. April 1704 in Delbrück[401]. Ihr Sohn Otto tätigte 1704/05 den Sterbfall seiner Mutter *„vom ½ hoeffe"* mit 6 Reichstalern[402].

XXXIII. Agnes Valepage (1657)

Dietrich Valepage und Susanna zu Menkhausen hatten auch eine Tochter namens Agnes. Sie trat am 27. Dez. 1657 der Delbrücker Rosenkranzbruderschaft bei[403]. Ihr weiteres Schicksal ist unbekannt.

XXXIV. Elisabeth Hoffmann, geb. Valepage (1669-1673)

Elisabeth Valepage war die dritte Tochter von Dietrich Valepage und Susanna zu Menkhausen. Ihr Schicksal stand unter keinem günstigen Stern. Am 7. Febr. 1669 mußte sie die Drillinge Anna Catharina, Eva und Joannes, die sie unehelich geboren hatte, zu Grabe tragen[404]. Der Vater der Kinder wird im Sterbeeintrag leider nicht genannt. Es war mit Sicherheit Jorgen Sechtling, Elisabeths Stiefvater, der dafür sorgte, daß sie am 15. Juli 1669 in Delbrück den Leibzüchter und Witwer Bories Hoffmann heiratete[405]. Der Bräutigam war ein fürstbischöflich-paderbornischer eigenbehöriger Vollmeier in Delbrück-Ostenland[406]. Für ihren Aufzug auf den Hoffmann-Hof mußten sechs Reichstaler an die Rentkasse in Neuhaus zum Weinkauf entrichtet werden[407]. Elisabeth begab sich durch diese Heirat in die Eigenbehörigkeit. Elisabeth Valepagen sonst alte Hoffmansche wurde schon am 3. Febr. 1673 in Delbrück begraben[408]. Der Witwer Borius alter Hoffmann zahlte für den Sterbfall seiner Frau Elsche 7 Reichstaler[409]. Borius Hoffmann wurde am 19. Juli 1679 in Delbrück zu Grabe getragen[410].
Sein Schwiegersohn zahlte für seinen Sterbfall 12 Reichstler[411]. Aus der Ehe von Elisabeth Valepage und Liborius Hoffmann sind keine Kinder hervorgegangen.

XXXV. Susanna Sallemeyer, geb. Valepage (1657-1693)

Die jüngste Tochter von Dietrich Valepage und Susanna zu Menkhausen hieß Susanna. Mit ihrer Mutter und ihren Schwestern zog sie nach dem Tod ihres Vaters 1648 auf den Sechtlingshof in Delbrück-Ostenland. Zusammen mit ihrer Stiefschwester Angela Sechtling trat sie am 27. Dez. 1657 der Delbrücker Rosenkranzbruderschaft bei[412]. Nach dem Tod ihrer Mutter 1665 versprach ihr der Stiefvater Jorgen Sechtling am 14. Juni 1666 testamentarisch zwei Kühe und ein Rind für den Fall einer Heirat, wenn sie ihm gebührend begegnen würde[413].
Susanna Valepage heiratete am 2. Juli 1667 in Thüle Joannes Sallemeyer in Gegenwart des Scharmeder Schulten Simon Otto Böger, der wahrscheinlich die Ehe vermittelt hat[414]. Der Vollmeierhof Sallemeyer zu Thüle gehörte dem Paderborner Domkapitel, seine Bewohner waren diesem eigenbehörig. Als am 14. Juni 1673 alle Höfe des Paderborner

Domkapitels in Thüle und Scharmede mit ihren Rechten und Pflichten inventarisiert wurden, war der junge Meier des Sallemeyer-Hofes gerade gestorben; die Witwe Susanna verwaltete den 138 Morgen großen Hof. Ihre Kinder hießen Gottschalk und Klärke[415]. Die Witwe Susanna heiratete kurz darauf einen Mann namens Henrich, dessen Nachnamen unbekannt ist[416]. Susanna wurde am 4. Aug. 1693 in Thüle begraben[417]. Der Witwer Henrich, genannt Sallemeyer, heiratete daraufhin am 19. April 1694 in Thüle[418] Angela Beringmeyer, geb. Sechtling, aus Delbrück-Ostenland, die Stiefschwester seiner ersten Frau. Sie war die Witwe von Jorgen Beringmeyer, einem fürstbischöflich-paderbornischen eigenbehörigen Vollmeier in Delbrück-Ostenland[419]. Henrich Sallemeyer starb am 17. März 1714 in Thüle; Angela Sallemeyer, verw. Beringmeyer, geb. Sechtling, schloß am 15. März 1717 in Thüle die Augen[420].
Susannas Sohn und Erbe aus ihrer zweiten Ehe, Otto Henrich Sallmeyer, heiratete am 1. Mai 1695 in Thüle Anna Elisabeth Beringmeyer (get. 8. März 1671 in Delbrück), die Tochter der zweiten Frau seines Vaters[421].

XXXVI. Johann Dietrich Varendorf genannt Valepage (1658-1719)

Johann Dietrich Valepage, der Sohn des Hunold Valepage, ist nach eigener Aussage 1703 45 Jahre alt, d. h. um 1658, und in Delbrück geboren worden[422]. Seine Mutter Amalia Thorwesten bezeichnet ihn 1712 als den jüngsten Sohn[423], was aber in keinem Fall stimmen kann. Vermutlich war er der zweite. Am 18. Nov. 1674 konnte er sich in die Matrikel der Universität Paderborn eintragen. Der Besitzstand seiner Eltern wird der Klasse C = Mediocres zugerechnet[424]. Nach 70 Jahren ist Johann Dietrich Valepage der erste der Familie, der versucht, durch eine akademische Ausbildung seine gesellschaftliche Position auszubauen. 1681 wird er als Schreiber zu Dedinghausen bei Lippspringe bezeichnet[425]. Am 6. Juli 1689 erklären ihn seine Eltern nach reiflicher Überlegung zum Haupterben[426]. Daraufhin heiratet er am 26. Juli 1689 zu Schloß Neuhaus Clara Elisabeth Wenniker. Zeugen waren der Quaestor Dr. jur. Wenniker und Theodor Thorwesten[427]. Clara Elisabeth Wenniker, die Braut, war eine Tochter des Dr. jur. Wilhelm Wenniker (* um 1615 in Osnabrück † 28. Juli 1672 in Münster) und seiner Frau Gertrud Stapelberg (* um 1615/20 in Münster † um 1678/85 in Münster)[428]. Clara Elisabeths Bruder war der Doktor beider Rechte Melchior Michael Wenneker, der fürstbischöflich-paderbornischer Rat und Hofrichter († 4. Okt. 1713 in Paderborn) war[429]. Johann Dietrich Valepage verfügte durch seine Frau über hervorragende Verbindungen zum Paderborner Hof und zur hohen Beamtenschaft des Paderborner Fürstbistums. Etwa um die Zeit seiner Heirat trat er in den Dienst derselben Familie, der auch sein Vater diente; er wurde Rentmeister der Familie von Westphalen zu Fürstenberg bei Büren und Richter am dortigen Patrimonialgericht. Er zog mit seiner Frau nach Fürstenberg und wohnte dort bis zu seinem Tod.
Johann Dietrich Valepage wurde nach dem Tod seines Vaters Hunold 1693 von Abt Gregor Busch (1692-1709)[430] am 15. Nov. 1694 mit dem Lakehof in Delbrück belehnt[431]. Obwohl Abt Pantaleon II. Bruns († 1727) bereits 1709 sein Amt antrat[432] und Johann Dietrich 1710 zum Lehenstag eingeladen worden war[433], wurde er erst am 9. Dez. 1715 belehnt[434]. Die Höhe der Lehenspacht betrug unverändert einen halben Goldgulden. Der

Grund für die Verzögerung dürfte in einem Streit gelegen haben, den Johann Dietrich mit seinem älteren Bruder Bernd Henrich von 1706 bis 1715 auszutragen hatte[435]. Neben Auseinandersetzungen um die Zahlung der Mitgift von 800 Reichstalern, die Bernd Henrich von seinen Eltern verschrieben worden war, klagte Bernd Henrich vehement dagegen, daß Johann Dietrich seiner Frau Clara Elisabeth Wenneker und seinen Töchtern Maria Catharina und Maria Theresia am 24. Okt. 1705 den Mitbesitz des Lakehofes eingeräumt hatte[436]. Für Bernd Henrich Valepage stand es fest, daß der Lakehof ein Mannlehen ist, an dem Frauen keinen erblichen Besitz erlangen konnten. Der Streit wurde gegenüber dem Kloster Abdinghof und der fürstbischöflich-paderbornischen Kanzlei geführt. Der letzteren legte Johann Dietrich Valepage am 4. Nov. 1711 einen „Status bonorum" vor, in dem Einnahmen aus den Feudal- und Allodialgrundstücken sowie den eigenbehörigen Höfen in Höhe von etwa 200 Reichstalern jährliche Zinsverbindlichkeiten von etwa 240 Reichstalern inclusive der noch auszuzahlenden Brautschätze gegenüberstehen. U. a. waren die Kredite, die 1400 von Abdinghof, 1594 vom Paderborner Domkapitel und 1627 von Wordtmanns in Salzkotten aufgenommen worden waren, noch immer zu verzinsen[437].

Im Mai 1719 hatte Johann Dietrich Valepage den Tod vor Augen. So beauftragte er den Gerichtsschreiber zu Fürstenberg und kaiserlichen Notar Matthias Wolff am 2. Mai 1719 die endgültige Übertragung aller seiner Feudal- und Allodialgüter in Delbrück an seine Frau und seine Töchter zu Protokoll zu nehmen[438]. Am 25. April 1719 hatte Johann Dietrich seinen Incolus (Heuerling) Jobst Schlinckmann zu Delbrück ermächtigt, die Übertragung in seinem Namen vorzunehmen[439]. So begaben sich am 5. Mai 1719 der Notar Matthias Wolff und Johann Dietrichs ältere Tochter Maria Catharina Valepage auf den Lakehof nach Delbrück, wo nach uraltem Delbrücker Brauch Jobst Schlinckmann im Namen seines Herrn dessen Besitz durch das symbolische Abschneiden von Holz am Türpfosten, Berühren von Gegenständen oder in die Hände Legen von Erde an Maria Catharina Valepage, ihre Mutter und Schwester übertrug[440]. Am 17. Juni 1719 erneuerte und bekräftigte Johann Dietrich in banger Sorge um die wirtschaftliche Versorgung seiner Frau und Töchter in Gegenwart der Gerichtsherren des Patrimonialgerichts Fürstenberg Friedrich Wilhelm Westphalen und Major Caspar Henrich Westphalen den Besitzübertrag und bat seinen Schwager Joan Bernd Ernesti, den Sekretär der Stadt Paderborn, der anwesend war, die Curatel oder Defension seiner Frau und Töchter zu übernehmen. Dieser versprach die Aufgabe gewissenhaft zu erfüllen. Die Kosten müsse jedoch die Witwe tragen[441].

Johann Dietrich Valepage verstarb am 12. Juli 1719 zu Fürstenberg[442]. Er hatte sich durch sein Jura-Studium und seine Stellung als Rentmeister der Familie Westphal und als Richter am Patrimonialgericht zu Fürstenberg eine angesehene Position erworben. Tragisch war für ihn jedoch, daß er das Erreichte nicht weitergeben konnte, da er „nur" die Töchter Maria Catharina und Maria Theresia hinterließ. Schon kurz nach der Besitzübertragung im Mai 1719, aber noch vor seinem Tod, wandten sich Clara Elisabeth Wenniker und ihre Töchter an das Kloster Abdinghof mit der Bitte, die Übertragung zu akzeptieren[443]. Clara Elisabeth Wenniker zog mit ihrer älteren Tochter Maria Catharina nach dem Tod des Johann Dietrich Valepage auf den Lakehof bei Delbrück, um ihre Rechte an dem Hof zu sichern. Am 7. Juli 1722 trat die Mutter der Rosenkranzbruderschaft bei[444]. 1723 verklagte Bernd Henrich Valepage seine Schwägerin beim Lehens-

herren, da sie auf dem Hof eine Eiche im Wert von 16 Talern gefällt hatte. Der Abdinghofer Kellner, der den Hof daraufhin besichtigte, bescheinigte, daß der Schafstall sowie das Back- und Brauhaus neue Ständer bräuchten, wozu der Eichenstamm verwendet werden solle[445]. Seit 1719 klagten Clara Elisabeth Wenniker und ihr Schwager Bernd Henrich Valepage, der nach dem Tod seines Bruders mit dem Lakehof belehnt worden war, gegeneinander, da Bernd Henrich nicht von seinen Ansprüchen an den Feudalgütern abließ und Clara Elisabeth am Besitz des Lakehofes festhielt. Der Prozeß begann an der Paderborner Regierungskanzlei und wurde seit 1726 am Reichskammergericht in Wetzlar fortgesetzt[446].
Clara Elisabeth Valepage, geb. Wenniker, verstarb in Ankum und wurde am 12. Dez. 1733 dort begraben[447].

XXXVII. Maria Catharina Wegener, geb. Valepage (1691-1733)

Johann Dietrich Valepages älteste Tochter Maria Catharina heiratete in Delbrück am 26. April 1722 D. Gerhard Ludwig Wegener zu Fürstenberg, dessen Bruder Adam Dominicus Wegener in Delbrück als Gograf (1732 - † 7. Jan. 1751) fungierte[448]. Der Titel „Dominus" zeichnet Gerhard Ludwig Wegener als einen akademisch gebildeten Mann aus. Trauzeugen waren D. Franz Adam Bardtheizen und D. U. J. D. Wenneker[449]. Maria Catharina Wegener, geb. Valepage, starb in Fürstenberg am 16. Nov. 1733 im Alter von 41 Jahren einen Monat vor ihrer Mutter; der Witwer Gerhard Ludwig Wegener verstarb ebenfalls in Fürstenberg am 24. Nov. 1758[450]. Kinder sind aus dieser Ehe nicht hervorgegangen. Der Erbe wurde Adam Dominicus Wegener bzw. seine Nachkommen zu Delbrück. Da Gerhard Ludwig Wegener aber auch Schulden hinterließ, wurde der vom Lakehof in Delbrück herrührende Allodialbesitz, u. a. handelte es sich um den Furlmeyer-Hof in Hövelhof, der seiner Frau erblich zugefallen war, verkauft[451].

XXXVIII. Maria Theresia Gronefeld, geb. Valepage (1692-1737)

Die zweite Tochter von Johann Dietrich Valepage und Clara Elisabeth Wenniker namens Maria Theresia wurde um 1692/93 in Fürstenberg geboren. Um 1714/15 heiratete sie vermutlich ebenfalls in Fürstenberg Anton Christian Gronefeld. 1715 war Anton Christian Gronefeld mit seinem Schwiegervater zu Besuch in Delbrück. Als beide in einem Wagen über den Kirchplatz, der als Begräbnisstätte genutzt wurde, fuhren und sie der Delbrücker Landknecht Henrich Schweickhoff darauf ansprach, verfolgten sie ihn mit dem bloßen Degen[452]. Die kleine Begebenheit zeigt, wie stark sich der Rentmeister Valepage zu diesem Zeitpunkt fühlte. Anton Christian Gronefeld wurde am 6. Febr. 1685 auf dem Koldehof in der Bauerschaft Tütingen im Kirchspiel Ankum[453] als Sohn des Vogtes Gerhard Nicolaus Gronefeld (* um 1649 † 20. Juli 1742 Koldehof) und der Anna Maria Arste (* um 1655 in Werther † 19. April 1722 Koldehof) geboren[454]. Er folgte seinem Vater im Amt des Vogtes der fürstbischöflich-osnabrückschen Ämter Ankum und Bersenbrück nach. Anton Christian Gronefeld starb bereits am 24. Aug. 1731 und wurde drei Tage später beigesetzt[455]. Er hinterließ seine Frau und vier Kinder[456]. Den Vogtsdienst übernahm zunächst wieder sein Vater, bis dieser ihn auf Anton Christian Gronefelds Schwiegersohn Johann Ferdinand Nieberg übertrug. Inzwischen hatte Clara Elisabeth Valepage, geb. Wenneker, die die Patenschaft des ersten und des letzten der Gronefeldschen Kinder übernommen hatte, ihren Wohnsitz von Delbrück auf den Koldehof im Kirchspiel Ankum verlegt. Dort verstarb sie auch und wurde am 12. Dez. 1733 in Ankum begraben[457]. Maria Theresia Gronefeld, geb. Valepage, starb am 5. Nov. 1737 auf dem Koldehof[458].

Leider ließ sich nicht klären, wie die Beziehung der Valepagen zur Familie Gronefeld in Ankum entstanden ist. Zwar war ein Zweig der größeren Familie Gronefeld zu dieser Zeit in Paderborn beheimatet[459]. Ob dieser jedoch den Kontakt zu den Gronefeld in Ankum hergestellt hat, muß im Bereich der Spekulationen bleiben. Ähnlich wie die Paderborner Gronefeld führten auch die Ankumer ein grünes Kleeblatt im Wappenschild[460].

Von den drei Kindern, die beim Tod der Maria Theresia Gronefeld, geb. Valepage, noch lebten, erbte die Tochter Maria Catharina Antonette den Koldehof[461], den ihre Nachkommen bis heute bewohnen.

Stammtafel der Varendorf genannt Valepage II

Dietrich Varendorf genannt Valepage
1620-1648
⚭ 1620
Susanna zu Menkhausen
(2. ⚭ 1649 Jorgen Sechtling † 1673)

Cord
1648-1650
⚭
Elsche Fullhorst
† 1678
2. ⚭ 1670
Martin Grote
† 1700

Hunold
1649-1693
Pächter in
Lippspringe
⚭
Amalia Thorwesten
1635-1714

Christina
1652-1704
⚭ 1652/53
Henrich Peitzmeyer
1652-1658
Dorfstätter
in Delbrück

Agnes
1657

Elisabeth
1669-1673
⚭ 1669
Borius Hoffman
† 1679
Vollmeier in Del-
brück-Ostenland

Susanna
1657-1693
1. ⚭ 1667
Johann Sallemeyer
Vollmeier in Thüle
† 1673
2. ⚭
Henrich N.
genannt Sallemyer
† 1714

Berndt Henrich
1656-1726
Sporckmeyer
in Delbrück
Pächter in Lippspringe
1. ⚭ 1680
Anna von Sporck
† 1686
2. ⚭ 1687
Maria Clara Lohmann
1666-1740

Johann Dietrich
Rentmeister
zu Fürstenberg
1658-1719
⚭ 1689
Clara Elisabeth Wenneker
1662-1733

Liborius
Rentmeister
zu Brenken
1662-1702
⚭ 1689
Catharina Maria Lüns
1671-?
2. ⚭ 1703
Bernard Matthias

Maria Elisabeth
1666-?
1. ⚭ 1689
Liborius Göddeken
Kaufmann in Delbrück
1659-1696
2. ⚭ 1697
Johann Theodor Griese
† um 1705
3. ⚭ 1706
M. Ernst Echtbers
1661-1718
Chirurg in Delbrück

Raban Jodocus
1668-1711
Augustiner-
Chorherr in
Böddeken

Isabella Anna
Theresia
1671-1714
⚭ 1694
Johann Bernard
Ernesti
1666-1749
Stadtsekretär
zu Paderborn

Maria Catharina
1691-1733
⚭ 1722
Gerhard Ludwig Wegener
† 1758
zu Fürstenberg

Maria Theresia
1692-1737
⚭ um 1714
Anton Christian Gronefeld
1685-1731
Vogt zu Ankum und Bersenbrück

XXXIX. Bernd Henrich Varendorf genannt Valepage genannt Sporck (1656-1726)

Der älteste Sohn des Hunold Valepage und der Amalia Thorwesten wurde um 1656 in Delbrück geboren. Bernd Henrich Valepage besuchte weder das Gymnasium Theodorianum noch die Universität in Paderborn. Da sein jüngerer Bruder Johann Dietrich den Lakehof erbte, suchte er sich die beste Partie, die er im Delbrücker Land bekommen konnte: Anna von Sporck, die Tochter des Philipp Sporck (begr. 19. April 1677 in Delbrück) und der Angela Holtapel († 27. Nov. 1691 in Delbrück-Westerloh)[462]. Anna war die Erbin des Sporck-Hofes in Delbrück-Westerloh und eine Nichte des berühmten Generals Graf Johann Sporck, der aus dem Delbrücker Land stammte[463]. Am 25. Febr. 1680 hielten der Herr Bernhardt Henrich Valepagen und die Junffer Anna Freiin (!) von Sporck[464] in Delbrück eine Eheberedung in Gegenwart der Zeugen Herrn Caspar Bömer, Kammersekretär des Fürstbischofs von Paderborn und Münster[465], Herrn Theodor alter und junger Thorwesten aus Neuhaus, Johann Brunnert, Delbrücker Landknecht, dessen Mutter Grethe geb. Nolte eine Cousine von Philipp Sporck war, Bories Holtapel, Tonies Heymeyer und Dietrich Cösters, dessen Mutter eine Schwester von Philipp Sporck und Graf Johann Sporck war.

Darin verspricht die verwitwete Brautmutter den Brautleuten die Übertragung der Sporckstätte. Sie behält sich jedoch das lebenslängliche Wohnrecht im Haupthaus vor. Bernd Henrich Valepage erhält von seinem Vater Hunold das Versprechen, ihm 800 Reichstaler, eine ehrliche Bräutigamsaussteuer, ein Pferd und ein Fohlen als Mitgift mitzugeben. 150 Reichstaler sollen am Tag der Hochzeit übergeben werden; die übrige Summe soll in Abschlägen von 25 Reichstalern jährlich aus der Verpachtung einer Wiese auf dem Nordhagen in Delbrück gezahlt werden[466]. Die Eheschließung erfolgte am 7. Juli 1680 in Delbrück[467]. Der Sporckhof und die bislang fürstbischöflich-paderbornische eigenbehörige Familie des Philipp Sporck erhielten am 1. Juli 1674 auf Bitten des in Schloß Neuhaus gegenwärtigen Grafen Johann von Sporck durch den Paderborner Fürstbischof Ferdinand von Fürstenberg die Freiheit[468]. 1672 betrug die Größe des Hofes 33½ Morgen Land[469]. Am 26. Okt. 1685 übertrug *„Engel Wittib Philippßen von Sporck"* den Hof endgültig an ihre Tochter Anna und den Schwiegersohn Bernd Henrich Valepage[470], der sich seit seinem Aufzug auf den Sporckhof nach Landesgebrauch auch Sporck nannte[471].

Bernd Henrich Valepage lebte seit seiner Heirat von den bescheidenen Einkünften des Sporckhofes, der ihm als Bardenhauer oder Viertelmeierhof keinen seiner Stellung angemessenen Lebensstil ermöglicht haben dürfte.

Um die finanzielle Situation des Sporckhofes zu verbessern, hatten der Freiherr und spätere Graf Johann von Sporck und seine erste Frau Anna von Leusing dem Philipp Sporck am 12. Mai 1657 den sechsten Teil eines Salzwerkes zu Brockhagen bei Unna übertragen[472]. Die eine Hälfte des sechsten Teils gehörte zuvor der Witwe Christina von Leusing, geb. von Löwenstein, Anna von Leusings Mutter; die andere Hälfte erwarben sie am 12. März 1657 von deren Schwester, der Witwe Maria von Hundelßhausen, geb. von Löwenstein[473]. Noch 1694 ist Bernd Henrich Valepage genannt Sporck im Besitz des Salzwerkanteils[474].

Bernd Henrich Valepage übernahm nach dem Tod seines Vaters Hunold 1693 dessen Stelle als Verwalter der Güter der Familie Westphalen in Lippspringe; der Sporckhof wurde verpachtet. Bernd Henrich war sicherlich an einer Aufbesserung seiner Einkünfte und am Ausbau seiner sozialen Stellung gelegen. Als Bernd Henrich später mit seinem Bruder Johann Dietrich einen gerichtlichen Streit über die Zahlung des Brautschatzes führte, rechnete ihm seine Mutter 1710 vor, daß er bei der Übernahme der Lippspringer Konduktion Werte von insgesamt 110 Reichstalern, darunter 3 Pferde, einen Wagen, 2 Pflüge, 3 Eggen, drei Wagenräder und 2 Schäferhütten, von ihr erhalten habe, die von seinem Brautschatz abzuziehen seien[475]. Gleichzeitig bestätigte sie ihm, was er alles ab 1696 für sie bezahlt habe, u. a. an Stoffen, Schuhen, Getreide und Branntwein bis hin zu Löffeln[476], wofür eigentlich sein Bruder als Haupterbe zuständig gewesen wäre.
Bernd Henrich Valepages erste Frau Anna von Sporck verstarb bereits am 5. Juli 1686 in Delbrück[477]. Sie hatte zwei Söhnen das Leben geschenkt, die aber schon am 28. Mai 1681 und am 2. April 1683 verstorben sind[478]. Nur ihre Tochter Anna Angela wurde erwachsen.
Bernd Henrich Valepage ging am 19. April 1687 in Delbrück[479] eine zweite Ehe mit Maria Clara Lohmann, der Tochter des Delbrücker Gografen Henrich Lohmann (begr. 12. April 1674 in Delbrück) und seiner Frau Anna Müller aus Köln (begr. 23. Sept. 1679 in Delbrück) und Schwester des Delbrücker Gografen Aeneas Lohmann († Febr. 1702 in Delbrück), ein.
Einen Monat nach dem Tod seines jüngeren Bruders Johann Dietrich wird Bernd Henrich Valepage am 26. Aug. 1719 als rechtmäßiger Lehensnachfolger vom Abt Pantaleon II. Bruns (1709-1727)[480] mit dem Lakehof als einem rechten Mannlehen belehnt[481]. Die Einkünfte des Hofes konnte er jedoch nicht genießen, da der Hof von seiner Schwägerin Clara Elisabeth Valepage, geb. Wenneker, zur Leibzucht bewohnt wurde. Bernd Henrich Valepage verklagte seine Schwägerin ab 1719 auf die Herausgabe des gesamten Valepagischen Besitzes. Ab 1723 wurde der Prozeß vor dem Reichskammergericht in Wetzlar fortgesetzt, das entschied, daß der Allodialbesitz des Johann Dietrich Valepage († 1719), zu dem auch die vier eigenbehörigen Höfe gehören würden, zu Recht an dessen Witwe und Töchter übergegangen sei, der Feudalbesitz, d. h. der Lakehof und seine unmittelbaren Zubehörungen, wie sie in den Designationen verzeichnet seien, stehe hingegen als Mannlehen Bernd Henrich und seinen Nachkommen zu[482]. Erstaunlich ist an diesem Urteil, daß das Kloster Abdinghof die Trennung der vier eigenbehörigen Höfe vom Lehen als Allodialbesitz akzeptierte.
Bernd Henrich Valepage läßt sich bis 1705 als Pächter in Lippspringe nachweisen. Wann er auf den Sporckhof in Delbrück zurückgekehrt ist, läßt sich nicht genau bestimmen. Dort verstarb er am 12. März 1726[483] und wurde er am 16. März 1726 begraben[484]. Seine zweite Frau Maria Clara Valepage, geb. Lohmann, starb in Delbrück am 8. Febr. 1740 im Alter von etwa 74 Jahren; 20 Jahre lang war sie gelähmt gewesen[485].
Bernd Henrich Valepage hatte die Stellung seines Vaters halten können. Am Ende seines Lebens waren der Sporck- und der Lakehof in Delbrück in seiner Hand, die er an den Erben weitergeben konnte.

Bernd Henrich Valepage hatte folgende Kinder:

1. Ehe:
1. infantulus, † 28. Mai 1681 in Delbrück.
2. Joannes Theodorus, infantulus, † 2. April 1683 in Delbrück.
3. Anna Angela, get. 11. Juni 1684 in Delbrück.

2. Ehe:
4. Joannes Aeneas, get. 12. März 1688 in Delbrück. Paten: D. Aeneas Lohmann, Clara Angela Wösthoff. † als Kind.
5. Joannes Theodorus, get. 4. Jan. 1690 in Delbrück, der Erbe.
6. Joannes Daniel, get. 6. Febr. 1692 in Delbrück.
7. Matthias Conrad, get. 5. Sept. 1694 in Lippspringe.
8. Rabanus Henricus, get. 13. Nov. 1696 in Lippspringe. Paten: D. Rabanus Jodocus ab Haxthausen in Lippspringe, Henricus Richters, Sacellanus in Delbrück. † 24. März 1710 in Delbrück.
9. Elmerhusius Christophorus Antonius, get. 21. Sept. 1698 in Lippspringe.
10. Anna Juliana Charlotta, get. 26. April 1701 in Lippspringe.
11. Henricus Wilhelmus Georgius, get. 22. April 1703 in Lippspringe. Paten: Ihro Hochwohlgeb. Gnaden Herr Obristlieutnandt von Westphalen zu Fürstenberg, R. D. Georgius Cauten, Sacellanus primus in Delbrück. † 17. Okt. 1721 in Delbrück
12. Joannes Wilhemus, get. 13. Dez. 1705 in Lippspringe. Paten: D. Colonellus de Haxthausen, filia Domini Graes in Neuhaus. † als Kind[486].

XL. Liborius Valepage (1662-1702)

Liborius, der dritte Sohn von Hunold Valepage und Amalia Thorwesten, wurde um 1662 in Delbrück geboren und besuchte ab 1675 das Gymnasium Theodorianum in Paderborn, das er 1679 frühzeitig verließ[487]. Sein weiterer Ausbildungsgang ist unbekannt. Am 30. Jan. 1685 ist Liborius Fahlepagen Pate bei dem Sohn Caspar Jürgen des Statius Menkhausen in Nieheim[488], mit dem er über seine Großmutter Susanna Valepage, geb. Menkhausen, verwandt war. 1688 wohnt er bei seinen Eltern in Lippspringe, wo er am 30. Nov. 1688 eine uneheliche Tochter namens Maria Gertrudis taufen läßt. Die Mutter des Kindes wird Maria N. genannt. Das Kind stirbt am 16. Jan. 1689[489].
Am 4. Juni 1689 heiratet er in der Paderborner Gaukirche Catharina Maria Lüns[490]. Trauzeugen waren Wilhelm Haxthausen und Laurentius Lüns. Die Braut wurde am 30. Nov. 1671 ebenfalls in der Paderborner Gaukirche als Tochter des Mauritius Lüns[491] getauft. Ihre Patin war die Ehefrau des Kämmerers Selentini[492]. Liborius Valepage und seine Frau wohnten zunächst in der Gaukirchpfarre in Paderborn, wahrscheinlich im Hause Lüns. Welcher Beschäftigung er nachging, konnte nicht ermittelt werden. Nach dem Tod seines Vaters Hunold erhielt er 1693 von seiner Mutter einen schwarzen Hengst, drei weitere Pferde, sechs Kühe und drei Schweine geschenkt[493]. Um 1694 wurde Liborius Rentmeister der Familie von Brenken auf der Epernburg zu Brenken bei Büren. Dort verstarb er erst vierzigjährig und wurde am 13. Mai 1702 in Brenken zu Grabe getragen[494]. Seine Witwe heiratete am 12. Aug. 1703 Bernard Matthias aus Borgholz, der sich am 15. Nov. 1693 in die Paderborner Universitätsmatrikel eingetragen hatte[495]. Am 29. Juni 1704 ließen Bernard Matthias und Catharina Maria Lüns in Brenken ihren

Sohn Theodorus Franciscus taufen, dessen Pate D. Theodorus de et in Brenken war[496]. Ihr weiterer Verbleib ist unbekannt. In Brenken sind sie nicht verstorben.
Liborius Valepage hatte als Rentmeister zu Brenken eine gute Position erreicht, die ihm ein gesichertes Einkommen und ein gewisses Ansehen einbrachte.
Liborius Valepage und Catharina Maria Lüns hatten folgende Kinder:

1. Georgius Hunold, geb. 19. Aug./get. 22. Aug. 1691 in der Gaukirche zu Paderborn. Pate: Georg Hunold Valepage. † vermutlich als Kind.
2. Mauritz Wilhelm, geb. 15. April/get. 18. April 1693 in der Gaukirche zu Paderborn. Paten: Loco Domini Colonelli Mauritii Wilhelmi ab Oeynhausen Ludovicus Thorwesten. † vermutlich als Kind.
3. Ferdinand, get. 5. Juli 1695 in Brenken.
4. Franciscus Bernardus, get. 2. Dez. 1697 in Brenken. Paten: D. Joes Theodorus Valepan et D. Bernardus Schutten. † vermutlich als Kind.
5. Conradus Antonius, get. 13. Dez. 1699 in Brenken. Paten: Conradus Gleen, Maria Clara … . Begr. 30. April 1703 in Brenken; ertrunken.
6. Maria Agnes Catharina, get. 15. Jan. 1702 in Brenken[497].

Stammtafel der Valepage III

Liborius Valepage
1662-1702
Rentmeister zu Brenken
∞ 1689
Catharina Maria Lüns
1671-?
(2. ∞ 1703 Bernard Matthias)

- Ferdinand
  1695-1728
  Chirurg in Paderborn
  ∞ 1724
  Catharina Margaretha
  Kellner
  1704-?
  (2. ∞ 1729 Joh. Heinr.
  Bessen † 1740
  3. ∞ 1740 Joh. Heinr.
  Busch 1716-?)
  - Maria Margaretha
    1726-1785
    Akzisepächterin
    in Paderborn
    ∞ 1757
    Franz Joseph Mouschet
  - Ferdinand Meinolph Laurentius
    1728-1792
    Chorale am Dom zu Paderborn
- Maria Agnes
  1702-1763
  1. ∞ 1725
  Johann Anton Schröder
  1698-?
  Soldat
  2. ∞
  N. Heeck

XLI. Ferdinand Valepage (1695-1728)

Von den Söhnen des Liborius Valepage und der Catharina Maria Lüns erreichte nur der am 5. Juli 1695 in Brenken getaufte Ferdinand das Erwachsenenalter. Seine Paten waren Ferdinand Rerman und Catharina Schlüter[498]. Ferdinand Valepage heiratete am 2. Jan. 1724 in der Gaukirche zu Paderbron Catharina Margaretha Kellner[499], die am 30. Mai 1704 als Tochter von Joannes Kellner und Anna Catharina Haltermann[500] geboren und am 2. Juni 1704 in der Paderborner Gaukirche getauft wurde. Ihr Patin war Margaretha Hüser vidua Haltermann, ihre Großmutter[501]. Ferdinand Valepage und Catharina Margaretha Kelner wurden am 19. Jan. 1724 in Paderborn in die Kemper Bauerschaft als Bürger aufgenommen[502]. Ferdinand Valepage war von Beruf Chirurg. Es wäre möglich, daß er sein Handwerk bei Mr. Ernst Echtbers, dem dritten Mann seiner Tante Maria Elisabeth Valepage, in Delbrück erlernt hat. Ferdinand Valepage verstarb, an Brustfieber und Asthma leidend, am 12. Aug. 1729[503]. Seine Witwe heiratete am 23. Jan.

1729 in der Gaukirche zu Paderborn[504] Joannes Henricus Bessen aus Büren, der am 2. Juni 1729 in die Kemper Bauerschaft als Paderborner Bürger aufgenommen wurde[505]. Er verstarb am 15. Febr. 1740, 40 Jahre alt, an Brustfieber[506]. Die Witwe ging daraufhin am 15. Nov. 1740 mit Dispens vom Ehehindernis der Schwägerschaft im zweiten und dritten Grad[507] ihre dritte Ehe mit Joannes Henricus Busch ein, der ebenfalls aus Büren stammte und am 10. März 1741 das Paderborner Bürgerrecht in der Kemper Bauerschaft erwarb[508]. Getauft wurde er am 22. März 1716 in Büren als Sohn des Anton Busch und der Anna Maria Stöver[509].
In Büren war um 1700 auch die Familie Lüns aus Paderborn heimisch geworden. Diese sorgte vermutlich dafür, daß die Schwiegertochter der Catharina Maria Matthias, verw. Valepage, geb. Lüns, nach dem Tod ihres ersten Mannes Ferdinand Valepage nicht unversorgt blieb, indem sie ihr zwei weitere Ehegatten aus Büren vermittelten. Leider sind ihre Berufe unbekannt. Catharina Margaretha Busch, verw. Valepage, verw. Bessen, geb. Kellner, starb nach dem 29. Aug. 1764. Leider sind die Kirchenbücher der Gaukirchpfarrei in Paderborn so schlecht geführt worden, daß ihr Sterbeeintrag und der ihres dritten Mannes Joannes Henricus Busch nicht zu ermitteln sind[510].
Ferdinand Valepage und Catharina Margaretha Kellner hinterließen zwei Kinder:

1. Maria Margaretha, geb. 13. Febr./get. 14. Febr. 1726 in der Gaukirche zu Paderborn.
2. Ferdinandus Meinolphus Josephus, geb. und get. 22. Febr. 1728 in der Gaukirche zu Paderborn[511].

XLII. Maria Margaretha Mouschet, geb. Valepage (1726-1785)

Die einzige Tochter Maria Margaretha von Ferdinand Valepage und Catharina Margaretha Kellner wurde am 13. Febr. geboren und am 14. Febr. 1726 in der Gaukirche zu Paderborn getauft[512]. Ihre Patinnen waren D. Clara Margaretha Schonlau und Consalisca Rehermann. Im Alter von 30 Jahren heiratete sie am 8. Jan. 1757 in der Paderborner Gaukirche D. Franciscus Josephus Mouschet. Zeugen waren der Bruder der Braut und Christianus Schelhase[513].
Franz Joseph Mouschet, ein Bürgersohn, wurde am 12. Aug. 1756 als Paderborner Bürger in die Wester Bauerschaft aufgenommen[514]. Er war entweder ein Sohn des Claudius Mouchet aus Savoyen, der am 24. Febr. 1712 in Paderborn das Bürgerrecht erwarb[515], oder von dessen Sohn Johann Hermann Paul Mouschet (get. 24. Juni 1712 in der Marktkirche zu Paderborn † 16. Febr. 1741 ebda.), der im Aug. 1733 Anna Catharina Sibille Geithmann heiratete[516]. Leider ist die Taufe des Franz Joseph Mouschet in den Paderborner Kirchenbüchern nicht zu ermitteln.
Von 1759 bis 1770 lassen Franz Joseph Mouschet und Maria Margaretha Valepage sieben Kinder in der Gaukirche taufen[517]. 1777 scheint er verstorben gewesen zu sein, denn in diesem Jahr erscheint in einem Aktenstück des Paderborner Domkapitels die Akzisepächterin Mouschet, die auch von der Paderborner Geistlichkeit Akzise erheben will[518]. 1789 wird der verstorbene Franz Joseph Mouschet als Buchbinder bezeichnet[519].
Maria Margaretha Mouschet, geb. Valepage, starb am 12. Nov. 1785 in Paderborn[520]. Wie ihr Vater Ferdinand Valepage war sie ganz im Bürgerstand aufgegangen.

XLIII. Ferdinand Meinolph Joseph Laurentius Valepage (1728-1792)

Ferdinand Valepages und Catharina Margaretha Kellners Sohn namens Ferdiand Meinolph Joseph, der manchmal auch Laurentius genannt wurde, wurde am 22. Febr. 1728 geboren und am selben Tag in der Gaukirche zu Paderborn getauft[521]. Pate war an Stelle des Priors des Augustiner-Chorherrenstifts Böddeken Laurentius Lünz[522], eines Bruders der Großmutter, R. D. Josephus Rehermann. Er immatrikulierte sich am 18. Nov. 1746 an der Universität Paderborn zum Studium der Theologie[523]. Am 29. Mai 1749 wurde er zum Empfang der Tonsur und der Quatuor Minores zugelassen[524]. Als Chorale der Kathedralkirche wurde ihm 1759 das 2. Beneficium am Altar des Hl. Hippolyt im Paderborner Dom übertragen[525]. Von den bischöflichen Prosynodalexaminatoren wurde er am 15. Dez. 1759 geprüft und zum Empfang der Subdiakonats-, Diakonats- und Priesterweihe zugelassen[526], die er wenig später empfangen haben wird. Er starb am 13. März 1792 in der Gaukirchpfarrei[527]. Bis zu seinem Tod übte er das Amt eines Choralen der Paderborner Domkirche aus. Mit Ferdinand Meinoph Laurentius Valepage starben die männlichen Nachkommen des Liborius Valepage aus.

XLIV. Maria Agnes Catharina Heeck, verw. Schröder, geb. Valepage (1702-1762)

Von den Kindern des Liborius Valepage und der Catharina Maria Lüns wurde außer dem Sohn Ferdinand nur die Tochter Maria Agnes Catharina erwachsen. Getauft wurde sie am 15. Jan. 1702 in Brenken in Gegenwart ihrer Patin Maria Agnes Roßbach[528]. In Paderborn lernte sie Joannes Antonius Adamus Schröder aus Bettinghausen, Kirchspiel Ostinghausen, kennen, der am 12. Jan. 1698 in Ostinghausen als Sohn des Hermann Schröder getauft worden war[529]. Er immatrikulierte sich am 17. Nov. 1715 an der Universität Paderborn[530]. Da Maria Agnes Valepage ein Kind erwartete, schlossen sie am 26. Aug. 1725 in der Gaukirche zu Paderborn die Ehe. Trauzeugen waren der Bruder der Braut Ferdinand Valepage und Liborius Schröder[531]. Das Kind wurde am 6. Dez. 1725 geboren und am 7. Dez. 1725 in der Paderborner Gaukirche auf den Namen Maria Catharina Elisabeth getauft[532]. Bei der Heirat 1725 wurde Joannes Antonius Schröder als „miles" bezeichnet. Leider ist unbekannt, in wessen Diensten er stand. Sein Studium hat er wahrscheinlich nicht zu Ende gebracht.
Ebenso ist unbekannt, wann und wo Joannes Antonius Schröder starb und seine Witwe eine zweite Ehe mit einem Mann namens Heeck einging, und ob sie weitere Kinder hatte. Agnes Heeck, geb. Valepage, wurde am 29. Dez. 1762 in der Paderborner Domgemeinde zu Grabe geleitet[533].

XLV. Maria Elisabeth Echtbers, verw. Göddeken, verw. Griese, geb. Valepage (1666-1721)

Nach drei Söhnen wurde dem Ehepaar Hunold Valepage und Amalia Thorwesten die Tochter Maria Elisabeth geboren. Am 26. Juli 1666 wurde sie in Lippspringe von ihrer

Großmutter Maria Schleden, der Ehefrau des Theodor Thorwesten zu Herford, und von Elisabeth Ketteler aus der Taufe gehoben[534]. Sie wuchs bei ihren Eltern in Lippspringe auf und schloß am 23. Okt. 1689 in Delbrück den Ehevertrag mit Liborius Göddeken, geb. um 1659 in Delbrück, dem Sohn des Kaufhändlers Caspar Göddeken († 26. Febr. 1710, 87 Jahre, in Delbrück) und seiner Frau Elisabeth Lübbers († 13. Nov. 1688, ca. 60 Jahre, in Delbrück). Die Brauteltern versprechen ihrer Tochter 450 Reichstaler und ein Pferd als Mitgift. 250 Reichstaler sollen am Tag der Hochzeit gezahlt werden, die restliche Summe in jährlichen Abschlägen von 25 Reichstaler am Jahrestag der Hochzeit. Zeugen waren der Delbrücker Sacellan Henricus Richters, der Bruder der Braut Bernd Henrich Valepage genannt Sporckmeyer, Rötger Schwarzenberg und Lips Voß[535]. Die Hochzeit fand am 6. Nov. 1689 in Lippspringe statt[536].
Liborius Göddeken war von Geburt ein fürstbischöflich-paderbornischer Eigenbehöriger. Er besuchte von 1671 bis 1676 das Gymnasium Theodorianum in Paderborn[537] und immatrikulierte sich am 21. Mai 1676 zum Studium an der Paderborner Universität[538]. Trotz des Studiums trat er die Nachfolge seines Vaters als Kaufhändler im Dorf Delbrück an. Am Kirchplatz besaß die Familie ein kleines Häuschen, zu dem 1672 1/8 Morgen Gartenland gehörte[539]. Hunold Valepage mußte diese sogenannte Göddeken oder Turcks-Stätte 1690/91 für seine Tochter mit 3 Talern beweinkaufen[540]. Maria Elisabeth Valepage begab sich damit in die Eigenbehörigkeit des Paderborner Fürstbischofs. Liborius Göddeken verstarb kinderlos am 14. Mai 1696 in Delbrück[541]. Die Witwe zahlte aus Armut nur einen Reichstaler Sterbfallabgabe an die Rentkasse in Neuhaus[542]. Die geringe Hausstätte war zu diesem Zeitpunkt so extrem überschuldet, daß die Neuhäuser Beamten eine Zwangsversteigerung anordneten. Diese fand am 28. Nov. 1696 in Delbrück statt. Zu Beginn der Versteigerung, die von der Kanzel und auf den öffentlichen Wegen des Dorfes Delbrück bekannt gegeben wurde, wurde im Haus des Gografen eine Kerze entzündet. Wer beim Verlöschen der Kerze das höchste Gebot gemacht hatte, erhielt den Zuschlag. Insgesamt gab es 22 Gebote, angefangen mit 250 Reichstalern. Unter den Bietern war auch Maria Elisabeth Valepages Bruder Bernd Henrich Valepage genannt Sporckmeyer mit 261 Reichstalern. Die Stätte fiel schließlich an ihren Bruder Johann Dietrich Valepage zu Fürstenberg für 367 Reichstaler[543]. So wurde das Haus für Maria Elisabeth Göddeke, geb. Valepage, gerettet.
Sie ging am 2. Juni 1697 in Delbrück zu ihrer Versorgung eine zweite Ehe mit Joannes Theodorus Grießen aus Warendorf ein. Zeugen waren ihr Schwiegervater Caspar Göddeken und der Delbrücker Küster Ludovicus Pöttken[544]. Der Bräutigam beweinkaufte die Stätte nicht. Vermutlich war er Kaufhändler wie sein Ehevorgänger.
Das Ehepaar hatte vier Kinder:

1. Joannes Bernardus, get. 6. Juli 1698 in Delbrück. Pate: Bernard Voß. † im Aug. 1698 in Delbrück.
2. Rabanus Ludovicus, get. 1. Juli 1699 in Delbrück. Paten: Ludwig Thorwesten und R. D. Rabanus Wallepage. † vermutlich als Kind.
3. Maria Clara, geb. um 1702 in Delbrück.
4. Maria Theresia, get. 20. Febr. 1706 in Delbrück. Patin: Theresia Valepage. † vermutlich als Kind[545].

Johann Theodor Griese ist Ende 1705 oder Anfang 1706 gestorben. Im Delbrücker Sterberegister, das zu dieser Zeit sehr schlecht geführt worden ist, ist er nicht verzeichnet.

Am 29. Juni 1706 ging die Witwe ihre dritte Ehe mit M. Joannes Ernst Echberts ein[546]. M. Ernst Echberts oder Egberts beweinkaufte die Göddiken oder Turcks-Stätte, die ihnen von den Gläubigern aufgrund eines Mandats der Regierungskanzlei verkauft worden sei, 1707/08 mit 4 Talern[547]. Mr. Ernst Echberts war Chirurg oder Feldscher. 1711 gab der Delbrücker Gograf dem Rat des Landes bekannt, daß Mr. Ernst Echberts von der Regierungskammer die Konzession erhalten habe, allein als Feldscher im Delbrücker Land tätig zu werden. Der Rat gab zu Protokoll, daß der Feldscher viel zu teuer sei; allein für einen Beinbruch berechne er 32 Reichstaler an Behandlungskosten. Gäbe es mehrere Ärzte wie früher, würden die Patienten zudem besser behandelt.

Darüber hinaus sei seine Frau, Maria Elisabeth Valepage, „schalu" (franz.: jaloux, d. h. eifersüchtig, neidisch); sie beschuldige die Frauen, die zu ihrem Mann kämen, sowie ihren Mann der Leichtfertigkeit[548].

M. Ernst Echberts starb in Delbrück am 3. Dez. 1718 im Alter von 57 Jahren[549]. Eine Sterbfallabgabe wurde für ihn nicht entrichtet.

Am 11. Febr. 1721 übergab Maria Elisabeth Wittib M. Ernst Echberts ihre Behausung am Delbrücker Kirchhof ihrer Tochter zweiter Ehe Maria Clara Griese und deren Bräutigam Andreas Grewe. An der Stätte hafteten zu diesem Zeitpunkt 150 Reichstaler Schulden. Maria Elisabeth behielt sich einen jährlichen Spielpfennig von 2 Reichstalern sowie die Verpflegung durch die jungen Leute vor; im Mißvertragungsfall sollte sie 20 Reichstaler jährlich erhalten. Zeugen waren Maria Elisabeths Schwager, der Paderborner Stadtsekretär Joan Bernard Ernesti, Johann Georg Freymuht, Johann Wilhelm Xanten und Johann Grewe[550]. Leider sind weder die Eheschließung des Brautpaares noch eventuelle Kinder im Delbrücker Kirchenbuch verzeichnet. Auch ist Maria Elisabeth Echtbers geb. Valepage nicht in Delbrück verstorben. Anscheinend sind sie in den unbekannten Heimatort des Bräutigams verzogen.

Maria Elisabeth Valepage erging es im Vergleich mit ihren Geschwistern am schlechtesten. Zum einen blieb sie stark den einfachen Delbrücker Gegebenheiten verhaftet, zum anderen wurde sie von den Delbrückern nicht akzeptiert.

XLVI. Raban Jodocus Valepage (1668-1711)

Außer den drei Brüdern, die als Rentmeister bzw. Verwalter tätig waren, hatten Hunold Valepage und Amalia Thorwesten noch einen vierten Sohn, der Priester wurde. Die Taufe empfing er am 16. Dez. 1668 in Lippspringe[551]. Seine Paten waren Raban Jost von Haxthausen, Erbgesessener zu Lippspringe, und Anna Holtgreven, die Ehefrau des Amtmannes zu Lippspringe. Raban Jodocus besuchte von 1682 bis 1684 das Paderborner Gymnasium Theodorianum[552]. Am 18. Nov. 1685 schrieb er sich zum Studium der Theologie in die Paderborner Universitätsmatrikel ein[553]. Nach dem Studium trat er in den Konvent der Augustiner-Chorherren in Böddeken ein. Er folgte darin dem Bruder seiner Mutter P. Wilhelm Thorwesten († 1700) nach[554]. 1688 legte er die Profeß ab[555]. Am 22. Sept. 1691 erhielt er in der Schloßkapelle zu Neuhaus die Tonsur, die Quatuor

Minores und die Subdiakonatsweihe, am 22. Dez. 1691 die Diakonenweihe und am 20. Dez. 1692 die Priesterweihe[556]. Am 9. Juni 1694 bekam er die Approbation, in der Kölner Erzdiözese zu predigen und die Beichte zu hören[557]. Von 1693 bis 1709 soll er als Pfarrer in Wewelsburg gewirkt haben[558], in dessen Nähe seine Brüder Johann Dietrich und Liborius lebten. 1711 ist er in Böddeken verstorben[559].
Rabanus Jodocus Valepage eröffnete die relativ große Zahl von Priestern, die aus der Familie hervorgegangen sind.

XLVII. Isabella Theresia Anna Ernesti, geb. Valepage (1671-1714)

Die jüngste Tochter Isabella Theresia Anna der Eheleute Hunold Valepage und Amalia Thorwesten wurde am 30. März 1671 in Lippspringe von der Jungfer Isabella von Haxthausen zu Dedinghausen und Anna Theresia von Westphalen zu Fürstenberg zur Taufe gebracht[560]. Sie wuchs in Lippspringe auf, heiratete aber in Delbrück am 10. Aug. 1694 D. Joannes Bernardus Ernesti. Zeugen waren Wilhelm Valepage, der Bruder der Braut, und Liborius Gödiken, ihr Schwager[561]. Am 14. Nov. 1683 hatte sich der gebürtige Paderborner Joannes Bernardus Ernesti an der Universität Paderborn immatrikuliert[562]. Nach J. Freisen war er ein Sohn des Chirurgen Joannes Bernardus Ernesti († 1698)[563]. Am 11. Okt. 1694 wurde der Bürgersohn als Paderborner Bürger in der Westerbauerschaft aufgenommen[564]. Joannes Bernardus Ernesti errang das Amt des Sekretärs der Stadt Paderborn und war als solcher hoch angesehen. Im Jahre 1700 errichtete er mit seiner Frau Theresia Valepage ein zweigeschossiges Fachwerkhaus am Jühenplatz in Paderborn, das 1945 vernichtet wurde. Das Ehepaar hatte sich in der Inschrift des Hauses ein Denkmal gesetzt[565].
Joannes Bernardus Ernesti und Theresia Valepage hatten sieben Kinder, die bis auf das erste alle in der Paderborner Gaukirche getauft worden sind[566]. Die Paten zeigen einen starken Kontakt zur Verwandtschaft der Valepage, denn unter ihnen befanden sich Johann Simon Reiß, der Vogt zu Herford, der mit Catharina Hedwig Thorwesten verheiratet war, Ludwig Thorwesten, Clara Elisabeth Valepage, geb. Wenneker, und Bernd Henrich Valepage genannt Sporck. Theresia Ernesti, geb. Valepage, starb am 12. Juli 1714 nach zwanzigjähriger Ehe[567]. Joannes Bernardus Ernesti heiratete noch zwei weitere Male[568]. Auch nach dem Tod seiner ersten Frau blieb er der Familie Valepage verbunden. Er starb am 30. April 1749 im Alter von 83 Jahren in Paderborn[569]. Durch ihre Heirat mit dem Paderborner Stadtsekretär gehörte Theresia Valepage zu den führenden Familien der Stadt. Sie hatte damit eine unvergleichlich bessere Position im sozialen Gefüge als ihre in Delbrück verheiratete Schwester Maria Elisabeth und ihre an Bauern verheirateten Tanten.

XLVIII. Anna Angela Tegethoff, geb. Valepage (1684-1744)

Anna von Sporck, die Ehefrau des Bernd Henrich Valepage, hinterließ nach ihrem frühen Tod als einziges Kind eine Tochter namens Anna Angela, die am 11. Juni 1684 in Delbrück getauft wurde. Ihre Paten waren Anna Maria Valepage und Henrich Sallemeyer aus Thüle, der mit Susanna Valepage, Bernd Henrichs Tante, verheiratet war[570].

Anna Angela Valepage war nach Delbrücker Recht die rechtmäßige Erbin des Sporckhofes in Delbrück-Westerloh. Doch ihr Vater wollte, daß der Sporck- und der Valepagen-Hof in einer Hand verblieben, um die wirtschaftliche Grundlage der Familie nicht wieder zu verringern. So mußte er für seine Tochter einen angemessenen Bräutigam finden. Es ist bezeichnend, daß er ihn unter den Delbrücker Bauern und nicht innerhalb der Beamtenschaft des Fürstbistums Paderborn fand.

Anna Angela Valepage wurde mit Dispens vom Ehehindernis der Blutsverwandtschaft am 17. Febr. 1703 in Lippspringe die Ehefrau von Stephan Tegethoff[571]. Seine Großmutter mütterlicherseits, Anna Sporck, die Frau des Johann Beringmeyer, war eine Schwester von Anna Angela Valepages Großvater mütterlicherseits, Philipp Sporck[572]. Stephan Tegethoff wurde am 10. Dez. 1679 in Delbrück als Sohn des Philipp Tegethoff († 15. Dez. 1712) und seiner Frau Engel Beringmeyer († 7. April 1707), einer Nichte des Grafen Sporck, getauft[573]. Zum Tegethof gehörten 1672 insgesamt 55½ Morgen Land[574]. Bernd Henrich Valepage zahlte 1704 48 Reichstaler Weinkauf an die gräflich-rietbergische Rentkasse für den Aufzug seiner Tochter auf den Tegethof, die sich damit in die Eigenbehörigkeit der Rietberger Grafen begab[575]. Aus der Ehe von Anna Angela Valepage und Stephan Tegethoff gingen fünf Kinder hervor[576]. Stephan Tegethoff starb am 17. März 1725 in Delbrück-Nordhagen[577]. Jahrelang hatte er das Amt des Hagmeisters bekleidet. Als solcher war er ein Verbindungsmann zwischen der gräflich-rietbergischen Verwaltung und den Bauern auf dem Nordhagen in Delbrück. Er hatte für die Übermittlung und Durchführung der gräflichen Befehle zu sorgen sowie die Abgaben zu erheben und abzuliefern. Seine Witwe zahlte nach seinem Tod nur 8 Reichstaler an Sterbfallgeldern, da es um den Tegethof schlecht bestellt war[578]. Anna Angela Valepage ging am 1. Okt. 1728 in Delbrück eine zweite Ehe mit dem Witwer Jodocus Hennekemeyer ein, über den keine weitere Informationen vorliegen. Zeugen waren der Halbbruder der Braut R. D. Conrad Matthias Valepage und Joannes Stephanus Schulte[579]. Vermutlich war sie mit der Verwaltung des Hofes allein überfordert. Sie starb als Witwe am 5. Sept. 1744. Der damalige Delbrücker Pfarrer Franz Adam Hülsmann vermerkte im Sterberegister, daß ihr Großvater mütterlicherseits der rechte Bruder des General Graf Sporck gewesen sei[580]. Die Bemerkung läßt schon auf einen gewissen Stolz der Familie schließen. Dennoch zahlten die Erben für den Sterbfall ihrer Mutter, *„welche nicht recht klug gewesen“*, nur 5 Reichstaler[581].

Anna Angela Valepages Nachkommen, die noch heute auf dem Tegethof in Delbrück-Nordhagen wohnen, sind die einzigen, die sowohl der Familie Sporck als auch der Familie Valepage entstammen. Bis heute ist auch ein Ölbild des Grafen Sporck im Besitz der Familie Hüllmann auf dem Tegethof.

XLIX. Johann Theodor Valepage (1690-1762)

Erbe des Bernd Henrich Valepage genannt Sporck wurde sein ältester überlebender Sohn Joannes Theodorus aus der Ehe mit Maria Clara Lohmann. Der Knabe wurde am 4. Jan. 1690 in Delbrück getauft. Seine Paten waren der Salzkottener Gograf D. Joannes Graeß, für den der Delbrücker Gograf D. Aeneas Lohmann, der Bruder der Mutter, anwesend war, sowie Theodor Thorwesten, der Kornschreiber des Amtes Neuhaus, der sich durch

Liborius Göddeken, den Ehemann der Maria Elisabeth Valepage, vertreten ließ[582]. Erst 1¾ Jahre alt wurde Johann Theodor Valepage genannt Sporck am 14. Okt. 1691 in Delbrück vom Paderborner Fürstbischof Hermann-Werner von Wolff-Metternich gefirmt[583]. 14jährig empfing er am 21. Sept. 1704 in der Hofkapelle des Residenzschlosses Neuhaus die Tonsur und die Quatuor Minores[584]. Am 15. Nov. 1705 immatrikulierte er sich wie nach ihm seine drei Brüder an der Universität in Paderborn[585]. Nähere Informationen über eine amtliche Tätigkeit, durch die er den Einfluß und die wirtschaftliche Situation seiner Familie vermehrte und verbesserte, liegen leider nicht vor. Nur 1741, bei der Taufe eines seiner Kinder, wird er als Receptor bezeichnet[586]. Vermutlich fungierte er als fürstbischöflicher Steuereinnehmer.

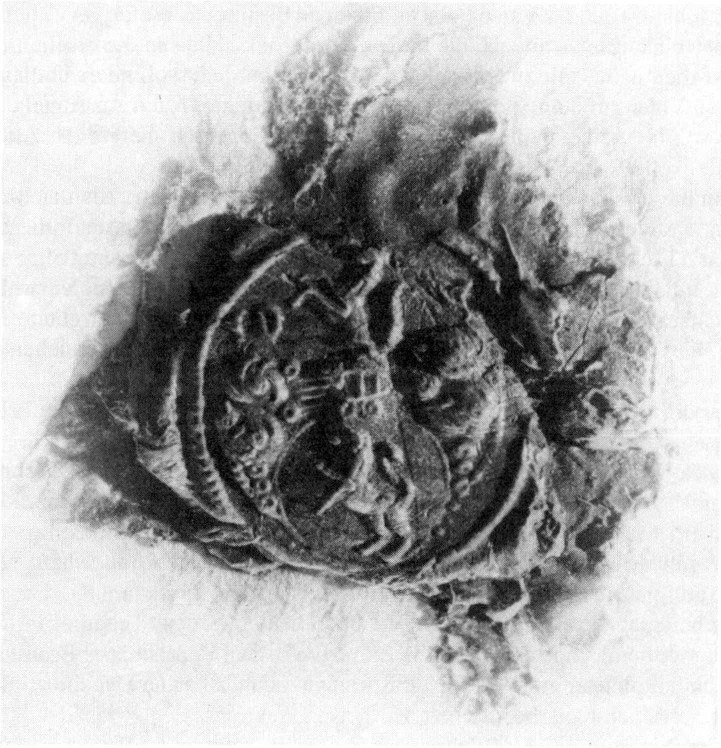

Siegel des Johann Theodor Valepage
(St.A. Münster, Kl. Abdinghof, Urk. 326 zu 1728 Februar 28)

Ansonsten lebte Johann Theodor Valepage aus den Einkünften des Sporck- und des Lakehofes.
Nach dem Tod seines Vaters Bernd Henrich wird er am 2. Dez. 1726 vom Abdinghofer Abt Pantaleon II. Bruns (1709-1727) mit dem Lakehof belehnt. Die dazu notwendigen

Lehensunterlagen kann er jedoch nicht vorweisen, da die Witwe Clara Elisabeth Valepage, geb. Wenneker, die alten Papiere noch in ihrem Besitz habe[587]. Unter Abt Winnimar Knipschild (1728-1732)[588] wird er am 13. Sept. 1728 erneut belehnt[589]. Die dritte Belehnung erfolgte am 27. April 1733[590] durch Abt Meinwerk Kaup (1732-1745)[591]. Noch einmal wird er am 14. Nov. 1746 mit dem Lakehof belehnt[592], als Andreas Boden (1745-1758) zum Abtgewählt worden war[593]. Zu seiner letzten Belehnung konnte Johann Theodor schon nicht mehr persönlich erscheinen, da er zu sehr geschwächt war. An seiner Stelle schickte er seinen Sohn Benedict Wilhelm, der am 28. März 1760 für seinen Vater von Abt Franz Griese (1758-1763)[594] das Lehen empfing[595]. Bei jeder Belehnung hatte er 10 Reichstaler für die Lehnware sowie 5 Reichstaler 12 Groschen für die Jura curiae zu entrichten. In den Lehnsurkunden wird er jedesmal Johann Dietrich Vahrendorf genannt Valepage genannt. Die Delbrücker Quellen nennen ihn hingegen ausschließlich Valepage. Johann Theodor Valepage scheint seinen Besitz erfolgreich verwaltet zu haben. 1721/22 beweinkaufte er für sich die im Dorf Delbrück gelegene Finkesche Behausung, die er erworben hatte, mit zwei Reichstalern[596]. Vermutlich wohnte er in diesem Haus, solange sein Vater auf dem Sporckhof seine Wohnung hatte. Nach Aussagen von Johann Theodors Sohn Benedict Wilhelm kaufte er von den Erben Gronefeld die Allodialgüter zurück, die früher den Valepagen gehört hatten.

Wehren mußte er sich gegen Übergriffe der Neuhäuser Beamten. Als der Marstall des Neuhäuser Residenzschlosses neu errichtet werden sollte, baten sie Johann Theodor Valepage um Eichenstämme und Burgfestfuhren als freiwillige Leistung ohne Praejudizcharakter. Johann Theodor Valepage lehnte ihr Ansinnen mit einem Verweis auf den adeligen Charakter und die Exemtion des Lehnsbesitzes ab, da er fürchtete, daß solch ein freiwilliges Geschenk den Hof irgendwann einmal zum Nachteil gereichen könnte[597].

Johann Theodor Valepage suchte sich seine erste Frau in Gütersloh. Am 15. Juli 1721 heiratete er dort Maria Elisabeth Meyer, die Tochter des Vogtes Tobias Meyer und seiner Frau Maria Catharina Mumpro. Zeugen waren der Bruder des Bräutigams, der als Pastor in Delbrück-Westenholz amtierte, und der Reckenberger Gerichtsschreiber D. Schürmann[598]. Die Braut war am 7. Dez. 1699 in Gütersloh getauft worden. Ihre Patin war Elisabeth Meyerin zur Schlebrügge[599]. Am 6. Nov. 1729 wurde Maria Elisabeth Valepage, geb. Meyer, Mitglied der Delbrücker Rosenkranzbruderschaft[600]. Sie starb zweiunddreißigjährig am 3. Juli 1732 in Delbrück[601], nachdem sie fünf Kindern das Leben geschenkt hatte.

Johann Theodor Valepage fand seine zweite Frau in den Paderborner Beamtenkreisen. In Delbrück heiratete er am 19. Mai 1733 Anna Maria Catharina Dyckhoff, die Tochter des fürstbischöflich-paderbornischen Hofgerichtssekretärs D. Fridericus Christianus Dyckhoff († 26. Sept. 1734, 60 Jahre, in der Gaukirchpfarrei zu Paderborn) und seiner ersten Frau Anna Maria Böhners († 27. Dez. 1707, 27 Jahre, ebenfalls in der Gaukirchpfarre zu Paderborn). Zeugen waren P. Hermannus Böners von Abdinghof und der Vater der Braut[602].

Anna Maria Catharina Dyckhoff wurde am 1. Juli 1705 geboren und am 2. Juli in der Paderborner Gaukirche getauft. Ihre Patin war Catharina Linning uxor Walters[603]. Nachdem sie ebenfalls fünf Kindern das Leben geschenkt hatte, starb sie am 5. Dez. 1741 in Delbrück im Alter von 36 Jahren[604].

Johann Theodor Valepage ging noch eine dritte Ehe ein. Die Trauung fand am 20. Okt. 1742 in Rietberg in Gegenwart des Rietberger Rates und Rentmeister D. Adam Philipp Reinking und des Rietberger Küsters Bartholomäus Seppeler statt. Die Braut hieß Sophia Wilhelmina Volmari[605]. Sie starb in Delbrück am 28. März 1762 im Alter von 68 Jahren[606]. Ihr Ehemann D. Johann Theodor Valepage war ihr am 27. Dez. 1760 im Tod vorausgegangen[607].
Aufgrund seines Studiums und seiner Position als Rezeptor genoß Johann Theodor Valepage in Delbrück ein Ansehen, das auch seinen Kindern zugute kam.
Aus seinen ersten beiden Ehen hatte er zehn Kinder, von denen aber nur vier das Erwachsenenalter erreichten:

1. Ehe:
1. Maria Benedicta, get. 5. Okt. 1722 in Delbrück. Paten: Maria Clara Valepage, P. Gregorius Valepage OSB in Ringelheim. † vermutlich als Kind.
2. Benedictus Wilhelmus Tobias, get. 10. Dez. 1724 in Delbrück, der Erbe.
3. Maria Catharina Elisabetha, get. 13. Juni 1727 in Delbrück. Paten: Catharina Margaretha Mumpro, Hermann Otto Böger aus Lippspringe. † 2. Aug. 1736 in Delbrück.
4. Maria Clara Antonetta, get. 18. Mai 1729 in Delbrück. Paten: Catharina Maria uxor Mumpro von der Wösten, Antonius Christophorus Elmerhusius Valpage. † vermutlich als Kind.
5. Anna Charlotta Francisca, get. 21. Mai 1730 in Delbrück. Paten: Anna Catharina Vierfuß, Gogravia hic, Joannes Thobias Franciscus Schürmann aus Wiedenbrück. † vermutlich als Kind.

2. Ehe:
6. Fridericus Matthias Benedictus, get. 20. Juli 1734 in Delbrück. Pate: D. Matthias Valepage. † vermutlich als Kind.
7. Anna Clara Maria, get. 17. März 1736 in Delbrück.
8. Joannes Theodorus Josephus, get. 28. Juni 1737 in Delbrück.
9. Antonius Petrus Gregorius, get. 29. Juni 1739 in Delbrück.
10. Maria Agnes Elisabetha, get. 19. Nov. 1741 in Delbrück. Patin: Maria Ages Leifferen. † vermutlich als Kind.[608]

Stammtafel der Valepage IV

Bernd Henrich Varendorf genannt Valepage
1656-1726
Sporckmeyer zu Delbrück und Pächter zu Lippspringe
1. ⚭ 1680
Anna von Sporck
† 1686
2. ⚭ 1687
Maria Clara Lohmann
1666-1740

- Anna Angela
  1684-1744
  1. ⚭ 1703
  Stephan Tegethoff
  1679-1725
  Vollmeier zu
  Delbrück-Nordhagen
  2. ⚭ 1728
  Jodocus Hennekemeyer
- Johann Theodor
  1690-1762
  Schatzeinnehmer
  in Delbrück
  1. ⚭ 1721
  Maria Elisabeth Meyer
  1699-1732
  2. ⚭ 1733
  Maria Catharina Dyckhoff
  1705-1741
  3. ⚭ 1742
  Sophia Wilhelmina Volmari
  † 1762
  - Benedict Wilhelm
    1724-1801
    Landschreiber in Delbrück
    1. ⚭ 1749
    Maria Francisca Leifferen
    1729-1758
    2. ⚭ 1762
    Maria Gertrud Reddeker
    1730-1779
  - Anna Clara Maria
    1736-1809
    Sr. Agnes OSB im
    Gaukirchkloster
    in Paderborn
  - Johann Joseph
    1737-1800
    Landkaplan
    in Delbrück
  - Antonius Petrus Gregorius
    1739-1799
    P. Theodor OSB im Kloster
    Abdinghof in Paderborn
- Johann Daniel
  1692-?
  P. Gregorius OSB
  in Ringelheim
- Conrad Matthias
  1694-1737
  Landkaplan
  in Delbrück
- Elmerhaus Christophorus
  Antonius
  1698-1743
  Benefiziat in Beckum
- Anna Juliana Charlotta
  1701-1761
  ⚭ 1724
  Hermann Otto Böger
  1692-1760
  Bürger in Lippspringe

L. Johann Daniel Valepage (1692-1728)

Der zweite überlebende Sohn des Bernd Henrich Valepage und seiner zweiten Frau Maria Clara Lohmann wurde am 6. Febr. 1692 in Delbrück auf den Namen Joannes Daniel getauft. Die Paten waren Johann Daniel Lohmann und Anna Catharina Lohmann[609]. Am 17. Nov. 1707 immatrikulierte er sich an der Universität Paderborn[610]. In der Hofkapelle des Residenzschlosses in Neuhaus empfing Johann Daniel am 23. Febr. 1709 die Tonsur und die Quatuor minores[611]. Nach dem Studium trat er in die Benediktinerabtei Ringelheim bei Salzgitter ein, die in der Diaspora lag und auf Nachwuchs aus Westfalen angewiesen war. Er legte dort die Profeß ab und erhielt den Namen Gregorius. Er empfing die Priesterweihe und wirkte vom August 1721 bis zum August 1728 in Delbrück-Westenholz, wo er als Nachfolger seines Bruders Conrad Matthias die im Aufbau befindliche Pfarrstelle verwaltete[612]. Seine Bezüge dürften gering gewesen sein, da der Delbrücker Pfarrer Dr. Bernard Jodocus Brüll die Stolae majores beanspruchte und ihm nur die Stolae minores verblieben. Als schließlich in Westenholz auch noch die Stelle eines Sacellans eingerichtet werden soll, bittet er die bischöfliche Behörde in Paderborn um Hilfe, da sein Einkommen unter das Existenzminimum zu sinken droht[613]. Im Oktober 1728 stiftete der Delbrücker Pfarrer Bernard Jodocus Brüll († 15. Juli 1733) ein Kapital von 2000 Reichstalern, womit die Westenholzer Pfarrstelle nunmehr endgültig etabliert werden konnte. Nachdem der Paderborner Bischof Clemens August Anfang November 1728 seine Zustimmung zur Fundierung der neuen Pfarrei gegeben hatte, ernannte Brüll als Inhaber des Präsentationsrechtes sofort den bisherigen Delbrücker ersten Sacellan Hermann Mikes († 9. Dez. 1731 in Delbrück-Westenholz) zum ersten Pfarrer von Westenholz[614].
P. Gregorius wird am 25. Aug. 1728 zum letzten Mal in Westenholz erwähnt[615], danach verliert sich seine Spur.

LI. Conrad Matthias Valepage (1694-1737)

Das nächste Kind von Bernd Henrich Valepage wurde am 5. Sept. 1694 in Lippspringe getauft und erhielt den Namen Conrad Matthias. Sein Pate war der Wiedenbrücker Apotheker Conrad Bernard Dethmari[616]. 1713 begann er in Paderborn mit dem Studium der Theologie[617], nachdem er am 11. März 1713 in Schloß Neuhaus die Tonsur und die Quatuor Minores empfangen hatte. Die Subdiakonatsweihe wurde ihm an 19. Dez. 1716 auf den Tisch des Bischofs hin erteilt. Die Diakonenweihe wurde ihm an 18. Dez. 1717 in Schloß Neuhaus und die Priesterweihe am 24. Sept. 1718 in Sassenberg erteilt[618]. Die Delbrücker Hausgenossen, die das Präsentationsrecht für das Delbrücker Beneficium St. Annae et Laurentii, die sogenannte Landkaplanei, hatten, wählten 1718 Conrad Matthias Valepage[619] und baten um seine Investitur[620].
Seit einigen Jahren hatte es in der Delbrücker Bauerschaft Westenholz Bestrebungen gegeben, dort eine eigene Kirche und einen eigenen Pfarrer zu bekommen. 1715 schließlich war eine Fachwerkkirche errichtet worden. Conrad Matthias Valepage sah hier für sich eine Chance. Am 13. März 1719 ließ er sich im Paderborner Generalvikariat von Vertretern der Westenholzer Bauernschaft als ein Priester präsentieren, der bereit war,

die Seelsorge in Westenholz beständig zu übernehmen[621]. Der Fürstbischof Franz Arnold von Wolff-Metternich genehmigte die Bitte der Westenholzer und setzte ihn zu Ostern 1719 als „Pastor“ in Westenholz ein[622]. Diese Entscheidung mußte zwangsläufig den Unwillen der anderen Bauernschaften des Delbrücker Landes hervorrufen, da Conrad Matthias als Landkaplan faktisch die seelsorgerische Betreuung aller fünf Bauernschaften des Landes oblag. So bat er auf Druck der Delbrücker 1721 das Generalvikariat, die Administration des Westenholzer Pfarrbezirkes seinem Bruder P. Gregorius OSB übertragen zu dürfen, bis er in eigener Person in Westenholz Residenz nehmen könne[623]. Dazu ist es jedoch nie gekommen. Er versuchte schließlich, auch als Landkaplan seine Befugnisse auszuweiten. Der Delbrücker Pfarrer Dr. Bernard Jodocus Brüll ließ ihn jedoch durch die bischöfliche Behörde nachdrücklich in seine Grenzen verweisen[624].
Conrad Matthias Valepage starb als Delbrücker Landkaplan im Alter von 43 Jahren am 2. März 1737 und wurde in der Delbrücker Pfarrkirche bestattet[625].

LII. Elmerhaus Christophorus Antonius Valepage (1698-1743)

Auch der vierte überlebende Sohn von Bernd Henrich Valepage und Maria Clara Lohmann wurde Priester. Getauft wurde er am 21. Sept. 1698 in Lippspringe auf den Namen Elmerhusius Christophorus Antonius. Paten waren Jobst Elmerhausen von Haxthausen, R. D. Christoph Freyhoff, Pfarrer in Beken, und Anna Maria Lohmann[626]. Der Rufname war Antonius. In den Paderborner Universitätsmatrikeln ist er nicht verzeichnet. 1724 wurde er Mitglied der Delbrücker Rosenkranzbruderschaft[627]. Er empfing am 13. Juni 1726 die Tonsur[628] und am 24. Nov. 1729 in Sassenberg die Diakonenweihe[629]. Wann und wo er die Priesterweihe empfangen hat, ist unbekannt. Am 8. Febr. 1738 präsentierten Mitglieder der Delbrücker Bauerschaft Westerloh, unter denen auch Antonius Bruder Johann Dietrich Valepage war, den Presbyter und Benefiziat in Beckum Antonius Valepage, der sich bereit erklärte, im Winter die Frühmessen in der Lipplinger Kapelle in Westerloh zu übernehmen. Er war in Beckum ohne Verpflichtungen und lebte bei seinem Bruder auf dem Sporckhof[630]. Vermutlich besaß er eine der vielen, aber gering dotierten Benefiziatsstellen des Kollegiatsstiftes St. Stephanus und Sebastianus in Beckum[631].
Bereits am 22. Juli 1743 meldete Johann Dietrich Valepage jedoch dem Generalvikariat in Paderborn den Tod seines Bruders Antonius, der ungefähr zwei Monate zuvor erfolgt war[632].

LIII. Anna Juliana Charlotta Böger, geb. Valepage (1701-1761)

Bernd Henrich Valepage hatte aus seiner zweiten Ehe mit Maria Clara Lohmann auch eine Tochter namens Anna Juliana Charlotta, die am 26. April 1701 in Lippspringe getauft wurde. Ihre Paten waren die Delbrücker Gogräfin und der Delbrücker Benefiziat Ignatius Ohrt[633]. Sie heiratete in Lippspringe am 2. Juli 1724 Hermann Otto Böger[634]. Dieser war am 18. Mai 1692 in Lippspringe als Sohn des späteren Lippspringer Bürgermeisters Simon Hermann Böger (* 11. Okt. 1661 Thüle † 18. Jan. 1739 Bad

Lippspringe) und seiner Frau Anna Margaretha Thorwesten, der Tochter des Lippspringer Küsters Jobst Thorwesten, getauft worden. Seine Paten waren R. D. Hermann Borgh, Sacellanus ad S. Crucem in Delbrück, und Matthias Böger, der Schulte zu Scharmede[635]. Obwohl keine Dispensnotiz vorliegt, waren die Brautleute mit großer Wahrscheinlichkeit miteinander verwandt. Anna Margaretha Böger geb. Thorwesten, die Mutter des Bräutigams, war eine Enkelin des Stukenbrocker Vogtes Gerd Thorwesten (* 1572 † 1658), der ein Bruder des Verwalters derer von Westphalen in Herford, Dietrich Thorwesten (* 1598 † 1678), war, dessen Tochter Amelia Valepage geb. Thorwesten und Enkel Bernd Henrich Valepage, der Vater der Braut, waren. Es könnte sogar noch ein zweites Verwandtschaftsverhältnis vorliegen. Hermann Otto Böger, der Bräutigam, war ein Enkel des Scharmeder Schulten Simon Otto Böger († um 1672), der mit Susanna Valepage, geb. zu Menkhausen († 1665), verwandt war. Diese war wiederum die Großmutter von Bernd Henrich Valepage, dem Vater der Braut.
Hermann Otto Böger und Anna Juliana Charlotta Valepage zahlten am 12. Dez. 1726 das Einzugsgeld und wurden dadurch als Bürger in Lippspringe aufgenommen[636]. Hermann Otto Böger war am 20. Febr. 1739 Pate in Hagen-Boele bei der Tochter Anna Maria Sophia seines Bruders Antonius Franciscus Melchior Böger, der als Rentmeister in Lethmate tätig war[637].
Hermann Otto Böger verstarb in Lippspringe am 26. März 1760; seine Frau Anna Juliana Charlotta Valepage folgte ihm am 16. Sept. 1761 ebenfalls in Lippspringe[638].
Im Gegensatz zu ihrer Halbschwester Anna Angela, die als Bäuerin in Delbrück lebte, hatte Anna Juliana Charlotta als Lippspringer Bürgerin ihren freien Stand wahren können. Leider ist nicht bekannt, welchen Beruf ihr Mann ausgeübt hat. Kinder sind aus ihrer Ehe nicht hervorgegangen.

LIV. Benedict Wilhelm Valepage (1724-1801)

Der älteste Sohn des Johann Theodor Valepage und seiner ersten Frau Maria Elisabeth Meyer wurde am 10. Dez.1724 in Delbrück getauft und erhielt durch seine Paten D. Benedictus Wilhelmus Leopoldus de Droste, Kanoniker der Paderborner Kathedralkirche, der sich durch den Paderborner Choralen Johannes Nagel vertreten ließ, und Tobias Westvogt, dem Großvater mütterlicherseits, die Namen Benedictus Wilhelmus Tobias[639]. Am 27. Nov. 1742 schrieb er sich zum Studium der Rechte an der Universität Paderborn ein[640]. Schon 1745, als Benedict Wilhelm Valepage gerade 21 Jahre alt war, wurde er vom Salzkottener Gografen in das Amt des Delbrücker Landschreibers eingeführt. Sein Vater hatte dafür die Summe von 180 Reichstalern zu zahlen[641]. Der Landschreiber stand dem Gografen zur Seite. Er hatte die Gerichtsprotokolle zu führen, Eheberedungen zu protokollieren, die Ratsprotokolle zu verfassen und allen Schriftverkehr in Gerichts- und Verwaltungsangelegenheiten des Delbrücker Landes zu erledigen. War der Gograf abwesend, hatte er diesen zu vertreten. Der Landschreiber führte auch die Aufsicht über die Schatzerhebungen und hatte die Gefälle nach Neuhaus abzuliefern. Mit Benedict Wilhelm Valepage bekleidete erstmals seit dem Beginn des 17. Jhdts. wieder ein Valepage ein Amt im Delbrücker Land. Die Position des Landschreibers sicherte ihm einen gewissen Einfluß innerhalb des Landes zu, steigerte sein Ansehen und ermöglichte ihm über die Gebühren, die er für seine Schreibtätigkeiten erheben durfte, sein Einkommen deutlich aufzubessern. Sein Amt bescherte ihm allerdings auch eine Geiselhaft vom 28. Aug. 1758 bis zum 10. Okt. 1758. Abrückende Hannoversche Husaren versicherten sich mit seiner Person, daß die dem Delbrücker Land auferlegte Kriegskontribution gezahlt wurde[642].

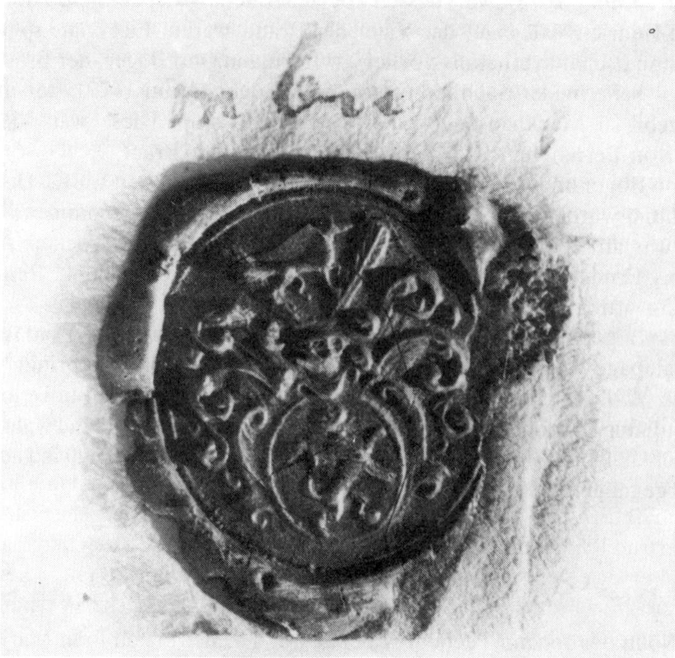

Siegel des Benedict Wilhelm Valepage
(St.A. Münster, Kl. Abdinghof, Urk. 507, Bl. 356 zu 1763 Dezember 4)

Von seinem Vater erbte Benedict Wilhelm den freien Sporckhof in Delbrück-Westerloh, die Valepagesche Allodialgüter, die sein Vater von den Erben Gronefeld zurückerworben hatte, und den Lakehof.
Mit dem Lakehof wird Benedict Wilhelm nach altem Brauch am 21. April 1761[643], am 5. Dez. 1763[644] und am 19. Dez. 1797[645] von den Abdinghofer Äbten belehnt. Benedict Wilhelm vermehrte wie sein Vater den Besitz. Vom Paderborner Hofkammerrat Brüll erwarb er weitere Allodialgüter, die nach dem Tod des Johann Dietrich Valepage 1719 an dessen Erben gefallen waren[646]. Der Hofkammerrat Brüll hatte Valepagischen Besitz aus dem Nachlaß des Gerhard Ludwig Wegener, dem Schwiegersohn des genannten Johann Dietrich Valepage, erworben[647].
Benedict Wilhelm erbaute ferner die sogenannte Staumühle in Hövelhof[648] und erwarb das Leiffersche Haus am Delbrücker Kirchplatz, das er auch bewohnte[649]. Zum Kauf

dieses Hauses, dem seine erste Frau entstammte, lieh er sich 40 Reichstaler vom Paderborner Domkapitel und 593 Reichstaler vom Warendorfer Kaufmann Storp, die 1786 noch nicht zurückgezahlt waren[650].

Benedict Wilhelm Valepage heiratete am 4. Okt. 1749 in Delbrück in erster Ehe die freigeborene Anna Maria Francisca Leifferen. Zeugen waren der Delbrücker Gograf Adam Dominicus Wegener und Antonius Bockel[651]. Anna Maria Francisca Leifferen wurde am 14. Juli 1729 in Delbrück als Tochter des Delbrücker Kaufhändlers Joannes Wilhelm Leifferen (* 16. April 1690 Westernkotten † 12. Nov. 1757 Delbrück) und seiner zweiten Frau Anna Francisca Block aus Neuhaus getauft. Ihre Patin war Anna Gertrudis Block, geb. Brüll, aus Schloß Neuhaus[652]. Maria Francisca Valepage, geb. Leifferen, schenkte vier Kindern das Leben. Am 31. März 1758 verstarb sie in Delbrück erst 29 Jahre alt[653].

Benedict Wilhelm Valepage zögerte zunächst, eine neue Ehe einzugehen. Am 23. Nov. 1762 schließlich heiratete er in Delbrück die fürstbischöflich-paderbornische Eigenbehörige Maria Gertrudis Reddeker. Zeugen waren der Schwager Wilhelm Leifferen und Jodocus Henricus Reddeker[654]. Maria Gertrudis Reddeker wurde als Tochter des fürstbischöflich-paderbornischen Eigenbehörigen Ignatius Reddeker (* 24. Sept. 1695 Delbrück † 9. April 1766 Delbrück) und seiner Frau Maria Agnes Sander († 27. Jan. 1761, 70 Jahre, Delbrück) am 12. Okt. 1730 in Delbrück getauft. Ihre Patin hieß Gertrud Bockhorst[655]. Sie gebar ihrem Mann sechs Kinder und starb am 26. Febr. 1779 in Delbrück im Alter von 49 Jahren[656].

Benedict Wilhelm Valepage ging keine weitere Ehe mehr ein. Seine zweite Frau hatte er aus ökonomischen Gründen geheiratet, ohne dabei auf ihre Herkunft zu achten. Ihr Vater Ignatius Reddeker war als Pächter der fürstbischöflichen Sudmühle in Delbrück-Dorfbauerschaft und Besitzer zweier Häuser im Dorf Delbrück ein angesehener Mann. Da Maria Gertrud Reddeker nur einen Bruder namens Ferdinand hatte, der Priester wurde und als Inhaber des Delbrücker Beneficiums B. Mariae Virginis am 2. Sept. 1759 in Delbrück starb[657], wurde sie die Alleinerbin des für die Delbrücker Verhältnisse nicht unbeträchtlichen Vermögens.

Maria Gertrud Reddeker war für Benedict Wilhelm Valepage damit eine sogenannte gute Partie. Damit ihre Kinder nicht als Eigenbehörige geboren wurden, mußte sie einen Freibrief erlangen. Ignatius Reddeker vermachte seinen ganzen Besitz in einer Schenkung unter Lebenden am 1. März 1766 an die Kinder seiner Tochter[658]. Benedict Wilhelm Valepage wurde dadurch nach dem Tod seines Schwiegervaters Nutznießer einer Mühle, deren Einkünfte ihn zu den reichsten Leuten des Delbrücker Landes machte. Am 26. Sept. 1786 verfaßte Benedict Wilhelm Valepage sein umfangreiches Testament, in dem er versucht, die Kinder seiner beiden Ehen gerecht zu bedenken[659].

Benedict Wilhelm Valepage starb am 18. April 1801 in Delbrück[660]. Er hatte es verstanden, auf der Basis des Landschreiberamtes, das sein Vater ihm beschafft hatte, die Stellung seiner Familie im Delbrücker Land zu stärken und die wirtschaftliche und finanzielle Situation der Familie beträchtlich zu verbessern. Benedict Wilhelm erwies sich somit sowohl im Verwaltungsbereich als auch als Kaufmann und Investor kompetent. So schaffte er die Grundlage für den Übergang der Familie in den bürgerlichen Kaufmannsstand.

Benedict Wilhelm Valepage hatte aus seinen beiden Ehen zehn Kinder, von denen vier kurz nach der Geburt oder als Kleinkinder starben:

1. Ehe:
1. Anna Maria Francisca, get. 9. Sept. 1751 in Delbrück. Patin: Sophia Wilhelmina Valepage. † als Kind.
2. Joannes Theodorus Wilhelmus, get. 29. März 1753 in Delbrück.
3. Maria Agnes, get. 16. Juni 1755 in Delbrück.
4. Henricus Wilhelmus Josephus, get. 14. Aug. 1757 in Delbrück, der Erbe.

2. Ehe:
5. Anna Maria Francisca Ignatia, get. 10. Sept. 1763. Patin: Angela Maria Gröpper. † 25. Febr. 1776 in Delbrück.
6. Ignatius Wilhelmus Josephus, get. 8. Febr. 1765. Pate: Ignatius Reddeker. † als Kind.
7. Anna Maria Agnes Wilhelmina, get. 14. Mai 1766 in Delbrück.
8. Franciscus Antonius, get. 16. März 1768 in Delbrück.
9. Maria Bernardina, get. 26. Febr. 1770 in Delbrück.
10. Joannes Bernardus Benedictus, get. 8. Jan. 1774 in Delbrück. Pate: Ferdinand Wiesmann. † als Kind[661].

LV. Anna Clara Maria Valepage (1736-1809)

Die einzige überlebende Tochter des Johann Theodor Valepage, die seiner zweiten Ehe mit Maria Catharina Dyckhoff entstammte, erhielt den Namen Anna Clara Maria. Getauft wurde sie am 17. März 1736 in Delbrück. Ihre Patin war die Ehefrau des Delbrücker Gografen D. Clara Wegener[662]. Sie trat in das Paderborner Benediktinerinnenkloster St. Ulrich an der Gaukirche ein. Dort trug sie den Namen Sr. Maria Agnes. Sie starb nach einem frommen Leben am 3. Aug. 1809, abends gegen 6 Uhr, an den Folgen eines Schlaganfalls im 56. Jahr ihrer Profeß. Begraben wurde sie am 5. Aug. 1809 in Paderborn[663]. Als das Kloster im folgenden Jahr aufgelöst wurde, zeigte eine Bestandsaufnahme des Klosterinventars die große Armut, in der die Schwestern lebten[664].

LVI. Johann Joseph Valepage (1737-1800)

Als nachgeborener Sohn des Johann Theodor Valepage entschied sich Joannes Josephus Valepage dem Beispiel seiner drei Onkel zu folgen und Priester zu werden. Am 28. Juni 1737 wurde er in Delbrück getauft. Die Paten waren D. Joannes Everhardus Böhner und D. Maria Clara Löher, die beide der Verwandtschaft seiner Mutter Maria Catharina Valepage, geb. Dyckhoff, entstammten[665]. Mit seinem zwei Jahre jüngeren Bruder Petrus schrieb sich Joseph Valepage am 19. Nov. 1754 zum Studium der Theologie an der Paderborner Universität ein[666]. Am 20. Jan. 1759 empfing er durch den Paderborner Weihbischof Joannes Franciscus de Gondola in dessen Hofkapelle die Tonsur und die Quatuor Minores. Derselbe spendete ihm auch einen Tag später in der Kirche des Michaelsklosters in Paderborn die Subdiakonatsweihe auf den Titel seines väterlichen Vermögens, das offensichtlich für ausreichend erachtet wurde[667]. Am 19. Jan. 1759 war Joseph Valepage durch die Prosynodalexaminatoren auf seine Befähigung hin geprüft worden[668]. Wiederum zusammen mit seinem Bruder Petrus reichte er am 7. Okt. 1760 die für den Empfang der Diakonenweihe benötigten Zeugnisse ein[669]. Auch vor dem Empfang der Priesterweihe wurde er am 15. Dez. 1760 noch einmal geprüft[670], am 27. Sept. 1763 erhielt er die notwendigen Beichtvollmachten für fünf Jahre, am 15. Sept. 1768 nach einer nochmaligen Prüfung auf unbefristete Zeit[671]. Joseph Valepage übernahm unmittelbar nach seiner Weihe das Delbrücker Benefizium S. Annae et Laurentii, das auch Landkaplanei genannt wurde und das bereits sein Onkel Conrad Matthias Valepage innegehabt hatte. Das Präsentationsrecht für diese geistliche Stelle besaßen die Delbrücker Hausgenossen. Joseph Valepage oblag die Seelsorge in den fünf sehr weitgestreckten Bauernschaften des Delbrücker Landes, die sehr aufreibend war. Er versah diesen Dienst bis zu seinem Tod am 16. Juni 1800 in Delbrück[672].

LVII. Antonius Petrus Gregorius Valepage (1739-1799)

Auch der jüngste Sohn des Johann Theodor Valepage und seiner zweiten Frau Maria Catharina Dyckhoff namens Antonius Petrus Gregorius schlug eine geistliche Laufbahn ein. Er wurde am 29. Juni 1739 in Delbrück getauft. Als Pate fungierte sein Onkel R. D. Antonius Valepage, der nominell Benefiziat in Beckum, faktisch aber Frühmessner in Delbrück-Westerloh war[673]. Am 19. Nov. 1754 schrieb er sich zum Theologiestudium in die Matrikel der Paderborner Universität ein[674]. Das Kloster Abdinghof in Paderborn, dem seine Familie seit vierhundert Jahren verbunden war, nahm ihn am 2. Mai 1756 als Novize auf. Die Profeß legte er am 2. Mai 1757 ab. Die Tonsur und die Quatuor Minores empfing er wenig später vom Abt Andreas von Abdinghof. 1760 war Petrus, der im Kloster den Rufnamen Fr. Theodor erhalten hatte, als Katechist in Alfen bei Paderborn tätig. Am 10. Okt. 1760 erhielt er vom Münsteraner Weihbischof die Subdiakonatsweihe, da der Paderborner wegen des Krieges abwesend war. Nachdem er am 14. Sept. 1761[675] examiniert worden war, empfing er am 20. Sept. 1761 in Bentlage durch den Münsteraner Weihbischof die Diakonenweihe. Am 22. Sept. 1763 erlangte er durch die Prüfung, die von den Prosynodalexaminatoren abgenommen wurde, die Zulassung zur Priesterweihe[676], die ihm am 24. Sept. 1763 der Paderborner Weihbischof Joannes Franciscus de Goncola in der Paderborner Busdorfkirche erteilte[677]. Im Kloster übernahm er das Amt des Culinarius, von dem er am 14. Aug. 1797 aus Gesundheitsgründen entbunden wurde. Am 21. Juni 1799 schlief er morgens gegen acht Uhr friedlich ein[678].

Stammtafel der Valepage V

Benedict Wilhelm Valepage
1724-1801
Landschreiber in Delbrück
1. ⚭ 1749
Maria Francisca Leifferen
1729-1758
2. ⚭ 1762
Maria Gertrud Reddeker
1730-1779

- Johann Theodor Wilhelm
  1753-1785
  P. Johannes OSB
  auf der Huysburg
- Maria Agnes
  1755-1776
  ⚭ 1773
  Caspar Anton Ulrich
  1746-?
  Pächter zu Hoppecke
  Bürger in Brilon
- Heinrich Joseph
  1757-1808
  Landschreiber
  in Delbrück
  ⚭ 1783
  Maria Francisca Tourtual
  1751-1833
  - Wilhelm Josef
    1784-1845
    Kaufmann in
    Delbrück
  - Franz Wilhelm
    1788-1836
    1. Kaplan in
    Delbrück
  - Franz Anton
    1790-1813
  - Maria Wilhelmina
    1795-1841
- Anna Maria Agnes Wilhelmine
  1766-1841
  ⚭ 1787
  Paul Ignatius Antonius Ferrary
  Kaufmann in Paderborn
- Franz Anton
  1768-1830
  Kaufmann
  in Delbrück
  ⚭ 1802
  Ludovica Samson
  1779-1825
- Maria Bernardina
  1770-1849
  ⚭ 1802
  Heinrich Joseph Lohmann
  1773-1817
  Kaufmann
  in Delbrück

LVIII. Johann Theodor Wilhelm Valepage (1753-1785)

Der älteste Sohn des Benedict Wilhelm Valepage aus seiner ersten Ehe mit Maria Francisca Leifferen wurde am 29. März 1753 von seinem Großvater Johann Theodor Valepage in Delbrück zur Taufe gebracht und erhielt die Namen Joannes Theodorus Wilhelmus[679]. Am 21. Nov. 1770 schrieb er sich in Paderborn zum Studium ein[680]. Er hätte den Lakehof geerbt, wenn er nicht auf eine weltliche Laufbahn und das väterliche Erbe verzichtet hätte. Er trat in das Benediktinerkloster auf der Huysburg bei Halberstadt in der Diaspora ein und legte dort die Profeß ab. Am 13. März 1778 erteilte ihm der Paderborner Fürstbischof in der Hofkapelle des Schlosses Neuhaus die Priesterweihe[681]. Auf der Huysburg wurde ihm das Amt eines Novizenmeisters übertragen[682]. P. Johannes Valepage starb bereits am 12. Juli 1785 in seiner Heimat Delbrück[683].

LIX. Maria Agnes Ulrich, geb. Valepage (1755-1776)

Benedict Wilhelm Valepages einzige überlebende Tochter aus seiner ersten Ehe mit Maria Francisca Leifferen wurde am 16. Juni 1755 in Delbrück auf die Namen Maria Agnes getauft. Ihre Patin war Maria Agnes Thortual, geb. Leifferen, aus Schloß Neuhaus, die Schwester ihrer Mutter[684]. 18jährig heiratete sie in Delbrück am 17. Juli 1773 Caspar Antonius Ulrich aus Hoppecke im Kirchspiel Thülen[685]. Von ihrem Vater erhielt sie als Mitgift dessen Wohnhaus in Delbrück im Wert von 700 Reichstalern[686]. Der Bräutigam wurde zu Hoppecke als Sohn des Caspar Ludwig Ulrich und seiner Frau Gertrudis Röhren geboren und am 9. Juni 1746 in Thülen getauft. Die Eltern hatten Antonius Wilhelm Liber Baro de Pattberg und Raban Antonius Ulrich gebeten, die Patenschaft zu übernehmen[687]. Caspar Anton Ulrich folgte seinem Vater als Konduktor des adeligen Gutes Hoppecke nach, das der Familie von Padberg gehörte[688]. Zugleich erbte er von seinem Vater ein Haus in Brilon, das dieser nach dem dortigen Stadtbrand 1758 am *„derkeren Tor“* neu erbaut hatte[689].

Caspar Anton Ulrich und Maria Agnes Valepage wohnten in Hoppecke. Dort bekamen sie zwei Kinder:

1. Caspar Ludovicus, get. 8. Sept. 1774 in Thülen. Paten: die Großväter Ludovicus Ulrich und Wilhelm Valepage[690].
2. Agnes Gertrudis, get. 8. Aug. 1776 in Thülen. Paten: Maria Gertrudis Ulrich und N. Valepage[691]. Gestorben am 4. Dez. 1776[692].

Maria Agnes Ulrich, geb. Valepage, starb am 5. Aug. 1776 in Hoppecke, am Tag der Geburt ihrer Tochter,im Alter von 21 Jahren und wurde zu Thülen begraben[693]. Der Witwer zog daraufhin vermutlich nach Brilon, wo der Sohn später heiratete und Kinder bekam[694]. Der Witwe Elisabeth Ulrich, geb. Varnhagen, des 1774 geborenen Caspar Ludwig Ulrich († 5. Mai 1841 in Brilon) verschrieb der letzte Valepage 1844 testamentarisch 1000 Taler, ihren drei Söhnen je 100 Taler und ihrem Enkel Joseph, dem Sohn des Bäckers Ulrich, seinem Patenkind, ebenfalls 100 Taler[695]. Dieses testamentarische Vermächtnis bezeugt, das der Kontakt zwischen den Familien nicht abbrach, obwohl Maria Agnes Ulrich, geb. Valepage, so früh verstorben war. Möglicherweise gab es auch geschäftliche Beziehungen zwischen den Familien.

LX. Heinrich Joseph Valepage (1757-1808)

Erbe des Lakehofes in Delbrück wurde der zweite Sohn des Benedict Wilhelm Valepage aus seiner ersten Ehe mit Maria Francisca Leifferen. Er trug die Taufnamen Henricus Wilhelmus Josephus, wurde aber nur Joseph gerufen. Die Taufe empfing er am 14. Aug. 1757 in Delbrück in Gegenwart seiner Paten Henricus Wilhelmus Leifferen, des Bruders der Mutter, und des zweiten Delbrücker Kaplans Joseph Valepage, des Bruders des Vaters[696]. Am 21. Nov. 1777 schrieb Joseph Valepage sich zum Studium der Rechte an der Universität Paderborn ein[697]. 1780 übernahm er die Stelle eines Actuarius im Schloß Neuhaus, dem Sitz der Regierung des Fürstbistums und des Amtes Neuhaus[698]. Dort heiratete er am 22. Juni 1783 seine Cousine Maria Francisca Susanna Tourtual. Zeugen waren Joseph Conzen und Franciscus Wilhelmus Block[699]. Die Braut wurde am 21. Juli 1751 in Schloß Neuhaus als Tochter des D. Anton Ludwig Tourtual (* um 1724 Bremen † 9. Okt. 1760 Schloß Neuhaus) und der Maria Agnes Leifferen (* 6. März 1721 Delbrück † 1. März 1788 Schloß Neuhaus) getauft. Ihre Patin war Anna Francisca Leifferen[700]. Da die Mutter des Bräutigams und die Mutter der Braut Halbschwestern waren, mußte der Neuhäuser Pfarrer über das Paderborner Generalvikariat einen Dispens vom Ehehindernis der Blutsverwandtschaft zweiten Grades vom Apostolischen Stuhl in Rom einholen[701]. Sie sind das erste bekannte Paar der Delbrücker Geschichte, das einen Dispens aus Rom aufgrund der Blutsverwandtschaft brauchte.

1790 soll Joseph Valepage die Nachfolge seines Vaters als Aktuarius oder Landschreiber in Delbrück angetreten haben[702]. Damit war ein Umzug der Familie von Schloß Neuhaus nach Delbrück verbunden.

Nach dem Tod seines Vaters wurde Joseph Valepage am 17. Aug. 1801 vom Kloster Abdinghof mit dem Valepagenhof belehnt[703]. Nach der Wahl von Abt Wolfgang II. Heidtland 1802[704] wurde am 14. Febr. 1803 der letzte Lehensbrief ausgestellt. Dieser benennt außer dem Lehensinhaber Joseph Valepage auch dessen Bruder Anton als einen seiner legitimen Erben[705]. Die preussische Regierung, die seit der Besetzung des Fürstbistums Paderborn durch preussische Truppen Anfang August 1802 das nunmehrige Fürstentum verwaltete, verfügte am 1. März 1803 die Aufhebung des Klosters Abdinghof, die am 23. März 1803 durchgeführt wurde[706]. In der Folge der anbrechenden Veränderungen wurde Joseph Valepage nun Eigentümer des schriftsässigen Gutes Valepagenhof. Von seinem Vater hatte er außer dem Valepagenhof noch die mit ihm verbundenen Allodialgüter sowie den Sporckhof in Delbrück-Westerloh geerbt.

Sein Vater hatte ursprünglich bestimmt, daß Joseph an die Erben seiner Schwester Agnes Ulrich zu Hoppecke 200 Reichstaler und an seine drei Halbgeschwister je 400 Reichstaler auszahlen sollte. Zudem hatte er alle Schulden seines Vaters zu übernehmen[707]. In einem 1801 mit seinen drei Halbgeschwistern geschlossenen Vergleich billigten ihm diese jedoch 900 Reichstaler zu, da die von ihm übernommenen Schulden vom Ankauf jener Güter herrührten, die die Halbgeschwister erbten. Am 5. Jan. 1802 quittiert Joseph Valepage den Empfang der besagten 900 Reichstaler[708]. Mit der Besetzung auch des Delbrücker Landes durch die Preussen am 2. Aug. 1802 verlor Joseph Valepage den Posten des Aktuarius. Er lebte fortan von seinen Gütern. Joseph Valepage, der letzte Delbrücker Landschreiber, starb am 8. Febr. 1808, 55 Jahre alt, um 9 Uhr abends an der Gicht im

Delbrücker Rathaus am Kirchplatz, wo er seine Wohnung hatte[709]. Mit ihm wurde ein Stück der alten Welt zu Grabe getragen.
Seine Witwe Maria Francisa Susanna Valepage, geb. Tourtual, starb am 11. Nov. 1833 um 10 Uhr abends im Alter von 83 Jahren und wurde auf dem neuen Friedhof in Delbrück bestattet[710]. Die hinterbliebenen Kinder zeigten am 12. Nov. 1833 ihren Tod im Paderbornschen Intelligenzblatt an:
„In ihrem 83. Jahre endete gestern unsere theure, unvergeßliche Mutter, Maria Franziska Valepage, geb. Tourtual, mit den h. Sterbesakramenten frühzeitig versehen, ihre irdische Laufbahn.“[711]
Der Ehe von Joseph Valepage und Maria Francisca Tourtual entstammten vier Kinder:

1. Benedictus Wilhelmus Josephus Valepage, get. 6. April 1784 in Schloß Neuhaus, der Erbe.
2. Franciscus Wilhelmus, get. 22. März 1788 in Schloß Neuhaus.
3. Franciscus Antonius, get. 19. Sept. 1790 in Delbrück.
4. Maria Wilhelmina, get. 23. Sept. 1795 in Delbrück[712].

LXI. Wilhelmine Ferrary, geb. Valepage (1766-1841)

Anna Maria Agnes Wilhelmina Valepage wurde am 14. Mai 1766 als zweite Tochter des Benedict Wilhelm Valepage und seiner zweiten Frau Maria Gertrud Reddeker in Delbrück getauft. Ihre Patin war Maria Agnes Reddeker[713]. Am 9. Nov. 1787 heiratete sie in Delbrück den Paderborner Kaufmann Paulus Ferrary. Die Eheschließung wurde vom Bruder des Bräutigams P. Benedict Ferrary OSB (* 16. April 1762 Paderborn † 6. Mai 1807 Paderborn, Abdinghof), der Mönch in Abdinghof war, assistiert. Zeugen waren der Delbrücker Pfarrer Georg Heinrich Hillebrand und Friedrich Thielen[714].
Paulus Ignatius Antonius Ferrary wurde am 22. Okt. 1754 in Paderborn geboren und am 24. Okt. 1754 in der Gaukirche getauft. Seine Eltern waren der Kaufmann Ambrosius Ferrary (* 7. Juli 1717 Loveno † 2. April 1786 Paderborn, Abdinghof) und Maria Anna Gatti (* 15. Febr. 1728 Lodi † 15. Nov. 1791 Paderborn, Gaukirche). Er war also italienischer Abstammung[715].
1771 immatrikulierte er sich zum Studium an den Paderborner Universität[716]. Paulus Ferrary erlitt Anfang Oktober 1798 einen Schlaganfall, der ihn so lähmte, daß er sich nicht mehr artikulieren konnte. Nach Krämpfen und Nervenfieberanfällen starb er vier Tage später am 4. Okt. 1798 und wurde am 5. Okt. 1798 von der Gaukirche aus begraben. Im Sterbeeintrag wird er als *„mercator et civis optimus, pater pauperum, religionis amantissimus“* bezeichnet[717]. In seinem Besitz befanden sich je ein Haus in den Schildern und am Rathausplatz in Paderborn, die die beiden überlebenden Töchter von den insgesamt 5 Kindern des Ehepaares erbten[718]. Die Witwe Wilhelmine Ferrary, geb. Valepage, führte zunächst das Geschäft ihres Mannes in Paderborn fort. Später zog sie nach Delbrück und übernahm den Kaufmannsbetrieb und die Gastwirtschaft ihres Bruders Franz Anton Valepage. Sie scheint die Geschäftstüchtigkeit ihres Vaters geerbt und von ihrem Mann gelernt zu haben. 1809 erwarb sie das adelige Gut Espenlake in der Bauerschaft Untereichen, Kirchspiel Boke, heute Stadt Delbrück; 1817 war sie auch im Besitz der sogenannten Ökonomie in Ringboke, ebenfalls heute Stadt Delbrück. Beide

Besitzungen erbte ihre Tochter Antoinette Heising[719]. Wilhelmine Ferrary starb am 21. Febr. 1841, 9 Uhr morgens, in Delbrück im Alter von 74 Jahren und 10 Monaten. Sie wurde auf dem neuen Friefhof in Delbrück begraben[720]. Wilhelmine Ferrary, geb. Valepage, zeigt, daß die Familie mittlerweile ganz im Bürgerstand aufgegangen ist und ihren Unterhalt erfolgreich durch die kaufmännische Tätigkeit erwarb.
Nachkommen von Wilhelmines Töchtern Antoinette Heising und Bernardine Kölling existieren bis heute.

LXII. Franz Anton Valepage (1768-1830)

Franz Anton Valepage ist der einzige überlebende Sohn des Benedict Wilhelm Valepage aus seiner zweiten Ehe mit Maria Gertrud Reddeker. Getauft wurde er am 16. März 1768 in Delbrück. Der Pate war Jodocus Henricus Reddeker[721]. Franz Anton besucht nicht wie seine Brüder und seine Onkel die Universität, sondern machte vermutlich eine Lehre als Kaufmann. Sein Großvater Ignatz Reddeker hatte 1766 seiner Tochter und deren Kindern seinen Besitz verschrieben. Dazu gehörte die Sudmühle in Delbrück-Dorfbauerschaft, das Holschen-Gut und das Kalmann-Haus im Dorf Delbrück, Kapitalien, die an mehrere Delbrück ausgeliehen waren sowie alle seine Mobilien[722]. Franz Anton erbte von seinem Vater zudem noch die Staumühle in der Senne und das Leiffersche Haus mit seinen Zubehörungen am Delbrücker Kirchplatz[723]. Nach dem Tod des Vaters 1801 führte Franz Anton zusammen mit seiner Schwester Bernardine den Haushalt und das Geschäft, das er gegründet hatte, weiter.
Da Bernardine unmittelbar vor ihrer Verheiratung stand, nahmen die beiden Geschwister im Juni 1802 eine Gütertrennung vor. Bernardine sollte aus dem gemeinsam ererbten und erworbenen Vermögen innerhalb eines halben Jahres 3000 Taler bar erhalten sowie binnen dreier Tage alle im elterlichen Haus befindlichen ungeschnittenen Linnentücher. Franz Anton hatte mit dem Hanfhandel, durch Geschäftsreisen und -korrespondenzen, durch die Erhebung der Landschatz-, Brandschatz- und Kopfschatzzahlungen den größten Anteil am gemeinsam erworbenen Vermögen eingebracht. Franz Anton behielt außer den beiden Mühlen und allen Häusern die von den Eltern hinterlassenen Kapitalien, Grundbesitz, Hausgeräte sowie sonstige Mobilien und Moventien. Der Ehemann der Bernardine Valepage, Heinrich Joseph Lohmann, stimmte dieser Vereinbarung zu[724]. Wenige Tage später, am 26. Juni 1802, schloß er selber einen Ehevertrag mit Ludovica (Maria Aloysia) Samson, die am 8. Okt. 1779 in Rietberg als Tochter des Christoph Samson und der Maria Ameling getauft worden ist[725]. Die Braut ließ sich durch Ferdinand Wiesmann aus Delbrück-Dorfbauerschaft vertreten. Franz Anton erklärte nach alter Sinne zuerst, daß er seine Braut alsbald kirchlich heiraten wolle. Er besitze zwei meierstättische Dorfstätten im Dorf Delbrück, nämlich Leifferen am Kirchplatz und Holschen, je mit Wohnhaus, Scheune und Speicher bzw. Heuerhaus bebaut. Zu beiden Stätten gehören insgesamt 10½ Morgen und 1 Gart Land in Gärten, Wiesen und Kämpen sowie ein Teich von 4 Morgen. Von beiden Stätten muß er den Landschatz sowie Abgaben ans fürstliche Rentamt in Schloß Neuhaus entrichten und Dienste leisten.
Er legte sodann mehrere Urkunden vor, die bezeugten, daß er sich mit seinen Geschwistern über das elterliche Vermögen geeinigt habe.

Am 1. Sept. 1801 hatten sich Franz Anton Valepage und seine Schwestern Bernardine und Wilhelmine Ferrary, geb. Valepage, einerseits mit ihrem Halbbruder Joseph Valepage andererseits über den Valepagenhof und die dazugehörenden Allodialgüter, den erbfreien Sporckhof mit seinen Gütern sowie den daran haftenden Schulden und Verpflichtungen geeinigt. Die ersten traten alle ihre Rechte und Ansprüche an ihren Halbbruder ab und versprachen ihm überdies 900 Reichstaler aus dem elterlichen Erbe. Am 21. Juni 1802 folgte dann der Vergleich zwischen Bernardine Lohmann und Franz Anton Valepage. Darüber hinaus erklärte Ferdinand Wiesmann namens der Witwe Wilhelmine Ferrary, geb. Valepage, daß sie vollständig abgefunden sei. Ferdinand Wiesmann akzeptierte die abgegebenen Erklärungen für die Braut Louise Samson und versprach, daß sie ihren Anteil am elterlichen Vermögen voll in die eheliche Gütergemeinschaft einbringen werde sowie sich mit der Leifferen- und der Holschen-Stätte bemeiern lassen zu wollen[726]. Die Ehe von Franz Anton Valepage und Ludovica Samson wurde am 5. Juli 1802 in Delbrück in Gegenwart von Ferdinand Wiesmann und Heinrich Joseph Lohmann als Zeugen geschlossen[727]. Leider blieb sie kinderlos.
Franz Anton Valepage und seine Frau bauten das Haus am Kirchplatz aus. Zur Thülecke hin ließen sie folgende Inschrift anbringen:
„Frans Anton Valepage und Luise Samson Ehleute haben diese Scheune nebst dem neuen Hausanbaue 1806 im Mai und Julius bauen u. errichten lassen durch den B. M. A. Tewes“. Wie sein Großvater Ignatz Reddeker und sein Vater Benedict Wilhelm Valepage hatte er die landesherrliche Sudmühle in Delbrück-Dorfbauerschaft gepachtet[728]. Franz Anton Valepage soll zu seiner Zeit das beste Gasthaus Delbrücks und das erste Geschäft am Ort gehabt haben. Dank seiner guten Geschäfte konnte er den Vollmeierhof Thiesmann in Delbrück-Westenholz sowie Häuser in Delbrück hinzuerwerben. Als er starb, soll er etwa 27.000 Taler in bar und in Kapitalien hinterlassen haben. 6000 Taler vermachte er den Armen der Pfarrei Delbrück. Damit begründete er die erste große Sozialstiftung des Delbrück Landes. Sie ist zugleich die erste, die mit dem Namen seiner Familie verbunden ist und auf seinem Vermögen aufbaut[729]. 2000 Taler stiftete er dem Landeshospital in Paderborn und 850 Reichstaler bestimmte er zur Neuerbauung der Delbrücker Kreuzkapelle.
Die Nutznießung seines Geschäftes und Gasthauses einschließlich der Posthalterei übertrug er seiner Schwester Wilhelmine Ferrary, die von Paderborn nach Delbrück zurückzog und die Leitung des Betriebes übernahm. Nach ihrem Tod 1841 fiel der gesamte Besitz an seine zweite Schwester Bernardine Lohmann, der Mutter des Delbrücker Waisenhausstifters Caspar Anton Lohmann. Nach dessen Tod 1868 ging der Beistz an die Kinder und Enkel von Wilhelmine Ferrary über[730].
Ludovica Valepage, geb. Samson, starb am 17. Febr. 1825 um 2 Uhr morgens an Auszehrung im Alter von 43 Jahren. Begraben wurde sie am 19. Febr. 1825 auf dem Delbrücker Kirchplatz. Pfarrer Georg Heinrich Hillebrand bezeichnet sie in einer Randnotiz im Delbrücker Sterberegister als eine sehr wohltätige Frau, die den Armen und der Kirche viel Gutes tat. Sie stiftete mehrere Meßgewänder, ließ in der Marienkapelle den alten Altar abrechen und einen neuen aufrichten, der ein Altargemälde des Paderborner Malers Ferdinand Stratmann trug, das die Verkündigung Mariens zeigte[731].
Der Witwer Franz Anton Valepage starb am 8. Nov. 1830 um vier Uhr morgens im Alter von 62 Jahren an *„Knochenfras am Kopfe“*. Er wurde am 11. Nov. 1830 auf dem neuen

Friedhof in Delbrück begraben[732], wo ihm seine Schwestern ein Denkmal errichteten, das mehr als einhundert Jahre erhalten blieb[733]. Mit folgenden Worten zeigten sie im Paderbornschen Intelligenzblatt seinen Tod an[734]:

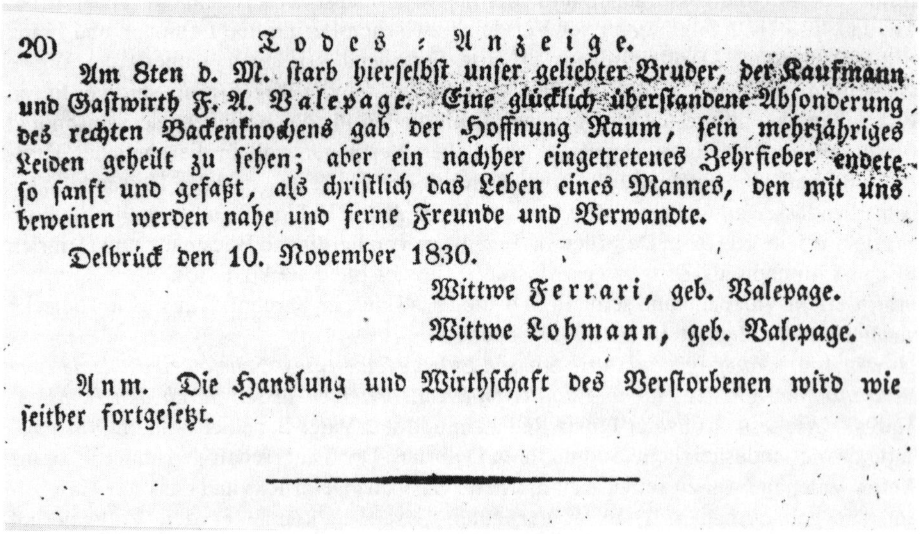

20) Todes-Anzeige.

Am 8ten d. M. starb hierselbst unser geliebter Bruder, der Kaufmann und Gastwirth F. A. Valepage. Eine glücklich überstandene Absonderung des rechten Backenknochens gab der Hoffnung Raum, sein mehrjähriges Leiden geheilt zu sehen; aber ein nachher eingetretenes Zehrfieber endete so sanft und gefaßt, als christlich das Leben eines Mannes, den mit uns beweinen werden nahe und ferne Freunde und Verwandte.

Delbrück den 10. November 1830.

Wittwe Ferrari, geb. Valepage.
Wittwe Lohmann, geb. Valepage.

Anm. Die Handlung und Wirthschaft des Verstorbenen wird wie seither fortgesetzt.

Todesanzeige für Franz Anton Valepage
(Paderbornsches Intelligenzblatt 1830, S. 1516)

Franz Anton Valepage war ein äußerst erfolgreicher Geschäftsmann. Er hatte für seine Person den Übergang von der alten in die neue Zeit gut gemeistert und eine wirtschaftliche Basis geschaffen, die kein Mitglied seiner Familie zuvor besessen hat. Da er keine Kinder hinterließ, konnten seine Nichten und Neffen von seinem großen Vermögen profitieren.

LXIII. Bernardine Lohmann, geb. Valepage (1770-1849)

Die jüngste Tochter Benedict Wilhelm Valepages aus seiner zweiten Ehe mit Maria Gertrud Reddeker trug den Namen Maria Bernardina. Sie wurde am 26. Febr. 1770 in Delbrück getauft. Die Patin war Joanna Maria Agnes Reddeker[735]. Am 11. Juni 1802 heiratete sie in Delbrück Heinrich Joseph Lohmann. Zeugen waren der Vater des Bräutigams, Caspar Lohmann, und der Bruder der Braut, Anton Valepage[736]. Als Mitgift erhielt sie von ihrem Bruder Franz Anton 3000 Taler und ungeschnittenes Linnen[737]. Heinrich Joseph Lohmann wurde am 30. Okt. 1773 in Delbrück als Sohn des Briloner und Delbrücker Kaufmanns Joannes Casparus Lohmann (* 8. Dez. 1740 Brilon † 11. Dez. 1815 Brilon) und seiner Delbrücker Frau Anna Maria Theresia Struns (* 17. Jan. 1733 Delbrück † 23. Nov. 1804 Delbrück) getauft[738]. Johann Caspar Lohmann hatte in Delbrück ein Haus am Kirchplatz erworben, das frei, d. h. nicht mit eigenbehörigen Lasten behaftet war. In dieses Haus zog das junge Paar nach der Heirat 1802. Heinrich Joseph Lohmann betrieb dort erfolgreich einen Kaufhandel. Er starb am 1. Dez. 1817 an Auszehrung im Alter von 44 Jahren und hinterließ drei minderjährige Kinder[739]. Die Witwe Bernardine Lohmann, geb. Valepage, führte in den folgenden Jahren das Geschäft mit Hilfe ihrer Schwester Wilhelmine Ferrary und ihres Bruder Franz Anton Valepage fort. Um 1830 übergab sie das Geschäft ihrem einzigen überlebenden Kind Caspar Anton Lohmann (* 3. Nov. 1805 in Delbrück † 21. Aug. 1868 in Delbrück), der in die Fußstapfen seines Onkels Franz Anton Valepage trat und zu einem der erfolgreichsten Delbrücker Geschäftsleute wurde. Da seine Frau Elisabeth Brenken (* 4. Juli 1811 Delbrück † 14. Jan. 1847 Delbrück) und alle seine fünf Kinder vor ihm starben, ohne selbst Nachkommen zu hinterlassen, stiftete er testamentarisch am 25. Okt. 1866 ein Drittel seines Kapitalvermögens zur Errichtung eines Waisenhauses in Delbrück. Die Caspar-Anton-Lohmannsche Waisenhausstiftung besteht noch heute und unterhält in Delbrück das St. Antonius-Kinderdorf[740]. Maria Bernardine Valepage starb am 30. Nov. 1849[741]. Sie war die letzte des Geschlechts der Varendorf genannt Valepage. Ihren Neffen Wilhelm Joseph, den letzten männlichen Valepage, hatte sie um vier Jahre überlebt.

LXIV. Wilhelm Joseph Valepage (1784-1845)

Der letzte männliche Valepage, Benedict Wilhelm Joseph, wurde am 6. April 1784 in Schloß Neuhaus getauft, wo sein Vater Joseph Valepage als Aktuar tätig war und wo seine Mutter Maria Francisca Tourtual herstammte. Der Pate, der Großvater des Täuflings, Benedict Wilhelm Valepage, ließ sich durch seinen Bruder Joseph, dem Delbrücker Landkaplan, vertreten[742]. 1790 zog die Familie nach Delbrück um. Wilhelm Joseph Valepage trat in die Fußstapfen seines Onkels Franz Anton Valepage und machte eine kaufmännische Ausbildung. Als sein Vater 1808 starb war er 23 Jahre alt. Er erbte den Valepagenhof, die alten Valepagischen Allodialgüter, die sein Großvater und Urgroßvater zurückerworben hatten, und den Sporckhof in Delbrück-Westerloh. Da er wie sein Großvater, sein Onkel Franz Anton und sein Vetter Caspar Anton Lohmann kaufmännisches Talent besaß, hatte er gute Startbedingungen für eine erfolgreiche Lebensgestaltung. Das Geschäft betrieb er zusammen mit seiner jüngeren Schwester Maria Wilhelmine. Man sagte ihm nach, daß er ganz und gar im Kaufhandel aufgegangen sei[743]. Er versäumte es allerdings, zu heiraten und Kinder zu zeugen. Da auch seine drei Geschwister unverheiratet geblieben waren und vor ihm starben, hatte er völlig alleinstehend 1844 den Tod vor Augen. Am 10. Dez. 1844 gab er sein Testament zu Protokoll, das nach seinem Tod gedruckt wurde[744].

Es beginnt nach alter Tradition mit der Anrufung der Dreifaltigkeit. Wilhelm Joseph Valepage betont seinen Dank gegenüber Gott, der ihn überreich mit irdischen Gütern gesegnet hat, und er bekundet seinen Willen, dies Gott zu vergelten, indem er nun die Armen reich beschenkt. Zum Universalerben ernennt er Emil Temme, den Sohn seines

Vetters Josef August Temme, der die Nutznießung erhält. Der Erbe soll den Namen Valepage annehmen. Er erhält den Lakehof mit den dazugehörigen Gütern und das Geschäft in Delbrück. Den Sporck-Hof hinterläßt er seinem Vetter Dr. Caspar Tourtual in Münster. Der Erbe des Valepagenhofes hat auf dem Hof anstelle der alten eine neue Kapelle zu erbauen und diese mit einer 200 Pfund schweren Glocke zu versehen sowie für die Gottesdienste in der Kapelle Sorge zu tragen. Aus seinem Nachlaß sollen für die Kapelle Bilder und Leinwand ausgesucht werden. An 13 Verwandte, Patenkinder und Dienstboten setzt er Legate von insgesamt 3025 Taler aus. Er wünscht sich eine standesgemäße Beerdigung und die Errichtung eines Epitaphes, wie es auch seine Eltern haben. Am Begräbnistag sollen 50 Taler an die Armen der Pfarrei verteilt werden. Zu Exekutoren bestimmt er den Delbrücker Kaufmann Anton Mumpro und den Delbrücker Vikar Theodor Köhne, die jeder 50 Taler für ihre Mühe erhalten sollen. Höhepunkt des Testamentes ist die große Sozialstiftung, die er für leidende Arme beiderlei Geschlechts aus der ganzen Pfarrei Delbrück, insbesondere aus seiner Familie und aus seinen Heuerlings- und Pächterfamilien, ins Leben gerufen sehen will. Er bestimmte zur Fundierung der Stiftung 6000 Taler aus seinem Kapitalvermögen sowie zwei Häuser an der Langenstrasse in Delbrück, die er gekauft hat, und zwei Morgen Land auf dem Dorffeld. Zum Durchbau der Häuser sollen der Valepagen- und der Sporck-Hof das nötige Holz liefern. Die Stiftung wurde 1846 als Kranken- und Altenpflegehaus errichtet. 1857-1862 entstand an der vom Stifter vorgesehenen Stelle ein Neubau, das erste ganz aus Steinen errichtete Haus in Delbrück, das 1977 abgerissen wurde. Das Haus wirkte nach seiner Eröffnung am 14. Juni 1862 unter der Leitung der Armen Dienstmägde Jesu Christi (Dernbacher Schwestern) sehr segensreich im Delbrück Land[745]. Heute ist die Stiftung in Delbrück-Westenholz angesiedelt, von wo aus sie sozial-caritativ im ganzen Dekanat Delbrück tätig ist.
Wilhelm Joseph Valepage starb als letzter männlicher Nachkomme seines Geschlechts am 9. März 1845 gegen ein Uhr mittags an Wassersucht und wurde am 13. März 1845 auf dem Delbrücker Friedhof begraben[746]. Leider ist das Grab heute nicht mehr vorhanden. Als einzige der Familie überlebte ihn nur seine Tante Bernardine Lohmann um vier Jahre.

LXV. Franz Wilhelm Valepage (1788-1836)

Der zweite Sohn von Joseph Valepage und Maria Francisca Tourtual namens Franz Wilhelm wurde am 22. März 1788 in Schloß Neuhaus getauft. Sein Pate war der Halbbruder seiner Mutter, Franz Wilhelm Temme, an dessen Stelle Henricus Grothe bei der Taufe anwesend war[747]. Franz Wilhelm folgte der Tradition der jüngeren Söhne der Familie. Er schrieb sich am 30. Okt. 1805 zum Studium der Theologie an der Paderborner Universität ein[748]. Am 25. Juni 1811 empfing er in Hildesheim die Priesterweihe, wo der Bischof von Paderborn und Hildesheim, Franz Egon von Fürstenberg, seinen Wohnsitz hatte[749]. Von 1811 bis Ende 1812 war Franz Wilhelm am Gymnasium Theodorianum als Professor tätig[750]. Der Delbrücker Pfarrer Georg Heinrich Hillebrand († 31. Dez. 1828 Delbrück) präsentierte ihn Ende 1812 für die Stelle des 1. Kaplans in Delbrück, die er am 16. Dez. 1812 übernahm. Franz Wilhelm ordnete mit großem

Geschick die finanzielle Situation der Benefizien S. Crucis und S. Catharinae, die durch die Napoleonischen Wirren und die kriegsbedingten staatlichen Zwangsanleihen sowie durch die Mißwirtschaft ihrer Inhaber beträchtliche Einbußen erlitten hatten. Da die Kapitalien des Benefiziums S. Catharinae zu stark geschrumpft waren, wurde es 1826 mit der ersten Kaplanei vereinigt[751].
Im Alter von 47 Jahren starb Franz Wilhelm Valepage am 3. März 1836 um 7 Uhr abends in Delbrück an Nervenfieber. Begraben wurde er am 7. März 1836 auf dem neuen Kirchhof in Delbrück[752].

LXVI. Franz Anton Valepage (1790-1813)

Der dritte Sohn von Joseph Valepage und Maria Francisca Tourtual hieß nach seinem Onkel Franz Anton. Getauft wurde er am 19. Sept. 1790 in Delbrück[753]. Er starb 23jährig am 4. April 1813 um 5 Uhr morgens an Auszehrung in Delbrück und wurde am 6. April auf dem dortigen Kirchplatz bestattet[754].

LXVII. Maria Wilhelmina Valepage (1795-1841)

Das jüngste Kind des Delbrücker Landschreibers Joseph Valepage und seiner Frau Maria Francisca Tourtual war die Tochter Maria Wilhelmina, die am 23. Sept. 1795 in Delbrück die Taufe empfing. Die Patin war ihre Tante Wilhelmine Ferrary, geb. Valepage[755]. Maria Wilhelmina blieb unverheiratet. Die Gründe dafür sind leider nicht bekannt. Sie wohnte mit ihrem Bruder Wilhelm Joseph in einem Haus und führte ihm den Haushalt. Sie starb am 19. Jan. 1841 um 3 Uhr nachmittags an Auszehrung. Begraben wurde sie am 23. Jan. 1841 auf dem neuen Friedhof in Delbrück[756].
Ihre Pretiosen aus Gold und Silber und ihre sämtlichen Kleidungstücke vermachte ihr Bruder Wilhelm Joseph 1844 ihrer gemeinsamen Verwandten Gertrud Temme, die mit ihnen zusammenlebte[757].

Stammtafel zur Verwandtschaft Temme-Valepage

Johann Wihelm Leifferen
* 16. April 1690 Bad Westernkotten
† 12. Nov. 1757 Delbrück
1. ⚭ 30. April 1720 Delbrück
Clara Angela Witwe Fincken, geb. Mumpro
* 26. Sept. 1690 Delbrück
† 22. Febr. 1727 Delbrück
2. ⚭ 2. Sept. 1727 Schloß Neuhaus
Anna Francisca Block aus Schloß Neuhaus

Maria Agnes
* 6. März 1721 Delbrück
† 2. März 1788 Schloß Neuhaus
1. ⚭ 3. Nov. 1745 Delbrück
Johann Heinrich Temme
* Sept. 1722 Schloß Neuhaus
† 13. Sept. 1748
2. ⚭ 10. Okt. 1750 Schloß Neuhaus
Ludwig Anton Tourtual
* um 1724 Bremen
† 9. Okt. 1760 Schloß Neuhaus

Anna Maria Francisca
* 14. Juli 1729 Delbrück
† 31. März 1758 Delbrück
⚭ 4. Okt. 1749 Delbrück
Benedict Wilhelm Valepage
Landschreiber in Delbrück
* 10. Dez. 1724 Delbrück
† 18. April 1801

Franz Wilhelm Temme
Oberförster in Schloß Neuhaus
* 23. Nov. 1746 Schloß Neuhaus
† 1. Sept. 1808 Schloß Neuhaus
⚭
Sophia Schön
* um 1749
† 20. Aug. 1816 Schloß Neuhaus

Maria Francisca
* 21. Juli 1751 Schloß Neuhaus
† 11. Nov. 1833 Delbrück

⚭ 22. Juni 1783

Heinrich Joseph Valepage
Landschreiber in Delbrück
* 14. Aug. 1797 Delbrück
† 8. Febr. 1808 Delbrück

Josepf August Temme
Kaufmann in Schloß Neuhaus
* um 1789
† 25. Dez. 1869 Delbrück
⚭ 7. Sept. 1817 Schloß Neuhaus
Bernardine Stromberg
* 22. Dez. 1794 Elsen-Sande
† 21. April 1857 Delbrück

Wilhelm Joseph Valepage
Kaufmann in Delbrück
* 6. April 1784 Schloß Neuhaus
† 9. März 1845 Delbrück

Emil Florenz Ferdinand Temme
Kaufmann in Delbrück
* 28. Sept. 1828 Schloß Neuhaus
† 30. Sept. 1859 Delbrück
⚭ 23. Juni 1857 Delbrück
Emilie Fahrenhorst aus Delbrück

LXVIII. Emil Temme und seine Nachkommen

Zum Erben des Valepagenhofes und seines weiteren Delbrücker Besitzes bestimmte Wilhelm Joseph Valepage 1844 seinen Verwandten Emil Florenz Ferdinand Temme. Dieser wurde am 28. Sept. 1828 als Sohn des Kaufmanns Joseph August Temme und seiner Frau Bernardine Stromberg in Schloß Neuhaus geboren[758]. Joseph Augst Temme war in zweifacher Hinsicht ein Vetter des Erblassers. Zum einen waren Joseph August Temmes Vater, Franz Wilhelm Temme, und Wilhelm Joseph Valepages Mutter, Maria Francisca Valepage, geb. Tourtual, Halbgeschwister. Zum anderen waren ihre beiden Großmütter väterlicherseits ebenfalls Halbgeschwister. Bis zur Volljährigkeit des Emil Temme und seiner Übernahme des Valepageschen Geschäfts und des Valepagenhofes führte Joseph August Temme den Handel weiter. Später zog er mit seiner Frau auf den Valepagenhof, wo sie auch starben. Emil Temme, der den Namen Valepage annehmen sollte, heiratete am 23. Juni 1857 in Delbrück[759] Anna Bernardine Emilie Clara Fahrenhorst, die erst 19jährige Tochter des Delbrücker Lehrers Heinrich Fahrenhorst († 6. Mai 1883, 77 Jahre, Delbrück) und seiner Frau Maria Anna († 4. Juli 1867, 58 Jahre, Delbrück). Emil Temme starb nach nur zweijähriger Ehe bereits am 30. Sept. 1859 in Delbrück an Zehrung[760]. Aus der Ehe gingen zwei Kinder Hervor:

1. Joseph August Temme, geb. 15. Sept. 1858 in Delbrück[761], der unverheiratet als Arzt starb[762], und nach dem Tod des Vater
2. Maria Bernardine, geb. 10. Jan. 1860 in Delbrück[763], die am 5. Mai 1885 in Delbrück[764] den Amtsgerichtsrat Johannes Heinrich Franz Kösters (* 15. März 1850 Delbrück) heiratete.

Emilie Temme, geb. Fahrenhorst († 1918), vererbte den Valepagenhof an ihre Tochter Maria Bernardine Kösters, geb. Temme. Diese wiederum übertrug ihn an ihre Tochter Maria Alwine (* 1. April 1899 Dorsten † 27. April 1993 Delbrück), die mit Dr. rer. pol. Leo Franz Johannes Maria von Hülst (* 23. Dez. 1898 Legden † 18. Aug. 1986 Delbrück) verheiratet war. Sie entschieden sich, das aus dem Jahr 1577 stammende Hofgebäude des Valepagenhofes dem Freilichtmuseum in Detmold zu überlassen, damit es der Nachwelt besser erhalten werden kann. Heute wird der Valepagenhof in Delbrück von ihrem Sohn Dr. Friedrich Ferdinand Felix Maria von Hülst (* 5. Okt. 1929 Münster) und seiner Frau Maria Tegethoff (* 24. Nov. 1934 Delbrück-Westenholz) bewohnt.

LXIX. Ein Nachtrag: Evert Valepage (1497-1502)

In den Abgabenregistern des Klosters Abdinghof zu Paderborn wird unvermittelt von 1497 bis 1501 ein Evert Valepage genannt, der jährlich 18 Malter Gerste und Hafer an das Kloster von gepachtetem Land bei Geseke entrichtet[765]. 1501 und 1502 gehört er zusätzlich zu denen, die den Zehnten von Holthausen bei Geseke an die Abtei zahlen[766]. Weitere Erwähungen des Evert Valepage konnten bislang nicht ermittelt werden.
Seine Einordnung in die Delbrücker Familie Valepage bereitet erhebliche Schwierigkeiten. So erscheint es äußerst unwahrscheinlich, in ihm einen Sohn des Johann Varendorp zu sehen, der 1477 erstmals mit dem Lakehof in Delbrück belehnt worden ist und der um 1497 starb, da dessen vermuteter ältester Sohn Lubbert 1499 noch Student der Paderbor-

ner Domschule war. Möglich wäre jedoch, daß Evert Valepage von einem früheren Valepage abstammt, dessen Schicksal aufgrund fehlender Quellen nicht verfolgt werden konnte. Zu denken wäre hier an Henrich van Wichmersberg genannt Valepage, der ab 1424 erwähnt wird, oder an Henrich van dem Wichmersberg genannt Valepage, dem Sohn der Lyse von Heerse. In Betracht käme auch noch Hermann vom Wichmodeberg, der von 1352 bis 1370 in Büren wohnte.
Evert Valepage könnte auch in Verbindung stehen mit einer Familie namens Wittepage, die sich seit der zweiten Hälfte des 15. Jhdts. in Geseke nachweisen läßt. Auffällig ist zumindest die ähnliche Bedeutung der Namen Valepage und Wittepage. Zur Familie Wittepage gehört Johann Wittepage, der sich 1459 als Bürger in Geseke nachweisen läßt[767]. 1469, 1470, 1478 und 1479 wird er als Holzknecht des Stiftes Geseke genannt[768]. Von 1479 bis 1493 pachtete er vom Kloster Abdinghof das Vlosackgut bei Geseke[769]. Ein anderes Mitglied der Familie ist Hinrich Wittepage, der 1471 ein Haus in der Wobelgasse in Geseke bewohnt[770]. 1488 stifteten seine Frau Else und ihre Kinder Hinrich und Else für den verstorbenen Hinrich Wittepage eine ewige Memorie in der Stiftskirche St. Cyriakus zu Geseke[771]. Die genannten Johann und Hinrich Wittepage könnten von Henrich Wittepage abstammen, der von 1428 bis 1445 als Pächter des Coldehofes in Borchen erscheint, das dem Kloster Abdinghof gehört[772]. Trotz der Ähnlichkeit der Namen Valepage und Wittepage ist mir jedoch keine Erwähnung bekannt geworden, wo beide Namen eindeutig synonym gebraucht worden sind. So muß die Frage nach der Herkunft und der Zugehörigkeit des Evert Valepage bis auf weiteres unbeantwortet bleiben.

LXX. Zusammenfassung

Die Kurzbiographien von allen etwa 75 von 1311 bis 1845 erwähnten und bekannten Familienmitgliedern, die das Erwachsenenalter erreicht haben, bieten das differenzierte Bild einer in Stufen verlaufenenden Entwicklung der Familie Valepage, die in jeder Generation neu um die Anerkennung und Absicherung ihres sozialen Status ringen muß. Die jeweiligen Lebensabrisse zeigen deutlich die Chancen und Möglichkeiten, die sich den einzelnen boten, aber auch die Grenzen, die ihnen von ihrer Umwelt im gesellschaftlichen und wirtschaftlichen Bereich sowie von der großen historischen Entwicklung gesetzt wurden.
Zusammenfassend läßt sich folgende Entwicklungslinie nachzeichnen: Im 14. Jhdt. treten die Valepage im Dienst der Edelherren von Büren auf dem Wichmodeberg bei Steinhausen in das Licht der Geschichte. Da sie sich dort nicht behaupten können, versuchen sie sich als Lehensleute des Paderborner Benediktinerklosters Abdinghof in Delbrück eine neue Existenz aufzubauen. In der Fehdezeit des 15. Jhdts. teilen sie dann schließlich doch das Schicksal vieler alter adeliger Familien des Paderborner Landes. Sie sterben im Mannesstamm aus und werden von einem Mitglied der ebenfalls ritterbürtigen Familie Varendorf beerbt. Es dauert das ganze 16. Jhdt. über, bis die Varendorf, die sich allmählich Valepage nennen, im Delbrücker Land eine gewisse Position erringen können. Mit Jost Valepage, dem Erbauer des Weserrenaissance-Hofgebäudes, der von 1573 bis 1604 Gograf des Delbrücker Landes war, erreichen die Varendorf genannt Valepage den Höhepunkt ihrer Entwicklung. Der durch den dreißigjährigen Krieg dramatisch be-

schleunigte Abstieg läßt sich im Verlauf des 17. Jhdts. nur langsam auffangen. Zwar gab es am Anfang des 18. Jhdts. gleich zwei Rentmeister in der Familie, doch hatten sie nicht die Nachkommen, die auf dem neuen Fundament aufbauen konnten. Erst der Delbrücker Landschreiber Benedict Wilhelm Valepage setzte in der Mitte des 18. Jhdts. einen neuen Akzent durch den verstärkten Einstieg in kaufmännische Aktivitäten. Sein Enkel Wilhelm Josef, der letzte Valepage, stirbt als erfolgreicher Delbrücker Kaufmann auf einem erneuten Höhepunkt der Entwicklung. Daß er der letzte war, mag an der nahen Blutsverwandtschaft seiner Eltern liegen, zum anderen aber auch daran, daß in den letzten sechs Generationen nahezu alle nachgeborenen Söhne, sofern sie nicht im Jugendalter starben, Priester wurden. Wenn die Familie auch keine Persönlichkeit hervorgebracht hat, die historische Bedeutung im Sinne der großen Geschichte erlangte, so rechtfertigt es dennoch das Ergebnis der vorgelegten Untersuchung, die Erinnerung an die Valepage lebendig zu halten.

Anmerkungen

* Zu außerordentlichem Dank bin ich Herrn Wilhelm Honselmann, Paderborn, verpflichtet. Ohne seine stete Hilfsbereitschaft, sein fundiertes Wissen und die Großzügigkeit, mit der er mir unzählige Hinweise und Anregungen zukommen ließ, hätte die vorliegende Arbeit nicht entstehen können.

1 Baumeier, St., Großmann, G. U., Könenkamp, W.-D.: Museumsführer des Westf. Freilichtmuseums Detmold, (hg. im Auftrag des Landschaftsverbandes Westfalen-Lippe), 2. Aufl., Detmold 1987, S. 16-18.

2 Vgl. Decker, R.: Die Ritterschaft des Hochstifts Paderborn, (Heimatkundliche Schriftenreihe der Volksbank Paderborn 13/1982), Paderborn 1982.

3 Vgl. von Hülst, H.-F.: Der Valepagenhof im Delbrücker Land. Eine Studie zur Hof- und Besitzergeschichte, in: Die Warte, 31. Jg., Heft 1/1978, S. 136-139. Ders. u. a.: Delbrücker Land, (hg. vom Amt Delbrück), Detmold 1970, S. 90f. Ders.: Der Valepagenhof und seine Bewohner, ungedrucktes Manuskript auf dem Valepagenhof in Delbrück (Im folgenden zitiert als: von Hülst, Valepagenhof).

4 Vgl. Hallermann, H.: Die Verfassung des Landes Delbrück bis zur Säkularisation des Fürstbistums Paderborn. Teil I, in: WZ Bd. 77, Münster 1919, S. 76-127. Teil II, in: WZ Bd. 80, Münster 1922, S. 3-63.

5 Vgl. Bahlow, H.: Deutsches Namenslexikon, Frankfurt 1972, S. 371.

6 Vgl. Hömberg, A.: Geschichtliche Nachrichten über Adelssitze und Rittergüter im Herzogtum Westfalen und ihre Besitzer, Heft 4, Münster 1972, S. 42-45.

7 Seibertz, J. S.: Quellen der Westfälischen Geschichte, Bd. 1, Arnsberg 1857, S. 221ff, hier S. 276.

8 Urkunden des Stadtarchivs Rüthen. Vgl. auch Staatsarchiv Münster, Kloster Holthausen, Urk. 30 vom 20. Jan. 1355, in der Conrad von Kellinghusen als Ratsherr in Rüthen genannt wird.

9 Vgl. Hömberg, A.: Geschichtliche Nachrichten über Adelssitze und Rittergüter im Herzogtum Westfalen und ihre Besitzer, Heft 4, Münster 1972, S. 42f. Vgl. auch Staatsarchiv Münster, Kloster Holthausen, Urk. 49 vom 26. Nov. 1377, in der Johan Kellinghusen, plebanus in Steinhausen, genannt wird.

10 Vgl. Hömberg, A.: Geschichtliche Nachrichten über Adelssitze und Rittergüter im Herzogtum Westfalen und ihre Besitzer, Heft 4, Münster 1972, S. 44. Vgl. Staatsarchiv Münster, Kloster Bredelar, Urk. 372 vom 12. März 1411.

11 Vgl. Staatsarchiv Münster, Genealogische Sammlung von Spießen Bd. 22, S. 101, sowie: von Spießen, M.: Wappenbuch des westfälischen Adels Bd. 1, Görlitz 1901-1903, Tafel 72.

12 Staatsarchiv Münster, Kloster Bredelar, Urk. 437 vom 3. Nov. 1432. Vgl. Hömberg, A.: Geschichtliche Nachrichten über Adelssitze und Rittergüter im Herzogtum Westfalen und ihre Besitzer, Heft 4, Münster 1972, S. 44.

13 Erzbischöfliche Akademische Bibliothek Paderborn, AV Codex 136, Bl. 161 Nr. 149.

14 Staatsarchiv Münster, Grafschaft Rietberg, Urk. 217 vom 1. März 1411.

15 Seibertz, J. S.: Quellen der westfälischen Geschichte, Bd. 1, Arnsberg 1857, S. 146ff, hier: S. 148.

16 Erste Ansätze dafür bietet Hömberg, A.: Geschichtliche Nachrichten über Adelssitze und Rittergüter im Herzogtum Westfalen und ihre Besitzer, Heft 4, Münster 1972, S. 42-45.

17 Vgl. Willeke, M.: Die Wüstungen in den Gemarkungen von Steinhausen und Eickhoff, Paderborn 1989, S. 52-57 (Im folgenden zitiert als: Willeke, Wüstungen). Herzlich danke ich Frau Dr. M. Willeke, Gelsenkirchen, für einen regen Austausch und viele hilfreiche Hinweise.

18 Vgl. Bergmann, R.: Die Wüstungen des Geseker Hellwegraumes. Studien zur mittelalterlichen Siedlungsgenese einer westfälischen Getreidelandschaft, Münster 1989 (= Bodenaltertümer Westfalens 23. Berichte des westf. Museums für Archäologie - Amt für Bodendenkmalpflege - Landschaftverband Westfalen-Lippe), S. 154-155 (Im folgenden zitiert als: Bergmann, Wüstungen).

19 Bergmann, Wüstungen, S. 155.

20 Vgl. Wilmans, R., Finke, H.: Westfälisches Urkundenbuch Bd. 4, Die Urkunden des Bisthums Paderborn vom J. 1201-1300, Münster 1877-1894, Nr. 326. Vgl. Willeke, Wüstungen, S. 53. Vgl. Bergmann, Wüstungen, S. 154.

21 Erzbistumsarchiv Paderborn, Böddeker Kopiar II, Bl. 307.

22 Seibertz, J. S.: Urkundenbuch zur Landes- und Rechtsgeschichte des Herzogthums Westfalen, Bd. 2 (1300-1400), Arnsberg 1843, Nr. 556, hier: S. 121f.

23 Ebda. Nr. 665, hier: S. 273. Vgl. ebda. Nr. 795 Anmerkung 558, hier: S. 543 (Bestand der Grafschaft Arnsberg 1368).

24 Vgl. Staatsarchiv Münster, Kloster Bredelar, Urk. 212 und 213 sowie Herrschaft Büren, Urk. 31 und Kloster Bredelar, Akten 889a, o. Z., um 1567: Verzeichnis der Güter des Klosters: *„Zu Buren: westlich haben wir an dem Wyckmodigen berge lauth und inhalts dreylicher besiegelder breve, so wir von dem herren zu Buren haben XX morgen landes."*

25 Vgl. Willeke, Wüstungen, S. 54f, sowie Staatsarchiv Münster, Herrschaft Büren, Akte 744.

26 Vgl. Willeke, Wüstungen, S. 55. Vgl. Oberschelp, R.: Die Edelherren von Büren bis zum Ende des 14. Jahrhunderts, Münster 1963 (= Geschichtliche Arbeiten zur westf. Landesforschung Bd. 6. Veröffentlichung der Historischen Kommission Westfalens XXII), S. 69 (Im folgenden zitiert als: Oberschelp, Edelherren von Büren). Siehe auch Staatsarchiv Münster, Herrschaft Büren, Urk. 186.

27 Staatsarchiv Münster, Herrschaft Büren, Urk. 174. Vgl. Willeke, Wüstungen, S. 55, und Bergmann, Wüstungen, S. 152f.

28 Vgl. Staatsarchiv Münster, Herrschaft Büren, Urk. 185. Vgl. Oberschelp, Edelherren von Büren, S. 68.

29 Vgl. Staatsarchiv Münster, Herrschaft Büren, Akte 744, S. 185. Vgl. Willeke, Wüstungen, S. 55.

30 Vgl. Oberschelp, Edelherren von Büren, Stammtafel 1 im Anhang.

31 Vgl. Archiv Hinnenburg (v. d. Asseburg), Brakel, F Urk. 1151 vom 9. Jan. 1452.

32 Vgl. Staatsarchiv Münster, Hovestadt-Plettenberg-Lehnhausen, Urk. 353 vom 10. März 1455, Urk. 381 vom 21. Okt. 1462, sowie zu Francke von Gevelichusen genannt von Lehnhusen, der vermutlich Agnes Bruder war: Urk. 198 von 1424 und Urk. 235 von 1432. Vgl. Hömberg, A.:

Geschichtliche Nachrichten über Adelssitze und Rittergüter im Herzogtum Westfalen und ihre Besitzer, Heft 10, Münster 1975, S. 148-152, hier: S. 152.

33 Vgl. Willeke, Wüstungen, S. 55f.

34 Vgl. Bergmann, Wüstungen S. 155 und vgl. Willeke, Wüstungen, S. 52f.

35 Vgl. Prinz, J.: Westfälisches Urkundenbuch Bd. 9, Die Urkunden des Bistums Paderborn 1301-1325, Lieferung 2: 1311-1315 (= Veröffentlichung der Historischen Kommission für Westfalen I), Münster 1978, Nr. 862, S. 406.

36 Ebda. Nr. 863, S. 406f.

37 Vgl. Pöppel, D.: Die Vorfahren der Edelherren Thietmar und Berthold von Büren: Gründer der Stadt und Pfarrei Büren, 1195, in: Heimatverein Büren e. V. (Hg.): Büren. Einblicke in die historische Entwicklung, Paderborn 1994, S. 273-290. Vgl. Oberschelp, Edelherren von Büren, Stammtafeln im Anhang. Vgl. Willeke, Wüstungen, S. 53f.

38 Vgl WUB 9, Nr. 1329, S. 626f.

39 Ebda. Nr. 1370, S. 649f.

40 Vgl. Inventare der nichtstaatlichen Archive der Provinz Westfalen, Kreis Büren (= INA III,1), Münster 1915, S. 12 Nr. 26. Vgl. Bergmann, Wüstungen, S. 154, für den fraglich ist, ob das besagte Haus des Hermann de Wytmodeberghe in Büren liegt oder nicht. Die Rückschriften der Urkunde legen jedoch nahe, daß es sich um ein Haus in der Stadt Büren handeln muß.

41 Vgl. Staatsarchiv Münster, Herrschaft Büren, Urk. 89 vom 16. Aug. 1368; auch die Namen aller anderen Zeugen weisen daraufhin, daß es sich um Bürener Bürger handelt.

42 Vgl. Archiv Erpernburg (v. u. z. Brenken), Best. Erpernburg, Urk. 90. Siehe auch INA III,1, S. 68 Nr. 109.

43 Erzbistumsarchiv Paderborn, Kloster Holthausen, Urk. 66 vom 14. April 1339.(Vgl. Willeke, Wüstungen, S. 54 und S. 24f.) 1347 verkaufte Hillebrand Monich den Hof an Holthausen, s. ebda., Kloster Holthausen, Urk. 74.

44 1338 belehnte Graf Gottfried von Arnsberg Everhard de Schmechten mit einer *„curtis in Hadberninchusen juxta Salzkotten cum attinentiis bona ministerialia"*. Siehe Seibertz, J. S.: Urkundenbuch zur Landes- und Rechtsgeschichte des Herzogthums Westfalens, Bd. 2 (1300-1400), Arnsberg 1843, Nr. 665, S. 292 Nr. 3. Vgl. Bergmann, Wüstungen, S. 62f.

45 Ein Willekynus Droch erscheint am 14. Mai 1363 und am 21. Febr. 1370 unter den Ratmannen der Stadt Büren: Vgl. INA III,1, S. 15 Nr. 40 und S. 17 Nr. 49.

46 Hengst, K. (Hg.): Westfälisches Klosterbuch. Lexikon der vor 1815 errichteten Stifte und Klöster von ihrer Gründung bis zur Aufhebung (= Quellen und Forschungen zur Kirchen- und Religionsgesichte Band 2. Veröffentlichung der Historischen Kommission für Westfalen XLIV), Teil 1, Münster 1992, S. 44ff.

47 Vgl. Bücker, Hermann: Werner Rolevinck 1425-1502. Leben und Persönlichkeit im Spiegel des Westfalenbuches (= Geschichte und Kultur, Schriften aus dem Bischöflichen Diözesanarchiv Münster, Heft 4) Münster 1953, S. 20.

48 Staatsarchiv Münster, Herrschaft Büren, Urk. 69 vom 6. Sept. 1358. Abschrift: Staatsarchiv Münster, Msc. II 5102, S. 58-59.

49 Vgl. Willeke, Wüstungen, S. 11-44, und Bergmann, Wüstungen, S. 151-153.

50 Vgl. Willeke, Wüstungen, S. 28-30, und Bergmann, Wüstungen, S. 153f.

51 Staatsarchiv Münster, Herrschaft Büren, Urk. 87 vom 10. März 1367. Abschrift: Staatsarchiv Münster, Msc. II 5102, S. 48-50.

52 Der Freigraf Johannes de Loen wird auch erwähnt: Staatsarchiv Münster, Kloster Holthausen, Urk. 59 vom 26. März 1385.

53 Vgl. Willeke, Wüstungen, S. 16f. Vgl. Oberschelp, Edelherren von Büren, S. 15.

54 von Steinen, J. D.: Westf. Geschichte, Lemgo 1797-1804, Bd. V, S. 1424f; vgl. Fahne, A.: Geschichte der westph. Geschlechter, Cöln 1856, S. 211; vgl. Hömberg, A.: Geschichtliche

Nachrichten über Adelssitze und Rittergüter im Herzogtum Westfalen und ihre Besitzer, Heft 10, Münster 1975, S. 106f.

55 Stadtarchiv Soest, Urk. 3146 vom 1. März 1359. Vgl. Seibertz, J. S.: Urkundenbuch zur Landes- und Rechtsgeschichte des Herzogthums Westfalen, Bd. 2 (1300-1400), Arnsberg 1843, Nr. 751, S. 457-459.

56 Brandis, Chr.: Geschichte der Stadt Rüthen, in: Seibertz, J. S.: Quellen der westfälischen Geschichte, Bd. 1, Arnsberg 1857, S. 277.

57 Hauptstaatsarchiv Düsseldorf, Kurköln, Lehen Gen 8 I fol. 349[b]. Zitiert nach: Hömberg, A.: Geschichtliche Nachrichten über Adelssitze und Rittergüter im Herzogtum Westfalen und ihre Besitzer, Heft 15, Münster 1978, S. 10.

58 Vgl. Anm. 54.

59 Staatsarchiv Münster, Kloster Abdinghof, Urk. 428 vom 14. Sept. 1385.

60 Vgl. Hengst, K. (Hg.): Westfälisches Klosterbuch. Lexikon der vor 1815 errichteten Stifte und Klöster von ihrer Gründung bis zur Aufhebung (= Quellen und Forschungen zur Kirchen- und Religionsgesichte Band 2. Veröffentlichung der Historischen Kommission für Westfalen XLIV), Teil 2, Münster 1994, S. 212. (Im folgenden zitiert als: Westf. Klosterbuch).

61 Staatsarchiv Münster, Kloster Abdinghof, Akte 154, Bl. 7v.

62 Staatsarchiv Münster, Kloster Abdinghof, Akte 153, Bl. 5v. Vgl. ebda., Akte 154, Bl. 2 von 1389, Akte 155, Bl. 24v von 1409 und Bl. 31 von 1410.

63 vgl. Reinicke, Chr.: Der Hof Valepage zu Delbrück in Geschichte und Gegenwart, ungedrucktes Manuskript, Trier 1980.

64 Vgl. Archiv Fürstenberg (Graf von Westphalen), Kopiar 4 (von Ehrensdorf), S. 3 Nr. 18

65 Ebda. S. 4 Nr. 24.

66 Vgl. Staatsarchiv Münster, Grafschaft Rietberg, Akte 109, Bl. 140v und 229v sowie 107v vom 9. Nov. 1527.

67 Vgl. Staatsarchiv Münster, Reichskammergericht, V 10/25, Bd. 1, Bl. 115-116v.

68 Vgl. Staatsarchiv Münster, Kloster Abdinghof, Akte 507 (Im folgenden zitiert als: Abdinghof 507), Bl. 154-154v vom 7. Febr. 1679. Dieselbe Akte enthält folgende weiteren Designationen: Bl. 164-164v vom 9. Dez. 1715, Bl. 171-171v vom 31. Mai 1695, Bl. 254-254v vom 9. Dez. 1715, Bl. 261v-262v vom 4. Nov. 1711, Bl. 265-265v ohne Datum, Bl. 290-291v vom 26. Aug. 1719, Bl. 330 vom 14. Nov. 1746, Bl. 344 von 1760, Bl. 358-358v vom 17. Aug. 1801, Bl. 375-376v vom 14. Febr. 1803.

69 Vgl. Staatsarchiv Münster, Fürstbistum Paderborn, Kanzlei, Akte 494 Heft 23.

70 Vgl. Reinicke, Chr.: Der Hof Valepage zu Delbrück in Geschichte und Gegenwart, ungedrucktes Manuskript, Trier 1980, S. 23, nach: Abdinghof 507, Bl. 113v.

71 Vgl. Staatsarchiv Münster, Reichskammergericht, V 10/25, Bd. 1, Bl. 114-115v vom 4. Nov. 1711.

72 Vgl. ebda.

73 Vgl. Staatsarchiv Münster, Reichskammergericht, V 10/25, Bd. 1 ab 1719 und Bd. 2 ab 1726.

74 Vgl. Reinicke, Chr.: Der Hof Valepage zu Delbrück in Geschichte und Gegenwart, ungedrucktes Manuskript, Trier 1980, S. 31.

75 Vgl. ebda. S. 26-31.

76 Vgl. Westf. Klosterbuch, Bd. 2, S. 212.

77 Staatsarchiv Münster, Kloster Abdinghof, Urk. 511 vom 3. Okt. 1395.

78 Vgl. Staatsarchiv Münster, Genealogische Sammlung von Spießen, Bd. 13, S. 47 (Valepage), wo die Verwandtschaft der Valepage zu den von der Lake ebenso dargestellt wird.

79 Staatsarchiv Münster, Kloster Abdinghof, Urk. 527 vom 21. März 1400. Abschriften: Abdinghof 507, Bl. 37-37v, Bl. 30v-32, Bl. 38-38v.

80 Vgl. Bergmann, Wüstungen, S. 160f.

81 Vgl. Decker, R.: Bürgermeister und Ratsherren in Paderborn vom 13. bis zum 17. Jahrhundert (= Studien und Quellen zur westfälischen Geschichte Bd. 16), Paderborn 1977, S. 213-215.

82 Stadtarchiv Soest, Urk. A 6950 vom 9. Febr. 1402.

83 Stadtarchiv Soest, Urk. A 6951 vom 11. Febr. 1402. Die Familie Sinnemann gab es noch im Verlauf des 15. Jahrhunderts in Lippstadt. Vgl. Walberg, H.: Die Wappen bürgerlicher Familien im Chorgewölbe der Großen Marienkirche zu Lippstadt, in: Westfalen, Hefte für Geschichte, Kunst und Volkskunde, Bd. 66 (1988), Münster 1990, S. 128-130, hier: 130. Unter den Vornamen taucht 1481 auch ein Volpert auf, was auf eine Abstammung von dem 1402 genannten Volpert Synnemann schließen läßt.

84 Stadtarchiv Soest, Urk. A 6949 vom 11. Febr. 1402.

85 Am 23. Juni 1407 verkaufen der Knappe Heydenreich von Yeschen und seine Frau Elsike ihre Hälfte eines Gutes zu Eginghusen, dessen andere Hälfte bereits der Kapelle St. Nicolai in Soest gehörte, ebenfalls an den Offizial Bernd von dem Saltkotten: siehe Stadtarchiv Soest, Urk. A 6952. Die Gutshälfte war zuvor im Besitz des Cort von Langenstrot. Von diesem haben sie es am 25. Mai 1407 im Tausch gegen ihr Gut zu Östereiden erworben: siehe Staatsarchiv Münster, Dep. Fürstenberg-Eggeringhausen, Urk. 1.

86 Staatsarchiv Münster, Grafschaft Rietberg, Urk. 184 vom 17. März 1398.

87 Gerhard Schuddekrome läßt sich mehrfach als Notar und als Offizial der Paderborner Kirche nachweisen; vgl. Prinz, J.: Urkundenbuch des Stiftes Busdorf, 2. Lieferung Urkunden 1381-1500, Paderborn 1984, Urk. 391 vom 14. April 1394 (als Notar), Urk. 395 vom 18. Mai 1396 (als Notar), Urk. 396 vom 25. Juli 1396 (als Notar), Nr. 450 vom 3. Aug. 1409 (als Offizial), Urk. 486 vom 18. Febr. 1416 (als Offizial), Urk. 494 vom 10. März 1417 (als Offizial).

88 Staatsarchiv Münster, Fürstbistum Paderborn, Urk. 1411 vom 4. Aug. 1405.

89 Staatsarchiv Münster, Kloster Abdinghof, Akte 155, Bl. 31. Zu Stina siehe: Jungmann, A.: Ahnenliste der Geschwister Jungmann, in: Deutsches Familienarchiv Bd. 12, Neustadt 1959, S. 198, der sie und ihren Mann Heinrich viel zu spät ansetzt. Als Vater des Heinrich hat er einen Theodor von Wieschmersberghe gt. von Valepage erfunden (siehe S. 199). Er vermutet außerdem, daß Agnes, die Tochter von Heinrich und Stina, einen Johann von Varendorf geheiratet habe (siehe S. 198), was falsch sein dürfte.

90 Staatsarchiv Münster, Kloster Abdinghof, Akte 172, Bl. 15v.

91 Staatsarchiv Münster, Kloster Abdinghof, Akte 205, Bl. 38-39.

92 Laut Urkunde vom 21. März 1400, siehe Anmerkung 78.

93 Vgl. Staatsarchiv Münster, Kloster Abdinghof, Akte 155, Bl. 24v (1409); Akte 172, Bl. 2v (1416: *in causam contra heredes sive tutores filiorum Valepagen*); Akte 172, Bl. 10v (1417); Akte 172, Bl. 18v (1418).

94 Vgl. Staatsarchiv Münster, Kloster Abdinghof, Akte 172, Bl. 11v (1418: Restanten); Akte 172, Bl. 12 (1419); Akte 205, Bl. 41-42 (1418); Akte 205, Bl. 53-54v (1420).

95 Staatsarchiv Münster, Kloster Abdinghof, Akte 155, Bl. 88v.

96 Staatsarchiv Münster, Grafschaft Rietberg, Urk. 256 vom 15. Juni 1424.

97 Vgl. Westf. Klosterbuch, Bd. 2, S. 212.

98 Staatsarchiv Münster, Kloster Abdinghof, Urk. 613a vom 8. Sept. 1425. Vgl. Akte 484, Bl. 84.

99 Vgl. Staatsarchiv Münster, Kloster Abdinghof, Akte 155, Bl. 80v. Vgl. ebda., Bl. 91: *Johann et Henr. Valepage*.

100 Vgl. Staatsarchiv Münster, Kloster Abdinghof, Akte 205, Bl. 73.

101 Vgl. Gemmeke, A.: Geschichte des adeligen Damenstiftes zu Neuenheerse, Paderborn 1931 (Im folgenden zitiert als: Gemmeke, Neuenheerse).

102 Vgl. Staatsarchiv Münster, Genealogische Sammlung von Spießen, Bd. 18, S. 15.

103 Vgl. Heidenreich, F. J. L.: Warburger Stammtafeln, (= Beiträge zur westf. Familienforschung Bd. 43/44), Teil 2: Tafeln, Münster 1986, Tafel 102. Er vermutet, daß Gisela, die Ehefrau des

Hermann von Heerse, eine geb. Runst sei, gibt dafür jedoch keinen Beleg an. Außerdem vertauscht er die Kinder von Hermann und seinem Bruder Ludolf.

104 Vgl. Gemmeke, Neuenheerse, S. 99.

105 Vgl. ebda., S. 103.

106 Vgl. Archiv Fürstenberg (Graf von Westphalen), Kopiar 1, Bl. 2v-3 vom 29. Sept. 1434.

107 Vgl. Gemmeke, Neuenheerse, S. 112.

108 Vgl. ebda., S. 137f.

109 Archiv Fürstenberg (Graf von Westphalen), Kopiar 1, Bl. 1-2v. Zuvor hatten sie es dem Bischof Wilhelm von Paderborn angeboten, der das Vorkaufsrecht hatte. Vgl. Gemmeke, Neuenheerse, S. 134.

110 Archiv Fürstenberg (Graf von Westphalen), Kopiar 1, Bl. 2v-3.

111 Vgl. ebda., lfd. Nr. 226 des Urkundenverzeichnisses.

112 Vgl. Gemmeke, Neuenheerse, S. 149.

113 Erzbischöfliche Akademische Bibliothek Paderborn, AV Urk. 1441.04.29. Abschrift: Archiv Fürstenberg (Graf von Westphalen), Kopiar 1, p. 4v-6.

114 Vgl. Gemmeke, Neuenheerse, S. 149. Gysela von Heerse lebte noch am 6. Jan. 1456, vgl. ebda., S. 162.

115 Vgl. Archiv Fürstenberg (Graf von Westphalen), Kopiar 1, p. 7v-8 und 154-154v.

116 Vgl. Archiv Fürstenberg (Graf von Westphalen), Kopiar 1, p. 13-15. Diese Abschrift nennt den Kaufpreis nicht. Er wird aber in der darüber ebenfalls vorliegenden Originalurkunde erwähnt: ebda., Urk. 43. Vgl. auch Gemmeke, Neuenheerse, S. 155. Einen Hinweis auf diese Urkunde verdanke ich Herrn Dr. R. Decker, Paderborn. Nachdem Dietrich von Heerse dem Landgraf Ludwig von Hessen als Edelvogt des Stiftes Neuenheerse am 5. Febr. 1443 den geschehenen Verkauf mitgeteilt hatte (vgl. Archiv Fürstenberg (Graf von Westphalen), Kopiar 1, 15-15v), belehnte dieser am 16. April 1443 Wilhelm Westphal mit Herbram, wie es zuvor Dietrich von Heerse zu Lehen gehabt hat (ebda., Urk. 44; Abschrift: ebda., Bl. 16-17 und 155v-156).

117 Vgl. Staatsarchiv Münster, Msc VII 1302 A (Kopiar von Liesborn), Bl. 7v-8v vom 27. Okt. 1435.

118 Erzbischöfliche Akademische Bibliothek Paderborn, AV Urk. 1441.04.29. Die Siegel sind nicht mehr vorhanden.

119 Vgl. Staatsarchiv Münster, Dep. Hovestadt, Urk. 332 vom 20. Jan. 1450.

120 Vgl. Staatsarchiv Münster, Kloster Marienfeld, Urk. 1023 vom 26. Febr. 1452.

121 Vgl. Staatsarchiv Münster, Genealogische Sammlung von Spießen, Bd. 3, S. 34f.

122 Vgl. Eggeling, E.: Die Sühnesteine von Stadtoldendorf, in: Braunschweigische Heimat, 24. Jg., Nr. 5/1933, S. 134ff.

123 Vgl. Staatsarchiv Münster, Kloster Abdinghof, Akte 155, Bl. 91.

124 Vgl. ebda., Bl. 97.

125 Vgl. ebda., Akte 172, Bl. 84.

126 Vgl. ebda., Akte 155, Bl. 141v und Akte 172, Bl. 91.

127 Vgl. ebda., Akte 155, Bl. 40.

128 Ebda., Akte 172, Bl. 131.

129 Vgl. ebda., Akte 16, Bl. 7v.

130 Vgl. ebda., Akte 155, Bl. 40.

131 Vgl. Staatsarchiv Münster, Grafschaft Rietberg, Urk. 256.

132 Vgl. Staatsarchiv Münster, Kloster Abdinghof, Akte 172, Bl. 74 (1430); Akte 155, Bl. 97 (1430); Akte 155, Bl. 93 (1431); Akte 155, Bl. 104v (1431); Akte 172, Bl. 79 (1431); Akte 155, Bl. 112v (1432); Akte 172, Bl. 84v (1432); Akte 155, Bl. 119 (1433); Akte 155, Bl. 125 (1434); Akte 155, Bl. 134 (1435); Akte 155, Bl. 141v (1436); Akte 172, Bl. 91 (1436); Akte 155, Bl. 40 (4137); Akte 172, Bl. 101 (1440); Akte 172, Bl. 110 (1441); Akte 172, Bl. 116

(1441); Akte 172, Bl. 129v (1442); Akte 172, Bl. 142 (1445); Akte 172, Bl. 151v (1449); Akte 172, Bl. 162 (1450); Akte 172, Bl. 151v (1453); Akte 172; Bl. 172 (1454), Akte 172, Bl. 192 (1455).

133 Vgl. Staatsarchiv Münster, Kloster Abdinghof, Akte 155, Bl. 119.

134 Vgl. ebda., Akte 155, Bl. 125 (1434); Akte 155, Bl. 134 (1435); Akte 155, Bl. 141v (1436); Akte 172, Bl. 91 (1436); Akte 172, Bl. 101 (1440); Akte 172, Bl. 110 (1441); Akte 172, Bl. 116 (1441); Akte 172, Bl. 129v (1442); Akte 172, Bl. 142 (1446); Akte 172, Bl. 172 (1454); Akte 172, Bl. 192 (1455); Akte 172, Bl. 219 (1476).

135 Vgl. ebda., Akte 205, Bl. 73 (1429); Bl. 74 (1431); Bl. 86 (1435); Bl. 92v (1440); Bl. 97v (1441); Bl. 107v (1442); Bl. 118 (1445); Bl. 122v (1462); Bl. 124 (1464); Bl. 129 (1469); Bl. 136v (1469); Bl. 145v (1469); Bl. 154 (1471); Bl. 158 (1477).

136 Vgl. Staatsarchiv Münster, Kloster Abdinghof, Akte 16, Bl. 6v (1448/49).

137 Vgl. ebda., Akte 155, Bl. 99v (1430).

138 Vgl. ebda., Akte 205, Bl. 101: *„Item portatio nostro misso in Delbrugge cum mandato strictissi interdicti contra Valepagen"*.

139 Vgl. ebda., Akte 172, Bl. 131 (1442).

140 Vgl. ebda., Akte 16, Bl. 9v: *„Item nuncio misso biennes in Dellebrugge contra Valepage XX d. Et alio tempore cum arrestatione X d."*

141 Erzbischöfliche Akademische Bibliothek Paderborn, AV Cod. 136, Bl. 160v; gedruckt: WZ Bd. 40 (1881/82), S. 142.

142 Amt Salzkotten-Boke (Hg.): Stadt und Amt Salzkotten, Paderborn 1970, S. 617-623.

143 Vgl. ebda., S. 612-617.

144 Vgl. Tönsmeyer, J.: Das Lippeamt Boke, Rheine 1967, S. 219-222.

145 Vgl. Archiv Fürstenberg (Graf von Westphalen), Kopiar 4 (= Ehrensdorf), S. 3 Nr. 18.

146 Vgl. Westf. Klosterbuch, Bd. 2, S. 198f. Dr. iur. utr. Heinrich von Haxthausen war von 1422-1447 Domdechant und von 1448-1479 Dompropst in Paderborn.

147 Vgl. Archiv Abbenburg (von Haxthausen), Urk. A I 12 vom 16. Aug. 1458.

148 Gemmeke, Neuenheerse, S. 151f.

149 Vgl. ebda., S. 151.

150 Vgl. ebda.

151 Vgl. Staatsarchiv Münster, Genealogische Sammlung von Spießen, Bd. 17, S. 195 (von Haxthausen) und Bd. 18, S. 154 (von Heerse).

152 Vgl. Archiv Fürstenberg (Graf von Westphalen), Kopiar 4 (= Ehrensdorf), S. 3 Nr. 19 vom 17. Aug. 1458.

153 Der Ort ist nicht zu ermitteln. Möglicherweise geschah die Gefangennahme im Kontext der Spiegel-Westphalenschen Fehde, in der Heinrich vom Wichmersberg auf seiten der Westphalen gestanden haben dürfte. Vgl. Grüe, L.: Die Spiegel-Westphalensche Fehde, in: WZ Bd. 47 (1889), S. 3-32.

154 Vgl. Archiv Fürstenberg (Graf von Westphalen), Kopiar 4 (= Ehrensdorf), S. 3 Nr. 20 von 1458.

155 Vgl. Archiv Hinnenburg (v. d. Asseburg), Brakel, G Urk. 81 vom 8. Dez. 1477.

156 Vgl. Rade, H. J.: Die Bewohner des Schlosses Neuhaus nach den Rechnungen des Amtes Neuhaus von 1445 bis 1447, in: Pavlicic, M. (Hg.): Studien und Quellen zur Geschichte von Stadt und Schloß Neuhaus, Band 1, Schloß Neuhaus 1994, S. 22-24.

157 Vgl. Tönsmeyer, J.: Das Lippeamt Boke, Rheine 1968, S. 80-83 und 96ff.

158 Vgl. Westf. Klosterbuch, Bd. 2, S. 212.

159 Vgl. Staatsarchiv Münster, Kloster Abdinghof, Urk. 761a vom 19. Dez. 1481. Vgl. ebda., Akte 484, Bl. 84. Vgl. Jungmann, A.: Ahnenliste der Geschwister Jungmann, in: Deutsches Familienarchiv Bd. 12, Neustadt 1959, S. 198, der in dieser Agnes eine Tochter von Heinrich

Valepage und seiner Frau Stina, die um 1400 gelebt haben, sieht, was allein aus zeitlichen Gründen falsch sein dürfte.

160 Vgl. Genealogisches Handbuch des Adels, Adelige Häuser A Band III (Gesamtreihe Bd. 15), Gotha 1957, S. 478-483.

161 Vgl. Staatsarchiv Münster, Genealogische Sammlung von Spießen, Bd. 13, S. 33ff.

162 Vgl. Genealogisches Handbuch des Adels, Adelige Häuser A Band III (Gesamtreihe Bd. 15), Gotha 1957, S. 481f. Vgl. Staatsarchiv Münster, Genealogische Sammlung von Spießen, Bd. 13, S. 22f.

163 Staatsarchiv Münster, Kloster Abdinghof, Akte 484b, Bl. 7. Vgl. Jungmann, A.: Ahnenliste der Geschwister Jungmann, in: Deutsches Familienarchiv Bd. 12, Neustadt 1959, S. 197, der aus Johann Varendorf einen Delbrücker Gografen macht, wofür ich keinen einzigen Beleg ermitteln konnte.

164 Vgl. Staatsarchiv Münster, Kloster Abdinghof, Urk. 761a vom 19. Dez. 1481.

165 Vgl. ebda., Akte 484b, Bl. 7v.

166 Vgl. ebda., Akte 172, Bl. 230v und nach Bl. 231 (1478); Akte 172, Bl. 255v (1479); Akte 172, Bl. 266v (1480); Akte 155, Bl. 160 (1481); Akte 156, Bl. 9v (1484); Akte 156, Bl. 30v (1485); Akte 156, Bl. 46 (1486); Akte 156, Bl. 62 (1487); Akte 156, Bl. 79v (1488); Akte 156, Bl. 96 (1489); Akte 156, Bl. 116 (1490); Akte 156, Bl. 136 (1491); Akte 156, Bl. 156 (1492); Akte 156, Bl. 175 (1493); Akte 156, Bl. 194v (1494); Akte 156, Bl. 215 (1495); Akte 156, Bl. 237 (1496); Akte 157, Bl. 6 (1497); Akte 157, Bl. 17 (1497).

167 Vgl. Staatsarchiv Münster, Kloster Abdinghof, Urk. 765b vom 3. Dez. 1484.

168 Vgl. Westf. Klosterbuch, Bd. 2, S. 212.

169 Vgl. Staatsarchiv Münster, Kloster Abdinghof, Akte 484b, Bl. 9v.

170 Vgl. ebda., Akte 157 Bl. 6 und Bl. 17 sowie Akte 15, Bl. 3v.

171 Vgl. ebda., Akte 157, Bl. 27 (1498); Akte 157, Bl. 35v (1499); Akte 157, Bl. 44 (1500); Akte 157, Bl. 52v (1501); Akte 157, Bl. 65 (1502); Akte 157, Bl. 76v(1503); Akte 157, Bl. 89 (1504); Akte 157, Bl. 98v (1505); Akte 157, Bl. 109v (1506); Akte 157, Bl. 122 (1507); Akte 157, Bl. 133v (1508); Akte 157, Bl. 147 (1509); Akte 157, Bl. 161v (1510); Akte 157, Bl. 173v (1511).

172 Vgl. Staatsarchiv Münster, Kloster Abdinghof, Akte 15, Bl. 3v (1497); Akte 15, Bl. 7v (1498); Akte 15, Bl. 10 (1499); Akte 15, Bl. 24 (1501); Akte 15, Bl. 31v (1502); Akte 15, Bl. 40 (1503); Akte 15, Bl. 46v (1504); Akte 15, Bl. 53v (1505); Akte 15, Bl. 63v (1506); Akte 15, Bl. 68 (1507); Akte 15, Bl. 71v (1508); Akte 15, Bl. 76v (1509); Akte 15 Bl. 79v (1510).

173 Vgl. Staatsarchiv Münster, Reichskammergericht, V 10/25, Bd. 1, Bl. 202-202v (Abschrift von 1721). Vgl. weitere Abschriften: Abdinghof 507, Bl. 249-249v; Bl. 329-329v (von 1733); Bl. 333-333v (von 1760); Bl. 341-341v (von 1760); Bl. 352-352v (von 1761). Die Belehnung wird auch durch das Lehensregister bestätigt, siehe: Staatsarchiv Münster, Kloster Abdinghof, Akte 484b, Bl. 10v sowie Akte 484, Bl. 84.

174 Vgl. Keussen, H.: Die Matrikel der Universität Köln, Bd. 2, Bonn 1919, S. 563 Nr. 135. Vgl. Jungmann, A.: Ahnenliste der Geschwister Jungmann, in: Deutsches Familienarchiv.: Bd. 12, Neustadt 1959, S. 196, der Lübbert als paderbornischen Vogt und Gograf des Landes Delbrück bezeichnet und in ihm den Vater des Arndt Valepage sieht. Für die erste Annahme habe ich keinerlei Beleg ermitteln können; Arnt Valepage wird sein Bruder gewesen sein.

175 Alle Daten und Informationen samt Quellenbelegen zu Jobst Valepage und seinen Söhnen Johann und Jobst verdanke ich Herrn Wolfgang Schindler, Niederkassel, der sie freundlicherweise zur Verfügung stellte.

176 Vgl. Staatsarchiv Münster, Stift Schildesche, Urk. 208 vom 17. Dez. 1547.

177 Vgl. Borchart, M.: Das Stadtarchiv zu Stadthagen, Leipzig 1927, Tafel 13 (Stammtafel der Familie Hesekus).

178 Vgl. ebda., S. 336 Zeile 15.

179 Vgl. Urkunden des Bielefelder Stadtarchivs 1520-1810, in: Jahresbericht des Historischen Vereins für die Grafschaft Ravensberg 1937, Nr. 112 vom 29. Nov. 1559.

180 Vgl. ebda., Nr. 152 vom 29. Dez. 1570.

181 Vgl. Genealogisches Handbuch des Adels, Adelige Häuser A Band III (= Gesamtreihe Bd. 15), Gotha 1957, S. 482.

182 Vgl. Fricke, W.: Chronik Bielefelder Familien, Bielefeld 1887, S. 39.

183 Vgl. Staatsarchiv Münster, Reichskammergericht, K 749 Bd. 2, Bl. 569v (Datum: Bl. 534).

184 wie Anmerkung 176.

185 Vgl. Die Bielefelder Höckergilde, in: Jahresbericht des Historischen Vereins für Grafschaft Ravensberg 1924, S. 38 und 39.

186 Vgl. Staatsarchiv Münster, Reichskammergericht, G 503 Bd. 2, Bl. 91ff = Abschrift des Testaments vom 4. Sept. 1572.

187 Vgl. Stadtarchiv Bielefeld, Akten der Cothmannschen Studienstiftung, Register zum Fundationsbuch.

188 Wie Anmerkung 177.

189 Vgl. Staatsarchiv Münster, Stift St. Marien, Bielefeld, Akte 74 vom 27. Mai 1589 (Abschrift).

190 Vgl. Staatsarchiv Münster, Kloster Abdinghof, Akte 157, Bl. 185v (1512); Akte 157, Bl. 197 (1513); Akte 157, Bl. 210 (1514); Akte 157, Bl. 220 (1515); Akte 158, Bl. 9 (1516); Akte 158, Bl. 33 (1517); Akte 158, Bl. 57 (1518); Akte 158, Bl. 95v (1519); Akte 158, Bl. 122v (1520); Akte 158, Bl. 149v (1521); Akte 158, Bl. 177v (1522); Akte 158, Bl. 211 (1523); Akte 158, Bl. 237v (1524).

191 Vgl. ebda., Akte 15, Bl. 84 (1512); Akte 15, Bl. 87 (1513); Akte 15, Bl. 89v (1514); Akte 15, Bl. 94 (1516); Akte 15, Bl. 98v (1517); Akte 15, Bl. 107 (1518); Akte 15, Bl. 114 (1519); Akte 15, Bl. 119 (1520); Akte 15, Bl. 125 (1521); Akte 15, Bl. 131 (1522); Akte 15, Bl. 136 (1523); Akte 15, Bl. 142v (1524). Vgl. Jungmann, A.: Ahnenliste der Geschwister Jungmann, in: Deutsches Familienarchiv Bd. 12, Neustadt 1959, S. 194, der Arnt als Gograf des Delbrücker Landes bezeichnet, wofür es keinerlei Belege und viele Gegenbeweise gibt. Zudem sieht er in ihm den Vater des Stephan Valepage, da er übersehen hat, daß dieser bereits ab 1525 die Abgaben für den Lakehof entrichtet.

192 Vgl. Archiv Herdringen (von Fürstenberg), Urk. 2811 vom 29. Sept. 1527.

193 Vgl. Staatsarchiv Münster, Fürstbistum Paderborn, Ämterrechnungen, Bd. 1039 (1531/32), Bl. 13v.

194 Vgl. ebda., Bd. 1082 (1550/51), Bl. 6v und 22v; in diesen Band ist eine weitere, vielleicht ältere Rechnung eingelegt, in der Arnd auf Bl. 9 genannt wird.

195 Vgl. ebda., Bd. 1082 (1560/61), Bl. 110 und 121.

196 Vgl. Staatsarchiv Münster, Domkapitel Paderborn, Akte 1074, Bl. 34 und Akte 105, Nr. 29, Bl. 1 und 2v.

197 Vgl. Staatsarchiv Münster, Kloster Abdinghof, Akte 158, Bl. 270 (1525); Akte 158, Bl. 304 (1526); Akte 159, Bl. 9v (1527); Akte 159, Bl. 39v (1528); Akte 159, Bl. 64 (1529); Akte 159, Bl. 88 (1530); Akte 159, Bl. 108 (1531); Akte 159, Bl. 129 (1532); Akte 159, Bl. 147 (1533); Akte 159, Bl. 164 (1534); Akte 159, Bl. 181 (1535); ab hier Steffen Warendorf alias Valepage: Akte 160, Bl. 15 (1536); Akte 160, Bl. 38 (1537); Akte 160, Bl. 65v (1538); Akte 160, Bl. 99 (1539); Akte 160, Bl. 129 (1540); Akte 160, Bl. 162v (1541); Akte 160, Bl. 199v (1542); Akte 160, Bl. 219v (1543). Vgl. Jungmann, A.: Ahnenliste der Geschwister Jungmann, in: Deutsches Familienarchiv, Bd. 12, Neustadt 1958, S. 192f, der in Steffen Varendorf genannt Valepage einen Sohn des Arnt sieht, was aus zeitlichen Gründen kaum möglich sein dürfte. Auch vermutet er, daß Steffen Gograf des Delbrücker Landes war, wofür ich keinen Beleg gefunden habe.

198 Vgl. Staatsarchiv Münster, Kloster Abdinghof, Akte 160, Bl. 242 (1544); Akte 160, Bl. 261 (1545); Akte 161, Bl. 26 (1546); Akte 161, Bl. 55 (1547); Akte 161, Bl. 83v (161); ab hier Steffen Valepage: Akte 161, Bl. 113 (1549); Akte 161, Bl. 138v (1550); Akte 161, Bl. 162 (1551); Akte 161, Bl. 189v (1552); Akte 161, Bl. 218v (1553); Akte 161, Bl. 247v (1554); Akte 161, Bl. 273v (1555); Akte 161, Bl. 295 (1556); Akte 161, Bl. 317 (1557); Akte 162, Bl. 22 (1558).

199 Vgl. ebda., Akte 162, Bl. 45 (1559); Akte 162, Bl. 65v (1560); Akte 162, Bl. 95 (1561).

200 Vgl. ebda., Akte 15, Bl. 150v (1525); Akte 15, Bl. 158 (1526); Akte 15, Bl. 162v (1527); Akte 15, Bl. 167v (1528); Akte 15, Bl. 174 (1529); Akte 15, Bl. 178v (1530); Akte 15, Bl. 183 (1531); Akte 15, Bl. 188 (1532); Akte 15, Bl. 192v (1534); Akte 15, Bl. 201 (1535); Akte 15, Bl. 209 (1536); Akte 15, Bl. 214v (1546); Akte 15, Bl. 223v (1538); Akte 15, Bl. 230v (1539); ab hier nur Valepage genannt: Akte 23, Bl. 12v (1546); Akte 23, Bl. 26 (1547); Akte 23, Bl. 39v (1548); Akte 23, Bl. 50 (1549); Akte 23, Bl. 63v (1550); Akte 23, Bl. 79 (1551); Akte 23, Bl. 91 (1552); Akte 23, Bl. 103v (1553); Akte 23, Bl. 117 (1554); Akte 23, Bl. 129v (1555); Akte 23, Bl. 141 (1556); Akte 23, Bl. 155 (1557); Akte 23, Bl. 169 (1558); Akte 23, Bl. 182 (1559); Akte 23, Bl. 192v (1560); Akte 21, Bl. 4v (1561); Akte 21, Bl. 9v (1562).

201 Vgl. Archiv Herdringen (von Fürstenberg), Urk. 2811 vom 29. Sept. 1527.

202 Vgl. Staatsarchiv Münster, Grafschaft Rietberg, Akte 109, Bl. 140v, 153v, 229v und 239v.

203 Vgl. Staatsarchiv Münster, Fürstbistum Paderborn, Ämterrechnungen, Bd. 1039 (1531/32), Bl. 13v.

204 Vgl. ebda., Bd. 1082 (1550/51), Bl. 6v und 22v; in diesem Band ist eine weitere, vielleicht ältere Rechnung eingelegt, in der Steffen auf Bl. 9 genannt wird.

205 Vgl. ebda., Bd. 1082 (1572/73), Bl. 58v. Es handelt sich um eine Rechnung, die in den Jahrgang 1572/73 eingelegt wurde, aber älter ist.

206 Vgl. Staatsarchiv Münster, Grafschaft Rietberg, Akte 494, Bl. 77-77v.

207 Vgl. Staatsarchiv Münster, Domkapitel Paderborn, Akte 105 Nr. 29, Bl. 4 und 6v.

208 Vgl. ebda.

209 Vgl. Archiv Fürstenberg (Graf von Westphalen), Kopiar 4 (= Ehrensdorf), S. 4 Nr. 24.

210 Vgl. Archiv Herdringen (von Fürstenberg), Urk. 2808 vom 17. Mai 1540.

211 Vgl. Staatsarchiv Münster, Fürstbistum Paderborn, Ämterrechnungen, Bd. 1082 (1560/61), Bl. 113.

212 Vgl. Staatsarchiv Münster, Domkapitel Paderborn, Akte 26, Nr. 1, Bl. 1-2.

213 Vgl. Staatsarchiv Münster, Msc. VI, 90, Bl. xlvii-xlviii vom 20. Dez. 1546.

214 Vgl. Westf. Klosterbuch, Bd. 2, S. 212.

215 Staatsarchiv Münster, Kloster Abdinghof, Akte 484b, Bl. 17 und Akte 484, Bl. 85, vgl. auch. Bl. 84.

216 Vgl. Staatsarchiv Münster, Kloster Abdinghof, Akte 484, Bl. 84.

217 Vgl. Westf. Klosterbuch, Bd. 2, S. 212.

218 Vgl. Staatsarchiv Münster, Kloster Abdinghof, Akte 484b, Bl. 20v.

219 Vgl. Westf. Klosterbuch, Bd. 2, S. 212.

220 Vgl. Staatsarchiv Münster, Reichskammergericht, V 10/25, Bd. 1, Bl. 191-191v vom 25. März 1560 (Abschrift). Vgl. Staatsarchiv Münster, Kloster Abdinghof, Akte 484b, Bl. 24.

221 Vgl. Staatsarchiv Münster, Kloster Abdinghof, Akte 162, Bl. 95 (1561).

222 Vgl. ebda., Akte 162, Bl. 128 (1562); Akte 162, Bl. 155 (1563); Akte 162, Bl. 183 (1564); Akte 162, Bl. 218v (1565); Akte 162, Bl. 251 (1566); Akte 162, Bl. 281v (1567); Akte 162, Bl. 310 (1568); Akte 162a, Bl. 26v (1569); Akte 162a, Bl. 57v (1570); Akte 163, Bl. 27v (1571).

223 Ebda., Akte 21, Bl. 15v (1563); Akte 21, Bl. 21v (1564); Akte 21, Bl. 26v (1565); Akte 21, Bl. 32v (1566); Akte 21, Bl. 38 (1567); Akte 21, Bl. 43 (1538); Akte 21, Bl. 47v (1569); Akte

21, Bl. 52 (1570); Akte 21, Bl. 57v (1571); Akte 21, Bl. 62v (1572); Akte 21, Bl. 67v (1573); Akte 21, Bl. 73 (1574); Akte 21, Bl. 79v (1575); Akte 21, Bl. 85v (1576); Akte 21, Bl. 91v (1577); Akte 21, Bl. 98v (1578); von 1579-1582 heißt es *„Valepagen in der Delbrugge"*: Akte 21, Bl. 106 (1579); Akte 21, Bl. 113 (1580); Akte 21, Bl. 120 (1581); Akte 21, Bl. 126v (1582). Auch die restlichen Amtsabgaben des Vaters, die jährliche Immenlosung, wird von *„Steffen Valepagens szonne"* nach Neuhaus geliefert, siehe: Staatsarchiv Münster, Fürstbistum Paderborn, Ämterrechungen, Bd. 1040 (1562/63), Bl. 9.

224 Vgl Staatsarchiv Münster, Kloster Abdinghof, Akte 484b, Bl. 28. Vgl. ebda., Akte 484, Bl. 84v.

225 Vgl. Staatsarchiv Münster, Fürstbistum Paderborn, Kanzlei, Akte 569, Bl. 7 vom 28. Okt. 1589.

226 Vgl. Westf. Klosterbuch, Bd. 2, S. 212.

227 Vgl. Staatsarchiv Münster, Kloster Abdinghof, Akte 484b, Bl. 36v. Vgl. ebda., Akte 484, Bl. 84v. Vgl. Jungmann, A.: Ahnenliste der Geschwister Jungmann, in: Deutsches Familienarchiv, Bd. 12, Neustadt 1958, S. 190, der behauptet, Jost Valepage wäre nicht belehnt worden.

228 Vgl. Staatsarchiv Münster, Kloster Abdinghof, Akte 162, Bl. 251 und Akte 163, Bl. 27v.

229 Vgl. Staatsarchiv Münster, Kloster Abdinghof, Akte 21, Bl. 21v (1564); Akte 21, Bl. 32v (1566); Akte 21, Bl. 38 (1567); Akte 21, Bl. 47v (1569); Akte 21, Bl. 52 (1570); Akte 21, Bl. 57v (1571).

230 Vgl. ebda., Akte 163, Bl. 59 (1572).

231 Vgl. ebda., Akte 21, Bl. 133v (1583).

232 Vgl. ebda., Akte 163, Bl. 99 (1572); Akte 163, Bl. 88 (1573); Akte 163, Bl. 116v (1574); Akte 163, Bl. 145 (1575); Akte 163, Bl. 178v (1576); Akte 163, Bl. 207 (1577); Akte 163, Bl. 240 (1578); Akte 163, Bl. 274 (1579); Akte 163, Bl. 310v (1580); Akte 163, Bl. 360 (1581); Akte 163, Bl. 405 (1582); Akte 164, Bl. 41 (1583); Akte 164, Bl. 89 (1584).

233 Vgl. ebda., Akte 164, Bl. 134 (1585); Akte 164, Bl. 187v (1586); Akte 164, Bl. 239 (1587); Akte 165, Bl. 43 (1588); Akte 165, Bl. 98v (1589); Akte 165, Bl. 161 (1590); Akte 165, Bl.216v (1591); Akte 165, Bl. 286 (1592); Akte 164, Bl. 349 (1593); Akte 166, Bl. 67v (1594); Akte 166, Bl. 144v (1595); Akte 166, Bl. 217v (1596); Akte 166, Bl. 290v (1597)

234 Vgl. ebda., Akte 167, Bl. 56 (1598).

235 Vgl. ebda., Akte 167, Bl. 93 (1599) und Bl. 273v (1607).

236 Vgl. ebda., Akte 167, Bl. 318v.

237 Vgl. Westf. Klosterbuch, Bd. 2, S. 212.

238 Vgl. Staatsarchiv Münster, Kloster Abdingof, Akte 484, Bl. 84 und 85; vgl. ebda., Akte 484b, Bl. 40; vgl. ebda., Akte 481, Bl. 38.

239 Vgl. ebda., Akte 484b, Bl. 53; vgl. ebda., Akte 484 Bl. 84v; vgl. ebda., Akte 481, Bl. 43.

240 Vgl. Westf. Klosterbuch, Bd. 2, S. 212.

241 Vgl. Staatsarchiv Münster, Kloster Abdinghof, Akte 481, Bl. 43.

242 Vgl. Westf. Klosterbuch, Bd. 2, S. 212.

243 Vgl. Staatsarchiv Münster, Kloster Abdinghof, Akte 484b, Bl. 67; vgl. ebda., Akte 484, Bl. 84v; vgl. ebda., Akte 484, Bl. 52.

244 Vgl. Westf. Klosterbuch, Bd. 2, S. 212.

245 Vgl. Staatsarchiv Münster, Kloster Abdinghof, Akte 484, Bl. 84v; vgl. ebda., Akte 481, Bl. 57.

246 Vgl. Pfarrarchiv St. Joh. Bapt., Delbrück, Aktenband 1, Bl. 8v+13v vom 23. Febr. 1573 (Abschrift).

247 Staatsarchiv Münster, Fürstbistum Paderborn, Ämterrechungen, Bd. 1042 (1572/73), Bl. 7.

248 Vgl. Staatsarchiv Münster, Fürstbistum Paderborn, Landesherrl. Gerichte, Bd. 372/2, Bl. 1234 vom 29. April 1687 (vom 12. Sept. 1574); vgl. Erzbischöfliche Akademische Bibliothek Paderborn, AV Urk. 1578. 03. 15.; vgl. Staatsarchiv Münster, Stift Geseke, Urk. 411 vom 17. Okt. 1587; vgl. Staatsarchiv Münster, Fürstbistum Paderborn, Kanzlei, Akte 169, Bl. 312-314

vom 11. Okt. 1588; vgl. Staatsarchiv Münster, Fürstbistum Paderborn, Kanzlei, Akte 169, Bl. 7-8v vom 28./31. Okt. 1589; vgl. Staatsarchiv Münster, Reichskammergericht, J37/163, Bd. 2, Bl. 86v vom 11. Aug. 1590; vgl. Staatsarchiv Münster, Fürstbistum Paderborn, Hofkammer, Akte 764, Bl. 1 und 7v vom 27. April 1596; vgl. Staatsarchiv Münster, Fürstbistum Paderborn, Ämterechnungen, Bd. 1105 (1591/92).

249 Vgl. Staatsarchiv Münster, Fürstbistum Paderborn, Ämterrechnungen, Bd. 1042 (1572/73), Bl. 33; Bd. 1043 (1575/76), Bl. 40; Bd. 1044 (1580/81), Bl. 34v; Bd. 1045 (1583/84), Bl. 70; Bd. 1047 (1599/1600), Bl. 118; Bd. 1048 (1602/03), Bl. 123.

250 Vgl. ebda., Bd. 1049 (1603/04), Bl. 117.

251 Vgl. ebda., Bd. 1083 (1572/73), Bl. 75 und 79.

252 Vgl. Ludorff, A.: Die Bau- und Kunstdenkmäler des Kreises Paderborn, Münster 1899, mit dem ältesten (?) Foto des Hofes von 1892, S. 15 und S. 18 sowie Abbildung Tafel 5.

253 Vgl. Schepers, J.: Haus und Hof westfälischer Bauern, 4. Aufl., Münster 1977, S. 165f und Tafel 197 auf S. 411.

254 Vgl. Baumeier, St., Großmann, G. U., Könenkamp, W.-D.: Museumsführer des Westf. Freilichtmuseums Detmold (hg. im Auftrag des Landschaftsverbandes Westfalen-Lippe), 2. Aufl., Detmold 1987, S. 16-18.

255 Vgl. Staatsarchiv Münster, Grafschaft Rietberg, Akte 494, Bl. 74-74v; vgl. Staatsarchiv Münster, Fürstbistum Paderborn, Ämterrechungen, Bd. 1045 (1583/84), Bl. 15v; vgl. ebda., Bd. 1046 (1596/97), Bl. 19v, Bl. 25 und Bl. 18.

256 Vgl. Staatsarchiv Münster, Msc VII, 3701A, S. 503-504.

257 Vgl. Staatsarchiv Münster, Fürstbistum Paderborn, Kanzlei, Akte 468, Bl. 1-1v.

258 Vgl. Staatsarchiv Münster, Fürstbistum Paderborn, Kanzlei, Akte 169, Bl. 365-366 vom 24. Mai 1591, Bl. 367-368 vom 11. Juni 1591 und Bl. 370- 370v vom 14. Juli 1591. Vgl. Staatsarchiv Münster, Grafschaft Rietberg, Akte 138, Bl. 18-19v vom 11. Juni 1590 und Bl. 20-20v vom 25. Mai 1591.

259 Vgl. Staatsarchiv Münster, Domkapitel Paderborn, Akte 284 Nr. 4, Bl. 699-702v; noch 1711 gehörte der Betrag zu den Kapitalien, die jährlich vom Valepagenhof verzinst werden mußten, siehe: Abdinghof 507, Bl. 262.

260 Archiv der Familie von Hülst auf dem Valepagenhof in Delbrück, Urk. vom 14. Juni 1601. Die gekaufte Wiese hatte eine Größe von 10 Morgen, siehe: Staatsarchiv Münster, Fürstbistum Paderborn, Kanzlei, Akte 494, Heft 23.

261 Vgl. Bruns, A.: Die Tagebücher Kaspars von Fürstenberg, Teil 1 (1572-1599) (= Westf. Briefwechsel und Denkwürdigkeiten 8. Veröffentlichung der Historischen Kommission für Westfalen XLX), Münster 1985 (Im folgenden zitiert als: Bruns, Tagebücher), S. 231.

262 Ebda., S. 248.

263 Vgl. ebda., S. 270.

264 Vgl. Staatsarchiv Münster, Msc VII, 3701A, S. 503-504 von 1587.

265 Bruns, Tagebücher, S. 272 vom 8. Aug. 1587.

266 Ebda., S. 276.

267 Ebda., S. 329.

268 Ebda., S. 344.

269 Ebda., S. 390.

270 Vgl. ebda., S. 400.

271 Ebda., S. 424.

272 Vgl. Staatsarchiv Münster, Fürstbistum Paderborn, Ämterrechnungen, Bd. 1046 (1596/97), Bl. 100.

273 Vgl. Erzbischöfliche Akademische Bibliothek Paderborn, Studien-Fonds-Archiv, Pa 90, Bl. 295f (= Chronik des Martin Klöckner).

274 Vgl. Rade, H. J.: Die Geschichte Ostenlands bis zum Ende des Fürstbistums Paderborn 1802, in: 700 Jahre Ostenland-Thomehope. Unsere Heimatgeschichte, 1289-1989, Paderborn 1989, S. 42-45.

275 Vgl. Staatsarchiv Münster, Kloster Abdinghof, Akte 167, Bl. 56 (1598); Akte 167, Bl. 93 (1599); Akte 157, Bl. 127 (1600); Akte 167, Bl. 151v (1601); Akte 167, Bl. 175v (1602); Akte 167, Bl. 199v (1663); Akte 167, Bl. 223v (1604); Akte 167, Bl. 249 (1605); Akte 167, Bl. 272v (1606); Akte 295v (1607); Akte 167, Bl. 318v (1608); Akte 167, Bl. 340v (1609).

276 Vgl. ebda., Akte 167, Bl. 364v (1610); Akte 167, Bl. 387v (1611); Akte 167, Bl. 411v (1612); Akte 168, Bl. 20v (1613); Akte 168; Bl. 44v (1614); Akte 168, Bl. 68v (1615); Akte 168, Bl. 92v (1616); Akte 168, Bl. 11v (1617); Akte 168; Bl. 141v (1618); Akte 168, Bl. 164v (1619); Akte 168, Bl. 188v (1620); Akte 168, Bl. 211v (1621); Akte 168, Bl. 235v (1622); Akte 168, Bl. 259v (1623).

277 Vgl. Abdinghof 507, Bl. 1-1v vom 2. Aug. 1621.

278 Vgl. Staatsarchiv Münster, Kloster Abdinghof, Akte 202, Bl. 149v.

279 Vgl. Bruns, Tagebücher, S. 764f.

280 Vgl. ebda., S. 764f und Michels, P.: Ahnentafeln Paderborner Domherren, Paderborn 1966, S. 66.

281 Vgl. Staatsarchiv Münster, Fürstbistum Paderborn, Ämterrechnungen, Bd. 1088 (1617/18), Bl. 144 und 179.

282 Vgl. Honselmann, W.: Die Familie Plettenberg gen. Herting, in: WZ Bd. 117 (1967), S. 247-295.

283 Vgl. Staatsarchiv Münster, Fürstbistum Paderborn, Ämterrechnungen, Bd. 1088 (1621/22).

284 Vgl. Abdinghof 507, Bl. 1-1v.

285 Vgl. Staatsarchiv Münster, Kloster Abdinghof, Akte 202, Bl. 151. Vgl. Jungmann, A.: Ahnenliste der Geschwister Jungmann, in: Deutsches Familienarchiv, Bd. 12, Neustadt 1958, S. 188, der der Frau des Dietrich Varendorf genannt Valepage den Vornamen Christine gibt, was offensichtlich falsch ist.

286 Vgl. Staatsarchiv Detmold, L 83 A 4 M 39. Für den freundlichen Hinweis danke ich Herrn W. Bechtel, Detmold.

287 Die Daten zu Conrad Meyer zu Menkhausen und Ilsabein Meyer zu Barkhausen verdanke ich ebenfalls Herrn W. Bechtel, Detmold.

288 Vgl. Staatsarchiv Münster, Kloster Marienfeld, Akten Abschnitt 72, Nr. 2, Bd. 1, Bl. 52-53v vom 6. März 1627.

289 Vgl. Abdinghof 507, Bl. 1-1v.

290 Vgl. Westf. Klosterbuch, Bd. 2, S. 212.

291 Vgl. Staatsarchiv Münster, Kloster Abdinghof, Akte 481, Bl. 64; vgl. ebda., Akte 484, Bl. 85.

292 Vgl. Staatsarchiv Münster, Kloster Abdinghof, Akte 168, Bl. 259v (1623).

293 Vgl. Staatsarchiv Detmold, D 23 B Delbrück, Oberlandesgericht Paderborn, Bd. 1, Bl. 57-62v.

294 Vgl. Staatsarchiv Münster, Kloster Abdinghof, Akte 169, Bl. 98.

295 Vgl. Staatsarchiv Münster, Kloster Abdinghof, Akte 169, Bl. 135.

296 Vgl. Abdinghof 507, Bl. 113v.

297 Vgl. Abdinghof 507, Bl. 3-101v. Vgl. Staatsarchiv Münster, Kloster Abdinghof, Akte 169, Bl. 29 (1627); Akte 169, Bl. 63 (1628); Akte 169, Bl. 98 (1629); Akte 169, Bl. 135 (1630); Akte 169, Bl. 171 (1631); Akte 169, Bl. 193v (1632); Akte 170, Bl. 30 (1633); Akte 170, Bl. 73, (1634); Akte 170, Bl. 114 (1635); Akte 170, Bl. 155 (1636); Akte 170, Bl. 185v (1637); Akte 171, Bl. 30 (1638); Akte 171, Bl. 84 (1639); Akte 171, Bl. 124 (1640); Akte 171, Bl. 164 (1641); Akte 171, Bl. 204, (1642); Akte 171, Bl. 240v (1643); Akte 171, Bl. 262 (1644); Akte 171, Bl. 287v (1645); Akte 171, Bl. 313 (1646); Akte 171; Bl. 338 (1647); Akte 171, Bl. 363 (1648).

298 Vgl. ebda., Akte 171, Bl. 363 und Abdinghof 507, Bl. 105v.
299 Vgl. Honselmann, W.: Die Familie Plettenberg gen. Herting, in: WZ Bd. 117 (1967), S. 276ff.
300 Vgl. Staatsarchiv Detmold, D 23 B Delbrück, Oberlandesgericht Paderborn, Bd. 1, Bl. 57-62 (Abschrift vom 5. Aug. 1829).
301 Vgl. Honselmann, W.: Die Familie Plettenberg gen. Herting, in: WZ Bd. 117 (1967), S. 280. Noch 1711 gehörte dieser Betrag zu jenen Kapitalien, die jährlich vom Valepagenhof verzinst werden mußten, siehe: Abdinghof 507, Bl. 262.
302 Vgl. Honselmann, W.: Zur Geschichte der Höfe in der Gemeinde Ostenland vor 1800, in: 700 Jahre Ostenland-Thomehope, Unsere Heimatgeschichte 1289-1989, Paderborn 1989, S. 185.
303 Vgl. Staatsarchiv Münster, Fürstbistum Paderborn, Ämterrechnungen, Bd. 1061 (1651/52), Bl. 105v.
304 Vgl. Staatsarchiv Münster, Fürstbistum Paderborn, Ämterrechungen, Bd. 1066 (1657/58).
305 Vgl. Rade, H. J.: Die Geschichte Ostenlands bis zum Ende des Fürstbistums Paderborn 1802, in: 700 Jahre Ostenland-Thomehope, Unsere Heimatgeschichte 1289-1989, Paderborn 1989, S. 56f.
306 Erzbistumsarchiv Paderborn, Aktenband blau 120 (= Delbrück I), Bl. 31.
307 Vgl. Pfarrarchiv St. Joh. Bapt., Delbrück, Handschrift Bd. 2.
308 KB St. Laurentius, Thüle, Bd. 1 S. 7.
309 Für diese Informationen danke ich Herrn W. Bechtel, Detmold.
310 Vgl. Staatsarchiv Detmold, D 77 Genealogische Sammlung Weerth und Genealogische Sammlung Brenker 19.
311 Vgl. Staatsarchiv Münster, Fürstbistum Paderborn, Ämterrechnungen, Bd. 1074 (1665/66), S. 217.
312 Vgl. Staatsarchiv Münster, Fürstbistum Paderborn, Landesherrl. Gerichte, Bd. 194, Bl. 168-168v vom 14. Juni 1666.
313 KB St. Joh. Bapt., Delbrück, Bd. 1, S. 231.
314 Vgl. Staatsarchiv Münster, Kloster Marienfeld, Akten Abschnitt 72, Nr. 2, Bd. 1, Bl. 29-31v und Bl. 45.
315 Vgl. ebda., Bl. 52-53v.
316 Vgl. ebda., Bl. 54-63v.
317 KB St. Joh. Enthauptung, Salzkotten, Bd. 1.
318 Vgl. Staatsarchiv Münster, Kloster Marienfeld, Akten Abschnitt 72, Nr. 2, Bd. 1, Bl. 64.
319 Vgl. ebda., Bl. 54-63v.
320 Vgl. ebda., Bl. 75 vom 8. Juli 1639.
321 Vgl. ebda., Bl. 85.
322 Vgl. Erzbischöfliche Akademische Bibliothek Paderborn, AV Cod. 139, Bl. 377v.
323 Abdinghof 507, Bl. 12-12v und Bl. 83v.
324 Vgl. Staatsarchiv Detmold, D 23 B Delbrück, Oberlandesgericht Paderborn, Bd. 1, Bl. 62.
325 Vgl. Staatsarchiv Münster, Fürstbistum Paderborn, Ämterrechnungen, Bd. 1061 (1651/52), Bl. 191v. Die vorausgehenden Jahrgänge fehlen.
326 Vgl. ebda., Bd. 1061 (1651/52), Bl. 191v; Bd. 1063 (1653/54), Bl. 194v; Bd. 1064 (1654/55), Bl. 139.
327 Vgl. ebda., Bd. 1068 (1659/60), Bl. 161.
328 Vgl. Pfarrarchiv St. Joh. Bapt., Delbrück, Handschrift Bd. 2.
329 KB St. Laurentius, Thüle, Bd. 1, S. 54.
330 Vgl. Pavlicic, M.: Lippspringe als Paderborner Landstadt 1445-1803, in: ders.: Lippspringe – Beiträge zur Geschichte, Paderborn 1995, S. 291.
331 Vgl. Staatsarchiv Münster, Fürstbistum Paderborn, Ämterrechnungen, Bd. 1062 (1652/53), Bl. 107v.

332 Vgl. Pfarrarchiv St. Joh. Bapt., Delbrück, Handschrift Bd. 2.
333 Staatsarchiv Münster, Fürstbistum Paderborn, Landesherrl. Gerichte, Bd. 194, Bl. 119-119v vom 28. Okt. 1663.
334 Vgl. Staatsarchiv Münster, Fürstbistum Paderborn, Ämterrechnungen, Bd. 1074 (1665/66), S. 202.
335 KB St. Joh. Bapt., Delbrück, Bd. 1, S. 212.
336 Vgl. Staatsarchiv Münster, Fürstbistum Paderborn, Ämterrechnungen, Bd. 1076 (1667/68), S. 219.
337 KB St. Joh. Bapt., Delbrück, Bd. 2, S. 57 und 58.
338 Vgl. Staatsarchiv Münster, Fürstbistum Paderborn, Ämterrechnungen, Bd. 1147 (1697/98), S. 224 und Bd. 1148 (1698/99), S. 227.
339 Alle Daten entstammen den Kirchenbüchern von St. Joh. Bapt., Delbrück
340 Vgl. Erzbischöfliche Akademische Bibliothek Paderborn, Studienfonds-Archiv, Pa 22, Bl. 10.
341 Vgl. ebda., Bl. 21v.
342 Eine Anfrage beim Zentralarchiv der Jesuiten in Rom brachte ein negatives Ergebnis.
343 Vgl. von Hülst, Valepagenhof, Ordner 2, S. 11.
344 KB St. Laurentius, Thüle, Bd. 1, S. 135.
345 Vgl. Staatsarchiv Münster, Fürstbistum Paderborn, Ämterrechnungen, Bd. 1065 (1656/57), Bl. 178.
346 Vgl. Tönsmeyer, J., Das Lippeamt Boke, Rheine 1968, S. 372.
347 KB St. Laurentius, Thüle, Bd. 1.
348 Ebda., Bd. 1, S. 27.
349 Ebda., Bd. 1.
350 Vgl. Staatsarchiv Münster, Domkapitel Paderborn, Akte 110, Nr. 56.
351 Vgl. Staatsarchiv Münster, Fürstbistum Paderborn, Ämterrechnungen, Bd. 1069 (1660/61), Bl. 113.
352 Vgl. Honselmann, W.: Zur Geschichte der Höfe der Gemeinde Ostenland vor 1800, in: 700 Jahre Ostenland-Thomehope. Unsere Heimatgeschichte 1289-1989, Paderborn 1989, S. 203f.
353 Vgl. Tönsmeyer, J.: Das Lippeamt Boke, Rheine 1968, S. 369-372.
354 Vgl. Staatsarchiv Detmold, D 23 B Delbrück, Oberlandesgericht Paderborn, Bd. 1, Bl. 60-62.
355 Vgl. Abdinghof 507, Bl. 103-104v.
356 Vgl. ebda., Bl. 109-109v.
357 Vgl. ebda., Bl. 118-119v.
358 Vgl. Staatsarchiv Münster, Kloster Abdinghof, Akte 171, Bl. 391.
359 Abdinghof 507, Bl. 102 und 105v.
360 Vgl. ebda., Bl. 120.
361 Vgl. Staatsarchiv Münster, Fürstbistum Paderborn, Landesherrl. Gerichte, Bd. 195, Bl. 272-273v vom 12. Juli 1665.
362 Vgl. Honselmann, W.: Johann Graf von Sporck (1600-1679) und seine Verwandten im Delbrücker Land, in: WZ Bd. 136 (1986), S. 319-334, hier: S. 326 und 334 (Im folgenden zitiert als: Honselmann, Graf von Sporck).
363 KB St. Joh. Bapt., Delbrück, Bd. 1, S. 172.
364 Vgl. Abdinghof 507, Bl. 102 und 105v. Vgl. zu Hunold Valepage: Jungmann, A.: Ahnenliste der Geschwister Jungmann, in: Deutsches Familienarchiv Bd. 12, Neustadt 1958, S. 184.
365 Vgl. Abdinghof 507, Bl. 120.
366 Vgl. ebda., Bl. 122.
367 Vgl. ebda., Bl. 134-136v. Vgl. ebda., Bl. 138-139v.
368 Vgl. Westf. Klosterbuch, Bd. 2, S. 212.
369 Vgl. Staatsarchiv Münster, Reichskammergericht, V 10/25, Bd. 1, Bl. 239-239v.

370 Vgl. Westf. Klosterbuch, Bd. 2, S. 212.
371 Vgl. Staatsarchiv Münster, Kloster Abdinghof, Akte 483, S. 1, S. 26 und S. 31-33.
372 Vgl. Abdinghof 507, Bl. 154-154v.
373 Vgl. Westf. Klosterbuch, Bd. 2, S. 212.
374 Vgl. Staatsarchiv Münster, Kloster Abdinghof, Akte 483, S. 115, S. 133f und S. 142.
375 Vgl. Westf. Klosterbuch, Bd. 2, S. 212.
376 Vgl. Staatsarchiv Münster, Kloster Abdinghof, Akte 483a, S. 9, S. 46f und S. 54f.
377 Vgl. Abdinghof 507, Bl. 123-126.
378 Vgl. ebda., Bl. 129-130v.
379 Vgl. Nottarp, H.: Das Katholische Kirchenwesen der Grafschaft Ravensberg im 17. und 18. Jahrhundert (= Studien und Quellen zur westf. Geschichte Bd. 2), Paderborn 1961, S. 101 Anm. 19.
380 Vgl. KB St. Martin, Bad Lippspringe, Bd. 1, S. 26.
381 Vgl. Staatsarchiv Münster, Fürstbistum Paderborn, Ämterrechnungen, Bd. 1053 (1614/15), Bl. 30v: der Rentmeister zur Westen erhält 6 Thaler Dienstgeld; auf Bl. 1 derselben Rechnung wird aber bereits sein Nachfolger Antonius Barthold genannt.
382 Vgl. Erzbischöfliche Akademische Bibliothek Paderborn, AV Akte 62, Bl. 3, Nr. 5.
383 Vgl. Staatsarchiv Münster, Rep. A 469, S. 400. Die dazugehörige Urkunde ist nicht erhalten.
384 Vgl. Pfarrarchiv St. Heinrich und Kunigunde, Schloß Neuhaus, Urk. vom 8. Juli 1683.
385 Vgl. Nottarp, H.: Das Katholische Kirchenwesen der Grafschaft Ravensberg im 17. und 18. Jahrhundert, Paderborn 1961, S. 101 Anm. 19.
386 KB St. Martin, Bad Lippspringe, Bd. 1.
387 Vgl. Segin, W.: Die Namen der Böddeker Chorherren (1409-1803), in: WZ Bd. 128 (1978), S. 275, Nr. 330.
388 Vgl. Nottarp, H.: Das Katholische Kirchenwesen der Grafschaft Ravensberg im 17. und 18. Jahrhundert, Paderborn 1961, S. 101.
389 Vgl. Pfarrarchiv St. Joh. Bapt., Delbrück, Handschrift Bd. 2.
390 KB St. Martin, Bad Lippspringe, Bd. 1, S. 26.
391 Ebda., Bd. 1.
392 Vgl. Staatsarchiv Münster, Reichskammergericht, V 10/25, Bd. 1, Bl. 179-179v; vgl. Abdinghof 507, Bl. 296-296v.
393 Vgl. Staatsarchiv Münster, Fürstbistum Paderborn, Landesherrl. Gerichte, Bd. 123, Bl. 24v-25.
394 KB St. Joh. Baptist, Delbrück, Bd. 2, S. 88.
395 KB St. Martin, Bad Lippspringe, Bd. 1, S. 39.
396 Ebda., Bd. 1.
397 Vgl. Staatsarchiv Münster, Fürstbistum Paderborn, Ämterrechnungen, Bd. 1062 (1652/53), Bl. 107.
398 Vgl. Staatsarchiv Münster, Fürstbistum Paderborn, Kanzlei, Akte 494, Heft 23.
399 Vgl. ebda.; auch Peitzmeyer wurde später als 3/4 Meier bezeichnet, d. h. zur ursprünglichen Bardenhauer= Viertelmeier-Stätte muß noch ein Halbmeier-Hof hinzugekommen sein, dessen Namen mir bislang nicht bekannt ist.
400 Vgl. Pfarrarchiv St. Joh. Bapt., Delbrück, Handschrift Bd. 2.
401 KB St. Joh. Baptist, Delbrück, Bd. 2, S. 72.
402 Vgl. Staatsarchiv Münster, Fürstbistum Paderborn, Ämterrechnungen, Bd. 1154 (1704/05), S. 228.
403 Vgl. Pfarrarchiv St. Joh. Baptist, Delbrück, Handschrift, Bd. 2.
404 KB St. Joh. Baptist, Delbrück, Bd. 1, S. 217.
405 KB St. Joh. Baptist, Delbrück, Bd. 1, S. 170.

406 Vgl. Honselmann, W.: Zur Geschichte der Höfe in der Gemeinde Ostenland vor 1800, in: 700 Jahre Ostenland-Thomehope. Unsere Heimatgeschichte 1289-1989, Paderborn 1989, S. 198f, Nr. 111.
407 Vgl. Staatsarchiv Münster, Fürstbistum Paderborn, Ämterrechnungen, Bd. 1078 (1669/70), S. 207.
408 KB St. Joh. Bapt., Delbrück, Bd. 1, S. 230.
409 Vgl. Staatsarchiv Münster, Fürstbistum Paderborn, Ämterrechnungen, Bd. 1123 (1673/74), S. 231.
410 KB St. Joh. Baptist, Delbrück, Bd. 1, S. 253.
411 Vgl. Staatsarchiv Münster, Fürstbistum Paderborn, Ämterrechnungen, Bd. 1129 (1679/80), S. 223.
412 Vgl. Pfarrarchiv St. Joh. Baptist, Delbrück, Handschrift Bd. 2.
413 Vgl. Staatsarchiv Münster, Fürstbistum Paderborn, Landesherrl. Gerichte, Bd. 194, Bl. 168v vom 14. Juni 1666.
414 KB St. Laurentius, Thüle, Bd. 1, S. 129.
415 Vgl. Tönsmeyer, J.: Das Lippeamt Boke, Rheine 1968, S. 446.
416 Die Kirchenbücher von St. Laurentius, Thüle, fehlen von 1670 bis 1683.
417 KB St. Laurentius, Thüle, Bd. 3, S. 258.
418 Ebda., Bd. 3, S. 167.
419 Vgl. Honselmann, W.: Zur Geschichte der Höfe in der Gemeinde Ostenland vor 1800, in: 700 Jahre Ostenland-Thomehope. Unsere Heimatgeschichte 1289-1989, Paderborn 1989, S. 183, Nr. 91.
420 KB St. Laurentius, Thüle, Bd. 3, S. 279 und 286.
421 Ebda., Bd. 3, S. 168.
422 Vgl. Staatsarchiv Münster, Domkapitel Paderborn, Akte 284 Nr. 49, Bl. 1v von 1703; in dem in dieser Akte aufgezeichneten Protokoll wurde Johann Dietrich Valepage befragt, ob der Lakehof ein Sattelmeiergut sei, was er ausdrücklich verneinte, siehe ebda., Bl. 9-9v. Zu seiner Person vgl. Jungmann, A.: Ahnenliste der Geschwister Jungmann, in: Deutsches Familienarchiv Bd. 12, Neustadt 1958, S. 178; der vermutet, daß Johann Dietrich Valepage zunächst Rentmeister in Brenken gewesen sei. Jungmann verwechselte ihn wohl mit seinem Bruder Liborius, der tatsächlich Rentmeister in Brenken war.
423 Vgl. Staatsarchiv Münster, Fürstbistum Paderborn, Landesherrl. Gericht, Bd. 123, Bl. 24v.
424 Vgl. Freisen, J.: Die Matrikel der Universität Paderborn 1614-1844, Bd. 1, Würzburg 1931, Nr. 2344 (Im folgenden zitiert als: Freisen, Matrikel).
425 KB St. Martin, Bad Lippspringe, Bd. 1, S. 53 vom 12. Okt. 1681.
426 Vgl. Staatsarchiv Münster, Reichskammergericht, V 10/25, Bd. 1, Bl. 179-179v.
427 KB St. Heinrich und Kunigunde, Schloß Neuhaus, Bd. 1, S. 334, Nr. 6.
428 Vgl. Heising, H. (bearbeitet von Steinbicker, Cl.): Vorfahren der Familie Heising aus Wiedenbrück, in: Beiträge zur westf. Familienforschung, Bd. 46, Münster 1988, S. 359f (Nr. 436/437), siehe auch S. 363 (Nr. 872/ 873) und S. 358 (Nr. 218/219).
429 Vgl. Michels, P.: Paderborner Inschriften, Wappen und Hausmarken, Paderborn 1957, S. 73ff.
430 Vgl. Westf. Klosterbuch, Bd. 2, S. 212.
431 Vgl. Staatsarchiv Münster, Kloster Abdinghof, Akte 483a, S. 142f. Die Designation der zum Lehen gehörenden Ländereien legte er am 31. Mai 1695 vor: vgl. ebda., Akte 507, Bl. 171-171v.
432 Vgl. Westf. Klosterbuch, Bd. 2, S. 212.
433 Vgl. Abdinghof 507, Bl. 218-218v und 242-243.
434 Vgl. Staatsarchiv Münster, Kloster Abdinghof, Akte 483b, Bl. 206v und 208-209. Belehnungsurkunde: vgl. Staatsarchiv Münster, Reichskammergericht, V 10/25, Bd. 1, Bl. 243-243v

(Abschrift).

435 Vgl. Abdinghof 507, Bl. 174-186v, 193-217 und 219-241v.

436 Vgl. Staatsarchiv Münster, Reichskammergericht, V 10/25, Bd. 1, Bl. 67ff; vgl. Abdinghof 507, Bl. 188-192v.

437 Vgl. Staatsarchiv Münster, Reichskammergericht, V 10/25, Bd. 1, Bl. 114-116; vgl. Abdinghof 507, Bl. 261-262v.

438 Vgl. Staatsarchiv Münster, Reichskammergericht, V 10/25, Bd. 1, Bl. 66v-67.

439 Vgl. ebda., Bl. 67-68.

440 Vgl. ebda., Bl. 66-70.

441 Vgl. ebda., Bl. 156-156v.

442 Vgl. Abdinghof 507, Bl. 284; vgl. Staatsarchiv Münster, Kloster Abdinghof, Akte 483b, Bl. 231.

443 Vgl. Abdinghof 507, Bl. 275-276v; vgl. Staatsarchiv Münster, Kloster Abdinghof, Akte 483b, Bl. 230v.

444 Vgl. Pfarrarchiv St. Joh. Bapt., Delbrück, Handschrift Bd. 2.

445 Vgl. Staatsarchiv Münster, Kloster Abdinghof, Akte 483b, Bl. 251-253.

446 Vgl. Staatsarchiv Münster, Reichskammergericht, V 10/25 Bd. 1 und Bd. 2.

447 KB St. Nikolaus, Ankum.

448 KB St. Joh. Bapt., Delbrück, Bd. 3, S. 65.

449 Ebda., Bd. 3, S. 15.

450 KB St. Marien, Fürstenberg, Bd. 1.

451 Vgl. Staatsarchiv Münster, Reichskammergericht, V 10/25, Bd. 1, Bl. 288-290v vom 12. Nov. 1766.

452 Vgl. Stadtverwaltung Delbrück, Ratsprotokolle, S. 591 von 1715. Zu Maria Theresia Valepage: vgl.: Jungmann, A.: Ahnenliste der Geschwister Jungmann, in: Deutsches Familienarchiv Bd. 12, Neustadt 1958, S. 183, der angibt, sie sei auf der Erpernburg zu Brenken geboren worden, da er vermutete, daß ihr Vater zunächst Rentmeister dortselbst gewesen sei.

453 KB St. Nikolaus, Ankum. Für alle Daten aus den Kirchenbüchern von St. Nikolaus, Ankum, sowie Hinweise aus der Chronik des Kolde-Hofes zu Ankum danke ich Frau M. von der Haar, Bersenbrück, vielmals.

454 Für die Überlassung der Daten habe ich Frau Johanne Nieberg vom Koldehof zu Ankum zu danken.

455 KB St. Nikolaus, Ankum.

456 1. Maria Clara Theresia Francisca, * 30. Juni 1716 Ankum † 10. Juni 1736 Ankum.
   2. Maria Catharina Antonetta, Erbin, * 12. Nov. 1717 Ankum † 22. Okt. 1782 Ankum, ⚭ 5. Okt. 1737 Ankum mit Johannes Ferdinand Nieberg, Vogt zu Ankum und Bersenbrück, † 16. März 1771, 57 Jahre, Ankum.
   3. Maria Christina Josina, * 5. Juli 1721 Ankum † 14. Jan. 1775 Osnabrück, ⚭ 24. Nov. 1744 Ankum mit Johannes Bernard Engelbert Nieberg, Domkämmerer zu Osnabrück, * 24. Juni 1717 Osnabrück † 19. März 1758 Osnabrück, Bruder von Johannes Ferdiand Nieberg.
   4. Gerhardus Petrus Carolus Franciscus Arnoldus, * 12. Juni 1730 Ankum † 5. Jan. 1808 Osnabrück, Vikar an St. Johann zu Osnabrück.

457 KB St. Nikolaus, Ankum.

458 Laut Chronik des Koldehofes, Ankum.

459 Vgl. Michels, P.: Paderborner Inschriften, Wappen und Hausmarken, Paderborn 1957, S. 64-69.

460 Freundliche Mitteilung von Frau J. Nieberg, Koldehof, Ankum.

461 Siehe Anm. 456.

462 KB St. Joh. Baptist, Delbrück, Bd. 1, S. 246 und Bd. 2, S. 30. Der Geburtsname der Angela Sporck, geb. Holtapel, ergibt sich aus einer Überprüfung aller Patenschaften, die sie und ihr

Ehemann Philipp Sporck in Delbrück und Boke übernommen haben. Die Beziehungen zwischen den verschiedenen betroffenen Familien ergab einen gemeinsamen Usprung in der Familie Holtapel in Delbrück-Steinhorst.

463 Vgl. Honselmann, Graf von Sporck, S. 319-334.

464 Eine offizielle Erhebung von Philipp Sporck und seiner Familie in den Adelsstand läßt sich bislang nicht nachweisen.

465 Vgl. Michels, P.: Paderborner Inschriften, Wappen und Hausmarken, Paderborn 1957, S. 57f: Conrad Bömer, Rentmeister in Beverungen († 1. Febr. 1718 Beverungen), war verheiratet mit Anna Margaretha Thorwesten († 26. Aug. 1695).

466 Vgl. Erzbischöfliche Akademische Bibliothek Paderborn, AV Cod. 108, Bl. 10-11 vom 25. Febr. 1680.

467 KB St. Joh. Bapt., Delbrück, Bd. 1, S. 197.

468 Vgl. Staatsarchiv Münster, Fürstbistum Paderborn, Kanzlei, Akte 453, Bl. 2-3.

469 Vgl. Honselmann, Graf von Sporck, S. 320.

470 Vgl. Erzbischöfliche Akademische Bibliothek Paderborn, AV Cod. 108, Bl. 228v-230.

471 Z. B. KB St. Joh. Bapt., Delbrück, Bd. 2, S. 12 vom 2. Dez. 1685 und KB St. Laurentius, Thüle, Bd. 3, S. 1 vom 26. Mai 1686.

472 Vgl. Staatsarchiv Münster, Kriegs- und Domänenkammer Kleve, Akte 15, Bl. 297-298.

473 Vgl. ebda., Bl. 294-295.

474 Vgl. ebda., Bl. 293-293v vom 29. Mai 1694.

475 Vgl. Staatsarchiv Münster, Reichskammergericht, V 10/25, Bd. 1, Bl. 187.

476 Vgl. ebda., Bl. 187v.

477 KB St. Joh. Bapt., Delbrück, Bd. 2, S. 10.

478 Ebda., Bd. 1, S. 261 und 268.

479 Ebda., Bd. 2, S. 10.

480 Vgl. Westf. Klosterbuch, Bd. 2, S. 212.

481 Vgl. Staatsarchiv Münster, Kloster Abdinghof, Akte 483b, Bl. 232-233; die Lehensurkunde siehe: Staatsarchiv Münster, Reichskammergericht, V 10/25, Bd. 1, Bl. 193v sowie Abdinghof 507, Bl. 292-292v.

482 Vgl. Staatsarchiv Münster, Reichskammergericht, V 10/25, Bd. 1 und Bd. 2.

483 Vgl. Abdinghof 507, Bl. 312-313 vom 5. bzw. 7. April 1726.

484 KB St. Joh. Baptist, Delbrück, Bd. 3, S. 20.

485 Ebda., Bd. 3, S. 45.

486 Alle Daten stammen aus den Kirchenbüchern von St. Joh. Bapt., Delbrück, und St. Martin, Bad Lippspringe.

487 Vgl. Erzbischöfliche Akademische Bibliothek Paderborn, Studienfonds-Archiv, Pa 44 Bd. 2 und Bd. 3.

488 KB St. Nikolaus, Nieheim, Bd. 1.

489 KB St. Martin, Bad Lippspringe, Bd. 1, S. 70.

490 KB St. Ulrich, Gaukirche, Paderborn, Bd. 1, S. 232.

491 Pfarrarchiv St. Ulrich, Gaukirche, Paderborn, Urk. 93 von 1678. Laut dieser Urkunde war Mauritius Lüns Bevollmächtigter der Stadt Borken in Paderborn.

492 KB St. Ulrich, Gaukirche, Paderborn, Bd. 1, S. 60.

493 Vgl. Staatsarchiv Münster, Fürstbistum Paderborn, Landesherrl. Gerichte, Bd. 123, Bl. 24v-25.

494 KB St. Kilian, Brenken, Bd. 1, S. 234.

495 Vgl. Freisen, Matrikel, Nr. 3545.

496 KB St. Kilian, Brenken, Bd. 1, S. 40.

497 Alle Daten stammen aus den Kirchenbüchern von St. Ulrich, Gaukirche, Paderborn, und St. Kilian, Brenken.

498 KB St. Kilian, Brenken, Bd. 1, S. 21.
499 KB St. Ulrich, Gaukirche, Paderborn, Bd. 1.
500 Erwähnung finden beide im Testament der Anna Margaretha Haltermann, geb. Hüser, Witwe des Caspar Haltermann, vom 23. Nov. 1722, siehe: Staatsarchiv Münster, Kloster Abdinghof, Akte 230. Sie nennt auch ihre beiden Enkelkinder Catharina Margaretha und Ignatius Kellner.
501 KB St. Ulrich, Gaukirche, Paderborn, Bd. 1, S. 176.
502 Vgl. Stadtarchiv Paderborn, Akte A 5247, Bl. 283.
503 KB St. Ulrich, Gaukirche, Paderborn, Bd. 2.
504 Ebda.
505 Vgl. Stadtarchiv Paderborn, Akte A 5247, Bl. 314.
506 KB St. Ulrich, Gaukirche, Paderborn. Er hinterließ vier Kinder:
1. Maria Theodora, * 4. Juli 1731.
2. Franz Joseph, * 1. Sept. 1733.
3. Joh. Heinrich, * 5. Juni 1736.
4. Maria Beatrix, * 21. Juni 1740 † 28. Sept. 1752.
Alle Daten entstammen den Kirchenbüchern von St. Ulrich, Paderborn.
507 KB St. Ulrich, Gaukirche, Paderborn.
508 Vgl. Stadtarchiv Paderborn, Akte A 5248, Bl. 12.
509 KB St. Nikolaus, Büren, Bd. 1, S. 144.
510 Am 29. Aug. 1764 erscheint sie als Patin bei ihrem Enkelkind Maria Beatrix Mouschet, KB St. Ulrich, Gaukirche, Paderborn.
511 Alle Daten stammen aus den Kirchenbüchern von St. Ulrich, Gaukirche, Paderborn.
512 KB St. Ulrich, Gaukirche, Paderborn.
513 Ebda.
514 Vgl. Stadtarchiv Paderborn, Akte A 5248, Bl. 76.
515 Vgl. Stadtarchiv Paderborn, Akte A 5247, Bl. 214.
516 Vgl. Erzbischöfliche Akademische Bibliothek Paderborn, AV Akte 507 (Nachlaß P. Michels), Stichwort „Mouschet“.
517 1. Maria Catharina, geb. 11. Juni 1759. Patin: Maria Catharina uxor Valepage.
2. Hermann Casapar und Franz Anton, geb. 6. Nov. 1760.
4. Anna Maria Gertrudis, geb. 29. März 1762. Patin: Anna Maria Gertrudis Zurlage.
5. Maria Beatrix, geb. 29. Aug. 1764. Patin: Catharina Busch, nata Kelner.
6. Florentina Magdalena, geb. 1. Jan. 1766. Patin: Florentina Magd. Gebing, nata Wieden.
7. Maria Ludovica, geb. 21. Dez. 1770. Patin: Philippina Elsing, nata Hütten.
518 Vgl. Staatsarchiv Münster, Domkapitel Paderborn, Akte 29 Nr. 49.
519 Vgl. Pfarrarchiv St. Heinrich und Kunigunde, Schloß Neuhaus. 1789 verkaufen Florentina und Luise Mouschett, Töchter des Buchbinders Mouschett zu Paderborn, in Beistand ihres Vormunds, des Choralen Valepage, und ihrer Schwester, Frau Kruse, Land an die Kirche von Neuhaus, das sie von der Witwe Zurlage geerbt haben.
520 KB St. Ulrich, Gaukirche, Paderborn, Bd. 2.
521 Ebda.
522 Vgl. Segin, W.: Die Namen der Böddeker Chorherren (1409-1803), in: WZ Bd. 128 (1978), S. 276 Nr. 367 und S. 283. Aus Paderborn stammend war er nach seinem Eintritt in Böddeken Pastor in Etteln, Subprior, Pastor in Haaren und wurde 1724 zum 31. Prior gewählt, † 25. Juli 1745.
523 Vgl. Freisen, Matrikel, Nr. 7066.
524 Vgl. Erzbistumsarchiv Paderborn, Handschrift XXVII,4, Bl. 60-60v.
525 Vgl. Staatsarchiv Münster, Domkapitel Paderborn, Akte 144 Nr. 61.
526 Vgl. Erzbistumsarchiv Paderborn, Handschrift XXVII,4, Bl. 142 und 145v.

527 KB St. Ulrich, Gaukirche, Paderborn.
528 KB St. Kilian, Brenken, Bd. 1.
529 KB St. Christophorus, Ostinghausen, Bd. 1, S. 9.
530 Vgl. Freisen, Matrikel, Nr. 5136.
531 KB Ulrich, Gaukirche, Paderborn, Bd. 2, S. 334.
532 Ebda., Bd. 2, S. 43.
533 KB St. Joh. Bapt., Dompfarrei, Paderborn.
534 KB St. Martin, Bad Lippspringe, Bd. 1, S. 26.
535 Vgl. Erzbischöfliche Akademische Bibliothek Paderborn, AV Cod. 108, Bl. 425v-426v.
536 KB St. Martin, Bad Lippspringe, Bd. 1.
537 Vgl. Erzbischöfliche Akademische Bibliothek Paderborn, Studienfonds-Archiv, Pa 44, Bd. 2 und Bd. 3.
538 Vgl. Freisen, Matrikel, Nr. 2436.
539 Vgl. Staatsarchiv Münster, Fürstbistum Paderborn, Kanzlei, Akte 494 Heft 23.
540 Vgl. Staatsarchiv Münster, Fürstbistum Paderborn, Ämterrechnungen, Bd. 1140 (1609/91), S. 208.
541 KB St. Joh. Baptist, Delbrück, Bd. 2, S. 54.
542 Vgl. Staatsarchiv Münster, Fürstbistum Paderborn, Ämterrechnungen, Bd. 1146 (1696/97), S. 228.
543 Vgl. Staatsarchiv Münster, Fürstbistum Paderborn, Landesherrl. Gerichte, Bd. 156, Bl. 1179-1182.
544 KB St. Joh. Baptist, Delbrück, Bd. 2, S. 42.
545 Alle Daten stammen aus den Kirchenbüchern von St. Joh. Baptist, Delbrück.
546 KB St. Joh. Baptist, Delbrück, Bd. 2, S. 65.
547 Vgl. Staatsarchiv Münster, Fürstbistum Paderborn, Ämterrechnungen, Bd. 1157 (1707/08), S. 212.
548 Vgl. Stadtverwaltung Delbrück, Ratsprotokolle, S. 523f vom 6. Sept. 1711.
549 KB St. Joh. Baptist, Delbrück, Bd. 3, S. 7.
550 Vgl. Staatsarchiv Münster, Fürstbistum Paderborn, Landesherrl. Gerichte, Bd. 197, Bl. 350-350v.
551 KB St. Martin, Bad Lippspringe, Bd. 1, S. 30.
552 Vgl. Erzbischöfliche Akademische Bibliothek Paderborn, Studienfonds-Archiv, Pa 44, Bd. 2 und Bd. 3.
553 Vgl. Freisen, Matrikel, Nr. 3042.
554 Vgl. Segin, W.: Die Namen der Böddeker Chorherren (1409-1803), in: WZ Bd. 128 (1978), S. 275 Nr. 330.
555 Vgl. ebda., S. 276 Nr. 360.
556 Vgl. Erzbistumsarchiv Paderborn, Handschrift XXVII,2, S. 65, S. 325, S. 528, S. 710 und S. 901.
557 Vgl. Torsy, J.: Der Regularklerus in den Kölner Bistumsprotokollen 1661-1825. 2. Teil (= Studien zur Kölner Kirchengeschichte Bd. 19), Siegburg 1985, S. 432 Nr. 24.
558 Vgl. Segin, W.: Die Namen der Böddeker Chorherren (1409-1803), in: WZ Bd. 128 (1978), S. 275.
559 Vgl. ebda., S. 276.
560 KB St. Martin, Bad Lippspringe, Bd. 1, S. 34.
561 KB St. Joh. Baptist, Delbrück, Bd. 2, S. 39.
562 Vgl. Freisen, Matrikel, Nr. 2901.
563 Vgl. Freisen, J.: Die Matrikel der Universität Paderborn 1614-1844, Bd. 2, Würzburg 1932, S. 56 Nr. 2901.

564 Vgl. Stadtarchiv Paderborn, Akte A 5247, Bl. 106.

565 Vgl. Michels, P.: Paderborner Inschriften, Wappen und Hausmarken, Paderborn 1957, S. 196f.

566 Vgl. ebda., S. 197. Michels hat das letzte Kind dieser Ehe, den am 3. Okt. 1711 geborenen Joannes Antonius Ernesti nicht verzeichnet. Pate: D. Capitaneus Antonius Schulte. KB St. Ulrich, Gaukirche, Paderborn.

567 KB St. Ulrich, Gaukirche, Paderborn.

568 Vgl. Michels, P.: Paderborner Inschriften, Wappen und Hausmarken, Paderborn 1957, S. 197.

569 Vgl. ebda.

570 KB St. Joh. Baptist, Delbrück, Bd. 2, S. 4.

571 KB St. Martin, Bad Lippspringe.

572 Vgl. Honselmann, Graf von Sporck, S. 322f.

573 KB St. Joh. Baptist, Delbrück, Bd. 1, S. 119.

574 Vgl. Staatsarchiv Münster, Fürstbistum Paderborn, Kanzlei, Akte 494 Heft 23.

575 Vgl. Staatsarchiv Münster, Grafschaft Rietberg, Akte 2443, Bl. 23v (1704).

576 1. Henricus, get. 15. Okt. 1704 Delbrück. Paten: D. Bernd Henrich Valepage und Clara Angela Pumperlump, geb. Tegethoff.
2. Theodorus Georgius, get. 15. Juli 1708 Delbrück. Paten: Theod. Georg Valepage und Elisabeth Voss.
3. Anna Clara, get. 10. Aug. 1711 Delbrück, die Erbin. Paten: Anna Charlotta Vahlpage und Bories Löseke, geb. Tegethoff.
4. Daniel, verzichtet 1732.
5. Maria Catharina, get. 26. Juli 1724 Delbrück. Paten: Anna Catharina Brockmann, geb. Tegethoff, und Joann Jodocus Pumperlump.

Alle Taufdaten stammen aus den Kirchenbüchern von St. Joh. Baptist, Delbrück.

577 KB St. Joh. Baptist, Delbrück, Bd. 3, S. 19.

578 Vgl. Staatsarchiv Münster, Grafschaft Rietberg, Akte 2499, Bl. 68 (1725).

579 KB St. Joh. Baptist, Delbrück, Bd. 3, S. 28.

580 Vgl. Honselmann, Graf von Sporck, S. 324.

581 Vgl. Staatsarchiv Münster, Grafschaft Rietberg, Akte 2525, Bl. 143 (1744).

582 KB St. Joh. Baptist, Delbrück, Bd. 2, S. 61.

583 Ebda., Bd. 2, S. 75a.

584 Vgl. Erzbistumsarchiv Paderborn, Handschrift XXVII,3, S. 12 und S. 117f.

585 Vgl. Freisen, Matrikel 4500.

586 KB St. Joh. Baptist, Delbrück, Bd. 3, S. 183.

587 Vgl. Staatsarchiv Münster, Kloster Abdinghof, Akte 484c, Bl. 8-8v; vgl. Abdinghof 507, Bl. 314-315v.

588 Vgl. Westf. Klosterbuch, Bd. 2, S. 212.

589 Vgl. Staatsarchiv Münster, Kloster Abdinghof, Akte 484c, Bl. 47; vgl. Abdinghof 507, Bl. 320.

590 Vgl. Staatsarchiv Münster, Kloster Abdinghof, Akte 484c, Bl. 106v; vgl. Abdinghof 507, Bl. 332-332v.

591 Vgl. Westf. Klosterbuch, Bd. 2, S. 212.

592 Vgl. Staatsarchiv Münster, Kloster Abdinghof, Akte 484c, Bl. 206v; vgl. Abdinghof 507, Bl. 342-342v.

593 Vgl. Westf. Klosterbuch, Bd. 2, S. 212.

594 Vgl. ebda.

595 Vgl. Staatsarchiv Münster, Kloster Abdinghof, Akte 484c, Bl. 255f; vgl. Abdinghof 507, Bl. 350-350v.

596 Vgl. Staatsarchiv Münster, Fürstbistum Paderborn, Ämterrechnungen, Bd. 1171 (1721/22), Bl. 219.

597 Vgl. Staatsarchiv Münster, Kloster Abdinghof, Akte 484c, Bl. 73 vom 6. Aug. 1729.
598 KB St. Pankratius, Gütersloh, Bd. 2, S. 179.
599 Ebda., Bd. 1, S. 251.
600 Vgl. Pfarrarchiv St. Joh. Baptist, Delbrück, Handschrift Bd. 2.
601 KB St. Joh. Baptist, Delbrück, Bd. 3, S. 32.
602 Ebda., Bd. 3, S. 37.
603 KB St. Ulrich, Gaukirche, Paderborn, Bd. 1, S. 182.
604 KB St. Joh. Baptist, Delbrück, Bd. 3, S. 50.
605 KB St. Joh. Baptist, Rietberg, Bd. 2, S. 163.
606 KB St. Joh. Baptist, Delbrück, Bd. 3, S. 93.
607 Ebda., Bd. 3, S. 89.
608 Alle Daten stammen aus den Kirchenbüchern von St. Joh. Baptist, Delbrück.
609 KB St. Joh. Baptist, Delbrück, Bd. 2, S. 86.
610 Vgl. Freisen, Matrikel, Nr. 4776.
611 Vgl. Erzbistumsarchiv Paderborn, Handschrift XXVII,3, S. 20 und S. 125.
612 KB St. Joseph, Delbrück-Westenholz, Bd. 1, S. 4-10.
613 Vgl. Erzbistumsarchiv Paderborn, Aktenband blau 399 (= Westenholz I), Bl. 113-114v ohne Datum.
614 Vgl. Schniedertüns, Ph.: Die Pfarrei Delbrück und ihre Tochterkirchen, ungedrucktes Manuskript, S. 60-63.
615 KB St. Joseph, Delbrück-Westenholz, Bd. 1, S. 10.
616 KB St. Martin, Bad Lippspringe, Bd. 1, S. 81.
617 Vgl. Freisen, Matrikel, Nr. 5036.
618 Vgl. Erzbistumsarchiv Paderborn, Handschrift XXVII,3, S. 409, S. 578, S. 597 und S. 601.
619 Vgl. Erzbistumsarchiv Paderborn, Aktenband blau 120 (= Delbrück I), 255-258v (Wahlbericht).
620 Ebda., Bl. 28.
621 Vgl. Erzbistumsarchiv Paderborn, Aktenband blau 399 (= Westenholz I), Bl. 18-19v.
622 KB St. Joseph, Delbrück-Westenholz, Bd. 1, S. 2.
623 Vgl. Erzbistumsarchiv Paderborn, Aktenband blau 399 (= Westenholz I), Bl. 99-100v.
624 Vgl. Schniedertüns, Ph.: Die Pfarrei Delbrück und ihre Tochterkirchen, ungedrucktes Manuskript, S. 81.
625 KB St. Joh. Baptist, Delbrück, Bd. 3, S. 38.
626 KB St. Martin, Bad Lippspringe, Bd. 1, S. 88.
627 Vgl. Pfarrarchiv St. Joh. Baptist, Delbrück, Handschrift Bd. 2.
628 Erzbischöfliche Akademische Bibliothek Paderborn, Studienfonds-Archiv, Pa 119 (Protocollum functionum pontificalium 1721-1745).
629 Freundl. Auskunft des Bistumsarchivs Münster.
630 Vgl. Erzbistumsarchiv Paderborn, Aktenband blau 120 (Delbrück I), Bl. 362.
631 Westfälisches Klosterbuch, Bd. 1, S. 51-54.
632 Vgl. Erzbistumsarchiv Paderborn, Aktenband blau 120 (= Delbrück I), Bl. 362.
633 KB St. Martin, Bad Lippspringe, Bd. 1, S. 93.
634 Ebda., Bd. 1.
635 Ebda., Bd. 1, S. 77.
636 Vgl. Schulte, E.: Das Bürgerbuch von Bad Lippspringe, in: Beiträge zur westf. Familienforschung, Bd. 30-32 (1972/73), S. 45.
637 KB St. Joh. Baptist, Hagen-Boele.
638 KB St. Martin, Bad Lippspringe, Bd. 1.
639 KB St. Joh. Baptist, Delbrück, Bd. 3, S. 58.

640 Vgl. Freisen, Matrikel, Nr. 6859. In Bd. 2, Würzburg 1932, gibt Freisen zu Nr. 6859 an, er wäre am 13. Mai 1792 als Chorale der Paderborner Kathedralkirche verstorben. Freisen hat Benedict Wilhelm Valepage mit Meinolph Valepage verwechselt.

641 Vgl. Reinicke, Chr.: Der Hof Valepage zu Delbrück in Geschichte und Gegenwart, ungedrucktes Manuskript, Trier 1980, S. 19, ohne Quellenangabe.

642 Vgl. von Hülst, Valepagenhof, Ordner 2, S. 34.

643 Vgl. Staatsarchiv Münster, Kloster Abdinghof, Akte 484c, Bl. 263.

644 Vgl. ebda., Bl. 276v-277; er läßt sich durch seinen Bruder Joseph vertreten.

645 Vgl. ebda., Bl. 418; vgl. Abdinghof 507, Bl. 360-360v (Abschrift).

646 Vgl. von Hülst, Valepagenhof, Ordner 2, S. 49-53 (Testament des B. W. Valepage vom 26. Sept. 1786).

647 Vgl. Staatsarchiv Münster, Reichskammergericht, V 10/25, Bd. 1, Bl. 288-294v.

648 Vgl. Brinkmann, B.: Staumühle, in: Kath. Filialkirchengemeinde St. Joseph, Hövelsenne (Hg.): Hövelsenne. Geschichte einer Kirche und ihrer Gemeinde, Paderborn 1974, S. 12-14. Vgl. Heimatverein Schloß Neuhaus (Hg.), Die Resindenz, Heft 35/1969.

649 Vgl. von Hülst, Valepagenhof, Ordner 2, S. 49-53 (Testament des B. W. Valepage vom 26. Sept. 1786).

650 Vgl. ebda.; Benedict Wilhelm Valepage hatte zudem die fürstbischöflich-paderbornische Mühle in der Senne, heute Hövelhof, gepachtet. Vgl. ebda.

651 KB St. Joh. Baptist, Delbrück, Bd. 3, S. 71.

652 Ebda., Bd. 3, S. 85.

653 Ebda., Bd. 3, S. 83.

654 Ebda., Bd. 3, S. 97.

655 Ebda., Bd. 3, S. 93.

656 Ebda., Bd. 3, S. 117.

657 Ebda., Bd. 3, S. 86.

658 Vgl. von Hülst, Valepagenhof, Ordner 2, S. 49-53 (Testament des B. W. Valepage vom 26. Sept. 1786).

659 Vgl. ebda.

660 KB St. Joh. Baptist, Delbrück, Bd. 3, S. 164.

661 Alle Daten stammen aus den Kirchenbüchern von St. Joh. Baptist, Delbrück.

662 KB St. Joh. Baptist, Delbrück, Bd. 3, S. 139.

663 KB St. Ulrich, Gaukirche, Paderborn, Bd. 3, S. 35.

664 Vgl. Hengst, K.: Geschichte der Pfarrei St. Ulrich, in: Brandt, H. J., Hengst, K. (Hg.): Die Gaukirche St. Ulrich in Paderborn 1183-1983, Paderborn 1983, S. 45ff.

665 KB St. Joh. Baptist, Delbrück, Bd. 3, S. 151.

666 Vgl. Freisen, Matrikel, Nr. 7459.

667 Vgl. Erzbistumsarchiv Paderborn, Handschrift XXVIII, Bl. 54.

668 Vgl. Erzbistumsarchiv Paderborn, Handschrift XXVII,4, Bl. 136v.

669 Vgl. ebda., Bl. 155.

670 Vgl. ebda., Bl. 158.

671 Vgl. ebda., Bl. 179v und Bl. 218.

672 KB St. Joh. Baptist, Delbrück, Bd. 3, S. 162.

673 Ebda., Bd. 3, S. 167.

674 Vgl. Freisen, Matrikel, Nr. 7442.

675 Vgl. Erzbistumsarchiv Paderborn, Handschrift XXVII,4, Bl. 158.

676 Vgl. ebda., Bl. 179.

677 Vgl. Erzbistumsarchiv Paderborn, Handschrift XXVIII, Bl. 62v.

678 Vgl. Erzbischöfliche Akademische Bibliothek Paderborn, AV Akte 57.

679 KB St. Joh. Baptist, Delbrück, Bd. 3, S. 277.
680 Vgl. Freisen, Matrikel, Nr. 7920.
681 Vgl. Erzbistumsarchiv Paderborn, Handschrift XXVIII, Bl. 139v.
682 Vgl. Eggeling, E.: Die Sühnesteine von Stadtoldendorf, in: Braunschweigische Heimat, 24 Jg. Nr. 5/1933, S. 136.
683 KB St. Joh. Baptist, Delbrück, Bd. 3, S. 129.
684 Ebda., Bd. 3, S. 293.
685 KB St. Dionysius, Thülen, Bd. 1, S. 389 Nr. 440.
686 Vgl. von Hülst, Valepagenhof, Ordner 2, S. 49-53 (Testament des B. W. Valepage vom 26. Sept. 1786).
687 KB St. Dionysius, Thülen, Bd. 1, S. 83 Nr. 873.
688 Vgl. Hömberg, A.: Geschichtliche Nachrichten über Adelssitze und Rittergüter im Herzogtum Westfalen und ihre Besitzer, Heft 4, Münster 1972, S. 168.
689 Vgl. Seibertz, J. S.: Stammbuch der Familie Seibertz zu Wildenburg und Brunscappell. Gedrucktes Manuscript für Verwandte, 1847, S. 61f und die Stammtafel Ulrich im Anhang.
690 KB St. Dionysius, Thülen, Bd. 1, S. 253 Nr. 2387.
691 Ebda., Bd. 1, S. 269 Nr. 2497.
692 Ebda., Bd. 2, S. 330 Nr. 2049.
693 Ebda., Bd. 2, S. 329 Nr. 2044.
694 Vgl. Seibertz, J. S.: Stammbuch der Familie Seibertz zu Wildenburg und Brunscappell. Gedrucktes Manuscript für Verwandte, 1847, Stammtafel Ulrich im Anhang.
695 Vgl. Pfarrarchiv St. Joh. Baptist, Delbrück, Aktenband 14, gedrucktes Testament des W. J. Valepage vom 10. Dez. 1844, Punkt 9-11.
696 KB St. Joh. Baptist, Delbrück, Bd. 3, S. 306.
697 Vgl. Freisen, Matrikel, Nr. 8142.
698 Vgl. von Hülst, Valepagenhof, Ordner 2, S. 54.
699 KB St. Heinrich und Kunigunde, Schloß Neuhaus, Bd. 3, S. 347 Nr. 2.
700 Ebda., Bd. 2, S. 79 Nr. 30.
701 Vgl. Erzbistumsarchiv Paderborn, Handschrift XIVb,5, Bl. 136v vom 18. Juni 1783.
702 Vgl. von Hülst, Valepagenhof, Ordner 2, S. 54.
703 Vgl. Staatsarchiv Münster, Kloster Abdinghof, Akte 484c, Bl. 437.
704 Vgl. Westf. Klosterbuch, Bd. 2, S. 212.
705 Vgl. Abdinghof 507, Bl. 368-368v.
706 Vgl. Westf. Klosterbuch, Bd. 2, S. 206f.
707 Vgl. von Hülst, Valepagenhof, Ordner 2, S. 49-53 (Testament des B. W. Valepage vom 26. Sept. 1786).
708 Vgl. Staatsarchiv Münster, Fürstbistum Paderborn, Landesherrl. Gerichte, Bd. 202, Bl. 314v-323v.
709 KB St. Joh. Baptist, Delbrück, Bd. 8, S. 58 und Pfarrarchiv St. Joh. Bapt., Delbrück, Handschrift Bd. 17, Dorf Delbrück 1808, S. 3.
710 KB St. Joh. Baptist, Delbrück, Bd. 12, S. 201 Nr. 133.
711 Erzbischöfliche Akademische Bibliothek Paderborn, Paderbornsches Intelligenzblatt 1833, S. 1768.
712 Alle Daten stammen aus den Kirchenbüchern von St. Heinrich und Kunigunde, Schloß Neuhaus, und St. Joh. Baptist, Delbrück.
713 KB St. Joh. Baptist, Delbrück, Bd. 3, S. 367.
714 Ebda., Bd. 3, S. 145.
715 Vgl. Michels, P.: Paderborner Inschriften, Wappen und Hausmarken, Paderborn 1957, S. 229ff.
716 Vgl. Freisen, Matrikel, Nr. 7964.

717 KB St. Ulrich, Gaukirche, Paderborn, Bd. 3, S. 12.
718 Vgl. Michels, P.: Paderborner Inschriften, Wappen und Hausmarken, Paderborn 1957, S. 230f.
719 Vgl. Tönsmeyer, J.: Das Lippeamt Boke, Rheine 1968, S. 117.
720 KB St. Joh. Baptist, Delbrück, Bd. 12, S. 70 Nr. 14.
721 Ebda., Bd. 3, S. 381.
722 Vgl. von Hülst, Valepagenhof, Ordner 2, S. 49-53 (Testament des B. W. Valepage vom 26. Sept. 1789).
723 Vgl. ebda.
724 Vgl. von Hülst, Valepagenhof, Ordner 2, S. 55 (Protokoll vom 21. Juni 1802).
725 KB St. Joh. Baptist, Rietberg, Bd. 4, S. 32.
726 Vgl. Staatsarchiv Münster, Fürstbistum Paderborn, Landesherrl. Gerichte, Bd. 202, Bl. 314v-323v; vgl. Staatsarchiv Münster, Fürstbistum Paderborn, Hofkammer, Akte 1057.
727 KB St. Joh. Baptist, Delbrück, Bd. 3, S. 187.
728 Vgl. Staatsarchiv Münster, Fürstbistum Paderborn, Hofkammer, Akte 596 (1802).
729 Vgl. Pfarrarchiv St. Joh. Baptist, Delbrück, Handschrift Bd. 19 (1829-1836), Bericht über die Stiftung des Kaufmanns Franz Anton Valepage; vgl. Pfarrarchiv St. Joh. Baptist, Delbrück, Aktenband 13 (Armenstiftung Schwane und Valepage 1815-1924).
730 Vgl. Schniedertüns, Ph.: Die Pfarrei Delbrück und ihre Tochterkirchen, ungedrucktes Manuskript, S. 115f.
731 KB St. Joh. Baptist, Delbrück, Bd. 11, S. 109.
732 Ebda., Bd. 11, S. 163 Nr. 106.
733 Vgl. Schniedertüns, Ph.: Die Pfarrei Delbrück und ihre Tochterkirchen, ungedrucktes Manuskript, S. 116.
734 Erzbischöfliche Akademische Bibliothek Paderborn, Paderbornsches Intelligenzblatt 1830, S. 1516.
735 KB St. Joh. Baptist, Delbrück, Bd. 3, S. 395.
736 Ebda., Bd. 3, S. 186.
737 Vgl. von Hülst, Valepagenhof, Ordner 2, S. 55 (Protokoll vom 21. Juni 1802).
738 KB St. Joh. Baptist, Delbrück, Bd. 3, S. 420.
739 Ebda., Bd. 11, S. 49 Hausnr. IX.
740 Vgl. Rade, H. J.: Die Geschichte der Caspar Anton Lohmannschen Waisenhausstiftung, in: 125 Jahre Caspar-Anton-Lohmannsche Waisenhausstiftung, 20 Jahre Kinder- und Jugenddorf, Delbrück 1991.
741 KB St. Joh. Baptist, Delbrück, Bd. 12, S. 163 Nr. 158.
742 KB St. Heinrich und Kunigunde, Schloß Neuhaus, Bd. 3, S. 240 Nr. 21.
743 Vgl. Schniedertüns, Ph.: Die Pfarrei Delbrück und ihre Tochterkirchen, ungedrucktes Manuskript, S. 117-118.
744 Vgl. Pfarrarchiv St. Joh. Baptist, Delbrück, Aktenband 14, gedrucktes Testament des W. J. Valepage vom 10. Dez. 1844; vgl. von Hülst, Valepagenhof, Ordner 3, 23-32.
745 Vgl. von Hülst, Valepagenhof, Ordner 3, S. 26.
746 KB St. Joh. Baptist, Delbrück, Bd. 12, S. 107 Nr. 35.
747 KB St. Heinrich und Kunigunde, Schloß Neuhaus, Bd. 3, S. 256.
748 Vgl. Freisen, Matrikel, Nr. 8738.
749 Vgl. Dombibliothek Hildesheim, Hs. 828, S. 103.
750 Vgl. Liese, J.: Necrologium Paderbornense. Das Totenbuch Paderborner Priester 1822-1930, Paderborn 1934, S. 605.
751 Vgl. Schniedertüns, Ph.: Die Pfarrei Delbrück und ihre Tochterkirchen, ungedrucktes Manuskript, S. 109.
752 KB St. Joh. Baptist, Delbrück, Bd. 12, S. 24 Nr. 104.

753 Ebda., Bd. 3, S. 566.
754 Ebda., Bd. 8, S. 15 Hausnr. 34.
755 Ebda., Bd. 4, S. 6.
756 Ebda., Bd. 12, S. 68 Nr. 19.
757 Vgl. Pfarrarchiv St. Joh. Baptist, Delbrück, Aktenband 14, gedrucktes Testament des W. J. Valepage vom 10. Dez. 1844, Punkt 12.
758 KB St. Heinrich und Kunigunde, Schloß Neuhaus, Bd. 7, S. 40 Nr. 61. Zur Familie Temme vgl.: Pavlicic, M., von Kanne, E., Leiwen, J.: Hausinschriften an Fachwerkhäusern im Kirchspiel Neuhaus, Paderborn 1986, S. 61-63.
759 KB St., Joh. Baptist, Delbrück, Bd. 10, S. 152 Nr. 18.
760 Ebda., Bd. 15, S. 54 Nr. 99.
761 Ebda., Bd. 13, S. 196 Nr. 137.
762 Vgl. von Hülst, Valepagenhof, Ordner 2, S. 63.
763 KB St. Joh. Baptist, Delbrück, Bd. 13, S. 219 Nr. 6.
764 Ebda., Bd. 14, S. 214 Nr. 11.
765 Vgl. Staatsarchiv Münster, Kloster Abdinghof, Akte 157, Bl. 18v (1497); Akte 157, Bl. 37 (1499); Akte 157, Bl. 54 (1501); Akte 157, Bl. 66 (1502).
766 Vgl. ebda., Bl. 54 (1501) und Bl. 66 (1502).
767 Pfarrarchiv der Stiftskirche St. Cyriakus, Geseke, Handschrift 1, Bl. 57-58v Nr. 55.
768 Vgl. ebda., Bl. 96v, Bl. 97, Bl. 85v und Bl. 86.
769 Vgl. Staatsarchiv Münster, Kloster Abdinghof, Akte 172, Bl. 254v (1479) und Akte 156, Bl. 176v (1493).
770 Vgl. Archiv der Stadt Geseke, Urk. 53 vom 6. Juni 1471.
771 Vgl. Staatsarchiv Münster, Stift Geseke, Urk. 333 von 1488.
772 Vgl. Staatsarchiv Münster, Kloster Abdinghof, Akte 155, Bl. 80 (1428) und Akte 172, Bl. 141 (um 1445).

Westfälische Vorfahren der schwäbischen Familien Feyerabend und Uhland

In memoriam Elisabeth Korn (1905-1988) und Gerd Wunder (1908-1988)

von Hans Jürgen Warnecke

Am Tage nach dem Goldenen Promotions-Jubiläum Gerd Wunders in Münster im Jahre 1981 hatte ich die große Freude, mit dem Jubilar, seiner Frau und dem unvergessenen Ehrenmitglied unserer Gesellschaft, Elisabeth Korn, eine Autofahrt zu den Wasserburgen des Münsterlandes unternehmen zu können und sie am Abend bei mir in Borghorst zu Gast zu haben. Ich konnte damit einen kleinen Dank abstatten für die immer wieder gern gewährte Forschungshilfe und die zahlreichen Ergänzungen zur Ahnenliste meiner Frau und meiner Kinder. An jenem Abend habe ich mit Gerd Wunder auch ausführlich die Probleme um die Kölner Vorfahren unseres gemeinsamen Ahnen Tilmann Schmitt zum Born bei Hückeswagen erörtert, ohne sie zufriedenstellend lösen zu können[1].

In dem vom Verein für Familien- und Wappenkunde in Württemberg und Baden herausgegebenen und von D. Dr. Otto Beuttenmüller berichtigten und ergänzten Nachtrag zu den berühmten württembergischen Familien-Stiftungen von Ferdinand Friedrich Faber ist im Jahre 1976 unter Nummer 127 die Feyerabend-Stiftung in Schwäbisch Hall erschienen.[2]

In ihr, die durch die genealogischen Forschungen Gerd Wunders so stark angereichert worden ist, stehen seine (§ 593) und meine Familie (§ 600) recht nahe beieinander. Nachstehend soll jedoch nicht über die aus der Feyerabend-Stiftung sich zahlreich ergebenden Ahnengemeinschaften gehandelt werden, sondern über die westfälischen Vorfahren von Berta Amalie Bender, * Wimpfen 23.3.1808 † Heilbronn 28.4.1857, die am 6.5.1828 in Heilbronn den Ratskonsulenten und Ratsschreiber Georg Ludwig Feyerabend (§ 427) geheiratet hatte.

Georg Ludwig Feyerabend wurde am 5.9.1802 in Heilbronn geboren und starb in seiner Geburtsstadt bereits am 4.6.1841. Seine Eltern waren Georg Feyerabend (1772-1808), Archivar der Reichsstadt Heilbronn, und Friederike Uhl (1779-1854). Über seine Mutter und über seine Großmutter, beide aus der Heilbronner bzw. Frankfurter Familie Orth, war Georg Feyerabend ein Nachkomme des Humanisten und Philologen Johann Glandorp (1501-1564) aus Münster in Westfalen.[3] Dieser hatte nach einem bewegten Leben sein Grab an der Münsterkirche in Herford gefunden, in einer Stadt, die auch eng mit den westfälischen Vorfahren von Berta Amalie Bender verbunden ist. Ihre Eltern waren der Arzt Dr. Christoph Bender in Wimpfen und Charlotte Elisabeth Gottliebin Werner (1777-1848), die am 28.3.1815 in Kochendorf in 2. Ehe den Hofrat Gottlieb Friedrich Erbe (1764-1841) heiratete. Seine Tochter Lotte (1789-1864) aus 1. Ehe mit Charlotte Elisabeth Christiane Vischer wurde 1814 die Frau von Dr. med. Ernst Uhland (1788-1834) – des Vetters von Ludwig Uhland (1787-1862) und Justinus Kerner (1786-1862) – und die Mutter von Julius Uhland (1827-1879), der

wiederum am 10.10.1858 Marie Feyerabend (1839-1872) (§ 511 der Feyerabend-Stiftung) heiratete.
Christoph Bernhard Bender wurde am 13.12.1764 in Kochendorf als Sohn des dortigen Pfarrers Lorenz Christian Bender und seiner Frau Lucretia Katharina Runckel geboren, die am 7.7.1757 in Mannheim geheiratet hatten.
Die Bender gehören zur Beamtenschaft am kurpfälzischen Hof in Mannheim und vorher in Heidelberg. Der Vater von Lorenz Christian Bender war der kurpfälzische Hofrat und Zollverwalter Johann Bernhard Bender (1688-1755) und die Mutter Margarethe Salome Seitz, die am 4.6.1777 in Wimpfen starb.
Lucretia Katharina Runckels Heimat war Großen-Linden bei Gießen, wo sie am 19.9.1735 als Tochter des Pfarrers Christoph Ludwig Runckel (1680-1772) und der Anna Catharina Orth[4] geboren wurde. Die Schwester ihrer Mutter, Catharina Lucretia, Witwe von Johann Nicolaus Wagner, Rat und Archivar in Gießen, trug das Kind am 20.9.1735 zur Taufe.
Erich Melchior berichtet in Band 14, 1978-79, der „Hessischen Familienkunde", Spalte 131 ff., über „Butzbacher Familien vom Ende des 14. bis Ende des 16. Jahrhunderts". Dort sind auch die Familie Runckel (Sp. 259-262) und deren Vorfahrenfamilien Loenberg (Sp. 133-134), Dickhut (Sp. 144-148) und vom Sandt (Sp. 291-292) zu finden.
Über die Familie der beiden Schwestern Anna Catharina und Catharina Lucretia werden wir vornehmlich durch die gedruckte Leichenpredigt[5] ihres Vaters Simon Nicolaus Orth unterrichtet, dessen Bildnis (Nr. 18) in der Gießener Juristenfakultät hängt.[6]
Simon Nicolaus Orth wurde am 13.6.1649 in Gießen als Sohn des Ratsverwandten und Gerichtsschöffen Johann Phlipp Orth und der Elisabetha Oeßling, Tochter des Ratsschöffen und Kriegszahlmeisters Bernhard Oeßling zu Gießen geboren. Der Großvater von Simon Nicolaus Orth war David Orth, Inspektor zu Castellaun im Hunsrück. Im Jahre 1675 wurde Simon Nicolaus Orth Stadtschreiber in Gießen und 1678 Syndikus der Stadt. Im Jahre 1701 berief ihn die Reichsritterschaft in der Wetterau auf der Burg Friedberg zum Syndikus. Er siedelte 1702 nach dort über, wurde aber bereits am 10.11.1702 nach Gießen zurückgerufen, um eine Professur an der Universität zu übernehmen. Die Familie folgte ihm am 9.2.1703. Am 1.1.1711 wurde er Rektor der Universität Gießen.
Als hessen-darmstädtischer Rat und Syndikus der Universität starb Simon Nicolaus Orth am 14. September 1714. Am 19. September hielt ihm der Rektor der Universität Gießen, Prof. D. theol. Johann Henrich May d. Ä. in der Gießener Stadtkirche die Leichenpredigt, in der die Verdienste des Verstorbenen gewürdigt und sein Lebenslauf geschildert werden:
Simon Nicolaus Orth war am 29.10.1678 in der Gießener Stadtkirche vom damaligen Superintendenten und Pädagogiarchen D. Johann Nicolaus Misler (1614-1683)[7] mit Clara Catharina Mollenbeck, einer Tochter seines Vorgängers auf dem Lehrstuhl der Juristen-Fakultät, Anton Henrich Mollenbeck, getraut worden. Aus der Ehe gingen neun Kinder, vier Söhne und fünf Töchter, hervor. Drei Söhne starben jung und die Tochter Catharina Elisabetha vor dem Vater. Der überlebende Sohn Anthon Nicolaus Orth war beim Tod des Vaters bereits Lizentiat beider Rechte.

Die zweitälteste Tochter Louisa Margaretha hatte den Advokaten bei der hessen-darmstädtischen Regierung Dr. jur. utr. Georg Ludwig Handwerck geheiratet.
Die dritte Tochter, Catharina Lucretia, wird als Frau des Archivars Johann Nicolaus Wagner (1674-1735)[8] genannt. Ihre nächstjüngere Schwester Anna Catharina hatte Christoph Ludwig Runckel zur Ehe genommen.
Die fünfte Tochter Anna Elisabetha war ihrem Ehemann, dem Sekretär der Schwäbischen Ritterschaft Georg Adam Becht, nach Heilbronn gefolgt.
Die älteste Tochter Catharina Elisabetha (* 28.10.1678) war am 11.3.1712 in Gießen mit Hinterlassung von drei Kindern gestorben. Ihr Mann Georg Anthon Wagner (* 1671), Pfarrer zu Bingenheim, war ihr am 7.9.1710 im Tode vorausgegangen.[9]
Von seinen Kindern hat Simon Nicolaus Orth zwölf Enkel erlebt, von denen elf bei seinem Tod noch lebten.
Über die bemerkenswerte Ahnen- und Nachkommenschaft der Marburger Familie Orth[10], zu der auch Goethe zählt, gibt es unendlich viel Literatur, die verhältnismäßig leicht in den Universitäts-, Staats- und Landesbibliotheken zugänglich ist.
Dagegen finden sich über die nicht minder interessante Ahnenschaft der Familie Mollenbeck[11] kaum Veröffentlichungen. Diese Lücke versucht der nachstehende Beitrag zu schließen.
Den Grundstock der Ahnenliste Orth-Mollenbeck mit den Vorfahrenfamilien Runckel, Dickhut, Oeßling, Gast usw. habe ich dem immer hilfsbereiten, leider aber in diesem Jahr verstorbenen Friedrich Wilhelm Euler (1908-1995) in Bensheim zu verdanken. Ich bedauere es sehr, daß ich ihm die Endfassung der vorliegenden Arbeit nicht mehr vorlegen konnte. Herzlichen Dank sage ich auch Herrn Dr. med. Wilfried Vogeler in Essen, dem Ehrenmitglied unserer Gesellschaft. Er hat mir wertvolle Ergänzungen zu den Mindener Vorfahren gegeben, die ich mit ihm jeweils auf unseren von ihm eifrig besuchten monatlichen Vortragsveranstaltungen erörtern konnte.
Mit den Herren Archivoberrat Dr. Gerhard Menk in Marburg und Drs. Johannes Friedrich Jacobs, Universität Leiden, - auch ihnen gilt mein Dank - konnte ich über den Schultheiß und Vogt der Universität Marburg in Caldern, Johannes Orth, diskutieren, der nach Rösch (wie Anm. 5) mit Katharina Lauck und nach Praetorius (wie Anm. 9) mit Katharina Grebe verheiratet gewesen sein soll. Beide Namen sind falsch. Der Familienname der Frau des Johannes Orth, des Urgroßvaters von Simon Nicolaus Orth, ist unbekannt.

Anmerkungen

1 Frida RÜBENS, Die Steffens ..., in: Die Heimat spricht zu Dir (Beilage Sept. 1966 zum Remscheider Generalanzeiger). - N. v. DIEST-KOERBER, Hymmen und Steffen (Steffens, St. gnt. Pensen, Pensen v. Caldenbach) in: Der Märker, 17. Jg., 1968, Heft 4, S. 55ff., Heft 5, S. 78. - Frida RÜBENS, Ahnen des Kölner Dombaumeisters Ludwig Arntz, in: Mitteilungen der Westdeutschen Gesellschaft für Familienkunde, Bd. 28, Jg. 66, Heft 5, Jan.-März 1978, S. 113-120, AL Nr. 134, 268-269 usw.

2 Vgl. auch Gerd WUNDER, Feyerabend. Geschichte einer Bürgerfamilie in Hall und Heilbronn. Schriftenreihe des Vereins Alt Hall e.V., Heft 11, Schwäbisch Hall 1986, sowie Deutsches Geschlechterbuch, Band 110, 1940, Stammfolge UHLAND, S. 607f., 611-613.

3 Hans Jürgen WARNECKE, Die Glandorps. Katholiken – Wiedertäufer – Protestanten, in: Archiv für Sippenforschung, 37. Jg., Heft 42-44, Mai-November 1971, bes. S. 229-231.

4 Ernst ORTH, Beiträge zur Geschichte der Familie Orth 1454-1914. – Kurt STAHR, Marburger Sippenbuch, Bd. 16, S. 114-115.

5 Stolberger Leichenpredigten-Sammlung Nr. 17 484 (Herzog-August-Bibliothek, Wolfenbüttel).

6 Siegfried RÖSCH, Die Professorengalerie der Gießener Universität, in: Festschrift zur 350-Jahrfeier der Ludwigs-Universität – Justus-Liebig-Hochschule 1607-1957, Gießen 1957, S. 437 u. Tafel 1 und 2.

7 Ebd., S. 435. – Percy Ernst SCHRAMM, Die Vorfahren des Pastors Johann Gottfried Misler und seiner Gattin Anna Katharina geb. Matthaei, in: Zeitschrift für Niedersächsische Familienkunde, Heft 1, Jan. 1952, 27. Jg., S. 1-12. – Vorfahre Uhland über die Familien Erbe – Hoffmann – Moser.

8 Deutsches Geschlechterbuch, Band 96, Stammfolge Wagner 3, S. 410.

9 Ebd., S. 409f.

10 Otfried PRAETORIUS, Goethes Vorfahr Anton Orth als hessischer Gelehrtenahn, in: Archiv für Sippenforschung, 9. Jg., 1932, S. 85-91. – Carl KNETSCH, Johann Wolfgang Goethe, in: Ahnentafeln berühmter Deutscher, Neue Folge Nr. 1, Leipzig 1932.

11 Wie Anm. 5, Tafel 2

1) Clara Catharina M o l l e n b e c k
* Rinteln ... 1658, † Gießen ...
⚭ Gießen 19.10.1678 Simon Nicolaus O r t h , * Gießen 13.6.1649,
~ 14.6., † Gießen 14.9.1714, ▭ 18.9., Sohn des Johann Philipp O. u. d. Elisabetha OESSLING.

2) Anton Heinrich M o l l e n b e c k
* Rinteln 15.2.1622 (Grabstein), † Gießen 29.10.1693, Dr. jur., Professor der Rechte in Gießen, ⚭ II. ... 1678 Elisabeth Apollonia, Witwe des Hofpredigers in Butzbach Philipp Daniel GERNAND, † 11.10.1666. Seine Tochter Anna Elisabeth MOLLENBECK, † 24.5.1706, ⚭ 24.9.1681 Johann Daniel STOCKHAUSEN, Pfarrer in Büdingen, * 21.3.1652, † Büdingen 11.4.1723;
⚭ I. Rinteln 2.11.1652

3) Beate F r i d e r
* Rinteln 4.11.1630 (Grabstein), † Gießen 20.4.1677

4) Johannes M o l l e n b e c k
* Lemgo ... 1592, † Rinteln 4.9.1624, ▭ 7.9. ebd. i. d. Collegiatkirche; imm. Rostock Apr. 1611, imm. Helmstedt 1.7.1617, ordentl. Professor in Stadthagen, Schaumburg. Rat 1618, Dr. jur. in Marburg 19.8.1619, ordentl. Professor der Pandekten in Rinteln 17.7.1621. Q(uelle): LP Roth R 4462.
⚭ ...1.12.1619

5) Katharina W i p p e r m a n n
* Lemgo ..., † ...
⚭ II. nach 1624 Cord HAHNEN, Bürgermeister in Lemgo
Q: Staatsarchiv Münster (STAM), Bestand: v. Wendt zu Crassenstein (Dep.), Akten 617: Lehen Wippermann 1536-1729.

6) Rudolph F r i d e r u s
* Minden um 1590, † Rinteln 4.10.1636,
imm. Gießen 26.9.1609 u. 22.8.1610, Disputation 1613 unter Arumaeus in Jena, imm. Marburg 10.4.1616, Dr. jur. 1616, um 1627 ordentl. Professor der Rechte an der Universität Rinteln, Schaumburg. Rat. Sein Vetter Peter FRIDER war Prof. jur. in Gießen bis 1613, 1622 Winterherr in Minden, dto. 1624, Sommerherr 1623.
⚭ ...

7) Anna F l ö r c k e
* Lemgo ..., † ...
Q: STAM, v. Wendt zu Crassenstein (Dep.), Akten 645: Lehen Flörcke 1553-1776. - Fritz Waldeyer, Die Lemgoer Patrizierfamilie Flörcken, in: Lemgoer Hefte 22 (1983), S. 26-28, u. 23 (1983), S. 4f.

8) Heinrich Mollenbeck
* Lemgo um 1561, † ... (nach 1614),
Im Lemgoer Kaufmannsamt 1561; 1587 Juni 26 belehnt von der Fürstabtei Herford (STAM Fürstabtei Herford, Lehen 263).
⚭ Lemgo um 1591

9) Gertrud Prott
* Lemgo um 1568, † Lemgo ... (nach 1624).

10) Jobst (Jodocus, Justus) Wippermann, gen. der Reiche
* Lemgo um 1571, † Herford zw. 1632 und 1634,
am 21.10.1599 mit seinem Bruder Henrich und weiteren Vettern aus der Brautlachtschen Familie genannt in der Eheberedung zwischen Dr. Franz Gießenbier, Sohn des † Cord G., und Elisabeth Brautlacht, Tochter des † Georg B. (Stadt Herford, Urkunden Nr. 431); am 8.11.1616 Zeuge der Eheberedung zwischen Hermann Fürstenau und Elisabeth Natorp (Stadt Herford, Urk. Nr. 476).
Q: STAM, v. Wendt zu Crassenstein (Dep.), Urkunden u. Akten 612 u. 617: Lehen Wippermann. - Staatsarchiv Detmold, Sammlung K. Brenker, Band 223: Familie Wippermann.
⚭ Lemgo ... 1591

11) Anna Catharina von Briel(l) (Breyl)
* Vlotho 1570/72, † Herford 5.(15.) 1.(2.) 1612 (Datum nicht eindeutig gesichert),
⚭ I. Lemgo 1588 Johann CLAUSING, † 1590.

12) Rudolph Frederking (Friderus)
* Minden ..., † Minden ...
Ratmann in Minden 1594-1598, Sechzehner 1599-1620, 1619-1621 Heilig-Geist-Herr, Sommerherr 1622, 1624, Winterherr 1623, 1625, Kämmerer 1625. Während seiner Ratsmitgliedschaft wurden 1604 sieben Zauberinnen und 1615 zwei verbrannt. Besiegelte Vollmacht mit Jaspar VOGELER vom 10.7.1615 in: STAM Reichskammergericht (RKG) G 96, Bd. I, Dr. Johann Garßen u. Cons. ./. Kloster SS. Simeon u. Mauritz, Minden. ⚭ (Minden) ...

13) Anna Bulle
* Minden ..., † Minden ...
Berechtigt an der Bulle-Stiftung in Stadthagen

14) Heinrich Flörcke
* Lemgo 1572, † Lemgo 7.2.1611
Bürgermeister zu Lemgo 6.1.1610. Sein Epitaph in der Marien-Kirche in Lemgo (vgl. Hanns-Peter Fink, Die Inschriften auf drei Epitaphien in St. Marien zu Lemgo, in: Lippische Mitteilungen, 54 Band, 1985, S. 161-179: Das Epitaph hat ihm seine Witwe setzen lassen. Die Wappen darauf sind von oben nach unten:
Links (heraldisch rechts):

FLORCKEN (AL 28): 2 gebogene zugewendete Blumenstengel,
SWIBBEN (AL 57): 3 (2:1) sitzende Eichhörnchen, Helmzier: 1 Eichhörnchen,
KRUSEN (AL 113): 3 (2:1) Krausköpfe,
(FRE)SEN (AL 115): 2 gekreuzte Spaten, HZ: offener Flug, dazwischen die Spaten.
(Das Wappen SWIBBEN ist eigentlich das Wappen der Lippstädter Familie DUSTER, die erst in der nächsthöheren Generation auftreten dürfte.)
Rechts (heraldisch links):
PROTH (AL 29): 2 Stierköpfe nebeneinander, HZ: Stierkopf zwischen 2 Hörnern,
ERP-BROCKHAUSEN (AL 59): 1 Haus, HZ: Haus, auf dessen First ein Vogel sitzt,
FLORCKEN (AL 117): wie links oben,
-.- (AL 119): Familie unbekannt, da Namenstafel fehlt, das Wappen ist eine Hausmarke, die sich in der verwitterten Helmzier vermutlich wiederholt.
Q: STAM, Bestand: v. Wendt zu Crassenstein (Dep.), Akten 645. - Gedruckte Leichenpredigt v. Joachim Drepper, gedruckt bei Joachim Koch. - August Dreves, Geschichte der Kirchen, Pfarren, Geistlichen Stiftungen und Geistlichen des lipp. Landes, Lemgo 1881, S. 367.
⚭ (Detmold ?) 26.9. oder 12.1596

15) Mechthild (Mette) S(ch)mer(h)e(i)m
* Detmold um 1579, † ... (nach 1618)
⚭ II. ... Okt. 1612 Dr. jur. utr. Heinrich BERGMANN.

16) Nevelin(us) Mollenbeck
* (Paderborn ?) ..., † Lemgo um 1589
Im Lemgoer Kaufmannsamt 1531. 1566 März 26 von der Fürstabtei Herford mit der Telchhove im Kspl. Hardissen belehnt (STAM, Fürstabtei Herford, Lehen 263). Weitere Belehnung 1567 Sept. 4 (Ebd., Lehen 276) und 1581 Juni 26 (Ebd., Lehen 263). 1560 Juli 3 mit Rektor Bernhard COPIUS, den Vettern Franz u. Dietrich GROTHE und Henrich FLÖRCKE genannt als Betreiber einer Druckerei (Stadtarchiv Lemgo, Urk. 1184, Lippische Regesten, Neue Folge).
⚭ Lemgo ... 1554

17) Margarethe Kleinsorge
* Lemgo ..., † (ebd. ?) (vor 1595)
Q: STAM, v. Wendt zu Crassenstein (Dep.), Akten 640-642: Lehen Kleinsorge 1516-1775. - STAM, Fürstabtei Herford, Lehen 263: Kleinsorge. Sie hat einen Bruder Dietrich, der mit den Herforder Lehen belehnt wird.

18) Hermann Prott
* (Lemgo ?) um 1535/40, † Lemgo 4.3.1610,
Reliefs mit seinem Wappen und dem seiner Frau früher am Haus Papenstraße Nr. 12 in Lemgo (vgl. Bau- und Kunstdenkmäler Lemgo S. 555-556 (Abb. u. Beschreibung). Urkunden und eigenhändige Schreiben H. Protts in der Akte „Lehen

Kleinsorge“ im Bestand v. Wendt zu Crassenstein (Dep.) 640 im Staatsarchiv Münster.
Er war Großkaufmann in Lemgo, wo er mit Wolle nach Hameln, Dortmund, Köln, Aachen und in die Niederlande handelte. Die Mitgliedschaft im Kaufmannsamt zu Lemgo erwarb er am 10.11.1565 mit 30 Goldgulden. Die Höhe dieses Geldbetrags macht deutlich, daß er als „Fremder“ in das Amt aufgenommen wurde. Seine drei Söhne, Cord (* 1572), Johann (* 1573) und Franz (* 1582), hatte der Vater für jeweils nur 5 Goldgulden in das Kaufmannsamt aufnehmen lassen. Die Tochter Catharina ⚭ Pfingsten 1586 Engelbert GROTE, Sohn des Henrich G. u. d. Catharina KOCH (aus der bekannten Bielefelder Familie).
Hermann P. war Ratsherr, Ratskämmerer u. Siegler in Lemgo bis 1597 und Bürgermeister 1598-1610.
⚭ II. vor 20.1.1602 Anna Seger, Witwe Dietrich KLEINSORGE senior,
⚭ I. (Minden oder Lemgo) 1567

19) Adelheid Dreyer
* (Minden ?) um 1542, † Lemgo (nach 1614),
Ihre Schwester Anna, * Herford um 1533, † Alverdissen um 16.3.1556, war mit Martin MEIBOM, * Osnabrück um 1510, † Alverdissen ... 1556 an der Pest (wie seine Frau), verheiratet. Ihr Sohn Heinrich MEIBOM der Ältere, * Alverdissen 4.12.1555, † Helmstedt 20.9.1625, Professor der Dichtkunst u. Geschichte an der Universität Helmstedt, 9.7.1590 Poeta laureatus durch Kaiser Rudolf II., ist der Stammvater der bekannten Gelehrtenfamilie.
Eine weitere Schwester war Clara DREYER (DREIER), die um 1550 Heinrich ERP-BROCKHAUSEN, * 1518, † 1576, Weinherr u. Bürgermeister zu Lemgo 1552-1573, heiratete.
Nach den Wappen der Eheleute am Erker des spätgotischen Steingiebelhauses auf der Mittelstraße 31 in Lemgo (abgebrochen 1904, Bau- u. Kunstdenkmäler (BKDW), 45. Band, 1583, Bild 965) war die Mutter des Ehemanns eine geborene PROTT und die der Ehefrau eine geborene BARKHAUSEN (Wappen: 1 Ast mit 3 gestielten Eicheln, durchsteckt mit einem schwebenden Sparren). Es ist dies das Wappen der Familie Barkhausen vom Hof Nieder-Barkhausen. Einen Ast mit gestielten Eicheln führte auch eine Bürgermeisterfamilie KOCH in Marsberg u. Warburg (vgl. F. Heidenreich, Warburger Stammtafeln, in: Beiträge zur westfälischen Familienforschung, Bd. 43-44, 1985/86, Tafel 137: KOCH 3). Anna KOCH, die Frau des Johann DREYER und Mutter der drei vorgenannten Töchter, müßte demnach auch den Zunamen BARKHAUSEN gehabt haben. Der Vater Heinrichs, Hermann ERP-BROCKHAUSEN müßte nach der Wappen-Konstellation an besagtem Erker eine PROTT zur Frau gehabt haben.

20) Christian (Carsten) Wippermann
* Lemgo ... 1523, ▭ Lemgo 28.5.1598,
Bürger in Lemgo 1559, Erbauer des Hauses Kramerstraße 5 in Lemgo 1576 (Ausführliche Beschreibung des bedeutenden Hauses Kramerstraße 5 vgl. Bau- und Kunstdenkmäler Westfalens, Lemgo, S. 729-752).

Q: Mitteilungen aus der lippischen Geschichte u. Landeskunde, 25. Band, Detmold 1956, S. 204ff.: Dieter Schepper, Zur Genealogie der Lemgoer Familie Wippermann. – Karl Brenker, Stammtafel des Geschlechts Wippermann etwa 1450-1850.
⚭ Lemgo um 1559

21) Lineke (Lina, Magdalena) Br(a)utlacht
* Lemgo ..., † Lemgo ... 1608.

22) Nikolaus von Briel(l)
* ..., † ...
Lt. Sammlung Brenker im Staatsarchiv Detmold war seine Frau Mette von Borken, nach Urkunde der Stadt Herford vom 15.3.1575 (Nr. 385) hieß seine Frau aber Stine ... Mit ihr und allen ihren rechten Erben verkauft Clawes van Brielen vor Bürgermeister, Scheffen und Rat der Altstadt Herford eine Rente von 5 Talern jährlich aus seinem Haus auf der Honstrate an Engelke SELIGEN, Bürger zu Lemgo.
Urkundet als Niclaiß van BREIELL, Rentmeister zu Vlotho, am 11.5.1577 (STAM, Grafschaft Schaumburg, Akten XVI Nr. 3). Sein Papersiegel zeigt in der Schildmitte ein von einem Pfeil durchbohrtes Herz, über dem oberen Schildrand die Initialen N D B.
Sein Sohn u. Nachfolger im Rentmeisteramt, Johann v. BRIELL, siegelt 1609 mit einem ganz ähnlichen Wappen: der Pfeil durchbohrt das Herz von rechts unten nach links oben (beim Vater von rechts oben nach links unten) (STAM, Grafschaft Ravensberg, Urkunden).
Zur Geschichte der Familie von BRIEL(en) vgl. Karl Großmann, Geschichte der Stadt Vlotho, Vlotho 1971, S. 48-52: Der freie Fährhof.

24) Johann Frederking
* Minden um 1530, † ...,
Ratmann in Minden 1583-1584 (STAM, Msc. VII, 2418), auch 1579-1582, Kämmerer ebd. 1584 hat er zusammen mit dem Ratmann Hans COTHMANN „21 Zauberschen brennen lassen" (STAM, Msc. VII, 2418).
Vollmacht mit Siegel v. 6.12.1570 (STAM, RKG F 273 Johann Frederking u. Cons. ./. Karsten Pfaffen, 1571/72.
Seine Tochter Anna ⚭ Hermann SCHREIBER. Ihre Söhne sind:
Theophil SCHREIBER (1596-1667) (F. Roth, Leichenpredigten R 5953) u.
Heinrich SCHREIBER (1594-1670), Jurisconsultus, Comes palatinus u. Bürgermeister zu Minden (F. Roth, LP R 4564).
⚭ Minden um 1555/60

25) Gese Vogeler
* Minden um 1535, † ...

26) Rudolf Bulle
* ... (1543), † ... (nach 1610)

Ratsherr in Minden 1583 (STAM, Msc. VII, 2418), STAM, Minden-Ravensberg, Regierung, Akten 160: Cathmannsche Lehen: 9.7.1579 Ausräumung der Irrung zwischen den Gevettern SCHRADER und Hans CATHMANN. Die Witwe des Jobst von BÜCKEN wird darin als lebend erwähnt. Die Lehnsanteile der Schrader kauft Hans Cathmann. Vertrag v. 29.9.1588 (S. 54-57 ebd.) zwischen Hans Cathmann dem Älteren und seinem Tochtermann Rudolf Bulle und ihren Hausfrauen und Kindern sowie den Gebrüdern Schrader, deren Lehen Hans Cathmann kaufen will. S. 60-62v ebd.: Bericht des Rudolf Bulle senior an den Kurfürsten über die Lehnsfolge ab den v. Bücken.
⚭ Minden ... 1576

27) Margarethe Catemann (Cathmann, Cothmann)
* ..., † ... (tot 1636)
Q: STAM, v. Wendt zu Crassenstein (Dep.), Akten 644: Lehen Cothmann 1521-1718.

28) Conrad (Cord) Flörcke
* Lemgo ..., † Lemgo um 1596,
das Epitaph seines Bruders Heinrich, * um 1530, † 9.2.1588, ⚭ II. ... Ursula ORTH, kinderlos, ebenfalls in St. Marien zu Lemgo. Es hat die Wappen FLÖRCKEN (oben links, herald. rechts), SWIBBEN (oben rechts, herald. links) KRUSE (unten links, herald. rechts), FRESEN (unten rechts, herald. links).
⚭ Lemgo ...

29) Anna Prott
* ..., † ... (tot 6.8.1579).

30) Johannes S(ch)mer(h)e(i)m
* Detmold um 1550, † Detmold ...9.1607,
⚭ Minden 1578

31) Catharina von der Hoya
* Minden 1562/63, † Hannover 4.5.1617, ▭ ebd. Marktkirche St. Georg 9.5.1617. Nach dem frühen Tod ihrer Eltern kam sie zur Schwester ihrer Mutter Anna von der LIPPE, Witwe von Heinrich FLÖRCKE, Bürgermeister zu Lemgo. Als auch diese Tante bald starb, wurde sie von Catharina von WALDECK, Gräfin zur LIPPE in ihr „Frauenzimmer" aufgenommen, wo sie für 6 Jahre erzogen wurde (LP Roth R 6811).
⚭ II. Hannover Erich REICHE.

32) ? Hans Mollenbeck
Um 1530 Ratsherr in Paderborn.

34) Bernhard Kleinsorge
* Lemgo ..., † Lemgo ... 1537,

Bürger in Lemgo 1521; 1535 Sonntag nach Severin belehnt von der Herforder Fürstäbtissin Anna von LIMBURG mit der Hälfte des Hofes Nieder-Sülbecke und mit anderen Lehen, von denen die COTHMANN die andere Hälfte zu Lehen tragen (STAM, Fürstabtei Herford, Lehen 263). Die Lehen hatte vorher sein Vater, der selige Karsten K.
⚭ Lemgo um 1520

35) Kunigunde (Kunne) H u n g e r
* Lemgo um 1490, † ...
⚭ I. Lemgo 1.10.1508 Engelbert G r o t e , 2 Kinder.

36) = 58) Johann P r o t t
* (Lemgo ?) ..., † ... 1583/84
1546 Amtsschreiber und Amtmann zu Blomberg u. Brake.
⚭ (Lemgo) ... (vor 1544)

37) = 59) Mette E r p - B r o c k h a u s e n
* ..., † ...

38) Johann D r e y e r
* Lemgo um 1490, † Minden ... 1544,
Reformator der Stadt Herford, läßt am Ostersonntag 1532 in der dortigen Münsterkirche seine 1531 verfaßte Kirchenordnung verkünden. Sein Onkel Dr. theol. Hermann DREYER, einst Professor der Theologie in Rostock, war Inhaber hoher Ämter im Augustiner-Orden.
Johann D. ging aus Unzufriedenheit um 1540 nach Minden, dort Superintendent und Pfarrer an St. Martini.
⚭ (Herford ?) ...

39) Anna K o c h
* ..., † ...
Sie führte vermutlich noch den Beinamen BARKHAUSEN. Sie stammt nicht – wie in zahlreichen Ahnentafeln und -listen angegeben – aus der bekannten Bielefelder Familie dieses Namens!

40) Ernst W i p p e r m a n n
* Lemgo ... um 1498, † Lemgo ...
Besitzer des Hauses Breite Straße 35 in Lemgo, abgebrochen um 1900, Beschreibung in Bau- und Kunstdenkmäler Westfalens, Lemgo, S. 662-664. Siehe auch Nachtrag zu Ferd. Friedr. Fabers Württ. Familienstiftungen, 8. Heft, Nr. 138: Wippermann-Stiftung. Die dort aufgeführten Generationen I.-IV. bedürfen einer Korrektur, bearb. v. O. Beuttenmüller, Stuttgart 1987.
⚭ II. Lemgo (nach Ostern 1532) Ilsabe D e r e n t h a l (= AL 109),
⚭ I. ... (Blomberg oder Lemgo)

41) N. Waterbeck
* Blomberg ..., † Lemgo (vor 1532)

42) Goedeke (Gottschalk) Brutlacht
* Lemgo um 1500, † Lemgo ... 1587,
Kaufmann, 1583 als Hexer und Zauberer vor Gericht. Er wurde von seinen beiden Söhnen verteidigt und daraufhin freigesprochen. Sein Verleumder Nolte Beschoren wurde verurteilt. Ratsprotokoll v. 13.11.1583: „Nach Danksagung des angesetzten Termini seind Bürgermeister Jürgen Brutlacht aus Brakel und Tonies Brutlacht, Ratsherr zu Hervorde erschienen im Namen und von wegen ihres lieben Vaters. Gedachte Bürgermeister und Ratsherr bitten im Namen ihres Vaters zu Recht zu erkennen, daß Beklagter Nolten Beschoren nicht geziemt habe, Goedeken Brutlacht an seinen Ehren, Wohlstand, Leib und Leben zu höhnen, diffamiren und schmähen und daß er deswegen am Leib zur Abscheu anderer leichtfertiger Leute solle höchlichst gestraft werden ...“
Kramer Godeke B. trieb Garnhandel und stand in Handelsbeziehungen zu Elberfelder Händlern (Lemgo, Kaufmannskopiar S. 90-91) 1560. (Vgl. Ellynor Geiger, Die soziale Elite der Hansestadt Lemgo und die Entstehung eines Exportgewerbes auf dem Lande in der Zeit von 1450-1650, Detmold 1976, S. 223, Anm. 1, S. 228, Anm. 22, S. 229 Anm. 82). Leichenpredigt seines Sohnes Antonius B. (1545-1613), 1588 Bürgermeister in Herford, ⚭ Herford 1568 Katharina FREITHOFF, † 1616, in der Landesbibliothek Hannover (Cm 287).
Goedeke B. wohnte in der Heiligen-Geister Burschaft in Lemgo, 1567 Ratsherr ebd. – Stammfolge B. im Deutschen Geschlechterbuch Bd. 82.
⚭ II. ... 1585 N.N.,
⚭ I. ... (vor 1534)

43) Adelheid Lesemann
* ..., † ...
Ihre Herkunft ist unbekannt.

48) Johann Frederking
* Minden ..., † Minden ...,
1539 Ratmann in Minden (STAM, Msc. VII, 2418), 40-Meister 1524 (STAM, Msc. VII 2909), wohnte im Markt-Viertel 1524, Schatzherr zu Minden 1523, erw. ebd. 1519 u. 1522.

50) (Johann ?) Vogeler
* Minden ..., † Minden ...,
Die zahlreichen Namensträger Vogeler in Minden im 16. Jahrhundert können nicht zu einer einigermaßen zuverlässigen Stammtafel zusammengestellt werden. Da im Kirchenstuhlbuch von St. Martini in Minden der Kirchenstuhl Nr. 50 (Bl. 3) von Johann Frederkings Frau auf die Ehefrauen von Arendt Frederking und Rudolf Frederking (AL 12) übergeht, könnte der Bruder von Gese Vogeler (AL 25) ein Arndt VOGELER gewesen sein, der seinen Vornamen an Geses Sohn Arndt

weitergegeben haben könnte. Diese Vermutung wird außerdem gestützt durch die Bezeugung des Testaments von Bürgermeister Jaspar VOGELER am 16.5.1618 u. a. durch Johann FRE(DE)RKING und Georg Kütemeyer. Georg Kütemeyer leitet das Recht am Kirchenstuhl Nr. 19 (Bl. 36) von Arndt VOGELER her, den die Nachkommen am 12.6.1704 ihren Eltergroßvater nennen.
Arnd(t) VOGELER im Scharn, Johanns Sohn, war 1550 Sept. 16 (STAM, St. Marien, Urkunden 114) mit Margarete, Tochter des Hinrich KRUSE, Küster zu St. Marien in Minden, u. d. Geske, verheiratet. Vom Ehemann der Anne Kruse (Margaretes Schwester), Jasper Swirinck, dürfte Arnd Vogelers Sohn Jaspar seinen Vornamen haben.

52) Franz Bulle
* Stadthagen ..., † ...,
1534 Bürger in Stadthagen.

53) Anna Vaget (Vogt)
* Minden ..., † ...

54) Hans Catemann (Cothmann)
* Lemgo ... 1526, † Minden ... (kurz vor Ostern) 1604,
STAM, Minden-Ravensberg, Regierung, Akten 159:
17.9.1563: Hans CATEMANN und Jost Schrader schreiben wegen der Belehnung an den Bischof von Minden betr. ihres † Vorfahren Rickmer von Bücken; 24.9.1563: Die Lehen gehören der Orgel im Dom zu Minden; Judica 1564: Hans CATHEMANN u. Jost Schrader haben die Pfandbriefe des Rickmar von BÜCKEN über 600 Gulden in Besitz; 14.10.1605: Hans CATHEMANNS Erben sind Rudolf BULLE und Johann Hevermann.
Ebd., Akten 160: Dienstag in den Hl. Ostern 1586: Hans CATHMANN, Bürger zu Minden, bezeugt für sich u. s. Hausfrau, daß er am 9.7.1579 den Brüdern und Vettern Schrader die Lehen abgekauft habe.
Nachkommentafel in: Die Kirchenstuhlbücher von St. Martini in Minden als familiengeschichtliche Quelle, bearb. v. Max BURCHARD, in: Mindener Jahrbuch, Band 9, 1937/38, Minden 1938, S. 15, mit Ausführungen dazu S. 13-14.
Vgl. auch Friedrich GERLACH, Die Patrizierfamilie COTHMANN in Lemgo (1373-1726), in: Lipp. Blatter für Heimatkunde 1950, Nr. 12, - 1954, Nr. 4.
⚭ Minden 1549/1550

55) Katharina von Bücken
* Minden ..., † ... (nach 1565),
Jobst von BÜCKEN wird ausdrücklich als ihr Vater genannt 18.10.1566 (STAM, Minden-Ravensberg, Regierung, Akten 159). Sie war das einzige Kind ihrer Eltern (Ebd. 19.10.1650).

56) Johann Flörcke
* Lemgo ..., † Lemgo um 1536,

Bürger in Lemgo; gibt der Fürstäbtissin zu Herford Bonizeth v. Limburg 1516 Nov. 28 seines Vaters Engelbert Pferd als Hergewedde und empfängt eine halbe Hufe zu Nortorpe im Kirchspiel Talle (Lipp. Regesten (LR), Neue Folge).
⚭ (Herford oder Lemgo) um 1515

57) Ilse Swibbe
* Herford um 1490/95, † (Lemgo) (nach 1536).

60) Arnold (Arend) S(ch)merhe(i)m
* Lage um 1510, † Detmold ... (nach 1564),
Zeuge 1553 Jan. 26 (LR, NF), urk. 1559 Okt. 28 als gräfl.-lipp. Hausvogt (LR, NF).
⚭ (vor 1544)

61) Mechthild (Mette) Wrede
* Lemgo ..., † ...
Q: Staatsarchiv Detmold, Sammlung Brenker, Band 228: Wrede. – STAM, Fürstabtei Herford, Lehen 233.

62) Arnold von der Hoya
* Minden um 1530 (1527 ?), † Minden um 1567 (1565 ?)
Georg v. Braunschweig, Bischof von Minden, belehnt Arnd von der Hoya und seinen Bruder Hinrich, Söhne des † Sweder v.d.H., sowie Johann u. Roleff, Söhne des † Ernst de Garße, mit dem Mühlenhof zu Dützen und anderen Ländereien Freitag nach Septuages. 1557 (STAM, Minden-Ravensberg, Regierung, Akten 99).
⚭ ... um 1558

63) Catharina von der Lippe
* Brake um 1539, † Minden ... 1570

68) Christian (Karsten) Kleinsorge
* Lemgo um 1450 (1465 lt. AL Köster), † Lemgo ... 1533,
Bürgermeister zu Lemgo 1516-1533, 1526 Mai 15 belehnt mit der Telchhove zu Hardissen von der Fürstäbtissin zu Herford (STAM, Fürstabtei Herford, Lehen 263), genannt 1518 Nov. 10 als Bürgermeister (LR, NF), belehnt 1498 Juni 7 (STAM, Msc. VII 3325 D, fol. 47). Erbauer (um 1500) des spätgotischen Steinhauses Mittelstraße 52 in Lemgo mit dem ältesten der steinernen Ziergiebel an Lemgoer Bürgerhäusern.
Beschreibung des Hauses in BuKW, Lemgo, S. 825-830.
Er reversiert 1521 Mai 14 über 7 Stücke Lehen-Land vor Lemgo (STAM, v. Wendt zu Crassenstein (Dep.), Urk. 158).
⚭ Lemgo (vor 1500) (1489 lt. AL Köster)

69) Margarethe G r o t (h) e
* Lemgo um 1474, † Lemgo (nach 1500),
sie hatte 4 Kinder.

70) N. H u n g e r
* ..., † ...,
sein Vorname konnte noch nicht ermittelt werden, bekannt ist nur, daß AL 35 die Enkelin von Arend HUNGER (AL 140) ist.

72) = 116) Johann P r o t t
* ..., † ...,
Pfarrer in Cappel b. Blomberg 1529-1541. Über seinen Sohn Hermann P., † 14.11.1591, Pfarrer in Cappel 1538-1570, und seinen Enkel Johann P., Pfarrer in Cappel 1570-1609, vgl. Wilhelm BUTTERWECK, Die Geschichte der Lipp. Landeskirche, Schötmar 1926, S. 356-357.
⚭ ...

73) = 117) N. F l ö r c k e
* ..., † ...

74) = 118) Hermann E r p - B r o c k h a u s e n
* Lemgo ... 1484, † Lemgo ... (wohl 1518),
1513 Bürger in Lemgo, Besitzer des spätgotischen Steingiebelhauses Mittelstraße 29 in Lemgo. Beschreibung in BuKW, Lemgo, S. 804-805.
⚭ Lemgo ... 1513

75) = 119) N. P r o t t
* ..., † Blomberg 1540,
vgl. Ausführungen bei AL 19. Vielleicht war sie eine Schwester von AL 72 Johann PROTT.
⚭ II. ... 1521 Dietrich PECKELHERING.

76) Bernhard D r e y e r
* ... um 1425 (?), † Lemgo (angeblich nach 1527 !),
Sein Bruder ist Dr. theol. Hermann D., Provinzial der Ordensprovinz Sachsen u. Thüringen usw. und der übrigen Konventsbrüder des Klosters der Augustiner-Eremiten zu Herford (Stadtarchiv Stadthagen, Urk. 255 von 1505 Okt. 3).

80) Hermann W i p p e r m a n n (von der WIPPER)
* Lemgo ... (vor 1474), † Lemgo um 1523 (vor 4.4.1524),
Bürgermeister zu Lemgo 1513-1523. Er und seine Frau Margarethe quittieren 1518 Okt. 10 dem Bürgermeister Hennecke (Heinrich) WREDE und seiner Frau Anna einen Rentbrief über 60 Goldgulden, woraus an Hermanns Schwägerin, Jfr. Gertrud KLUTEMANN, jährlich 3 Gg. gezahlt werden sollen. Nach deren Tod soll der Brief ihrem Bruder Jost KLUTEMANN oder seinen Erben zufallen (LR, NF).

Hermann v.d. WIPPER reversiert über einen Hof im Dorf Papenhausen 1521 Mai 13 (STAM, v. Wendt zu Crassenstein (Dep.), Urk. 157). Arndt v.d. WIPPER bekennt für sich und seine Brüder Cord u. Johann sowie für die Kinder seines † Bruders Hermann, nämlich Kerstian, Joest u. Ernst, von Lubbert de Wendt mit dem halben Hagen zu Papenhausen und anderen Gütern bei der Stadt Lemgo belehnt worden zu sein 1524 Apr. 4 (Ebd., Urk. 161).
⚭ Lemgo (vor 1510)

81) Margarethe Klutemann
* Lemgo ..., † ... (lebt noch 1533) (LR, NF)

82) Lüdeke Waterbeck
* ..., † ...,
Bürgermeister in Blomberg.
⚭ (Blomberg) ... (vor 1489)

83) Ilse Rodewig
* (Blomberg) ..., † ...
1489 belehnt von J. H. v. Friesenhausen

84) Lüdeke (Ludolf) Brutlacht
* ... um 1475, † Lemgo ... 1553,
Bürger und Hausbesitzer in Lemgo.

96) Johann Frederking
* Minden ..., † Minden ...,
genannt in den Schatzrechnungen der Stadt Minden 1498, 1510-1511. Dort wird 1502 auch ein Hinrich FREDERKING genannt.

104) Heinrich Bulle
* ..., † ...,
1485 Bürger in Stadthagen. Er findet 1499 seinen Sohn Arnd ab (Urk. 38a). Für seine Tochter N., Frau des Johann van Ferghel aus Hameln, zahlen er und sein Sohn Franz am Mittwoch nach Annae 1545 (Urk. 69b) 200 Goldgulden an Brautschatz.
⚭ Stadthagen um 1485

105) Ilsabe Vagedes
* ..., † ...,
Hinrich Bulle und seine Frau Elsebe finden die von letzterer mit dem sel. Diderik BRADENSTAYL erzeugten Kinder Hanseken, Karsten, Gretike, Hille und Anneke ab (Stadtarchiv Stadthagen, Urk. 30a) 1487 Donnerstag nach Agathae. Die Vormünder der Kinder, Bartold Goltsmed und Tylcke Wobbekynch quittieren 1496 Do. n. Dionysius.
⚭ I. um 1475 Dietrich BRADENSTOLZ, Bürger in Stadthagen 1475.

106) Rudolf V o g t
* ... um 1505, † Minden 29.6.1565,
im Rat der Stadt Minden aus der Kaufmannschaft 1532, Bürgermeister in Minden 1532, 1543, 1545, 1552, 1554, 1557, 1558. Er war im Schmalkaldischen Krieg der Retter der von kaiserlich-katholischen Truppen belagerten Stadt, die 1547 kapitulieren mußte. Mit einer Ratsdelegation ging er im Februar 1547 in das Lager der Kaiserlichen nach Dützen, um den geforderten Fußfall vor dem kaiserlichen Kommissar zu machen und die Schlüssel für die Stadttore zu übergeben. Dadurch rettete er die Stadt vor der Zerstörung. – Die Inschrift seines Epitaphs in der Mindener Simeonskirche, das den Bürgermeister mit seiner 1. Frau und drei frühverstorbenen Kindern (Magnus, Rudolf u. Jages ?), zeigt, in: Mindener Heimatblätter, Nr. 11, 3. Jg., Juni 1925. Abbildung des Epitaphs in: Oskar Wolff, AT meiner Kinder, Starke-Görlitz 1942, S. 32. – Bild des Epitaphs ebenfalls in: Mitteilungen des Mindener Geschichtsvereins, Jg. 60, 1988: Marianne Nordsiek, Die Simeonstraße in Minden, S. 7-50, Epitaph S. 26. Dort auch die Beschreibung seines Hauses aus der Zeit der Weserrenaissance, Simeonskirchhof Nr. 4, S. 26-28 u. 41.
⚭ II. Minden ... Maria, Tochter des Swer von der HOYA; sie lebt 1565.
⚭ I. Minden ...

107) Ilse B r e d e m e i e r
* Minden ..., † Minden ... (vor 1565).

108) Gottschalk C o t h m a n n
* Lemgo ..., † Lemgo ... 1529,
Kaufmann und Ratsherr in Lemgo, er hat 2 Söhne, Hans u. Dietrich. Vgl. Staatsarchiv Detmold, RKG C 37.
In Minden wird die Familie meistens CATEMANN genannt.
⚭ Lemgo ... um 1525

109) Ilsabe D e r e n d a l (-thal)
* Höxter ... um 1500, † Lemgo ... 1592,
⚭ II. Lemgo kurz nach Ostern 1532 Ernst WIPPERMANN (AL 40), mit dem sie 1592 den Taufstein der Neustädter oder Marien-Kirche in Lemgo stiftete (Wilhelm Butterweck, Die Geschichte der Lipp. Landeskirche, Schötmar 1926, S. 472).
Ihr jüngerer Bruder Johann folgte ihr nach Lemgo, wo er später Bürgermeister wurde.

110) Jobst (Jost) von B ü c k e n
* Minden ..., † ... (tot 29.3.1564),
1543 Ratmann in Minden, urk. 1533 Sept. 20 (STAM, Grafschaft Schaumburg, Urk. 87), 1536 So. n. Exalt. crucis (STA Osnabrück, Rep. 100, Abschn. 149, Nr. 2), Jost Schrader ist sein Vetter (Neffe?). Das Siegel an der Urkunde von 1533 zeigt einen aufrechtstehenden Hund oder Fuchs mit einer Stange (?). Mit der Urkunde von 1536 belehnt Franz v. Waldeck, Bischof zu Münster etc., Jost v. Bücken,

Bürger zu Minden, mit den Lehngütern, die auch seine Vorfahren schon hatten (STAM, Minden-Ravensberg, Regierung, Akten 159). Jost Schroder ist sein Vetter (Neffe?) und Bürger zu Hameln. Er und seine Brüder Caspar u. Friedrich werden am 19.2.1557 belehnt. Friedrich war am 28.2.1567 Amtmann zu Aertzen.
⚭ Minden um 1530

111) Anna von L e t e l (e) n
* … um 1500, † (Minden) (nach 9.7.1579),
Da sie und ihre Geschwister nicht die umfangreichen Lehen der Mindener Familie erben, müssen sie illegitimer Abstammung sein. Sie und ihr 1. Ehemann nehmen am Montag nach Cantate 1527 von Adelheid, Tochter von Cord Grotehencke dem Älteren, Bürger zu Minden, 40 rhein. Gulden auf. – Am Freitag nach Lucia (13.12.) 1526 erhalten sie von Annas Mutter Gese, Witwe des Gerke von LETELEN, eine Bude an der Ecke der Vitebolden-Straße in Minden, die einen Ausgang zur Ritterstraße hat, nach Pachtgutsrecht. Die Bude liegt im Kirchspiel St. Martini. Hannoversche Geschichtsblätter, 23. Jg., 3./4. Heft, 1920: Georg Nahusen, Quellen u. Beiträge zur Geschichte stadthannoverscher Familien: Everd von Berckhusens Wäskenbok 1553, S. 159: Der Seldenbötte Geschlechte, 279: „Tonnies SELDENBOTT, … nam to der Ehe Margreten, N. von LETLEN Dochter von Minden, de letzte von dem olden löflicken Geschlechte unde telede mit öhr n e n e Kinder".
⚭ I. Minden (vor 1526) Hinrich TABEKEN, Bürger zu Minden (auch ein Papenkind).

112) Engelbert F l ö r (c) k e
* Lemgo um 1452, † Lemgo … 1515,
1498 genannt in Lemgo, war lt. Zeugenverhör im Jahre 1512 „bei 60 Jahre alt".
⚭ Lemgo …

113) Elisabeth K r u s e
* Lemgo …, † Lemgo …
Verwandt mit Johann von Rinteln.

114) Johann S w i b b e der Ältere
* Herford …, † Herford …,
Erbschaftsauseinandersetzung zwischen seinem Sohn Johann d. Jg. und Joachim von GREST wegen des Erbes der Christine von Grest, Tochter Wilhelms, Bürgermeisters zu Bielefeld, Ehefrau des Johann SWIBBE d. Jg. und Schwester des Joachim v. G. vom 5.2.1539 (STAM, Fürstabtei Herford, Lehen 192a); bewohnt 1509 das Haus neben dem Wohnturm der Familie FRESE (des Fresen torn) in Herford an der Lütkenstrate bei der Renneporte (Codex Traditionum Westfalicarum (CTW) IV, F. Darpe, Fürstabtei Herford, Münster 1892, S. 308 (1509), S. 318 (1517) u. S. 404/405).
⚭ (Herford oder Lippstadt) …

115) Aleke F r e s e (n)
* Lippstadt ..., † Herford ...,
Urk. 1527.

122) Arnd W r e d e
* Lemgo um 1492, † Lemgo ...,
gewinnt als ›Arnd W., Hinrikes sone‹ mit 5 Goldgulden im Jahre 1514 das Kaufmannsamt in Lemgo, ebd. erw. 1533. Für seinen Sohn Bernd gewinnt er am 10.11.1536 das Kaufmannsamt.
* Lemgo um 1514 N. N.

124) Schweder (Swer, Ahasverus) von der H o y a
* um 1493, † Minden (nach 1543),
Ratsherr in Minden. Lt. Zeugenaussage im RKG-Prozeß v. Rottorf ./. v. Staffhorst von 1543 war er 50 Jahre alt (Nieders. Hauptstaatsarchiv Hannover). Zahlt 1514 erstmals in Minden Schatzung für seinen Schwiegervater Hinrich BOBERT. Er hat eine Schwester Elisabeth, verheiratet mit Jürgen GARSSE, Patrizier in Minden (F. Roth, Restlose Auswertungen von Leichenpredigten, R 5635: LP auf Johann GARSSE (1616-1668) (STAM, St. Marien, Minden, Lehen, Spec. Nr. 4, Bd. 1: Garssensches Lehen, und Minden-Ravensberg, Regierung, Akten 217). Schweder v. d. H. war Ratmann in Minden 1532 u. 1539.
⚭ Minden um 1514

125) Gesa B o b e r t
* Minden ..., † Minden ... 1581 (vor 29.7.),
sie war am 14.8.1558 noch beleibzüchtigt mit den Bobertschen Lehen (STAM, Minden-Ravensberg, Regierung, Akten 217).

126) Anton(ius) von der L i p p e
* ..., † ...
Lippischer Amtmann zu Brake 1535. Mit seinen Brüdern Simon, Vincentius, Bartold, Erich und Bernd sowie der Mutter Ilse genannt in der Urkunde ihres echtbürtigen Bruders Bernhard des Jüngeren 1511 April 25 (LR, NF); 1532 Sept. 3 als Halbbruder u. Getreuer des Grafen Simon V. zur LIPPE genannt (LR, NF).
⚭ ... um 1535

127) Anna W i p p e r m a n n (von der Wipper)
* Lemgo ..., † Lemgo ...,
In der LP auf Catharina von der HOYA heißt sie Catharina, was wohl eine Verwechslung des Druckers ist.

136) Cord K l e i n s o r g e
* Lemgo um 1442, † Lemgo ... (nach 1515),
Patrizier u. Handelsherr zu Lemgo, landesherrlicher Vogt.
⚭ ... (vor 1475) (um 1464 lt. AL Köster)

137) Adelheid N.
* …, † …

138) Dietrich G r o t (h) e senior
* Lemgo um 1440/45, † Lemgo … (zwischen 1519 u. 1526),
Patrizier und Handelsherr zu Lemgo, Ratsherr, Deche (= Vorsteher) der Hausarmen.
⚭ (Minden oder Lemgo) 1470/1485

139) Ilse G e v e k o t
* Minden um 1450/55, † Lemgo … (nach 1509).
Die Eheleute hatten 6 Söhne.

140) Arend H u n g e r
* Lemgo um 1430, † …
Bürgermeister zu Lemgo 1467-1508.
⚭ … um 1460

141) Künne N.

148) Erp B r o c k h a u s e n
* …, † …
Bürger in Lemgo 1447, gelobt Zahlungen im Kaufmannsamt 1444, 1445, 1465-1467.

160) Johann W i p p e r m a n n (von der WIPPER), der Ältere
* Lemgo …, † Lemgo …,
besaß eine Weinhandlung und Brennerei in Lemgo, dort Bürgermeister 1490-1522 (Vgl. Lippische Regesten 2353, 2758, 2823, 2913). Vielleicht identisch mit Johann von der WIPPER der Jüngere, genannt 1523 Aug. 25 (LR, NF) mit seiner Frau Adelheid.
1493 Juli 17 genannt im Ratsbrief über 100 Goldgulden vom 22.9.1451 für ein Haus, in dem jetzt Alheyt, Witwe des Lemgoer Bürgermeisters Johann von der Wipper wohnt (betr. eine ältere Generation ?).
⚭ Lemgo … (vor 1474)

161) Adelheid E r p - B r o c k h a u s e n
* Lemgo …, † Lemgo …

162) Johann K l u t (e) m a n n
* …, † …
Sein Schwager ist Engelbert FLÖRCKE (AL 112), Zeuge als Bürgermeister 1496 Juni 11 (LR, NF). 1498 Johanna KLUTEMANN, civis Lemegensis recep. 1/2 curiam in Norttorpe in parochia Tallen, quam acquisivit ex parte uxoris sue Katharine filie Ludolphi KRUSEN. Engelbert FLOREKEN filius Engelberti F. et

civis Lemegensis recep. aliam dimidietatem, quam acquisivit ex parte uxoris sue Elizabeth filie Ludolphi KRUSEN (CTW, F. Darpe, Fürstabtei Herford, S. 291). – STA Detmold, L 4 A Nr. 1567: 1504 Jan. 23 Johann CLUTEMANN, Bürger zu Lemgo, wird wegen seines † Bruders, des Priesters Bartold C., Siegel befragt. Zeuge ist u.a. Hermann de WIPPER.
⚭ Lemgo ...

163) Katharina Cruse (KRUSE)
* ..., † ...
Ihre Schwester ist mit Engelbert FLÖRCKE (AL 112) verheiratet.

164) Johann Waterbeck
* ..., † ...
belehnt 1456, genannt 23.11.1444 mit seiner Frau Ilseke.
⚭ ...

165) Ilsabe von Friesenhausen
* ..., † ...
beleibzüchtigt 1475.

166) Henrich Rodewig
* Horn um 1442, † Horn ... (vor 11.8.1501),
⚭ ... um 1467

167) Gertrud Loo(es)s
* Paderborn um 1446, † Horn ... (nach 1501),
sie hat vier Kinder; ihr Bruder Johann, Paderborn um 1440, † ebd. 1506, imm. Erfurt 1461, Priester, bischöflicher Kaplan, 1478 geistlicher Richter, 1498, 1501, 1503 Presb. Offizial zu Paderborn, errichtete mit Bestätigung v. 11.8.1501 eine Stiftung am Altar S. Simonis et Judae apost. in der Kirche zu Horn und setzte seine Schwester und deren Kinder als Patronatsfamilie ein. Die Stiftung stattete er mit 700 Goldgulden aus, deren Zinsen als Studienbeihilfe ihrer Nachkommen dienen sollten (STA Detmold, Akte S. Simon et Judas) (Vgl. Hessische Familienkunde, Band 8, Beiheft 8, 1967, Ahnenliste Köster, Sp. 820, vgl. auch Wilhelm Butterweck, Die Geschichte der Lipp. Landeskirche, Schötmar 1926, S. 435).

208) Arnt Bulle
* ..., † ...
Bürger in Stadthagen 1428, Vormund 1446. Stadtarchiv Stadthagen, Urk. 16a von 1466 Do. vor St. Vitus: Hans und Hille BULLE bestätigen, von ihrem Vater Arnd BULLE und seiner Frau Gheseke, ihrer Stiefmutter, abgefunden zu sein und erteilen ihren Vormündern Heyneman Mynste und Ludeke Mestwarte Entlastung.
⚭ I. ... N. N.
⚭ II. ... (vor 1461)

205) Geske Struckholt
* ..., † ...

210) N. Vagedes
* ..., † ...

211) N. Wobbekinck
* ..., † ...

214) Heinrich Bredemeyer
... * um 1474, † (Minden) (nach 1525),
Ratsherr und Kaufmann in Minden 5.5.1516; genannt 29.10.1518 als Schwager des Risser von LETELEN (wohl durch die beiderseitigen Ehefrauen. 1498 erscheint er in der Mindener Schatzrechnung (STAM, Msc. VII, 2909). – 1507 Provisor Unserer Lieben Frau, dto. 1510, 1511, 1512 u. 1518 Ratmann, 1513 Vierzigmeister, 1514 u. 1515 im Dienst der Stadt Minden, dto. 1519, 1519, 1520, 1525 Schoßherr der Stadt Minden, 1522 Kemner der Stadt Minden, 1523-1525, 1539, 1547 Bürgermeister ebd. Zeuge 1534 beim RKG-Prozeß (STAM, RKG M 1190) Stifte St. Martini u. St. Johannis u. Kloster Simeon et Mauritii in Minden ./. Bürgermeister u. Rat zu Minden: ca. 60 Jahre alt, bei 2.000 Gulden reich und vor 4 oder 6 Jahren Bürgermeister zu Minden.
Ebd. RKG M 1190, Band 3, Zeugenverhör 1534: „Uff die Clausel, ob er des alten christlichen Glaubens ... sagt er, er hab das Evangelium und Wort Gottes angenommen".

216) Johannes Cothmann senior
* Lemgo ... (vor 1450), † Lemgo ... 1518,
Bürgermeister zu Lemgo zwischen 1482 und 1515 mehrfach, stud. theol. Erfurt 1467, Priester 1468-1482. Die Vettern v. Wendt verpfänden ihm und seiner Frau am 5.12.1515 (LR, NF) für 285 Goldgulden ihren Hof in Heiden. Auch genannt 1513 Sept. 21 (LR, NF) (STAM, Msc. VII, 3325 D, fol. 79); die Fürstäbtissin von Herford belehnt ihn 1509 Nov. 29 (Ebd. fol. 70), ebenfalls 1507 Juni 30 (Ebd. fol. 65')
⚭ (Minden oder Lemgo) ...

217) Hile Gevekot
* Minden ..., † Lemgo ...

218) Dietrich Derenthal
Höxter 1460/69, † Lemgo ...,
1499 Bürgermeister in Höxter, gründete 1492 auf der Westerbeke in Höxter einen eigenen Hausstand, zog aber 1494 wieder ins Elternhaus. Vgl. STAM, Fürstabtei Corvey, Urkunden und Akten Nr. 2038: Belehnungen Derenthal (-dal).
⚭ Höxter um 1490

219) Wünne Slüter
* ..., † ...
1515-1517 zahlen ›Diderik Derndals kindere‹ hohe Summen ›van der Sluterschen guder wegen‹ (H. Rüthing, S. 25). Bei Heidenreich, Warburger Stammtafeln 48 heißt sie Berta (1512).

220) Rickmar von Bücken
* Minden ..., † Minden ...,
Genannt im Schoßregister der Stadt Minden (STAM, Msc. VII, 2909) 1498-1500, 1502, 1503, 1505, 1507, 1510, 1513, 1515-1520, Ratmann in Minden 1501, 1522, Kemner 1517, 1518. Mit seiner Frau Catharina genannt 1522 März 12 (STAM, Minden-Ravensberg, Regierung, Akten 111).
⚭ ...

221) Catharina N.
* ..., † ...

222) Gereke (Gerhard) von Letel(e)n
* (Minden ?) um 1470/75, † Minden ... (tot 13.12.1526),
Seine Witwe Gese und ihre Kinder Albert, Roleff u. Katharina tauschen am Freitag nach Lucia (13.12.) 1526 Buden im Kirchspiel St. Martini in Minden an der Ecke Vitebolden-Straße mit Ausgang zur Ritterstraße mit ihrem Schwiegersohn und Schwager Hinrich TABEKE und ihrer Schwester Anna. Anna und ihr Bruder Albrecht von LETELEN sind nach dem Kirchenstuhlbuch von St. Martini im Besitz von 2 benachbarten Kirchenstühlen (Bl. 13 Nr. 58 u. Bl. 15 Nr. 60)
⚭ ...

223) Gese N.
* ..., † ... (nach 1526)

224) Engelbert Flör(c)ke
* Lemgo um 1406, † Lemgo ... 1471,
im Lemgoer Kaufmannsamt 1426, Bürgermeister in Lemgo 1442-1467. Lt. Urkunde von 1471 Nov. 21 schon vor diesem Datum verstorben (LR, NF), Zeuge als Bürgermeister 1466 Jan. 10 (LR, NF), belehnt 25.7.1447 mit seinem Bruder Florike von Friedrich de Wendt (LR, NF).
Bürgermeister Engelbert FLOREKINGH und der Lemgoer Bürger Johann CATHEMANN stiften mit Zustimmung ihrer Frauen Grete und Jutta nach dem Willen der † Hille, Mutter Johann CATHEMANNS und der Grete FLOREKINGHS ein Jahrgedächtnis. Zeugen: Die Dingpflichtigen Arnd de WREDE und Erpp BROCHHUSEN, Bürger zu Lemgo (LR, NF).
1446 Dez. 13 bekunden Priorin u. Konvent des Klosters auf der Neustadt in Lemgo, 9 Gärten, 2 Wiesen und 1 Kamp von Bürgermeister Engelbert FLOREKING und der Lemgoer Bürger erhalten zu haben. Dafür soll am Hochaltar eine Seelenmesse für Hermann und Hille CATHEMANNS und deren Angehörige gefeiert werden

(LR, NF). Vgl. auch Urk. von 1442 Nov. 26 (LR, NF).
⚭ Lemgo ... (vor 1442)

225) Margarethe (Grete) Cothmann
* Lemgo ..., † Lemgo ... (lebt noch 13.12.1446).

226) = 326) Lüdeke Kruse
* Lemgo ..., † Lemgo ...,
Genannt 1498 Nov. 17 (LR, NF, STAM, Msc. VII, 3325 D, fol. 47): Der Lemgoer Bürger Johann KLUTMANN empfängt von der Fürstäbtissin zu Herford Bonizeth v. Limburg die Hälfte des Hofes in Norttorpe im Kspl. Talle zu Lehen, die ihm durch seine Frau Katharina, Tochter von Ludolf KRUSE, zugefallen ist. Die andere Hälfte erhält Engelbert, Sohn des Engelbert FLÖRCKE, gleichfalls Bürger zu Lemgo, als Ehemann von Ludolfs Tochter Elisabeth (Vgl. AL 112-113).
Zeuge als Bürgermeister von Lemgo 1469 Aug. 7 (LR, NF) zusammen mit Arnold RIDDER (AL 978) und Johannes CATHEMANN (AL 216).
In der Soester Fehde rettete er die Stadt Lemgo im Jahre 1447 bei der Böhmeninvasion, als die Lipper auf der Seite Soests und des Junkers Johann von KLEVE standen, vor Brandschatzung und Zerstörung.

228) Heinrich Swibbe
* Herford ..., † Herford ...,
Ratsherr zu Herford, Bürgermeister ebd. 1458 Okt. 30, 1469 März 25 (LR, NF), Zeuge 1462 Juni 22; von der Herforder Fürstäbtissin belehnt 20.1.1453 (LR, NF), Zeuge 1452 Mai 1, 1464 Sept. 1, 1464 Okt. 12 (Stadt Herford, Urkunden 178, 203, 204), Ratsherr 1454 Aug. 1, 1469 Nov. 11 (Ebd. 184 u. 208), Burge 1476 Nov. 29 (Ebd. 227) zusammen mit Hinrich und Johann de FREZE, Ratmänner zu Herford.
1475 Juli 23 (Stadt Herford, Urk. 223), St. Stephan, Mainz: Die Richter des Mainzer Stuhls exkommunizieren u. a. verschiedene Studenten des Kollegiums des † Magisters Hermannus DWERGH zu Herford wegen Nichtbeantwortung der Klageschrift des Wynandus Becker betr. Prozeß gegen die genannten Rektoren.
1478 April 6 (Ebd. Nr. 231): Die Richter des Mainzer Stuhls beauftragen die Geistlichen in Paderborn, Lemgo und Schötmar, die u. a. über Johannes v. Rinteln, Henricus Swybbe, Johannes u. Henricus Freze, Ratsleute u. Scheffen zu Herford, verhängte Exkommunikation zu publizieren.
1478 Aug. 25 (Ebd. Nr. 234): Erneuerung der Exkommunikation (Weitere Urkunden in dieser Angelegenheit Nr. 237-247 (1480 Dez. 14).

230) Andreas Frese(n)
(Herford oder Lippstadt) um 1430, † (Lippstadt) ... (tot 1486), Bürger in Lippstadt. Ihm und dem Peter Berhorn, auch Bürger zu Lippstadt, wird von Bürgermeistern, Schöffen u. Rat der Alt- und Neustadt Herford Schadloshaltung versprochen, weil sie sich verpflichtet haben, dem Grafen Johann von Rietberg für die Herforder Bürger Johann Veireggede, Wichmann Blomberg Godeke Koke u. Hinrik Lewerike

in die Gefangenschaft auf Haus E(i)den zu folgen 1477 Jan. 21 (Stadt Herford, Urkunden Nr. 229) (Hier genannt als Dreisz de FRESE).
⚭ (Bielefeld oder Lippstadt) ...

231) Assele (Ursula) von G r e s t
* (Bielefeld oder Lippstadt) ..., † Lippstadt ...
Geschichte der Grest'schen Erbschaft in den Lehnsakten der Fürstabtei Herford (STAM, Fürstabtei Herford, Lehen 192a, b und c), geschrieben um 1539.

244) Heinrich W r e d e
* Lemgo um 1468/70, † Lemgo ... (vor 1532),
studiert 1485 in Köln, Bürgermeister in Lemgo 1514-1527; am 24.12.1491 im Kaufmannsamt in Lemgo, 1493 mußte er zur Aufrechterhaltung seines Geschäfts und seiner Reputation einen Großteil seiner großväterlichen Erbschaft mit Genehmigung seines Vaters verkaufen (Gerlach S. 21). Sein Lehnsbesitz geht an Meister Bernd von der LIPPE, 1533 Bräutigam seiner Tochter Stine, die aber nach seinem frühen Tod Rave GEVEKOT um 1534/35 heiratete (LR 3203).
Seine Tochter Marrigen heiratete vor 1531 Hans Leist, Bürger in Hildesheim.
Sein Sohn Meinolf gewann am 10.11.1513 das Kaufmannsamt und sein Sohn Karsten an Ostern 1521.
Zeuge als Bürgermeister 1507 Sept. 29 (LR, NF). Mit seiner Frau Anna tauscht er am 10.3.1516 (LR, NF) 9 Stücke Saatland mit der Priorin und dem Konvent des Klosters ULF in der Neustadt Lemgo u. siegelt.
⚭ ... um 1491

245) Anna N.
* ..., † ...

248) Friedrich von der H o y a
* ... um 1450, † Minden ... 1527,
1518 mit seinem Sohn Sweder in den Steuerrechnungen von Minden genannt (STAM, Msc. VII 2909).
Stiftet am 20.3.1503 mit seinem Sohn Sweder eine Memorie im Kloster St. Paul bei Bremen für Herrn O t t o , Dechant zu Bücken, ihren Bruder und Vetter (= Onkel) (Staatsarchiv Bremen, Trese PK); Drost zu Colnrade, Brockhusen u. Diepenau. 29.12.1470 urk. als Vogt zu Ehrenberg, 24.4.1475 (Hoyer UB Nr. 527) mit seiner Frau Lücke u. seinem Bruder Otto von der HOYA sowie seinen Schwägern Heinrich Freitag, Thomas v. GRÖPELINGEN und Johann Klencke, S. d. Willeken, genannt. 1486 März 29 u. 1492 März 31 Droste zu Reineberg (STAM, v. d. Recke-Obernfelde, Urk. 73 u. 82).
⚭ ... (vor 24.4.1475)

245) Lucke (Lucretia, Liutgard) von G r ö p e l i n g e n
* ..., † ...

250) Heinrich Bobert
* Minden ..., † Minden ... (lebt noch 1536),
1498, 1499 im Schoßregister der Stadt Minden genannt (STAM, Msc. VII, 2909), Schoßherr 1510, 1513-1515, 1503 im Rat der Stadt Minden für die Kaufleute, auch 1516. Seine Mutter lebt noch 1505, als er Einkünfte für sie erhebt, auch 1511, Vierzigmeister 1511-1512, 1518.
Mit seinem Bruder Arnd belehnt vom Bischof von Minden 1510 Mittw. nach Laetare u. Valentin 1524. 1502 belehnt mit seinem Bruder Arnd und Risser, Johann und Jost, Söhnen des † Johann BOBERT, ihres Bruders, mit den Lehen des † Hinrick Bevermann (STAM, Minden-Ravensberg, Regierung, Akten 101 u. 217). 1536 belehnt mit der Mühlenhove zu Dützen für sich, seinen Neffen Cyriacus Bobert, seine Tochter Gese, Ehefrau des Sweder von der HOYA, und Greteke, Tochter des † Arnd BOBERT.

252) Bernhard VII. zur Lippe
* Detmold 4.12.1428, † Detmold 2.4.1511,
folgt 1430 als Edelherr zur Lippe, genannt „Bellicosus". Seine Ahnenliste ist publiziert in: Deutsches Familienarchiv, Bd. 57, Neustadt 1973, Stammfolge der Familie BUSSE, S. 132-265, wo in den höheren Generationen leider zahlreiche sagenhafte Personen auftreten. Zahlreiche andere Vorfahren müssen auf Grund neuer und wissenschaftlich fundierter Forschungen ganz gestrichen werden.
⚭ ... 1450 Anna von HOLSTEIN,
o – o ...

253) Ilse Trump
* Neuhaus ..., † ...
Maghet und Bislepersche.

254) Heinrich Wippermann (von der Wipper)
* Lemgo um 1490, † Lemgo ... (vor 1518),
⚭ Lemgo um 1513

255) Christine Cothmann
* Lemgo ..., † (Lügde ?) ...
⚭ II. ... 1514/1535 Johann Trope in Lügde.

272) Karsten (Christian) Kleinsorge
* Lemgo um 1420, † Lemgo ...,
Patrizier u. Handelsherr in Lemgo. Vom Grafen zur Lippe hat er in Lemgo einen Hof mit Ländereien zu Lehen gehabt, den schon sein Vater seit 1444 hatte. Auch seine Kinder behalten den Hof lebenslänglich.
⚭ ... (vor 1455)

256) Margarethe N.
* ..., † Lemgo ... (nach 1448).

278) = 868) Konrad G e v e k o t
* Minden ..., † Minden ...,
Die Gebrüder Johann, Albert, Otto und Erich, Grafen von Hoya, verpfänden dem Konrad GEVEKOT für 460 rhein. Gulden alle ihre Güter zu Kutenhausen im Gericht Petershagen, wie Johann Gevekot, Konrads Vater, dieselben von dem Vater der Grafen, dem Grafen Erich, besessen hat und wie Konrad sie noch besitzt (Hoyer Urkundenbuch Hannover 1855, I. Abt., Hoyer Hausarchiv, Urk. 454 v. 22.4.1436); Ebd., Urk. 459 v. 28.7.1438:
Johann und Otto, Grafen, Albert, Bischof zu Minden, und Erich, Dompropst zu Köln u. Osnabrück, Gebrüder von HOYA, verpfänden für 560 rhein. Gulden erneut dem Konrad Gevekote alle ihre Güter zu Kutenhausen (Revers Konrads v. 25.11.1438) (weitere Urkunde v. 16.10.1440 (Nr. 468)).
⚭ Minden ...

279) = 869) Hille K n i p a f
* ..., † ...

280) Johann H u n g e r
* Lemgo um 1400, † ...
Bürger zu Lemgo, urk. 1427-1462,
⚭ ... um 1430

281) Ilseke B e t t e k e (r)
* ..., † ...

296) N. E r p - B r o c k h a u s e n der Junge
* ..., † ...
erw. 1476 u. 1480 als Bürger in Lemgo.

320) Tyle W i p p e r m a n n
* Lemgo um 1431, † Lemgo um 1466
⚭ ... (vor 1457 N.N.) Kaufmann in Lemgo.

328) Nolte W a t e r b e c k
* ..., † ...
Bürgermeister in Blomberg, belehnt 1420, urk. 23.11.1444, er und seine Söhne, der Priester Heinrich W., Johann W. mit seiner Frau Ilseke bekunden vor dem Gericht zu Blomberg, daß sie eine Rente an den Priester Johann Gottschalk verkauft haben (LR, NF).

332) Johann R o d e w i g
* Horn um 1415, † Horn ... (nach 1458),
Kaplan des Edelherrn Bernhard VII. zur Lippe, urk. 1453, 3.7.1455 (LR 3280); 1440 Dez. 4 (LR, NF) Vorsteher u. Verwahrer der Stätte Willebadessen u. „regerer“ des Johannis-Altars in der dortigen Kapelle.

Dechant u. Kapitel der Peters- und Andreas-Kirche zu Paderborn genehmigen, daß der Priester J. R. ein neues Benefizium mit den Einkünften seines, mit 110 Rhein. Goldgulden erworbenen halben Hofes in Heesten bei Horn gründet. Er wurde der 1. Rektor des Benefiziums.

334) Conrad L o o s
* ..., † ...
Priester in Paderborn, 2 Kinder.

418) Diedrich S t r u c k h o l t
* ..., † ... (tot 1461),
Bürger in Stadthagen. Seine Witwe bestimmt in Gegenwart ihrer Söhne Dethard und Hinrik sowie ihrer Tochtermänner Frederik Fricke, Arnd BULLE und Clawes (Clawesingh) de Schomaker, daß ihr Nachlaß demnächst an ihre Söhne und Töchter zu gleichen Teilen fallen soll (Stadtarchiv Stadthagen, Urk. 134a) 1461. Hinrick MERHOF, seine Frau Greteke u. Diderick STRUCKHOLTES Frau Aleke genannt 1441 (?) (Stadtarchiv Stadthagen, Urk. 248b).
∞ (Stadthagen) um 1403 (?)

419) Alheid M e r h o f f
* ..., † ...
(ihr Bruder ?) Hinrik Merhof wird 1404 Bürger in Stadthagen.

422) Beneke W o b b e k i n c k
* ..., † ...
zu Meerbeck.

428) ? Hermann B r e d e m e y e r
* ..., † ...,
urk. 1487 Freitag vor Reminiscere und am Sonntag Reminiscere (STAM, Minden-Ravensberg, Regierung, Akten 228: Lehen v. Klencke) zusammen mit Johann Borries, Bürgermeister zu Minden.

432) = 870), Johannes C o t h m a n n der Ältere
* Lemgo um 1415, † Lemgo 11.12.1473,
mehrfach Bürgermeister in Lemgo 1453-1473, kauft 1466 ½ des nogen Landes auf dem Lon von Johann de Quaditz. Bereits am 20.5.1435 (LR, NF) mit Hermann CATHEMANN als Lemgoer Bürger urkundend, ebenfalls 28.3.1439 (LR, NF) Hat 1449 Febr. 23 einen Garten bei der Sandkuhle (LR, NF). Kauft 1457 April 28 (LR, NF) von den Edelherren Bernhard VII. und Simon zur Lippe für 210 Goldgulden eine Kornrente als Lemgoer Bürgermeister zusammen mit seiner Frau Jutte. Urkundet auch 1456 Juni 15 u. Dez. 20 (LR, NF).
∞ Lemgo ... 1446/1448

433) = 871) Judith (Jutte) Cruse (KRUSE)
* Lemgo um 1420, † Lemgo ... (nach 1482),
urkundet 1443 Okt. 15 mit ihrem Ehemann: sie kaufen für 700 Gulden ein Haus und eine Hofstätte zu Hardissen im Kspl. Heiden (STA Detmold L 1)

434) Johann Gevekot
* Minden um 1430, † Minden ... (nach 16.6.1516),
Ratsherr in Minden, Bürgermeister ebd. 1455-1503. Johann Gevekote, Konrads Sohn, ist u. a. nächster Erbe Herrn KNYPAVS (Stadtarchiv Stadthagen, Urk. 244a v. 1499).
⚭ (Lemgo oder Minden) um 1460

435) Lucke Cothmann
* Lemgo ..., † Minden ...

436) Hans Derenthal
* Höxter um 1440, † Höxter ... 1499,
Ratsherr und Bürgermeister zu Höxter 1469-1495; selbständig handelnd ab 1456, Lehnsmann der Grafen von Pyrmont und der Äbte von Corvey, reichster Bürger der Stadt Höxter, brachte 1483 fast 1/10 der gesamten Vermögenssteuer in Höxter auf, besaß umfangreiche Ländereien, Meierhöfe und Zehntrechte, gehörte wie alle bekannten Mitglieder seiner Familie der Kaufmannsgilde an (Heinrich Rüthing, Höxter um 1500, Analyse einer Stadtgesellschaft, Paderborn 19..., S. 86-87, 264-268, 332, 355, 384, 401).
⚭ Höxter um 1455/58

437) Ilse von Groven (de)
* Höxter um 1440, † ...

438) Tile Slüter
* ..., † ...
lt. H. Rüthing siedelte er 1498 von Bodenwerder nach Höxter um, wo er den Stockhof am Alten Markt in Höxter von Adelheid, der Witwe des Gottschalk Logeren, kaufte. Der Stockhof ging nach dem Tod der Witwe Tiles an ihren Schwiegersohn Hans Veltman über. Bald nach seinem Zuzug wurde Tile Ratsherr in Höxter und sehr wohlhabend. Nach Heidenreich, Warburger Stammtafeln 253 war er von 1490-1506 Bürgermeister in Höxter.
⚭ (Bodenwerder) 1470/1478

439) Eva von Werminghausen
* ..., † ...

444) Albert oder Dethard von Letel(e)n
* Minden ..., † ...,

Albert v. Letelen war 1451 Archidiakon in Pattensen, urk. 1473-1475 als Domherr in Minden. Er starb am 20.10. vor 1485. Eine kostbare Chormantelschließe aus dem Dom zu Minden (heute im Kunstgewerbemuseum in Berlin) zeigt ihn als Stifter kniend unter dem Dompatron St. Petrus, der von den Nebenpatronen Gorgonius und Mauritius flankiert wird (Abb. in: Hans Jürgen Brandt, Karl Hengst, Victrix Mindensis Ecclesia. Die Mindener Bischöfe u. Prälaten des Hohen Domes, Paderborn 1990, S. 87) Am 4. März 1452 schrieb Nicolaus v. KUES aus dem Kloster St. Pantaleon in Köln einen Brief an Albert v. Letelen betr. die Kirche in Selze im Archidiakonat Pattensen (STAM, St. Martini Minden, Urk. 184).
Dethard v. Letelen war 1459 Thesaurar an St. Martini in Minden, Offizial und 1460-1493 Dechant ebd. Er war der Testamentsvollstrecker seines Bruders Albert.
Weitere Brüder v. Letelen sind:

a) Hartmann, Kaufmann 1470, urk. 1467-1483, Bürgermeister in Minden, tot 1489. Seine Witwe Drudeke Mauricii wird 1489 als Witwe genannt.
b) Johann, als Sohn des Johann v. L. 1451 genannt, Ratsherr 1467, urk. 1456-1471, verheiratet mit Grete Borries, gen. 29.8.1489, Tochter des Hermann B. (1423-1473).

Eine Schwester dieser Brüder war Geseke v. Letelen, Hausfrau des Evert Limburg in Hannover. Sie urkundet 1465 (Germ. Nationalmuseum Nürnberg, Westf. Urkunden, Fotokopie im STAM, Fot 433,40).

440) Gerhard von Bücken
* Minden ..., † Minden ...,
Bürgermeister in Minden 1474; Albert von Hoya, Bischof von Minden, belehnte Hardeken, Gherd und Rickmar von BÜCKEN, Söhne des Rickmar, mit einem Erbmannlehen zusammen mit Bernd Mauricii, z. Zt. Ratmann zu Minden, wie es der † Vater der Gebrüder schon vorher zu Lehen hatte. Aufzählung der Lehenstücke. 1463 Fabian et Sebastian (STAM, Minden-Ravensberg, Regierung, Akten 159).

448) Florin (Florian, Flörke) Flörcke, genannt von der LIPPE
* (Lippstadt ?), † Lemgo ... (vor 24.2.1418),
genannt „de Sriver", Bürgermeister zu Lemgo 1399-1411, Freund Simons III. zur LIPPE (LR 1471). Seine Witwe Ilseke und ihre Söhne, der Priester Johannes und Engelbert Flörcke, überlassen Bürgermeister und Rat der Stadt Lemgo ihre Pfandrechte an Meister Everdes Mühle und der Mühle an der Neuen Pforte am 5.2.1446 (LR, NF) (Siegel von Johannes, † Floreke u. Engelbert F. angehängt).
1418 Febr. 24 (LR, NF) wird die Wiese des † Florke des Scrivers genannt. Urk. 1416 Okt. 21 (LR, NF) als Bürgermeister zu Lemgo mit seinem Sohn Johann. Urk. 1409 März 22 (LR, NF) Edelherr Simon III. zur Lippe und sein Sohn Bernhard VI. versetzen ihm für 400 rhein. Gulden ihren Zehnt zum Berge im Osterfeld vor Lemgo.
Urk. 1409 März 22 (LR, NF) einmal als Floreke de Scriver und einmal als Floreke van der Lippe zusammen mit seiner Frau Elseke oder Elseben.
⚭ ...

449) Ilseke N.
* ..., † ... (lebt noch 1456),
als Witwe genannt 1425, 1433, 1446, 1456.

460) Andreas (Drees) F r e s e (VRESE, FREEZE u.ä.)
* Herford ..., † Lippstadt ...,
er und seine Frau Gertrud kaufen 1463 Jan. 22 als Bürger zu Lippstadt das Gut Osterhoff im Kichspiel Liesborn von Ludolf von der Borch u. s. Frau Sophie für 76 rhein. Gulden (STAM, Augustiner-Eremiten Lippstadt, Urk.) -
Er wird 1436 von der Fürstäbtissin zu Herford mit den Gütern seines † Vaters Hinrich Frese (Friso) belehnt (CTW, F. Darpe, Fürstabtei Herford, nach STAM, Msc. VII, 3321b)
Zeuge mit Bürgermeister Bernd de DUSTERE als Dreis de Vrese, Ratmann in Lippstadt 23.10.1468 (Urkunden der Ev. Gmde. Lippstadt).

462) Ludeke von G r e s t
* Herford 1416/1420, † Lippstadt ... (vor 24.10.1456)
⚭ (Lippstadt) ...

463) Elisabeth D u s t e r
* Lippstadt ..., † Lippstadt ... (nach 1456)
Wappen der Familie Duster: 3 Eichhörnchen (2:1), auf dem Helm 1 sitzendes Eichhörnchen zwischen Straußenfedern.

488) Hermann W r e d e
* Lemgo ... 1435/1440, † Lemgo ... (nach 1513),
Bürgermeister in Lemgo 1473-1513, Mitglied der Jacobi-Bruderschaft, urk. 1508 Juni 29 (STAM, Fürstabtei Herford, Lehen 233), auf der Leibzucht 1513 Aug. 25 lt. Urkunde s. Sohnes Hinrich (Ebd., Lehen 233)
⚭ II. (nach 1473) ... Berta N.,
⚭ I. um 1465

489) Adelheid R i d d e r
* Lemgo ..., † Lemgo ... (tot 13.12.1484),
ihr Ehemann verkauft 1484 Dez. 13 Grundbesitz, den sie über ihre Mutter, die Riddersche, und von ihrem Großvater Cord von WARBORG geerbt hatte.

496) Friedrich II. von (der) H o y a
* ..., † ... 1503,
Propst zu Bücken 1458, Domherr zu Bremen 1458, erwähnt 1434. Zahlreiche weitere Urkunden und Nennungen vgl. Hoyer Urkundenbuch.
o – o ... N. N.

498) Segebodo VI. von G r ö p e l i n g e n
* ..., † ...,

begütert in der Grafschaft Hoya, Hoyaer, Mindener und Münsterischer Lehnsmann, hat 1436 Burglehen in Schlüsselburg, 1461 Pfandherr von Schloß Liebenau, 1463 von Schloß Drakenburg, stiftet 1477 Altar in der Klosterkirche zu Schinna (vgl. Archiv für Sippenforschung 89/90, S. 139f.)

⚭ ...

499) N. von Klencke
* ..., † ...

500) Johann Bobert der Alte
* Minden ..., † Minden ... (vor 18.2.1509),
Bürger zu Minden, seine Söhne Arnd und Hinrich B. sowie Risser, Johann und Jost, Söhne des Johann B., des 3. Sohnes, werden mit den Lehen des † Hinrich BEVERMANN 1502 belehnt (STAM, Minden-Ravensberg, Regierung, Akten 217).
Stadtarchiv Stadthagen, Urkunden:
Nr. 245 1500 Sept. 30
Der Rat zu Minden verkauft dem Johann BOBERT dem Alten, Bürger zu Minden, und seiner Frau Ilseke eine Rente von 100 Gulden.
Nr. 250 1501 Nov. 5
Bürgermeister u. Rat zu Minden verkaufen Johann BOBERT dem Alten und Ilseke, seiner Hausfrau, um 100 rhein. Gulden, welche sie für Geschütze (slanghen) verwandten, 5 Gulden wiederkäufliche Rente. 13.5.1487 (Stadtarchiv Minden, Urk. 421)
Johann BOBERT senior und seine Söhne Arnd, Johann und Heinrich, Bürger zu Minden, verkaufen einen Spieker im Rampendal. (Stadtarchiv Minden, Urk. 449)
Ilse, Witwe des Johann BOBERT senior, und Hedwig, Witwe des Johann BOBERT junior, stiften eine Vikarie mit Altar im Rathaus zu Minden und dotieren diese.
⚭ ...

501) Ilse(ke) N.
* ..., † ... (lebt noch 1519).

504) Simon IV. Edelherr zur Lippe
* ... 1404, † 11.8.1429,
1415 Landesherr. Seine Mutter Elisabeth von Moers, † nach 2.10.1415, war nicht, wie im Deutschen Familienarchiv, Bd. 57, S. 132, angegeben, eine Tochter von Dietrich V. v. M. und Elisabeth v. ZUYLEN, sondern eine Tochter von deren Sohn Friedrich Graf von MOERS (1372-1417) und Walpurg Gräfin von SAARWERDEN (Heirat 1376) (Vgl. Altertumsverein Paderborn, Urkunden, bearb. v. Bernhard Stolte, Paderborn 1905, Urkunde von 1403 Nov. 5).
Simon IV. war ein Sohn von Bernhard VI., Edelherrn zur LIPPE, † 31.1.1415.
⚭ (Eheberedung 30.7.1426) um 27.9.1427

505) Margarethe Herzogin von Braunschweig-Grubenhagen
* ... um 1411, † ... (nach 31.10.1456),
Tochter von Erich Herzog von BRAUNSCHWEIG-GRUBENHAGEN, † 28.5.1427, und Elisabeth Herzogin von BRAUNSCHWEIG-GÖTTINGEN, † 1444.

508) Johann Wippermann (von der Wipper)
* ..., † ...
im Lemgoer Kaufmannsamt 1478 (... kaufen to sinem und siner frowen Alheit live des kopmans provende vor 8 mark),
⚭ ... (vor Martini 1478) Alheit N.

544) Kord Kleinsorge
* Lemgo um 1398, † Lemgo zwischen 1474 und 1481,
Patrizier u. Handelsherr zu Lemgo, Vogt der Edelherren zur Lippe ebd., genannt 1472/74. 1481 verkaufen seine Witwe und sein Sohn Karsten eine Rente aus dem Brandinghofe zu Eggerentrup, Kspl. Lage. Kord K. besaß den Barkhauser Zehnten bei Lemgo (LR). EH. Bernhard zur Lippe gab ihm am 13.7.1444 einen Brief über seinen Hof in Lemgo. 1464 wurde er von Bernhard VII. zur Lippe mit 7 Stücken Land bei St. Jürgen bei Lemgo als Mannlehen belehnt (AL Köster, Sp. 836, Anm. 114).
⚭ ... um 1435 (um 1419 lt. AL Köster)

545) Ilse N.
* ..., † ...

556) Johann Gevekot
* Minden um 1375, † Minden ... (vor 22.4.1436),
ab 1412 mehrfach Bürgermeister zu Minden, auch 1431, Bäcker, belehnt mit dem Hof Leese, Verwalter des Nicolai-Hospitals 1427-1434. Die Gebrüder Johann und Hinrik GEVEKOTE bescheinigen, daß Graf Erich von Hoya und sein Sohn Johann ihnen für 800 Gulden mehrere mit dem gräflichen Siegel versiegelte Gegenstände zum Pfande gegeben haben, u. a. auch 4 silberne Schilde mit Bärenklauen (dem Wappen der Grafen von Hoya) (Es handelte sich wohl um den Schatz des Hauses Hoya) (Hoyer UB I. Abt., Urk. 381 v. 1.5.1416).

558) Cord Knipaf
* Stadthagen um 1372, † Stadthagen ... (nach 1433),
Bürger zu Stadthagen 1395-1433, Ratmann 1425, Vermittler 1431. Cord Knipaf verpflichtet sich 1433 anstatt verwirkter Broke und Wedde für den Rat 2 Jahre ein Pferd im Wert von 24 Gulden zu halten (Stadtarchiv Stadthagen, Urk. 116b). - Cord K. und sein Sohn Hans billigen einen Schiedsspruch zusammen mit Heinrich und Arnd SNAWE, Gebrüdern und Priestern, Cords Oheimen (oder sind die Gebrüder Snawe die Oheime seiner Frau ?) (Stadtarchiv Stadthagen, Urk. 92 von 1433 Febr. 6)
⚭ Stadthagen um 1395

559) Geseke S n a w e
* Stadthagen um 1378, † Stadthagen ... (nach 1427),
sie wird 1427 von ihrem Vater Henneke S. abgeschichtet.

664) Johann R o d e w i c h
* Horn um 1385, † Horn ... (nach 1431),
Patrizier in Horn, genannt 1431 als lippischer Schreiber.

864) Hermann C o t h m a n n
Lemgo um 1372, X Veltheimer Masch an der Weser 25.6.1435,
1421-1435 mehrfach Bürgermeister in Lemgo, Wohltäter der Armen, besitzt Haus in der Schuhstraße, gefallen im Gefecht zwischen dem Edelherrn Simon zur Lippe und dem Bischof von Minden. Er und seine Frau Hille kaufen am 27.10.1434 (LR, NF) einen Garten vor dem Johannistor zu Lemgo jenseits des Beginen-Hauses, wenn man zu Meister Everdes Mühle geht. Zeuge: als Dingpflichtiger: Cord CATHEMANN, Bürger zu Lemgo. – Er und seine Frau Hille kaufen 9.8.1432 (LR, NF) eine Wiese in der Barkhuser Marsch vor Lemgo. Zeuge als Dingpflichtiger: Hans de WREDE. – 1424 Aug. 1 (LR, NF) versetzt EH Simon IV. zur Lippe ihm und seiner Frau Hille ein Salzhaus in Salzuflen. – 1422 Okt. 27 (LR, NF) erwerben er und seine Frau Hille einen Rentbrief über 24 Gulden. Als Bürger zu Lemgo am 4.3.1416 (LR, NF) mit seiner Frau Hille einen Garten „buten der langebruggeporten vor Lemgo“ kaufend. – Bereits 1406 Jan. 18 (LR, NF) als Bürger zu Lemgo genannt.
⚭ Lemgo um 1415

865) Hildegund (Hille) V i s c h
* ..., † ...

866) Johann C r u s e
* Lemgo ..., † Lemgo ...,
Gograf und Bürgermeister zu Lemgo; stiftet 1461 Juli 13 für sich und seine Eltern Hinrich C. und Haseke und seine Freunde ein Seelgerät im Kloster der Jungfrauen auf der Neustadt in Lemgo (LR, NF). – Urk. 1434 März 21 als Bürgermeister von Lemgo mit seiner Frau Ilse(ke), ebenfalls 1424 Dez. 19 (Ebd.), 1424 Juni 15 (LR, NF) dingpflichtiger Bürgermeister Johann de CRUSE.
⚭ ...

867) Ilse(ke) N.
* ..., † ...

872) Hans D e r e n t h a l senior
* ... um 1410, † ...,
1451 Ratmann in Höxter, 1452-1465 Bürgermeister ebd., Lehnsmann der Grafen von Pyrmont. Sein Vermögen war für höxtersche Verhältnisse außergewöhnlich. Seine Tochter Gese war Priorin im Zisterzienserinnenkloster Brenkhausen. Er

errichtete 1451 eine Armenspende mit einer Einlage von 300 Gulden. Über sein Haus an der Westseite des Marktes in Höxter vgl. H. Rüthing, a. a. O., S. 382-384.
⚭ ...

873) Kunne von B o r g e
* ..., † ...
weitere Vofahren bei Heidenreich, Warburger Stammtafeln 47 (Borge, v. Dassel), 91 (v. d. Storcke, Goldschmidt), 263 (v. Schwalenberg), 280 (v. Voltessen, Voltzen), 1 (v. Amelunxen), 202 (v. Papenheim), 28 (v. Brakel), 191 (v. Oesede). Die Richtigkeit der Filiationen auf allen genannten Tafeln konnte n i c h t überprüft werden!

874) Heinrich von G r o v e n (-de)
* ... um 1410/15, † Höxter ... 1490,
Bürgermeister zu Höxter 1451-1469, erstmals Ratsherr 1440, gibt um die Mitte der 1460er Jahre sein Bürgermeisteramt auf, in das seine Schwiegersöhne Johann DERNDAL und Hinrik SIFFERDES nachrücken, da seine Söhne Tonniges u. Volquin noch zu jung waren; Tonniges wird erstmals 1475 als Ratsherr genannt, Volquin gründete 1484 einen eigenen Hausstand (vgl. H. Rüthing, a. a. O., S. 86-87, S. 354-356). Weitere Vorfahren bei Heidenreich, Warburger Stammtafeln 94. Die hier aufgeführten Filiationen konnten n i c h t auf ihre Richtigkeit überprüft werden.
⚭ ... um 1450

875) Elisabeth von V o l t z e n
* ..., † ...
die v. Voltzen gehörten im 14. Jahrhundert zu den führenden Familien in Höxter (H. Rüthing, S. 356). Weitere Vorfahren bei Heidenreich, Warburger Stammtafeln 280, 24 (Bocholt), 171 (v. Lüchtringen), 47 (v. Dassel), 1 (v. Amelunxen). Die Richtigkeit der auf diesen Tafeln gegebenen Filiationen konnte n i c h t überprüft werden.

876) Heinrich S(ch)lüter
* ..., † ...
Ratsherr und Bürgermeister zu Höxter, genannt 1478. Er stammt aus Bodenwerder und wird Bürger in Höxter.
⚭ ... 1450/1453

877) N. S t r o l i n
* ..., † ...
weitere Vorfahren bei Heidenreich, Warburger Stammtafeln 267, 232 (Sieverdes), 186 (Radolfi). Die inhaltliche Richtigkeit dieser Tafeln konnte nicht überprüft werden.

880) Rickmar von Bücken
* Minden ..., † Minden ...,
Bischof Albert von Minden bekennt, von Reymar (!) von Bücken und seinen Erben für 300 rhein. Gulden Rente Land versetzt zu haben 1444 Sonntag Quasimodogeniti (STAM, Minden-Ravensberg, Regierung, Akten 159 (Cothmann'sche Lehen)). – Burgermeister zu Minden 1404, 1409, 1410, 1426 u. 1431. Im Verlauf der Mindener Schicht (1405-1408) wurde seine Frau Greteke als erste aus der Stadt ausgewiesen. Sie wurde aus ihrem Haus geholt, auf einem Wagen festgebunden und von zwei Männern, die neben dem Wagen hergingen und ihre Arme festhielten, vor das Stadttor gebracht (Vgl. M. Krieg, a. a. O.).

888) Johann von Letelen
* Minden ..., † Minden ... (tot 1471),
Ratsherr zu Minden 1431, 1436, 1446 junior, Bürgermeister 1438, 1445, 1454 senior, genannt als Sohn des Alebrand v. L. 1452.
Er hat einen Bruder Albert, 1426 u. 1438 Ratsherr, 1435 Bürgermeister. Ein weiterer Bruder ist Gerd von Letelen, Vater des 1447 genannten Risser von Letelen und Großvater von dessen Söhnen Alebrand u. Risser.
Wahrscheinlich war auch Risser von Letelen, Zeuge 1430, Verwalter des Hl. Geistes 1445, Ratsherr 1453, Bürgermeister 1488-1489, Memorie 1490 als „de Elder", † 1500, verheiratet mit Margarete BECKMANN aus Herford, ein weiterer Bruder der Vorgenannten.
⚭ ...

889) Drudeke N.
* ..., † ...
1471 genannt als Witwe.

920) Heinrich Frese (VREESE u. ä.)
* Herford ..., † Herford ... (lebt noch 20.4.1435),
als Ratsherr von Herford genannt 1414 Dez. 21 in den Gildebriefen der Riemenschneider- u. Wandschneider-Gilden, auch 1412 Okt. 7 betr. Belehnung der Stadt mit dem Burgericht zu Herford durch die Fürstäbtissin. 1412 wird Henrich FRISO filius Andree mit 5 Äckern außerhalb des Bergertores in Herford belehnt, auf die die Frau von Johann von Otinchusen verzichtet hatte (CTW, F. Darpe, Fürstabtei Herford).

924) Wessel von Grest genannt Elebracht
* Bielefeld um 1375, † Herford 1428/29,
urk. Herford 1416-1427, seit 1416 Lehnsmann der Fürstäbtissin von Herford (CTW, F. Darpe, Fürstabtei Herford, S. 231, 237, 241, 239(A)
⚭ Herford 1412/1416

925) Assel (Ursula) Segemonik
* Herford um 1375, † Herford ... (nach 1432),

urk. Herford 1409-1432, 1409 u. 1412 als ledige Person belehnt, 1428 als Witwe durch die Fürstäbtissin von Herford (CTW, F. Darpe, Fürstabtei Herford, S. 224, 226, 228, 231, 239(F). Urkunde Fürstabtei Herford 679 (STAM).

926) Johann D u s t e r
* Lippstadt ..., † Lippstadt 1442/44,
genannt in Lippstadt 1422-1442, mehrfach Bürgermeister 1433-1442, 1432 belehnt durch die Fürstäbtissin von Herford, 1422 mit Hof in Stidorf, kaufte 1443 umfangreichen Grundbesitz, u. a. 7 Salzhäuser (Lipp. Regesten III, S. 170, 173, 220, CTW IV, F. Darpe, Fürstabtei Herford, S. 242; STAM, Msc. VII, 6415: Kopiar Bredenol fol. 71f, 86, 88-89).
⚭ ...

927) Gertrud N.
* ..., † ...
genannt 1434 (STAM, Damenstift Lippstadt, Urk. 163).

976) ? (Hans) W r e d e
* ..., † ...
ein Hans Wrede gewinnt am 28.9.1428 das Kaufmannsamt in Lemgo für 2½ Mark, die anderen 2½ Mark gelobte Johan Sperwer zu zahlen. Sein Bruder war möglicherweise Arnd (de) Wrede, Bürge im Kaufmannsamt 11.4. und Pfingsten 1438. Dieser Arnd gewann an Pfingsten 1467 für seinen Vetter (= Neffen) Arnd, Sohn des Hermann Wrede das Kaufmannsamt für 5 Gulden, er bezahlte davon eine Hälfte, die andere Hälfte gelobten Erp und der Richter an Pfingsten übers Jahr zu bezahlen. Hans de Wrede war Zeuge 1432 Aug. 9 u. 1439 März 28, Arnd de Wrede 1446 Dez. 13 (LR, NF).

978) Arnd R i d d e r
* ..., † ... (tot 7.10.1473),
am 7.10.1473 als † Schwiegervater des Bürgermeisters Hermann Wrede genannt (LR 2463). Zeuge 1435 Sept. 14 (LR, NF) u. 1438 April 14 (LR, NF), 1442 Nov. 26 u. Zeuge als Bürgermeister 1451 Juni 28 (LR, NF). Er hat ein Haus in der Lemgoer Altstadt neben dem Haus des Henneke v. Ovenhausen. Zeuge in Lemgo 1469 Aug. 7 (LR, NF) als Bürgermeister zusammen mit seinen Mitbürgermeistern Johannes CATHEMANN (AL 432) und Ludolph CRUSE (AL 226). Zeuge 1463 Mai 11 als ehemal. Bürgermeister zu Lemgo (LR, NF).
⚭ ... (vor 1435)

979) Gese W a r b o r g
* ..., † ...
genannt 1484 Dez. 13 (LR, NF). Sie kauft mit ihrem Ehemann 1435 Aug. 1 für 240 Gulden einen Pfandbrief (LR, NF).

992) Otto V. Graf von H o y a
* ..., † ...

genannt 1404-1455, Sohn von Otto III. v. HOYA, † 13.4.1428, und Mechthild v. BRAUNSCHWEIG, † 1432/34.
⚭ ... 1421

993) Adelheid Gräfin von Rietberg
* ..., † ... 25.12. (nach 1459),
Tochter von Konrad IV. von RIETBERG, † 21.5.1428, und Irmgard v. DIEPHOLZ, † 24.3.1426.

996) Thomas V. von Gröpelingen
* ..., † ...
1408 begütert bei Schlüsselburg und Uphusen (Würdtwein, Nova subs. dipl. XI, 328).

998) Dietrich von Klencke genannt Quarter
* ..., † ...
erwähnt 1387-1433. Hermann de Rijve, Freigraf des Junkers v. Tecklenburg, setzt die Grafen von Hoya, Bentheim, Nassau und ihre namentlich genannten Gefolgsleute, unter ihnen Dietrich K. gen. Quarteyr, die insgesamt vor ihm verklagt worden waren, in ihre Rechte wieder ein (STAM, Domkapitel Münster, Urkunden IIIu (Tecklenburg) 1399 Apr. 3, Stammtafel vgl. Archiv für Sippenforschung, Heft 89/90, Juni 1983, Das Geschlecht v. Gröpelingen, v. Hermann Holthusen, Gebhard v. Lenthe u. Hans Mahrenholz, S. 99-146.

1088) Karsten Kleinsorge
* Lemgo ..., † Lemgo ...,
1437 Bürgermeister in Lemgo.

1112) Heinrich Gevekot
* Minden um 1335, † Minden um 1416,
Patrizier zu Minden, urk. 1407-1416, belehnt mit dem Hof Leese.

1116) Arnd Gla(e)de genannt Knypaf
* (Stadthagen) um 1350, † Stadthagen ... (nach 1453),
im Bürgerbuch der Stadt Stadthagen genannt vor 1382 sowie 1433 zusammen mit seinem Sohn Cord.
⚭ Stadthagen ... (vor 1370)

1117) N. S(ch)nave
* ..., † ...

1118) Henneke Snave
* Stadthagen um 1350, † Stadthagen ... (nach 1427),
als Bürger in Stadthagen genannt 1423. Er findet seine mit seiner seligen Frau Alheid erzeugten Kinder Gheseke und Hans ab, deren Vormünder Tileke Wissel u.

Hans Widensoler sind (Stadtarchiv Stadthagen, Urk. 6b, 1427 feria V. p. purific. Marie)
⚭ I. um 1375 Alheid N., † vor 1427,
⚭ II. ... Lucke, Witwe Oneking

1328) Gottschalk Rodwig (-ing)
* Horn um 1355, † Horn ... (nach 1403),
urk. 1403 als Schiedsrichter (Isermann, Nachrichten aus Horn, S. 66).

1732) Hinrich Cruse
* Lemgo um 1345/55, † Lemgo ... (tot 13.4.1407),
seine Witwe Haseke stiftet mit ihren Kindern Johann, Haseke, Druda u. der Nonne Kunneke am 6.1.1417 einen Altar zu Ehren Gottes, seiner Mutter Maria, Johannes Evangelist und des hl. Antonius im Kloster Unserer Lieben Frau in der Lemgoer Neustadt (LR, NF).
⚭ ...

1733) Haseke N.
* ..., † ...
Witwe 13.4.1407, ⚭ II. vor 26.6.1411 Johann van dem VELDE (LR, NF). Ihr 1. Ehemann war Zeuge 1397, am 16.8.1399 erhielt er einen Zehnten zu Varenbeke und Vulmeringtorpe als Pfand. Um 1400 war er Bürgermeister in Lemgo.

1760) Gerd von Bücken
* ..., † ...
Bürgermeister zu Minden 1362, 1364, 1366, 1368, 1370, 1373, 1375-1377, 1383, 1386.

1776) Albrand von Letelen
* ..., † ...
er heißt in den Urkunden auch Albrand ALEBRANDING, urk. 1406-1428. Seine Schwester N., tot 1407, war die Frau von Hermann SCHWARTE. Sie starb kinderlos. Sein Bruder Johannes ALEBRANT genannt v. LETELEN, urk. 1406-1421, war Kleriker und wird ›primogenitus‹, der Erstgeborene, genannt. Auch sein Bruder Albert ALEBRANT genannt v. LETELEN, gen. 1406-1421, war Kleriker.

1840) Andreas (Dres) Friso (FRESE, VREZE)
* ..., † ...,
am 28.9.1400 (Stadt Herford, Urk. 69) werden Dres de VREZE sowie die Brüder Hinrich und Johann de VREZE von Hermann de Bine, Freigrafen zu Rheda mit anderen Herforder Bürgern als Beklagte der v. Mandelslo nach Freistuhlsrecht bei Königsbann wieder in ihren Frieden gesetzt. Ob Dres Vreze ein Sohn von Hinrich oder Johann FRISO ist, die 1340 Mai 26 als Brüder genannt werden (Urk. Stadt Herford Nr. 15) oder aber ein Sohn von Everhardus FRISO, Schöffe der Altstadt

Herford (1359 Okt. 9 u. 23 sowie 1363 Dez. 22, Urkunden der Stadt Herford) läßt sich nicht mehr feststellen.

1848) Ludeke von G r e s t der Ältere
* ..., † Bielefeld zwischen 14.7. u. 17.8.1432,
urk. Bielefeld 1397-1432, Ratsherr der Altstadt 1399-1432, mehrfach Bürgermeister seit spätestens 1411. 1432 Vormund von ›Ludeke, sines sones sone‹, Sohn des Wessel. Belehnt von der Fürstäbtissin zu Herford mit den Gütern Wessels (CTW, F. Darpe, Fürstabtei Herford)
⚭ ...

1841) Jutta (E l e b r a c h t ?)
* ..., † ...
urk. Bielefeld 1421 u. 1422 (Bielefelder Urkundenbuch 649, 652, 658). Sie war vielleicht die Erbtochter des Neustädter Richters Hermann ELEBRACHT, da ihr Sohn Wessel den Beinamen Elebracht führte.

1850) Hinrich S e g e m o n i k
* ... um 1345, † Herford ... (vor 1409) (nach 1412 lt. AL Köster),
Ratsherr zu Herford 1379-1412, 1379 belehnt von der Fürstäbtissin zu Herford, 1382 in Gefangensehaft (Herford Urkundenbuch Nr. 100, 123, 138, Rechtsbuch S. 22-25 (1351) CTW IV, F. Darpe, Fürstabtei Herford, S. 206, 207, 224, 228(F), 231(F).
⚭ Herford um 1370

1851) N. B o l l e m a n n
* Herford um 1350, † Herford ... (nach 1379)

1852) Johann D u s t e r
* ..., † Lippstadt ... (vor 1422),
genannt Lippstadt 1382-1413, als Ratsherr genannt 1382-1413, 1409 belehnt mit dem Hof Stidorf durch Heinrich v. Landsberg (Kopiar Bredenol, fol. 89(F), 1409, 1422) Filiaton zu AL 926 gesichert durch die Belehnungen mit dem Hof in Stidorf.
⚭ ...

1853) Bele N.
* ..., † ...,
genannt 1409 (STAM, Msc. VII, 6415: Kopiar Bredenol, fol. 89(F))

1952) Konrad oder Hermann (de) W r e d e
* ..., † ...
ein Konrad de Wrede urkundet als Bürger zu Lemgo am 23.4.1410 und am 8.5.1411 (LR 1738 u. 1750). Möglicherweise war Hermann (de) Wrede, urk. 1388 Apr. 13, 1393 März 17, 1405 Dez. 29 (als Ratmann) u. 1410 März 31 (der Ältere) (LR NF u. LR, 1648 u. 1735) bereits sein Vater.

Am 6.3.1408 werden Hermann de Wrede und Conrad de Wrede, Ratmannen zu Lemgo, als Zeugen genannt (LR, NF) und am 17.1.1409 ist Hermann de Wrede, Sohn des Conrad de Wrede, Zeuge.

1956) Hinrik de Ridder
* ..., † ...
ihm und seiner Frau Alheid versetzt Hermann de Wendt am 14.1.1418 (LR, NF) den Brinkhof im Kirchdorf Heiden; urk. als Bürger zu Lemgo 1374 Sept. 3, 1380 Mai 2, 1384 März 7 (LR, NF).

1958) Cord von Warborg
* ..., † ... (tot 13.1.1455),
urk. 1427 Mai 23; 1435 Mai 1; 1440 Sept. 8; 1443 Aug. 29 (LR III, 1879, 1948, 1992, 2015)
⚭

1959) Grete Strating
* ..., † ...
sie hat eine Schwester Aleke, für die sie am 13.1.1455 die von ihrer † Mutter Grete versetzten Kleinodien bei den Schwestern Hille und Ilse van dem Rede eingelöst hat (LR, NF).

2224) Heinrich Gevekot
* ..., † ... (tot 1400),
vor 1385 belehnt mit dem Hof Leese; Patrizier in Minden.

2236) Hans Snawe
* Stadthagen um 1325, † Stadthagen ... (nach 1395),
als Bürger genannt 1395,
⚭ ... um 1348

2237) Gheseke Roleke
* ... um 1328, † Stadthagen ... (nach 1395).

3464) Hinrich Cruse
* Lemgo um 1310, † Lemgo ... (nach 1374),
1357 Ratmann in Lemgo, 1370 Bürgermeister ebd., um 1340 in Gefangenschaft des Hermann von Iggenhausen; Kaufmann.

3552) Albert von Letelen genannt Alebrant
* ..., † ...,
Ratsherr und Bürgermeister in Minden 1372-1421, schon genannt 1349 und 1350 (?). Sein Bruder Dethard war Canonicus an St. Martini zu Minden 1362 und Dechant ebd. 1379.
Der Streit mit seinem Schwiegersohn Hermann S(CH)WARTE steigerte sich zur bekannten Stadtfehde, der „Mindener Schicht (1405-1408)“, in die auch Rickmar

von BÜCKEN und seine Frau Greteken (AL 880/881) verwickelt waren. Ausführliche Darstellungen der Mindener Schicht von Martin Krieg in: Mindener Heimatblätter, 8. Jg., Nr. 12, Juni 1930, weiter in der jüngeren Mindener Bischofschronik in: Mindener Geschichtsquellen, Bd. I, bearb. v. Klemens Löffler, Münster 1917, S. 233-237 u. 242-245.
Die beste Darstellung der Mindener Schicht von Wilfried Ehbrecht, Form und Bedeutung innerstädtischer Kämpfe am Übergang vom Mittelalter zur Neuzeit: Minden 1405-1535 (Städtische Führungsgruppen und Gemeinde in der werdenden Neuzeit, Köln-Wien 1980, S. 115-152). - Das Stammhaus der Familie v. Letelen aus dem 14. Jahrh. liegt in Minden an der Simeonstraße 19 (Vgl. Mitteilungen des Mindener Geschichtsvereins, Jg. 60, 1988, Marianne Nordsiek, Die Simeonstraße in Minden, S. 7-50, bes. S. 22-25 u. S. 42f.).

3702) Hermann B o l l e m a n n
+ Herford um 1320, † Herford 1383/84,
Lehnsträger der Fürstabtei Herford seit 1374, als er sämtliche Güter seines Vaters empfing (CTW IV, F. Darpe, Fürstabtei Herford, S. 196(F), 201, 207), urk. 1361-1384. Handelsherr in Herford.

6929) Johann C r u s e
* Lemgo um 1290, † Lemgo ... (nach 1351),
urk. 1309-1351, 1332 Bürgermeister zu Lemgo.

7404) Gerhard B o l l e m a n n
* Herford um 1295, † Herford 1373/74,
Lehnsträger der Fürstabtei Herford seit 1361, als er die Güter seines Bruders Hermann erhielt (CTW IV, ebd., S. 167(F), 196(F), 201), urkundlich 1324-1344.

13858) Burchard C r u s e
* ... 1250/60, † Lemgo ... (nach 1328),
Bürger zu Lemgo, urk. 1302-1328, Agnat der von R i n t e l e n.

14808) Gerhard B o l l e m a n n
* Herford um 1265, † Herford ... (nach 1344),
genannt Herford 1317-1344, 1317-1329 mehrfach im Rat der Neustadt, 1329 Bürgermeister, Lehnsträger der Fürstäbtissin von Herford seit spätestens 1336, u. a. belehnt mit dem Haupthof Lohoff (CTW IV, F. Darpe, Fürstabtei Herford, S. 105, 167(F), 196(F); Herforder Urkundenbuch Nr. 37, 39, 49; Westfälisches Urkundenbuch IX, Nr. 1594, 1964, 1987, 2055, 2434).
Zu Gerhard BOLLEMANN und anderen Personen dieser Ahnenliste vgl. auch die Arbeit von Wolfgang SCHINDLER, Die Vorfahren der Anna Katharina D e l i u s geb. M e i n d e r s (1659-1719) in: Beiträge zur westfälischen Familienforschung, Band 49, 1991, Münster 1992, Seite 155-200, mit gutem Quellen-Verzeichnis und ausführlicher Kommentierung der Lebensdaten und Lebensläufe der einzelnen Ahnen.

Die Vorfahren des Paters Christoph Bernsmeyer aus Gütersloh oder Ahnenforschung in der Grafschaft Rietberg

von Wilhelm Krüggeler

Werner Frese und Schwester M. Albinata Peters veröffentlichten 1994 anläßlich des 150jährigen Bestehens der Mauritzer Franziskanerinnen innerhalb der höchst informativen Ordensgeschichte einen Aufsatz über die Herkunft des Ordensgründers Christoph Bernsmeyer aus der bekannten Familie der Meyer to Berens in Verl-Gütersloh, der einige Irrtümer enthält, die mit der Quellenlage für die genealogische Forschung zusammenhängen.

Bis zur Entdeckung der Heiratskonsense in der Grafschaft Rietberg war die genealogische Forschung in der Grafschaft durch zwei wesentliche Erschwernisse fast unmöglich.

1. In der Grafschaft Rietberg wurden ausschließlich Stättenamen geführt. Nur in der Stadt Rietberg wurden Familiennamen geführt. Heuerlinge führten weder einen Familiennamen noch einen Hofnamen, sondern wurden nur mit einer Lagebezeichnung versehen: Johann Henrich bei Meyer to Berens.
2. In Verl und Neuenkirchen fehlen etliche Jahrgänge der Kirchenbücher. In Verl fehlen die wichtigen Heiraten von 1727-43 und sämtliche Angaben von 1766-1801. Dort war bisher genealogische Forschung fast nicht möglich. In Neuenkirchen fehlen die Kirchenbücher von 1709-51 und die Heiraten noch bis 1759, um nur die größten Lücken zu nennen.

Die vorgelegte Stammtafel des Paters Christoph Bernsmeyer ist nicht nur falsch, sondern enthält die wesentlich kompliziertere Geschichte des Stammhofes in Verl aufgrund der fehlenden Kirchenbücher nicht einmal ansatzweise. Erst die ausführlichen Heiratskonsense der Grafschaft Rietberg erlauben uns, die Genealogie der Familie Meyer to Berens vollständig zu rekonstruieren.

Die 1994 publizierte Stammtafel:

Stammtafel Pater Christoph Bernsmeyers

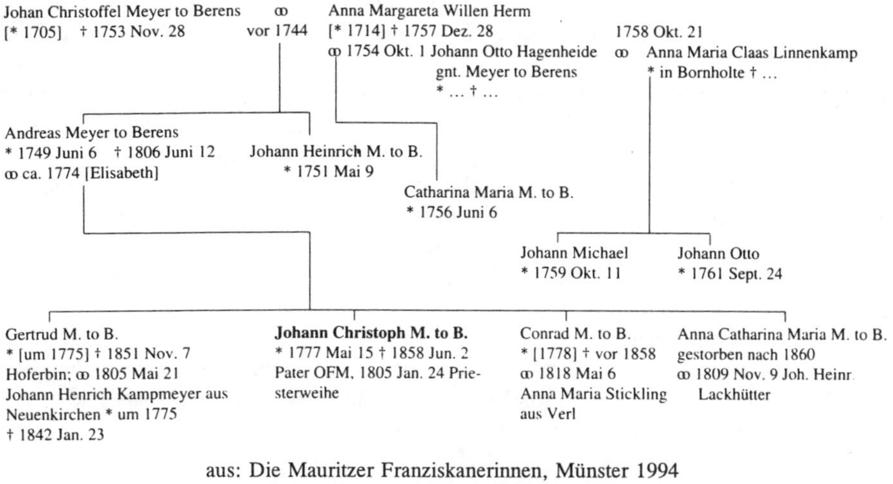

aus: Die Mauritzer Franziskanerinnen, Münster 1994
(Schriftenreihe z. religiösen Kultur 2), S. 13

Zunächst zum Stammhof in Verl:
Die Angabe, daß es sich bei dem ersten Ahnherrn der vorgelegten Stammtafel - nämlich Johann Christoffel - um einen Meyer to Berens handelt, ist falsch.
Nach der Rentrechung 1735 heiratete Johann Christoffel Johann to Berens die Anerbin Anna Catharina Meyer to Berens und wurde damit zum Meyer to Berens. Der Hof Johann to Berens war ein im 16. Jhdt. vom Vollmeier (Sattelmeierhof) abgeteilter Halbmeierhof.
Als um 1737 die Anerbin kinderlos starb, heiratete der Witwer in 2. Ehe die Anna Margaretha Hermwille. Aus dieser Ehe gingen unter anderen die Söhne Andreas und Johann Henrich hervor. Als jüngster Sohn war Johann Henrich nach Landesrecht Anerbe. Aber schon dieser gehörte also genealogisch nicht mehr zur älteren Hofinhaberfamilie, da beide Eltern eingeheiratet hatten.
Die Kinder der Eheleute verloren den Vater schon am 28.11.1753. Der Anerbe Johann Henrich war gerade erst 2½ Jahre alt.
Die Witwe heiratete ein Jahr später den Johann Otto Hagenheide. Im Jahre 1757 starb Anna Margaretha geb. Hermwille, und der Witwer Johann Otto Hagenheide gt. Meyer to Berens schloß am 21.10.1758 eine Eheberedung mit Anna Maria Claßlinnenkamp, die 1774 starb.
Der Witwer ließ seine 3. Eheberedung am 5.8.1775 mit Christina Anna Heermann protokollieren, starb aber schon 1777.
Am 18.5.1778 wurde nun eine Eheberedung zwischen dem am 9.5.1751 getauften Anerben Johann Henrich Meyer to Berens mit seiner Stiefmutter Christina Anna Heermann protokolliert. Die Ehe wurde erlaubt, weil dann die Leibzucht bei der Stätte blieb, also aus rein wirtschaftlichen Erwägungen.
Aus dieser Ehe gingen 3 Töchter hervor, deren Eltern beide um 1782 starben. Anerbin war die um 1780 geborene jüngste Tochter Gertrud.
Um den verschuldeten Hof weiterführen zu können, wurde nun der ältere Bruder Andreas des verstorbenen Johann Henrich Meyer to Berens zum Verwalter eingesetzt und nannte sich einfach Meyer to Berens. Andreas ging zwei Ehen ein. Die erste Eheberedung mit Maria Catharina Voßcord wurde am 10.10.1783 geschlossen. Als vor 1793 seine erste Frau starb, schloß er 1793 eine weitere Ehe mit Maria Elisabeth Steffen thor Weihen. Alle Kinder führten den Stättenamen Meyer to Berens.
Als dann die jüngste Tochter seines Bruders, die Anerbin Gertrud am 21.5.1805 das Erbe wieder aus des Onkels Hand annahm und Johann Henrich Kampmeyer heiratete, bestätigte sie ihrem Onkel in der Eheberedung, daß er gut gewirtschaftet und ihr den Hof in gutem Zustand übergeben habe. So wurden auch des Onkels Kinder aus den beiden Ehen wie legitime Kinder des Hofes mit einem Brautschatz ausgestattet.
Kettenehen wie diese sind in der Grafschaft Rietberg nur durch die entsprechenden Eheberedungen zu belegen, da selbst bei vorhandenen Kirchenbüchern durch die Namensführung der Stätteninhaber Unklarheiten entstehen würden.
Die Heiratskonsense der Grafschaft Rietberg zwischen 1704 und 1816 sind beim Verfasser als Microfiches vorhanden, die Jahrgänge 1761 und 1801 wurden bereits in einer Computerdatenbank erfasst und sind so mehrfach leicht überprüfbar. Die weitere Vervollständigung der Computerdatenbank wird folgen.

Nur aus diesen Protokollen ist zu ersehen, daß Pater Christoph Bernsmeyer nicht aus der Verler Familie, sondern, wie er es ja auch selbst angibt, aus Gütersloh (nicht aus Gütersorth!) kommt, da die Kinder des Stammhofes sämtlich in den Protokollen namentlich mehrfach erwähnt werden.
Pater Christoph, der eigentliche Gründer der „Genossenschaft der Krankenschwestern nach der Dritten Regel des hl. Franziskus" wurde am 15.4.1777 als Johann Henrich Meyer to Berens in Gütersloh getauft.
Seine Eltern waren Johannes Henricus Meyer to Berens und Elisabeth Coeßfeld, die am 29.1.1772 heirateten und 5 Kinder hatten. Die in dem Aufsatz von Frese/Peters genannte Schwester Catharina Maria wurde am 11.1.1776 ebenfalls in Gütersloh getauft. Pater Christoph's Vater war bereits am 4.11.1760 in Gütersloh eine erste kinderlose Ehe mit Elisabeth Wöstemann eingegangen.
Viele schon bekannte Details dieser Familie wurden hier weggelassen, um den Überblick über diese Kettenheiraten nicht zu erschweren. Zur genealogischen und sozialgeschichtlichen Forschung in der Grafschaft Rietberg ist mit der Entdeckung der Heiratskonsense zu sagen, daß die jetzt mögliche Informationsdichte in kaum einem anderen deutschen Territorium erreichbar ist. Die Überfülle der Informationen in den 4 rietbergischen Pfarreien kann fast nur durch den Computer bewältigt werden. Damit ist es jetzt auch erstmals möglich, den siedlungsgeschichtlichen Ansatz von Rudolf Gürtler in diesem Bereich durch genealogische Forschungen zu ergänzen. Vor allem in den beiden Pfarreien Verl und Neuenkirchen mit ihren großen Kirchenbuchlücken können jetzt komplette und bestens belegbare genealogische Forschungen durchgeführt werden.
Es bleibt zu wünschen, daß sich die Heimatvereine auch um diesen äußerst arbeitsintensiven Bereich der ortsgeschichtlichen Forschung bemühen und grundlegende Arbeiten in diese Richtung in jeder Weise fördern.

Buchbesprechungen

Martin Holz, Elsen – Geschichte einer Straße und Nachbarschaft in Rosendahl-Osterwick. Unter Mitarbeit von Norbert Henkelmann, Rosendahl 1994, 912 Seiten, zahlreiche Abbildungen, 89 DM.
Zu beziehen durch den Verfasser: Martin Holz, Elsen 18, 48720 Rosendahl-Osterwick.

Während in den letzten Jahren immer häufiger zu Jubiläen entsprechende Ortschroniken und Jubiläumsschriften vorgelegt werden, so haben wir hier den eher seltenen Fall, daß sich ein Buch im Wesentlichen mit der Geschichte einer Straße und ihrer Anwohner innerhalb eines Ortes beschäftigt. Dazu tritt noch eine besondere Form des Lebens der Bewohner in Erscheinung: die Nachbarschaft. Diese sind vor allem im westlichen Münsterland häufiger vorzufinden und sind eine Verpflichtung zum Beistand und Hilfe im Wesentlichen bei familiären Angelegenheiten, besonders bei Todesfällen und Heiraten. Im Jahre 1888 wurde diese Nachbarschaft, deren Tradition und Sitten stets mündlich weitergereicht wurden, in Vereinsform gegossen. Anlaß zur Erstellung dieses Werkes war die im Jahre 1983 geplante 100-Jahrfeier im Jahre 1988, zu der diese Festschrift erscheinen sollte. Die Fülle des Materials schob den Erscheinungstermin bis Januar 1995 hinaus. Hier hat man sich bemüht, alle erreichbaren öffentlichen und privaten Akten zur Auswertung heranzuziehen. Auch der Verfasser dieser Besprechung konnte durch die Bekanntschaft mit den Autoren den Fortgang dieses Werkes immer wieder in Ausschnitten über Jahre hinweg verfolgen und nun den Abschluß dieser Arbeit erleben.
Eingeleitet wird der Band durch einen kurzen Überblick über die Geschichte Osterwicks, Auszügen aus einer eher kritischen Pfarrchronik des Dr. Joan Albert Vrede, Pfarrer in Osterwick von 1821 bis zu seinem Tode 1870, einer kurzen Darstellung des Kriegsendes 1945 und über den von 1808 bis 1915 am Elsen benutzten Friedhof. Mit Karten und Luftaufnahmen erhält man einen ersten Eindruck der hier behandelten Straße. Dann erfolgt die Beschreibung der einzelnen Wohnstätten nach aufsteigender Hausnummer. Das Ganze ist aber keine isolierte Selbstdarstellung der Bewohner einer Straße. Die familiären Verflechtungen mit den anderen Häusern im ganzen Dorf und der bäuerlichen Bevölkerung in Osterwick und den umliegenden Nachbarorten machen das Buch für einen größeren Leserkreis interessant. In dieser Straße wohnten im Wesentlichen kleine selbständige Handwerker, die oftmals noch eine kleine Landwirtschaft betrieben. Diese Verhältnisse haben im Laufe der Zeit einen starken Wandel erlebt, die Landwirtschaft ist verschwunden., viele Bewohner arbeiten heute im Angestellten- und Beamtenverhältnis. Ausnahme ist sicher der aus Wüllen bei Ahaus stammende Dorfarzt Lambert Schwering (1814-1893) dessen Lebenslauf und Erlebnisse besonders ausführlich geschildert werden.
Personengeschichtlich ist hier eine praktisch lückenlose Auswertung der Kirchenbücher und Meldeakten vorzufinden. Das betrifft auch die Herkunft der außerhalb von Osterwick entstammenden Personen, wie auch umgekehrt beim Verlassen Osterwicks durch Heirat oder Wegzug. Vorteilhaft ist auch hier der konsequente Gebrauch von genealogischen Zeichen. Sind nur Taufdaten vorhanden, so werden sie korrekt wiedergegeben, und nicht

wie sonst in einigen anderen Publikationen fälschlicherweise als Geburtsdatum. Anekdoten, Lebensläufe, beruflicher Werdegang und mündliche Überlieferungen zu ausgewählten Personen fehlen ebenfalls nicht. Einen aktuellen Bezug liefert die Familie Mussinghoff. Heinz Mussinghoff, zuletzt Dompropst zu Münster, wurde im Dezember 1994 vom Papst zum Bischof von Aachen ernannt und im Februar 1995 in sein Amt eingeführt. Somit enthält die vorliegende Dokumentation auch den Lebenslauf eines Bischofs. Ferner beschränkt man sich nicht nur darauf, die Besitzerfolge aufzulisten, sondern führt auch sämtliche Mieter auf, auch wenn diese zum Teil nur einige Monate dort gewohnt haben.

Zur Geschichte der Hausstätten wurden Grundbücher, Grundakten, die Pacht- und Übergangsverträge usw. vollständig ausgewertet und in vielen Beispielen wörtlich wiedergegeben. Häuser, die vor der Anlegung der Grundbücher bereits vorhanden waren, werden durch Quellen wie den Status Animarum von 1749 sowie Akten der Pfarre und der Vikarien identifiziert. Jedes Haus ist mit einer aktuellen Abbildung vertreten, oftmals werden auch alte Aufnahmen wiedergegeben, Personen sind ebenfalls in zahlreichen Photographien vorzufinden. Die gleichfalls im Elsen (Nr. 6) ansässige Feuerwehr und ihre Geschichte wird auf 30 Seiten dargestellt.

Das Buch führt deutlich vor Augen, was bei einer konsequenten Auswertung aller erreichbaren Quellen möglich ist und setzt damit einen zugegebenermaßen sehr hohen Standard, an dem wohl zukünftige Arbeiten dieser Art gemessen werden. Es hebt sich deutlich von anderen Ortschroniken und dergleichen ab. Ein etwa 140seitiges Register, welches die Auffindung der Namen und Orte ohne große Probleme gestattet, schließt das Buch ab. In einigen wenigen Fällen ist eine Abweichung um eine Seitenzahl festzustellen. Sollten sich noch Fehler finden, so werden sie allenfalls Kleinigkeiten berühren. Das Buch ist in jedem Fall sein Geld wert und kann jedem wärmstens empfohlen werden.

Beckum | Jörg Wunschhofer

Beckumer Stadtrechte und Bürgerlisten, bearb. v. Siegfried Schmieder, Münster 1994 (= Westfälische Quellen und Archivpublikationen Bd. 19), 227 S. mit 16 Abb., DM 29,–

Im Anschluß an die thematisch benachbarten Bände 10 und 15 der Reihe „Westfälische Quellen und Archivpublikationen“, vormals „Westfälische Quellen und Archivverzeichnisse“, in denen 1985 und 1988 Stadtrechtsquellen und Bürgerbücher für Berleburg und Werne von Alfred Bruns bearbeitet wurden, liegt jetzt als Band 19 der Reihe eine dritte Publikation vor, die sich mit der Stadt Beckum befaßt und von Kreisarchivar Siegfried Schmieder bearbeitet wurde. Auch in diesem Band werden zunächst Bürgerrechtsaufzeichnungen im Volltext wiedergegeben, gefolgt von Bürgerlisten vom 15. bis zum 19. Jahrhundert. Die Edition der Beckumer Bürgerrechtsquellen schließt sich zudem in willkommener Weise an das 1980 veröffentlichte Inventar des Stadtarchivs Beckum, Bestand A (1238-1803), ebenfalls bearbeitet von S. Schmieder, an.

Die Rechtsaufzeichnungen von 1464 bis 1816/17 sind aus der städtischen Akten- und Amtsbuchüberlieferung, teils auch als Wiederabdruck früherer Veröffentlichungen für diese Edition zusammengestellt worden und bieten einen Einblick in die verschiedensten städtischen Rechtsbereiche, die von Stadtrechtsbestimmungen, Statuten, Willküren bis hin zu Bürger- und Amtseiden reichen. Neben den ältesten Bürgerrechtsaufzeichnungen aus dem Jahre 1454 werden ein Konzept der Satzungen von 1533, die städtische Willkür von 1592, die landesherrliche Aberkennung und Wiedereinsetzung in die Stadtrechte 1627/1632, die überlieferten frühneuzeitlichen Eidesformeln und ein aktenmäßiger Vorgang über die Wiedereinführung des Neubürgergeldes 1816/17 wiedergegeben. Die Wiedergabe der eigentlichen Bürgerlisten von 1455 bis 1846, teilweise unter Nennung nicht nur des Eingebürgerten, sondern auch seiner zwei Bürgen, bezieht sich vor allem auf die Angaben des Bürgerbuches (1455-1621 und 1714-1766). Darüber hinaus werden aber auch weitere Überlieferungen wie das 1713 datierte interessante Register der zwar aufnahmewilligen, aber finanziell nicht befähigten Einwohner wiedergegeben. Die große Lücke im 17./18. Jahrhundert wird teilweise durch das Register von 1652 bis 1683 und weitere Bruchstücke sowie durch Auszüge aus Ratsprotokollen zwischen 1625 und 1802 geschlossen. Die Edition ist durch einen Personenindex sowie einen Orts- und einen Berufsindex inhaltlich erschlossen und mit 16 Abbildungen von Originaltexten, Siegeln und Stadtansichten versehen.
Es zählt aus fachlicher Sicht zu den verdienstvollsten, wenn auch nicht immer angemessen von der Öffentlichkeit gewürdigten archivarischen Leistungen, örtliche Quellen in dieser Ausführlichkeit zu edieren. Es wäre deshalb zu wünschen, daß diese Art orts- und landesgeschichtlicher Quellenarbeit zu weiteren ähnlichen Arbeiten anregt und damit eine noch breitere Quellenbasis für die örtliche und landesgeschichtliche Forschung bereitgestellt wird. Für die westfälische Stadtgeschichtsforschung bedeutet dies aber gleichzeitig die Verpflichtung, mit den auf diese Weise zur Verfügung stehenden Quellen zu arbeiten. Der große Kreis der westfälischen Familienforscher wird ein neu erschienenes Bürgerbuch ohnehin angemessen in seine Arbeiten einbeziehen.

Lippstadt/Potsdam Hartwig Walberg

Die Akten des Schwerter Richters (17./18. Jahrhundert). Stadtarchiv Schwerte Bestand P. Bearbeitet von Wilfried REININGHAUS. Münster 1992 (Inventare der nichtstaatlichen Archive Westfalens. Im Auftrage des Landschaftsverbandes Westfalen-Lippe – Westfälisches Archivamt – herausgegeben von Norbert Reimann. Neue Folge Band 12). DM 29,–

Der im Stadtarchiv Schwerte aufbewahrte Bestand P (für „Prozesse") ist von seiner Provenienz her eigentlich staatliches Schriftgut. Obwohl bereits in den 20er Jahren für heimatkundliche Beiträge benutzt, wurde er erst in den 80er Jahren „wiederentdeckt". Die 882 Prozeßakten stammen mehrheitlich aus den Jahren 1716 bis 1766 und fallen in die Dienstzeit der beiden Richter Dr. Simon Johann Henrich König und Dietrich Caspar Marck. Nur wenige Akten sind älter oder jünger. Die Zuständigkeit des Schwerter Richteramtes erstreckte sich wesentlich auf die Gerichte Schwerte und

Westhofen. Wie das dem Band beigegebene Ortsregister ausweist, wurden aber auch Streitfälle von oder mit Einwohnern benachbarter Territorien in Schwerte vorgebracht. Da eine Unterteilung in Zivil- und Kriminalgerichtsbarkeit damals noch nicht üblich war, hatte der Schwerter Richter beides zu verhandeln. Allerdings machen die Kriminaldelikte den geringeren Teil der Überlieferung aus und betreffen nur die Kleinkriminalität wie Gelegenheitsdiebstähle, Schlägereien, Beleidigungen u.ä. Der größere Teil umfaßt Zivilsachen aller Art, wie z.B. Ehe- und Familienangelegenheiten, Erb- und Besitzstreitigkeiten, Nachlaß- und Vormundschaftsregelungen, Pfand- und Schuldverschreibungen, Auseinandersetzungen über Lohn und Pacht. Es ist der Alltag und die Arbeitswelt vorwiegend der „kleinen Leute", die Lebens- und Denkweise der Durchschnittsbürger und -bauern in einer Kleinstadt des 18. Jh. und ihrer ländlichen Umgebung, die sich in den Akten plastisch widerspiegelt.
In den Prozessen ist ein breites Spektrum aus allen Berufen und Ständen vertreten. Jedoch wird ein Berufskreis vom Bearbeiter selbst herausgehoben, nämlich die Scharfrichter und Abdecker (S. 17), so daß sich eine nähere Betrachtung rechtfertigt. Über sie, so heißt es, sei im Bestand „überdurchschnittlich viel" zu finden. Elfmal erscheinen sie als Prozeßpartei, davon siebenmal wegen dienstlicher Belange im weitesten Sinne (zweimal geht es um die Übertragung der Scharfrichterei, zweimal um die Abdeckerei, dreimal um Forderungen wegen chirurgischer Leistungen). Neun der elf Prozeßakten – in einem weiteren Fall (P 585) dürfte ein Irrtum beim Vornamen vorliegen – beziehen sich auf ein- und dieselbe Person, nämlich auf Anton Vogt, 1723-1739 und 1745-1748 Scharfrichter (nicht Abdecker!) in Schwerte, danach bis zu seinem Tod 1764 ausschließlich als Chirurg tätig – von „**den** Vogts" in Schwerte im Sinne einer über mehrere Generationen hinweg ansässig gewesenen Familie kann also keine Rede sein. Im Register sind nun etliche Einzelpersonen zu finden, die ähnlich oft oder häufiger in Prozesse verwickelt waren (z.B. Joh. Philipp Brune, Wegegeldeinnehmer, 10x; Joh. Georg Funcke, Ratsverwandter, 14x; Joh. Jacob Gaser, Pfarrer, 8x; Joh. Friedrich Habich, Ratsverwandter und Bürgermeister, 10x; Joh. Friedrich Wilhelm König, Bürgermeister, 12x; Dorothea Elisabeth v. Neheim, 15x; etc.). Auch die Nennungen der übrigen Familien Vogt in Schwerte liegen mit 35 dreimal so hoch wie die der/des Scharfrichter/s gleichen Namens. Ob hier etwa bei der Beurteilung als „überdurchschnittlich viel" durch eine verzerrende Brille geschaut oder ein besonderer Maßstab angelegt wurde, (wonach es beispielsweise dem Scharfrichter als einem angeblichen sozialen Außenseiter doch gar nicht zusteht, so „häufig" genannt zu werden)? Einige Verwunderung löst auch die (falsche!) Zuordnung der Witwe Vogt, die 1739 des Diebstahls beschuldigt wurde (P 474), zur Scharfrichterfamilie aus, obwohl ihre soziale Herkunft aus der Akte nicht hervorgeht. Die Subsumierung einer kriminellen Person unter die Kategorie Scharfrichter „paßt" offenbar in das fragwürdige Bild, das der Bearbeiter von dieser Berufsgruppe zu haben scheint. „Ohne Vorurteile begegnete man dem Scharfrichter und seinen Gesellen nicht", heißt es weiter, „der Ruf des unehrlichen Gewerbes haftete ihnen an." Da die Prozeßakten auch für diese Behauptung keinerlei Grundlage liefern, muß man wohl eher annehmen, daß der Bearbeiter selbst dem Scharfrichter und seinen Gesellen mit Vorurteilen begegnet. Damit allerdings befindet er sich in guter Gesellschaft – ist es doch in der Geschichtswissenschaft nach wie vor an der Tagesordnung, ohne jeden Nachweis die Legende vom angeblich „unehrlichen" und verachteten Scharfrichter zu verbreiten und notfalls sogar in methodisch unzulässiger Weise in die Quellen hineinzuinterpretieren. Oder sollte man

etwa die nächsten Sätze als Begründung verstehen? „Als die Knechte Vogts den Bauern Nettmann 1753 beim Abdecken einer verendeten Kuh beschimpften, reichte Nettmann Klage ein (P 369). Fürchtete er Sanktionen seiner Nachbarn, da er nun selbst unehrlich geworden war?" Dies erweckt den Eindruck, als hätte Nettmann nur deshalb geklagt, weil es die Abdeckerknechte waren, die ihn beschimpft hatten. Schaut man ins Sachregister, so gehören Beleidigungsklagen zu den häufigsten Prozeßgegenständen überhaupt, die nur noch von Schuldforderungen, Erbschaftsangelegenheiten und Pachtstreitigkeiten übertroffen werden. Die Person des Beleidigers war dabei ohne Belang, und nicht durch sie nahm man evtl. Schaden an seiner Ehre, sondern dadurch, daß man die Beleidigung auf sich sitzen ließ und sie so als richtig anerkannte.
Wenn der Bearbeiter schon meinte, auf die Scharfrichter (und Abdecker) besonders eingehen zu müssen, dann hätten ihm freilich auch Sachlichkeit und Objektivität nicht schlecht angestanden. Ohne Vorurteile betrachtet, spiegeln nämlich die Akten, die den Scharfrichter und seine dienstlichen Belange im weitesten Sinne betreffen, „typische", für diesen Beruf charakteristische Konflikte wider: Auseinandersetzungen über die Nachfolge im Scharfrichteramt; Klagen wegen nicht geleisteter Bezahlung für die chirurgische Tätigkeit der Scharfrichter, die den Hauptteil ihres Einkommens ausmachte und manchmal, wie im Falle Anton Vogts, zum Hauptberuf werden konnte; Verletzungen der Abdeckereiprivilegien, die dem Scharfrichter zustanden, daraus resultierender Streit um die Tierhäute u.ä. Was den Vorteil und die große Aussagekraft des Bestandes P insgesamt ausmacht, nämlich sein exemplarischer Charakter, zeigt sich auch an diesen Prozessen – nicht mehr und nicht weniger als an denen anderer Berufsgruppen auch.
Eine solche geschlossene Überlieferung aus der lokalen Gerichtsbarkeit mit ihren unschätzbaren Einblicken in die Alltagskultur hat sich selten erhalten, so daß die Veröffentlichung des Inventars nur zu begrüßen ist. Die vorliegende Bearbeitung fußt auf älteren Verzeichnungsansätzen. Die vorgefundene Ordnung nach laufender Nummer wurde beibehalten, so daß eine sachthematische Erschließung nur über das Sachregister erfolgt. Der Nennung der Prozeßparteien und der Laufzeiten sind mehr oder weniger ausführliche Enthält-Vermerke über Gegenstand und Ablauf des Prozesses, Zeugenverhöre etc. hinzugefügt. Hinzugefügt wurden auch sechzehn Abbildungen von Schriftstücken samt Transkription, was der „Einübung" in die Benutzung der Prozeßakten sehr förderlich sein dürfte. Hervorzuheben ist ebenfalls die Einleitung, die, obwohl recht knapp, doch kenntnisreich über den Schwerter Richter und seine Kompetenzen, über die verhandelten Fälle, über die Geschichte des Bestandes, seine Verzeichnung und Erschließung informiert, darüber hinaus in den Anmerkungen Literaturhinweise gibt. Der Wert des Bestandes für die genealogische und familiengeschichtliche Forschung liegt auf der Hand, sind doch Prozeßakten bereits ihrer Definition nach personenbezogene Quellen. Zudem sind sämtliche in den Akten vorkommende Personen durch ein ausführliches Namensregister, das soweit wie möglich die Berufe angibt, erschlossen. Da die Prozesse nicht selten aus Familien- und Erbstreitigkeiten erwuchsen, vermögen sie auch manche Verwandtschaftsbeziehungen aufzuhellen. Das gleichfalls ausführliche Ortsregister wurde bereits erwähnt. Das Inventar der Schwerter Gerichtsakten ist alles in allem ein empfehlenswerter Band, der der sozialgeschichtlichen wie der genealogischen Forschung einen reichhaltigen und wertvollen Fundus bietet.

Lemgo Gisela Wilbertz

Ein Gegner Bismarcks – Dokumente zur Neuen Ära und zum preußischen Verfassungskonflikt aus dem Nachlaß des Abgeordneten Heinrich Beitzke (1798-1867). Herausgegeben und bearbeitet von Horst Conrad (= Westfälische Quellen und Archivpublikationen Band 18), Münster 1994. 500 Seiten, 104 Abb., Leinen, Schutzumschlag, 39,– DM (Selbstverlag Westf. Archivamt)

Die vorgelegte Quellenpublikation dokumentiert die politischen Eindrücke eines Abgeordneten, der als Typ des bürgerlich-preußischen Offiziers, geprägt durch den Geist der Freiheitskriege 1813-1815, in den Jahren der „Neuen Ära" seine Vorstellungen vom Weg Preußens zum geeinten Volksstaat, auf freiheitlich parlamentarischer Basis gebildet, im Gegensatz zu seiner parlamentarischen Alltagssituation in der Stadt Berlin erfährt. Heinrich Beitzke vertritt 1858, bereits 60 Jahre alt, als Abgeordneter seinen Wahlkreis in Pommern, von 1862-1866 den Wahlkreis Hamm-Soest. Linksliberal-nationaldeutsch, wird er 1861 Mitglied der Deutschen Fortschrittspartei und ist in der liberalen Fraktion des Georg von Vincke vorerst in der Schulkommission, später in der Militärkommission tätig. Beitzke steht auf dem linken Flügel der Fortschrittspartei (Linkes Centrum), eine ihm 1866 angetragene Kandidatur für den Norddeutschen Reichstag, dessen Existenz er begrüßt, lehnt er aus Altersgründen ab.

Die als ergänzende Quellenedition zu der 1992/93 gezeigten Ausstellung „Bismarcks Gegner" gedachte jetzige Dokumentation beginnt mit einer ausführlichen Lebensbeschreibung des Abgeordneten. Hier vermittelt der Herausgeber Horst Conrad dem Leser auf wissenschaftlich aktueller Grundlage das interessante Hintergrundwissen zu dieser Abgeordneten-Persönlichkeit, die er als „deutsch-national-verfassungspatriotisch" charakterisiert. Preußens Weg zum Rechtsstaat steht im Mittelpunkt des Abgeordneteninteresses, die offene Frage nach der deutschen Einheit schwankt bei ihm zwischen einer deutschnationalen, emotionalen und einer rationalen, patriotischen Haltung. Conrad legt bei seiner Beurteilung ebenfalls Erkenntnisse aus den Archivalien des Nachlaßteils von Heinrich Beitzke im Geheimen Staatsarchiv Preußischer Kulturbesitz in Berlin zugrunde. Der weitaus größte Teil der Veröffentlichung wird bestimmt durch 120 Korrespondenzen des Abgeordneten Beitzke aus den Jahren 1859-1867 meist aus Berlin an seine Ehefrau Philippine geb. von Borries. Vorrangig erweist sich Beitzke als scharfer Beobachter von Personen und ihrer Umgebung. Er beschreibt detailliert, fängt Stimmungen ein als Teilnehmer bei gesellschaftlichen Veranstaltungen, bewertet Lebensumstände und Lebenswandel einzelner, einschließlich des eigenen. Er beurteilt Gesprächsrunden und legt Rechenschaft ab über das beschwerliche Alltagsleben als Parlamentarier in der Großstadt Berlin; berichtet wird ebenso über offizielle Empfänge und Jubiläumsveranstaltungen mit Mitgliedern der königlichen Familie, der Regierung und des Abgeordnetenhauses. Der stets um das Wohl der eigenen Familie besorgte Vater und Ehemann genießt in aller Bescheidenheit seinen Ruhm als historischer Schriftsteller, hält sich mit Reden im Plenum und in der Fraktion zurück, beweist Pflichtbewußtsein, Aufrichtigkeit und Fleiß in der Kommissionsarbeit; er schätzt Geradlinigkeit und Vaterlandstreue mehr als Diplomatie, machtpolitischer Ehrgeiz ist ihm fremd. Seinen Mandatsauftrag empfindet er oft als Bürde, die er jedoch aus soldatischem Pflichtgefühl auch gegenüber seinen Wählern in seinem jeweiligen Wahlkreis auf sich nimmt. Anschaulich bezeugen die ausgewählten Korrespondenzen das Verhältnis von Abgeordnetenhaus, Regierung und König vor allem in den Jahren 1862-1866 in einer Endphase der deutschen Geschichte,

die durch Bürgerwelt und starken Staat (Thomas Nipperdey) gekennzeichnet ist. Für den Abgeordneten aus Pommern steht die Lösung des Problems der deutschen Einheit im Mittelpunkt. Die „Deutsche Sache“, wie Beitzke öfter schreibt, darf dabei nicht von einem absolutistischen Staat gelöst werden, sondern nur auf der Grundlage von verfassungsmäßig garantierter bürgerlicher Freiheit. Als Angehöriger des Linken Centrums der Deutschen Fortschrittspartei spricht sich Beitzke gegen Scheinkonstitutionalismus aus, fordert eine Rückkehr zur Reformpolitik (Heeresreform), kritisiert die ständigen Verfassungsbrüche der Regierung in ihrem Umgang mit dem Parlament und bezeichnet Bismarck 1863 im Vorfeld des Deutsch-Dänischen Krieges als Prediger von nacktem Absolutismus. Später beurteilt er den Preußisch-Österreichischen Krieg von 1866 zwar als einen Sieg, der allein jedoch eine bloße Politik mit „Blut und Eisen“ nicht rechtfertigt. Die Erstarkung Preußens muß für ihn zukünftige Gewähr der bürgerlichen Freiheit und Selbstverwaltung beinhalten.
Beitzke macht keinen Hehl aus seinem gespannten Verhältnis zum Ultramontanismus in der katholischen Kirche und zum Jesuitismus (aufschlußreich dazu sein Urteil auch über seine Eindrücke in der Stadt Münster 1860 und 1863). Er bekennt sich zum gebildeten, aufgeklärten Protestantismus, loyal zu Krone und Vaterland. Als Abgeordneter erlebt er die politische Ohnmacht des Parlaments im Verhältnis zur „materiellen Macht“ in den Händen der Regierung. Er kritisiert offen den despotischen Führungsstil des Fraktionsvorsitzenden Georg von Vincke, der ihm mit seiner Politik des steten Ausgleichs mit der Regierung besonders in den Fragen der Heeresreform fremd bleibt. Beitzke steht seit 1860 in Opposition zu einem großen Teil seiner liberalen Abgeordnetenkollegen. Bereits 1861 Mitglied der Deutschen Fortschrittspartei, deren Geschäftsordnung von 1861 im Nachlaß von Beitzke gefunden und als Dokument Nr. 41 mit abgedruckt wurde, schließt er sich 1862 dem Linken Centrum an, innerhalb der Liberalen Fraktion gebildet als Versuch, eine linke Mitte in Form einer „gemäßigten Mehrheit“ darzustellen. Ihren Höhepunkt ereicht diese Fraktion Bockum-Dolffs 1863 mit einer Stärke von 110 Abgeordneten. Mit den außenpolitischen Erfolgen der Bismarck-Regierung zerfällt sie jedoch 1866. Vor allem in seinen Berichten an die Wähler (Dokumente Nr. 22, Mai 1859; Nr. 40, Juli 1860; Nr. 115, Oktober 1866) läßt sich die politische Haltung des Abgeordneten Beitzke ablesen. Während ihn der Verfasser seiner Lebensbeschreibung in der Allgemeinen Deutschen Biographie 1875 nicht frei spricht von „doctrinärem Eigensinn“ in seiner Forderung von Wiederherstellung der politischen Einheit Deutschlands, gewinnt der Leser der von Horst Conrad herausgegebenen Publikation einen wesentlich differenzierten Eindruck von den politischen Motiven und Bewertungen dieses pommerschen Beobachters der parlamentarischen Szene in der Neuen Ära.
In einem dritten Teil dieser Veröffentlichung werden 103 Abbildungen aus dem Abgeordnetenalbum Heinrich Beitzkes wiedergegeben, versehen mit biographischen Angaben im einzelnen. Vor allem handelt es sich um Abbildungen von Abgeordneten der Deutschen Fortschrittspartei. Die Publikation: Preußische Parlamentarier. Ein Photoalbum 1859-1867, bearbeitet von Horst Conrad und Bernd Haunfelder ..., Düsseldorf 1986, findet hiermit eine sinnvolle Ergänzung.
Der abschließende Orts- und Personenindex erleichtert den schnellen Zugriff zu Einzelfragen dieser ohnehin in ihrer Gesamtheit lesenswerten Leküre.

Münster — Helmut Franz

MITTEILUNGEN DER GESCHÄFTSSTELLE

Jahreshauptversammlung am 28. Mai 1994 in Wiedenbrück

Das diesjährige Treffen der Mitglieder der Westfälischen Gesellschaft für Genealogie und Familienforschung wurde eingeleitet durch eine Führung durch den historischen Stadtkern von Wiedenbrück, bei der Herr Paul Breimann, Rheda-Wiedenbrück, kenntnisreich und anregend die Geschichte und die Sehenswürdigkeiten seiner Heimatstadt vorstellte. Im Anschluß daran hieß der Stellvertretende Bürgermeister von Rheda-Wiedenbrück, Zünkler, 53 Mitglieder unserer Gesellschaft im Sitzungssaal des Historischen Rathauses von Wiedenbrück zur Jahreshauptversammlung willkommen. Nach der Begrüßung durch den Vorsitzenden berichtete der Geschäftsführer über das abgelaufene Geschäftsjahr. Der Mitgliederstand (s. dazu im einzelnen die nachfolgende Aufstellung) ist gegenüber dem Vorjahr leicht zurückgegangen und liegt nun bei 622 Mitgliedern. Auch die Zahl der Briefe, die die Geschäftsstelle erreichten, lag mit fast 240 geringfügig niedriger als im letzten Jahr: Zwei Drittel betrafen genealogische Anfragen, die zu nahezu gleichen Teilen aus Deutschland und aus dem Ausland kamen; davon entfielen 45% auf Amerika, 27% auf die Niederlande, der Rest kam aus Belgien, Brasilien, England, Frankreich, Neuseeland, Norwegen, Paraguay, Polen, Schweden, der Schweiz und Südafrika. Nach dem Bericht des Schatzmeisters über die finanzielle Situation legte der Rechnungsprüfer seinen Prüfungsbericht vor und stellte den Antrag auf Entlastung des Vorstandes, der bei 4 Enthaltungen ohne Gegenstimmen angenommen wurde; sodann berichtete der Schriftführer über die Publikationsvorhaben der Gesellschaft. Im Anschluß daran stellte der Vorsitzende der „Genealogischen Arbeitsgemeinschaft im Historischen Verein für die Grafschaft Ravensberg", Herr Otto-Wilhelm Bertelsmann aus Bielefeld, den Anwesenden seine Vereinigung vor und bot ihnen bei Forschungsschwierigkeiten Unterstützung an.

Frau Dr. Bettina Schmidt-Czaia, Münster/Marburg, hielt den Festvortrag über das Thema „Historische Personenforschung in der Landesgeschichte. Das Kollegiatstift St. Aegidii et Caroli Magni zu Wiedenbrück 1250-1650" (mit Lichtbildern). In ihrer großangelegten Dissertation über das Wiedenbrücker Stift hat sie dessen Geschichte untersucht und in die geschichtlichen Zusammenhänge eingeordnet; in ihrem Vortrag gab sie einen umfassenden Überblick über die politische Situation während der behandelten 4 Jahrhunderte und machte vor allem ihre personengeschichtlichen Forschungsergebnisse zum Stiftspersonal für die Genealogie nutzbar. Nach dem offiziellen Schluß der Versammlung fanden sich noch etliche Mitglieder zu einem gemeinschaftlichen Abendessen im Ratskeller Wiedenbrück zusammen.

Mitgliederbewegung:

Stand am 30.4.1993:	578	persönliche Mitglieder
	46	korporative Mitglieder
	624	Gesamtanzahl

In der Zeit vom 1.5.1993 bis zum 30.4.1994 war folgende Mitgliederbewegung zu verzeichnen:

Neueintritte:	25	persönliche Mitglieder
	1	korporatives Mitglied
Verstorbene:	7	persönliche Mitglieder: Wilhelm Dulheuer, Düsseldorf-Wittlaer; Franz-Josef Goldmann, Köln; Gerd Grobbink, Nürnberg; Hanna Mayntz, Eystrup; Elsa Oberkalkofen, Leopoldshöhe; Dr. Werner Roloff, München; Dr. August Schröder, Münster-Roxel
Austritte:	9	persönliche Mitglieder
	2	korporative Mitglieder
Kündigungen durch die Gesellschaft:		
	10	persönliche Mitglieder
Stand am 30.4.1994:		
	575	persönliche Mitglieder
	47	korporative Mitglieder
	622	Gesamtmitglieder

Jahreshauptversammlung am 29. April 1995 in Münster

Am 29. April 1995 versammelten sich etwa 60 Mitglieder unserer Gesellschaft zur Jahreshauptversammlung im Wohnstift am Tibusplatz in Münster. Der Vorsitzende begrüßte die Anwesenden und teilte mit, daß aus Anlaß des 75jährigen Bestehens der Gesellschaft im November diesen Jahres eine außerordentliche Mitgliederversammlung in Münster stattfinden wird, auf der eine aus diesem Anlaß herausgegebene Festschrift der Öffentlichkeit und den Mitgliedern vorgestellt werden soll. Danach gab der Geschäftsführer den üblichen Bericht über die Mitgliederbewegung (derzeitiger Stand: 641 Mitglieder, im einzelnen s. u.) und den Schriftwechsel in der Geschäftsstelle: Er belief sich in den vergangenen 11 Monaten seit der letzten Hauptversammlung auf rd. 200 Briefe, von denen jeweils 15% auf allgemeinen Schriftverkehr sowie Schreiben an Interessierte entfielen; die restlichen 70% betrafen genealogische Anfragen, die wie im vergangenen Jahr zu nahezu gleichen Teilen aus Deutschland und aus dem Ausland kamen. Von den ausländischen stammten fast 53% aus Amerika (also fast 8% mehr als im letzten Jahr), fast 27% aus Holland (unverändert) und die restlichen 20% aus

Australien, Brasilien, England, Neuseeland, Paraguay und Schweden. Der Geschäftsführer verlas den Bericht des abwesenden Schriftführers über den Stand der Publikationsvorhaben der Gesellschaft. Danach wird in diesem Jahr Bd. 52 (1994) der „Beiträge" erscheinen, der, geordnet nach Ämtern, Kirchspielen und Bauerschaften, eine Zusammenstellung sämtlicher rd. 20.000 Höfe des Oberstifts Münster durch Herrn Feldmann enthalten wird. Als Bd. 53 (1995) ist die Festschrift zum 75jährigen Bestehen vorgesehen, die eine Aufsatzsammlung enthalten wird. Es folgten die Berichte des Schatzmeisters und des Rechnungsprüfers, der den Anwesenden die Entlastung des Vorstandes empfahl, die bei 4 Enthaltungen ohne Gegenstimmen angenommen wurde. Wie bereits seit mehreren Jahren Brauch, wurde auch in diesem Jahr einer regionalen genealogischen Forschergruppe Gelegenheit gegeben, den Mitgliedern auf der Jahreshauptversammlung von ihrer Arbeit zu berichten; in diesem Jahr stellte Herr Michael Arenhövel den „Arbeitskreis Familienforschung Osnabrück" vor, den er als 1. Vorsitzender leitet. Er umfaßt rund 60 Mitglieder und zeichnet für die Herausgabe der „Osnabrücker Familienforschung" vernatwortlich, die inzwischen vor ihrer 20. Ausgabe steht.
Für den Festvortrag konnte der bekannte Münsteraner Forscher Dr. Karl-Heinz Kirchhoff gewonnen werden, der über die „Wandlungen des münsterschen Bürgertums" sprach und seine Zuhörer mit einem ausgesprochen anschaulichen und lebendig vorgetragenen Überblick über die Entwicklungen vom letzten Drittel des 13. Jahrhunderts bis hin zum Ende des 16. Jahrhunderts faszinierte.
Besonderes Interesse fand bei den Teilnehmern im Anschluß an die Versammlung noch die Möglichkeit, an einer Führung durch das Tibusstift teilzunehmen und auf diese Weise Einblick in die Organisation und das „Innenleben" eines Altenwohnstifts zu bekommen. Die angenehme Atmosphäre im Haus und sicher auch die umsichtige und aufmerksame Betreuung während der Kaffeepause und des abendlichen Imbiß´ haben gewiß dazu beigetragen, Schwellenängste zu überwinden, die wohl automatisch bei dem Gedanken auftreten, die eigene Häuslichkeit aufgeben zu müssen.

Mitgliederbewegung:

Stand am 30.4.1994:		
	575	persönliche Mitglieder
	47	korporative Mitglieder
	622	Gesamtmitglieder
Neueintritte:	37	persönliche Mitglieder
Verstorbene:	4	persönliche Mitglieder: Walter Fuchs, Ascheberg; Friedrich Ernst Hunsche, Ibbenbüren; Hans Kießling, Detmold; Heinz Pepping, Duisburg
Austritte:	10	persönliche Mitglieder
	2	korporative Mitglieder

Stand am 29.4.1995:

596	persönliche Mitglieder
45	korporative Mitglieder
641	Gesamtmitglieder

Mittwochsvorträge 1994/95:

01.06.1994: Christian **Pellengahr**:
Die Fensterbierscheiben auf dem Hof Schulze Aldrup in Greven (mit Dias)

07.09.1994: Vorstellung eines Nachfolgeprojektes „Wechselbuch Kloster Vinnenberg"

05.10.1994: Helmut **Börnemann**:
Kuriositäten und Merkwürdigkeiten auf Bauernhöfen im Münsterland. Geplante Veröffentlichungen über Höfe in Altenberge, Horstmar, Laer, Leer, Nienberge, Nordwalde etc. und ihre Besitzerfamilien

02.11.1994: Leopold **Schütte**:
Genealogische Quellen im Gutsarchiv Benkhausen

07.12.1995: Hans Jürgen **Warnecke**:
Berggrundakten im Dienste der Höfe- und Familienforschung

01.02.1995: Jörg **Wunschhofer**:
Geistliche bäuerlicher Herkunft

01.03.1995: Christian **Pletzing**:
Familienforschung in Polen. Archivbenutzungs- und Forschungsmöglichkeiten

05.04.1995: Otto **Kampling**:
Eine Ahnenreihe aus dem ehemaligen münsterischen Amt Meppen, dargestellt vor dem Hintergrund der Zeitumstände